Le Routard
Bali, Lombok

Directeur de collection et auteur
Philippe GLOAGUEN

Cofondateurs
Philippe GLOAGUEN
et Michel DUVAL

Rédacteurs en chef adjoints
Amanda KERAVEL
et Benoît LUCCHINI

Directrice de la coordination
Florence CHARMETANT

Directrice administrative
Bénédicte GLOAGUEN

Directeur du développement
Gavin's CLEMENTE-RUÏZ

Direction éditoriale
Catherine JULHE

Rédaction
Isabelle AL SUBAIHI
Mathilde de BOISGROLLIER
Thierry BROUARD
Marie BURIN des ROZIERS
Véronique de CHARDON
Fiona DEBRABANDER
Anne-Caroline DUMAS
Géraldine LEMAUF-BEAUVOIS
Olivier PAGE
Alain PALLIER
Anne POINSOT
André PONCELET

Conseiller à la rédaction
Pierre JOSSE

Administration
Carole BORDES
Éléonore FRIESS

2015/16

hachette

Remarque importante aux hôteliers et restaurateurs

Les enquêteurs du *Routard* travaillent dans le plus strict anonymat. Aucune réduction, aucun avantage quelconque, aucune rétribution n'est jamais demandé en contrepartie. Face aux aigrefins, la loi autorise les hôteliers et restaurateurs à porter plainte.

Avis aux lecteurs

Le Routard, ce n'est pas comme le bon vin, il vieillit mal. On ne veut pas pousser à la consommation, mais évitez de partir avec une édition ancienne. Les modifications sont souvent importantes.

Les réductions accordées à nos lecteurs ne sont jamais demandées par nos rédacteurs afin de préserver leur indépendance. Les hôteliers et restaurateurs sont sollicités par une société de mailing, totalement indépendante de la rédaction, qui reste donc libre de ses choix. De même pour les autocollants et plaques émaillées.

Avec routard.com, choisissez, organisez, réservez et partagez vos voyages !

✓ Rejoignez la plus grande communauté francophone de voyageurs : plus de **2 millions** de visiteurs !

✓ Échangez avec les routarnautes : forums, photos, avis d'hôtels.

✓ Retrouvez aussi toutes les informations actualisées pour choisir et préparer vos voyages : plus de 200 fiches pays, une centaine de dossiers pratiques et un magazine en ligne pour découvrir tous les secrets de votre destination.

✓ Enfin, comparez les offres pour organiser et réserver votre voyage au meilleur prix.

Pictogrammes du *Routard*

Établissements

- Hôtel, auberge, chambres d'hôtes
- Camping
- Restaurant
- Boulangerie, sandwicherie
- Glacier
- Café, salon de thé
- Café, bar
- Bar musical
- Club, boîte de nuit
- Salle de spectacle
- Office de tourisme
- Poste
- Boutique, magasin, marché
- Accès internet
- Hôpital, urgences

Sites

- Plage
- Site de plongée
- Piste cyclable, parcours à vélo

Transports

- Aéroport
- Gare ferroviaire
- Gare routière, arrêt de bus
- Station de métro
- Station de tramway
- Parking
- Taxi
- Taxi collectif
- Bateau
- Bateau fluvial

Attraits et équipements

- Présente un intérêt touristique
- Recommandé pour les enfants
- Adapté aux personnes handicapées
- Ordinateur à disposition
- Connexion wifi
- Inscrit au Patrimoine mondial de l'Unesco

Le *Routard* est imprimé sur un papier issu de forêts gérées.

Tout au long de ce guide, découvrez toutes les photos de la destination sur • *routard.com* • Attention au coût de connexion à l'étranger, assurez-vous d'être en wifi !

I.S.B.N. 978-2-01-396030-4

TABLE DES MATIÈRES

COMMENT Y ALLER ?

QUITTER BALI, LOMBOK OU JAVA

BALI, LOMBOK UTILE

HOMMES, CULTURE, ENVIRONNEMENT

BALI

LE SUD DE L'ÎLE

LES ROUTES DU CENTRE ET DU NORD

LE NORD : D'UBUD AU LAC BATUR

LES ROUTES DE L'EST

LA ROUTE CÔTIÈRE DE L'EST

LA CÔTE NORD

L'OUEST DE BALI

LOMBOK (NUSA TENGGARA)

LA RÉGION OUEST, AUTOUR DE MATARAM

VERS LE SUD

LE CENTRE DE L'ÎLE

L'EST DE L'ÎLE

AU NORD-OUEST, LES GILI ISLANDS

LE NORD DE L'ÎLE

JAVA

IMPORTANT : DERNIÈRE MINUTE

Sauf rare exception, le *Routard* bénéficie d'une parution annuelle à date fixe. Entre deux dates, des événements fortuits (formalités, taux de change, catastrophes naturelles, conditions d'accès aux sites, fermetures inopinées, etc.) peuvent intervenir et modifier vos projets de voyage. Pour éviter les déconvenues, nous vous recommandons de consulter la rubrique « Guide » par pays de notre site • ***routard.com*** • et plus particulièrement les dernières ***Actus voyageurs.***

NOS NOUVEAUTÉS

CANARIES (paru)

Un air de perpétuel printemps, du sable blond et des criques anthracite, quatre parcs nationaux somptueux... Voici à peine les hors-d'œuvre qu'offrent les sept îles des Canaries. Du soleil (même en hiver) et, bien plus encore, une riche palette de couleurs, d'odeurs et de paysages, née de l'activité volcanique. La nature se pare ici de tous les visages : aridité sauvage et dunes solaires de Fuerteventura, forêts humides alimentées par les alizés sur La Palma et La Gomera, majestueux sommet du Teide à Ténérife, côtes déchiquetées et profonds ravins à Gran Canaria, délires de couleurs sur El Hierro... La main de l'homme a parsemé le tout de multiples sentiers, de villes coloniales et d'églises baroques. Sans compter les étonnantes fantaisies architecturales de César Manrique à Lanzarote. Loin des clichés et si proche de nous, un univers à part entière, à la croisée de l'Europe et de l'Afrique, où le farniente se savoure entre randonnées et plongées.

MADÈRE (mai 2015)

Madère réunit, au milieu de l'océan, un climat à la douceur légendaire et une flore exubérante – bougainvillées, mimosas, amaryllis, oiseaux de paradis (symboles de l'île), flamboyants, jacarandas – qui lui vaut son surnom bien mérité d'« île aux fleurs ». Et aussi des montagnes volcaniques déchirées par l'érosion et de vertigineux à-pics. Le paradis des randonneurs, le long de l'ingénieux système d'irrigation des *levadas,* ces canaux récupérant les eaux de pluie. L'île de Madère est une citadelle entaillée de toutes parts, avec ses parcelles de vigne indomptables accrochées aux pentes et travaillées à la main. À Funchal, capitale anglophile, on se rue dans les églises et les musées, entre deux arrivées de paquebots venus goûter aux tropiques et aux barriques. Au-delà des vagues s'ancre le reste de l'archipel : la petite Porto Santo, réputée pour sa longue plage de sable clair. L'avènement du tourisme, puis l'entrée du Portugal dans l'Union européenne ont toutefois modifié bien des choses et, surtout, inversé la tendance à l'émigration. On vient désormais de toute l'Europe à la recherche d'une vie aussi douce que l'air.

??? LES QUESTIONS QU'ON SE POSE LE PLUS SOUVENT

Un visa est-il nécessaire ?

> Dernière minute (mars 2015) : le visa devrait être supprimé en 2015 pour les ressortissants français, belges, suisses et canadiens. Bien se renseigner !

Oui, le visa est obligatoire quelle que soit la durée du séjour. Le mieux est de vous le procurer auprès de l'ambassade, mais vous pouvez également l'obtenir à votre arrivée en Indonésie sans problème.

L'Indonésie est-elle un pays cher ?

Non, l'Indonésie est une destination vraiment très bon marché, et demeure l'un des pays les moins chers du Sud-Est asiatique, que ce soit pour l'hébergement, la nourriture ou les excursions.

Faut-il payer une taxe d'aéroport ?

Normalement, depuis janvier 2015, elle est incluse dans le prix du billet.

Quel est le décalage horaire ?

Plusieurs fuseaux horaires découpent l'Indonésie. Pour Java, ajouter 5h en été et 6h en hiver. Pour Bali et Lombok, ajouter 6h en été et 7h en hiver. En résumé, quand il est 12h en France, il est 17h (été) ou 18h (hiver) à Java et 18h (été) ou 19h (hiver) à Bali et Lombok.

Quelle est la meilleure période pour y aller ?

De juin à septembre, avec une eau entre 26 et 29 °C. Évitez la période entre novembre et avril. Les plus fortes pluies sont enregistrées entre décembre et mars ; l'humidité atteint alors 60 à 100 %.

Quels sont les vaccins indispensables ?

Aucun vaccin n'est obligatoire, mais il est recommandé de se faire vacciner contre la fièvre typhoïde. Les vaccinations contre les hépatites A et B sont également conseillées. Le traitement antipaludique est actuellement indispensable pour toute l'Indonésie, sauf pour les grandes villes de Java et de Bali.

Partir avec des enfants, est-ce possible ?

Bien sûr ! Ils seront comme des rois. Prévoir quelques petits ajustements (voir la rubrique « Enfants » plus loin).

Comment se loger au meilleur prix ?

Les *losmen* sont de petits hôtels locaux pas chers et en général assez propres. À la fin de la haute saison, les prix chutent de 30 %, voire de 50 % dans les hôtels de luxe. À négocier.

Y a-t-il de bons spots de plongée et de surf ?

Pour le surf, les plages de Bali sont mondialement connues, comme celles de Ulu Watu (pour les spécialistes) et Kuta (pour les débutants). Pour la plongée, rien de mieux que les récifs des îles Gili, à Lombok, et la région d'Amed, à Bali.

Quelles sont les curiosités culinaires indonésiennes ?

Si ça vous tente, vous pourrez goûter à la larve de papillon, au python ou encore à la cervelle de buffle. De manière générale, on mange bien, le riz et le poisson sont la nourriture de base. Beaucoup de légumes d'une fraîcheur exemplaire.

Comment circuler en Indonésie ?

Pour Java, en train. Mais la voiture de location est néanmoins la meilleure solution pour Bali et Java quand on veut sortir des sentiers battus. La plupart des loueurs imposent une voiture avec chauffeur, les tarifs restant très abordables, et on est en toute sécurité.

LES COUPS DE CŒUR DU ROUTARD

À BALI

• **Assister à la cérémonie du coucher de soleil sur les plages de Kuta et de Legian,** où population locale et touristes se mêlent dans une étonnante communion solennelle. .... p. 148

• **Se faire masser** sur la plage de Kuta face aux vagues ou dans un spa élégant. .... p. 148

• **Observer les cerfs-volants** virevolter dans le sud de l'île. .... p. 125

• **Se balader dans les superbes paysages de rizières en terrasses** dans la région d'Ubud. .... p. 178

• **Participer à une fête traditionnelle** où spiritualité et convivialité se côtoient harmonieusement. .... p. 78

• **Assister à un spectacle de *legong*** pour sa délicatesse **ou de *kecak*** pour sa force envoûtante. .... p. 93

• Partout, **admirer ces femmes pleines de grâce déposant leurs offrandes** dans les temples ou devant leurs boutiques, dès potron-minet.

• **À Amed, observer les *prahus* (barges) colorés partir à la pêche** en affrontant les vagues capricieuses. .... p. 214

• **À Tulamben, plonger sur l'épave du *Liberty*** en eau peu profonde, incroyable carcasse qui abrite plusieurs centaines d'espèces de coraux et de poissons multicolores. .... p. 222

• **Regarder le coucher du soleil** face au temple de Tanah Lot. .... p. 238

• En pirogue, **glisser sur les eaux paisibles de la mangrove** à Nusa Lembongan. .... p. 201

• **Admirer le mont Batur** de la terrasse d'un restaurant de Penelokan. .... p. 184

• **Lire *Sang et Volupté à Bali*,** de Vicki Baum, sur la terrasse de son bungalow. .... p. 58

À LOMBOK

• **Arpenter les plages désertes et sublimes** du sud de Lombok, à l'ouest du village de Kuta. .... p. 261

• **Plonger dans les eaux limpides des îles Gili** pour découvrir un fantastique monde sous-marin, même avec seulement un masque et un tuba. .... p. 268

• **Entreprendre le tour de Gili Trawangan à vélo,** tranquillement, à la recherche des plages oubliées. .... p. 286

• **Tenter l'ascension du mont Rinjani,** un petit exploit accessible à ceux qui sont en bonne condition physique. Pour les autres, belle consolation, le bord du lac Segara Anak ! .... p. 290, 291

• **Déguster un poisson grillé en regardant le coucher du soleil à Gili Air,** bercé par le souffle du vent. .... p. 274

• Dans le centre de l'île, **assister à des combats sasaks,** tradition vivante... p. 264

À JAVA

• **Découvrir Prambanan et Borobudur au petit matin :** un souvenir à vie ! ...... p. 318

• **Se perdre dans le marché de Yogyakarta.** .... p. 317

MYANMAR
LAOS
CHINE
Haïnan
THAÏLANDE
VIETNAM
CAMBODGE
MER
D'ANDAMAN
Golfe
du Siam
MER
DE CHINE
MÉRIDIONALE
20°
10°
0°
Équateur
10°
Détroit de Malacca
MALAISIE
SABAH
BRUNEI
SARAWAK
I. Bunguran
I. Anambas
Singapour
Arch.
Riau
Arch.
Lingga
Medan
Nias
Padang
Siberut
Sumatra
Palembang
Bangka
Belitung
Province
d'Indonésie
MER DE JAVA
Jakarta
Madura
Java
Surabaya
Bali
Lombok
Yogyakarta
(Yogya)
Malang
Denpasar
Sumbawa
voir cartes détaillées
OCÉAN INDIEN
0
500
1000 km
110° E. Gr.

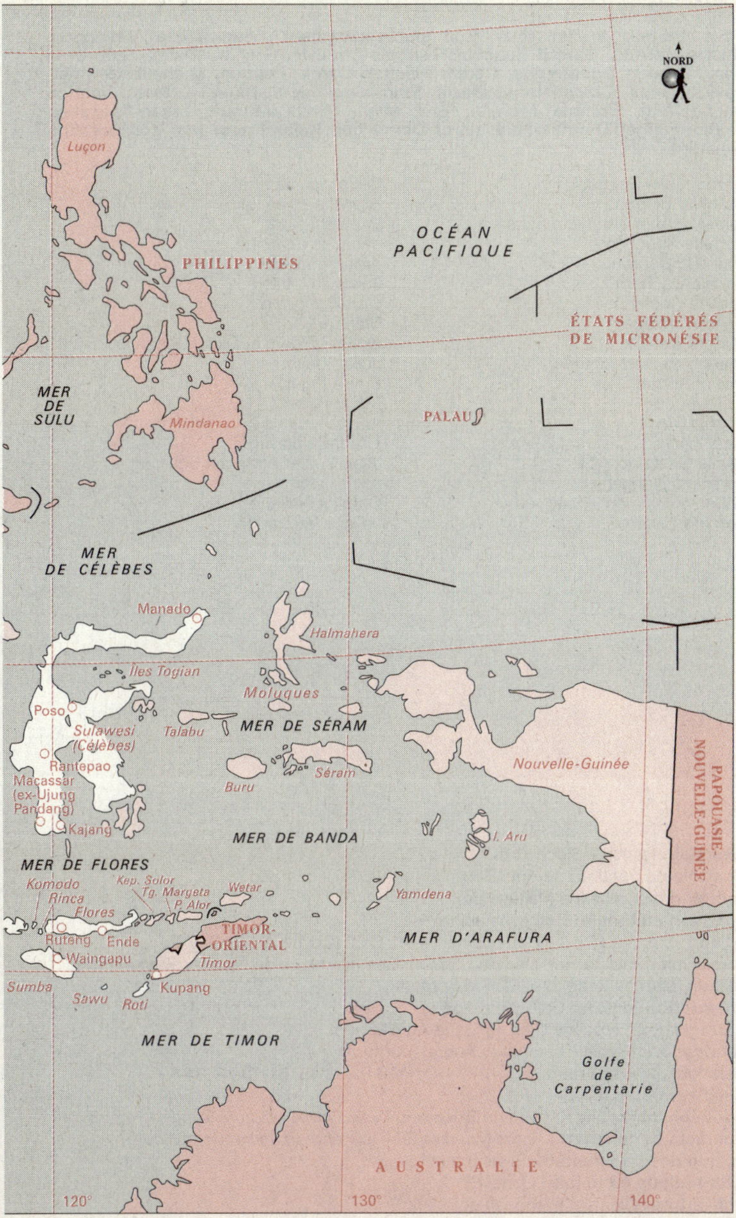
NORD
Luçon
PHILIPPINES
OCÉAN PACIFIQUE
ÉTATS FÉDÉRÉS DE MICRONÉSIE
MER DE SULU
Mindanao
PALAU
MER DE CÉLÈBES
Manado
Halmahera
Îles Togian
Moluques
Poso
Sulawesi (Célèbes)
Talabu
MER DE SÉRAM
Rantepao
Macassar (ex-Ujung Pandang)
Buru
Séram
Nouvelle-Guinée
PAPOUASIE-NOUVELLE-GUINÉE
Kajang
MER DE BANDA
I. Aru
MER DE FLORES
Komodo
Rinca
Kep. Solor
Tg. Margeta
P. Alor
Wetar
Flores
Yamdena
Ruteng
Ende
TIMOR-ORIENTAL
MER D'ARAFURA
Waingapu
Timor
Sumba
Sawu
Roti
Kupang
MER DE TIMOR
Golfe de Carpentarie
AUSTRALIE
120°
130°
140°

INDONÉSIE

Remerciements

Nous tenons à remercier tout particulièrement Loup-Maëlle Besançon, Thierry Bessou, Gérard Bouchu, François Chauvin, Grégory Dalex, Stéphanie Déro, Fabrice Doumergue, Cédric Fischer, Carole Fouque, Michelle Georget, David Giason, Claude Hervé-Bazin, Emmanuel Juste, Dimitri Lefèvre, Fabrice de Lestang, Romain Meynier, Éric Milet, Pierre Mitrano, Jean-Sébastien Petitdemange, Thomas Rivallain et Dominique Roland pour leur collaboration régulière.

Emmanuelle Bauquis
Mathilde Blanchard
Jean-Jacques Bordier-Chêne
Michèle Boucher
Mathilde Bouron
Sophie Cachard
Jeanne Cochin
Agnès Debiage
Jérôme Denoix
Joséphine Desfougères
Tovi et Ahmet Diler
Clélie Dudon
Sophie Duval
Alain Fisch
Cécile Gastaldo
Bérénice Glanger
Adrien et Clément Gloaguen
Bernard Hilaire
Sébastien Jauffret
Blanche-Flore Laize
Virginie Leibel
Jacques Lemoine
Julien Léopold
Jacques Muller
Caroline Ollion
Martine Partrat
Odile Paugam et Didier Jehanno
Julia Pouyet
Émilie Pujol
Maud Régent
Anaïs Rougale
Prakit Saiporn
Jean-Luc et Antigone Schilling
Alicia Tawil
Caroline Vallano
Juliana Verdier

Direction : Nathalie Bloch-Pujo
Contrôle de gestion : Jérôme Boulingre et Alexis Bonnefond
Secrétariat : Catherine Maîtrepierre
Direction éditoriale : Catherine Julhe
Édition : Matthieu Devaux, Géraldine Péron, Olga Krokhina, Gia-Quy Tran, Julie Dupré, Pauline Fiot, Camille Loiseau, Béatrice Macé de Lépinay, Emmanuelle Michon, Martine Schmitt et Marion Sergent
Préparation-lecture : Catherine Hidé
Cartographie : Frédéric Clémençon et Aurélie Huot
Fabrication : Nathalie Lautout et Audrey Detournay
Relations presse France : COM'PROD, Fred Papet. ☎ 01-70-69-04-69.
• *info@comprod.fr* •
Direction marketing : Adrien de Bizemont, Lydie Firmin et Laure Illand
Contacts partenariats : André Magniez (EMD). • *andremagniez@gmail.com* •
Édition des partenariats : Élise Ernest
Informatique éditoriale : Lionel Barth
Couverture : Clément Gloaguen et Seenk
Maquette intérieure : le-bureau-des-affaires-graphiques.com, Thibault Reumaux et npeg.fr
Relations presse : Martine Levens (Belgique) et Maureen Browne (Suisse)
Régie publicitaire : Florence Brunel-Jars. • *fbrunel@hachette-livre.fr* •

ITINÉRAIRES CONSEILLÉS

Une semaine

Java – 2 jours

– *Yogyakarta (1 jour) :* le palais du Sultan *(Kraton)* ; balade dans les marchés pour acheter des batiks ; voir un spectacle de *wayang Kulit.*
– *Dans les environs de Yogyakarta (1 jour) :* Borobudur (le plus vieux et le plus beau temple bouddhiste de l'Indonésie) ; Prambanan (un temple hindou en partie en ruine).

Bali – 5 jours

– *Jimbaran :* la plage et ses restos de poisson.
– *Kuta et Legian :* coucher de soleil sur la plage et achats.
– *Sanur :* Mayeur Museum.
– *Ubud :* les danses, balades dans les rizières, les musées de peinture.
– À l'est de l'île : le temple de *Besakih* et le *Water Palace* de *Tirtagganga.*

Quinze jours

Java – 6 jours

– *Yogyakarta (2 jours) :* le palais du Sultan *(Kraton)* ; le marché aux oiseaux ; balade sur Malioboro (le soir) ; balade dans les marchés pour acheter des batiks ; voir un spectacle de *wayang Kulit.*
– *Dans les environs de Yogyakarta (4 jours) :* Borobudur ; Prambanan ; Solo : visite du *Kraton* et balade dans le marché. Sans oublier les monts Bromo et Kawah Ijen.

Bali – 6 jours

– Une plage (au choix ; gros faible pour *Jimbaran*).
– *Ubud :* les danses, balades dans les rizières, les musées de peinture.
– Entre le sud de l'île et Ubud : *Batubulan, Suakawati* et *Mas.*
– À l'est de l'île : le temple de *Besakih* et le *Water Palace* de *Tirtagganga*.

Lombok – 3 jours

– Le marché d'*Ampenan.*
– Les *îles Gili* : Gili Air pour les amoureux ou jeunes mariés, Gili Trawajan ou Gili Meno plus festives.

Trois semaines ou plus

Java – 7 jours

– *Yogyakarta (2 jours) :* le palais du Sultan *(Kraton)* ; le marché aux oiseaux ; balade sur Malioboro (le soir) ; voir un spectacle de *wayang Kulit.*

– *Dans les environs de Yogyakarta (3 jours) :* Borobudur ; Prambanan ; excursion au mont Bromo.
– *Le volcan de Kawah Ijen (2 jours) :* à l'est de l'île, avec possibilité de se rendre ensuite en bateau à Bali.

Bali – 11 jours

– Une plage du Sud (au choix : *Sanur, Jimbaran, Kuta, Legian, Seminyak*).
– *Ubud :* les danses, balades dans les rizières, les musées de peinture.
– Entre le sud de l'île et Ubud : *Batubulan, Suakawati* et *Mas.*
– À l'est de l'île : le temple de *Besakih* et le *Water Palace* de *Tirtagganga.* La plage d'*Amed.*
– Au nord : les plages de *Lovina* ou *Pemuteran.*

Lombok – 6 jours

– Le marché d'*Ampenan* et la plage de *Senggigi* ou de *Mangsit.*
– Les *îles Gili* pour le snorkelling.
– Les plages du Sud : *Kuta Lombok* et ses environs.

COMMENT Y ALLER ?

LES COMPAGNIES RÉGULIÈRES

▲ **ETIHAD AIRWAYS**
– Paris : 27, rue de Berri, 75008. ☎ 01-47-42-20-00. • etihadairways.com • Ⓜ George-V. Lun-sam 7h-19h.
➢ Propose des liaisons quotidiennes avec Jakarta via Abu Dhabi depuis Roissy-Charles-de-Gaulle.

▲ **MALAYSIA AIRLINES**
– Paris : 1, rue de la Pépinière, 75008. ☎ 0892-350-810 (0,34 €/mn). • malaysiaairlines.com • Ⓜ Saint-Lazare.
➢ Malaysia Airlines propose 1 vol/j. au départ de Roissy-Charles-de-Gaulle 1 à destination de Kuala Lumpur en continuation vers Denpasar (3 vols/j.).

▲ **THAI AIRWAYS INTERNATIONAL**
– Paris : Tour Opus 12, 77, esplanade du Général-de-Gaulle, 92914 La Défense Cedex. ☎ 01-55-68-80-70. • thaiairways.fr • Ⓜ La Défense. Lun-ven 9h-12h30, 13h30-17h30 (17h ven).
➢ La compagnie assure 1 vol/j. pour Bangkok au départ de Roissy-Charles-de-Gaulle 1. Depuis Bangkok, la Thai dessert Denpasar (Bali) 5 fois/sem et Jakarta (Java) tlj.

– Un bon nombre de compagnies asiatiques assurent aussi les liaisons vers l'Indonésie : ***Singapore Airlines, Korean Airlines*** et ***Cathay.***

LES ORGANISMES DE VOYAGES

– Ne pas croire que les vols à tarif réduit sont tous au même prix pour une même destination à une même époque : loin de là. On a déjà vu, dans un même avion partagé par 2 organismes, des passagers qui avaient payé 40 % plus cher que les autres. De plus, une agence bon marché ne l'est pas forcément toute l'année (elle peut n'être compétitive qu'à certaines dates bien précises). Donc, contactez tous les organismes et jugez vous-même.
– Les organismes cités sont classés par ordre alphabétique, pour éviter les jalousies et les grincements de dents.

EN FRANCE

▲ **ASIA**
• asia.fr •
– Paris : 1, rue Dante, 75005. ☎ 01-44-41-50-10. Ⓜ Maubert-Mutualité. Lun-ven 9h-18h30 ; sam 10h-13h, 14h-17h.
– Lyon : 46, rue du Président-Herriot (entrée au 10, rue Saint-Nizier), 69002. ☎ 04-78-38-30-40. Lun-ven 9h30-12h30, 13h30-18h30 ; sam 10h-13h, 14h-17h.
– Marseille : 424, rue Paradis, 13008. ☎ 04-91-16-72-32. Lun-ven 9h30-12h30, 14h-18h30 ; sam 9h30-12h30.
– Nice : 23, rue de la Buffa, 06000. ☎ 04-93-82-41-41. Lun-ven 9h-12h30, 14h-18h30 ; sam 10h-12h.
– Toulouse : 5, rue Croix-Baragnon, 31000. ☎ 05-61-14-51-50. Lun-ven 9h30-18h30 ; sam 10h30-13h, 14h-17h.
Asia est leader des voyages sur l'Asie et propose des voyages personnalisés en individuel ou en petits groupes sur l'ensemble de la zone Asie-Pacifique, de la Jordanie à la Nouvelle-Zélande en passant par l'Ouzbékistan, l'Inde, la Mongolie, la Chine, l'Asie du Sud-Est et l'Australie. Dans chaque pays, Asia met

son expertise à la disposition de ses clients pour réaliser le voyage de ses envies. Connaissance du terrain et du patrimoine culturel, respect de l'environnement et authenticité, c'est au plus près des populations, et toujours dans l'esprit des lieux, qu'Asia fait partager ses créations « maison ». Sur les rivages idylliques de l'océan Indien à la mer de Chine, Asia a sélectionné des adresses paradisiaques et de luxueux spas pour des séjours bien-être. Mais aussi « Air Asia » : le plus vaste choix de vols de l'Asie Mineure au Pacifique aux meilleures conditions.

▲ CERCLE DES VACANCES LUXURY

– Paris : 4, rue Gomboust (angle 31, av. de l'Opéra), 75001. ☎ 01-40-15-15-01. • cercledesvacancesluxury.com • Ⓜ Pyramide ou Opéra. Lun-ven 10h-19h, sam 10h-18h. Cercle des Vacances Luxury est une marque de la société Le Cercle des Vacances.

Voyagiste spécialiste des îles de l'océan Indien et de la Polynésie française, plusieurs formules sont proposées : des séjours, des circuits, des voyages de noces sur mesure, un service Liste de mariage gratuit et un large choix d'hôtels (du *B & B* à l'hôtel de luxe). Des spécialistes de Bali sont à votre écoute pour organiser le voyage de vos rêves. Au programme : vols sur les compagnies régulières, guide local francophone, découverte des richesses de l'île, sans oublier, bien sûr, des expériences inoubliables, comme cuisiner aux côtés d'un chef balinais ou suivre les cérémonies qui rythment le quotidien des habitants.

▲ COMPTOIR DE L'INDONÉSIE

– Paris : 2, rue Saint-Victor, 75005. ☎ 01-53-10-47-99. • comptoir.fr • Ⓜ Cardinal-Lemoine. Lun-ven 9h30-18h30, sam 10h-18h30.

– Lyon : 10, quai Tilsitt, 69002. ☎ 04-72-44-13-40. Ⓜ Bellecour. Lun-sam 9h30-18h30.

– Marseille : 12, rue Breteuil, 13001. ☎ 04-84-25-21-80. Ⓜ Estrangin. Lun-sam 9h30-18h30.

– Toulouse : 43, rue Peyrolières, 31000. ☎ 05-62-30-15-00. Ⓜ Esquirol. Lun-sam 9h30-18h30.

Pour votre voyage à Bali ou dans les autres îles d'Indonésie, le Comptoir vous propose un large choix de voyages itinérants ou de séjours. Lagons bleus, rizières ou volcans... chacun, à sa manière, offre de spectaculaires paysages. Sans oublier la gentillesse des habitants. Quelles que soient vos envies, des spécialistes de l'Indonésie seront à votre écoute pour créer votre voyage sur mesure.

21 Comptoirs, plus de 60 destinations, des idées de voyages à l'infini. Comptoir des Voyages s'impose depuis 20 ans comme une référence incontournable pour les voyages sur mesure, accessible à tous les budgets. Membre de l'association ATR (Agir pour un tourisme responsable), Comptoir des Voyages a obtenu la certification Tourisme responsable AFAQ AFNOR.

▲ COMPTOIRS DU MONDE (LES)

– Paris : 84, rue Amelot, 75011. ☎ 01-44-54-84-54. • comptoirsdumonde.fr • Ⓜ Saint-Sébastien-Froissart. Lun-ven 9h30-19h, sam 11h-18h.

C'est dans ses nouveaux locaux, entourés de bambous qui rappellent l'Asie, que l'équipe des Comptoirs du Monde traitera personnellement tous vos désirs d'évasion : circuits et prestations à la carte pour tous les budgets sur toute l'Asie, le Proche-Orient, les Amériques, les Antilles, Madagascar, l'île Maurice et maintenant l'Italie. Vous pouvez aussi réserver par téléphone et régler par carte de paiement, sans vous déplacer.

▲ EVANEOS.COM

☎ 01-84-17-73-35 (lun-ven 8h-12h, 13h30-17h30). • evaneos.com •

Evaneos.com permet d'entrer directement en contact avec des agences de voyages locales, en Indonésie et partout dans le monde. Vous échangez en direct sur Internet avec un agent local, véritable spécialiste de son pays, qui construira avec vous un voyage unique. Evaneos.com apporte une proximité, une expertise et une liberté nouvelle dans l'organisation du voyage. Vous avez un accès direct à une agence locale indonésienne sélectionnée par Evaneos.com et la possibilité de faire établir un devis. Les bénéfices sont immédiats : un prix

sans intermédiaires, une prestation sur mesure de qualité. Personnel, respectueux et serein : ces valeurs de voyage sont au cœur de l'activité d'Evaneos.com depuis 2009.

▲ JAIPUR VOYAGE
– Annecy-le-Vieux : 18, rue du Pré-d'Avril, 74940. ☎ 04-57-09-80-05. • indonesie@jaipur-voyage.com • Lun-ven 9h-13h, 14h-19h.
Partez à la découverte de l'île des Dieux ! Séverine, spécialiste de Bali, vous invite à parcourir les routes sinueuses bordées de rizières verdoyantes, à gravir les sommets de ses volcans sacrés ou à vous adonner au farniente sur ses longues plages de sable blanc. Depuis le temple mythique de Tanah Lot jusqu'aux riches fonds marins de l'île Menjangan, partez rencontrer la joie de vivre balinaise ! Votre itinéraire à la carte, et devis sur mesure gratuit.

▲ NOSTALASIE
– Paris : 19, rue Damesme, 75013. ☎ 01-43-13-29-29. • ann.fr • Ⓜ Tolbiac. Sur rdv ; permanences lun-ven 10h-13h, 15h-18h ; sam sur rdv.
Parce qu'il n'est pas toujours aisé de partir seul, NostalAsie, un tour-opérateur indépendant, propose de véritables voyages sur mesure en Asie, notamment à Bali, des lieux les plus connus jusqu'aux contrées les plus reculées, en individuel ou en groupe déjà constitué. Deux formules au choix : *Les Estampes* avec billets d'avion, logements, transferts entre les étapes, ou *Les Aquarelles* avec en plus un guide et une voiture privée à chaque étape. Vous trouverez sur le site internet des idées d'itinéraires que vous pourrez ensuite personnaliser et adapter selon vos envies avec Ylinh, la chaleureuse directrice grande connaisseuse de l'Asie, et son équipe de jeunes passionnés qui vous donneront des conseils avisés pour réussir votre voyage.

▲ NOUVELLES FRONTIÈRES
Rens et résas au ☎ 0825-000-747 (0,15€/mn), sur • nouvelles-frontieres.fr •, dans les agences de voyages, et agences Nouvelles Frontières et Marmara.
Depuis plus de 45 ans, Nouvelles Frontières fait découvrir le monde au plus grand nombre au travers de séjours aussi merveilleux qu'insoupçonnés, à la découverte de nouveaux paysages et de nouveaux visages ainsi que de rencontres riches en émotions. Selon votre budget ou vos désirs, plus de 100 destinations à choisir parmi 240 circuits ou bien en séjours et voyages à la carte à personnaliser selon vos envies. Rendez-vous sur le Web ou en agence où les conseillers Nouvelles Frontières seront à votre écoute pour mettre le voyage d'exception à votre portée et composer votre voyage selon vos souhaits.

▲ ROUTE DES VOYAGES (LA)
• route-voyages.com •
– Paris : 10, rue Choron, 75009. ☎ 01-55-31-98-80. Ⓜ Notre-Dame-de-Lorette.
– Annecy : 4 bis, av. d'Aléry, 74000. ☎ 04-50-45-60-20.
– Bordeaux : 19, rue des Frères-Bonie, 33000. ☎ 05-56-90-11-20.
– Lyon : 59, rue Franklin, 69002. ☎ 04-78-42-53-58.
– Toulouse : 9, rue Saint-Antoine-du-T, 31000. ☎ 05-62-27-00-68.
Agences ouv lun-ven 9h-19h (18h ven) ; sam sur rdv.
20 ans d'expérience de voyages sur mesure sur les cinq continents ! Cette équipe de voyageurs passionnés a développé un vrai savoir-faire du voyage personnalisé : écoute, conseils, voyages de repérage réguliers et des correspondants sur place soigneusement sélectionnés avec qui ils travaillent en direct. Son engagement à promouvoir un tourisme responsable se traduit par des possibilités de séjours solidaires à insérer dans les itinéraires de découverte individuels. Elle a aussi créé un programme de compensation territoriale qui permet de financer des projets de développement locaux.

▲ TERRES D'AVENTURE
☎ 0825-70-08-25 (0,15 €/mn). • terdav.com •
– Paris : 30, rue Saint-Augustin, 75002. Ⓜ Opéra ou Quatre-Septembre. Lun-sam 9h30-19h.
– Agences également à Bordeaux, Chamonix, Grenoble, Lille, Lyon, Marseille,

L'Indonésie en version originelle
On oublie parfois qu'on a cinq sens.

Nantes, Rennes, Rouen, Strasbourg et Toulouse.

Depuis 1976, Terres d'Aventure, spécialiste du voyage à pied, propose aux voyageurs passionnés de marche et de rencontres des randonnées hors des sentiers battus à la découverte des grands espaces de notre planète. Voyages à pied, à cheval, en bateau, à raquettes... sur tous les continents, des aventures en petits groupes ou en individuel encadrées par des professionnels expérimentés. Les hébergements dépendent des sites explorés : camps d'altitude, bivouac, refuges ou petits hôtels. Les voyages sont conçus par niveaux de difficulté : de la simple balade en plaine à l'expédition sportive en passant par la course en haute montagne.

En province, certaines de leurs agences sont de véritables *Cités des Voyageurs* dédiées au voyage : librairies spécialisées, boutiques d'accessoires de voyage, expositions-vente d'artisanat et cocktails-conférences. Consultez le programme des manifestations sur leur site internet.

▲ TERRES LOINTAINES

– Issy-les-Moulineaux : 2, rue Maurice-Hartmann, 92130. ☎ 01-84-19-44-45. • terres-lointaines.com • Sur rdv uniquement ou par tél, lun-ven 8h30-19h30, sam 9h-18h.

Véritable créateur de voyages sur mesure, Terres Lointaines est un spécialiste reconnu du long-courrier sur plus de 30 destinations en Amérique, en Afrique et en Asie, et qui assure des prix compétitifs et un discours de transparence. Grâce à une sélection rigoureuse de partenaires sur place et un large choix d'hébergements de petite capacité et de charme, Terres Lointaines propose des voyages de qualité et hors des sentiers battus. Les circuits itinérants sont déclinables à l'infini pour coller parfaitement à toutes les envies et tous les budgets. En plus d'un contact privilégié avec un expert du pays, le site internet, illustré par de nombreuses photos, des cartes interactives et des informations pratiques, commencera à vous faire voyager.

▲ VOYAGES-SNCF.COM

– Infos et résas depuis la France : • voyages-sncf.com • et sur tablette et mobile avec l'appli V. Hôtels (toute l'offre hôtels).

– Réserver un vol, un hôtel, une voiture : ☎ 0899-500-500 (1,35 € l'appel, puis 0,34 €/mn).

– Une question sur votre commande ? Site internet rubrique Contact, ou ☎ 09-70-60-99-60 (n° non surtaxé).

Voyages-sncf.com, distributeur de voyages en ligne de la SNCF, vous propose ses meilleurs prix d'avion, d'hôtel, de séjours et de location de voitures dans le monde entier. Accédez aussi à ses services exclusifs : billets à domicile, offres de dernière minute, promotions...

▲ VOYAGEURS EN INDONÉSIE (Bali, Célèbes, Java, Lombok, Sumatra)

– Paris : La Cité des Voyageurs, 55, rue Sainte-Anne, 75002. ☎ 01-42-86-17-00. Ⓜ Opéra ou Pyramides. Lun-sam 9h30-19h. Avec une librairie spécialisée sur les voyages.

– Également des agences à Bordeaux, Grenoble, Lille, Lyon, Marseille, Montpellier, Nantes, Nice, Rennes, Rouen, Strasbourg, Toulouse, ainsi qu'à Bruxelles et Genève.

Parce que chaque voyageur est différent, que chacun a ses rêves et ses idées pour les réaliser, Voyageurs du Monde conçoit, depuis plus de 30 ans, des projets sur mesure. Les séjours proposés sur 120 destinations sont élaborés par leurs 180 conseillers voyageurs. Spécialistes par pays et même par région, ils vous aideront à personnaliser les voyages présentés à travers une trentaine de brochures d'un nouveau type et sur le site internet où vous pourrez également découvrir les hébergements exclusifs et consulter votre espace personnalisé.

Au cours de votre séjour, vous bénéficiez des services personnalisés Voyageurs du Monde, dont la possibilité de modifier à tout moment votre voyage, l'assistance d'un concierge local, la mise en place de rencontres et de visites privées, et l'accès à votre carnet de voyage via une application iPhone et Androïd.

Voyageurs du Monde est membre de l'association ATR (Agir pour un tourisme responsable) et a obtenu la

certification Tourisme responsable AFAQ AFNOR.

Comment aller à Roissy et à Orly ?

Bon à savoir :
– le ***pass Navigo*** est valable pour Roissy-Rail (RER B, zones 1-5) et Orly-Rail (RER C, zones 1-4). Les week-ends et j. fériés, le *pass Navigo* est dézoné, ce qui permet à ceux qui n'ont que les zones 1 à 3 d'aller tout de même jusqu'aux aéroports sans frais supplémentaires ;
– le ***billet Orly-Rail*** permet d'accéder sans supplément aux réseaux métro et RER.

> Conservez dans votre bagage cabine vos médicaments, vos divers chargeurs et appareils ainsi que vos objets de valeur (clés et bijoux). Et on ne sait jamais, ajoutez-y de quoi vous changer si vos bagages n'arrivaient pas à bon port avec vous.

À Roissy-Charles-de-Gaulle 1, 2 et 3

Attention : si vous partez de Roissy, pensez à vérifier de quelle aérogare votre avion décolle, car la durée du trajet peut considérablement varier en fonction de cette donnée.

En transports collectifs

Les cars Air France : ☎ *0892-350-820 (0,34 €/mn).* • *lescarsairfrance.com* • *Paiement par CB possible à bord.*
Le site internet diffuse les informations essentielles sur le réseau (lignes, horaires, tarifs...) permettant de connaître en temps réel le trafic afin de mieux planifier son départ. Il permet d'acheter à un tarif spécial et d'imprimer les billets électroniques pour accéder aux bus.
➢ *Paris-Roissy :* départ pl. de l'Étoile (1, av. Carnot), avec un arrêt pl. de la Porte-Maillot (bd Gouvion-Saint-Cyr). Départs ttes les 30 mn, 5h45-23h. Durée du trajet : env 1h. Tarifs : 17 € l'aller simple, 29 € l'A/R ; réduc enfants 2-11 ans.
Autres départs depuis la gare Montparnasse (arrêt rue du Commandant-Mouchotte, face à l'hôtel *Pullman*), ttes les 30 mn, 6h-22h, avec un arrêt gare de Lyon (20 bis, bd Diderot). Tarifs : 17 € l'aller simple, 28,50 € l'A/R ; réduc enfants 2-11 ans.
➢ *Roissy-Paris :* les cars *Air France* desservent la pl. de la Porte-Maillot, avec un arrêt bd Gouvion-Saint-Cyr, et se rendent ensuite au terminus de l'av. Carnot. Départs ttes les 30 mn, 5h45-23h, des terminaux 2A et 2C (porte C2), 2E et 2F (niveau « Arrivées », porte E8 ou F9), 2B et 2D (porte B1), et du terminal 1 (porte 32, niveau « Arrivées »).
À destination de la gare de Lyon et de la gare Montparnasse, départs ttes les 30 mn, 6h-22h, des mêmes terminaux. Durée du trajet : env 1h15.

Roissybus : *32-46 (0,34 €/mn).* • *ratp.fr* • Départs de la pl. de l'Opéra (angle rues Scribe et Auber) ttes les 15 mn (20 mn à partir de 20h, 30 mn à partir de 22h), 5h15-0h30. Durée du trajet : 1h. De Roissy, départs 6h-0h30 des terminaux 1, 2A, 2B, 2C, 2D et 2F, et à la sortie du hall d'arrivée du terminal 3. Tarif : 10,50 €.

Bus RATP n° 351 : de la pl. de la Nation, 5h35-20h20. Solution la moins chère mais la plus lente. Compter 3 tickets ou 5,70 € et 1h40 de trajet. Ou ***bus n° 350,*** de la gare de l'Est (1h15 de trajet). Arrivée Roissypôle-gare RER.

RER ligne B + navette : ☎ *32-46 (0,34 €/mn).* Départs ttes les 15 mn, 4h53-0h20 depuis la gare du Nord et à partir de 5h26 depuis Châtelet. À Roissy-Charles-de-Gaulle, descendre à la station (il y en a 2) qui dessert le bon terminal. De là, prendre la navette adéquate. Compter 50 mn de la gare du Nord à l'aéroport (navette comprise), mais mieux vaut prendre de la marge. Tarif : 10,90 €. *Pass Navigo* valable sans frais supplémentaires pour les aéroports.

– Si vous venez du Nord, de l'Ouest ou du Sud de la France en train, vous pouvez rejoindre les aéroports de Roissy sans passer par Paris, la gare SNCF Paris-Charles-de-Gaulle étant reliée aux réseaux TGV.

Voyageurs
DU MONDE
LE VOYAGE
COMME VOUS L'IMAGINEZ
Conseillers spécialisés par régions, attentions personnalisées, service local de conciergerie unique, et partenariat exclusif permettant de gagner des miles à chaque voyage : découvrez une autre façon de voyager.
VOYAGEURSDUMONDE.FR
SPÉCIALISTE DU VOYAGE INDIVIDUEL PERSONNALISÉ
licence : IM075100084 © M. Osmont/Voyageurs

En taxi

Pensez aussi aux nouveaux services de transport qui se développent dans la capitale, et qui pourraient être adaptés à vos besoins :

– ***WeCab :*** ☎ *01-41-27-66-77.* • *wecab.com* • *Remise de 10 % pour nos lecteurs avec le code « routard2015 » au paiement.* Une formule de taxi partagé (avoir un peu de souplesse horaire donc, max 2 arrêts), fonctionnant entre les aéroports parisiens et Paris, ainsi qu'une quarantaine de villes en Île-de-France, tarifs forfaitaires (paiement à l'avance en ligne).

– ***Marcel :*** ☎ *0892-230-300.* • *marcel.cab* • *Appli Marcel Chauffeur sur iPhone et Android. 15 % de réduc pour toute résa effectuée plus de 48h à l'avance. Remise supplémentaire de 10 % pour nos lecteurs avec le code promo « routard ».* Service sur Paris et Île-de-France, tarifs fixes avantageux et connus à la réservation. Aucuns frais en sus pour les bagages, passagers supplémentaires ou l'approche. Réservation gratuite par Internet ou via l'application, payante par téléphone.

En voiture

Chaque terminal a son propre parking. Compter 36 € par tranche de 24h. Également des parkings longue durée (PR et PX), plus éloignés des terminaux, qui proposent des tarifs plus avantageux (forfait 24h 26 €, forfait 7 j. 158 €). Possibilité de réserver sa place de parking via le site • *aeroportsdeparis.fr* • Stationnement au parking Vacances (longue durée) dans le P3 Résa (terminaux 1 et 3) situé à 2 mn du terminal 3 à pied, ou dans le PAB (terminal 2). Formules de stationnement 1-30 j. (115-230 €) pour le P3 Résa. Résa w-e 4 j. au PAB : 49 €. Réservation sur Internet uniquement. Les P1, PAB et PEF accueillent les deux-roues : 15 € pour 24h.

Comment se déplacer entre Roissy-Charles-de-Gaulle 1, 2 et 3 ?

Les rames du CDG-VAL font le lien entre les 3 terminaux en 8 mn. Fonctionne tlj, 24h/24. Gratuit. Accessible aux personnes à mobilité réduite. Départs ttes les 4 mn, et ttes les 20 mn minuit-4h. Desserte gratuite vers certains hôtels, parkings, gares RER et gares TGV. *Infos au ☎ 39-50.*

À Orly-Sud et Orly-Ouest

En transports collectifs

🚌 ***Les cars Air France :*** ☎ *0892-350-820 (0,34 €/mn).* • *lescarsairfrance.com* • *Tarifs : 12,50 € l'aller simple, 21 € l'A/R ; réduc 2-11 ans. Paiement par CB possible dans le bus.*

➢ *Paris-Orly :* départs de l'Étoile, 1, av. Carnot, ttes les 30 mn, 5h-22h40. Arrêts au terminal des Invalides, rue Esnault-Pelterie (Ⓜ Invalides), gare Montparnasse (rue du Commandant-Mouchotte, face à l'hôtel *Pullman* ; Ⓜ Montparnasse-Bienvenüe, sortie « Gare SNCF ») et porte d'Orléans (arrêt facultatif uniquement dans le sens Orly-Paris). Compter env 1h.

➢ *Orly-Paris :* départs ttes les 20 mn, 6h30-23h40, d'Orly-Sud, porte L, et d'Orly-Ouest, porte D, niveau « Arrivées ».

🚆 ***RER C + navette :*** ☎ *01-60-11-46-20.* • *transdev-idf.com* • Prendre le RER C jusqu'à Pont-de-Rungis (un RER ttes les 15-30 mn). Compter 25 mn depuis la gare d'Austerlitz. Ensuite, navette pdt 15-20 mn pour Orly-Sud et Orly-Ouest. Compter 6,60 €. Très recommandé les jours où l'on piétine sur l'autoroute du Sud (w-e et jours de grands départs) : on ne sera jamais en retard. Pour le retour, départs de la navette ttes les 15 mn depuis la porte G à Orly-Ouest (5h40-23h14) et la porte F à Orly-Sud (4h45-0h55).

🚌 ***Orlybus :*** • *ratp.fr* • Compter 20-30 mn pour rejoindre Orly (Ouest ou Sud) et 7,50 € l'aller simple.

➢ *Paris-Orly :* départs ttes les 15-20 mn de la pl. Denfert-Rochereau. Orlybus fonctionne tlj 5h35-23h, jusqu'à minuit ven, sam et veilles de fêtes.

➢ *Orly-Paris :* départ d'Orly-Sud, porte H, quai 4, ou d'Orly-Ouest, porte J, niveau « Arrivées ». Fonctionne tlj 6h-23h20, jusqu'à 0h20 ven, sam et veilles de fêtes.

🚆 ***Orlyval :*** ☎ *32-46 (0,34 €/mn).* • *ratp.fr* • Compter 11,65 € l'aller simple entre Orly et Paris. La jonction

se fait à Antony (ligne B du RER) sans aucune attente. Permet d'aller d'Orly à Châtelet et vice versa en 40 mn env, sans se soucier de la densité de la circulation automobile.

➢ *Paris-Orly :* départs pour Orly-Sud et Ouest ttes les 6-8 mn, 6h-23h.

➢ *Orly-Paris :* départs d'Orly-Sud, porte K, zone livraison des bagages, ou d'Orly-Ouest, porte A, niveau 1.

En taxi

Pensez aussi aux nouveaux services de transport de personnes qui se développent dans la capitale et pourraient être adaptés à vos besoins (voir plus haut les solutions en taxi proposées pour se rendre à Roissy).

En voiture

– ***Parkings aéroports :*** à proximité d'Orly-Ouest, parkings P0 et P2. À proximité d'Orly-Sud, P1, P2 et P3 (à 50 m du terminal, accessible par tapis roulant). Compter 28,50 € pour 24h de stationnement. Les parkings P0 et P2 (Orly-Ouest) ainsi que P6 (Orly-Sud), à proximité immédiate des terminaux, proposent des forfaits intéressants, dont le « Week-end ». Forfaits disponibles aussi pour les P4 et P5 (éloignés) : 24-27 € pour 24h. Il existe des forfaits « Vacances » intéressants à partir de 6 j. et jusqu'à 45 j. (100-300 €) aux P2 et P6.

Les P4, P7 (en extérieur) et P5 (couvert) sont des parkings longue durée, plus excentrés, reliés en 10 mn par navettes gratuites aux terminaux. *Rens : ☎ 01-49-75-56-50.* Comme à Roissy, possibilité de réserver en ligne sa place de parking (P0 et P7) sur *• aeroportsdeparis.fr •* Les frais de résa (en sus du parking) sont de 8 € pour 1 j., de 12 € pour 2-3 j. et de 20 € pour 4-10 j. de stationnement pour le P0. Les parkings P0-P2 à Orly-Ouest et P1-P3 à Orly-Sud accueillent les deux-roues : 6,20 € pour 24h.

– À proximité, ***Econopark*** : possibilité de laisser sa voiture à Chilly-Mazarin *(13, rue Denis-Papin, ZA La Vigne-aux-Loups, 91380 ; à env 10 mn d'Orly ; proche A 6 et A 10).* De 1 à 28 j., compter 30-166 €. Trajet A/R vers Orly en minibus (sans supplément). Option parking couvert possible. Réservation et paiement en ligne *• econopark.fr •* ou *☎ 01-60-14-85-62.*

Liaisons entre Orly et Roissy-Charles-de-Gaulle

Les cars Air France : *☎ 0892-350-820 (0,34 €/mn). • lescarsairfrance.com •* Départs de Roissy-Charles-de-Gaulle depuis les terminaux 1 (porte 32), 2A et 2C (porte C2), 2B et 2D (porte B1), 2E et 2F (porte E8 ou F9) vers Orly 5h55-22h30. Départs d'Orly-Sud (porte D) et d'Orly-Ouest (porte L) vers Roissy-Charles-de-Gaulle 6h30 (7h le w-e)-22h30. Ttes les 30-45 mn (dans les 2 sens). Durée du trajet : env 1h30. Tarif : 21 €, 35,50 € A/R ; réduc.

RER B + Orlyval : *☎ 32-46 (0,34 €/mn).* Depuis Roissy, navette puis RER B jusqu'à Antony et enfin Orlyval entre Antony et Orly, 6h-22h15. Tarif : 19,50 €.

EN BELGIQUE

▲ CONTINENTS INSOLITES

– Bruxelles : rue César-Franck, 44A, 1050. ☎ 02-218-24-84. • continentsinsolites.com • Lun-ven 10h-18h, sam 10h-13h.

Continents Insolites, organisateur de voyages lointains sans intermédiaire, propose une gamme étendue de formules de voyage détaillées dans leur guide annuel gratuit sur demande.

– *Voyages découverte sur mesure :* à partir de 2 personnes. Un grand choix d'hébergements soigneusement sélectionnés, du petit hôtel simple à l'établissement luxueux et de charme.

– *Circuits découverte en minigroupes :* de la grande expédition au circuit accessible à tous. Des circuits à dates fixes dans plus de 60 pays en petits groupes francophones de 7 à 12 personnes. Avant chaque départ, une réunion est organisée. Voyages encadrés par des guides francophones, spécialistes des régions visitées.

▲ NOUVELLES FRONTIÈRES

– Nombreuses agences dans le pays, dont Bruxelles, Charleroi, Liège, Mons, Namur, Waterloo, Wavre,

L'ASIE en PROFONDEUR
en LARGEUR
en HAUTEUR
en LONGUEUR
Les meilleures astuces pour aller en Asie, dans les meilleures conditions
Sur rendez-vous :
NostalAsie - NostaLatina
19, rue Damesme, Paris 13è
Métro : Tolbiac
Tél. : 01.43.13.29.29
courriel : info@ann.fr
Blog: nostalasie.com - Devenez fans de notre page Facebook NostalAsie
www.ann.fr
le véritable voyage sur-mesure depuis 1994
NostalAsie

TERRES LOINTAINES
VOS ENVIES | NOS VOYAGES
Découvrez nos circuits sur mesure et en petit groupe au prix le plus juste
ENVIE DE PARTIR AVEC NOUS ?
01 84 19 44 45
RETROUVEZ NOS ÉVASIONS
→ www.terres-lointaines.com

et au Luxembourg. ● nouvelles-frontieres.be ●
Voir texte dans la partie « En France ».

▲ PAMPA EXPLOR

– Bruxelles : av. Brugmann, 250, 1180. ☎ 02-340-09-09. ● pampa.be ● Lun-ven 9h-19h, sam 10h-17h. Également sur rdv, dans leurs locaux ou à votre domicile.
Spécialiste des voyages « à la carte », Pampa Explor propose plus de 70 % de la « planète bleue », selon les goûts, attentes, centres d'intérêt et budget de chacun. Du Costa Rica à l'Indonésie, de l'Afrique australe à l'Afrique du Nord, de l'Amérique du Sud aux plus belles croisières, Pampa Explor privilégie des découvertes authentiques et originales. Pour ceux qui apprécient la jungle et les Pataugas ou ceux qui préfèrent les voyages de luxe, en individuel ou en petits groupes, mais toujours « sur mesure ».

▲ TERRES D'AVENTURE

– Bruxelles : chaussée de Charleroi, 23, 1060. ☎ 02-543-95-60. ● terdav.com ● Lun-sam 10h-19h.
Voir texte dans la partie « En France ».

▲ VOYAGEURS DU MONDE

– Bruxelles : chaussée de Charleroi, 23, 1060. ☎ 02-543-95-50. ● voyageursdumonde.com ●
Voir texte « Voyageurs en Indonésie » dans la partie « En France ».

EN SUISSE

▲ ASIA

– Genève : c/o Fert et Cie Voyages, rue Le Corbusier, 22 A, CP 2364, CH-1211 Genève 2. ☎ 022-839-43-92.
Voir texte dans la partie « En France ».

▲ HORIZONS NOUVEAUX

– Verbier : rue de Medran, 6, CP 196, 1936. ☎ 027-771-71-71. ● horizonsnouveaux.com ● Lun-ven 9h-12h, 14h-18h ; sam sur rdv.
Horizons Nouveaux est le tour-opérateur suisse spécialisé dans les régions qui vont de l'Asie centrale à l'Asie du Sud en passant par les pays himalayens, tels que l'Inde, le Sri Lanka, le Népal, le Tibet, la Birmanie, le Cambodge, le Laos, Java ou encore Bali. Nicolas Jaques et Paul Kennes, qui voyagent dans ces régions depuis plus de 20 ans, organisent principalement des voyages à la carte, des voyages culturels à thème, des trekkings souvent inédits et des expéditions. Photographes et auteurs de nombreux reportages sur ces destinations, ils pourront vous renseigner sur tous les aspects du pays choisi et vous aider à préparer votre voyage dans les meilleures conditions.

▲ JERRYCAN

– Genève : rue Sautter, 11, 1205. ☎ 022-346-92-82. ● jerrycan-travel.ch ● Lun-ven 9h-18h.
Tour-opérateur de la Suisse francophone spécialisé sur l'Afrique, l'Asie et l'Amérique latine. Trois belles brochures proposent des circuits individuels et sur mesure. L'équipe connaît bien son sujet et peut construire un voyage à la carte.

▲ STA TRAVEL

☎ 058-450-49-49. ● statravel.ch ●
– Fribourg : rue de Lausanne, 24, 1701. ☎ 058-450-49-80.
– Genève : rue de Rive, 10, 1204. ☎ 058-450-48-00.
– Genève : rue Vignier, 3, 1205. ☎ 058-450-48-30.
– Lausanne : bd de Grancy, 20, 1006. ☎ 058-450-48-50.
– Lausanne : à l'université, Anthropole, 1015. ☎ 058-450-49-20.
Agences spécialisées notamment dans les voyages pour jeunes et étudiants. 150 bureaux STA et plus de 700 agents du même groupe répartis dans le monde entier sont là pour donner un coup de main *(Travel Help)*. STA propose des tarifs avantageux : vols secs *(Blue Ticket)*, hôtels, écoles de langue, *work & travel*, circuits d'aventure, voitures de location, etc. Délivre aussi la carte internationale d'étudiant et la carte Jeune.

▲ TERRES D'AVENTURE

– Genève : Neos Voyages, rue des Bains, 50, 1205. ☎ 022-320-66-35. ● geneve@neos.ch ●
– Lausanne : Neos Voyages, rue Simplon, 11, 1006. ☎ 021-612-66-00. ● lausanne@neos.ch ●
Voir texte dans la partie « En France ».

▲ TUI – NOUVELLES FRONTIÈRES

– Genève : rue Chantepoulet, 25, 1201.
☎ 022-716-15-70.
– Lausanne : bd de Grancy, 19, 1006.
☎ 021-616-88-91.
Voir texte dans la partie « En France ».

AU QUÉBEC

▲ EXOTIK TOURS

Rens sur • exotiktours.com • ou auprès de votre agence de voyages.
Exotik Tours offre une importante programmation en été comme en hiver sur la Méditerranée et l'Europe. Ses circuits estivaux se partagent notamment entre la France, l'Autriche, la Grèce, la Turquie, l'Italie, la Croatie, le Maroc, la Tunisie, la République tchèque, la Russie, la Thaïlande, le Vietnam, la Chine... L'hiver, des séjours sont proposés dans le Bassin méditerranéen et en Asie (Thaïlande et Bali). Durant cette saison, on peut également opter pour des combinés plage + circuit. Dans la rubrique « Grands voyages », le voyagiste suggère des périples en petits groupes ou en individuel. Au choix : l'Amérique du Sud, le Pacifique Sud, l'Afrique, l'Inde et le Népal. Le voyagiste a par ailleurs créé une nouvelle division : Carte Postale Tours (circuits en autocar au Canada et aux États-Unis).

▲ TOURS CHANTECLERC

• tourschanteclerc.com •
Tours Chanteclerc est un tour-opérateur qui publie différentes brochures de voyages : Europe, Amérique du Nord, Amérique du Sud, Asie et Pacifique Sud, Afrique et le Bassin méditerranéen en circuits ou en séjours. Il s'adresse aux voyageurs indépendants qui réservent un billet d'avion, un hébergement (dans toute l'Europe), des excursions ou une voiture de location. Également spécialiste de Paris, le tour-opérateur offre une vaste sélection d'hôtels et d'appartements dans la Ville Lumière.

▲ TRANSAT DÉCOUVERTES

• transatdecouvertes.com •
Ce voyagiste propose quelque 25 destinations à la carte ou en circuit organisé, de l'Inde à la Thaïlande en passant par le Vietnam, la Chine, Bali, l'Europe centrale, la Russie, la Grèce, la Turquie, l'Italie, la Croatie, le Maroc, l'Espagne, le Portugal, la Tunisie ou l'Égypte. Également des programmes en Scandinavie, l'Italie en circuit, ou Israël en combiné avec l'Égypte.

UNITAID

UNITAID a été créé pour lutter contre le VIH/sida, le paludisme et la tuberculose, les trois principales maladies meurtrières dans les pays en développement. UNITAID intervient dans 94 pays en facilitant l'accès aux médicaments et aux diagnostics, et en en baissant les prix, dans les pays en développement. Le financement d'UNITAID provient principalement d'une contribution de solidarité sur les billets d'avion mise en place par six pays membres dont la France. Les financements d'UNITAID ont permis à près d'un million de personnes atteintes du VIH/sida de bénéficier d'un traitement et de délivrer plus de 19 millions de traitements contre le paludisme. Moins de 5 % des fonds sont utilisés pour le fonctionnement du programme, 95 % sont utilisés directement pour les médicaments et les tests. Pour en savoir plus : *• unitaid.eu •*

QUITTER BALI, LOMBOK OU JAVA

– ***Attention :*** dépasser sa date limite de séjour en Indonésie donne lieu à une amende d'environ 20 US$/j. Il est déconseillé de dépasser une semaine d'*overstay*.

EN AVION

Ne pas oublier de garder des roupies pour régler la taxe d'aéroport en repartant : 150 000 Rps pour un vol international et en moyenne 40 000 Rps pour un vol intérieur (45 000 Rps à Lombok). Il existe cependant une exception pour les aéroports de Bali, Surabaya, Balikpapan et Medan, où les vols internationaux sont taxés à 200 000 Rps et les vols intérieurs à 75 000 Rps (60 000 Rps à Medan). En principe, ces taxes devraient être incluses dans le prix des billets d'avion, quelle que soit la compagnie, à partir de janvier 2015.
L'Indonésie est desservie par toutes les compagnies internationales, notamment celles couvrant la zone d'Asie du Sud-Est, du Pacifique et de l'océan Indien, comme Thai Airways, Air India, Malaysia Airlines, Cathay Pacific, Japan Airlines, Singapore Airlines, Qantas ou encore la compagnie *low cost* Air Asia. Les aéroports internationaux sont à Denpasar pour Bali, et à Djakarta ou éventuellement Surabaya (quelques vols asiatiques) pour Java.
L'aéroport de Lombok n'est desservi que par Silkair comme compagnie aérienne internationale, cette dernière étant en *codeshare* avec Singapore Airlines. Il est en revanche desservi par d'autres compagnies, domestiques (Garuda).

EN BATEAU

Pas de service direct depuis Bali et Lombok. À Java, vous pouvez embarquer à Jakarta ou à Semarang. Les aficionados devront d'abord rejoindre l'île de Batam (archipel de Riau, proche de la côte nord de Sumatra) où il existe des liaisons en ferry ou en *speed-ferry* pour la ***Malaisie*** et ***Singapour.***

PAR LA VOIE TERRESTRE

Java, Bali et Lombok n'ont pas de frontières terrestres avec d'autres pays.

BALI, LOMBOK UTILE

ABC DE L'INDONÉSIE

- *Superficie :* 1 904 570 km² ; 5 160 km d'est en ouest et 1 760 km du nord au sud, soit presque quatre fois la France.
- *Nombre d'îles :* l'archipel indonésien, le plus vaste du monde, compte 18 306 îles, dont environ 6 000 non habitées. Seul un tiers de ces îles porte un nom ! Avis aux apprentis Robinson !
- *Population :* 253 609 643 habitants (2014).
- *Âge moyen et espérance de vie :* 29 ans et 72 ans.
- *Capitale :* Jakarta. Plus de 10,2 millions d'habitants, et 25,6 millions pour le très grand Jakarta, la conurbation Jabodetabek ; 35 millions d'habitants prévus en 2020 !
- *Autres grandes villes :* Yogyakarta (Java), Surabaya (Java), Medan (Sumatra), Macassar (Sulawesi), Denpasar (Bali).
- *Monnaie :* roupie indonésienne *(rupiah).* Sigle : Rps.
- *PIB :* 689,7 milliards d'euros (2014).
- *Langues :* le *bahasa indonesia* (langue officielle), proche du malais, et plus de 670 langues ethniques et dialectes. Anglais utile.
- *Régime politique :* république dotée d'un régime présidentiel. Président élu en juillet 2014 : Joko Widodo.
- *Religions :* l'Indonésie est le premier pays musulman du monde, avec environ 87 % de la population croyante. L'islam sunnite est officiellement religion d'État, mais les lois républicaines et les lois religieuses restent distinctes. Il y a plusieurs minorités chrétiennes, catholiques et protestantes (10 % au total). Le bouddhisme (surtout chinois) et l'animisme sont toujours vivaces. Bali est majoritairement hindouiste.
- *Groupes ethniques :* plus de 300 ethnies.

AVANT LE DÉPART

Adresses utiles

En France

- ***Office de tourisme de l'Indonésie*** (non ouvert au grand public) **:** *c/o Interface Tourism. ☎ 01-53-25-12-10. • indonesie@interfacetourism.com • tourisme-indonesie.fr •*
- ***Ambassade d'Indonésie :*** *47-49, rue Cortambert, 75116 Paris. ☎ 01-45-03-07-60. • amb-indonesie.fr • Ⓜ Passy ou Rue-de-la-Pompe. Pour tte demande de visa, lun-ven 9h30-12h30.* Pas de demande de visa à distance. Formulaire téléchargeable sur le site internet. S'obtient en 7 jours ouvrables.
- ***Consulat d'Indonésie :*** *25, bd Carmagnole, 13008 Marseille. ☎ 04-91-23-01-60. • cons-indonesie.com • Lun-ven 9h30-12h30.*

En Belgique

- ***Ambassade d'Indonésie :*** *av. Tervueren, 294, Bruxelles 1150. ☎ 32-2-771-20-14. • embassyofindonesia.eu • Pour tte demande de visa, lun-ven 9h-12h30. Également une antenne bd de la Woluwe, 38, Bruxelles 1200. ☎ 32-2-779-09-15. Service d'infos touristiques lun-ven 9h-17h.*

En Suisse

- ***Ambassade et consulat d'Indonésie :*** *Elfenauweg, 51, 3006 Berne. ☎ 031-352-09-83 ou 84. • indonesia-bern.org • Pour tte demande de visa, lun-ven 9h-12h.*

Au Canada

■ ***Ambassade et consulat d'Indonésie :*** *55 Parkdale Ave, Ottawa, Ontario, K1Y 1E5. ☎ (613) 724-1100. • consular.indonesia-ottawa.org • Lun-jeu 9h30-12h (dépôt des demandes slt), 14h-16h (pour récupérer son visa slt), ven 9h30-12h (pas de demande de visa ven).* Le visa est disponible sous 3 à 5 jours.

Visa et passeport

Dernière minute (mars 2015) : le visa devrait être supprimé en 2015 pour les ressortissants français, belges, suisses et canadiens. Bien se renseigner !

Attention : un ***visa touristique*** est ***obligatoire*** pour une cinquantaine de pays, dont la France, la Belgique, la Suisse et le Canada. Deux possibilités pour l'obtenir :

– avant votre départ, auprès de l'ambassade d'Indonésie (lire plus haut). Il coûte 40 € et est valable 60 jours. Les documents à fournir sont : un passeport en cours de validité de plus de 6 mois après la date prévue du retour ; un billet aller-retour pour l'Indonésie ou un justificatif de réservation/détails du vol ; une photocopie de titre de séjour pour les personnes de nationalité étrangère (hors des pays de l'Union européenne) ; un justificatif de domicile de moins de 3 mois pour les personnes titulaires d'un passeport de l'Union européenne ; un formulaire dûment rempli, daté et signé (récépissé de la demande de visa que vous aurez imprimé) et une photo d'identité en couleur (deux pour les Suisses).

– On peut également se procurer le visa lors de l'arrivée en Indonésie dans les aéroports de Jakarta, Denpasar, Medan, Manado, Padang et Surabaya (35 US$ – environ 28 €, selon le taux de change, payable en euros sur place ou par carte de paiement –, valable 30 jours, renouvelable une seule fois pour 30 jours sur place auprès des services d'immigration, en cas d'impératif seulement). On vous conseille d'avoir l'appoint en dollars et de ne pas régler en euros car le taux de change à l'aéroport est relativement bas.

Attention : dépasser sa date limite de séjour en Indonésie donne lieu à une amende d'environ 20 US$/j. Il est fortement déconseillé de dépasser d'une semaine.

Voici une agence spécialisée dans le service d'obtention de visas. En fonction du service demandé, des tarifs proposés et des rabais accordés à nos lecteurs, il ne vous reste plus qu'à sortir votre calculette !

■ ***Action-Visas.com :*** *10-12, rue du Moulin-des-Prés, 75013 Paris. ☎ 01-45-88-56-70. Fax : 01-45-88-59-84. • action-visas.com • Ⓜ Place-d'Italie (sortie Bd Blanqui). Ouv lun-ven 9h30-12h, 13h30-18h30 ; sam 9h30-13h. Prix du service entre 28 et 46 € selon destinations plus les frais consulaires. Réduction de 8 €/pers pour nos lecteurs pour chaque destination : prendre alors l'option paiement par chèque et déduire directement sur le total indiqué cet avantage en indiquant « routard » sur votre bon de commande.* Cette agence sérieuse s'occupe d'obtenir votre visa pour toutes destinations. Délais rapides, traitement immédiat du dossier dès réception (aucune attente) et service fiable. Pour la province, demandez le visa par correspondance quelle que soit la destination. Les commandes de visas peuvent s'effectuer sur le site internet qui est actualisé quotidiennement et vous recevrez directement les formulaires et la liste des pièces à fournir. Réception d'un courriel sur votre messagerie à chaque étape du processus d'obtention du visa.

Par ailleurs, Action-Visas prélève 1 € de sa marge commerciale pour financer un projet humanitaire qui peut être suivi en direct sur leur site internet.

Pensez à scanner passeport, visa, carte bancaire, billet d'avion et vouchers d'hôtel. Ensuite, adressez-les-vous par e-mail, en pièces jointes. En cas de perte ou de vol, rien de plus facile pour les récupérer dans un cybercafé. Les démarches administratives en seront bien plus rapides. Merci tonton *Routard* !

Avoir un passeport européen, ça peut être utile !

L'Union européenne a mis en place une assistance consulaire mutuelle pour les ressortissants de l'UE en cas de problème en voyage. Vous pouvez y faire appel lorsque la France (c'est rare) ou la Belgique (c'est plus fréquent) ne dispose pas d'une représentation dans le pays où vous vous trouvez. Concrètement, cette assistance vous permet de demander de l'aide à l'ambassade ou au consulat (pas à un consulat honoraire) de n'importe quel État membre de l'UE. Leurs services vous indiqueront s'ils peuvent directement vous aider ou vous préciseront ce qu'il faut faire.

Leur assistance est, bien entendu, limitée aux situations d'urgence : décès, accidents ayant entraîné des blessures ou des lésions, maladie grave, rapatriement pour raison médicale, arrestation ou détention. En cas de ***perte ou de vol de votre passeport,*** ils pourront également vous procurer un ***document provisoire*** de voyage.

Cette entraide consulaire entre les États membres de l'UE ne peut, bien entendu, vous garantir un accueil dans votre langue. En général, une langue européenne courante sera pratiquée.

Assurances voyage

■ ***Routard Assurance :*** *c/o AVI International, 40-44, rue Washington, 75008 Paris. ☎ 01-44-63-51-00. • avi-internationalfrance@wanadoo.fr • avi-international.com • Ⓜ George-V.* Depuis 20 ans, Routard Assurance, en collaboration avec AVI International, spécialiste de l'assurance voyage, propose aux voyageurs un contrat d'assurance complet à la semaine qui inclut le rapatriement, l'hospitalisation, les frais médicaux, le retour anticipé et les bagages. Ce contrat se décline en différentes formules : individuel, senior, famille, light et annulation. Pour les séjours longs (2 mois à 1 an), consultez le site. L'inscription se fait en ligne et vous recevez, dès la souscription, tous vos documents d'assurance par e-mail.

■ ***AVA :*** *25, rue de Maubeuge, 75009 Paris. ☎ 01-53-20-44-20. • ava.fr • Ⓜ Cadet.* Un autre courtier fiable pour ceux qui souhaitent s'assurer en cas de décès-invalidité-accident lors d'un voyage à l'étranger, mais surtout pour bénéficier d'une assistance rapatriement, perte de bagages et annulation. Attention, franchises pour leurs contrats d'assurance voyage.

■ ***Pixel Assur :*** *18, rue des Plantes, BP 35, 78601 Maisons-Laffitte. ☎ 01-39-62-28-63. • pixel-assur.com • RER A : Maisons-Laffitte.* Assurance de matériel photo et vidéo tous risques dans le monde entier. Devis basé sur le prix d'achat de votre matériel. Avantage : garantie à l'année.

Ariane, le fil à suivre

Ariane est un service gratuit mis à disposition par le Centre de crise du ministère des Affaires étrangères. Il permet aux voyageurs français qui le souhaitent de s'enregistrer à l'occasion de leurs séjours à l'étranger. Les informations déposées sur Ariane sont utilisées en cas de crise, par exemple pour contacter des voyageurs dans l'hypothèse où des opérations de secours sont organisées, ou encore pour joindre rapidement les familles ou les proches en France si une situation le nécessite. Pour en savoir plus : • *pastel.diplomatie.gouv.fr/fildariane* •

Vaccins et prévention du paludisme

Voir aussi notre rubrique « Santé » plus loin.

– Aucun vaccin n'est obligatoire pour les voyageurs en provenance d'Europe. Il est cependant recommandé de se faire vacciner contre la fièvre typhoïde (vaccin *Typhim Vi*® ; validité : 3 ans) et encore plus contre l'hépatite A (immunité probablement à vie après deux injections) ; les deux vaccins combinés, en une seule seringue : *Tyavax*®.

Vérifier si l'on est toujours immunisé par le vaccin DTPC (tétanos, poliomyélite, diphtérie, coqueluche) ; rappel tous les 10 ans. Vaccination contre l'hépatite B conseillée, comme pour tout voyage en pays de forte endémicité. La vaccination contre l'encéphalite japonaise est conseillée à tous les voyageurs se rendant en zone rurale, de rizières en particulier. Vaccin *(Ixiaro®)* avec rappel à 1 mois, chaque dose coûtant malheureusement au moins 90 €.

– Traitement antipaludique indispensable actuellement pour toute l'Indonésie (en particulier à Lombok), sauf les grandes villes et Bali, seule île où il n'y a pas de paludisme. La transmission en Indonésie ne se fait que du coucher au lever du soleil.

Protection contre les moustiques indispensable pour les séjours en dehors de Bali, et particulièrement en cas d'alerte à la dengue : moustiquaire imprégnée d'insecticide, imprégnation ou vaporisation des vêtements, répulsifs cutanés réellement efficaces (type *Insect Ecran*®).

Médicaments antipaludiques : *Malarone*® (un comprimé par jour, à commencer la veille du départ, à poursuivre sur place et 7 jours après le retour) ou *Lariam*® (un comprimé par semaine, à commencer 10 jours avant le départ, à poursuivre sur place et les 3 semaines qui suivent le retour). Consultez votre médecin traitant ou un médecin spécialiste en médecine des voyages.

– Enfin, pour les centres de vaccination partout en France, dans les DOM-TOM, en Belgique et en Suisse, consulter le site • *astrium.com/espace-voyageurs/centres-de-vaccinations-internationales.html* •

– Les produits et matériels utiles aux voyageurs, assez difficiles à trouver, peuvent être achetés par correspondance sur le site de *Santé Voyages* : • *sante-voyages.com* • Infos complètes toutes destinations, boutique Web, paiement sécurisé, expéditions Colissimo Expert ou Chronopost. *Rens : ☎ 01-45-86-41-91 (lun-ven 14h-19h).*

Agences de voyages

■ ***Shanti Travel Bali :*** *Lingk Penguben-gan Kauh 88, Kerobokan, Bali. 📱 0813-532-099-05.* • *shantitravel.com* • Cette agence locale et francophone s'est spécialisée dans les voyages sur mesure à Bali et dans toute l'Indonésie. Fins connaisseurs de la région, les conseillers vous emmènent hors des sentiers battus : séjour chez l'habitant et activités variées (pêche, cours de cuisine, initiation au *gamelan,* tressage de bambou...). Alexis s'est entouré d'une équipe d'experts indonésiens et français pour proposer des voyages sur mesure en famille, entre amis ou en couple pour une lune de miel inoubliable.

■ ***Perkasa Tours :*** *jl. Raya Sesetan 268 C, Denpasar, Bali. ☎ (0361) 71-07-33.* • *baliperkasatour.com* • Cette agence indonésienne organise tous types de séjours en Indonésie, et donc à Bali, aussi bien pour les individuels que pour les petits groupes. Épaulé par la Balinaise Dayu, Yves, un Breton ayant posé ses valises sur l'« île bénie des dieux », dirige la section francophone de l'agence. Efficacité et sympathie sont au rendez-vous chez ce véritable spécialiste du voyage sur mesure, qui délivre des prestations de grande qualité.

■ ***Bali Autrement :*** *📱 082-237-394-535. Et en France : 📱 06-03-38-17-02.* • *baliautrement.com* • Grégory, Sandrine et Jérôme vivent à Bali et vous concoctent des circuits et séjours entièrement privés et sur mesure à

Bali, Sulawesi, Java et Lombok, par le biais de leur site internet. Mieux vaut réserver bien à l'avance. Ils ont dans leur besace toute une gamme d'hébergements correspondant à tous les budgets, de la chambre chez l'habitant à la location de villas de charme. Plusieurs guides exclusifs francophones et anglophones. Ils ont aussi des contacts dans d'autres îles et peuvent vous organiser de belles découvertes des petites îles de la Sonde, ainsi que des croisières privées (vers Komodo, par exemple). Et pour ceux qui le souhaiteraient, également des excursions à VTT.

ARGENT, BANQUES, CHANGE

Argent

La monnaie nationale est la roupie indonésienne ou *rupiah* (Rps), dont le code ISO officiel est IDR. Vu sa valeur, il n'y a pas de subdivision. Fin 2014, 1 € valait environ 15 000 Rps.
Il n'existe aucune forme de restriction : on peut entrer ou sortir avec autant d'euros, de dollars ou de chèques de voyage que l'on veut.

Change

On change toutes les monnaies dans tous les endroits touristiques. Inutile d'aller à la banque, sauf opération spéciale. Les banques sont ouvertes en semaine de 9h à 15h (fermées le week-end). Les *money changers* ont l'avantage d'être ouverts tous les jours, et souvent très tard le soir. Leur taux de change est toujours affiché sur une pancarte à l'extérieur. Bien les comparer, car on voit parfois des écarts de plus de 10 %. Certains pratiquent des taux alléchants mais demandent un pourcentage de commission important (sans le préciser au préalable). Préférer les changeurs qui ne prennent pas de commission, c'est plus facile à calculer. Si possible, évitez de changer les week-ends et jours fériés, le taux est moins intéressant. N'étant pas reliés aux banques centrales (fermées le week-end), les changeurs pratiquent un taux plus élevé pour être certains de ne pas perdre d'argent.
L'euro est accepté partout. Absolument inutile d'apporter des dollars (double change, double commission). Pour ceux qui persistent, sachez que les dollars antérieurs à 2003 ne sont pas acceptés (vérifiez que vos dollars ont une bande bleue au recto ; pour plus d'infos : ● *newmoney.gov* ●).
ATTENTION : de nombreux lecteurs nous ont signalé des arnaques chez les *money changers,* particulièrement à Kuta (Bali). Voir la rubrique « Vols, brigandage » à « Kuta, Legian, Seminyak et Petitenget-Canggu ».

Cartes de paiement

On peut retirer de l'argent avec une carte de paiement dans de nombreux distributeurs *ATM* des lieux très touristiques. On les indique ville par ville quand c'est le cas. Une commission, variable, est perçue à chaque retrait. En fonction des banques, le plafond des retraits est variable : entre 1 250 000 et 2 500 000 Rps, la *Danamon Bank* étant souvent la plus généreuse. Intéressant pour limiter les frais de retrait !
À Bali, on peut tout à fait utiliser uniquement sa carte de paiement, à condition de faire le plein d'argent quand on sort des sentiers battus (c'est vrai que ça fait beaucoup de billets dans les poches). C'est bien aussi d'avoir une carte de paiement pour dépanner ou pour régler les gros achats. Elle est acceptée dans les grands hôtels, les boutiques et par les compagnies aériennes. Lors d'un règlement par carte, il y a un supplément de 3 % pour les frais de banque sur la carte *Visa* et de 5 % pour la carte *American Express.* Vérifiez toujours bien les sommes inscrites et récupérez le carbone de la facture quand on vous fait payer à l'ancienne, avec le « fer à repasser ».

En cas de perte ou vol

Quelle que soit la carte que vous possédez, chaque banque gère elle-même le processus d'opposition et le numéro de téléphone correspondant ! Avant de partir, notez donc bien le numéro d'opposition propre à votre banque (il figure souvent au dos des tickets de retrait, sur votre contrat, ou à côté des distributeurs de billets), ainsi que le numéro à 16 chiffres de votre carte. Bien entendu, conservez ces informations en lieu sûr et séparément de votre carte. Par ailleurs, l'assistance médicale se limite aux 90 premiers jours du voyage et l'assistance véhicule aux cartes haut de gamme (renseignez-vous auprès de votre banque). N'oubliez pas non plus de VÉRIFIER LA DATE D'EXPIRATION DE VOTRE CARTE AVANT LE DÉPART !

– **Carte Bleue Visa :** *numéro d'urgence (Europe Assistance) : ☎ (00-33) 1-41-85-85-85. • visa.fr •*

– **Carte MasterCard :** *numéro d'urgence : ☎ (00-33) 1-45-16-65-65. • mastercardfrance.com •*

– **Carte American Express :** *en cas de pépin, téléphonez au ☎ (00-33) 1-47-77-72-00. • americanexpress.fr •*

– **Pour toutes les cartes émises par La Banque Postale :** *composez le ☎ 0825-809-803 (0,15 €/mn) depuis la France métropolitaine ou les DOM-TOM, et le ☎ (00-33) 5-55-42-51-96 depuis l'étranger.*

Petite mesure de précaution

Si vous retirez de l'argent dans un distributeur, utilisez de préférence les distributeurs attenants à une agence bancaire. En cas de pépin avec votre carte (carte avalée, erreurs de code...), vous aurez un interlocuteur dans l'agence, pendant les heures ouvrables.

Western Union Money Transfer

En cas de besoin urgent d'argent liquide (perte ou vol de billets, chèques de voyage, carte de paiement), vous pouvez être dépanné en quelques minutes grâce au système *Western Union Money Transfer.* Pour cela, demandez à quelqu'un de vous déposer de l'argent en euros dans l'un des bureaux *Western Union* ; les correspondants en France de *Western Union* sont *La Banque Postale (fermé sam ap-m, n'oubliez pas ! ☎ 0825-00-98-98, 0,15 €/mn)* et la *Société Financière de Paiements (SFDP ; ☎ 0825-825-842, 0,15 €/mn).* L'argent vous est transféré en moins d'un quart d'heure. La commission, assez élevée, est payée par l'expéditeur. Possibilité d'effectuer un transfert en ligne 24h/24 par carte de paiement (*Visa* ou *MasterCard*) émise en France sur *• westernunion.com •*

En Indonésie, se présenter à une agence *Western Union* avec une pièce d'identité. Le service est souvent assuré par la poste et tous ses bureaux, et les banques *Mandiri* ou *Pegadian. Pour Bali : ☎ (0361) 72-29-99 ; pour Java : ☎ (21) 72-44-515.*

ACHATS

Sachez que c'est à Ubud que vous ferez les achats les plus sympas (petites boutiques de bijoux, de fringues, de gadgets, etc.). En revanche, sur les marchés, ailleurs, en bord de plage, vous retrouverez toujours les classiques T-shirts et autres batiks, sarongs et bibelots, parfois même beaucoup moins chers ! Et le soir, les prix baissent...

Argent et bijoux

Les orfèvres travaillent l'argent en filigrane, particulièrement à Bali. L'argent se vend au poids, et le prix est très bas. Les bijoux reprennent souvent des motifs traditionnels, et certains artistes exécutent maintenant des pièces inspirées de modèles occidentaux et destinées aux touristes, principalement à Bali. Le grand centre du travail de l'argent est le village de Celuk, sur la route d'Ubud. Pratiquement pas de pierres précieuses. On trouve, en revanche, la pierre de lune, l'agate, l'onyx, le jaspe, etc.

Batik

Artisanat séculaire (c'est vers les XIVe-XVe s que le batik apparaît comme technique propre), le *batik tulis,* fait à la main, n'a rien à craindre de l'industrialisation et restera encore longtemps un art. Pour s'en convaincre, il suffit de noter avec quel amour les « batikeurs » œuvrent dans leurs ateliers aux mille couleurs chatoyantes. Certains « maîtres » se font accompagner par un *gamelan* (orchestre de percussions) susceptible de nourrir leur puissance créatrice.
Ce procédé d'impression d'une étoffe est fondé sur un système très simple : les parties qui ne doivent pas être colorées sont enduites d'une couche de cire avant d'être trempées dans la teinture. Si l'opération paraît simple pour les batiks monochromes, le travail se complique quand il s'agit de pièces à plusieurs couleurs. Autant de couleurs, autant de passages à la cire et de grattages. La complexité du travail (jusqu'à huit couleurs sur les plus sophistiqués) et le temps passé (plusieurs semaines) justifient les prix parfois très élevés de batiks provenant des ateliers de grands maîtres. Yogyakarta est la capitale du batik, où l'on trouve le plus grand choix.
La production en série est beaucoup plus abordable. Les motifs sont réalisés avec des tampons de caoutchouc, appelés *caps,* trempés dans la cire. Avec cette méthode rapide d'impression, l'étoffe est toujours plus colorée à l'endroit qu'à l'envers, alors que pour le batik artisanal les deux faces du tissu sont identiques.
En Indonésie, le batik s'affiche partout. On en fait des chemises, des sarongs, des nappes, des serviettes de table, des rideaux, des cravates, des sacs à main, et même des sandales. Il se vend à la pièce et constitue un cadeau bon marché et peu encombrant. Compter au moins 4 € pour un carré de batik de 25 cm.

Bibelots et bricoles

Vous n'aurez que l'embarras du choix, et quel que soit votre budget, vous trouverez certainement des souvenirs à rapporter.
– ***Cornes de buffle ou de vache :*** travaillées avec beaucoup d'habileté. On essaiera, peut-être, de vous les vendre pour de l'ivoire ; rassurez-vous, ça n'en est pas. Les cornes de buffle ouvertes sur une partie constituent d'excellentes cuillères à riz (ne pas les mettre dans le lave-vaisselle).
– ***Noix de coco :*** ciselées et tellement ouvragées qu'elles se transforment en de véritables boules de dentelle sur lesquelles sont représentées des scènes du *Rāmāyana.* Quand on adapte une douille, ça fait de jolies lampes de chevet.
– ***Objets en écaille :*** en régression depuis qu'une campagne mondiale condamne le massacre des tortues. Celles-ci abondent dans les eaux indonésiennes et leur chair est très appréciée, ce qui explique la présence dans les boutiques de nombreux petits objets travaillés à la main, vendus à un prix modique : bracelets, peignes, boîtes à pilules, étuis à cigarettes. On vous les déconseille !
– ***Porcelaines chinoises :*** elles trônent souvent au milieu d'un bric-à-brac dans les magasins d'antiquités. Méfiance ! Les Indonésiens sont passés maîtres dans l'art de copier et de vieillir des pièces qui ont déjà trompé plus d'un expert. Le sol indonésien a bien livré d'authentiques porcelaines chinoises Ming, mais dès leur découverte, ces pièces prennent le chemin des musées et non celui des échoppes pour touristes.
– ***Vannerie :*** le choix est considérable. Paniers, nattes, chapeaux, sets de table, éventails, tapis, petites boîtes. On peut aussi craquer devant les meubles en bambou ou en rotin, bon marché, mais il faut penser aux frais et aux délais d'acheminement par bateau (en forte augmentation depuis la crise). Ne pas oublier non plus que le bambou risque de mal supporter un brusque changement de température.
– ***Cuirs :*** à Java, nombreux objets en peau, tels que ceintures, sacs, sandales. Le cuir n'est pas teinté mais prend à l'usage une belle patine. La finition, principalement au niveau des coutures, peut laisser à désirer.
– ***Disques compacts et DVD :*** ceux qui n'ont pu résister à la « pluie de cristal » du *gamelan* voudront prolonger ces moments de féerie musicale. On trouve des CD un peu partout dans les grandes villes et dans les centres touristiques. Un grand choix

vraiment très bon marché. Pour vous épargner des surprises désagréables, demandez à en écouter des extraits avant l'achat. Concernant les DVD, vraiment pas chers, il s'agit toujours de copies pirates de très mauvaise qualité. Autant le savoir.

Kain ikat

C'est un tissu pour les vêtements, fabriqué à partir de fils teints un par un et tissés ensuite dans une débauche de couleurs et motifs propres à l'Indonésie. Les teintures naturelles proviennent d'écorces, plantes et terres diverses. Les femmes, assises devant leur métier, font apparaître le dessin en jonglant avec les navettes. Leur travail peut durer des mois pour l'exécution d'une seule pièce. À Bali, dans le village animiste de Tenganan, les femmes pratiquent le double *ikat*, c'est-à-dire que le fil, lui aussi, est teint, alors qu'en général c'est seulement la trame. Ces *ikats* sont des œuvres uniques, qui atteignent des montants exorbitants. Ils ont, dit-on, des pouvoirs magiques : immuniser contre les maladies et éloigner les mauvais esprits. Ça n'a donc pas de prix !
À Java, on tisse aussi des *ikats* à la machine. Ils ont perdu, bien entendu, tout pouvoir magique, mais ils sont accessibles à toutes les bourses. On les appelle *tenunans*.

Kriss (keris)

Il s'agit des couteaux à la lame généralement ondulée, caractéristiques de la civilisation malaise. En fait, le *kriss* n'a pas livré tous ses secrets, y compris aux spécialistes de la question. On ignore toujours la nature exacte de la relation magique, surnaturelle, qui unit le couteau à son propriétaire. Celle-ci est très forte : un prince balinais, devant épouser une jeune fille, ne se rendit pas lui-même à la cérémonie mais se fit « représenter » par son *kriss* ! Ça se passait il y a longtemps. Le *kriss* n'est donc pas simplement une arme : c'est un objet sacré. À celui qui s'en montre digne, le *kriss* peut apporter bonheur, prospérité et invulnérabilité (rien que ça !). En revanche, il peut se retourner contre celui qui ne le mériterait pas.
Le *kriss* se compose de trois parties :
– *le fourreau :* formé de deux pièces de bois collées (le fourreau proprement dit), recouvert d'une feuille de laiton ou d'alu travaillée (pour les princes, c'était de l'or, mais les temps changent !), et le butoir, pièce asymétrique rappelant vaguement un navire ;
– *la poignée :* en ébène ou en teck, elle représente presque toujours une forme humaine stylisée ; très stylisée même : le *kriss* est un objet relativement récent, et l'islam proscrit la représentation de l'être humain ; les plus belles poignées sont en or massif incrusté de pierres précieuses et figurent des démons ; elles sont conservées au Musée national, à Jakarta ;
– *la lame :* c'est la partie la plus importante ; on peut troquer le fourreau ou échanger la poignée, mais en aucune façon la lame, qui est intimement liée au propriétaire du couteau. Contrairement à une idée reçue, la lame du *kriss* n'est pas obligatoirement ondulée, elle peut être droite. Elle provient d'un alliage de deux minerais de fer : l'un d'origine terrestre (les mines de fer), l'autre d'origine céleste, extrait des météorites, assez nombreuses, tombées sur le sol indonésien. Inutile de souligner l'importance symbolique d'un tel alliage. Le forgeron mêle les deux métaux et fait ressortir le mélange en passant la lame au jus de citron : les deux couleurs sont ainsi bien marquées. La forme ondulée s'explique par le serpent, souvent gravé avec moult fioritures. Les *kriss* les plus rares (et les plus chers) portent un double *naga* (deux serpents entrelacés).
Concrètement, si vous achetez un *kriss* bien travaillé, ça vous coûtera assez cher. Sinon, la lame sera en aluminium. De toute façon, le fer d'origine météorique, difficile à trouver, n'est plus guère utilisé. L'alliage est en général celui de deux fers différents mais bien de chez nous... Rappelez-vous que le fourreau n'est pas très important (et pas forcément très esthétique) : un fourreau moyen peut cacher une belle lame avec *naga* doré finement ciselé jusqu'au bout.

Remarque : évidemment, les services de sécurité de l'aéroport risquent de considérer l'arme sacrée porteuse d'une puissance magique comme un vulgaire couteau à saigner la belle-mère ! Vous ne pouvez donc pas le prendre en bagage à main (même si vous ne voyagez pas avec votre belle-mère). Soit vous le mettez dans votre sac en soute, soit il voyage séparément, et vous le récupérez (sans aucun frais) au comptoir des litiges bagages de l'aéroport d'arrivée. En général, tout se passe très bien.

Marionnettes et masques

Comment résister aux *wayangs Kulit* et aux *wayangs Golek,* ces marionnettes en peau de buffle ou en bois habillées de batik, très décoratives (voir, à la rubrique « *Wayang* », leur histoire et leur signification) ?
Les marionnettes vendues aux touristes sont toujours de fabrication récente, même si on tente de vous faire croire le contraire. Il est très rare de pouvoir s'en procurer d'anciennes, sauf chez certains antiquaires. Leur prix est très élevé.
Les masques tiennent une place importante dans le théâtre indonésien. Il suffit d'assister à un *barong* (à Bali) ou à un *rāmāyana* (à Java) pour comprendre leur pouvoir magique. Ces masques sont toujours taillés dans un bois léger (généralement le *pule*) et peints de façon très expressive. Ils peuvent aussi être articulés, notamment ceux représentant les singes. Les plus beaux masques balinais sont sculptés à Mas.

Sculptures sur bois

Les Indonésiens sont vraiment les maîtres du travail du bois. À Bali comme à Java, les sculpteurs sont souvent des artistes de talent. Dans l'archipel, on a toujours travaillé le bois pour la construction des maisons, la fabrication des outils et des objets usuels, mais la sculpture était destinée à l'ornementation des palais princiers. Dans les années 1930, avec l'arrivée des Occidentaux, les artisans abandonnèrent les sujets mythologiques pour puiser leur inspiration dans les scènes de la vie courante. À cette époque, Ida Bagus Njana, l'un des plus grands sculpteurs balinais, créa dans son village de Mas une école qui devait influencer toute la sculpture balinaise contemporaine.
La qualité du travail et la nature du bois déterminent le prix des œuvres. Avant d'acheter, il faut savoir distinguer la pièce en ébène, en teck, en acajou ou en jaquier exécutée par un artisan chevronné, de celle en bois vulgaire, travaillée par l'un de ses élèves. Le choix, très vaste, va de la statuette aux formes longilignes, aussi finement ciselée qu'un ivoire chinois, au panneau de bois laqué ou doré, en passant par toutes les œuvres presque abstraites comme le *yogi,* véritable boule de bois que l'on vous proposera partout. Aux îles Moluques et à Timor, curieusement, les statuettes en ébène évoquent plutôt l'art africain... Le style varie donc considérablement d'une île à l'autre, nous rappelant à quel point l'Indonésie est un patchwork de cultures.
Depuis peu, les Balinais se sont spécialisés dans la reproduction d'animaux (canards), de fleurs et de fruits travaillés dans un bois léger et peints avec tant de réalisme que l'on pourrait les prendre pour des vrais. Malheureusement, la production a tendance à s'industrialiser au détriment de la finition et de la création originale. On peut voir, dans certains villages autour de Mas, d'Ubud et de Peliatan de véritables « usines » où l'on travaille à la chaîne. Des jeunes sculptent les pattes avant d'un cheval, d'autres l'arrière-train, pendant que des équipes exécutent séparément la tête, la crinière et le corps, avant de passer toutes ces pièces détachées à un homme chargé d'assembler les morceaux et de confier l'animal aux mains des peintres et des polisseurs. On se croirait sur une chaîne de montage chez *Renault* ! Ces pièces, destinées à l'exportation, peuvent être réalisées en plusieurs centaines d'exemplaires.

Vêtements

À Bali, et plus particulièrement à Kuta, les magasins de vêtements sont légion. Il s'agit le plus souvent de petites échoppes de tailleurs locaux qui ont adapté leur production à la demande, ou de showrooms de stylistes qui exposent des

modèles destinés principalement à l'exportation. Il est possible d'y faire l'acquisition de vêtements très originaux et à des prix qui valent ceux de Tati.
L'arrivée massive de touristes japonais a beaucoup influencé les couturiers balinais, et certaines de leurs créations pourraient bien figurer dans des collections de haute couture. On travaille aussi à Bali le cuir et la fourrure, à des prix très compétitifs. Veillez cependant à bien contrôler la finition, qui n'est pas toujours très soignée. À Kuta, c'est le royaume de la fripe, mais dès qu'on remonte jalan Legian vers Seminyak, c'est le luxe des grandes boutiques.
On peut également faire des achats intéressants de marques occidentales parfois vendues à bas prix dans les centres commerciaux des villes principales de Java et Bali.

Marchandage

Le marchandage est LA règle d'or. Il faut tout, mais vraiment tout marchander. À commencer par sa chambre si on reste plusieurs jours dans le même *losmen* ou hôtel. Les Balinais sont habitués au marchandage et en font un véritable mode de fonctionnement. Sur les plages, diviser les prix au moins par 2, voire 3... et souvent même beaucoup plus. Ayant bien intégré la donnée touristique, les Balinais font des propositions incessantes, et les prix initialement proposés sont souvent délirants. Pas de panique, vous emporterez peut-être l'objet cinq fois moins cher ou simplement avec une réduction de 10 %. Impossible à savoir. Jouez le jeu de la négociation, ce qui vous permettra de voir venir le vendeur. Vous vous habituerez vite à ce rituel, et après deux ou trois trucs achetés trop chers, « plein pot », vous comprendrez le principe.
Vous trouverez une quantité de jolies choses à Bali et Lombok, et la tentation d'acheter sera permanente. Quelques règles de base : renseignez-vous sur les prix pratiqués dans plusieurs boutiques et auprès d'autres routards avant de vous décider. N'annoncez jamais un prix le premier. Quand vous le ferez, choisissez une somme au moins trois fois inférieure à la somme demandée par le marchand. Le prix que vous indiquerez devra en tout état de cause être inférieur de 50 % à la somme que finalement vous allez être prêt à dépenser. Il faut toujours se laisser une marge de manœuvre pour montrer à l'interlocuteur qu'on fait un effort.
Une autre règle est de ne pas avoir l'air trop intéressé par l'objet convoité. Mais si ce jeu de l'ambiguïté doit être permanent extérieurement, vous, intérieurement, devez être sûr que l'objet vous intéresse vraiment. Ne faites pas perdre leur temps aux vendeurs si, dans le fond, vous savez que vous n'achèterez rien. N'oubliez pas que c'est leur gagne-pain. Quand vous aurez conclu l'affaire, rien ne vous empêche de rajouter un petit billet, le vendeur vous en saura toujours gré. Puis il bénira sa marchandise avec les billets donnés, en signe de *good luck.*

BUDGET

En fonction des crises économiques, financières et touristiques, les prix fluctuent sensiblement. Il est assez difficile de suivre le cours des choses. Un attentat et hop, tout dégringole. Des tarifs aériens avantageux et hop, tout repart, les hôtels font le plein... et remontent leurs tarifs. Ces variations sont fréquentes et soudaines. En haute saison (juin-septembre), les prix augmentent évidemment, jusqu'à doubler dans certains hôtels !
Hormis les établissements *all inclusive* et quelques endroits attrape-*honeymooners,* Bali demeure une île relativement bon marché pour les voyageurs indépendants. Toutefois, bien noter qu'ici, comme dans beaucoup d'autres pays où le taux de change de la monnaie locale est largement favorable aux étrangers, on pratique un prix pour les locaux et un tarif plus élevé pour les touristes. Mais on peut vraiment se débrouiller avec un petit budget si on y vient hors saison, vu que tout est négociable.
Il est bien difficile de donner des prix précis, puisque dans un même établissement que nous aurons classé dans la catégorie « Bon marché », on pourra également trouver des chambres de catégorie « Prix moyens ». Évidemment, quand vous déboulez à l'adresse indiquée, il ne reste justement que ces chambres-là de disponibles. On n'y peut rien.

Hôteliers et restaurateurs réajustent régulièrement leurs tarifs en fonction de l'inflation entraînée par la hausse du carburant, de la demande des vacanciers, de la saison, des « événements », des crémations dans le village... on en passe et des meilleures. Nos prix doivent donc être considérés comme des indications générales, ni plus ni moins.
Dernier tuyau : quand vous allez négocier une chambre, un scooter, ou pour tout autre achat, ne sortez pas votre portefeuille avec plein de billets. Ayez soit l'appoint, soit la somme que vous estimez juste. Sinon, vos interlocuteurs pourraient allègrement faire grimper les prix !

Hébergement

Les tarifs des chambres s'entendent pour deux personnes. Toujours demander si les taxes sont comprises dans le prix. Elles peuvent grimper jusqu'à 21 %... Si elles ne le sont pas, rien ne vous empêche de les négocier. Hors saison, on vous proposera d'emblée de les inclure dans le tarif.
Les hôtels que nous avons classés dans les catégories « Chic » et « Plus chic » affichent souvent leurs prix en dollars. Nous les avons convertis en euros (sur la base de 1 € = 1,36 US$) dans nos textes. Sur place, rien ne vous empêche de payer en roupies. En basse saison, tout peut se négocier, même dans les établissements chic. Les tarifs peuvent ainsi baisser de 30 à 50 %, d'autant plus facilement si vous restez plusieurs jours.

Losmen et autres établissements bon marché

En dehors des hôtels, il existe des *guesthouses, inns* et autres pensions que nous appellerons tous *losmen* dans le texte pour simplifier les choses. En effet, c'est le terme indonésien le plus approprié, même s'il est rarement employé en tant que tel dans le nom de ces établissements. Le *losmen* classique est souvent une petite affaire familiale qui propose un modeste ensemble de pavillons de plain-pied multi-chambres. Ceux-ci sont pelotonnés autour d'un bout de jardin et agrémentés de miniterrasses individuelles sommairement aménagées. Même les plus modestes proposent des chambres avec ventilo, toilettes et douche froide. Dans certains cas, l'option clim est également disponible. Souvent, les adresses les moins chères servent seulement un café ou un thé au petit déj, accompagné dans le meilleur des cas de fruits ou de toasts.
Un « bon » *losmen* est difficile à dénicher en haute saison, d'autant que tout se détériore très vite, faute d'entretien. Ce qui était tout neuf hier... peut rapidement s'être dégradé. En haute saison, il est préférable de chercher un *losmen* le matin. Plus on avance dans la journée, plus les places se font rares.

Nos fourchettes

- ***Très bon marché :*** moins de 150 000 Rps (10 €).
- ***Bon marché :*** de 150 000 à 300 000 Rps (10 à 20 €).
- ***Prix moyens :*** de 300 000 à 500 000 Rps (20 à 33,35 €).
- ***Chic :*** de 500 000 à 1 000 000 Rps (33,35 à 66,75 €).
- ***Plus chic :*** plus de 1 000 000 Rps (66,75 €).

Nourriture

Les prix sont indiqués sur la base d'un plat principal par personne, sans les boissons. C'est souvent suffisant pour être rassasié, la chaleur n'incitant pas aux grosses agapes ! L'entrée ou le dessert pris en plus ne grèveront pas beaucoup l'addition, sauf dans les endroits chic. Nombre d'établissements ajoutent des taxes aux prix indiqués sur la carte. Leur montant est précisé et varie de 10 à 21 %. Toutefois, les *warungs* très bon marché (et généralement excellents) proposent des prix nets, tout comme un nombre grandissant de restos de catégorie plus élevée. Bravo, on cautionne ! Autant que possible, nous indiquerons les prix réels, soit toutes taxes comprises.

Nos fourchettes

- ***Bon marché :*** de 20 000 à 40 000 Rps (1,30 à 2,65 €).
- ***Prix moyens :*** de 40 000 à 80 000 Rps (2,65 à 5,30 €).
- ***Chic :*** de 80 000 à 120 000 Rps (5,30 à 8 €).
- ***Plus chic :*** plus de 120 000 Rps (8 €).

Transports

Voir aussi la rubrique « Transports » plus loin.

- Le ***bemo,*** de la taille d'un petit van, reste le mode de transport le moins cher, à condition de payer le prix local, ce qui n'est pas toujours aisé. D'une manière générale, les tarifs des *bemos* sont dérisoires : environ 2 000 Rps pour une toute petite course locale et 10 000 Rps pour un trajet reliant deux villes ou villages. Le mieux pour vous est de tenter de connaître le prix payé par les Balinais. Dans certaines villes, les *bemos* se font rares et circulent surtout le matin.
- Les ***bus et vans*** des compagnies privées sont de loin les plus populaires auprès des touristes. C'est plus cher mais bien plus confortable (clim, pas ou peu de transferts nécessaires, etc.). *Perama* (● *peramatour.com* ●) a longtemps été LA compagnie de choix. Elle reste fiable et présente dans tous les hauts lieux touristiques, même si elle semble en perte de vitesse par rapport à la multiplication de l'offre, à Bali notamment.
- On peut aussi ***louer une moto ou une voiture*** (permis de conduire international nécessaire). Compter 4-5 €/j. pour une petite moto et de 20 à 30 €/j. pour une voiture selon la catégorie. Pour une voiture avec chauffeur, ajouter un supplément de 10 €/j. Si vous vous arrêtez pour visiter un temple, un marché, etc., quelqu'un vous demandera environ 2 000 Rps pour le parking. Ne vous étonnez pas, c'est normal !

Taxes d'aéroport

Depuis janvier 2015, les taxes sont normalement dans le prix du billet. Bien se faire confirmer.

Elles étaient jusqu'à ce jour de :

- *Taxe internationale :* 150 000-200 000 Rps.
- *Taxe nationale :* 40 000 Rps au départ de Denpasar et 35 000 Rps au départ de Yogyakarta.

Se renseigner, ça peut changer d'un jour à l'autre.

Quelques idées de prix

- *Une grande bouteille d'eau :* 6 000 Rps.
- *Un* bali coffee *:* environ 7 000 Rps.
- *Location d'un vélo :* 15 000 à 25 000 Rps/j.
- *Location d'un scooter :* 35 000 à 50 000 Rps/j.
- *Un litre d'essence :* environ 5 000 Rps.
- *Une bière Bintang (grand modèle, on a soif !) :* 35 000 Rps.

CIGARETTES

Les adeptes de la tige et autres fumeurs impénitents trouveront des cigarettes américaines importées à des prix dérisoires, encore moins chères qu'en détaxe. À moins qu'ils ne se convertissent aux *kretek,* cigarettes locales à base de clou de girofle et dont le filtre est imprégné d'un arôme sucré. On aime ou on déteste. Les meilleures sont les *Gudang-Garam* (ou les pires, ça dépend de quel côté du mégot on se trouve), mais il existe d'autres marques, plus ou moins parfumées, comme les *Djarum* ou les *Sampurna.*

Les Indonésiens fument comme des cheminées. C'est même l'un des rares pays où l'on fume de plus en plus ! Les cigarettes étant considérées comme un luxe pour une partie de la population, vous ferez toujours plaisir en offrant une *kretek.* Ces cigarettes ne se conservent pas longtemps. Elles dégagent une odeur caractéristique, et leur parfum (!) est généralement le premier choc « culturel » que l'on éprouve en arrivant en Indonésie. On trouve également des cigares locaux d'assez bonne qualité (*Adipati* et *Kenner*) à un prix défiant toute concurrence : environ 0,45 € pièce.

CLIMAT

Étant située près de l'équateur, dans une région tropicale, Bali n'a que deux saisons qui s'harmonisent et s'équilibrent.
– ***Saison sèche :*** de mai à novembre-décembre. Ça n'empêche pas quelques jours de pluie ici ou là. Évitez les hordes de touristes en préférant Bali en mai, septembre ou octobre.
– ***Saison pluvieuse :*** de janvier à avril.
En général, le mois de juillet est le plus frais et le plus sec de l'année, alors qu'en janvier, la pluviosité atteint son maximum (attention, il pleut deux fois plus au nord qu'au sud de l'île). Même en saison sèche, il peut pleuvoir, mais plutôt en fin de journée ou la nuit. Sinon, les rizières ne seraient pas aussi belles ! Juin est un bon plan : tout est vert après la mousson, et on trouve des prix intéressants car la haute saison n'a pas encore totalement démarré.
La température moyenne est de 26 °C. Bali dispose vraiment d'un climat idéal : il fait suffisamment chaud pour rester au bistrot toute la journée et suffisamment frais pour avoir le courage d'aller d'un bistrot à l'autre. Bon, plus sérieusement, la température est agréable quasiment tout le temps. Il peut faire très chaud, mais ce n'est jamais insupportable. Se méfier des coups de soleil : même quand la température est tolérable, on brûle en moins de 1h ! Les jours gardent toujours la même amplitude. Le soleil se lève, quelle que soit la saison, vers 6h et se couche au plus tard à 18h.

Bagages et vêtements

– Un bagage léger est indispensable. N'emporter que le strict minimum. On trouve à Bali des vêtements appropriés au climat à des prix particulièrement bas.
– En revanche, Berthe au grand pied et son frère ont tout intérêt à s'équiper en chaussures avant de partir ! Les Indonésiens sont fiers de leurs petits petons, et il est rare de trouver des tailles supérieures au 42/43.
– Éviter les tissus synthétiques, ils ont tendance à irriter la peau à cause de l'humidité et de la chaleur. Les tissus « lourds » ont du mal à sécher sous ce climat. Préférer d'amples vêtements en coton.
– Prévoir un pull et un K-way, de bonnes chaussures de marche et une grande écharpe si on doit faire de la moto. De toute façon, elle sera indispensable pour ceindre sa taille lors de la visite des temples à Bali ; sinon, il faut payer à chaque fois une location. Un pull et un blouson seront nécessaires en altitude, en montagne, sur les volcans, et surtout la nuit.
– Si on doit se rendre dans un bureau ou dans une administration, il est indispensable d'être correctement vêtu pour être pris en considération et pour obtenir satisfaction. Des affiches officielles, avec dessin à l'appui, indiquent ce qu'il convient de porter.
– En règle générale, évitez de choquer les Indonésiens en exhibant votre anatomie sous prétexte qu'il fait chaud. Une tenue légère à la Tarzan, tolérée sur la plage et dans les alentours, ne doit pas être considérée comme un uniforme de vacances pour se promener à travers le pays. Les Indonésiens associent les shorts ou les gens « peu vêtus » à la pauvreté. Il y a donc des lieux où la tenue short et T-shirt ne fera pas du tout l'affaire. On pourrait alors interpréter votre attitude comme une moquerie ou un manque de respect. Tout accoutrement sexy ou provocateur peut être considéré comme une invitation... Attention, mesdames et mesdemoiselles, aux divers problèmes qui en découlent ! Restez donc sobre et modeste en toute circonstance.
– Un couvre-chef et des lunettes de soleil sont quasiment obligatoires. Le soleil tape fort à Bali. Il est même traître ! Une journée de snorkelling (plongée avec masque et tuba) sans

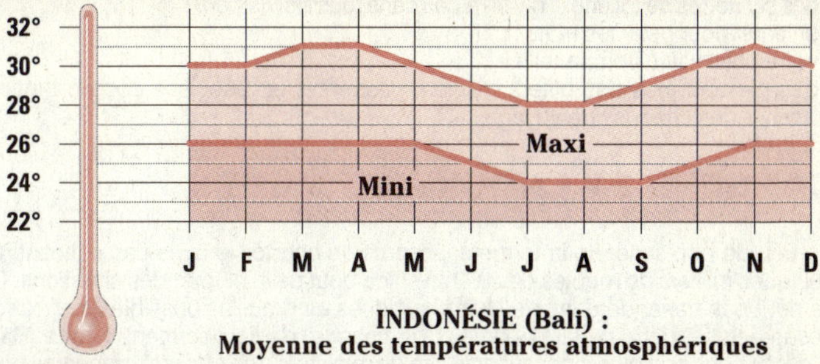

INDONÉSIE (Bali) :
Moyenne des températures atmosphériques

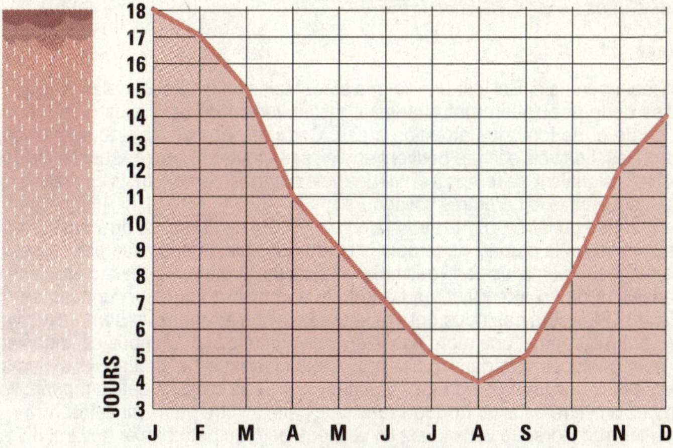

INDONÉSIE (Bali) :
Nombre de jours de pluie

T-shirt ni crème peut être synonyme d'insolation carabinée. À bon entendeur... Toutes les grandes marques de crème solaire s'achètent sur place, dans les grands centres, mais prenez vos précautions si vous utilisez des produits dermatologiques spécifiques.

– Une fois là-bas, achetez un sarong aux multiples usages : pour la plage, bien sûr, mais aussi pour recouvrir un matelas d'une propreté très relative, comme turban pour se protéger du soleil, comme foulard, ou bien encore ceint autour de la taille pour entrer dans un temple balinais. Le sarong peut aussi servir de rideau ou de cabine d'essayage. Ils sont souvent très jolis et, après le voyage, vous n'aurez aucun mal à leur trouver une utilisation, comme nappe, par exemple.

– Pour ceux qui voyagent hors des sentiers battus et dans les petites îles, un mini-sac, une gourde, une lampe électrique, une moustiquaire et un sac de couchage sont essentiels pour partir à l'aventure.

Avant de terminer vos bagages, n'oubliez pas d'y glisser :

– des boules *Quiès* si vous ne souhaitez pas être réveillé par les hurlements des chiens et le chant des coqs ; il existe aussi une belle invention appelée *Ear* : ce sont des petits cylindres en caoutchouc mousse que l'on roule entre ses doigts avant de les glisser dans le conduit auditif ; ils se dilatent alors et isolent bien ; avantage : on peut les laver et les réutiliser assez longtemps ; de plus, ce n'est pas gras et ça ne tombe pas ;

- des serviettes de toilette (il n'y en a pas dans tous les *losmen*) ;
- un canif pour peler les fruits ;
- votre pharmacie personnelle ;
- des photocopies des billets d'avion, passeport et récépissé comportant les numéros des chèques de voyage.

DANGERS ET ENQUIQUINEMENTS

Un peu de bon sens, de la fermeté, assortis de courtoisie et, le cas échéant, de quelques milliers de roupies devraient venir à bout de la plupart des situations. On ne peut pas parler de dangers. Juste quelques embrouilles possibles, certes fort désagréables, dans certains bureaux de change, particulièrement à Kuta (Bali). N'hésitez pas non plus à consulter le site du ministère des Affaires étrangères pour plus d'infos : ● *diplomatie.gouv.fr* ●

Vols

En règle générale, Bali est une île très sûre. Mais son côté cool, relax et la gentillesse de la population font que les touristes venant de pays plus durs baissent la garde et ne font plus attention à rien. Certains ont alors quelques mauvaises surprises. Les vols à la tire peuvent arriver, sans toutefois être fréquents. Certains lecteurs signalent de temps à autre des vols dans les *losmen,* mais ça reste rare et c'est souvent le fait d'autres voyageurs.
De manière générale, mettez vos valeurs au coffre de l'hôtel ou du *losmen,* qui en possèdent un la plupart du temps. N'emportez jamais de choses précieuses sur les plages... ou n'allez pas vous baigner sans les surveiller. En fait, c'est dans les transports ou en attendant les transports en commun que surviennent les problèmes. Plusieurs cas nous ont été signalés : vous attendez un *bemo* avec votre sac posé par terre ; une moto passe et vous prend le sac. On nous a indiqué également quelques vols dans les *bemos.* Coup classique : le chauffeur qui démarre sans vous, une fois vos bagages chargés ! Autre cas banal et bête à mourir : vous prenez un verre dans un troquet, sans faire gaffe à votre petite musette...
Dernier truc : lorsque vous louez un vélo équipé d'un petit panier devant, n'y placez pas votre sac. Vous faciliteriez le travail des voleurs à la tire. Et ne riez pas, ça arrive vraiment ! De manière générale, éviter de mettre son argent et ses papiers dans un sac porté en bandoulière. Placer plutôt les vraies valeurs dans une petite pochette plate que l'on glisse à l'intérieur du pantalon.
Si vous louez une voiture ou une moto, gare aux rackets et aux abus d'autorité assez fréquents (voir la rubrique « Transports »).
Lieux de vols les plus fréquents : Kuta, Lovina Beach, Candi Dasa et les environs de Batur. Dans les *bemos,* entre Kuta et Denpasar et vers Ubud. Le terminal des bus venant de Java est également un haut lieu pour les pickpockets. Cela dit, pas de parano. Si l'on vous parle de tout ça, c'est parce qu'on est dans la rubrique concernée, mais, on le répète, en suivant nos conseils, vous éviterez les risques de pépins.
Si vous perdez votre passeport ou s'il est volé, une déclaration à la police est indispensable pour obtenir une autorisation de sortie délivrée par l'agence consulaire et les services de l'immigration. Si l'on vous vole vos affaires, la déclaration à la police sera payante et ne servira à rien, sauf pour votre assurance en France. Le mieux est de mettre votre passeport dans un lieu sûr et de vous balader avec une photocopie que vous aurez faite avant de partir. Sur place, on ne le fait jamais !

Prostitution

On vous proposera des « massages complets », appelés aussi « *ultime pleasure* » (sic) dans la plupart des stations balnéaires, en particulier à Sanur où les habitués sont surtout les Indonésiens. En fait, il s'agit de prostituées javanaises qui préfèrent le sable des plages balinaises aux trottoirs de Jakarta où elles exercent hors saison.

L'intermédiaire n'est autre qu'un proxénète local, même s'il prétend être le frère ou le cousin. On ne saurait trop vous conseiller la plus grande prudence dans ce type de rapport. Les touristes seraient les premiers à râler si Bali devenait comme Phuket ou Pattaya, en Thaïlande. Sans demande, il n'y a pas d'offre ! Le touriste est la clé du problème.
Bali est aussi connue pour la prostitution masculine. Les gigolos sévissent surtout sur les plages de Kuta, Legian et Seminyak. Il paraît que les Japonaises raffolent de ces accompagnateurs à la peau mate, bien musclés, tatoués, aux cheveux longs décolorés et aux manières viriles et délicates à la fois...

DÉCALAGE HORAIRE

Quand il est 12h à Bali, il est 6h à Paris (- 6h) en été et 5h (- 7h) en hiver.
Quand il est 12h à Java, il est 7h à Paris (- 5h) en été et 6h (- 6h) en hiver.
Il y a 1h de différence entre Java et Bali (+ 1h).

DOUANE

On peut entrer dans le pays avec 1 l d'alcool, 200 cigarettes (50 cigares ou 100 g de tabac) et une quantité « raisonnable » de parfum par adulte. Il est bien sûr interdit d'importer des stupéfiants, des armes, des munitions, mais aussi des téléviseurs, des radios, des cassettes, objets ou publications pornographiques. Une autre restriction : les médicaments chinois et, en général, tout ce qui est imprimé en caractères chinois !
Les douaniers fouillent ou interrogent normalement, et les étrangers ne sont pas systématiquement pris pour des enfants naturels d'Al Capone et de Mata Hari (« l'œil du jour » en indonésien), mais il est fortement recommandé de rester en règle.
L'exportation d'antiquités est interdite.

DROGUE

Attention, ici on ne plaisante pas avec la drogue ! On vous en proposera parfois lors de fêtes à Kuta ou à Seminyak. Refusez poliment : les dealers sont TOUJOURS de mèche avec la police.
Il y a régulièrement une paire de Français qui signent un bail plus ou moins long dans les prisons balinaises (celle de Denpasar est particulièrement réputée). Ça coûte cher à leurs parents, financièrement et en cheveux blancs, et ça fait flipper les enfants qui ne savent jamais pour combien de temps ils en ont. Et soyons clairs, ils en ont souvent pour plusieurs années. Alors, c'est tout simple : n'y touchez pas !
L'affaire Michaël Blanc qui a secoué la France lors de sa condamnation à la prison à vie le 16 novembre 2000 en est la preuve. Arrêté à l'aéroport de Bali avec 3,8 kg de haschich en décembre 1999, le jeune Michaël croupit dès lors dans une geôle de Java. La police indonésienne, connue pour sa corruption et son inefficacité, a fait du Français un exemple pour les Occidentaux. Remis en liberté conditionnelle le 20 janvier 2014, il doit tout de même rester sur place jusqu'en 2017. Son comité de soutien : • *michael-blanc.com* •
Alors, on ne vous le répétera jamais assez : refusez quoi que ce soit de tout individu, même s'il est cool, surtout s'il est cool, et n'acceptez en aucun cas de lui rendre un service, si petit soit-il.

ÉLECTRICITÉ

Le 220 V est aujourd'hui très largement répandu. Mais avant de brancher un rasoir ou quoi que ce soit d'autre, il vaut quand même mieux y regarder à deux fois (ça peut être encore du 110 V). Les prises électriques comportent deux trous – donc, nos appareils électriques se branchent parfaitement – et les pannes sont rares. En revanche, l'électricité reste une application futuriste dans beaucoup d'endroits, et comme elle est très chère, les ampoules d'éclairage sont de faible puissance (25 W). Donc, une fois la nuit tombée, c'est plutôt l'ambiance dîner aux chandelles ! Une torche électrique ne sera pas de trop, car même l'éclairage des rues est rare et plutôt tamisé. Ne soyez pas surpris, le courant peut sauter facilement !

ENFANTS

Les enfants sont rois à Bali, on leur fera souvent des signes. Attention cependant : à part dans les zones balnéaires, les poussettes ne sont pas les bienvenues (trottoirs défoncés, routes en sable, etc.) : prévoir plutôt un porte-bébé. Il fait très chaud : crème solaire, casquette et eau obligatoires (eau minérale en boutique). Pour manger, pas mal de riz, des nouilles, des viandes hachées, et même des burgers ou des pizzas... Du lait en poudre en vente parfois dans les échoppes style *7-Eleven,* mais le mieux est d'apporter le vôtre, histoire de ne pas être dépourvu. Attention, enfin, à la présence de chiens errants, aux singes dans des temples, aux cochons ou aux poules sur les plages. Bien vérifier les vaccins et les produits désinfectants avant de partir. Il y aura mille et une merveilles à découvrir pour vos bambins.

HÉBERGEMENT

■ ***Airbnb :*** *résas sur* ● *airbnb.fr* ● Des milliers de logements à tous les prix. 10 € de réduction à Bali et à Lombok avec le code « BALI2015 » au moment de payer.

Lire aussi la rubrique « Budget » plus haut.
Bali possède bien des facettes, et il ne faut pas se tromper. Bien choisir votre lieu de résidence sera votre tâche la plus importante. La plupart des routards optent pour la mer. On les comprend. Cela dit, le panachage constitue une bonne formule. Si vous disposez de 10 ou 15 jours de vacances de plus, n'hésitez pas à goûter aux plaisirs de la montagne. Beaucoup de gens qui montent à Ubud pour une journée regrettent de ne pas avoir prévu de circuler quelques jours de plus dans l'arrière-pays. D'une manière générale, on loue un véhicule et on rayonne à partir de son lieu de résidence.
En matière d'hébergement, l'île est très bien lotie et l'offre dépasse de beaucoup la demande. Vous n'aurez donc aucun problème pour trouver une chambre sur place. Toutefois, en raison de l'état des infrastructures plus ou moins bien entretenues, des améliorations plutôt superficielles (exemple : la rénovation du lobby mais pas des chambres) et des dénominations souvent abusives comme « resort » ou « spa », il est difficile de faire un classement précis du parc hôtelier balinais. Quant au système d'étoiles, il fonctionne pour les établissements de luxe (5 *stars*), mais pour le reste, c'est le flou artistique.
Voici, en quelques mots, un tour d'horizon des différents lieux de résidence possibles en partant du sud et en remontant vers l'est, le centre puis le nord.
– ***Uluwatu*** est le spot de surf le plus couru de l'île. Peu de logements sur place et des prix injustifiés à cause d'un marché captif. Bien lire les infos pour choisir judicieusement son logement. Le site est superbe, essentiellement fréquenté par les surfeurs australiens. Sur la presqu'île de Bukit, quelques plages magnifiques.
– ***Jimbaran*** se développe à grande vitesse. Le coin est assez animé et un peu moins cher que Nusa Dua. Beaucoup de restos de poisson en bord de mer, mais l'ambiance est bruyante et le coin ne présente en réalité qu'un intérêt limité. Gros rouleaux en saison des pluies. Pas notre coin préféré.

– ***Kuta, Legian Seminyak et Petitenget*** sont quatre villages autrefois distincts au bord de la même plage, la plus belle de l'île, bien que très dangereuse à certains endroits. Ne cachons pas qu'ils ont tous en commun un gros inconvénient : une horrible circulation ! Kuta et Legian concentrent la faune fêtarde des boîtes et des bars. Si vous aimez ça, vous allez vous éclater. C'est dans cette zone que l'on trouve le plus grand choix et les prix les plus économiques du littoral sud. Si vous voulez débuter en surf, c'est aussi là qu'il faut poser sa planche. Seminyak et Petitenget offrent une ambiance plus chic avec des restos à la mode, des bars branchés et des villas luxueuses. Ils sont moins envahis que Kuta-Legian mais bien plus chers pour se loger.
– ***Nusa Dua*** aligne les *resorts « all inclusive »* sur le bord de mer. Ici, on déambule de la chambre à la piscine et du bar au spa sans mettre un pied dehors. Pas notre tasse de thé, ni de café.
– ***Sanur :*** chic mais pas snob, plus diurne que nocturne, calme et fréquenté par les familles. Une halte que les artistes des années 1930 aimaient fréquenter. Pas grand-chose à faire, les plus dynamiques d'entre vous s'y ennuieront peut-être. La plage est un peu décevante du fait de la faible profondeur de l'eau à cet endroit.
– ***Candi Dasa,*** au sud-est de l'île, ne possède plus de véritable plage depuis longtemps (voir pourquoi dans l'intro qui lui est consacrée). D'ambiance familiale, elle compte néanmoins quelques jolies adresses et profite de la luxuriance de sa région.
– ***La région d'Amed et Tulamben :*** c'est un lieu de résidence de choix pour les plongeurs et les adeptes du snorkelling, mais pas seulement. Les plages de sable noir au pied du mont Agung, uniquement colorées par une myriade de *jukung (prahus),* et le côté encore sauvage et authentique de tout ce secteur, malgré la poussée touristique de ces dernières années, font qu'on y passe quelques jours avec ravissement.
– ***Le nord et l'ouest de l'île : Lovina*** attire encore quelques touristes voyageant en famille pour sa plage de sable noir, hélas assez sale. Mais elle vit surtout sur son passé. Les amateurs de snorkelling et de plongée choisiront plutôt le village de ***Pemuteran,*** proche de l'île de Menjangan. C'est plus pittoresque et... encore plus tranquille.
– ***La région d'Ubud :*** la porte d'entrée vers l'intérieur de l'île et une bonne base pour se rendre un peu partout. On aime Ubud pour ses musées, ses spectacles de danse, sa gastronomie... et ses belles boutiques. Touristique évidemment, mais l'atmosphère est vraiment captivante, et les paysages merveilleux aux alentours offrent de belles balades.
– ***Le lac Batur :*** une nuit autour du lac est indispensable pour pouvoir faire l'ascension du mont Batur tôt le matin, mais on ne s'attarde pas dans la région. Peu d'intérêt d'y dormir quand on ne fait pas l'ascension.
– ***Le sud-ouest de l'île :*** sur la côte entre Gilimanuk et Tanah Lot, quasiment pas de structures touristiques, si ce n'est à Medewi et Suraberata. Seuls les surfeurs trouveront intéressant d'y séjourner.
– ***Nusa Lembongan :*** pour retrouver l'ambiance îlienne, tandis que Bali tend à devenir un « continent » touristique. Surf, plongée et snorkelling de très bon niveau. Et puis farniente !

Location de villa : les pièges à éviter

De plus en plus populaire à Bali, la location de villa est une formule de séjour qui séduit pour le confort et l'indépendance qu'elle procure. Pour que l'expérience soit réussie, il convient pourtant de prendre quelques précautions.
– Autant privilégier les villas listées par des agents de voyages ou des intermédiaires ayant pignon sur rue, surtout si c'est votre premier voyage à Bali. Il est arrivé que le consul de France doive secourir des vacanciers incapables de trouver la villa qu'ils avaient réservée via Internet, alors que le taxi promis ne les attendait pas à l'aéroport...
– Bali compterait un gros millier de villas construites sans permis, et le nombre d'Occidentaux louant leur résidence balinaise sans posséder le visa requis serait

encore plus élevé. Les autorités locales s'intéressent de plus en plus à ces infractions. En cas de contrôle, les locataires n'ont plus qu'à trouver en hâte un autre hébergement... et à courir après un éventuel remboursement !
– Bien étudier la localisation. Pour cela, commencez par lire votre guide préféré, même s'il ne peut couvrir tous les secteurs de l'île où les locations de villas se développent. Il arrive, même à Bali (snif !), que certaines villas tout confort soient coincées entre chantiers de construction, rizières lépreuses et routes embouteillées, avec rien de bien excitant aux environs. Pas folichon...
– À certaines périodes et dans les zones les plus prisées, les tarifs pratiqués peuvent être franchement exagérés au regard des prestations.
Tuyau : si la durée de votre séjour le permet, pourquoi ne pas réserver un hôtel pour l'arrivée et visiter une ou plusieurs villas avant de plonger ? Rien n'empêche d'avoir pris des contacts au préalable. Et puis, les prix sont plus facilement négociables sur place.

HORAIRES

En règle générale, les administrations et les banques ouvrent la semaine de 8h à 15h ou de 9h à 16h ; les bureaux de poste, tous les jours sauf le dimanche, de 8h à 16h ou 18h, sauf dans les petites villes où ils ferment plus tôt les vendredi et samedi.
Les restos et petits magasins n'ont, eux, pas de jour de fermeture ; tout comme, en général, les centres commerciaux, souvent ouverts jusqu'à 21h ou 22h.
Les Indonésiens sont très matinaux – la vie reprend avant 6h – et donc couche-tôt. L'animation se prolonge rarement au-delà de 22h.

LANGUE

Le ***bahasa indonesia*** est la langue officielle depuis l'indépendance (1945). Comme le malais, l'indonésien est une variation d'une même langue, le *bahasa malayu,* pratiquée dès le VIIe s dans l'archipel. L'indonésien est la 6e langue du monde par le nombre de ses locuteurs, qui dépasse largement les 260 millions. Transcrite en caractères indiens puis arabes, elle a été romanisée en 1928 sous la colonisation néerlandaise.
L'Indonésie compte en outre plus de 670 langues et dialectes, parlés par plus de 300 groupes ethniques. Certaines de ces langues, comme le sundanais, le javanais et le balinais, influencées par l'Inde ancienne, possèdent une littérature élaborée et trois niveaux de langue correspondant aux trois principaux groupes sociaux.
Le *bahasa indonesia* est une langue sans ton (prononciation comme en français). Quelques exceptions : « j » se prononce *dj* ; « c » : *tch* ; et « u » : *ou.* Le « k » en fin de mot ne se prononce pas. On roule les « r », et le « h » se prononce comme en anglais. Le pluriel s'effectue grâce au doublement. Exemple : *nyonya* (madame) devient au pluriel *nyonya nyonya* oralement, et s'écrivait même *nyonya 2* jusqu'en 1972 !
Il n'y a ni conjugaison, ni temps. Par exemple, « j'aime, nous aimons » se dit : *saya suka, kita suka.* De même, « Demain je chercherai une banque » se dit : *besok saya cari bank,* ce qui signifie littéralement « Demain je chercher banque ». Pour exprimer le passé, c'est pareil : « Hier je suis allé à la librairie » se traduit mot à mot par « Hier je aller à magasin livre », soit *kemarin saya pergi ke toko buku.* Simple, non ?
– Phrase interrogative : *Apa* + *kah* + sujet + verbe (ex. : « Dort-il ? », *Apa kah dia tidur ?*). Pour poser une question, on peut aussi tout simplement utiliser une intonation montante.
– Phrase négative : *tidak* (ou *ngga*) avant le verbe (ex. : « Je ne parle pas indonésien », *saya tidak bisa bahasa indonesia*).

– Important, le verbe *être* n'existe pas. Donc, pour dire « je suis fatigué », dites juste *saya lelah* (« je fatigué »).
Le *bahasa indonesia* est une langue imagée et parfois assez poétique ou amusante. Par exemple, un œuf sur le plat se dit *mata sapi,* soit « œil de vache ». *Mata hari* signifie « œil du jour », soit « le soleil »...
Outre les formules courantes de politesse que vous apprendrez très vite, il faut absolument vous souvenir du mot *sudah* et l'utiliser sans modération. Il signifie « déjà » fait, « déjà » acheté, « déjà » mangé, etc. On vous propose pour la dixième fois depuis le début de la rue un sarong, un resto, un taxi, un spectacle, un massage ou n'importe quoi d'autre ? *Sudah !* Un moyen poli et d'une efficacité remarquable pour stopper toute insistance. Une formule magique, en quelque sorte !
L'***anglais*** est couramment parlé dans les endroits touristiques. Mais quand on s'éloigne des sentiers battus, quelques rudiments d'indonésien s'avèrent utiles, voire indispensables. Ne serait-ce, par exemple, pour ne pas se voir réclamer un prix scandaleusement élevé pour une course en *becak* ou en taxi... ou tout simplement pour partager quelques moments de convivialité.

Pronoms personnels et adjectifs possessifs

je, moi	*saya, aku*
mon	nom + *saya* ou *ku*
tu, toi	*kamu* (familier) ou *anda* (formel)
ton	nom + *mu*
il, elle	*dia*
son, sa	nom + *nya*
nous, notre	*kita* (inclut l'interlocuteur) ou *kami* (ne l'inclut pas)
vous	*kalian*
ils, elles, eux	*mereka*

Pronoms et adverbes interrogatifs

quoi ?	*apa ?*
qui ?	*siapa ?*
où (ici) ?	*di mana ?*
où (l'on va) ?	*ke mana ?*
d'où ?	*dari mana ?*
quand ?	*kapan ?*
comment ?	*bagaimana ?*
pourquoi ?	*mengapa* ou *kenapa ?*
lequel ?	*yang mana ?*
combien ?	*berapa ?*

Termes de politesse

oui	*ya*
non	*tidak* ou *bukan*
bonjour (avant 12h)	*selamat pagi*
bonjour (de 12h à 15h)	*selamat siang*
bonjour (de 15h à 18h)	*selamat sore*
bonsoir	*selamat malam*
bonne nuit	*selamat tidur*
au revoir	*selamat jalan* (si vous restez) ou *selamat tinggal* (si vous partez)
à bientôt	*sampai jumpa* (ou *bertemu*) *lagi*
s'il vous plaît	*tolong*
je vous en prie	*silakan*
excusez-moi	*ma'af*
pardon	*permisi*

merci (beaucoup)	*terima kasih (banyak)*
de rien	*sama sama*
comment allez-vous ?	*apa kabar ?*
ça va !	*baik baik !*
asseyez-vous SVP	*silakan duduk*
entrez SVP	*silakan masuk*
bienvenue	*selamat datang*
bon appétit !	*selamat makan !*
à votre santé !	*selamat minum !*

– Remarque : *mari* est un terme d'invite comme dans *Mari makan* (« Mangez, je vous prie »).

Chiffres

un	*satu*
deux	*dua*
trois	*tiga*
quatre	*empat* (prononcer « ampate »)
cinq	*lima*
six	*enam* (prononcer « aname »)
sept	*tujuh*
huit	*delapan* (prononcer « d'lapan »)
neuf	*sembilan*
dix	*sepuluh*
cent	*seratus*
mille	*seribu*

– Pour les nombres de 11 à 19, on ajoute *belas* (prononcer « b'las ») au nombre 1, 2, 3, etc. (exemple : 15, *lima belas*).
– Pour les dizaines, on ajoute *puluh* au nombre (exemples : 50, *lima puluh* ; 52, *lima puluh dua*).
– Pour les centaines, on ajoute *ratus* au nombre (exemple : 263, *dua ratus enam puluh tiga*).
– Pour les milliers, on ajoute *ribu* au nombre (exemple : 20 789, *dua puluh ribu tujuh ratus delapan puluh sembilan*).

Repères temporels

lundi	*hari senin*
mardi	*hari selasa*
mercredi	*hari rabu*
jeudi	*hari kamis*
vendredi	*hari jumat*
samedi	*hari sabtu*
dimanche	*hari minggu*
jour	*hari*
aujourd'hui	*hari ini* (littéralement, « ce jour »)
semaine	*minggu*
mois	*bulan*
année	*tahun*
demain	*besok*
hier	*kemarin*
maintenant	*sekarang*
tout à l'heure (avant)	*tadi*
plus tard	*nanti*
pas encore	*belum*
déjà	*sudah*
avant (+ nom)	*sebelum*

après (+ nom)	*sesudah*
matin	*pagi*
après-midi	*siang* ou *sore*
soir (ou nuit)	*malam*
hier soir	*tadi malam*
demain matin	*besok pagi*
heure	*jam*
quelle heure est-il ?	*jam berapa ?*
il est 3h	*jam tiga*
minute	*menit*
pendant	*selama*
depuis	*sejak*
toujours	*selalu*
jamais	*tidak pernah*
un instant !	*sebentar !*

Repères spatiaux

à	*di*
dans	*di dalam*
(en) dehors (de)	*di luar*
devant	*di depan*
derrière	*di belakang*
en dessous	*di bawa*
sur, au-dessus	*di atas*
(à) droite	*(ke) kanan*
(à) gauche	*(ke) kiri*
entre	*di antara*
ici	*di sini*
là(-bas)	*di sana*
près	*dekat*
loin	*jauh*
tout droit	*terus*
nord	*utara*
sud	*selatan*
est	*timur*
ouest	*barat*

Lieux divers

pays	*negeri*
France	*P(e)rancis*
Belgique	*Belgia*
Suisse	*Swis*
Canada	*Kanada*
ville	*kota*
centre-ville	*pusat kota*
village	*desa* ou *kampung*
rue	*jalan*
maison	*rumah*
restaurant	*rumah makan*
gare routière	*terminal*
gare ferroviaire	*stasiun kereta api*
aéroport	*airport* ou *lapangan terbang*
port	*pelabuhan*
marché	*pasar*
magasin	*toko*
banque	*bank*

bureau de poste	*kantor pos*
cinéma	*bioskop*
plage	*pantai*
piscine	*kolam renang*
chambre, pièce	*kamar*
chambre à coucher	*kamar tidur*
salle à manger	*kamar makan*
salle de bains	*kamar mandi*
toilettes	*kamar kecil*
mosquée	*mesjid*
église	*gereja*
temple	*candi*
immeuble	*gedung*
palais	*istana*
île	*pulau*
colline	*bukit*
montagne	*gunung*
volcan	*gunung api*

Moyens de transport

avion	*pesawat terbang*
en avion	*naik pesawat terbang*
bateau	*kapal* (navire) ; *perahu* (plus petit ; prononcer « praou »)
bus	*bis*
moto	*sepeda-motor*
ticket	*karcis*
train	*kereta api*
vélo	*sepeda*
voiture	*mobil*

Mots et expressions utiles

ceci	*ini*
cela	*itu*
qu'est-ce que c'est ?	*apa itu ?*
ça coûte combien ?	*berapa harga ?*
déjà acheté	*sudah beli*
le juste prix	*harga biasa*
c'est très cher !	*itu mahal sekali !*
comment vous appelez-vous ?	*siapa nama anda ?*
je m'appelle...	*nama saya...*
d'où venez-vous ?	*dari mana ?*
je suis français(e)	*saya dari prancis*
vous parlez l'anglais ?	*bisa bahasa inggris ?*
quel âge avez-vous ?	*berapa umur anda ?*
vous êtes marié ?	*sudah kawin ?*
vous avez des enfants ?	*sudah punya anak ?*
je ne comprends pas	*saya tidak mengerti*
où allez-vous ?	*mau kemana ?*
je veux aller à la poste	*saya mau (pergi) ke kantor pos*
je veux aller rue X	*saya mau (pergi) ke jalan X*
comment aller à la plage ?	*bagamaina pergi ke pantai ?*
quelle route ?	*jalan (yang) mana ?*
où est-elle ? (cette rue)	*jalan itu, di mana ?*
j'ai faim, je voudrais manger	*saya lapar, saya mau makan*
j'ai assez (mangé)	*saya kenyang*

il n'y en a plus	*habis*
j'ai soif, je voudrais boire	*saya haus, saya mau minum*
vous avez une chambre ?	*ada kamar yang bebas ?*
quel est le prix d'une nuit ?	*berapa harga satu malam ?*
je peux voir une autre chambre ?	*boleh saya lihat kamar lain ?*
il y a des toilettes ici ?	*ada kamar kecil di sini ?*
pas de problème	*tidak apa apa*

Quelques verbes

acheter	*(mem)beli*
aimer (quelque chose)	*suka*
aller, partir	*pergi*
arrêter	*berhenti*
arriver	*tiba*
avoir	*punya*
avoir besoin de	*perlu*
boire	*minum*
chercher	*(men)cari*
devoir	*harus*
dormir	*tidur*
entrer	*masuk*
fumer	*merokok*
manger	*makan*
parler	*berbicara*
pouvoir	*bisa*
rentrer à la maison	*pulang*
rester	*tinggal*
revenir	*kembali*
s'asseoir	*duduk*
se laver	*mandi*
se lever	*bangun*
venir	*datang*
vivre	*hidup*
voir	*melihat*
vouloir	*mau*

Les gens

ami	*teman*
enfant	*anak*
épouse	*istri*
famille	*keluarga*
femme	*wanita*
frère	*saudara laki-laki*
homme	*pria*
jeune fille	*gadis*
madame	*ibu* ou *nyonya*
mademoiselle	*nona*
monsieur	*tuan*

Adjectifs de base

beau	*bagus*
blanc	*putih*
chaud	*panas*
correct	*betul*
dangereux	*berbahaya*
direct	*langsung*

fatigué	*lelah*
c'est faux	*itu salah*
fermé	*tutup*
froid	*dingin*
grand	*besar*
intéressant	*menarik*
jaune	*kuning*
jeune	*muda*
joli	*indah*
long (durée)	*lama*
long (spatial)	*panjang*
malade	*sakit*
noir	*hitam*
nouveau	*baru*
ouvert	*buka*
petit	*kecil*
possible	*mungkin*
propre	*bersih*
rouge	*merah*
sale	*kotor*
vert	*hijau*
vieux	*tua*

Adverbes et conjonctions

aussi	*juga*
beaucoup (de)	*banyak*
déjà	*sudah*
environ	*kira-kira*
et	*dan*
mais	*(te)tapi*
ou	*atau*
parce que	*karena*
pas encore	*belum*
peu	*sedikit*
peut-être	*mungkin*
si	*kalau*
tout, tous, toutes...	*semua*
vite	*cepat*

Autres mots

banane	*pisang*
beurre	*mentega*
bœuf	*sapi*
bière	*bir*
brochettes	*sate*
café (au lait)	*kopi (susu)*
chapeau	*topi*
cigarette (aux clous de girofle)	*rokok (kretek)*
couteau	*pisau*
crabe	*kepiting*
crevettes	*udang*
cuillère	*sendok*
eau	*air*
épicé	*pedas*
fourchette	*garbu*
fromage	*keju*

fruit	*buah*
glace	*es batu*
grenouille	*kodok*
jus d'orange	*air jeruk*
lait	*susu*
légumes	*sayur*
légumes frits	*cap cai*
nouilles	*mie*
œuf	*telur*
papier w-c	*kertas w-c*
petite monnaie	*uang kecil*
piment	*cabe* ou *sambal* (sauce)
poisson	*ikan*
pommes de terre	*kentang*
frites	*kentang goreng*
porc	*babi*
poulet	*ayam*
riz blanc	*nasi putih*
riz blanc mélangé	*nasi campur*
riz frit	*nasi goreng*
savon	*sabun*
sel	*garam*
serpent	*ular*
serviette	*handuk*
singe	*monyet* ou *kera*
sucre	*gula*
sucré	*manis*
thé	*teh*
ticket	*karcis*
timbre-poste	*perangko*
verre	*gelas*
viande	*daging*

Voici quelques mots et expressions en ***balinais,*** une langue bien différente du *bahasa indonesia,* plus difficile aussi. Seuls les puristes feront l'effort d'apprendre cette langue, car le *bahasa indonesia* est compris et parlé par la très grande majorité de la population. Comme en indonésien, il y a plusieurs manières de dire bonjour, selon le moment de la journée.

bonjour (le matin)	*rahajeng semeng*
bonjour (du déjeuner jusqu'à 15h)	*rahajeng tengai*
bonjour (jusqu'à 18h)	*rahajeng sore*
bonsoir (après 18h)	*rahajeng wengi*
comment allez-vous ?	*sapunapi gatrane ?*
ça va	*becik-becik kemanten*
combien ça coûte ?	*aji kuda ajine ?*
merci	*matur suksma*
de rien	*suksma mewali*

LIVRES DE ROUTE

Sur Bali

– ***L'Homme qui voulait être heureux*** (2010), de Laurent Gounelle ; roman (Pocket). Un homme découvre le secret de l'existence sereine auprès d'un sage en Indonésie. Comme on le comprend !

– ***Mange, prie, aime*** (2009), d'Élizabeth Gilbert ; roman (Livre de Poche). Une histoire à l'eau de rose mais qui fait du bien ! Liz Gilbert, qui a tout pour être heureuse, reste insatisfaite. Divorce, dépression, elle repart à zéro, passe par l'Italie pour grossir un peu, en Inde dans un ashram pour méditer et à Bali pour trouver l'amooour. Julia Roberts a tenu le rôle-titre dans un remake hollywoodien.
– ***Sang et Volupté à Bali*** (1937), de Vicki Baum ; roman (10/18, coll. « Domaine Étranger », nº 1726, 2001 ; 448 p.). Nous sommes en 1904, et les Néerlandais, qui ont conquis les îles de la Sonde et établi leur capitale à Batavia (Jakarta), n'ont pas encore pris possession du sud de Bali, se heurtant à l'hostilité d'une population dont les coutumes (hindouisme, castes) sont si particulières. Le neveu du vieux prince de Badung, Alit, va commander la résistance.
– ***Bali, Java, en rêvant*** (2001), de Christine Jordis (Gallimard, coll. « Folio », nº 4154, 2005). Sorte de carnet de voyage lyrique, au cours duquel l'auteur nous entraîne aux quatre coins de ces îles, de leurs arts et coutumes.

Sur le reste de l'Indonésie

– ***L'Anthropologie n'est pas un sport dangereux*** (1988), de Nigel Barley ; littérature de voyage (Payot, coll. « Petite Bibliothèque », nº 365, 2001 ; 288 p.). Après quelques voyages en Afrique de l'Ouest, un anthropologue décide un peu par hasard de se rendre sur l'île de Sulawesi (Célèbes). Ses pérégrinations, par tous les moyens de locomotion possibles, le mènent au pays Toraja. Il y découvre la culture de ces tribus animistes, dont quelques membres vont effectuer un séjour en Angleterre et seront accueillis par le très prestigieux British Museum de Londres... Le récit d'un voyage rocambolesque qui se lit comme un roman, où l'on découvre l'une des facettes de la culture indonésienne. Toujours plein d'humour.
– ***Empire d'Orient*** (1997), de Norman Lewis ; récit de voyage (Éd. Olizane, coll. « Objectif Terre », 1997 ; 304 p.). Ce grand voyageur et romancier, fanatique de l'Asie, nous livre ses impressions à l'issue d'une série de voyages aux confins de l'Indonésie : Aceh (l'extrême nord de Sumatra), le Timor-Oriental et les hauts plateaux d'Irian Jaya. Loin d'être un récit en forme de carte postale, ce livre est aussi un réquisitoire contre la politique de l'État indonésien à l'encontre de ses provinces qui sont animées d'une force centrifuge.
– ***Krakatoa*** (2005), de Simon Winchester ; sciences et aventures (JC Lattès ; traduit de l'anglais par Thierry Pialat ; 478 p.). Avec une certaine érudition, voici l'histoire d'un des principaux volcans indonésiens. Le 27 août 1883, il entra en éruption, catastrophe naturelle la plus meurtrière après le tsunami de 2004. Plein d'infos, une découverte ébouriffante de la terre et de ses entrailles.
Voilà, c'est déjà un début !

PHOTOS

Un voyage en Indonésie est l'occasion d'effectuer une moisson d'images. La lumière est souvent bonne (sauf aux heures les plus chaudes, c'est-à-dire de 11h à 15h). La population aime poser. Toutefois, face à certaines scènes ou devant des personnes âgées, il est préférable d'obtenir l'autorisation. Vos « modèles » vous demanderont souvent d'envoyer les clichés. Faites-le !
– En raison du climat tropical, prendre certaines précautions : protéger appareils et cartes mémoire de l'humidité et du soleil. Glisser dans son sac de petits sachets de sel de silice. Attention à la condensation qui se forme sur les objectifs en quittant des endroits climatisés.
– Un appareil photo dont le prix équivaut à plusieurs années de salaire peut susciter la convoitise. Ne le laissez jamais dans votre chambre, et méfiez-vous des voleurs à la tire lors des cérémonies, ainsi que dans les sites touristiques.

– On trouve des cartes mémoire partout, souvent à des prix avantageux. Pour les accros à l'argentique, sachez que les pellicules se font de plus en plus rares et que celles vendues sont parfois périmées (bien vérifier).

POSTE *(KANTOR POS)*

Elle est plutôt efficace. Compter une dizaine de jours pour l'acheminement d'une lettre à destination de la France postée à Bali. Attention, depuis la crise, les tarifs postaux vers l'étranger ont connu une sérieuse inflation ! Compter environ 10 000 Rps pour une carte postale vers la France (moins cher depuis Java). Même chose en ce qui concerne les expéditions de colis. Envoyer ses jolies statuettes par bateau ou par avion devient de plus en plus onéreux. Les timbres (le mot se disant *perangko*) s'achètent dans les bureaux de poste, où l'on trouve généralement aussi des enveloppes et des cartes postales. Sinon, le courrier peut être confié à la *letter box* d'un hôtel.
Il existe des services de ***poste restante*** dans les principales villes ainsi que dans tous les endroits touristiques. Pour une bonne réception, se faire adresser le courrier avec le nom écrit en lettres majuscules, puis *kantor pos,* la ville et l'île. Les pertes de courrier sont principalement dues à une classification faite à partir du prénom et non du nom... Donc, toujours vérifier avec le nom puis le prénom.
Faire oblitérer son courrier devant soi est une précaution non négligeable. Certains postiers indélicats arrondissent leurs fins de mois avec la récupération des timbres. Il est toujours préférable de recommander un envoi important.

POURBOIRES

Comme dans la plupart des pays du Sud-Est asiatique, cette pratique s'est installée en même temps que le tourisme. Mais en Indonésie, elle demeure encore peu courante. Dans les hôtels et les restaurants, aucun pourboire n'est obligatoire, et ce d'autant moins que certains établissements vous infligent de 10 à 15 % en sus pour le service. Néanmoins, il faut y recourir lorsque les circonstances l'exigent, par exemple pour les porteurs. Comptez alors 5 000 à 10 000 Rps selon le volume des bagages ou l'importance du service rendu.

SANTÉ

Se reporter impérativement à la rubrique « Avant le départ » en tête de chapitre pour la liste des vaccinations conseillées.
– Rappelons-le, il est recommandé, pendant toute la durée de votre séjour en Indonésie (hors Bali), de suivre un traitement antipaludique. L'ensemble du pays est classé en zone 3 (sauf Bali et le centre des grandes villes, qui sont indemnes de tout paludisme). À noter : le paludisme ne se transmet que du crépuscule à l'aurore. Renseignez-vous auprès de votre médecin avant le départ. Beaucoup – pour ne pas dire la totalité – des répulsifs antimoustiques ou arthropodes vendus en grande surface ou en pharmacie sont peu ou insuffisamment efficaces. Ne choisir qu'une gamme conforme OMS comme *Insect Ecran,* disponible en pharmacie, parapharmacie et en vente Web sécurisée sur ● *sante-voyages.com* ● Indispensable non seulement pour le paludisme, mais aussi pour la dengue (transmission permanente avec des pics endémiques et en croissance), le chikungunya (très présent en Indonésie), l'encéphalite japonaise...
– Attention aux amibes gloutonnes et aux bactéries type salmonelles, shigelles (eau, salade, coquillages...) qui peuvent entraîner des troubles graves.

– L'hépatite A, transmise par l'eau et l'alimentation, est très fréquente : vaccination indispensable.
– L'encéphalite japonaise sévit en permanence, mais surtout par épidémies en période de mousson. C'est une maladie grave (un tiers de décès, un tiers de séquelles neurologiques). Il existe depuis avril 2009 un vaccin *(Ixiaro®)* – enfin – bien toléré, recommandé aux expatriés, voyageurs fréquents et touristes se rendant en zone rurale des pays situés au-dessous d'une ligne reliant le Bangladesh et le Sud sibérien, jusqu'au Queensland au sud. Deux injections (J0-J28) ; disponible en centre de vaccination internationale.
– Par ailleurs, on échappe rarement à ce que l'on appelle une turista. En cas de diarrhée, boire beaucoup de thé chaud et se gaver de riz nature. Vous pouvez acheter des médicaments stoppant la diarrhée en pharmacie sans ordonnance, avant votre départ.
Traitement de la diarrhée du voyageur simple (sans fièvre, ni glaires, ni pus, ni sang) :
- Azithromycine *(Zithromax®)* : deux comprimés en une seule prise, une seule fois.
- Racécadotril *(Tiorfan®)* : une gélule d'emblée, puis une gélule trois fois par jour, si possible avant les trois principaux repas. Durée maximum : 7 jours.

On peut les accompagner d'un ralentisseur du transit intestinal, le lopéramide *(Imodium®)* : deux gélules d'emblée, puis une gélule après chaque selle non moulée, sans dépasser quatre par 24h.
– Votre trousse médicale de secours doit comporter du paracétamol, type *Doliprane®*, de l'alcool à 70°, des pansements, des antibiotiques contre les infections respiratoires (climat humide oblige), des produits de haute protection solaire et des pastilles ou des filtres pour aseptiser et purifier l'eau. Vous pouvez aussi vous procurer avant le départ une paille ultrafiltrante *LifeStraw* (disponible sur • *sante-voyages.com* •). Très pratique !
– En cas de besoin éventuel de médicaments spécifiques, se renseigner avant de partir sur le nom international (DCI) ou le nom des marques anglo-saxonnes. Il faut aussi savoir que dans certains endroits reculés les médicaments peuvent souffrir d'un mauvais stockage et d'une trop grande exposition à la chaleur, et que leur date de péremption peut être dépassée, quand il ne s'agit pas de contrefaçons, ce qui arrive fréquemment.
– Au cas où une assistance médicale s'avérerait indispensable, il convient de contacter en premier lieu sa compagnie d'assurance. On peut ensuite s'adresser à un consulat (où se trouvent des listes de médecins) ou à un grand hôtel de luxe (ils ont toujours réponse à tout).
– En cas d'urgence, en indonésien médecin se dit *dokter* ; dentiste : *dokter gigi* ; pharmacie : *apotik*. Les hôpitaux *(rumah sakit)* sont à éviter dans la mesure du possible. Si une hospitalisation ou une intervention chirurgicale sont nécessaires, mieux vaut se faire transporter à Singapour, Hong Kong, Bangkok, ou bien encore se faire rapatrier en Europe, selon les recommandations de sa compagnie d'assurance.
– Dans chaque village existe un *puskesmas*, sorte de dispensaire où exercent une infirmière et parfois un médecin. Ne s'adresser à eux qu'en cas de nécessité ou pour de petits bobos.

Quelques règles à respecter pour rester en bonne santé

– Ne jamais boire d'eau non bouillie. Ceux qui ne veulent prendre aucun risque se contenteront de boissons capsulées ou purifiées par leur soin (comprimés, filtres microbiens). De même, ils éviteront les délicieux jus de fruits servis avec de la glace. Mais il faut noter que dans les grandes villes de Java ainsi que dans les lieux touristiques de Bali et de Lombok, la situation sanitaire s'est considérablement améliorée ces dernières années.
– Ne jamais se baigner dans les eaux douces comme les autochtones. Se contenter de la mer. On évite ainsi bilharziose, leptospirose, hépatites A ou E et autres désagréments.

– Se méfier des coupures et égratignures. Sous les tropiques, elles peuvent se surinfecter et mettre beaucoup plus de temps à guérir.
– Des chaussures neuves qui provoquent des ampoules sont à éviter, car, hormis le fait d'être désagréables, les blessures aux pieds sont très difficiles à résorber.
– Une crème antiseptique dans un coin du sac vaut bien la place qu'elle occupe !
– Le baume du tigre est à la fois une excellente crème préventive et un calmant efficace. Il possède mille vertus liées au massage : sur le front et les tempes pour les maux de tête, sur la gorge pour un début de rhume, sur les articulations (avec un foulard pour tenir au chaud) comme premier secours sur une entorse ou tout bêtement sur un rhumatisme qui se réveille... Petit truc : les problèmes liés à un plombage qui saute ou une rage de dents qui se réveille peuvent être combattus – provisoirement – à l'aide d'un petit bout de coton enduit de baume du tigre que l'on appliquera là où ça fait – ou risque de faire – mal ! Sur un abcès dentaire, de la glace pilée dans un chiffon soulage.
– La chaleur, couplée avec l'humidité ambiante, peut provoquer l'apparition de boutons. Bien se sécher après une douche ou un bain de mer, porter des vêtements larges, légers et non synthétiques, et mettre du talc là où se créent des frottements sont des petites précautions de base.
– Garder aux pieds des tongs en plastique sous la douche est un moyen efficace de se protéger de tous les champignons divers qui fleurissent sous les tropiques.
– C'est bête, mais entrer dans un centre commercial ou un restaurant avec une climatisation très puissante peut vous filer une angine en moins de temps qu'il n'en faut pour le dire !
– L'Indonésie a été un haut lieu de la grippe aviaire, mais ne rencontre aujourd'hui que des résidus sporadiques. Ne manger de volailles que bien cuites, éviter tout contact avec les volatiles et leurs fientes (marchés, combats de coqs, etc.), et cela suffira.

SITES INTERNET

Vous trouverez de nombreux sites sur l'Indonésie. Voici, à notre avis, quelques sites, en français ou en anglais, qui valent le coup d'œil :

- ***routard.com*** • Rejoignez la plus grande communauté francophone de voyageurs ! Échangez avec les routarnautes : forums, photos, avis d'hôtels. Retrouvez aussi toutes les informations actualisées pour choisir et préparer vos voyages : plus de 200 fiches pays, une centaine de dossiers pratiques et un magazine en ligne pour découvrir tous les secrets de votre destination. Enfin, comparez les offres pour organiser et réserver votre voyage au meilleur prix. Routard.com, le voyage à portée de clics !
- ***infoindonesie.com*** • Portail français très riche sur l'Indonésie avec une présentation du pays, des rubriques sur l'actualité, l'environnement, la culture, le tourisme, et aussi de nombreux liens. Propose en outre des renseignements pratiques très complets.
- ***abm.fr/asie/indonesie.html*** • Fiche pays avec des liens très utiles, notamment de nombreuses cartes des îles et des régions de l'Indonésie.
- ***lagazettedebali.info*** • Le site d'informations sur l'île en français. L'occasion de s'informer sur l'île et de retrouver le magazine sur place en arrivant !
- ***bali-ballade.com*** • Un site en français fait par des Français à propos de Bali et de ses proches environs. Des myriades d'informations sur le pays, des adresses, des conseils.
- ***voyage-indonesie.fr*** • Une approche sympa, avec tout plein d'idées, de conseils et des recettes de cuisine également.
- ***diplomatie.gouv.fr/fr/conseils-aux-voyageurs*** • Fiches conseils aux Français se rendant à l'étranger, sur le site du ministère des Affaires étrangères.
- ***alek.zipzap.ch/gamelan/index.htm*** • Site très intéressant sur la musique et les danses en Indonésie.

• *acatte.perso.neuf.fr* • Site perso d'un passionné de vulcanologie. Idéal pour prendre de la hauteur, découvrir les îles vues d'en haut. Quelques infos, mais surtout des cartes et de belles photos. En anglais et en français.

TÉLÉPHONE, TÉLÉCOMMUNICATIONS

Téléphone

Le prix d'une communication entre Bali et la France est d'environ 20 000 Rps la minute lorsque vous appelez d'un *Wartel* (centre téléphonique avec cabines). Beaucoup plus cher depuis un hôtel, bien sûr.
Le réseau filaire s'est sensiblement amélioré ces dernières années, tandis que les grandes antennes relais étendent la couverture des portables dans tous les recoins de l'Indonésie.
– ***Indonésie → France :*** composer le 00 + 33 + le numéro de votre correspondant à neuf chiffres (sans le 0 initial). Attention, depuis certains points téléphone *(Wartel)*, l'indicatif peut changer.
– ***France → Indonésie :*** composer le 00 + 62 + indicatif de la ville + le numéro de votre correspondant. L'Indonésie figure aussi souvent dans les forfaits illimités des nouveaux opérateurs téléphoniques (pratique si vous donnez vos points de chute à vos proches pour qu'ils prennent de vos nouvelles pour pas cher).
– ***Appels locaux :*** composer systématiquement l'indicatif de la ville. Pour la région de Denpasar et le Sud, l'indicatif est le ☎ 0361 ; pour la région Centre (Kintamani, lac Batur...), faire le ☎ 0366 ; pour la région Nord (Singaraya, Lovina...), composer le ☎ 0362. Les prix augmentent très vite selon la distance. Pour Lombok, faire le ☎ 0370. Pour Java vers Yogyakarta ou Prambanan, composer le ☎ 0274 ; vers Borobudur ☎ 0293 et vers Surabaya ☎ 031.
– ***PCV :*** composer le ☎ 101 et demander « *collect call* ».
– ***Centres téléphoniques publics :*** appelés communément *Wartel* (amalgame de *warung* et de *telkom*), ils sont ouverts tous les jours de 8h à 23h environ, parfois 24h/24. Autrefois omniprésents, ils tendent à disparaître devant l'explosion de la téléphonie portable et via Internet (voir plus bas).
– ***Téléphones publics à pièces et à cartes,*** mais ceux-ci ne permettent pas d'appeler l'étranger.

Le téléphone portable en voyage

On peut utiliser son propre téléphone portable en Indonésie avec l'option « Europe » ou « Monde ».
– ***À savoir :*** pour être sûr que votre appareil est compatible avec votre destination, renseignez-vous auprès de votre opérateur. En Indonésie, votre téléphone peut capter d'un endroit à l'autre, sans prévenir. Très étrange !
– ***Activer l'option « international » :*** pour les abonnés récents, elle est en général activée par défaut. En revanche, si vous avez souscrit à un contrat depuis plus de 3 ans, pensez à contacter votre opérateur pour souscrire à l'option (gratuite). Attention toutefois à le faire au moins 48h avant le départ.
– ***Le « roaming » :*** c'est un système d'accords internationaux entre opérateurs. Concrètement, cela signifie que lorsque vous arrivez dans un pays, au bout de quelques minutes, le nouveau réseau s'affiche automatiquement sur l'écran de votre téléphone. Vous recevez rapidement un SMS de votre opérateur vous proposant un ***pack voyageur*** plus ou moins avantageux, incluant un forfait limité de consommations téléphoniques et de connexion Internet. À vous de voir...
– ***Tarifs :*** ils sont propres à chaque opérateur et varient en fonction des pays (le globe est découpé en plusieurs zones tarifaires). N'oubliez pas qu'à l'international, vous êtes facturé aussi bien pour les appels sortants que pour les appels entrants. Ne papotez donc pas des heures en imaginant que c'est votre interlocuteur qui paiera !

– ***Internet mobile :*** utiliser le wifi à l'étranger et non les réseaux 3G ou 4G, sinon, on peut vite faire exploser les compteurs, avec au retour de voyage des factures de plusieurs centaines d'euros ! Le plus sage consiste à ***désactiver la connexion*** « Données à l'étranger » (dans « Réseau cellulaire »). Il faut également penser à ***supprimer la mise à jour automatique de votre messagerie,*** qui consomme elle aussi des octets sans vous avertir (option « Push mail »). Opter pour le mode manuel.

Bons plans pour utiliser son téléphone à l'étranger

– ***Acheter une carte SIM sur place :*** c'est une option très avantageuse pour certaines destinations. Les malins et économes préféreront acheter une carte SIM locale (comme la simPATI de *Telkomsel,* en vente dans tous les petits commerces de rue) plutôt que d'utiliser un abonnement avec option « international ». On vous attribue alors un numéro de téléphone local et un petit crédit de communication. Avant de signer le contrat et de payer, essayez donc, si possible, la carte SIM du vendeur dans votre téléphone – préalablement débloqué – afin de vérifier si celui-ci est compatible. C'est toujours plus pratique pour trouver son chemin vers un *losmen* paumé, réserver un hôtel, un resto ou une visite guidée, et bien moins cher que si vous appeliez avec votre carte SIM personnelle. Plusieurs opérateurs se disputent le marché, *Telkomsel* étant celui qui a la meilleure couverture. Prix d'achat d'un numéro : à partir de 10 000 Rps. Le prix moyen à la minute est de 1 500 à 4 000 Rps selon l'opérateur, mais aussi la distance.
– ***Se brancher sur les réseaux wifi*** est le meilleur moyen de se connecter au Web gratuitement ou à moindre coût. Quasiment tous les hôtels, restos et bars disposent d'un réseau, le plus souvent gratuit en Indonésie. Une fois connecté grâce au wifi, à vous les joies de la **téléphonie par Internet** ! Le logiciel *Skype,* le plus répandu, vous permet d'appeler vos correspondants gratuitement s'ils sont eux aussi connectés, ou à coût très réduit si vous voulez les joindre sur leur téléphone. Autre application qui connaît un succès grandissant, *Viber* permet d'appeler et d'envoyer des SMS, des photos et des vidéos aux quatre coins de la planète, sans frais. Il suffit de télécharger – gratuitement – l'appli sur votre smartphone, celle-ci se synchronise avec votre liste de contacts et détecte automatiquement ceux qui ont *Viber.* Même principe mais sans la possibilité de passer un coup de fil, *Whatsapp Messenger* est une messagerie pour smartphone qui permet de recevoir ou envoyer des messages photos, notes vocales et vidéos. La première année d'utilisation est gratuite, ensuite ça coûte 0,99 US$/an.

Urgence : en cas de perte ou de vol de votre téléphone portable

Suspendre aussitôt sa ligne permet d'éviter de douloureuses surprises au retour du voyage ! Voici les numéros des quatre opérateurs français, accessibles depuis la France et l'étranger :
– ***SFR :*** *depuis la France, ☎ 1023 ; depuis l'étranger, 📱 + 33-6-1000-1023.*
– **Bouygues Télécom :** *depuis la France comme depuis l'étranger, ☎ 0-800-29-1000 ; depuis l'étranger, ☎ + 33-1-46-10-86-86.*
– ***Orange :*** *depuis la France comme depuis l'étranger, 📱 + 33-6-07-62-64-64.*
– ***Free :*** *depuis la France, ☎ 3244 ; depuis l'étranger, ☎ + 33-1-78-56-95-60.*
Vous pouvez aussi demander la suspension de votre ligne depuis le site internet de votre opérateur.

Internet

Un nombre sans cesse grandissant de cafés, restos et hôtels proposent l'accès à Internet via le wifi. Dernière tendance qui risque de se généraliser assez vite, incorporer une puce 3G dans son PDA ou tout ordi via un modem USB dédié. Une *Sim Card* avec accès illimité pendant 1 mois (limitation à 1 Go, puis ça ralentit) coûte environ 100 000 Rps. Vite amorti et ça marche partout ou presque !
Que ceux qui voyagent sans smartphone ou ultraportable ne se fassent pas de souci : les hôtels mettent souvent à disposition des ordinateurs connectés, et

on trouve facilement des cybercafés dans les lieux touristiques. Ces derniers sont plus ou moins chers (8 000-20 000 Rps/h). On repère bien vite les bonnes adresses : au retour de la plage, elles sont pleines comme des œufs.

TRANSPORTS

Attention, pendant les vacances des Indonésiens, soit de mi-juin à mi-juillet et de mi-décembre à fin janvier, les bus, trains et avions sont pris d'assaut. Moralité : il faut réserver sa place le plus longtemps possible à l'avance. À noter que le coût des billets a tendance à être un peu plus élevé aussi durant cette période. La plupart du temps, on ne peut acheter son titre de transport que dans la ville de départ, donc jamais d'aller-retour (sauf, bien sûr, pour l'avion).
Les transports, le point noir de Bali. Voilà un énorme paradoxe : sur une île aussi développée du point de vue touristique, les transports en commun sont très peu fiables. De plus, *bemos* et taxis pratiquent souvent des prix fantaisistes. Et depuis l'ouverture au crédit, tout le monde veut sa voiture ou son scooter. C'est l'enfer, et on ne peut pas se garer ni même circuler... Moyenne horaire en voiture : 13 km/h ! 45 km/h en scooter... Espérons que la voie d'autoroute à péage entre Sanur et Nusa Dua désenclavera la zone.
Quant à la location d'un véhicule, elle est possible mais assez stressante. La conduite plus qu'anarchique et les assurances très limitées nous poussent à vous conseiller chaudement la location d'une voiture avec chauffeur. Si vous comptez bouger régulièrement, mieux vaut prévoir ce poste dans le budget avant le départ. Ça vous simplifiera vraiment les choses sur place. Et si vous êtes quatre personnes, franchement, la dépense devient quasi dérisoire. Reste la marche à pied, nous direz-vous... Certes, il y a de superbes balades à faire autour des lacs et des volcans, mais attention, l'état des trottoirs des villes (motos garées partout, trous béants, débris, chiens errants) sollicitera sans cesse vos cinq sens...

Cartes routières

– Les meilleures cartes de l'Indonésie sont éditées par *Nelles Verlag* à Munich. On peut se les procurer en France, et elles sont à peu près régulièrement remises à jour. Cela dit, nous y avons trouvé de petites erreurs, notamment dans la région centrale de Bali ; il faut dire que c'est compliqué ! Comme dans de nombreux pays asiatiques, les Indonésiens n'ont pas l'habitude d'utiliser les cartes routières ou les plans et restent généralement dubitatifs face à toutes ces lignes qui partent dans tous les sens...
– *PT Karya Pembina* et *Peta Lipat* publient des cartes plus ou moins bonnes des différentes îles et provinces. En vente sur place dans les grandes librairies telles que *Gramedia*.
– Les cartes des petites îles sont plus difficiles à trouver et peu détaillées.
– Dans tous les postes de police, vous trouverez une carte de la ville et de la région. Possibilité de les consulter sur place.
– Pour Bali, on vous conseille le très complet *Street Atlas* publié par Periplus.

Le *bemo*

En débarquant à Bali, on découvre la civilisation du *bemo,* sorte de minibus qui tisse une toile à travers le pays, reliant tous les villages entre eux. Le *bemo* est l'enfant bâtard, entre les anciens *becak* (à pédales ou à moteur) et les véhicules motorisés. Plus petits qu'un minibus, ces *combis* de fabrication japonaise disposent au maximum d'une dizaine de places assises. Pour l'utiliser, il faut connaître un certain nombre de règles :
– son parcours est toujours fixe, et les destinations desservies sont plus ou moins inscrites sur les vitres.

Distances en km	AMED	BESAKIH	CANDI DASA	DENPASAR	GILIMANUK	JIMBARAN	KINTAMANI	KUTA	MUNDUK	PADANGBAI	PEMUTERAN	SANUR	SIDEMEN	TANAH LOT	TULAMBEN	UBUD	ULUWATU
AMED		55	35	87	167	106	80	99	121	50	143	88	46	105	18	84	115
BESAKIH	55		31	54	175	73	38	66	112	33	150	55	23	72	57	48	82
CANDIDASA	39	31		49	170	68	52	61	121	12	165	50	22	67	40	46	75
DENPASAR	87	54	49		125	20	65	12	76	42	133	10	40	21	88	23	34
GILIMANUK	167	175	170	125		140	137	132	88	162	29	132	161	116	153	128	151
JIMBARAN	106	73	68	20	140		83	9	91	60	148	20	59	32	107	43	14
KINTAMANI	80	38	52	65	137	83		76	76	57	113	66	44	81	66	33	97
KUTA	99	66	61	12	132	9	76		82	52	139	11	51	23	99	35	18
MUNDUK	121	112	121	76	88	91	76	82		114	65	85	98	75	107	70	104
PADANGBAI	50	33	12	42	162	60	57	52	114		170	43	25	59	52	39	41
PEMUTERAN	143	150	165	133	29	148	113	139	65	170		140	156	124	129	126	158
SANUR	88	55	50	10	132	20	66	11	85	43	140		40	28	88	25	31
SIDEMEN	46	23	22	40	161	59	44	51	98	25	156	40		58	48	34	40
TANAH LOT	105	72	67	21	116	32	81	23	75	59	124	28	58		44	34	21
TULAMBEN	18	57	40	88	153	107	66	99	107	52	129	88	48	44		86	88
UBUD	84	48	46	23	128	43	33	35	70	39	126	25	34	34	86		56
ULUWATU	115	82	75	34	151	14	97	18	104	41	158	31	40	21	88	56	

– Le *bemo* est un transport en commun qui n'exclut pas les animaux.
– Le prix dépend de la distance. Seuls les locaux paient le prix réel. On vous fera payer 2 ou 3 fois plus cher. Regarder ce que les autres donnent et faire comme eux. Toujours avoir de la monnaie sur soi pour payer le *harga biasa,* c'est-à-dire le prix indonésien. Ne vous en faites pas, on met quelques jours avant de comprendre vraiment la somme qu'il convient de donner.
– Dans les terminus, le *bemo* ne part pas tant qu'il n'a pas fait le (trop) plein de passagers.
– Le *bemo* s'arrête sur un simple signe de la main (sauf s'il est complet).
– Un *bemo* n'appartient pas à son conducteur. Il est loué par un propriétaire, comme la plupart des véhicules en Indonésie. Le chauffeur et le receveur *(kernet)* ont tout intérêt à augmenter la recette pour rentabiliser leur affaire.
– Ne pas s'étonner si les receveurs de *bemos* crient « Badung Badung ». Cela signifie Denpasar. Ils utilisent encore l'ancien nom du royaume pour désigner la capitale.
– Les *bemos* circulent uniquement le jour. Ils commencent tôt le matin (vers 5h) et s'arrêtent en fin d'après-midi. Les derniers partent généralement vers 16h pour être au garage avant la tombée de la nuit. Ceux qui circulent la nuit sont des *bemos* chartérisés qui demandent des prix plus élevés.
Enfin, parfois, il est plus intéressant de prendre les transports privés, qui peuvent revenir moins cher.

Le bus

Les bus à Bali sont plus ou moins modernes et d'une capacité comprise entre 30 et 40 places. Ils appartiennent à des compagnies privées et couvrent les grandes distances, notamment les axes sud-nord (Denpasar-Singaraya), nord-est/nord-ouest (Singaraya-Gilimanuk) et sud-est/nord-ouest (Padangbai-Gilimanuk via Denpasar). Les trajets en ferry vers Java (embarquement au port de Gilimanuk) et vers Lombok (embarquement à Padangbai) sont généralement inclus dans le prix.

Les vans privés

Une nuée de compagnies ou parfois de simples chauffeurs proposent des liaisons entre les sites touristiques. Leurs véhicules sont climatisés et bien plus confortables que les *bemos* publics. On peut aussi s'adresser à elles pour chartériser un véhicule. Bien se mettre d'accord sur le tarif, la durée de la location et l'itinéraire emprunté.

Le taxi

Il y a désormais des taxis avec compteur. Ils affichent toujours 5 000 Rps au démarrage de la course. Le prix de la course dépend de l'itinéraire, de l'heure et des encombrements de la circulation. Grosso modo, compter 100 000 Rps/h et ajouter 50 000 Rps si bifurcation dans l'itinéraire. Cela n'empêche pas les petits malins d'abuser parfois du touriste ; même avec un compteur, il faut parfois négocier d'emblée le prix si l'on veut éviter des surprises. Une autre technique consiste à monter dans le taxi d'un air assuré et demander directement sa destination sans discuter le prix. Si le chauffeur ne met pas spontanément son compteur, lancer un « *meter* » (compteur) persuasif qui ne laisse pas de place à la discussion. Généralement, ça marche assez bien. La nuit, les négociations sont nettement plus difficiles et il vous faudra souvent vous incliner devant l'exigence de celui qui vous ramènera jusqu'à votre lit douillet.

La location de voitures

Une bonne formule, avec les réserves évoquées plus haut. La location se généralise de plus en plus à Bali, avec l'apparition d'un parc automobile adapté à la demande. Les prix sont raisonnables. Compter entre 20 et 30 € par jour selon la catégorie.
Rappelons quelques détails non négligeables avant de prendre le volant.

– ***Permis de conduire international*** exigé.
– ***Conduite à gauche,*** en théorie. En pratique, on improvise souvent... comme les autres. Grosso modo, on conduit à Bali comme on marche sur nos trottoirs en Europe. De la même façon que l'on se déporte à gauche ou à droite quand on fait du lèche-vitrine et que quelque chose attire notre attention, eh bien, à Bali c'est pareil, mais à bord d'un véhicule !
– On conseille quand même vivement de ***respecter le code de la route*** et d'être très prudent. Prudent, car il y a plein de monde sur la route, et respectueux du code (bien que les Balinais ne le soient pas) parce que les flics adorent verbaliser (racketter serait plus exact) les touristes, puisqu'ils sont plus solvables que les locaux. De plus, pris dans la panique du sentiment de culpabilité, on est souvent prêt à payer n'importe quelle somme pour se sortir d'affaire. En cas d'infraction de votre part et de tentative de racket, ou, disons, « d'arrangement à l'amiable » de la part de la police, la meilleure solution est de garder son calme (facile à dire !), sourire... et négocier. Dites-vous bien que les policiers préféreront généralement avoir quelques milliers (dizaines de milliers) de roupies dans leurs poches que de savoir le double dans la poche de l'État. Si l'infraction est trop grave, il y a retrait du permis, convocation à la police et un tas de tracasseries qu'on ne vous souhaite pas d'expérimenter ! En revanche, si vous êtes dans votre bon droit et que le racket est manifeste, ne vous laissez pas impressionner et n'hésitez pas à menacer d'une plainte (toujours avec infiniment de calme et de diplomatie) auprès de votre ambassade, par exemple. Ça peut marcher.
– ***Assurances :*** lors de la location, on vous propose en général une assurance standard comprenant une franchise qui va grosso modo de 80 à 300 €. ELLE NE SUFFIT PAS ! Il faut absolument exiger du loueur la responsabilité au tiers (en anglais : « *third party liability* »). Il se fera tirer l'oreille, mais finira par sortir de son bureau une feuille spéciale qui le lie à un assureur garantissant la responsabilité au tiers. Cependant, sachez que l'assurance au tiers est toujours limitée à un montant des dommages inférieurs à 1 000 000 Rps, ce qui est peu. Le reste des dégâts causés doit, par conséquent, être payé par le conducteur en tort.
– ***Ne pas hésiter à klaxonner,*** usage classique pour se signaler.
– ***Évitez absolument de conduire la nuit.*** C'est dingue le nombre de vélos non éclairés et de chiens qui traversent comme les poules. Prévoyez vos balades de façon à pouvoir rentrer avant le coucher du soleil.
– ***Location de GPS :*** 30 000 Rps (2 €) par jour.
– ***Ne pas louer une voiture dans la première boutique venue.*** Certains loueurs refilent aux touristes des voitures un peu pourries. Faire le tour des loueurs pour avoir une idée des prix et de l'état des véhicules. Si vous voulez passer partout, louez de préférence un véhicule 4x4. Parfois un peu plus cher, mais ça en vaut la peine.
– ***Attention à vos bagages*** lorsque vous vous arrêtez quelque part. Évitez tout simplement d'avoir des choses de valeur ou un peu trop séduisantes dans la voiture. Méfiez-vous aussi des singes, qui adorent examiner les bagages et sont de grands voleurs.
– Il n'y a ***pas de points de vente d'essence partout.*** Le tarif est toujours affiché dans les stations-service. Méfiez-vous des petits kiosques le long de la route, l'essence y est souvent mélangée et donne des quintes de toux aux moteurs.
– ***Les routes sont encombrées, parfois dangereuses,*** et la signalisation mal faite, voire inexistante dans certains coins. Prenez l'habitude de klaxonner pour vous annoncer, pratique incontournable à Bali.
– ***Ne jamais se garer sous un cocotier !*** Ça a l'air bête, mais sur l'île, les cocotiers sont nombreux, et une noix de 5 kg fait un sacré trou dans la carrosserie quand elle tombe de 10 m de haut...

Location de voitures avec chauffeur

C'est la formule la plus intéressante et sécurisante quand on n'a pas envie de s'embêter avec les assurances, les problèmes de conduite, de recherche de route, le risque d'accident, la conduite de nuit, etc. La plupart des agences de voyages proposent ce service. Ajouter environ 10 €/j. au prix de la location. En général, le travail du chauffeur s'entend pour une durée de 8h, mais on peut toujours s'arranger directement avec lui pour qu'il fasse des heures supplémentaires moyennant finances si besoin (compter environ 50 000 Rps de l'heure).

La location de bicyclettes

Dans tous les endroits touristiques, on trouve des VTT à louer à l'heure ou à la journée pour un prix modique. Cela peut être un moyen génial d'explorer les environs de votre point de chute mais ça dépend où... À cause de sa circulation délirante, la conurbation Kuta-Legian-Seminyak-Petitenget ne se prête réellement à aucun type de transport. Autant y marcher, quitte à prendre le taxi quand il le faut. Autour d'Ubud, c'est un régal si on parvient à sortir des grands axes, là aussi très encombrés. Et si on n'a pas peur de bonnes grimpettes et quelques suées ! Se renseigner, il existe des cartes et des plans locaux. À Lovina ou Sanur, c'est l'idéal.

La location de motos et de scooters

C'est le meilleur moyen pour aller partout, mais aussi le plus dangereux. La majorité des engins loués sont dorénavant des scooters 125 cm^3 automatiques, très faciles à manier mais manquant de frein moteur (prudence dans les descentes !). Il subsiste quelques « *manual* » (en fait, des semi-automatiques sans embrayage) affectueusement baptisés *bebek* (« canard »), et on peut aussi louer des motos plus puissantes. Vérifiez les freins, les pneus et l'éclairage avant de partir. Si vous avez un pépin mineur avec votre deux-roues (pneu crevé, par exemple), rendez-vous dans un *bengkel* (garage). Service rapide, efficace et bon marché.
La civilisation de la moto a remplacé celle du *bemo* de papa. On voit de jeunes Balinais remonter leur sarong jusqu'à la taille et enfourcher leur petit bolide pour foncer à une cérémonie au temple, le casque sur le porte-bagage pour ne pas abîmer leur coiffure de cérémonie.
Le casque est pourtant obligatoire. On en voit de tous les genres, allant de l'objet assez proche de la casserole jusqu'à l'intégral de bonne qualité. N'hésitez pas à en essayer plusieurs au moment de louer, et s'ils ne conviennent pas, demandez au loueur d'en trouver un meilleur ou allez chez le voisin.
On trouve des motos à louer partout, pour une somme assez modique : entre 60 000 et 150 000 Rps (4 à 10 €/j.) selon la cylindrée ; prix dégressifs à la semaine et au mois. Pour les scooters, moins cher : 30 000 à 50 000 Rps/j. (2 à 3,35 €).

Conseils judicieux et avisés sur la conduite à moto

Incroyable, le nombre de touristes avec des bandages et badigeonnés de teinture rouge sur toute l'île ! Rien n'est plus facile en effet, lors d'un périple à moto, que de jouer à la tamponneuse avec un obstacle de votre choix : chien, camion, *bemo...*
- ***Assurance :*** attention, elle n'est pas comprise mais absolument nécessaire (bien demander le contrat). Déjà, ce n'est pas drôle de subir ou de provoquer un accident, mais si en plus vous n'êtes pas assuré, c'est une catastrophe.
- Pensez à demander un ***antivol.***
- ***Attention aux tas de gravillons*** situés au bord de la route mais que les voitures ont souvent dispersés jusqu'au milieu de la chaussée.
- Vérifiez bien que vous avez ***de bons freins, de bons pneus, un bon klaxon et de la lumière.*** De toute façon, les poules et les chiens vous empêcheront d'aller vite. Si un camion arrive en face, même si vous avez la priorité, rangez-vous. Et n'oubliez pas que vous êtes censé rouler à gauche !
- ***Équipement :*** pour toute excursion à moto, emportez un foulard et des lunettes (beaucoup de poussière), un K-way et, si vous faites un périple dans la montagne, une petite laine.

- *Essence :* on trouve des pompes uniquement dans les grandes agglomérations. Heureusement, toute route fréquentée est bordée de myriades d'étals où s'alignent des bouteilles en verre remplies de carburant. On les distingue par de gros fûts devant la porte. Et puis, n'hésitez pas à vérifier le niveau de temps en temps.
- Il est particulièrement ***dangereux de rouler de nuit.*** N'oubliez pas qu'à Bali, le jour commence à 6h et la nuit tombe très vite, entre 17h30 et 17h45.
- ***Posséder quelques notions de mécanique*** rend bien des services. Si vous êtes capable de rebrancher un fil ou une durite, vous gagnerez du temps.
- Enfin, si vous ne vous sentez pas en sécurité sur une moto, rendez-la !

Le permis à Bali

- Pour être en règle, vous devez être titulaire d'un ***permis A ou B*** et penser à vous faire établir un ***permis international*** à la préfecture de votre lieu de résidence en Europe (souvent gratuit). Le permis international est obligatoire à Bali, sinon c'est l'amende en cas de contrôle. Même pour la location d'un scooter !

Avion

Depuis janvier 2015, la taxe d'aéroport
est incluse dans le prix du billet. Bien vérifier.

Les principales compagnies

- ***Air Asia*** *(● airasia.com ●)* dessert l'Indonésie et le Sud-Est asiatique en low cost, très pratique.
- ***Lion Air*** *(● lionair.co.id ●)* dessert tout l'archipel, plus quelques liaisons dans le Sud-Est asiatique.
- ***Merpati*** *(● merpati-air.net ●)* dessert surtout l'est de l'archipel, Irian Jaya compris.
- ***Garuda*** *(● garuda-indonesia.com ●)* est la compagnie nationale. De nombreuses réductions (dont un *pass*) en achetant vos billets en Europe.

Quand vous prenez l'avion avec des correspondances, prévoyez large (vols souvent annulés, retardés, etc.).

URGENCES

- On rappelle tout d'abord que l'on conseille vivement une ***assurance rapatriement.*** Ce n'est pas de l'argent fichu en l'air.
- En cas d'urgence, le mieux est de contacter l'***ambassade de France*** qui saura vous diriger. Les différentes antennes consulaires sont les suivantes : *à **Bali,** ☎ (0361) 473-08-34 à Kerobokan-Kuta (● consul@dps.centrin.net.id ●) ; à **Java,** ☎ (22) 421-24-17 ou 18 à Bandung, ☎ (31) 561-52-46 ou 562-00-79 à Surabaya, ☎ (021) 23-55-76-00 à Jakarta.*
- ***Les hôpitaux*** de Bali sont à éviter pour les interventions sérieuses. De manière générale, évitez tous les hôpitaux privés, dont le principal objectif est de vous retenir le plus longtemps possible pour alourdir la facture. Beaucoup plus grave, ils sont tout simplement nuls. Bonnes vacances quand même ! Si une hospitalisation s'avère indispensable, voir nos recommandations sous la rubrique « Urgences » de « Kuta, Legian, Seminyak et Petitenget-Canggu ».
- En cas de pépin sérieux, l'idéal est de se faire soigner au ***Mount Elizabeth Hospital de Singapour*** *(☎ 00-65-67-37-26-66 depuis l'étranger ; ● mountelizabeth.com.sg ●).* C'est le nec plus ultra d'Asie du Sud-Est. Comment se faire évacuer vers Singapour ? Téléphonez à votre compagnie d'assistance pour lui expliquer

le problème. On peut également choisir de remonter sur Bangkok. Après tout, un billet d'avion est une petite dépense face à une infirmité ou un risque sérieux.

Adresses utiles en cas de problème

■ ***Agence consulaire de France à Bali :*** *jl. Umalas 1, villa A Griya Alit, nº 80, à* ***Kerobokan-Kuta*** *(près de l'École internationale française de Bali). ☎ (0361) 473-08-34. • consul@dps.centrin.net.id • Lun-ven 9h-12h. En cas d'absence, laisser un message.* À contacter en cas de problème important. Autrement, s'adresser à l'ambassade de France à Jakarta : *☎ (021) 23-55-76-00.*

■ ***Consulat du Canada :*** *dans l'enceinte du consulat général d'Australie, jl. Tantular 32, Renon Denpasar, à* ***Denpasar.*** *☎ (0361) 24-11-18. Fax : (0361) 22-11-95. • bali.congen@dfat.gov.au •*

■ ***Consulat de Belgique :*** *à* ***Surabaya,*** *sur l'île de Java, jl. 22 Darmo Baru Barat 1. ☎ (0343) 74-02-74. • utp@indo.net.id •*

■ ***Consulat de Suisse :*** *jl. Ganetri 9 D, Gatot Subroto Timur, à* ***Denpasar.*** *☎ (0361) 878-43-43. • bali@honrep.ch • eda.admin.ch/countries/indonesia/en •*

VISITES

Il n'y a pas beaucoup de musées à Bali. Ce sont surtout les temples qu'on visite. Il faut porter un sarong pour y entrer. En fait, il suffit généralement que les jambes soient couvertes. Cela dit, le port du sarong est préférable. Dans certains temples, il vous faudra aussi mettre une petite ceinture de tissu *(sash).* Évidemment, il y a toujours un loueur de sarongs et de ceintures à l'entrée. C'est de bonne guerre, après tout. Le plus simple est d'acheter un sarong dès votre arrivée (de toute manière, ils sont superbes) et de l'avoir toujours à portée de main. Achetez également une petite ceinture, même si elle ne vous sera pas toujours utile. En effet, certains temples doivent être visités avec une ceinture de couleur précise.
Outre la location d'un *sash* et éventuellement d'un sarong, une donation est attendue. Il y a quelques années, elle était facultative. Elle s'assimile en fait à un droit d'entrée. Bien veiller à ce qu'on ne vous fasse pas payer plus que le prix normal. Beaucoup de filous armés d'un grand sourire vous tendent un livre de visiteurs sur lequel il est marqué 20 000 ou 50 000 Rps à côté des noms des touristes qui vous ont précédé. En réalité, vous donnez ce que vous voulez, il n'y a pas de chiffre officiel. Vous ne perdez pas la face en faisant une contribution de 5 000 Rps, par exemple.
Si vous êtes véhiculé, et même si ça n'en a pas l'air, le parking est payant, surtout aux abords des temples, des marchés et des lieux touristiques. C'est ainsi. Au moment de partir, un caissier viendra vous demander de régler une petite somme. Demandez-lui un ticket, car certains abusent et en profitent pour demander une somme souvent plus élevée.
On voit des touristes crier au scandale chaque fois qu'ils doivent dépenser quelques pièces. Bien sûr, il y a un côté religioso-commercial (ou commercialo-religieux) à tout ça, mais libre à chacun de visiter ou non le temple en question, et c'est toujours une question de quelques dizaines de centimes.

HOMMES, CULTURE, ENVIRONNEMENT

BOISSONS

Les Britanniques ont édifié un empire sur lequel le soleil a fini par ne plus se lever. Les Français, eux, ont accumulé les ennuis en voulant à tout prix que les ancêtres des colonisés soient gaulois. Quant aux Néerlandais, ils n'ont laissé que des brasseries ! Il en existe encore beaucoup en Indonésie.
– Les marques de ***bière*** les plus populaires sont *Bintang* puis *Anker.* Elles sont brassées localement et très agréables. Vous trouverez aussi des *Heineken, San Miguel* et de la *Guinness.* Elles sont vendues en petites et grandes bouteilles (évidemment plus économiques). À Java, la bière et toutes les boissons alcoolisées sont fortement taxées. Donc trois ou quatre fois plus chères qu'un soda.
– ***Le vin de riz*** *(brem)* est soit de fabrication maison, soit commercialisé sous la marque *Bali Brem.* Il faut s'habituer à son goût. Les vins n'ont rien à voir avec le produit de nos vignes. Si l'alcool de riz est souvent distillé maison, on en trouve aussi en bouteilles. On peut le mélanger avec du *Seven Up,* mais en cas d'abus, les lendemains sont redoutables !
– Dans les endroits touristiques, et plus particulièrement à Bali, les restos proposent des vins australiens (bons mais chers), mais aussi du ***vin balinais*** (de raisin) qui se boit fort bien sous ces latitudes. Ils sont aussi servis en carafe ou au verre. Le rosé est un peu sucré mais il se « pique » rapidement. Le blanc est plus sec, donc meilleur.
– ***L'eau*** du robinet n'est pas potable. Les Indonésiens la font bouillir 20 mn avant de la consommer. Vous pouvez alors la boire vous aussi, mais assurez-vous toujours qu'il s'agit bien d'*air masak,* autrement dit d'eau bouillie. C'est le cas de l'eau (d'ailleurs souvent encore chaude) que vous trouverez dans les carafes en plastique aux tables des *warungs* ou celle des Thermos dans certaines chambres d'hôtel. En principe, les glaçons sont, eux aussi, faits avec de l'eau bouillie ou stérilisée, mais vu qu'un manquement à cette règle est toujours possible, on vous conseille tout de même de ne pas en abuser... Cela dit, si vous voulez être tout à fait sûr de ne rien attraper, tenez-vous-en à l'eau minérale en bouteille, bon marché et très facile à trouver partout. Plusieurs marques, bien sûr. L'une d'elles, *Aqua,* est presque devenue synonyme d'eau minérale. Enfin, dans les parties reculées, vous veillerez, au moindre doute, à utiliser des pastilles de *Micropur® DCCNa* ou de *Chloramine T®.* Partout, il est prudent de se laver les dents avec de l'eau minérale ou purifiée.
– ***Le lassi*** est une boisson d'origine indienne à base de yaourt. Les amateurs de produits laitiers fermentés apprécieront particulièrement (les laitages sont rares dans le pays !). On en trouve essentiellement dans les endroits touristiques.
– ***Le café*** *(kopi)* est fait soit à base de poudre, soit à base de particules séchées de café qui infusent directement dans la tasse ou flottent à la surface ! C'est un produit du pays. Pas toujours excellent, mais on s'y fait rapidement... Les régions touristiques permettent souvent de se rattraper sur la qualité et le goût. Le pays toraja (Sulawesi) produit ses propres arabicas et robustas, ainsi que la région du Kawah

Ijen à Java-Est. Si vous souhaitez un café au lait, demandez un *kopi susu,* plus cher car le lait est un produit de luxe ici.

– ***Le thé*** est assez parfumé et plutôt léger. Il n'a rien à voir avec celui de la *British cup of tea* ! On dit *teh panas* pour thé chaud, *es teh* pour thé glacé, *teh melati* pour thé au jasmin. Si vous le voulez sucré, ajoutez *manis,* mais attention, vous aurez alors droit à deux cuillères à soupe de sucre par verre ! Bref, si vous n'aimez pas le sirop chaud, précisez *tidak terlalu manis* (« pas trop sucré »). « Sans sucre » se dit *pahit, tawar* ou encore *tanpa gula.*

– ***Les jus de fruits*** frais font fureur, à Bali notamment. Passés au mixeur, ils gardent toute leur saveur. Goûtez celui à l'avocat *(apokat),* qui ressemble un peu au parfum des marrons glacés, car il est mélangé à de la poudre de chocolat ! Délicieux. Les jus de fruits sont généralement servis avec de la glace pilée (demandez-les précédés du mot *es*), chaleur oblige ! En principe, la glace est faite avec de l'eau bouillie ou stérilisée, surtout dans les lieux touristiques. Vous serez surpris, sur les marchés, par toutes les boissons colorées dont les Indonésiens sont friands. Certaines ont de belles couleurs fluorescentes. Elles sont agréables à l'œil mais, à notre avis, inutile de toutes les tester. L'*es campur* que l'on trouve sur de nombreuses cartes de restos est un mélange de fruits, de gelée et de glace pilée. Il existe des tas de variantes. Bien sûr, on trouve aussi toutes les boissons chimiques : *Coca-Cola,* limonades, etc.

– ***Green Sands :*** une boisson gazeuse très rafraîchissante. D'une très faible teneur en alcool (moins de 1 % !), elle mêle la pomme et le citron. À goûter.

Si vous buvez en compagnie d'Indonésiens, ne vous précipitez pas sur votre verre. Attendez que l'on vous y invite et buvez lentement, à petites gorgées. « À votre santé » se dit *selamat minum.*

UN CAFÉ... BIEN SERRÉ

Dans les environs du Kawah Ijen, vous serez amené à déguster du kopi luwak, *le café le plus cher du monde. Lisez cela après l'avoir goûté : il est obtenu à partir des... déjections de la civette* luwak. *Des études très sérieuses ont montré que ces blaireaux ne digéraient pas totalement les grains de café qu'ils avalaient. C'est ce qui donne ce petit goût particulier et visiblement très recherché (200 €/kg en France !).*

BUREAUCRATIE

L'Indonésie souffre d'une bureaucratie un peu lente et pas toujours efficace. N'oubliez pas que vous êtes en vacances, donc gardez votre calme ! Le pays pèche parfois par un manque d'informations ou par l'incertitude qui pèse sur celles-ci... Mais la bonne volonté est souvent de mise, en particulier avec les étrangers, généralement bien accueillis. À condition d'être correctement vêtu (voir la rubrique « Climat. Bagages et vêtements » dans « Bali, Lombok utile »).

Les seuls véritables problèmes que l'on peut rencontrer sont les « infractions » au code de la route, mais généralement, vous pouvez être sûr que le policier cherche à vous soutirer 10 000 Rps pour arrondir ses fins de mois ! C'est souvent le cas à Bali. Évidemment, en cas de pépin plus sérieux, les choses peuvent se corser. Quand on est dans son bon droit, il faut savoir rester ferme, souriant et courtois. Il ne faut céder au bakchich qu'en dernier ressort. Un peu de flatterie n'est pas à exclure. Sinon, exigez de voir le chef.

CUISINE

En Indonésie, et particulièrement à Bali, on mange bien. Le riz est l'aliment de base, bien sûr, et le plat national répond au nom de ***nasi goreng*** : riz frit avec des œufs, de petits morceaux de viande et de légumes, ou encore des crevettes. La nourriture varie selon les îles.

L'Indonésie étant un archipel, on y mange beaucoup de poissons et de crustacés. Le poisson constitue, avec le riz, la base du régime alimentaire. Pour des raisons faciles à comprendre (chaleur oblige), il est le plus souvent séché, fumé ou même réduit en pâte. Ce qui n'exclut pas, dans les zones touristiques, d'excellents poissons frais.

Les épices jouent aussi un rôle très important dans la préparation de nombreux plats, notamment le curry (*mild* ou *not spicy* si vous souhaitez le déguster pas très épicé).

Attention : on utilise souvent du glutamate de sodium afin de mieux faire ressortir les saveurs. Or, ce produit est déconseillé aux personnes cardiaques ou souffrant d'hypertension. La saumure de poisson a également le même effet.

Enfin, la cuisine chinoise est bien représentée elle aussi, et dans les endroits touristiques, vous trouverez généralement, en plus, toute une gamme de plats d'inspiration occidentale, du steak aux pizzas en passant par les spaghettis, et même parfois des spécialités mexicaines comme les tacos ou le guacamole !

À TABLE !

Oubliez tout ce que vous savez sur les couverts. En Indonésie, les fourchettes ne servent pas à piquer mais à pousser et les cuillères sont utilisées pour couper ! Quant aux couteaux, ils restent dans la cuisine. Il est donc rare d'en voir sur les tables. Heureusement, les plats indonésiens sont la plupart du temps prédécoupés.

Quelques spécialités indonésiennes

– ***Nasi campur :*** le pendant du *nasi goreng* sur les cartes des restos. C'est une assiette de dégustation des principales spécialités indonésiennes. Le plat est toujours très copieux.

– ***Bakmi goreng*** ou ***mie goreng :*** nouilles frites avec légumes.

– ***Lontong :*** riz aggloméré, sous forme de cubes, cuit à la vapeur et servi dans des feuilles de bananier.

– ***Gado gado :*** salade de légumes cuits et pousses de soja, parfois très épicée, accompagnée d'une sauce aux cacahuètes. Le délice des végétariens.

– ***Urab :*** délicieux mélange de noix de coco, haricots ou autres légumes finement hachés et parfumés d'épices et de piments. Plat essentiellement balinais.

– ***Soto :*** bouillon dans lequel baigne un peu de tout (légumes, vermicelles, boulettes de viande ou de poisson, riz, poulet...).

– ***Soto bandung :*** soupe de tripes.

– ***Cap cai :*** sorte de *chop suey,* mélange de légumes généralement non pimentés.

– ***Ayam batutu :*** poulet farci grillé, servi avec des légumes, du tapioca et de la noix de coco. Spécialité de Bali.

– ***Bebek betutu :*** une savoureuse spécialité balinaise de canard. Farci et longuement cuit à l'étouffée dans une feuille de bananier, il se commande toujours la veille.

– ***Krupuk :*** sortes de grosses chips de crevettes ou de poisson, tenant lieu de pain.

– ***Sate*** ou ***satay :*** petites brochettes (de poulet, de poisson, de porc, etc.) cuites sur la braise et servies avec une sauce aux cacahuètes ou au soja.

– ***Sambal :*** piments pilés avec de la pâte de crevettes et du jus de citron. Incendie assuré ! Pour l'éteindre, inutile de se précipiter sur l'eau. Mangez rapidement du riz blanc ou de la banane. Vous pouvez aussi boire du lait de coco. Tout autre liquide ne fera qu'attiser le brasier.

– ***Gudeg :*** spécialité de Yogyakarta, composée du fruit du jaquier, cuit dans du lait de coco.

– ***Ayam goreng :*** poulet frit.

– ***Babi guling :*** cochon farci et rôti à la broche. Excellent quand il n'est pas trop gras. On le trouve surtout à Bali, le reste de l'archipel étant en grande majorité musulman.

– ***Rijsttafel*** (ou « table de riz ») **:** en fait, c'est une invention néerlandaise. Il s'agit de préparations indonésiennes de légumes, de viande, de poisson, d'œufs, de volaille faisant la ronde autour d'une montagne de riz, agrémentées de *krupuk* (chips de crevettes), de banane, de piments, de cacahuètes, de concombre mariné.
– ***Padang* :** cuisine portant le nom d'une ville de Sumatra, mais qu'on trouve pratiquement dans toute l'Indonésie. Sorte de fast-food indonésien où sont présentés, derrière la vitrine du resto, une quantité de petits plats déjà cuits et souvent assez épicés. Vous ne payez que ce que vous avez choisi.

Fruits

Ils ne manquent pas de surprendre par leur abondance, leur variété, leur forme et leur goût parfois déroutant.
– ***Apokat* :** avocat. En abondance et bon marché.
– ***Belimbing* :** connu en français sous le nom de carambole. Très rafraîchissant, légèrement craquant, ressemble à un melon d'eau acidulé. C'est en coupant une tranche que l'on découvre l'origine de son nom anglais : *starfruit* (« fruit étoilé »).
– ***Durian* :** sent parfois tellement mauvais qu'il est souvent interdit dans les hôtels et les aéroports ! Mais, comme avec un munster d'enfer, une fois surmontée l'odeur, on est agréablement surpris ! Question de goût, remarquez !
– ***Jambu* :** les Asiatiques aiment tremper les morceaux de ce fruit dans de la sauce de soja, le tout accompagné de petits piments. On mange même ses petits pépins. Le jus est sublime.
– ***Jeruk muntis*** ou ***jerunga* :** mi-pamplemousse mi-orange. Le terme *jeruk* s'applique à toute la famille des agrumes : oranges, citrons, kumquats, etc.
– ***Kelapa* :** noix de coco. On en trouve en abondance.
– ***Manggis* :** c'est le mangoustan, un des fruits exotiques les plus savoureux qui soient. Il est petit, de couleur brun-rouge, avec une épaisse écorce. Ouvert, il révèle de toutes petites tranches d'un blanc laiteux, au goût exquis. Pour l'anecdote, la reine Victoria offrait une récompense à quiconque lui en rapportait jusqu'en Angleterre et en bon état de conservation ! Aujourd'hui, on en trouve dans les magasins chinois des grandes villes européennes.
– ***Rambutan* :** sorte de boule rouge hérissée de longs « poils » (d'où le nom, *rambut* signifiant « cheveu »). S'apparente un peu au litchi.
– ***Nangka* :** connu sous le nom anglais de *jackfruit*. C'est un gros fruit qui peut peser jusqu'à 20 kg. De texture caoutchouteuse et au goût très doux.
– ***Nanas* :** ananas. Très répandu et extrêmement rafraîchissant.
– ***Papaya* :** papaye. Grandes propriétés digestives et souveraine en cas de diarrhée...
– ***Pisang* :** banane. Il en existe une multitude de variétés. Vous aurez le choix, des toutes petites *pisang mas* aux *pisang raja,* de 30 cm de long !
– ***Salak* :** fruit ressemblant à une tête de serpent, avec sa peau brune constituée de petites écailles. Sa chair est croquante, son goût douceâtre.
– ***Sirsak* :** gros fruit à l'écorce foncée. La chair, délicieuse, est à mi-chemin entre la mangue (pour le goût) et l'ananas (pour la consistance). Excellent en jus.
– ***Tamarille* :** appelé aussi tomate réunionnaise, petit fruit à la peau marron et à la chair rouge, qui pousse sur les hauteurs. Son jus acidulé est excellent et d'une grande finesse. On peut en boire au pays toraja à Sulawesi.

DROITS DE L'HOMME

En choisissant Joko Widodo pour succéder au président Yudhoyono, les Indonésiens semblent avoir voulu faire un pas de plus dans la démilitarisation de la vie politique. « Jokowi », comme il est surnommé, est un civil, issu du peuple et... fan de rock. Celui qui était devenu le gouverneur de Djakarta, après une carrière fulgurante, semble attaché aux principes démocratiques et dit vouloir lutter contre la corruption. Il est surtout le premier président à n'avoir aucun rapport avec le régime autoritaire mis en place par Suharto (voir la rubrique « Histoire »). Mais la tâche lui sera rude, tant les habitudes héritées de la dictature pèsent sur la société indonésienne, et surtout sur les populations des dizaines d'îles qui composent l'archipel.

Les minorités ethniques et religieuses (chrétiens, shias, soufis, etc.) continuent d'y subir des agressions. Amnesty International dénonce notamment les lois contre le blasphème utilisées par les autorités locales pour entretenir ces discriminations. L'organisation s'inquiète particulièrement de la situation à Aceh, province qui a récemment gagné une grande autonomie et calque de plus en plus son système législatif sur une application stricte de la charia (loi islamique). Sur cette question, un des premiers signes de la présidence de Jokowi a été de nommer à sa succession à la tête de Jakarta un nouveau gouverneur issu de la minorité chinoise chrétienne, une première pour la capitale.

Il est, par ailleurs, très difficile de se documenter sur ce qui se passe en Papouasie. L'armée, très présente sur l'île, doit faire face à plusieurs groupes séparatistes, dont le Front de libération de la Papouasie, qui se rend coupable d'attaques contre l'armée. Signe d'ouverture : les deux journalistes français arrêtés alors qu'ils projetaient de faire un documentaire dans l'île pour Arte sans autorisation ont été libérés.

La Cour constitutionnelle a récemment déclaré illégale une disposition de la loi sur les forêts, qui aurait permis à l'État de préempter des territoires des populations locales. Une décision qui risque de contrarier les trafics qui se développent sur les îles, comme celui du bois précieux, et qui impliquent souvent des cadres de l'armée. Ces derniers continuent d'y faire régner un climat sécuritaire, s'attaquant notamment aux défenseurs de l'environnement et des populations locales. Les forces de police continuent elles aussi à commettre des exactions, largement couvertes par les lois antiterroristes adoptées notamment après les attentats de Bali de 2002.

La situation des migrants, qui transitent par l'Indonésie pour tenter de se rendre en Australie, inquiète en outre de plus en plus les ONG, les autorités australiennes ayant adopté des lois drastiques pour les empêcher d'entrer et les renvoyant dans les eaux indonésiennes. Rappelons, enfin, que les autorités indonésiennes ne plaisantent pas avec la question de la drogue.

■ ***Fédération internationale des Droits de l'homme (FIDH) :*** *17, passage de la Main-d'Or, 75011 Paris. ☎ 01-43-55-25-18. • fidh.org • Ⓜ Ledru-Rollin.*

■ ***Amnesty International (section française) :*** *76, bd de la Villette, 75940 Paris Cedex 19. ☎ 01-53-38-65-65. • amnesty.fr • Ⓜ Belleville ou Colonel-Fabien.*

N'oublions pas qu'en France aussi, les organisations de défense des Droits de l'homme continuent de se battre contre les discriminations, le racisme et en faveur de l'intégration des plus démunis.

ÉCONOMIE

Malgré les différentes crises, notamment celle financière de la fin des années 1990 et celle pétrolière qui a suivi, l'économie indonésienne des années 2000 a relativement rapidement repris le chemin de la croissance. Depuis 2004, l'évolution du PIB se maintient autour de 5 à 6 % en rythme annuel. Les attentats de 2002 puis de 2005 à Bali, s'ils ont été terribles (et terriblement médiatiques), n'ont en rien fait souffrir l'économie générale du pays, qui, point fort, n'est pas intimement lié à l'activité touristique.

Une croissance soutenue et régulière, la création d'un système de crédit qui favorise la demande intérieure – notamment des classes moyennes –, la bonne tenue des exportations, des investissements internationaux qui ne se démentissent

pas... nombre de clignotants économiques sont au vert. L'Indonésie a même été classée 10e puissance économique mondiale en 2014 par un rapport du Programme de comparaison internationale. Malgré cela, avec une légère poussée de l'inflation (estimée à 7,7 % en 2013), la croissance reste encore trop faible pour parvenir à sortir les plus pauvres de leur situation et faire chuter le taux de chômage, qui gravite aujourd'hui autour de 6 %.
Au milieu des années 2000, l'explosion du prix des matières premières, notamment alimentaires, n'a évidemment pas aidé les classes les plus déshéritées, dont le pouvoir d'achat s'est recroquevillé. Les initiatives de plans d'aide sociale, si elles sont à saluer, restent balbutiantes et peu efficaces. La relative bonne tenue des finances publiques et la stabilité politique devraient motiver l'appétit des investisseurs internationaux dans les années à venir. Mais l'Indonésie compte près de 12 % de sa population vivant en dessous du seuil de pauvreté.
Ce tableau serait plutôt honorable si un petit grain de sable n'était pas venu soudainement gripper l'économie mondiale depuis fin 2008 : la crise financière mondiale, sans précédent, que vivent les pays occidentaux, n'épargne personne. Les exportations baissent, leurs montants et leurs valeurs avec. Nul ne connaît encore véritablement les effets dévastateurs de ce tsunami financier sur les pays émergents, dont l'Indonésie fait partie. Les défis économiques et sociaux sont donc de taille pour le président Joko Widodo, qui fait de l'éradication de la grande pauvreté l'une de ses priorités. Il veut notamment s'attaquer à une réforme délicate : diminuer les subventions énergétiques au profit des subventions agricoles et d'une amélioration des infrastructures liées à la santé et à l'éducation.
– Le salaire mensuel d'un ouvrier d'usine est de 75 à 150 € suivant les régions, et de 800 € pour un cadre.
– Répartition par secteurs : agriculture 14,30 %, industrie 46,60 % et services 39,10 %.
– 12 % du territoire sont cultivés, 58 % sont couverts de forêt dense, 30 % sont couverts de savane. Graves problèmes liés à la déforestation de Kalimantan (Bornéo) et Sumatra (lire ci-après la rubrique « Environnement »).
– 1er producteur d'huile de palme.
– 3e producteur mondial de riz, de cacao et de café.
– 3e exportateur de gaz naturel liquéfié et 23e producteur de pétrole.
– Tourisme : avec environ 8 millions de visiteurs par an, le tourisme indonésien croît régulièrement et se concentre essentiellement sur Bali, Lombok et Sulawesi (à l'est de Bornéo).

ENVIRONNEMENT

Quand les forêts brûlent...

L'Indonésie possède le troisième domaine forestier tropical du monde après le Brésil et la RDC. « Possédait », écrira-t-on malheureusement bientôt puisque, selon certains experts, le pays sera prochainement obligé d'importer du bois. Pas vraiment surprenant quand on sait qu'on estime à 4 000 ha la superficie de forêt qui disparaît chaque jour ! L'Indonésie n'a pas su (ou n'a pas voulu) gérer durablement sa forêt. Conservation des surfaces

LE POISON VERT

L'huile de palme provoque des dégâts écologiques en Asie. Ces palmiers à croissance rapide incitent à la déforestation incontrôlée. Les feux dégagent d'énormes gaz à effet de serre. Ces forêts artificielles laissent ensuite le sol irrémédiablement stérile. L'huile de palme se trouve dans la margarine, les biscuits industriels et les barres chocolatées.

forestières ? Préservation des essences ? Ces préoccupations écologiques n'ont eu, jusqu'à ces dernières années, aucun poids face aux intérêts économiques (l'Indonésie est, entre autres, le premier producteur mondial de contreplaqué). Quand la production légale de bois ne devrait guère dépasser les 20 millions de mètres cubes par an, elle flirte aujourd'hui avec les 80 millions. L'Union européenne, qui représente 15 % des exportations indonésiennes de bois, s'est engagée à soutenir une production légale en vue d'améliorer les pratiques en cours et de lutter contre la déforestation. Mais cette initiative isolée ne sera pas suffisante pour résoudre le cœur du problème. Le gouvernement indonésien a abandonné ses vastes étendues boisées à de grandes compagnies internationales qui s'y sont taillé à la tronçonneuse de véritables empires. Dans certaines îles, les plantations d'hévéas et de palmiers à huile à perte de vue ont remplacé la forêt originelle.

Plus qu'à la sécheresse, c'est avant tout à cette gestion catastrophique de la forêt que l'on peut attribuer la responsabilité des gigantesques incendies qui ont ravagé l'archipel. Des planteurs qui brûlent les souches encombrantes plutôt que de les arracher, une forêt tailladée par des routes forestières hâtivement tracées au bulldozer qui sont autant d'appels d'air pour le feu, et ce sont plusieurs centaines de milliers d'hectares qui partirent en fumée à l'automne 1997. Et un nuage toxique que les vents poussèrent jusqu'à Phuket, en Thaïlande, noya dans la pollution une grande partie de l'Asie du Sud-Est. Un désastre sans précédent dans cette région du monde.

L'Indonésie et l'environnement

L'Indonésie est un formidable réservoir naturel (faune, flore, mers, volcans, des espèces uniques, la plus grande fleur du monde et on en passe...). Mais le mot « environnement » ne figure pas encore dans la liste des *Pancasilas,* les devoirs et les principes de la nation. Dommage !

D'un point de vue gouvernemental ou individuel, les énormes intérêts en jeu, ainsi que la négligence ou la simple indifférence, ont souvent conduit les Indonésiens à exploiter à tort et à travers, et même à vendre leurs propres ressources. Cela va de l'exploitation forestière, on l'a vu, au trafic des tortues vertes de Bali, de la destruction du corail au massacre des napoléons (poissons protecteurs de ce récif sous-marin mais très appréciés des gourmets...) ou des crocodiles, en passant par l'élevage des perles de culture vendues aux Japonais, ou encore, plus « banalement », la vente des oiseaux rares et des singes... Arrêtons le tableau ! L'Indonésie a encore du chemin à faire pour comprendre qu'elle doit préserver ses richesses au lieu de les vendre pour une rentabilité immédiate mais nulle à long terme.

POURQUOI LES COCOTIERS PENCHENT-ILS VERS LA MER ?

Tous les végétaux recherchent la lumière pour favoriser leur croissance (photosynthèse). Le soleil se reflétant dans l'eau, les plantes et les arbres ont donc tendance à s'incliner vers la mer. De plus, le sable humide (donc meuble) accentue ce mouvement.

Et c'est sans parler de la pollution, de l'absence de ramassage et traitement des déchets dans certains coins du pays. Partout, y compris dans les plus beaux sites de Bali, les sacs en plastique se comptent par milliers. Jeter ses poubelles du pont d'un bateau, dans le fossé ou dans la rivière est devenu bien souvent un acte commun. Il y a bien eu des campagnes de propreté, et quelques associations écolos locales ont vu le jour çà et là, mais ce n'est pas près de devenir une priorité nationale...

Bon, pas besoin de vous dire de vous comporter en exemple ! Même si ça peut vous paraître parfois stupide de garder votre papier de bonbon dans votre poche alors qu'il n'y a pas de poubelle dans la rue où vous marchez, déjà jonchée de

détritus... Quant aux sacs en plastique distribués au moindre achat, facile de les refuser. Mais, sans aller jusqu'au modèle de Singapour (où ce genre de « malveillance » coûterait une fortune !), sachez que les Indonésiens sont toujours curieux de notre mode de vie et aspirent à un vrai développement.
Cela dit, on vous le rappelle, l'Indonésie reste un pays à la faune et à la flore fantastiques, et nombreux sont les Indonésiens qui aiment leur environnement. Ils seront toujours prêts à vous emmener en balade ou dans l'une de leurs réserves naturelles pour vous le prouver et vous la faire aimer à votre tour.

FÊTES, RITES ET CÉRÉMONIES

Ils ont une importance considérable. Tous les jours, il se passe quelque chose ! Sachez qu'au moment de la pleine lune, les activités redoublent. Certaines cérémonies (notamment les crémations collectives) sont un peu trop claironnées et deviennent des foires à touristes ; mais en vous baladant dans l'île, vous tomberez sur des fêtes de village extraordinaires et authentiques.
Il faut savoir que les Balinais, hindous, croient aux esprits et à la réincarnation. Le pire est de se réincarner en chien (ce qui explique leur attitude envers ces bêtes). Remarquez, vu l'apparence galeuse des clébards dans le coin, on les comprend !
Voici les principales cérémonies.

« FÊTES » CE QUI VOUS PLAÎT

Les Balinais ont un emploi du temps festif très chargé, organisé en fonction d'un calendrier lunaire et religieux assez complexe. Un jour, c'est la fête des cocotiers, 2 jours plus tard la commémoration d'un temple, puis on célèbre toutes sortes d'événements, sans oublier la cérémonie du limage des dents du petit dernier. Bref, vous verrez partout des femmes confectionner des offrandes... même en vendant des T-shirts ou entre deux massages sur une plage !

Le limage des dents

Cette cérémonie marque l'entrée de l'adolescent dans le monde adulte. Elle consiste à égaliser six dents correspondant à six défauts : la paresse, la jalousie, la cupidité, la colère, l'indécision et l'indifférence. On embellit ainsi l'âme et le sourire. Les deux canines supérieures et les quatre incisives sont livrées à la lime et au marteau d'un prêtre. Pas de panique, tout cela est parfaitement indolore, sauf pour le porte-monnaie, car il faut payer les offrandes, nourrir de nombreux invités, porter de coûteux vêtements, etc. Le tout se déroule dans une atmosphère de fête et au son du *gamelan.* Chaque limage dure une quinzaine de minutes et la bouche de l'adolescent est maintenue ouverte par une tige de canne à sucre. Il n'est pas facile d'assister à un limage de dents, car c'est un événement familial, donc intime. Cette coutume a une telle importance qu'il n'est pas concevable de se marier avec ses « dents de chien ». Pour ceux qui meurent prématurément, on procède au limage avant la crémation.

Le mariage

Il est généralement célébré bien après sa consommation. Les Balinais sont très libres. Ils n'ignorent rien des « choses de la vie » dès leur plus jeune âge. Mais le mariage est toujours la conclusion attendue par les familles. Dans le mariage *ngro rod,* le fiancé enlève la jeune fille consentante, dépose des offrandes aux dieux et passe à l'action. Le couple revient chez les parents qui ont fait semblant de

les chercher. On fixe alors la date de célébration de la cérémonie publique qui va officialiser les choses. Dans le mariage *mapadik,* ce sont les parents qui organisent l'union, mais avec le consentement des deux protagonistes.
La polygamie n'existe plus, principalement pour des raisons économiques. Si une femme veut divorcer et qu'elle peut en justifier les raisons, il lui suffit de quitter le domicile conjugal. Si un homme veut faire de même, il prend une autre épouse après en avoir averti le chef de village, mais conserve souvent la première au foyer.

Les fêtes et jours fériés

Dans l'archipel, il en existe tant que, si l'on se débrouille bien, on peut faire la fête 365 jours par an ! Elles sont difficiles à dater, car elles se décalent de 10 ou 11 jours chaque année, suivant le calendrier lunaire (pleines et demi-lunes !).
On trouve le calendrier des fêtes locales dans les offices de tourisme régionaux. Il existe aussi l'*Indonesia Calendar of Events* qui recense les fêtes, les événements et les cérémonies de tout l'archipel. Il est disponible dans les bureaux de la *Garuda* et à l'office de tourisme.
Tous les 210 jours, c'est *Galungan,* une fête importante du calendrier balinais, qui dure 3 jours. À cette occasion, tout le monde retourne dans son village familial pour honorer les dieux et les ancêtres qui, selon la croyance, descendent vers les temples. Dix jours plus tard, c'est *Kuningan,* également férié, mais qui ne dure qu'une journée.
Pendant cette période, la vie s'arrête en partie : service réduit dans les hôtels et restaurants, banques et magasins fermés. Il en va de même pour le Nouvel An hindou *(Nyepi Day)* qui succède à quelques jours de purification *(Melasti)*. Le jour de *Nyepi,* les aéroports sont fermés et tout le monde reste à la maison, avec interdiction d'allumer la lumière. Dans ce cas, prévoir un bon bouquin (il n'y a rien d'autre à faire) et un casse-croûte, car il peut être difficile de s'approvisionner. Mais pourquoi tout le monde se terre-t-il chez soi ? Parce que c'est le jour où le mauvais esprit descend sur la terre, et seule l'absence de vie le fait repartir. À cette occasion, il est parfois interdit de quitter son hôtel pendant 24h, même pour aller sur la plage.

LA FÊTE DU SILENCE

Durant Nyepi, *le Nouvel An balinais, les gens restent chez eux, sans bruit. Aucune circulation (sauf les ambulances), aucune activité. Ce jour-là, tout est fermé. Personne dans les rues. N'apercevant plus de présence humaine, les mauvais esprits iraient voir ailleurs.*

Les crémations

Ce sont les cérémonies les plus surprenantes, elles se déroulent surtout en juillet et en août. Pour les trouver, il suffit de se balader. Les préparatifs sont bien souvent visibles de la route. Le plus simple est toutefois d'aller dans les hôtels, à l'office de tourisme ou dans les agences de voyages. La plupart disposent d'un tableau indiquant les dates des crémations et les danses. Les rabatteurs des hôtels sont au courant de tous les événements intéressants. Contrairement à une idée reçue, il n'y a pas de crémation secrète. Toutes les crémations sont prévues et annoncées longtemps à l'avance. Les touristes sont bien les seuls à être gênés par leur propre présence (ce qui est finalement un comble), les Balinais acceptant avec décontraction cette « intrusion ».
Lorsqu'un Balinais meurt, son grand voyage commence. L'âme immortelle, enfin libérée de son enveloppe charnelle, peut renaître sous une nouvelle forme.
La crémation doit avoir lieu 42 jours après le décès pour que le cycle de la vie accomplisse sa boucle parfaite. En réalité, il est rare de pouvoir en si peu de temps rassembler l'argent nécessaire à cette cérémonie très onéreuse, et les crémations

collectives sont fréquentes, principalement pour des raisons économiques. La famille du défunt doit non seulement couvrir tous les frais, mais aussi nourrir les invités, venus parfois de loin, pendant la durée des festivités. Certaines crémations coûtent le prix d'une voiture ou d'une maison. Mais personne ne s'y dérobe, car tant que le corps d'un défunt n'a pas été brûlé, son âme erre et peut faire du mal. L'incinération est donc un devoir sacré. La date est choisie par les astrologues. Le corps (ou ce qu'il en reste quand on a trop tardé à rassembler les sous) est alors brûlé dans un sarcophage qui a toujours la forme d'un animal. Si le mort est dans un taureau, il s'agissait d'un brahmane ; s'il est dans un lion, c'était un *satria* ; s'il se contente d'un poisson-éléphant, ce n'était qu'un *sudra*.
La tour sur laquelle on transporte le corps symbolise le cosmos reposant sur la fondation du monde. Le tout est recouvert d'étoffes et de papiers de couleur. Certaines tours sont de véritables œuvres d'art. Le corps est installé dans la tour, et le cortège la tourne dans tous les sens en dansant autour... afin d'éviter que l'esprit ne retrouve le chemin du village.
L'âme n'est pas contenue dans le corps. Elle est partout et c'est elle qui contient le corps. Aussi faut-il que le corps soit complètement brûlé. L'incinération est le moment où l'âme prisonnière du corps s'évade, d'où la joie.
Lorsque le bûcher est éteint, la famille recueille les cendres dans des noix de coco et les disperse en mer ou dans les eaux d'une rivière.

Quelques petits trucs à savoir

Les touristes, même armés d'appareils photo, sont toujours les bienvenus dans une crémation. Au pire, ils sont ignorés. Une attitude de retenue et de respect est toutefois vivement recommandée. Certains comportements sont à éviter :
– ne pas monter sur des chaises ou autre chose, la tête du prêtre doit dominer tout le monde ;
– ne pas applaudir ! on n'est pas au spectacle ;
– il n'y a pas de quête...
Enfin, les pickpockets adorent les crémations, qui sont de grandes occasions pour exercer leur talent sans aucune difficulté.

GÉOGRAPHIE

Île minuscule, surtout comparativement à sa notoriété, Bali se résume à environ 5 600 km^2 ; c'est l'une des plus petites des 18 306 îles et îlots qui composent l'archipel indonésien. Connue pour sa douceur de vivre et pour sa particularité religieuse (c'est la seule hindoue dans un pays musulman), elle l'est moins pour les caractéristiques de sa géographie, pourtant d'une grande diversité. Elle a grosso modo la forme d'un losange couché, avec une petite presqu'île dans sa partie sud, ou la forme d'une poule qui pond un œuf ! L'ensemble couvre 140 km d'est en ouest et 80 km du nord au sud.
Si la mer est omniprésente, Bali doit tout à ses montagnes et à ses volcans, dont le plus célèbre, le Gunung Agung, qui force l'admiration et le respect (il sait d'ailleurs se faire respecter), s'élève à 3 142 m. Et si Bali est aujourd'hui si prospère, si riche, c'est grâce à l'eau. Oh non ! pas l'eau de mer, mais l'eau qui tombe du ciel. Et si elle tombe du ciel, c'est parce que les nuages sont crevés dans leur course folle par cette barrière de volcans qui provoque des précipitations régulières et en quantité suffisante pour nourrir cette terre fertile car volcanique. Bali est un volcan qui donne la vie, et c'est pourquoi les Balinais le craignent et lui vouent un culte sincère et profond. La chaîne montagneuse s'étend au nord et au nord-est de l'île, où s'égrènent, au nord du mont Agung, le mont Abang (2 152 m), puis le mont Batur (1 717 m), le mont Catur et le mont Batukau.
Pour résumer, on pourra dire qu'au sud les plages et les touristes règnent en maîtres absolus. À l'intérieur, c'est le royaume des volcans, des lacs et des rizières.

La bande côtière au nord, beaucoup moins touristique, offre de belles plages tranquilles qui s'adossent à l'arrière des cratères. L'ouest, région de moyenne montagne plutôt désertique, est le coin le moins peuplé de l'île, le plus méconnu également. La partie est (Tulamben, Amed et l'arrière du mont Seraya) révèle quelques plages de sable noir bien agréables.

Agriculture

Bali est bénie des dieux parce qu'ils ont béni ses sols. Sa richesse est la résultante d'une équation à trois paramètres : fertilité des terres, climat idéal et travail de l'homme. On ne cesse de s'extasier devant les formes voluptueuses, féminines et gourmandes de ces terrasses qui composent le paysage. Elles semblent avoir toujours été là. Les terrasses fournissent aux touristes leurs plus belles photos, et le riz qu'on y cultive fournit à la population sa nourriture de base : plus de 200 g sont dévorés par personne quotidiennement. Plus de 20 % de la surface cultivable est consacrée au riz, mais la demande étant supérieure à la production, Bali est désormais contrainte d'en importer.

L'ÉROTISME DES ORCHIDÉES

On reconnaît souvent les orchidées, car leur cœur ressemble au sexe féminin. Et pourtant, leur nom vient du grec orchis *qui signifie... « testicules ». Mais où se cachent-elles ? En fait, ce sont les deux tubercules souterrains de certaines espèces qui évoquent les attributs masculins.*

Grâce à un système d'irrigation et de production parfaitement maîtrisé, les agriculteurs réalisent deux récoltes par an pour le riz balinais. Le riz japonais, également cultivé, a un plus grand rendement encore : récolte tous les 3 mois.
La productivité des parcelles, si rustiques que semblent être les exploitations, est pourtant parmi les plus élevées du monde. Ce sont les récoltes qui scandent le temps qui passe. Chaque jour, les offrandes aux dieux se composent tout naturellement d'une base de riz, agrémenté de noix de coco, fruits ou fleurs. À Bali, on sait dire merci.
N'y pousse pas que du riz, d'ailleurs, mais aussi une très grande variété de fruits, du maïs, du cacao, du café, des clous de girofle... Bref, Bali vit essentiellement de la richesse de son sol et du tourisme, car il existe peu d'industrie sur l'île. Tous les produits manufacturés sont importés de Java.

HISTOIRE

Pour les grincheux, Bali n'est plus Bali. Pour les réalistes, Bali sera toujours Bali. Et pour les historiens, qui l'eût cru, Bali sera toujours Java. Dans ces conditions, il n'est pas inutile de remonter au déluge. La métaphysique locale dit que ce paradis fut créé par le dieu des Enfers, Kala, et ses habitants par le dieu Brahma, qui les façonna dans de l'argile. Deuxième interprétation : il existe un être primordial qui, pour meubler sa solitude, extrait une déesse de sa cheville, avec laquelle il crée l'univers... Une chose est sûre : jamais les Balinais n'avaient pensé venir du sud de la Chine, d'où les Han (Chinois) les expulsèrent sur l'Indochine, une brassée de siècles avant le Christ.

Du Paléolithique au XIVe s

Leur diversité raciale montre qu'ils ont voyagé... et qu'à leur venue, Bali n'était en rien déserte : depuis le Paléolithique, des neveux de l'homme de Java chassaient dans ses jungles. Brûlant la forêt, étageant des rizières, les immigrants, eux, vont changer l'île en jardin. Les forgerons retroussant leur sarong pour couler dans le

bronze des outils, des timbales... Si bien qu'au VIe s, un moine chinois peut s'extasier sur ce royaume de Po-Li, dont le « sol fertile, couvert d'une végétation luxuriante, donne deux récoltes de riz par an » ; il ajoute que l'île compte 136 villages, dirigés par un hindou qui prétend descendre du père du Bouddha.
Les marchands du sous-continent ont indianisé le Sud-Est asiatique. Leur religion gagne Java, ainsi que Bali l'animiste, où l'on adorait jusque-là les pierres et les volcans. Et c'est ainsi qu'au VIe s l'île écrit en sanscrit, dresse des temples et révère un raja divin, dont le *kraton* (palais) se veut un reflet du paradis. Malgré l'importation de brahmanes indiens, cette vague de fond tire sa vigueur du voisinage de Java la grande. Même groupe ethnique, même langue, même religion. Les rapports entre les deux îles sont empreints de familiarité. Vers l'an mille, le roi balinais Udayana dépêche même son fils auprès du souverain de Java-Est, afin qu'il épouse sa fille. Ce jeune homme, nommé Erlangga (« Celui qui a franchi les eaux »), devient roi sur Java et Bali. Adoptant l'écriture et les coutumes javanaises, la petite île se fait longtemps conduire par la grande. Mais il y a des limites : si Java succombe aux troubles, Bali vole de ses propres ailes. L'importance du rayonnement de l'Inde est primordiale, car ce fut une espèce de raccourci, une « courte échelle » pour passer d'une société primitive à des concepts intellectuels, scientifiques et philosophiques. À la mort du roi Erlangga, en 1049, son royaume va se scinder, et Bali sera dirigée par des descendants de sa mère. Au XIVe s, l'île de Bali connut une période d'indépendance durant le règne de la dynastie Pendjeng. Mais elle aussi tomba sous le joug du puissant royaume de Majapahit (Java) et de son Premier ministre, Gajah Mada.

Un roi à tête de cochon

Ainsi les Pendjeng, puissante dynastie du Sud balinais, reçoivent-ils un jour Gajah Mada, le général de l'empire javanais Majapahit. Le roi de Pendjeng, Beda Ulu, est un magicien si fortiche qu'il peut se couper la tête et la replacer à volonté. Il ignore que ces petits tours, qui le rendent si populaire, agacent fort Çiva. Un jour qu'il le surprend en pleine action, le dieu saisit la tête au vol et la jette dans un torrent... Mieux vaut encore un roi à tête de cochon, pensent les Balinais, qui décapitent aussitôt un porc. Ainsi promu, Beda Ulu oblige tout le monde à baisser la tête. Seul le général refuse. Outré mais impuissant contre un hôte, le roi rage si fort que son courroux le réduit en cendres. Les Javanais n'ont plus qu'à placer l'un des leurs, Kapakisan, à la tête de l'île.

Exode culturel

En attendant, la prédication de Mahomet poursuit sa route. Des marchands arabes gagnent à l'islam les seigneurs de Java. Un jour vient où le roi Majapahit s'entend prédire la ruine de son trône. Traumatisé, il se fait brûler vif. Nous sommes en 1478. Sans drapeau ni fanfare, une immense cohorte franchit le détroit de Bali. Prêtres, nobles, capitaines, les élites Majapahit partent – comme plus tard Tchang Kaï-chek à Taiwan – ériger l'île en forteresse hindoue. Jamais l'islam ne prendra Bali : ses habitants passent pour des fous intrépides. Avec les Majapahit arrivent le théâtre d'ombres, les danses *(legong)*, les *gamelans*... : cinq siècles de délicatesses, la fine fleur d'un empire éblouissant. Non contente de jouer les irréductibles, Bali s'offre le luxe d'annexer Lombok, Sumbawa, l'est de Java...
De nos jours, l'islam ne s'est toujours pas imposé à Bali, contrairement à ce qui s'est passé dans le reste de l'Indonésie, et l'influence hindoue reste omniprésente. Selon l'une des légendes sur la naissance de Bali, l'île aurait été plate. Fâchés de l'influence musulmane à Java, les dieux hindous vinrent installer leurs résidences et leurs trônes à Bali. Et c'est ainsi que naquirent les volcans Batur (1 717 m), Batukau (2 315 m) et Gunung Agung (3 142 m)...

L'arrivée des Blancs

En 1588, les premiers hommes blancs font entrer l'île dans l'histoire contemporaine. Ces *Orang Putih* (signifiant « hommes blancs ») sont des marins portugais, rescapés d'un naufrage. Puis un marchand d'Amsterdam, Cornelis De Houtman, qui vante la beauté des Balinaises et les vertus guerrières de leurs maris. Dans ses bagages, il rapporte la somptueuse évocation de la cour de Gelgel, avec son harem de 200 femmes, ses 50 nains estropiés, ses nuées de bannières et de porteurs de lance... Tous dévoués au Dewa Agung, souverain fastueux, respecté et aimé ; intimidés, les Néerlandais conquièrent l'Indonésie sans toucher à Bali.
À la fin du XVIIIe s, pourtant, la puissance du Dewa Agung s'est dissoute en une douzaine de principautés. La petite Gyaniar défie Klungkung, centre officiel du pouvoir. Au XIXe s, elle administre l'État le plus puissant de l'île, en concurrence avec les deux États de Karangasem (est) et Bulegeng (nord). Ces divisions excitent les Bataves lorsque, en 1841, les Balinais pillent – en vertu du droit sur les épaves – un navire néerlandais échoué sur leurs côtes. Trois expéditions vont déployer une artillerie puissante, des milliers de soldats indonésiens, des centaines de mercenaires européens... Costumés comme à la parade, les guerriers balinais sont cloués par la puissance de feu. Et les Néerlandais s'emparent du nord de l'île. Cinquante ans de répit peuvent suivre.
Vient 1894. Les Pays-Bas se heurtent aux rajas balinais de Lombok, qui leur infligent une déculottée sanglante. L'honneur est en jeu. Une nouvelle expédition, plus puissante, va provoquer un suicide en masse : le *puputan.* L'asservissement de Bali est tout proche.

Le XXe s : résistance à l'envahisseur

En 1906, les Néerlandais débarquent dans l'île avec infanterie, cavalerie, artillerie. Le roi de Badung n'y résistera pas. Mais le *puputan* lui permet une digne sortie. Vêtu de l'habit blanc des guerriers, le raja sort du palais avec ses gardes, sa Cour, ses prêtres, et plonge son *kriss* dans sa poitrine, imité par tous. La soldatesque batave n'a plus qu'à détrousser les cadavres... La scène se reproduit à Tabanan, à Klungkung... Le 18 avril 1908, Majapahit vit sa seconde mort. Concernant cette page de l'histoire, lire l'excellent ouvrage de Vicki Baum, *Sang et Volupté à Bali* (voir « Livres de route » dans « Bali, Lombok utile »).
En Europe, pourtant, on s'émeut. Que les Néerlandais se rachètent ! Filant doux, ceux-ci ne dépouillent pas les rajas, mais développent l'île en la protégeant des missionnaires et du capitalisme occidental. Étudiant enfin ce qu'ils avaient détruit, ils favorisent la renaissance des arts. Dans les années 1920, archéologues, ethnologues et esthètes de tout poil – des musiciens, des peintres et la grande Margaret Mead elle-même – viennent s'initier aux délices de l'île, promue porte-drapeau culturel de la Sonde. Ces jours tranquilles s'achèvent en 1942, avec l'invasion japonaise. Cette fois, l'Occident perd la face. La résistance aux Néerlandais couve à Java. Elle éclate à Bali, où les milices de Ngurah Rai, après quelques escarmouches, se font massacrer par les coloniaux.

Vers la libération

À la veille de la Seconde Guerre mondiale, l'Indonésie était le premier producteur mondial de poivre et de quinine. Elle fournissait un tiers de la production mondiale de caoutchouc, un quart de la noix de coco et de ses dérivés, et presque un cinquième de la production de thé, sucre, café et huile. Pas étonnant que les Pays-Bas fussent alors une puissance coloniale majeure !
L'éducation aida une nouvelle catégorie d'Indonésiens à pointer le nez : les intellectuels. Plusieurs facteurs allaient jouer dans la marche vers l'indépendance, notamment l'islam et le communisme. Dès le début du XXe s apparurent l'Association islamique – Sarekat Islam –, fondée en 1909, et le Parti communiste

indonésien, créé en 1914 et très vite interdit, en 1927. Le Sarekat Islam, lui, fut établi à l'origine pour tenter de protéger les Indonésiens contre les marchands chinois, mais cette association devint très vite un mouvement nationaliste. Le Parti nationaliste indonésien (PNI) de Sukarno vit le jour en 1927. Très tôt, les Néerlandais comprirent la menace : Sukarno ainsi que trois autres leaders furent emprisonnés en 1930, et le parti fut banni. Mais l'idée flottait dans l'air, malgré les affirmations des Néerlandais qui déclaraient à tout bout de champ que l'indépendance ne serait jamais reconnue.

La lutte pour l'indépendance

Il faudra l'occupation japonaise à partir de janvier 1942, la guerre, une certaine collaboration avec les Japonais, le retrait des forces britanniques en novembre 1946, puis encore 3 ans de confusion exacerbée par une lutte mi-diplomatique mi-militaire, et pour finir l'opinion mondiale contre eux pour qu'enfin les Néerlandais consentent à rendre leur liberté de choix aux Indonésiens.

Désunion et dépression économique

Durant leurs cinq premières années de liberté, la peur du retour du loup permit de conserver une certaine unité dans les rangs des nationalistes, et, dans son fameux discours de Pancasila en 1945, Sukarno tenta d'aplanir les différends dans ce pays réputé ingouvernable. Mais les difficultés étaient quasiment insurmontables : la diversité culturelle et sociale, l'absence d'éducation du plus grand nombre, la totale désorganisation, le manque de techniciens... Bref, avec rien, on en arriva très vite à trois fois rien. Entre 1945 et 1958, 17 cabinets gouvernementaux se succédèrent, la pagaille était complète. Les premières élections se déroulèrent en 1955 et, malgré tout, Sukarno accéda officiellement au pouvoir.

Les années Sukarno

Flamboyant et plein de contradictions, le nouveau président Sukarno ne pouvait pas sortir l'Indonésie de sa pauvreté, ni créer une structure économiquement viable et valable, mais... il savait parler ! Marxiste et pourtant croyant, grand consommateur de femmes, ses discours ressemblaient à des sagas romantiques, et les Indonésiens restaient pendus à ses lèvres ! Il se proposait de défier les Malais, les Anglais, puis les États-Unis et tout le monde occidental... sans expliquer vraiment ni quand, ni comment ! Il se posait devant les yeux ébahis des Indonésiens un peu comme un grand frère audacieux, courageux et astucieux, prêt à exécuter de grandes choses.

Ambitieux, il réunit en 1955 les représentants de 29 États d'Afrique et d'Asie, afin d'élaborer une politique commune de non-alignement. C'est la célèbre conférence de Bandung. Il faut reconnaître à sa décharge que l'histoire de l'Indonésie est lourde des exactions européennes... En pratique, les années Sukarno furent presque aussi dramatiques que l'occupation hollandaise. Les aides étrangères se limitèrent très vite aux seuls subsides soviétiques et chinois. Effectivement, il n'y avait que les communistes capables de croire en une telle pagaille économique teintée d'une rhétorique romantico-guerrière ! Et, de toute manière, soutenir l'Indonésie s'inscrivait aussi dans la politique communiste d'expansion mondiale.

En gros, et pas nécessairement dans l'ordre, les confrontations avec les Malais, les prises de bec avec les troupes australiennes, néo-zélandaises et britanniques, une économie chancelante malgré la richesse du pays, une corruption frôlant le gangstérisme et le putsch raté d'octobre 1965 (préparé avec l'aide des États-Unis) ont finalement eu raison du dictateur. Le triple looping effrayant sur le « grand huit » avec Sukarno à la barre a duré jusqu'en 1967. Parallèlement, si Bali apprécie le premier président, Sukarno, elle n'en affronte pas moins deux désastres : l'éruption du volcan Agung qui fait, en 1963, des milliers de victimes ; et 2 ans plus tard, la répression du coup d'État communiste où périssent plus de 100 000 Balinais.

Un ordre nouveau !

Le général Suharto fut officiellement élu président par le Congrès le 27 mars 1968, après un passage comme président intérimaire entre la chute de Sukarno et sa véritable arrivée au pouvoir. Il voulait que son régime offre l'apparence d'une démocratie et organisa des élections en 1971. Apparence seulement, car il utilisa le parti *Golkar* – moribond à l'époque – comme fer de lance pour lui et l'armée, mettant l'opposition en quasi-fuite et interdisant toute activité politique entre les élections.

Militaire auprès des Néerlandais dans la *Royal Netherlands Indies Army,* puis changeant de camp pour se rallier aux Japonais pendant la même guerre (!), Suharto fut promu par Sukarno. Son ascension vers la présidence passa par le fameux putsch raté de 1965. Certains historiens soutiennent que Sukarno aurait été à l'origine de ce coup de force contre lui-même, afin d'avoir un prétexte pour éliminer les adversaires du régime. En effet, entre 160 000 et 500 000 communistes, dont beaucoup de Chinois assimilés à des communistes, furent massacrés dans la foulée – les chiffres sont très controversés – et 250 000 autres se retrouvèrent emprisonnés... Le scandale commençant à se profiler, Suharto n'eut plus qu'à faire valoir sa « légitimité ».

L'ère Suharto : corruption, népotisme et collusion

L'arrivée de Suharto au pouvoir coïncide avec une ouverture aux capitaux étrangers. Le président enraye le marasme économique qu'avait laissé filer son prédécesseur. Le pays connaîtra jusqu'à 7,5 % de croissance annuelle ! Mais si l'Indonésie bénéficie de la croissance, le président Suharto estime que le miracle économique doit s'appliquer surtout à lui-même... et aux siens. Tout le monde autour de lui y sera associé : sa famille d'abord, puis l'armée dont il est issu et qui est le garant de son maintien au pouvoir. Mais Suharto et ses équipes ne sont pas encore des capitalistes chevronnés. Suharto se tourne alors vers des capitaines d'industrie, d'origine chinoise... Pourtant, leur communauté a souffert de l'atroce répression anticommuniste qui a suivi le putsch de 1965 ! Mais ils ont de l'argent, une véritable expérience économique et sont détestés du peuple indonésien, donc politiquement inoffensifs.

En 32 ans de règne, l'économie connaît un véritable boom. Suharto et sa galaxie font feu de tout bois : concessions, monopoles, ouverture de capitaux leur permettent d'entrer dans toutes les bonnes affaires sous couvert de privatisations ou d'associations. Les intérêts de la famille Suharto se seraient même introduits dans la moitié de l'activité du pays. Hutomo, dit Tommy, un de ses fils, rachète carrément la marque automobile Lamborghini ! Il collabore aussi avec de grandes compagnies chimiques internationales et s'attribue le monopole du clou de girofle qui entre dans la composition des cigarettes indonésiennes (les fameuses *kretek*). Le clou (du spectacle, cette fois) est son projet de fabriquer une « voiture nationale », la *Timor.* Comble de l'ironie et de la provocation, c'est le nom d'une île annexée en 1975 et persécutée par le pouvoir central jusqu'en 1999. La voiture nationale sera finalement fabriquée par une société... coréenne, qui fermera ses portes avec la crise économique asiatique. Pendant ce temps, Jakarta se couvre de gratte-ciel flambant neufs, sièges de banques et de sociétés plus spéculatrices et fragiles les unes que les autres. La crise asiatique est venue mettre tout ce système à nu. La fortune des Suharto était estimée à 40 milliards de dollars répartis à travers le monde ! Hallucinant, quand on sait que cela représente une aide du Fonds monétaire international... Les Indonésiens, peu à peu saturés de corruption, frustrés par la crise asiatique de 1997 et l'inflation galopante, réclament le départ de Suharto. En mai 1998, de violentes émeutes éclatent à Jakarta, suite aux nombreux mouvements de protestation étudiants. Quelques jours plus tard, Suharto démissionne de la présidence, à l'âge de 76 ans.

Le calme retrouvé

Élu en 2004 et réélu dès le premier tour en 2009, le général Yudhoyono a repris les rênes du pouvoir et engagé plusieurs réformes pour assainir l'économie du pays et maintenir la croissance. Mais les nombreuses crises sanitaires, les attentats, le tsunami et les tremblements de terre ont été autant de situations difficiles à maîtriser pour le président. Le gouvernement, constitué en grande majorité de laïcs, s'est par ailleurs engagé dans la lutte active contre le terrorisme islamiste, avec notamment l'arrestation et la condamnation en 2010 du chef spirituel à l'origine des attentats de Bali.

Un président « rock'n'roll »

Le soir de son investiture, le 20 octobre 2014, le président Joko Widodo s'est rendu à un concert de *heavy metal*. Ce personnage haut en couleur et proche du peuple incarne l'espoir d'une jeune génération (plus de 50 % de la population indonésienne a moins de 30 ans), qui voit en lui une rupture profonde avec les années post-dictature et la corruption endémique. Son charisme et sa simplicité rompent avec la longue tradition d'une élite dirigeante opaque. Joko Widodo compte bien transformer le pays, en lui appliquant des réformes sociales et environnementales structurelles, et consolider son poids économique. Cela passera notamment par le développement d'une puissance maritime jusqu'alors inexploitée, l'Indonésie disposant du plus vaste territoire maritime au monde. Affaire à suivre...

Principales dates historiques de l'Indonésie

– ***IVe-VIIe s :*** formation de royaumes devenus hindous.
– ***Milieu du VIIe s :*** Sanjaya, de religion çivaïte, règne sur le centre de Java.
– ***778-870 :*** dynastie des Çaïlendra à Java. Construction de Borobudur.
– ***870 :*** dynastie Sanjaya. Les temples hindous de Prambanan sont élevés à la fin du IXe s.
– ***910 :*** le centre et l'est de Java sont réunis dans le royaume de Mataram.
– ***1015 :*** Mataram est soumis par Srivijaya.
– ***1019-1049 :*** Airlangga reconstitue le royaume de Mataram à Java.
– ***1049 :*** à la mort d'Airlangga, le royaume est partagé entre ses deux fils ; l'un obtient Kadiri, l'autre Djanggala.
– ***Début du XIIe s :*** fin du royaume de Kadiri et fondation de Singhasari.
– ***Fin du XIIIe s :*** le dernier roi de Singhasari fonde la Ligue des États indonésiens.
– ***1294 :*** invasion chinoise repoussée, mais de nombreux soldats chinois préfèrent rester à Java. Fondation du royaume de Majapahit.
– ***1400 :*** décadence de Majapahit. Un prince javanais, converti à l'islam, fonde Malacca. C'est le début de l'influence musulmane.
– ***1511 :*** les Portugais prennent Malacca. Début de « l'occupation » européenne.
– ***1596 :*** les premiers Néerlandais s'installent à Java.
– ***1619 :*** fondation de Batavia (future Jakarta).
– ***1740 :*** massacre des Chinois à Batavia.
– ***1824 :*** traité de Londres, qui partage le monde malais entre l'Angleterre (Malaisie) et la Hollande (Indonésie).
– ***1906 :*** conquête de Bali. Toute l'Indonésie est sous l'autorité du gouvernement hollandais.

– ***1908 :*** premier mouvement nationaliste, le Budi Utomo.
– ***1927 :*** création du Parti nationaliste indonésien dirigé par Sukarno.
– ***1942 :*** occupation japonaise.
– ***1945 :*** Sukarno proclame l'indépendance de la République indonésienne.
– ***1949 :*** les Pays-Bas reconnaissent le nouveau statut de l'Indonésie.
– ***1955 :*** conférence de Bandung.
– ***1965 :*** massacres de communistes et de Chinois.
– ***1967 :*** Sukarno cède le pouvoir au général Suharto.
– ***1996 :*** en juillet, un conflit entre deux factions rivales du Parti démocrate indonésien (PDI) – l'un des trois partis autorisés par la Constitution – dégénère en affrontements de rue très violents, opposant la police et l'armée aux partisans de Megawati Sukarnoputri (fille de Sukarno), destituée de la direction du mouvement. José Ramos Horta reçoit avec Mgr Carlos Bello, évêque du Timor-Oriental, le prix Nobel de la paix pour sa lutte contre l'occupation indonésienne, depuis 1975, au Timor-Oriental.
– ***1998 :*** la crise économique généralisée en Asie entraîne l'Indonésie dans le marasme. Suharto résiste aux pressions réformatrices du FMI et se fait réélire pour la 7e fois grâce à un système électoral faussé. Les étudiants manifestent et réclament le départ de Suharto. Celui-ci annonce sa démission ; en échange, il obtient l'investiture de son vice-président et dauphin, Jusuf Habibie. Près de 40 % de la population s'enfonce dans la grande pauvreté.
– ***1999 :*** le 6 juin, premières élections parlementaires pluralistes organisées depuis 1955 (48 partis politiques en compétition), remportées par Megawati Sukarnoputri, fille de l'ancien président Sukarno. En août, au Timor-Oriental, 85 % des voix vont aux partisans de l'indépendance. L'armée indonésienne, en représailles, massacre des centaines de civils et saccage Dili. En septembre, le président Habibie retire ses soldats du Timor-Oriental. Envoi d'une force de maintien de la paix. Le 20 octobre, Abdurraham Wahid est élu président.
– ***2000 :*** le 29 février, Wahid se rend pour la première fois au Timor-Oriental. Le 12 mai, est signé à Genève un accord de cessez-le-feu entre l'Indonésie et les rebelles séparatistes d'Aceh. Cette « pause humanitaire » interrompt plus de deux décennies de combat.
– ***2001 :*** Megawati Sukarnoputri est élue présidente le 23 juillet.
– ***2002 :*** indépendance, le 20 mai, de l'État démocratique du Timor-Oriental après 25 ans d'occupation indonésienne. Le 12 octobre, une voiture piégée explose à Kuta Beach, causant la mort de 210 personnes, en majorité des touristes occidentaux.
– ***2004 :*** le 20 septembre, première élection présidentielle au suffrage universel direct. Le général en retraite Susilo Bambang Yudhoyono l'emporte avec plus de 60 % des voix. Le 26 décembre, un séisme sans précédent provoque de très violents raz-de-marée dans plusieurs pays d'Asie du Sud. Le bilan est catastrophique : environ 290 000 morts (dont près de 230 000 dans le nord de l'Indonésie) et 1 million de sans-abri.
– ***2005 :*** le 1er octobre, presque 3 ans jour pour jour après l'attentat de 2002, le terrorisme frappe à nouveau Bali (dans les stations balnéaires de Jimbaran et Kuta) et fait 23 morts – dont 5 ressortissants étrangers – et 132 blessés. Yudhoyono doit affronter les étudiants descendus dans la rue. Aux Célèbes, deux catholiques sont décapitées. Une lueur d'espoir : les rebelles de la province d'Aceh signent un accord de paix avec le gouvernement, après 30 ans d'insurrections. De part et d'autre, on désarme.
– ***2006 :*** en mai et juillet, nouveaux tremblements de terre à Java (5 000 victimes). Un centre de gestion et de prévention, coordonné par 28 pays de l'océan Indien, est mis en place. Des élections « libres » se déroulent dans la province d'Atjeh, marquant un net rejet des gouvernants nationaux.
– ***2007 :*** des inondations touchent Jakarta (Java), entraînant la mort d'une trentaine d'habitants et de nombreux sinistrés. Un séisme touche également les Célèbes

(Sulawesi) et Sumatra. On estime qu'avec les diverses manifestations climatiques de ces dernières années, ce sont 24 îles de l'archipel indonésien qui ont disparu.
– ***2008 :*** début novembre, à Jakarta, les trois auteurs des attentats terroristes de Kuta en 2002, qui avaient fait plus de 200 morts, sont exécutés.
– ***2009 :*** violent séisme à Sumatra, dans la région de Padang (6,8 sur l'échelle de Richter), causant un millier de décès. L'ex-colonel Yodhoyono est réélu en décembre.
– ***2010 :*** le volcan Merapi (Java) se réveille ; plusieurs centaines de morts sont à déplorer, l'aéroport de Yogyakarta est fermé durant 15 jours. Un malheur n'arrivant jamais seul, l'île affronte un tsunami meurtrier à Sumatra.
– ***2012 :*** un séisme d'une magnitude de 8,7 frappe le nord de l'île de Sumatra ; grâce au récent système d'alerte mis en place, seules cinq personnes ont péri.
– ***2013 :*** le volcan Sinabung, au nord de l'île de Sumatra, entre en activité en produisant de hautes colonnes de cendres et des projections de pierres allant jusqu'à 4 km à la ronde. Ceci a pour conséquence la création d'une zone d'interdiction de 5 km autour du volcan et l'évacuation de plus de 15 000 personnes des districts environnants. L'OMC se retrouve à Bali en décembre 2013 et scelle un accord de commerce mondial unique pour faciliter les échanges.
– ***2014 :*** le 9 juillet, Joko Widodo, âgé de 53 ans et gouverneur de Jakarta depuis 2012, remporte les élections présidentielles. Son mot d'ordre : « Le peuple avant tout ! ».

HISTOIRE DU TOURISME BALINAIS : QUELQUES RÉFLEXIONS

Bali, c'est fini ?

Le dialogue est difficile entre ceux qui pensent que le tourisme a tout gâché et que Bali fout le camp, et ceux qui considèrent que, malgré les dommages collatéraux causés par la venue annuelle d'environ 2,9 millions de visiteurs, l'île a su garder sa capacité à émouvoir tout en développant une économie saine. Bali provoque une telle réaction affective que les avis sur sa population sont souvent très tranchés : corrompus, hypocrites, roublards et intéressés pour les uns ; ouverts, curieux, accueillants, ayant le sens du commerce pour les autres. Comme d'habitude dans pareil débat, la vérité se compose d'un subtil mélange de tous ces ingrédients.
Ce qui est certain, c'est que l'on connaît assez peu de régions dans le monde qui cumulent autant de qualités visuelles, gustatives, auditives, de lieux possédant un tel pouvoir d'évocation. Personne ne revient de Bali sans avoir gravé pour toujours dans son esprit le son d'un *gamelan,* l'odeur des bâtons d'encens, le goût des embruns, l'ondulation d'un champ de riz sous la caresse du vent. Et ce qu'il y a d'unique ici, c'est que cela existait déjà avant l'arrivée des colonisateurs et existera après le grand boom touristique.
Bali possède une étonnante capacité à intégrer la demande de l'*homo touristicus* tout en conservant presque intacte la structure de sa société. Tout se fait en douceur. Plutôt que de se battre sans armes contre l'invasion, les Balinais ont décidé de l'accepter et d'en profiter. En quelques dizaines d'années, le niveau de vie des habitants s'est accru, sans pour autant que se soit diluée la culture propre à l'île. Leur prospérité n'est pas sans provoquer d'ailleurs quelques jalousies dans l'archipel indonésien, et les Balinais eux-mêmes se plaignent d'être envahis par leurs voisins javanais venus profiter indûment de la manne touristique.
Une prospérité et un flot touristique qui ont fait de Bali une cible à deux reprises et à 3 ans d'intervalle... Si les coupables de l'attentat d'octobre 2002 ont été montrés du doigt (et exécutés), il n'est pas aisé d'imputer l'attentat du 1er octobre 2005 à la Jemaah Islamiyah. En effet, l'organisation terroriste soupçonnée d'être le

bras armé d'Al-Qaïda dans le Sud-Est asiatique est très affaiblie à la suite de la vague d'arrestations qui a suivi les premières explosions. Quant aux Balinais, fidèles à leur tradition pacifiste, ils n'ont pourtant crié ni vengeance ni revanche. Au contraire, il semble qu'ils aient entamé une réflexion de fond sur la situation de leur île, sur le tourisme, sur leurs traditions... Et si leurs dieux à eux étaient fâchés, délaissés sur l'autel du dieu dollar ? Depuis ces événements, les cérémonies se succèdent et la pratique cultuelle semble avoir été revitalisée. L'île tente d'exorciser ses démons, au sens propre comme au figuré. Imprégnés de traditions hindoues (mêlées à des croyances animistes), les Balinais se préoccupent de calmer leurs dieux, de chasser les mauvais esprits et de nettoyer leur île des âmes errantes qui pouvaient la hanter.

Cette force de caractère, cette façon d'intégrer les réalités extérieures à leur quotidien de manière si naturelle, étonne et ravit. Et cela est vrai dans tous les domaines. En cuisine, par exemple ; si les tables sont garnies de recettes ancestrales, ça n'empêche en rien les Balinais de confectionner d'excellents sushis ou de préparer un *chicken tikka* comme personne. Les sculpteurs du village de Mas, qui cisèlent les bois précieux, savent aussi produire dans leurs ateliers des centaines de masques, de mobiles et de fruits en bois dont les touristes raffolent. La qualité du travail du bois a fait aussi, par extension, exploser l'industrie du meuble de jardin en teck, dont la production s'exporte dans le monde entier, au détriment des forêts primaires de la province du Kalimantan (Bornéo) ou de Java, qui sont littéralement dévastées.

Bali métisse

Bali a sans cesse ouvert ses portes au vent du large. Walter Spies, sujet allemand né en Russie en 1895, fut une figure emblématique de Bali. Musicien, mais surtout peintre, il développa un style pictural si nouveau à la fin des années 1920 que celui-ci fit école, et aujourd'hui, certains peintres d'Ubud se réfèrent à sa technique, qualifiée de naïve et surréaliste.

Les touristes des années 1970 et 1980 ont donné du tonus à l'économie et un coup de fouet à la création en ouvrant de nouveaux marchés. Il y a eu d'abord les Australiens, puis les Européens et les Américains. Désormais, les Asiatiques se placent en tête des statistiques : les Japonais tiennent la première place, suivis de près par les Chinois de Taiwan, mais les Coréens arrivent en force et, bien sûr, les Indonésiens des autres îles de l'archipel, notamment Java. Ces nouveaux arrivants, des jeunes cadres en couple pour la plupart, sont en passe de changer les habitudes de l'île, car ils privilégient les séjours courts et axés sur l'initiation au surf et à la plongée, la tournée des bars à la mode et le shopping à outrance. Le paysage gastronomique et architectural évolue ainsi en fonction des nouvelles demandes : l'accent étant mis sur les gros centres commerciaux qui poussent à Kuta *(Discovery Shopping Mall, DFS, Bali Plaza...)* et les restaurants lourdement minimalistes et design de Seminyak et d'Ubud.

Cette nouvelle clientèle, peu portée sur le marchandage et payant rubis sur l'ongle, est en grande partie responsable de l'envolée des prix à Uluwatu (spots de surf), Amed (plongée), ou encore de la démultiplication des villas de luxe à Seminyak, avec piscine et spa privés. Pourtant, personne ne semble s'en plaindre, bien au contraire. Bali a besoin du tourisme, et les touristes ont besoin de Bali. Bien sûr, Kuta est envahi, Ubud parie sur le tiercé gagnant spectacles de danse-déco-bouffe et Seminyak ne cesse de se développer. Mais l'île conserve, malgré tout, et au-delà de l'imagerie traditionnelle, une grâce toute naturelle.

... et maintenant Lombok ?

La récente liaison en bateau rapide entre Bali et les îles Gili (Lombok) a sans doute ouvert un nouveau terrain de jeu pour le tourisme. Gili Trawangan, notamment, se

transforme à grande vitesse. Souhaitons que ces trois îlots paradisiaques n'opèrent pas une mutation trop violente, en servant de trop-plein aux sites déjà frelatés que sont Port Benoa et Nusa Dua, heureusement désenclavés par une nouvelle autoroute. À suivre...
L'île de Lombok reste quant à elle très préservée. Bali jouant toujours de son puissant pouvoir d'attraction, seuls les aventureux choisissent d'explorer cette île merveilleuse mais où tout est un peu moins facile.

MÉDIAS

La télévision est de loin le principal média pour les Indonésiens. Les radios et la presse écrite sont en perte de vitesse depuis quelques années. La chaîne nationale publique est *Televisi Republik Indonesia (TVRI).* L'explosion de l'Internet mobile dans tout le pays a néanmoins bénéficié à la presse en ligne.

Stations de radio et journaux locaux

– ***The Bali Times :*** ● *thebalitimes.com* ● Le *Bali Times* est un quotidien de langue anglaise grand format publié à Bali. Il est destiné aux expatriés résidents et aux visiteurs de l'île, et revendique un tirage à 23 000 exemplaires. Une édition hebdomadaire séparée sort tous les vendredis. Le *Bali Times* publie des informations générales et aborde tous les sujets de la culture à l'art, en passant par l'immobilier et des informations touristiques.
– ***Le groupe Bali Post :*** ● *balipost.com* ● Le *Bali Post,* publié en indonésien, est le journal quotidien dominant sur l'île touristique de Bali et est également diffusé sur l'île de Lombok. Une version anglophone du titre existe : le *Bali Post International.* Le groupe Bali Post a également plusieurs stations de radios sur l'île de Bali *(Radio 96.1 Genta Bali, Swib Besakih 106.8 FM),* ainsi que quelques autres sur l'île de Lombok.
La chaîne de télévision phare du groupe est *Bali TV (● balitv.tv ●),* basée à Denpasar, la capitale. Cette station, créée en 2002, diffuse des émissions en balinais. De nombreux autres journaux, tels que le *Jawa Pos,* sont aussi distribués sur les deux îles.

Votre TV en français : TV5MONDE partout avec vous

TV5MONDE est reçue partout dans le monde par câble, satellite et sur IPTV. Dépaysement assuré aux pays de la francophonie avec du cinéma, du divertissement, du sport, des informations internationales et du documentaire.
En voyage ou au retour, restez connecté ! Le site internet ● *tv5monde.com* ● et son application iPhone, sa déclinaison mobile *(● m.tv5monde.com ●),* offrent de nombreux services pratiques pour préparer son séjour, le vivre intensément et le prolonger à travers des blogs et des visites multimédia.
Demandez à votre hôtel le canal de diffusion de TV5MONDE et n'hésitez pas à faire part de vos remarques sur le site ● *tv5monde.com/contact* ●

Les autres médias

Les quotidiens en anglais publiés à Jakarta sont également disponibles à Bali : *The Jakarta Post* inclut des pages sur Bali *(Surfing Bali).*
Côté revues, une flopée de publications payantes ou gratuites (en anglais et destinées à un public jeune) ont vu le jour depuis quelques années. Vous les trouverez aisément dans les hôtels, bars et restos branchés. La plus répandue est le *Bali Travel News,* un hebdo riche en infos sur le tourisme. *The Beat* est l'un des mensuels les plus complets, affichant la liste des événements et un répertoire de bars,

restaurants et boîtes de nuit avec des plans bien détaillés pour les trouver. Dans le même genre, citons aussi *Bali Plus* et *Groove,* avec une tendance clubbing pour le second. *Hello Bali* (payant) est tout aussi pratique, avec quelques reportages à la clé. *Poleng* s'adresse aux expats de Bali avec une fringale de potins et les photos des dernières fêtes people.

Signalons enfin un gratuit en français, *La Gazette de Bali* (• *lagazettedebali.info* •), belle initiative d'un ex-collaborateur de *Libération* pour vous aider à dénicher les repaires *frenchies* et branchés dans l'île. Également de très bons articles sur la culture balinaise.

Liberté de la presse

Les médias écrits sont sous l'autorité du Conseil de la presse, alors que les médias radio et télévisés nécessitent une licence délivrée par la Commission de diffusion indonésienne. Il existe des centaines de radios communautaires, mais l'Association des radios communautaires (AMARC) a récemment appelé à une réforme pour une plus grande équité dans l'attribution des licences, processus manquant actuellement de transparence et souffrant de lenteur administrative. Aucune autorité officielle ne contrôle la presse écrite, mais celle-ci est cependant mise à mal par la concentration croissante dont elle fait l'objet. La plupart des groupes de médias influents sont aux mains d'une poignée de conglomérats financiers et industriels, dont certains sont dirigés par des personnalités aux ambitions politiques plus ou moins ouvertement affichées.

La situation de la liberté de la presse à Bali est meilleure que dans les autres îles indonésiennes, moins accessibles en raison de conflits ethniques ou religieux jugés sensibles par les autorités. En mars 2014, deux journalistes australiens ont tout de même été expulsés de l'île indonésienne et temporairement ajoutés à une « liste noire » par les autorités. Ils étaient entrés sur le territoire avec un visa touristique afin de pallier aux lenteurs administratives concernant l'octroi de visas professionnels. Les récentes déclarations du nouveau président Joko Widodo laissent cependant présager des réformes en faveur de la liberté de la presse et une ouverture aux médias étrangers dans tout le pays.

PATRIMOINE CULTUREL

Le village

Le village balinais est avant tout une grande communauté sociale d'inspiration religieuse. L'unité est faite par le *krama desa,* conseil composé d'hommes mariés qui choisissent un chef de village. Celui-ci, chargé du respect de la tradition *(adat),* organise les fêtes, contrôle les biens collectifs et joue à la fois le rôle de juge, de conseiller et de médiateur.

Dans les villages importants, il existe des associations appelées *bandjar,* qui regroupent les habitants de maisons voisines. Ces communautés sont constituées de plusieurs dizaines de familles chargées de s'entraider pour la réparation d'un temple, la construction d'une maison, l'entretien d'une route ou la participation à un *gamelan.*

Chaque propriétaire de rizière appartient en plus à un *subak,* coopérative agricole qui réunit dans un travail collectif tous ceux dont les terres bénéficient de la même source d'irrigation.

La vie sociale ne laisse aucune place à l'individualisme. C'est pourquoi les bâtiments publics, principalement les temples, tiennent une place aussi importante dans la structure du village :

– *le pura desa :* temple des cérémonies officielles ;
– *le pura puseh :* temple consacré au culte des ancêtres ;

– *le pura dalem :* temple réservé au culte des morts.
Ajoutons le *kulkul* (tambour d'alarme) pour sonner le tocsin, le *wantilan* pour les combats de coqs, et le *bale* pour se réunir, faire de la musique ou répéter un spectacle après le travail. Enfin, n'oublions pas le traditionnel *banian,* l'arbre sacré, très majestueux.

Combats de coqs

Les combats de coqs sont officiellement interdits depuis 2002, de nombreux Indonésiens s'étant ruinés au cours de paris insensés. Officiellement seulement, car on peut encore en voir dans les villages, dans certains temples ou au cours de cérémonies religieuses (ils sont alors autorisés). Dans presque tous les villages, vous verrez des hommes de tous âges se balader avec leurs coqs, caressant fièrement leur plumage. Souvent, les coqs sont aussi protégés dans de beaux paniers de feuilles de palmes, tressées de manière élégante (il y en a de beaux au *Bali Museum* de Denpasar). Ceux destinés au combat sont nourris de manière particulière. La foule des parieurs se presse autour d'une petite arène.
Avant le combat, les propriétaires de chaque combattant garnissent l'une des pattes du coq (la gauche en général) d'un ergot métallique coupant comme un rasoir. Puis la lutte commence. Pas de quartier : l'un doit vaincre, l'autre doit mourir. Le combat dépasse rarement les trente secondes. Brutal et cruel, tout comme l'atmosphère qui règne autour de la piste. Pour le touriste voyeur (on l'est toujours un peu), il est intéressant d'observer le comportement des Balinais qui trouvent là une occasion de se défouler, de véhiculer une certaine agressivité et d'assouvir leur passion du jeu. Les cérémonies officielles sont alors une occasion rêvée. Si vous assistez à un combat de coqs, restez discret. N'oubliez pas que les parieurs jouent parfois 1 mois de salaire sur un seul combat.

Danses

« À Bali, on ne danse pas la java » (on a osé !).
Sur cette terre sacrée, les dieux empruntent les corps des danseurs pour conter leurs aventures : notamment l'épopée hindoue du *Rāmāyana.* Chaque jour, le bouche-à-oreille indique quelque part dans l'île un ou deux temples où une cérémonie devient prétexte à ces représentations de théâtre dansé. Offrez sans rechigner votre obole à l'entrée : elle finance les offrandes et les costumes chamarrés.
Si quelques corps de ballet ont acquis, au fil des tournées, une réputation internationale, l'immense majorité des 2 000 troupes dispersées dans l'île – chaque village, ou presque, a la sienne – est formée de quidams ordinaires, passés ou non par les écoles, et qui, au jour de la fête, endossent masques, tiares et autres habits de lumière.
Invariablement rythmée par un ensemble de *gamelans,* la danse peut filer durant des heures une communion parfaite avec le spectateur... et les divinités qu'elle honore. Rien à voir avec Pina Bausch ! Comme montés sur roulements à billes, les danseurs font valser leurs yeux écarquillés, tordent gracieusement les poignets, agitent les doigts... La beauté des couleurs, la profondeur des chœurs, la tension joviale de la foule et l'ambiance à la fois champêtre et sacrée tissent un envoûtement qui ne vous lâche pas.
Bien plus qu'à Java la musulmane, les quelque 50 danses de Bali font partie du sol – tout particulièrement celles où interviennent des démons. Certaines, comme le *legong,* furent élaborées dans les palais de la grande île. D'autres paraissent issues du fond des âges. Ne vous y fiez pas. La plupart des danses qui réjouissent les villageois sont nées entre 1850 et 1900, pendant le dernier âge d'or des rajas de Bali. Le *kecak* lui-même, morceau de bravoure où le touriste pressent la révélation des plus profonds mystères de l'âme balinaise, fut créé par Walter Spies. Ce musicien et chef d'orchestre allemand s'installa à Bali dans les années 1920,

pour les besoins d'un film. Il y resta définitivement. Malgré cet enrichissement permanent, force est de constater que les Balinais d'aujourd'hui, encouragés par leurs touristes mécènes, privilégient l'éclectique, et parfois le spectaculaire. Et inutile de vous dire que vous serez rarement seul à assister à ces cérémonies et spectacles, mais ça, c'est la rançon du succès.

Les danses les plus importantes

– ***Le legong :*** une danse divine, puisqu'elle fut créée pour des nymphes par le dieu Indra. La plus courante est le *legong kraton* (*legong* du palais), jadis interprétée à la cour des rajas. De très jeunes filles, vêtues de brocarts, couronnées d'une tiare d'or et de fleurs de jasmin ou de frangipanier, tournicotent avec une irrésistible grâce pour décrire les adieux d'un prince à sa bien-aimée, pendant qu'un oiseau de malheur avertit le jeune homme de sa prochaine mort au combat. Les danseuses changent de rôle, passant d'un personnage à l'autre. On est vite perdu. Reste la beauté des gestes et les sortilèges des *gamelans,* dont les frémissements font onduler et balancer les corps. Le *legong* de Peliatan est l'un des plus courus.
– ***Le kecak :*** spectacle le plus impressionnant, avec son chœur de 150 chanteurs – souvent tous du même village – chargé d'incarner l'armée des singes du *Rāmāyana,* et qui, disposé en cercle, ondule en imitant les *gamelans* absents – ou le cri des singes, comme on veut. Cette intensité sonore (destinée à chasser les mauvais esprits), les torches qui font danser aussi les ombres nocturnes, les masques bariolés d'êtres effrayants (comme le démon Rāvana) et la volonté affichée de susciter la transe font du *kecak* un spectacle exceptionnel et envoûtant.
– ***Barong et Rangda :*** ou le combat entre une énorme peluche à crocs (le Barong, censé représenter le Bien), tout droit sortie du *Muppet Show,* et Rangda, l'horrible reine-veuve des sorcières qui hante les nuits de Bali et incarne le Mal. L'intrigue est assez compliquée, d'autant qu'il faut déjà surmonter ce déluge de couleurs et de sons. Tension maximum, au point que les danseurs chargés d'escorter le Barong, envoûtés par la magie noire de Rangda, entrent en transe et retournent le *kriss* contre leurs poitrines. Rassurez-vous, tout est prévu pour finir bien, avec l'arrivée d'un prêtre qui met fin à la transe. Comme, pour les Balinais, le bien et le mal coexistent, il n'y aura pas vraiment de vainqueur. Cette sorte de thérapie de groupe est très courue par les touristes. Il se donne trois représentations en plein air chaque matin à Batubulan, où les étrangers se voient distribuer un résumé de cette longue pièce, ce qui est bien pratique pour suivre les événements.
– ***Le kebyar :*** sous sa forme actuelle, ce duo entre un orchestre et un danseur a été mis au point il y a un demi-siècle seulement par le chorégraphe Mario. Le bon danseur y exprime tous les états d'âme d'un adolescent, passant de la crainte à la joie suivant les nuances de la musique, sans oublier de manier l'éventail avec des grâces un peu efféminées. Le danseur dispose lui aussi, comme l'orchestre, d'un *terompong* (tambour).

Les autres danses

– ***Le baris :*** aux antipodes du *legong,* cette danse figure les humeurs d'un jeune guerrier avant et pendant le combat. Tout en gardant – c'est le but du jeu – la pointe des pieds tournée vers l'extérieur. Comme c'est très complexe, rares sont les danseurs qui assurent. Mais nous laissons aux spécialistes le soin d'apprécier !
– ***Le janger :*** né dans les années 1920 sur les bases d'une danse plus ancienne, il se pratique assis et met aux prises 12 jeunes filles et 12 garçons pour un spectacle puissant et gracieux. On en voit certains soirs à Denpasar.
– ***Le pendet :*** cette ancienne danse de procession sert aujourd'hui à précéder (ou conclure) de plus grands spectacles. Ce n'est pas l'une des danses les plus intéressantes, quoique les danseurs se déhanchent en guise de bienvenue et lancent des pétales de fleurs avant de quitter la scène.
– ***Le sanghyang :*** une danse de transe pour chasser les mauvais esprits. Ça va si loin qu'il faut l'intervention d'un prêtre pour « réveiller » les danseurs qui, ayant

repris leurs esprits, ne se souviennent plus de rien. Le *sanghyang legong* est interprété par des femmes ; le *sanghyang djaran* par un homme en transe qui, à califourchon sur un cheval de bois, marche et danse pieds nus sur un tapis de braises. Aucune odeur de chair grillée, rassurez-vous : les dieux protègent le médium.
– ***Le jauk :*** un solo de danseur masqué. Celui-ci joue un démon frénétique, assoiffé de sang, qui agite ses ongles démesurément longs avant de bondir sur sa proie.
– ***Oleg Tambulilingan :*** ce flirt dansé, exécuté à deux, fut mis au point en 1952 par le fameux Mario (toujours lui !).
– ***Ballet Rāmāyana :*** une version moderne, allégée et comique du vieux *wayang Wong,* danse qui reprenait, sur plusieurs jours, certains épisodes du *Rāmāyana.*
– ***Ardja :*** ces opérettes sentimentales, héritées de la Java médiévale, durent parfois toute la nuit.
– ***Topeng :*** épisodes de l'illustre vie des rajas d'autrefois, dansés avec toute une collection de masques et le concours d'une panoplie de clowns.
– ***Les danses d'offrandes*** sont utilisées comme exorcisme contre les mauvais esprits. Elles mettent en contact avec l'au-delà, c'est pourquoi elles se déroulent avec la participation d'un prêtre *(pemangku).* On peut assister, lors de certaines fêtes, à un *sanghyang dedari,* ou « danse des anges vénérés » : deux fillettes endormies par des forces magiques vont obéir aux voix qui les feront danser dans une parfaite harmonie. Spectacle troublant : lorsque les voix s'arrêtent, les danseuses évanouies doivent être réanimées par le prêtre qui les asperge d'eau.

Jeux

En toute logique, la règle du collectif s'applique aussi aux jeux. Les Balinais se retrouvent par dizaines lors des combats de coqs, de criquets ou autres courses de buffles, plutôt qu'à deux pour faire une partie d'échecs. Les jeux de hasard, les concours de chants d'oiseaux ou de cerfs-volants réunissent généralement un grand nombre de participants. Et même si les paris sont officiellement interdits, ça peut jouer gros, parfois très gros...
Le goût des Balinais pour la compagnie et le collectif est extraordinaire. Ils choisiront toujours de manger un bol de riz entre amis plutôt qu'un festin tout seul. S'ils apprennent à jouer d'un instrument de musique, c'est pour entrer dans un *gamelan*. Une danse, pour appartenir à une troupe, etc.

Musique

L'Irlande a la harpe, l'Afrique a le tambour, l'Indonésie le xylophone. Non pas un seul xylophone, mais tout un orchestre. Du nom ***gamelan,*** les Javanais désignent à la fois la partie et le tout. Si cet instrument de Cour s'est raréfié sur la grande île, ses notes aiguës retentissent à chaque instant dans la campagne balinaise, trahissant le voisinage d'une fête ou d'une crémation. Ses mélodies de pluie s'inscrivent à merveille dans le paysage de rizières, tout en respectant nos fragiles esgourdes d'Occidentaux – sauf envolées hystériques dans les aigus, ce qui n'est pas rare. Parfois hypnotiques, souvent délicieux, toujours étranges, ces serpentins de sons métalliques surprennent par leurs rythmes binaires et syncopés.
Comme tout orchestre, ces ensembles de percussions associent différents groupes d'instruments. Les *gangsus,* métallophones à lames de bronze amplifiés par des résonateurs en bambou, peuvent jouer en graves (phrases longues) ou en aigus (phrases courtes). Dès qu'ils ont frappé une note, les musiciens en étouffent la vibration en posant la main sur la lame. En renfort, l'orchestre mobilise deux tambours, des cymbales, ainsi qu'un petit gong – plus rarement la flûte en bambou *(suling)* et la vielle *(rebab).* Bref, ces orchestres qui rassemblent jusqu'à 50 musiciens offrent un spectacle complet, dont les performances peuvent durer toute la nuit.

L'assistance est d'autant plus fervente que les prestataires sont des hommes du village – les orchestres féminins restent rares –, âgés de 8 à 60 ans, et regroupés dans le club de musique local. Chaque *banjar* – ou presque – possède un tel orphéon, où l'on apprend évidemment les morceaux à l'oreille.
Comme on aime le son du *gamelan* et qu'on respecte les esprits naturels, les Balinais ont chargé le vent de jouer à leur place. Généralement composés de bâtonnets de bambou, frappés par les lattes d'un moulin à vent (ce dernier surmonté de petits automates tels qu'un pêcheur tirant son poisson ou un homme promenant son chien), les *gamelans* éoliens sonorisent les temples et l'entrée des maisons : il en existe un de plus de 3 m à Ubud ! Dans le même esprit, un « orchestre » de flûtes éoliennes jouxte le temple de Besakith, sur les flancs du volcan.

Peinture

La peinture balinaise tire ses racines des anciens panneaux de sanctuaires et des calendriers astrologiques illustrés. Ceux-ci partageaient l'esthétique du théâtre d'ombres *wayang,* qui présentait les personnages des épopées traditionnelles de profil ou de trois quarts, dans un décor schématique dépourvu de perspective. Le bourg de Kalamasan continue de produire ces œuvres très décoratives, réalisées avec des pigments naturels, et peu chères. Quant aux tableaux naïfs qui fournissent la quasi-totalité des galeries de peinture, ils ont pris leur essor dans les années 1930, sous l'impulsion d'artistes occidentaux venus s'installer dans l'île. Cette peinture de chevalet abandonna les motifs de toujours pour décrire, telle une carte postale, les scènes de la vie quotidienne : combats de coqs, offrandes, circulation routière...
Les musées Neka et Puri Lukisan, à Ubud, vous permettront d'admirer la qualité de ces premières œuvres, qui s'attelaient à réinventer la peinture balinaise. Cet aperçu donne une échelle de valeurs utile pour se repérer dans la jungle des galeries. À Ubud, capitale de la peinture, vous vous extasierez sur la première, vous vous intéresserez à la deuxième, et vous décrocherez à la troisième, en pestant que tout se ressemble. Pour quelques œuvres, habilement dessinées et seulement coloriées de noir et de gris, qui restent dignes de l'ancienne école d'Ubud ou de celle de Penestanan, combien de toiles réalisées dans l'unique but de flatter le goût facile des touristes ? Après tout, pourquoi pas ! Les ateliers d'Ubud regorgent de fleurs et d'oiseaux géants qui rappellent certains motifs de papiers peints.
Le style naïf balinais semble fixé une fois pour toutes : une abondance de végétation (chaque feuille est dessinée !), d'animaux (un vrai zoo !) et de personnages plus ou moins indolents, saisis dans leurs actions quotidiennes (marché, bain, danses...) et actualisés avec humour par des détails modernes (un bus, un vélo...). Se glissant dans cette configuration foisonnante, l'artiste se garde de ne rien ajouter. À moins de tomber sur un dangereux anarchiste (dont les œuvres vont d'ailleurs coûter une fortune !), attendez-vous à une créativité limitée et une certaine forme de répétition.

Cinéma

Un désert ! Les films sur l'Indonésie se comptent sur les doigts d'une main. Sur place, on passe des films américains.
– ***Toute la beauté du monde*** *(France, 2006, DVD UGC Vidéo)* **:** de Marc Esposito, avec Marc Lavoine, Zoé Félix, Jean-Pierre Darroussin. Nous voici à Bali et à Lombok pour suivre le chemin de Tina, partie se retrouver au milieu des sublimes rizières pour oublier la mort de l'homme de sa vie. Sur l'île des dieux, elle rencontre Franck. Voyage, découverte, échappée : l'île de Bali se prête merveilleusement à se « ressouvenir ». Un film qui ne fera pas date dans l'histoire du cinéma français, mais néanmoins agréable à regarder pour ses beaux paysages.
– ***Mange, prie, aime*** *(États-Unis, 2010)* **:** tiré du best-seller d'Elizabeth Gilbert, traduit en 31 langues et vendu à plus de 7 millions d'exemplaires. L'héroïne, incarnée

par Julia Roberts, débute et achève son voyage initiatique à Bali, après être passée successivement par l'Italie et par l'Inde. Lors de cette dernière étape, elle trouvera la paix intérieure et... l'amour, évidemment !

– ***En route pour Bali*** *(Australie, 1952)* **:** de Hal Walker, avec Bill Crosby. Deux Australiens partent à l'aventure et tombent dans les mailles du filet d'une belle princesse balinaise...

PERSONNAGES

– ***Joko Widodo*** *(1961)* **:** surnommé Jokowi, le nouveau président de l'Indonésie est un dirigeant pas comme les autres. Issu d'une famille modeste, il reprend la profession de son père et vend des meubles, avant de fonder sa propre entreprise d'import-export. Puis il se tourne vers la politique et devient maire de Solo (Surakarta) en 2005. Ses réformes sociales et sa transparence le font gagner en popularité. Gouverneur de Jakarta en 2012, il s'illustre en rehaussant le salaire minimum et en développant les bourses étudiantes. Candidat aux élections présidentielles de 2014, il est élu à 53 % des voix d'une population en mal de représentation. Cet homme du peuple, qui ne jure que par lui, entend moderniser la politique de son pays en bouleversant les mentalités, grâce à un programme ambitieux de promotion de l'environnement, de réformes sociales (notamment via l'accès à l'éducation et la santé) et de lutte contre la corruption. Grand fan de rock et adoré des jeunes, il est aussi le premier président indonésien à n'avoir aucun lien politique, militaire ou héréditaire avec l'ancienne dictature.

– ***Megawati Sukarnoputri*** *(1947)* **:** en 2001, la fille aînée d'Ahmed Sukarno devient la première dirigeante du pays musulman le plus peuplé de la planète. Il faut dire qu'elle a bénéficié d'un bon petit piston. Tout le monde n'a pas pour papa (heureusement, d'ailleurs !) Ahmed Sukarno, ni plus ni moins le père de l'indépendance indonésienne. Ce n'est qu'en 1988 qu'elle se lance dans la politique. Huit ans plus tard, la voilà sur le devant de la scène, quand Suharto veut interdire son parti et l'évincer de la politique. Image vivante de son père, elle en incarne le nationalisme. Elle dirige le Parti démocratique indonésien, une formation de type national-populiste opposée au parti gouvernemental Golkar. Surnommée la « dame de fer de l'islam convivial », elle ne parvient pas à faire l'unanimité auprès du peuple indonésien, qui lui préfère très largement le général « SBY » lors des élections présidentielles de 2004 et de 2009.

– ***Pramoedya Ananta Toer*** *(1925-2006)* **:** Pramoedya, ou Pram pour les intimes, reste le plus grand écrivain indonésien, et ce, malgré les nombreuses censures dont il a été victime. Il est non seulement l'un des rares écrivains de l'archipel à être connus à l'étranger et traduits dans une douzaine de langues, mais a aussi été plusieurs fois pressenti pour le prix Nobel de littérature. Né dans une bourgade de Java, il est l'aîné de neuf enfants. Son père, en tant que maître d'école, l'aide à faire ses premières armes. Mais il s'engage bientôt dans l'armée des Républicains et est rapidement arrêté. C'est là, dans les geôles de Jakarta, qu'il rédige pendant deux ans et demi quelques-unes de ses œuvres majeures. Mais la censure ne tarde pas à tomber. Ce qui le condamne ? Sans doute les sympathies procommunistes qu'on lui prête, à juste titre d'ailleurs. De nouveau arrêté en 1965, il est déporté pendant près de 15 ans dans les Moluques. À sa libération, sa vie de paria continue. À la différence de *Terres des hommes* ou *La vie n'est pas une foire nocturne* – son chef-d'œuvre –, *Le Fugitif* est traduit en français. Son dernier ouvrage, *Gadis Pantai, la fille du rivage* (2004), est disponible aux éditions Gallimard.

– ***L'Homme de Java*** **:** plus connu sous le nom de Pithécanthrope *(Homo erectus)* de Java, il a bâti sa renommée en devenant le premier homme à peupler un archipel, il y a plus d'un million d'années. Il est connu grâce aux restes de plus de 60 individus. Découvert à la fin du XIXe s, son caractère mystérieux fascine. Mais comment vivait-il, ce gars-là ? La question trotte dans tous les esprits des archéologues qui fouillent aujourd'hui le site de Ngebung, dans le dôme de Sangiran, où a été dégagé un sol d'occupation humaine datant de près de 800 000 ans.

– ***Augustin Sibarani*** *(1925)* **:** ce caricaturiste politique est connu essentiellement pour sa collaboration, en compagnie de Pramoedya, à la revue culturelle *Bintang Timur* (« L'Étoile orientale »). Autre point commun entre ces deux personnalités indonésiennes, ils ont tous deux été interdits d'expression par les généraux au pouvoir pendant 32 ans. Comme tant d'autres, ce caricaturiste plaçait beaucoup d'espoir dans la chute de Suharto, souhaitant que renaisse après lui la tradition indonésienne de la caricature politique et que le libre droit d'écrire et de s'exprimer ne soit plus bafoué – on vous laisse constater ! Courageusement, Augustin Sibarani a survécu en faisant des portraits, tout en ne cessant jamais de faire, dans la clandestinité, bien sûr, des dessins politiques.

– ***Taufik Hidayat*** *(1981)* **:** né à Bandung, ce jeune homme est un phénomène en matière de badminton. Il fait partie du top ten mondial, a longtemps fait figure de numéro un indonésien, a décroché la médaille d'or aux J.O. d'Athènes en 2004 et a été sacré champion du monde en 2009 et 2010. Il est adulé comme une pop star dans son pays. À moins que la star ne soit le badminton lui-même ? Dans l'archipel, on peut le dire, la passion pour ce loisir est unanime. Sport national, il a permis à l'Indonésie de glaner plusieurs médailles depuis son introduction en 1992 dans le programme olympique. En 2013, Hidayat a pris sa retraite après l'Open d'Indonésie.

– ***Anggun*** *(1974)* **:** née à Jakarta, naturalisée française, elle a gagné une notoriété internationale grâce à son premier album, *Au nom de la lune,* et à sa rencontre avec le parolier français Érick Benzi. C'est elle qui a représenté la France au concours Eurovision de la chanson en 2012. Un an plus tard, elle retourne en Indonésie où elle devient juré de plusieurs émissions de variétés, notamment *Indonesia's got Talent*.

– ***Mata Hari*** *(1876-1917)* **:** aventurière, danseuse, espionne ou tout simplement une femme en avance sur son temps ? De son vrai nom Marguerite Zelle, née aux Pays-Bas, elle part avec son mari, le major MacLeod, vivre à Medan (Sumatra), où elle cultivera son goût pour l'Asie et ses mystères. Elle apprend le javanais, s'habille à la mode indonésienne et apprend même les danses locales. Rappelé aux Pays-Bas, le couple divorce sitôt de retour en Europe. Sans plus d'attaches, elle décide de partir à Paris où elle devient danseuse indonésienne, grâce à un certain orientaliste fortuné, Émile Guimet (du musée du même nom). Belle et sensuelle, elle s'invente un passé mythique et une origine javanaise. Elle devient vite l'une des figures de la Belle Époque. Pendant la guerre, elle fait la connaissance d'un capitaine du contre-espionnage français, qui lui propose de récupérer des renseignements auprès d'officiers allemands. Elle sera finalement démasquée par l'ennemi. Pour cela, les Allemands envoient à Paris des messages codés expliquant que Mata Hari serait une espionne à leur service, en sachant pertinemment que le contre-espionnage français saurait les décoder. Elle sera finalement jugée et condamnée par le Conseil militaire, puis fusillée. Pour la petite histoire, sachez qu'en indonésien *Mata Hari* signifie « l'œil du jour », soit le soleil. Joli, non ?

– ***Margaret Mead*** *(1901-1978)* **:** anthropologue américaine, elle développe l'idée, originale à l'époque, selon laquelle les races ne peuvent pas être catégorisées en fonction de leur développement social. Elle effectue en particulier un long voyage à Bali afin d'étudier la société balinaise au travers de ses traditions. Sachant utiliser les médias, elle contribue, par ses nombreuses apparitions dans des débats télévisés, à vulgariser l'anthropologie auprès des Américains et à leur faire comprendre les différences culturelles. Féministe avant l'heure et engagée, elle s'est aussi illustrée par ses prises de position anticonformistes pour la dépénalisation du cannabis ou le contrat de mariage à deux vitesses.

– ***Mohammed Suharto*** *(1921-2008)* **:** nommé président de la République par intérim après que Sukarno lui a cédé les pleins pouvoirs en 1967, il devient effectivement président de la République en 1968 et, seul candidat en lice, sera réélu régulièrement jusqu'à sa démission en 1998. Il a régné en autocrate pendant plus de 30 ans en noyautant, avec l'aide de sa famille, et en particulier de ses six enfants, l'ensemble de l'économie et des institutions nationales, dont l'armée.

On a évalué la fortune du clan Suharto à 40 milliards de dollars avant la crise économique de 1998.

– ***Ahmed Sukarno*** *(1901-1970)* **:** surnommé le « père fondateur » de l'Indonésie, il proclama l'indépendance de la République indonésienne en 1945, indépendance qui sera enfin reconnue par les Néerlandais en 1949, après 4 années de combats sanglants. Il fut également élu premier président de la République.

RELIGIONS ET CROYANCES

L'hindouisme à la balinaise

Bali est le centre principal de la religion hindoue en Indonésie. On y pratique l'*Agama Hindou Dharma,* l'hindouisme du Dharma, la loi universelle régissant l'ordre des êtres et des choses. L'hindouisme de Bali est bien différent de celui pratiqué en Inde, influencé par le bouddhisme, l'animisme et le culte des ancêtres. On croit ici en *Ida,* Dieu suprême, mais aussi, comme en Inde, en *Brahma* (créateur), *Vishnu* (conservateur et protecteur) et *Çiva* (transformateur). Parmi les divinités communes, on retrouve le sympathique *Ganesh,* représenté partout et sous toutes les formes, ainsi que *Garuda,* la monture de *Vishnu,* symbole de la compagnie aérienne indonésienne.

PAR LA PETITE PORTE

Avez-vous remarqué que les portes des maisons sont toujours trop petites ? C'est pour éviter que les démons n'y pénètrent ! Malin.

La vie des Balinais est régie par l'Ordre cosmique, autre pilier important de leur croyance. Le choix des vêtements, le plan des temples, des maisons, des villages, le rapport à la mer, aux volcans et à la nature en général, tout y est relié.

Ils consacrent beaucoup de temps à leur religion, très ritualisée. Chaque jour est ponctué de *yadnya* (rituels sacrés) durant lesquels les dieux, la nature, les vivants et les morts sont célébrés et reçoivent leurs offrandes. Ici, la religion se vit dans la plus parfaite décontraction mais toujours avec beaucoup de dignité et d'élégance. Toute célébration se termine par une manifestation artistique comme la danse ou la musique.

Les grands principes de l'hindouisme (le système des castes, par exemple) existent aussi à Bali mais adaptés à la culture de ses habitants et bien souvent moins contraignants qu'ailleurs. Ainsi verra-t-on, par exemple, des brahmanes (caste la plus élevée) travailler dans les rizières.

Il y a quatre castes à Bali, héritage de la religion hindoue. On reconnaît la caste d'après le nom de son interlocuteur : *Ida Bagus* ou *Ida Ayu* pour les *brahmanes* (les religieux, hommes ou femmes), *Agung* ou *Dewa* pour les *satrias* (les rois et les guerriers), *Gusti* pour les *wesias* (les nobles). Chez les *sudras* (les paysans), il est même facile de connaître l'ordre de naissance et le nombre éventuel des enfants. L'hindouisme balinais, lui, ne reconnaît pas la catégorie des intouchables.

COMMENT TU T'APPELLES ?

Comme la caste des sudras forme 90 % de la population et qu'ils ne portent que quatre prénoms, vous aurez l'impression que tous les Balinais s'appellent de la même manière. Le premier enfant se nomme toujours Wayan, le deuxième Made, le troisième Nyoman et le quatrième Ketut. Quand le cycle est fini, on recommence avec Wayan pour le cinquième et ainsi de suite, qu'il s'agisse d'un garçon ou d'une fille. Pratique, non ?

Chaque caste a son langage. Les membres des castes supérieures parlent l'*alus,* raffiné, assez proche du javanais. Les *sudras* parlent le *kasar,* d'origine malayo-polynésienne. Entre ces deux langues très différentes, il existe le *madya,* un dialecte que l'on utilise quand on ignore la caste à laquelle appartient son interlocuteur. Les prêtres et les érudits utilisent le *kawi,* qui est une langue littéraire. Heureusement que le *bahasa indonesia,* enseigné à l'école, permet aujourd'hui à tout le monde de se comprendre. Ajoutons que l'anglais est de plus en plus parlé par tous les jeunes un peu instruits et par la plupart des commerçants en contact avec les étrangers.

Dans le reste de l'archipel

Voilà probablement un cas unique de neutralité bienveillante et de coexistence pacifique entre les ethnies et les religions, à part une exception de taille. Fait incroyable (quand on connaît les ravages causés par les luttes religieuses en Inde, depuis l'indépendance) : en Indonésie, islam, christianisme, bouddhisme, hindouisme et animisme se côtoient globalement sans heurts.
À souligner toutefois de sérieuses tensions depuis 1996. Dans la province du Kalimantan, des échauffourées violentes entre Dayaks (descendants des célèbres coupeurs de têtes de Bornéo), chrétiens et immigrés (musulmans) venus de Madura ont amené la Malaisie à fermer sa frontière. Mais surtout, depuis la nuit des temps, dans plusieurs villes de Java, des églises, des temples bouddhiques et des boutiques appartenant à des familles chinoises sont régulièrement incendiés lors d'émeutes que le gouvernement attribue (mais ils s'en défendent) à des activistes islamiques. Avec la crise économique qui a frappé le pays, les Chinois ont à nouveau été les boucs émissaires. L'élite chinoise contrôlait 70 % de l'économie sous Suharto, mais surtout, ce sont les petits commerçants chinois vendant la base de l'alimentation indonésienne, notamment le riz, qui sont considérés par la population comme les responsables de la hausse des prix et de la famine qui se profile. Pendant les troubles qui ont secoué l'île de Java en 1998 et provoqué le départ de Suharto, des quartiers chinois ont été la cible d'incendies, de pillages, de meurtres, et des viols de femmes chinoises ont été commis. Des soupçons graves ont été portés sur la responsabilité de l'armée dans ces émeutes. Des journaux asiatiques ont même parlé d'exactions programmées, voire manipulées par certaines factions. En clair, on aurait fait jouer à la religion un rôle de détonateur dans la séparation déjà béante entre les deux communautés.
À remarquer que l'islam est majoritaire à peu près partout, sauf à Bali. Dans ce pays présenté comme le premier pays musulman du monde, la pratique de la religion se fait, au quotidien et hors des périodes de crise, de façon très décontractée. Tant mieux, même si on sent une pression un peu plus forte de l'islam dans l'est de Java et que le pays n'échappe pas aux attentats.
Quelques infos essentielles :
- cohabitation étonnante de minorités chrétiennes dans une majorité musulmane ; très rare !
- l'islam est la religion dominante, mais la loi islamique (la charia) ne s'applique pas aux Indonésiens ;
- le voile islamique est interdit dans les écoles de l'État et obligatoire dans les écoles religieuses ;
- Borobudur (Java) est le plus grand monument bouddhique du monde ;
- parmi les nombreuses questions que les Indonésiens soumettent aux touristes revient toujours celle de la religion : sachez qu'un Occidental est à priori chrétien *(kristen)* aux yeux des Indonésiens. Avouer être athée est souvent mal perçu. D'ailleurs, la religion doit obligatoirement être indiquée sur la carte d'identité des Indonésiens. Sinon, ils sont considérés comme communistes (ce qui est très grave !).

SAVOIR-VIVRE ET COUTUMES

Communiquer, c'est savoir respecter les coutumes d'un peuple. Voici quelques attitudes...

À suivre :

– retirer ses chaussures et les laisser à l'extérieur avant d'entrer dans une maison ;
– donner une obole lorsque celle-ci est demandée à l'entrée d'un temple. Cela permet d'entretenir les temples.

À bannir d'office de ses habitudes :

– discuter les mains sur les hanches, car c'est ainsi qu'on défie quelqu'un avec qui l'on veut se battre ;
– s'embrasser en public, même pour la bise entre parents ;
– danser enlacés, sauf dans les lieux très occidentalisés ;
– s'asseoir par terre, les plantes de pied orientées vers quelqu'un ;
– pénétrer dans un temple balinais sans un sarong autour de la taille, dans un temple ou une mosquée jambes nues ou en chemise sans manches, dans une mosquée en gardant ses chaussures ;
– manger, tendre ou recevoir quelque chose de la main gauche, car elle est considérée comme impure ;
– la plupart du temps, on vous demandera de porter une ceinture *(sash)* pour pénétrer dans les temples ou assister à une cérémonie. Mettez un sarong si on le demande pour couvrir les jambes nues. Achetez-en un dès votre arrivée pour ne pas avoir à en louer un à chaque fois ;
– ne jamais désigner quelqu'un du doigt et ne pas toucher la tête des enfants, siège de l'âme ;
– ne pas se mettre au-dessus du prêtre qui officie dans une cérémonie religieuse ;
– ne pas photographier les Balinais prenant leur bain en fin de journée au bord de la route ;
– ne jamais donner d'argent à ceux qui tendent la main. La mendicité à Bali est un triste produit du tourisme. Ne pas l'encourager ;
– dans les hôtels bon marché ou chez l'habitant, il ne faut pas se mettre dans le bassin du bain *(mandi)* comme on le ferait dans sa baignoire ! Il s'agit en fait d'un réservoir où l'on puise de l'eau avec une casserole, puis on s'arrose. De même, quand on ne trouve pas de papier hygiénique, on se lave toujours avec la casserole... et pas *dans* la casserole !
– les Indonésiens sont curieux de tout et très familiers. Dans la rue, la politesse (même si ça devient parfois fatigant à la longue) oblige à répondre aux multiples *Hello, Sir !* (ou *Hello, Miss !*) qui saluent le passage des touristes. Un inconnu peut tout à fait vous arrêter pour, de but en blanc, vous demander comment ça va, votre âge, si vous êtes marié, si vous avez des enfants, combien, le montant de votre salaire et la valeur de votre montre ! Et moins le coin est touristique, plus la curiosité à votre égard sera grande. Aux arrêts de bus, dans les villages, des nuées d'enfants peuvent vous entourer en quelques secondes !
– se faire inviter chez un Indonésien implique d'avoir de la patience à revendre. Plus le maître de maison se fera attendre avant d'apparaître, plus il faudra se sentir honoré... car il se met sur son trente-et-un !
– personne là-bas n'aime dire « Non » ou « Non, je ne sais pas », par exemple... Dans certaines

ÇA VA MIEUX AVEC LE SOURIRE !

Ce qui apparaît bizarre ou illogique, et qui pourrait provoquer un certain agacement pour un Occidental, est souvent considéré comme une situation normale pour un Balinais. Alors, gardez votre sens de l'humour et votre calme. Une recette parfaite pour détendre l'atmosphère et désamorcer les risques de conflits !

circonstances, ce refus du « non » peut avoir des répercussions agaçantes : demander son chemin, ou n'importe quoi d'autre, devient vite un calvaire si la personne à qui l'on s'adresse n'ose pas dire « Non, je ne sais pas » ou « Non, je n'ai pas ça », ou tout simplement avouer qu'elle ne comprend pas la question ! Sourire équivaut à dire non et rire manifeste souvent un embarras ;
– comme souvent en Asie, les Indonésiens ne savent généralement pas lire une carte routière. Dans le même registre, leur demander combien de kilomètres relient un point à un autre peut les plonger dans une grande perplexité...
– bien que tous les lieux de prière soient ouverts au public, il est plus convenable de demander l'autorisation avant d'y pénétrer, surtout si une cérémonie est en cours.

Amour

Romantiques, s'abstenir ! L'amour en Indonésie se conjugue le plus souvent avec *money* ! Cela n'exclut pas la possibilité d'une rencontre « Roméo-Juliette », bien sûr, mais l'aventure, elle, se paie. En outre, les dames de petite vertu autour des grands hôtels de Jakarta ont souvent plus d'attributs qu'il n'est normalement prévu chez la gent féminine. Il s'agit des *Bancis,* travestis. Les Javanais, eux, prétendent que ce sont en fait des Dayaks, en provenance de Bornéo. À Bali, les rencontres sont faciles, à Kuta et à Sanur notamment, mais il faut savoir qu'il ne peut s'agir de Balinaises, bien qu'elles le prétendent. Une Balinaise serait immédiatement rejetée par son village et par sa famille, car le *bandjar* (conseil communautaire) veille. Si vous cédez à des avances, n'oubliez pas de bien vous couvrir avant de sortir ! Pour information, l'Indonésie est l'un des pays où le sida progresse le plus rapidement.

Corruption

La corruption est notoire, elle a même un nom : *korupsi* ! Ici, tout s'achète ! Une bonne place dans le bus, un tampon sur un passeport, un permis, son innocence devant un tribunal ! S'il est méritoire de lutter contre, dans l'état actuel des choses, ça demeure vain, car la corruption se déploie à tous les niveaux. C'est une institution, et il existe des barèmes selon les services. La faiblesse des salaires explique pour une bonne part le degré de corruption.
S'il vous arrive de commettre une infraction au code de la route, vous devrez payer directement une amende aux policiers (en souhaitant qu'ils ne soient pas trop nombreux à verbaliser, car l'argent va parfois dans leurs poches). Si vous refusez de payer sur-le-champ, vous passerez en jugement, et ça risque de prendre du temps et de gâcher une partie de vos vacances. Dans ce cas, les policiers ne touchent rien ; vous pouvez donc négocier avec eux pour réduire un peu le montant de l'amende. Avec 10 000 Rps, les choses peuvent parfois s'arranger. Cela ne concerne bien entendu que des infractions mineures, qui deviennent de plus en plus fréquentes ; les policiers, ayant compris comment améliorer leur maigre salaire, font la chasse aux touristes motorisés. Parfois, le fait de parler en français peut les décourager. Si le racket est vraiment manifeste et que vous êtes dans votre bon droit, n'hésitez pas à menacer de vous plaindre à votre ambassade, par exemple. Mais gardez toujours votre calme et le sourire.

SITES INSCRITS AU PATRIMOINE MONDIAL DE L'UNESCO

UNESCO
Organisation des Nations Unies pour l'éducation, la science et la culture

En coopération avec le centre du patrimoine mondial de l'UNESCO

Pour figurer sur la liste du Patrimoine mondial, les sites doivent avoir une valeur universelle exceptionnelle et satisfaire à au moins un des 10 critères de sélection. La protection, la gestion, l'authenticité et l'intégrité des biens sont également des considérations importantes. Le patrimoine est l'héritage du passé dont nous profitons aujourd'hui et que nous transmettons aux générations à venir. Nos patrimoines culturel et naturel sont deux sources irremplaçables de vie et d'inspiration. Ces sites appartiennent à tous les peuples du monde, sans tenir compte du territoire sur lequel ils sont situés. Pour plus d'informations : ● whc.unesco.org ●

– ***Les sites traités dans ce guide : le paysage culturel de la province de Bali*** : le système des *subak* en tant que manifestation de la philosophie du *Tri Hita Karana* ; ***Borobudur*** (Java) ; et ***Prambanan*** (Java).

SPORTS ET LOISIRS

Plongée et snorkelling

Bali est un paradis pour les amateurs de plongée. Mais pas seulement pour les titulaires du brevet ! Le snorkelling (avec palmes, masque et tuba seulement) est à la portée de tous... Ça tombe bien : les coraux ne sont pas profonds. On conseille d'apporter au moins son masque et son tuba, sinon il faudra en louer à chaque fois. ***Attention aux coups de soleil dans le dos !*** Prévoyez votre crème waterproof, ou, mieux, un vieux T-shirt qui vous protégera ou encore un collant long sur les jambes. Ça tape fort !

Pour ceux qui veulent commencer à s'y mettre, voici quelques tuyaux.

Jetez-vous à l'eau !

Pourquoi ne pas profiter de votre escapade dans ces régions où la mer est souvent calme, chaude, accueillante, et les fonds riches et colorés, pour vous initier à la plongée sous-marine ? Quel bonheur de virevolter librement au-dessus d'un nid de poissons-clowns... Les poissons sont les animaux les plus chatoyants de notre planète ! Certes, un type de corail brûle, quelques rares poissons piquent, on parle (trop) des requins et des méduses... Mais la crainte des non-plongeurs est disproportionnée par rapport aux dangers réels de ce milieu.

Pour faire vos premières bulles, pas besoin d'être sportif ni bon nageur. Il suffit d'avoir au moins 8 ans et d'être en bonne santé. Sachez que l'usage de certains médicaments est incompatible avec la plongée. De même, nos routardes enceintes s'abstiendront formellement de toute incursion sous-marine. Enfin, vérifiez l'état de vos dents : il est toujours désagréable de se retrouver avec un plombage qui saute pendant les vacances sous l'effet de la pression sous-marine. Sauf pour le baptême, un certificat médical vous est normalement demandé, et c'est dans votre intérêt. L'initiation des enfants requiert un encadrement qualifié dans un environnement adapté (petit fond, sans courant, matériel spécial).

Non, la plongée ne fait pas mal aux oreilles ; il suffit de souffler gentiment en se bouchant le nez. Il ne faut pas forcer dans cet étrange « détendeur » que l'on met dans la bouche, au contraire. Et le fait d'avoir une expiration active est décontractant puisque c'est la base de toute relaxation. Être dans l'eau modifie l'état de conscience et de perception, car les paramètres du temps et de l'espace sont changés : on se sent (à juste titre) ailleurs. En contrepartie de cet émerveillement, suivez impérativement les règles de sécurité, expliquées au fur et à mesure. En vacances, c'est le moment ou jamais de vous jeter à l'eau... Attention : pensez à respecter un intervalle de 12 à 24h avant de prendre l'avion, afin de ne pas modifier le déroulement de la désaturation.

C'est la première fois ?

Alors l'histoire commence par un baptême ; une petite demi-heure pendant laquelle le moniteur s'occupe de vous et vous tient la main. Laissez-vous aller au plaisir ! Vous ne devriez pas descendre au-delà de 5 m. Nos lecteurs sensibles au mal de mer se laisseront glisser doucement dans l'eau, sans stress ni angoisse, depuis le rivage. Pour votre confort, sachez que la combinaison doit être la plus ajustée possible afin d'éviter les poches d'eau qui vous refroidissent. Puis l'aventure se poursuit par un apprentissage progressif...

Les centres de plongée

À Bali, les clubs sont quasiment tous affiliés aux organismes internationaux mondialement reconnus (mais mieux vaut bien vérifier quand même !) : PADI *(Professional Association of Diving Instructors),* ou CMAS (Confédération mondiale des activités subaquatiques). L'encadrement est assuré par des instructeurs certifiés – véritables professionnels de la mer –, qui maîtrisent le cadre des plongées et connaissent tous les spots sur « le bout des palmes » (écoutez attentivement les briefings !).
Un bon centre de plongée est un centre qui respecte toutes les règles de sécurité, sans négliger le plaisir. Méfiez-vous d'un club qui vous embarque sans aucune question préalable sur votre niveau ; il n'est pas « sympa », il est dangereux. Regardez si le centre est bien entretenu (rouille, propreté...), si le matériel de sécurité obligatoire (oxygène, trousse de secours, radio...) est à bord, s'il n'y a pas trop de plongeurs par moniteur (6 maximum), et si vous n'avez pas trop à porter l'équipement. Les diplômes des instructeurs doivent être affichés. N'hésitez pas à vous renseigner, car vous payez pour plonger. En échange, vous devez obtenir les meilleures prestations... Enfin, à vous de voir si vous préférez un club genre « usine bien huilée » ou une petite structure souple.
Les centres proposent généralement des prestations à la journée *(day trips),* comprenant deux plongées et un casse-croûte selon l'endroit où vous passez vos vacances. On part parfois depuis le bord de la plage, comme à Amed. Moins stressant pour un début ! Vous accéderez sinon aux spots les plus proches en pirogue à moteur (*taxi-boat,* 6 personnes maximum), tandis que les bateaux de plongée classiques (15 personnes) vous mèneront un peu plus loin. Vous pourrez aussi prendre une vedette rapide (*speedboat,* 6 personnes maximum) pour gagner des sites plus lointains, ou embarquer sur un bateau de croisière (*dive-safari,* de 4 à 10 jours) à destination des spots les plus sauvages.

Formation et brevets

Partout dans le monde, les centres de plongée délivrent des enseignements aux standards PADI ou CMAS, dont les degrés sont presque équivalents. Les routards-plongeurs pourront suivre et enchaîner aisément, au gré de leurs pérégrinations. L'apprentissage débute ainsi par le brevet d'*Open Water Diver* (PADI) ou *1 étoile* (CMAS), dont l'ambition est de rendre autonome – jusqu'à 20 m de fond – un plongeur au sein d'une palanquée. Puis on enchaîne avec l'*Advanced Open Water Diver* (PADI) ou *2 étoiles* (CMAS), en 2 jours, qui permet de pousser à 30 m de fond (40 m pour le CMAS) et d'être autonome, accompagné d'un binôme (le *buddy*) de même niveau. On passe ensuite le *Rescue Diver* (PADI) ou *3 étoiles* (CMAS), sur 2 jours également. Enfin, le diplôme de *Divemaster* (PADI) ou *4 étoiles* (CMAS) prépare les futurs instructeurs à l'encadrement.
Chaque brevet apporte une autonomie supplémentaire ; et on conseille d'étaler leur passage dans le temps, afin de pouvoir acquérir l'expérience indispensable. On peut d'ailleurs déplorer qu'aucune règle n'existe en la matière : certains clubs font ainsi entrer des sous dans la caisse en autorisant des passages de degrés en enfilade ! C'est à vous d'être raisonnable.
Tous les centres délivrent un carnet de plongée, ou *log-book,* qui retracera votre expérience et réveillera vos bons souvenirs une fois les vacances terminées. Gardez-le soigneusement et pensez toujours à emporter ce précieux « passeport » en voyage.

Reconnaissance internationale

Les centres PADI sont les plus répandus. Nos routards-plongeurs déjà brevetés tâcheront donc d'obtenir une équivalence internationale de leurs brevets auprès des organismes CMAS, NAUI ou SSI. Sinon, ils devront se mettre à l'eau pour une plongée-test avec un instructeur, en piscine ou sur un site souvent sans intérêt. Si près de tant de merveilles, ce serait dommage de gâcher une plongée, non ? Dans tous les cas, sachez que pour votre première plongée, le chef de palanquée vous demandera quelques petits exercices du style vidage de masque, interprétation de signes, récupération de détendeur, utilisation d'une source d'air de secours, stabilisation, etc., histoire de se remettre dans le bain...

Tour-opérateurs spécialisés dans la plongée

■ ***Ultramarina :*** *2 ter, rue des Olivettes, CS 33221, 44032 Nantes Cedex 1. À Paris : 29, rue de Clichy, 75009. ☎ 0825-02-98-02 (0,15 €/mn). • ultramarina.com* • Organise les voyages individuels.

■ ***Aeromarine :*** *22, rue Royer-Collard, 75005 Paris. ☎ 01-43-29-30-22. • aeromarine.fr • RER B : Luxembourg.*

Quelques spots intéressants

- ***Sanur :*** plongée à la hauteur de la barrière de corail, à 200 m du rivage. Plongée de 2 à 12 m. Poissons de corail, et même quelques petits requins. Eau un peu trouble si la mer est agitée.
- ***Nusa Penida et Nusa Lembongan :*** îles à 20 km à l'est de Sanur. Depuis Padangbai, en bateau à moteur, compter 90 mn pour Nusa Penida et un peu plus de 1h pour Nusa Lembongan. Fonds sablonneux et eau limpide. Plongée de 5 à 40 m. On y croise régulièrement des tortues, poissons-lunes, raies mantas, mérous, etc., sans compter les coraux, mous et durs. Les courants y sont forts et froids, et ces sites sont plutôt réservés aux plongeurs expérimentés.
- ***Padangbai :*** au nord-est de Sanur. Plongée de 3 à 20 m. Jolie barrière de corail. Anse assez abritée, protégée par de belles falaises ; cependant, le courant peut être assez fort et froid.
- ***Amed :*** sur la côte nord-est. Plongée de 5 à 40 m. Jolis fonds peuplés notamment d'éponges et d'anémones. On y accède à bord d'une *jukung,* embarcation traditionnelle.
- ***Tulamben :*** à quelques kilomètres au nord-ouest d'Amed. On peut y voir tout au bord de l'eau l'épave du *USS Liberty,* navire américain coulé par les Japonais durant la Seconde Guerre mondiale. L'épave est envahie par les anémones, coraux et toutes sortes de poissons. L'un des spots les plus intéressants de Bali. Plongée de 3 à 30 m. Tout à fait recommandé pour une première plongée à Bali.
- ***Menjangan Island :*** au nord-ouest de Bali. L'île est accessible en 30 mn de bateau. Le spot le plus éloigné, mais évidemment l'un des plus beaux. Au cœur d'un parc national, c'est l'un des sites les plus protégés, avec une excellente visibilité, de 5 à 40 m, tout au long de l'année. On peut y explorer une vieille épave en bois, l'*Angker,* ou plonger sur un tombant de corail où l'on évolue au milieu des raies mantas et des mérous, entre autres.
- ***Candi Dasa :*** il reste encore de beaux coraux et d'étonnants poissons, au large, sur les îlots connus comme *The Gili.* Les pêcheurs vous y conduisent pour un prix raisonnable.
- ***Lovina Beach :*** coraux pas très loin de la plage. On y fait halte en général après être allé voir les dauphins, mais on peut très bien y aller tout seul, en partant du bord.
- Pour la plongée avec bouteille, les sites de *Tulamben, Menjangan Island, Nusa Penida* et *Sanur.*

Quelques adresses

■ ***Atlantis International :*** *jl. Bypass Ngurah Rai 96 E, à* ***Sanur.*** *☎ (361) 28-41-31. 📱 081-238-057-67. • balidiveaction.com* • Du baptême de plongée, encadré par des instructeurs français et suisses ou bien des Indonésiens parlant le français, à la plongée de nuit, Jérôme Perrussel s'occupe de tout. Il peut aussi délivrer le brevet PADI. Les débutants opteront pour une exploration de l'épave du *USS Liberty* à Tulamben, tandis que les plongeurs confirmés se dirigeront vers Nusa Lembongan pour taquiner le *mola-mola* (poisson-lune) dans le courant. Voir les infos sur le club à Sanur.

■ ***Eco Dive :*** *à* ***Amed.*** ☎ *(0363) 23-482.* • *ecodivebali.com* • Boss canadien (trilingue anglais-français-indonésien) ; quasiment tous les instructeurs parlent bien le français.

■ ***Bali Diving Academy :*** *à* ***Pemuteran.*** ☎ *(0361) 27-02-52.* • *balidivingacademy.com* • Tenu par un couple de Suisses aussi sérieux que sympathiques, proposant des plongées pour certifiés ou débutants sur tous les sites de la région (Pemuteran, Menjangan, etc.).

Randonnée

Bien que Bali ne soit pas « l'île de la randonnée », il existe tout de même un certain nombre de possibilités. Les randos les plus connues sont celles qui conduisent au sommet du mont Batur (au départ du village de Kedisan, près de Kintamani) et du mont Agung (un trek réservé aux marcheurs confirmés, étant donné l'importance de la dénivelée). On peut aussi envisager une balade dans le parc national, à l'ouest de l'île. Mais il existe d'autres options, un peu plus en dehors des sentiers battus et qui devraient intéresser les amoureux de nature et de marche, notamment les treks à la journée qu'il est possible de réaliser dans les environs de Sidemen et de Munduk (voir le chapitre consacré à ce village) et également dans les environs de Bedugul et des lacs du Centre-Nord.

■ ***Atlantis International :*** *voir la rubrique « Plongée et snorkelling ».* Jérôme Perrussel et son équipe organisent des ascensions des volcans balinais et javanais.

Surf

Les Australiens le savent bien, Bali est un petit paradis pour le surf. La plupart des Français se contenteront d'admirer ces beaux gaillards, fiers comme des soleils, bravant les flots. Cela a l'air facile mais ne l'est pas ! Ami néophyte, vous pouvez très bien vous jeter à l'eau (il faut bien commencer un jour), mais respectez quelques règles. Il est tout d'abord indispensable d'être un excellent nageur.
Pour débuter, les vagues de Kuta et Legian sont parfaites. D'abord et tout simplement parce qu'on y loue des surfs sur la plage, parce que les vagues à certains endroits sont accessibles à un débutant, parce qu'il y a du sable et non du corail et que ça fait moins mal en tombant, et enfin parce que certaines portions de plage sont surveillées. Il est indispensable de rester dans un coin où il y a déjà du monde et de se renseigner auprès des « collègues surfeurs » pour savoir si le secteur n'est pas dangereux. En effet, en fonction des marées et de l'époque de l'année, les coins propices au surf et les coins dangereux varient sans cesse.
Outre Kuta et Legian, le tour de l'île propose de superbes breaks, mais, là, il faut être un vrai pro. Ceux qui veulent admirer les champions iront sur la superbe falaise d'Uluwatu, où les déferlantes sont extraordinaires et le spectacle époustouflant. À Bali, on trouve de la littérature sur le surf, mais le mieux pour quelqu'un de déjà confirmé est de se brancher avec ces monstres d'Australiens. Sinon, voici quelques adresses :

■ ***Tubes Surf Bar & Restaurant :*** *Poppies Lane II, à* ***Kuta.*** Une référence dans le milieu du surf. Un endroit où l'on peut trouver informations et matériel.

■ ***School of Surf :*** *Blue Ocean Beach, jl. Double Six, à* ***Legian.*** ☎ *(361) 73-58-58.* • *schoolofsurf.com* • On peut voir, devant le centre, leurs clients s'entraîner sur la plage et dans les vagues.

Rafting

L'*Ayung River* (dans les environs d'Ubud) est accessible au rafting. Sans danger, on traverse une forêt tropicale parfois encaissée dans des gorges. Le point de départ se situe à quelques kilomètres au nord de Sangeh. Le prix des agences comprend le transfert de votre hôtel, l'équipement (y compris gilet de sauvetage), l'assurance et un repas. Bon, comme c'est assez nouveau, c'est encore très cher. Généralement, 2 départs par jour. Compter 6h en tout, aller-retour.

■ ***Sobek :*** *jl. Bypass Ngurah Rai 257, Suwung Kangin, à* ***Denpasar.*** *☎ (361) 72-90-16. ● balisobek.com ●* L'agence la plus réputée à Bali pour le rafting. Propose aussi de nombreuses autres activités (randonnée, VTT, etc.).

■ ***Bali International Rafting :*** *jl. Bypass Ngurah Rai #5, Padang Galak, à* ***Sanur.*** *☎ (361) 73-85-88.*

■ ***Ayung River Rafting :*** *jl. Diponegoro 150 B-12, à* ***Denpasar.*** *☎ (361) 23-94-40. ● ayungriverrafting.com ●*

Vélo

C'est un excellent moyen d'explorer l'île, à condition tout de même d'être en bonne condition physique pour affronter les solides dénivelées du centre. « Faire Bali » à vélo reste une ambition réservée aux sportifs courageux. D'ailleurs, on en rencontre peu ! Les moins développés du mollet trouveront des bicyclettes à louer partout, à prix dérisoire, pour circuler agréablement et en toute liberté au milieu des rizières, à partir de leur hôtel.

VTT

■ ***Régis Requis :*** *📱 081-238-505-17. ● chasyre@indo.net.id ●* Un spécialiste du VTT, qui connaît de magnifiques itinéraires (chemins de montagne et petites routes) que personne n'emprunte. Très bon matériel. De la balade familiale à la rando sportive, selon vos souhaits.

WAYANG

Ce mot signifie « ombre », mais par déformation, il désigne aussi toutes les formes de théâtre, y compris le *wayang Orang,* c'est-à-dire le théâtre humain.

Le *wayang* est un spectacle de marionnettes très populaire dans tout le pays, proclamé chef-d'œuvre du Patrimoine oral et immatériel de l'humanité par l'Unesco en 2003. On ne peut concevoir de fête sans une représentation de *wayang.* Après l'indépendance, en 1945, le ministère de l'Information l'utilisa même comme moyen audiovisuel pour l'éducation de la population et créa, à cette occasion, des marionnettes aux visages très réalistes.

Les marionnettes les plus répandues sont celles du *wayang Kulit* (connu aussi sous le nom de *wayang Purwa*), du *wayang Golek* et du *wayang Orang,* appelé *wayang Wong* en javanais.

– Dans le ***wayang Kulit,*** les marionnettes sont découpées dans du cuir de buffle et se manipulent par une multitude de cordes et baguettes verticales. Elles mesurent jusqu'à 90 cm. Les représentations ont lieu le soir. On utilise un vaste écran de 4 m de long sur un peu plus de 1 m de haut, tendu sur un cadre de bambou. Un tronc de bananier sert à planter les marionnettes et à les maintenir droites. Le montreur *(dalang)* est assis en tailleur sous une lampe à huile dont la lumière va réfléchir les ombres et créer toute la magie du spectacle.

Les marionnettes sont placées à gauche ou à droite du *dalang* selon qu'elles représentent le Bien ou le Mal. Au centre de l'écran trône une marionnette stylisée, sorte de grande feuille d'arbre découpée comme de la dentelle. C'est le *Gunungan Kajon* qui symbolise le monde. Un petit *gamelan* (percussion) prend place près du *dalang.* Les femmes et les enfants s'installent de l'autre côté de l'écran, de sorte qu'ils ne voient que les ombres, alors que les hommes se trouvent du côté du *dalang.*

Beaucoup d'histoires racontées sont connues des spectateurs, qui en prévoient chaque scène, presque chaque réplique. Tout l'art du *dalang,* autant dire du meneur de jeu, va résider dans sa capacité à respecter le fil de l'histoire tout en y introduisant des éléments d'improvisation et des idées personnelles. Le spectacle, épuisant pour le *dalang,* peut durer 8 à 9h de suite. Tout au long du spectacle, le *dalang* frappe avec ses pieds pour rythmer l'action.

En Asie du Sud-Est, c'est à Java que cette forme de théâtre s'est le mieux maintenue dans l'esprit traditionnel : jeu, amusement et respect des croyances et légendes dont le *dalang* se fait l'intermédiaire, dans l'affrontement rituel entre la vie et la mort...

Assister à un spectacle de *wayang Kulit* est une expérience amusante à condition de ne pas la prolonger beaucoup plus de 1h. Le spectacle qui débute vers 21h peut s'achever au petit matin !

– Dans le ***wayang Golek,*** les marionnettes sont en bois, avec des visages peints et des vêtements en tissu. Certains de ces costumes sont inspirés des uniformes néerlandais. Les marionnettes de *wayang Golek* ont trois dimensions et ressemblent assez à celles de notre Guignol lyonnais. Toutefois, elles ne sont pas animées par des fils. Le *dalang* pique le personnage dans le tronc de bananier pour actionner les bras à l'aide de deux fines baguettes fixées aux mains. Les spectateurs sont tous face au montreur. On a recensé plusieurs centaines de types de personnages représentés. Les marionnettes peuvent avoir des têtes très expressives, humoristiques même.

– ***Le wayang Orang*** est interprété par des acteurs en chair et en os, revêtus de costumes souvent splendides. Les représentations sont composées de parties dansées et de récitatifs accompagnés par un *gamelan.* Là aussi, le *wayang* s'inspire des grandes épopées comme le *Rāmāyana* et le *Mahābhārata.* Plus que les histoires alambiquées et incompréhensibles pour nos esprits trop cartésiens, on retiendra surtout le jeu des acteurs et la splendeur de leurs vêtements.

BALI

▸ Pour la carte de Bali, se reporter au cahier couleur.

Bali, l'« île des dieux », distille un charme et une beauté magnétiques. C'est l'une des plus petites îles de l'archipel indonésien, mais de loin la plus convoitée par les touristes, tandis que Lombok commence à pointer le bout de son nez. Ce petit paradis rassemble tous les éléments indispensables à des vacances réussies. De belles plages – même si peu sont baignables et de sable blanc –, des reliefs volcaniques extraordinaires habillés de forêts, des collines où s'étagent des rizières dont les courbes font danser la lumière, ainsi qu'une culture omniprésente et toujours authentique. Et puis les Balinais séduisent par leur douceur et leur étonnante gentillesse, mais aussi par leur amour du beau et leur façon unique d'unir l'art et la vie.

DES NUAGES NOIRS QUI S'AMONCELLENT

Le cadre idyllique étant posé, il est cependant difficile d'ignorer les nuages noirs qui l'assombrissent depuis quelques années. Ils font craindre le pire dans un futur s'annonçant de plus en plus proche. L'absence de plan d'aménagement cohérent, conjugué à l'attrait du profit immédiat et à la corruption, risque de sacrifier l'île sur l'autel du tourisme de masse et du mercantilisme. Les rizières disparaissent dans tous les sites touristiques, des zones réservées à l'agriculture et écologiquement fragiles sont en passe d'être déclassifiées pour accueillir des golfs et de gigantesques *resorts*, les décharges sauvages, faute de système de ramassage, souillent les profondes gorges des rivières, voire les plages les plus célèbres. Pendant ce temps, la circulation continue à se densifier jusqu'à en devenir solide.
Comme nous sommes d'irréductibles optimistes, nous espérons que de tels articles auront le mérite de déclencher une réaction et d'enclencher une réflexion pour sauver l'île.

LE BALI QU'ON AIME EXISTE TOUJOURS

Qu'ils vivent au cœur des zones touristiques ou dans des hameaux isolés, les Balinais n'ont perdu ni leur calme ni leurs coutumes. Quel plaisir de les voir sacrifier, comme si rien d'autre n'importait, au rituel quotidien des offrandes que l'on retrouve devant chaque boutique, sur les ponts, au bord des rizières ou sur les autels ornant les jardins. Peut-être est-ce cette présence constante du divin qui

rend les Balinais si affables et leur permet de survivre au boom touristique sans complètement vendre leur âme... tout en ayant toujours quelque chose à vendre aux touristes !
L'intérêt principal de Bali est de découvrir ses traditions immémoriales sur l'arrière-plan de ses paysages magiques. De nos jours, il faudra souvent s'enfoncer plus profondément dans les terres qu'il n'était nécessaire autrefois. L'erreur à éviter est donc d'enchaîner les sites à toute vitesse. Il faut savoir prendre son temps pour explorer les recoins et les petites routes, s'imprégner de l'ambiance d'un village, repérer les préparatifs d'une fête religieuse ou d'un mariage. Alors, vous aurez la chance de percevoir le véritable Bali des rizières et des rites, des cérémonies nocturnes et des danses, ce monde très différent des spectacles plus ou moins bidon et des points de vue fréquentés exclusivement par les groupes de touristes.

Arriver à Bali

En avion

✈ ***Aéroport de Ngurah Rai :*** *à **Tuban,** à env 2,5 km de Kuta et 13 km de Denpasar.* C'est le seul aéroport de Bali. Tout beau tout neuf. Les terminaux domestiques et internationaux sont côte à côte. Vous y trouverez des bureaux de résa d'hôtels (pas très utiles) et de change, des distributeurs de billets, un comptoir d'infos touristiques à la sortie *(☎ (0361) 76-14-76),* un autre pour les taxis *prepaid* (prépayés), très pratique, ainsi que quelques loueurs de voitures.
– ***Attention,*** le passage à l'immigration peut être très chronophage, prévoir un temps d'attente.

Pour quitter l'aéroport

– ***Le bus :*** il n'y en a pas à l'aéroport. Pour aller à Kuta ou Sanur, prendre un taxi. Pour rejoindre Ubud, le nord de l'île ou d'autres destinations, il faut aller à Kuta ou Denpasar pour attraper un van privé ou un bus de la *Perama.* Consulter les rubriques « Arriver – Quitter » correspondantes.
– ***Le taxi :*** le plus simple, évidemment. Les prix sont affichés distinctement et il n'y a pas d'embrouille possible. On paie la course au comptoir (tout au bout de la sortie de l'aéroport à gauche, ce sont les taxis bleus), avant de monter à bord. Quelques exemples de tarifs : Jimbaran, 60 000 Rps ; Kuta, 60 000 Rps ; Legian, 55 000 Rps ; Sanur, 95 000 Rps ; Ubud, 250 000 Rps.
– Ceux qui ne veulent absolument pas prendre de taxi sortiront de l'aéroport, longeront le terminal national sur la droite, puis continueront jusqu'au croisement de la route (quelques centaines de mètres). Des ***bemos*** qui passent par là pourront les conduire à Kuta ou à Legian.

En bus

➢ ***De Java :*** arrivée en bateau depuis Surabaya (est de Java). Prendre le ferry qui traverse le détroit, puis un bus pour poursuivre le voyage jusqu'à Denpasar. Les agences vendent en général un forfait tout compris bien pratique (souvent depuis Jakarta). La traversée du détroit se fait en moins de 30 mn et l'arrivée a lieu à Gilimanuk (ouest de Bali).
– On peut également acheter un billet Yogyakarta-Denpasar incluant le ferry, et cela même depuis Jakarta. Plus intéressant, Surabaya n'ayant un intérêt que très limité (sauf pour les fans de Joseph Conrad et des ambiances de marins !).
De très nombreuses compagnies de bus se disputent le marché. Elles n'offrent pas toutes le même confort ni les mêmes garanties en ce qui concerne la sécurité et le respect des horaires.

■ ***Kembang Express :*** *116 jl. Diponegoro Jaya, **Yogyakarta.*** Pas très cher. Un repas et un petit déj sont servis dans le bus (compris dans le prix). Départ à 18h, arrivée à 11h le lendemain.
■ ***Cakrawala :*** voyage plus confortable mais plus cher (dîner et petit déj compris). 2 catégories de prix : avec ou sans AC, mais dans les 2 cas, les

sièges sont inclinables. Départ vers 16h et arrivée à Denpasar le lendemain vers 6h. À Yogyakarta, les billets peuvent s'acheter dans toutes les agences de voyages.

■ ***Hafa Car Rental :*** *79 jl. Gerilya, Prawirotaman,* ***Yogyakarta.*** *☎ (0274) 37-71-57. Fax : (0274) 38-23-64.* Voyage Yogya-Bromo-Bali. Départ de Yogya vers 8h, arrivée à Ngadisari à 22h. Nuit courte dans un hôtel quelconque (sale). Puis départ en 4x4 à 3h30 pour le lever du soleil sur le volcan Bromo. Départ en bus pour Bali à 9h30. Traversée en ferry, puis bus pour rejoindre les principales villes de Bali (dont Denpasar).

Attention, depuis Yogyakarta, le trajet est bien long, et si vous n'avez pas beaucoup de temps, l'avion est à envisager.

En bateau

La ***Pelni Line,*** compagnie maritime indonésienne, dessert presque toutes les îles du pays. Elle possède une trentaine de ferries reliant, avec Jakarta pour centre, les principaux ports de l'archipel : Port Benoa (Bali, voir plan « Le sud de Bali »), Surabaya (Java), Macassar (Sulawesi), Padang, Dumai (Sumatra), Balikpapan, Pontianak, Banjarmasin (respectivement sur les côtes ouest, sud et est de Kalimantan), les petites îles de la Sonde (Nusa Tenggara), ainsi que d'autres îles comme Ambon, Ternate (îles Moluques)... et la lointaine Irian Jaya (port de Jayapura, entre autres). Une destination comme Macassar (Sulawesi) est desservie pratiquement par tous les bateaux de la *Pelni.* Toutefois, la fréquence des départs a baissé ces derniers temps, notamment à cause de l'essor de l'avion.

■ ***Pelni :*** *18 jl. Angkasa,* ***Jakarta.*** *☎ (021) 63-85-77-47 ou 633-43-42-45. Call center : ☎ (021) 79-18-06-06.* • *pelni.com* • Se reporter aussi à toutes les rubriques « Arriver – Quitter. En bateau » des différents chapitres.

– ***Niveaux de confort*** *(classes)* ***:*** la classe *ekonomi* est, comme son nom l'indique, la moins chère, mais ce n'est pas la plus reposante ! Les familles s'y entassent et, s'il y a des matelas et des casiers, il n'y a aucune séparation... Mais c'est aussi là que vous découvrirez la population et aurez une chance d'établir des contacts. Les autres classes, de 1 à 4, donnent droit à des cabines. Selon leur niveau et leur tarif, vous partagerez une cabine avec plus ou moins de passagers (casier à clé pour chaque passager), jusqu'à la 1re classe, pour 2 personnes, avec TV, cabinet de toilette, douche et eau chaude ! Les repas sont, quelle que soit la classe, inclus dans le prix du billet. De plus, il y a des buvettes sur les bateaux.

– ***Principe de navigation :*** selon un calendrier fixe – avec quelques variations d'horaires –, les navires (des gros ferries) quittent leur port de départ (par exemple, Tanjung Priok, à une douzaine de kilomètres au nord du centre de Jakarta), accomplissent un long périple de port en port dans l'archipel, puis reviennent à leur point de départ, en moyenne 15 jours plus tard. Pour connaître les destinations et leurs horaires, le plus simple est de consulter le site internet.

LE SUD DE L'ÎLE

DENPASAR

300 000 hab. IND. TÉL. : 0361

Ancienne capitale du royaume de Badung, Denpasar, dont le nom signifie « au nord du marché », est une grosse ville provinciale qui n'a pas cessé de grossir et de s'étendre depuis plus de 30 ans, à savoir depuis l'explosion touristique. Denpasar, dénuée de charme, risque de décevoir un peu les visiteurs.

C'est avant tout la capitale économique et administrative de l'île, ainsi que le chef-lieu de la région de Badung. Plutôt bruyante, la circulation y est intense et peu cohérente. Il ne reste pas grand-chose de la pittoresque cité dessinée par les Néerlandais au début du XXe s, si ce n'est le grand et superbe marché, le *pasar Badung* et un beau musée.
Si les banques, agences de voyages et autres services destinés aux vacanciers se situent plutôt à Sanur, Kuta, Legian, Seminyak et Nusa Dua, Denpasar conserve le siège des deux compagnies aériennes nationales et reste malgré tout le lieu de passage obligé des *bemos* et des bus venant du sud. Même si de plus en plus de transports privés l'évitent en empruntant jalan Bypass Ngurah Rai, vous risquez fort de la traverser à un moment ou un autre. Profitez-en pour y faire halte une heure ou deux, ne serait-ce que pour le marché et le musée, et respirer l'ambiance d'une certaine réalité balinaise, au-delà des plages et des stations balnéaires.

Arriver – Quitter

En bus

Il existe ***plusieurs gares routières.*** Chacune dessert des villes bien précises (voir tableau ci-après). La première, *Kreneng* (ou *Kereneng*), n'est qu'une gare intermédiaire qui permet de se rendre en *bemo* à la grande gare routière de *Batubulan,* à plusieurs kilomètres au nord de Denpasar. Donc, si vous allez vers une destination dont les bus partent de Batubulan, rendez-vous d'abord à la gare de Kreneng. Les différentes stations de Denpasar sont :

***Kreneng** (plan B2, **1**) :* *bemos* jaunes pour Batubulan. À Batubulan, on change pour des minibus de 20 places desservant l'est de Bali (Amlapura, Semarapura, Bangli, Gianyar, Padangbai – ferry pour Lombok) et le nord de l'île (Ubud, Candi Dasa, Kintamani, Selat, Lovina, Singaraja). Pour Besakih, rendez-vous d'abord à Semarapura (Klungkung) ; pour Tirtagangga et Amed/Tulamben, rendez-vous d'abord à Amlapura. Également de Kreneng, des *bemos* verts pour Sanur et *bemos* bleus pour les 3 autres stations (Tegal, Ubung et Sanglah).

***Tegal** (plan A3, **3**) :* pour le sud de l'île (Kuta, Nusa Dua, Sanur, Jimbaran, aéroport).

***Ubung** (plan A1, **2**) :* pour le nord et l'ouest de Bali, et pour Java via Gilimanuk. Pour Tanah Lot, prendre le *bemo* pour Kediri. Un *bemo* pour Singaraja via Bedugul ou Pupuan.

Sanglah : pour Port Benoa.

Ces stations sont reliées entre elles par des petits *bemos* de ville.

Pour Java et les autres îles

Départs quotidiens de la ***gare routière d'Ubung*** *(plan A1, **2**).* Plusieurs compagnies desservent Java. On achète ses billets directement à la gare routière. Le prix du trajet inclut le bus, la traversée en ferry entre les 2 îles, et de nouveau le trajet en bus sur l'île de Java.

➢ ***Vers Surabaya :*** env 15 départs/j. Durée : 12h env.
➢ ***Vers Malang :*** jusqu'à 8 départs/j. Durée : 12h env.
➢ ***Vers Yogyakarta et Solo :*** 7 départs/j. Durée : 15h. Pour Yogya, voir les compagnies conseillées dans le chapitre consacré à cette ville. Se renseigner dans les agences pour les résas et les heures exactes de départ.
➢ ***Vers Semarang :*** 6 bus/j. Durée : 14h.
➢ ***Vers Jakarta :*** 8 bus/j. Durée : plus de 24h.
➢ ***Vers Bandung :*** 5 bus/j. Durée : 25h.
➢ ***Vers Bogor :*** même bus que pour Jakarta. Durée : 24h.

En bateau

➢ ***Pour Lombok :*** départ en minibus depuis Kreneng et ferry à l'embarcadère de Padangbai.
➢ ***Pour Java :*** départ d'Ubung vers Gilimanuk, puis embarquement.

Adresses utiles

Infos touristiques

Tourist Indonesia *(office de tourisme ; plan B2)* **:** *jl. Surapati 7. ☎ 23-14-22. À proximité du Bali Museum. Lun-jeu 7h30-15h30, ven 8h-13h.* Demander toute la documentation disponible : carte, plans et calendrier des fêtes *(Calendar of Events)*. Il existe également un journal mensuel, le *Bali Travel News*. Ne pas s'attendre à beaucoup d'aide, encore moins à des informations sur Denpasar.

Immigration, consulat

■ **Kantor Imigrasi** *(immigration ; plan B4,* ***5****)* **:** *jl. Panjaitan 4, Niti Mandala Renon, proche de Sanur. ☎ 22-78-28. Mêmes horaires que l'office de tourisme.* Pour ceux qui séjournent à Sanur ou à Denpasar. Ceux qui résident à Kuta auront intérêt à aller à l'office d'immigration devant l'aéroport de Ngurah Rai. Ceux qui sont dans le nord se rendront à Singaraja.

■ **Consulat du Canada :** *jl. Hayam Wuruk 88B, Tanjung Bungkak. ☎ 24-11-18. Fax : 24-11-20.*

Poste, téléphone

✉ **Sentral Kantor Post** *(poste centrale ; plan B4)* **:** *jl. Raya Puputan Renon. ☎ 22-35-66. À 3 km du centre, sur la route de Sanur. Lun-sam 8h-17h.* Service d'expédition et de poste restante. Représente aussi *Western Union.*

■ **Wartel Telkom** *(plan B2,* ***9****)* **:** *jl. Kaliasen 10. Tlj 6h-minuit.*

■ **Kantor Telpon** *(centre téléphonique ; plan A4,* ***8****)* **:** *jl. Teuku Umar 6. Ouv 24h/24.*

Argent, banques, change

Les banques et les distributeurs *ATM* sont nombreux. Peu de *money changers*, en revanche.

Urgences

✚ **Hôpital public de Denpasar (UGD) :** *jl. Diponegoro, dans le quartier de Sanglah. ☎ 22-79-11.* Uniquement si vous n'avez pas un rond, et pas d'assurance non plus. Sinon, direction *SOS Medika International* ou *BIMC*, vers Kuta, 2 cliniques privées certes chères, mais dont vous ressortirez (à priori) entier.

■ **Dentiste :** *Dr Sucipto, jl. Diponegoro 150A/32. ☎ 22-25-41. Tlj 10h-22h.* Groupement de plusieurs dentistes compétents. Ils parlent tous l'anglais.

■ **Police :** *jl. Gunung Sanghyang. ☎ 42-42-45.*

Loisirs

■ **Alliance française :** *jl. Raya Puputan I 13A (derrière le poste de police de Renon), Renon-Sumerta Kelod. ☎ 23-41-43. • afdenpasar.org •* Journaux, revues et la plus grande bibliothèque francophone de Bali. Cours d'indonésien. Ciné-club le vendredi. Possibilité de regarder certaines émissions françaises (TV5MONDE).

■ **Indonesia Australia Language Foundation :** *jl. Raya Sesetan 190. ☎ 22-52-43. • ialf.edu •* Cours d'indonésien mais pour un public plutôt anglophone. Laboratoire de langues et bibliothèque. Possibilité de loger en famille d'accueil.

Compagnies aériennes et agence de voyages

■ **Malaysia Airlines :** *à l'aéroport de Ngurah Rai. ☎ 75-72-94. Lun-ven 8h30-13h, 14h-17h30 ; sam mat.*

■ **Singapore Airlines :** *à l'aéroport de Ngurah Rai. ☎ 76-83-88. • singaporeair.co.id • Lun-ven 8h30-17h, sam 8h30-15h.*

■ **Garuda** *(plan A-B2,* ***6****)* **:** *jl. Kapt Mudita 2. ☎ 23-49-13. Reconfirmation et résas : ☎ 0807-1-807-807 (call center 24h/24). Lun-jeu 8h-16h30, ven 8h-17h, w-e 9h-13h.* Y aller plutôt le matin, à cause de l'attente. Autre bureau à l'aéroport de Ngurah Rai.

■ **Merpati** *(plan B2,* ***7****)* **:** *jl. Melati 51. ☎ 23-53-58. En face du stade. Lun-ven 8h-16h30, w-e 9h-15h.*

■ **Thai Airways :** *a ses bureaux à l'hôtel* Inna Grand Bali Beach *de* ***Sanur***

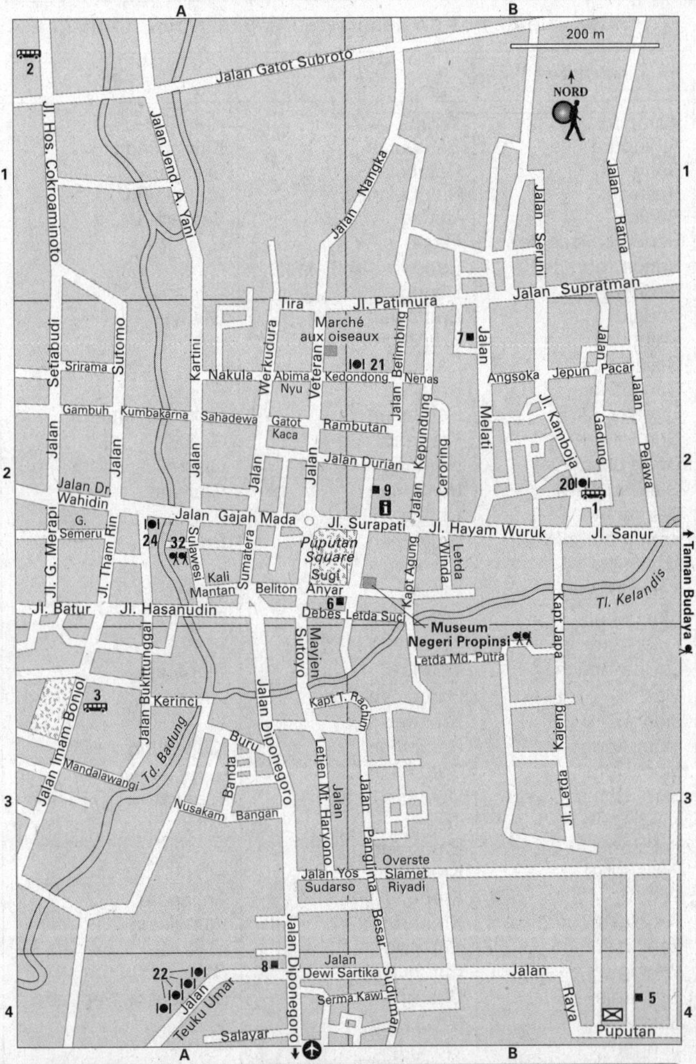

DENPASAR

■ **Adresses utiles**

- Tourist Indonesia (office de tourisme)
- 1 Gare routière de Kreneng
- 2 Gare routière d'Ubung
- 3 Gare routière de Tegal
- 5 Kantor Imigrasi (immigration)
- 6 Garuda
- 7 Merpati
- 8 Kantor Telpon (centre téléphonique)
- 9 Wartel Telkom

Où manger ?

- 20 Pasar Kreneng (marché de nuit)
- 21 Warung Satria
- 22 *Warungs* de jalan Teuku Umar
- 24 Hong-Kong

À voir

- 32 Pasar Badung (marché de jour)

Stations de *bemos* au départ de Denpasar pour toute l'île		
Destinations	*Stations*	*Via*
Aéroport	Tegal	Kuta
Amlapura	Batubulan	Klungkung
Bangli	Batubulan	Gianyar
Besakih	Batubulan	Klungkung
Banjar	Ubung	Singaraja
Benoa (village de)	Tegal	–
Benoa (port de)	Sangah	–
Bedugul	Ubung	–
Bedulu	Batubulan	Gianyar
Batubulan	Kreneng	–
Celuk	Batubulan	–
Candi Dasa	Kreneng	–
Gianyar	Batubulan	Celuk et Kutri
Goa Lawah	Kreneng	–
Goah Gajah	Kreneng	Gianyar
Gunung Kawi	Batubulan	Gianyar
Gilimanuk	Ubung	–
Kehen (temple de)	Batubulan	Bangli
Kusamba	Kreneng	–
Kerambitan	Ubung	Tabanan
Klungkung	Batubulan	Bangli
Kuta	Tegal	–
Lovina Beach	Ubung	Singaraja
Mas	Batubulan	–
Mengwi	Kreneng	–
Mont Agung	Batubulan	Klungkung
Mont Batur	Batubulan	–
Mont Batukau	Ubung	Tabanan
Nusa Dua	Tegal	Kuta
Peliatan	Batubulan	–
Pedangbai	Kreneng	–
Putung	Kreneng	Amlapura
Penelokan	Kreneng	Klungkung
Penulisan	Kreneng	–
Pejeng	Batubulan	Gianyar
Singaraja	Ubung	Bedugul ou Pepuan
Sukawati	Batubulan	–
Sangeh	Wangaya	–
Sangsit	Ubung	Singaraja
Sanur	Batubulan	–
Tabanan	Ubung	–
Tampaksiring	Batubulan	Gianyar
Tenganan	Batubulan	–
Tirta Gangga	Batubulan	Amlapura
Trunyan	Batubulan	Bangli
Tanah Lot	Ubung	Kediri
Ubud	Batubulan	–
Uluwatu	Tegal	Pecatu

(voir « Adresses utiles » à Sanur). ☎ 28-65-77.
■ **Air France et KLM :** *ne sont pas représentées à Bali. Il faut appeler leurs bureaux de Jakarta : ☎ (021) 252-67-30 ou 40.*
■ **Perkasa Tours :** *voir la rubrique « Avant le départ » dans « Bali, Lombok utile ».*

Où dormir ?

Franchement, on ne dort pas à Denpasar. En moins d'une demi-heure, on peut séjourner à Kuta-Legian-Seminyak-Petitenget ou à Sanur. Aucun intérêt de passer la nuit ici.

Où manger ?

De très bon marché à bon marché (moins de 40 000 Rps, soit 2,65 €)

Ceux qui n'ont que quelques billets dans les poches seront ravis d'apprendre qu'il existe une rue, ***jalan Teuku Umar*** *(plan A4,* ***22****)*, où s'alignent sur 2 ou 3 km une succession de ***warungs*** où l'on mange copieusement et varié pour très peu cher. Une bonne manière aussi de s'initier à la vraie cuisine locale.

Pasar Kreneng *(marché de nuit ; plan B2,* ***20****)* **:** *sur jl. Rijasa, à l'angle de jl. Kamboja. À partir de 17h et jusqu'à 22h env.* Petites échoppes éclairées par des lampes à acétylène qui proposent notamment du *babi guling* (cochon grillé) et du gâteau à la noix de coco.

Warung Satria *(plan B2,* ***21****)* **:** *jl. Kedondong 11A. Non loin du marché aux oiseaux. Warung* populaire, tout en carrelage blanc, avec un aquarium au fond et des jolies peintures sur les murs. Petite adresse authentique et nickel, où l'on vous sert de bons *nasi campur* (assiette complète de riz, légumes, *satay* et œuf) pour trois fois rien. Accueil tout sourire. Possède aussi 2 autres succursales à Kuta : au 55 jalan Blambangan et au *Discovery Shopping Center.*

Prix moyens (de 40 000 à 80 000 Rps, soit 2,65 à 5,30 €)

Hong-Kong *(plan A2,* ***24****)* **:** *jl. Gajah Mada 99.* Bonne cuisine internationale à dominante chinoise. Pas mal de poisson et fruits de mer. Évitez les desserts. Salle vraiment tristounette et service indifférent. Près du marché de jour, pratique si vous allez faire quelques emplettes.

À voir

Museum Negeri Propinsi Bali *(Bali Museum ; plan B2)* **:** *jl. Mayor Wisnu. ☎ 23-50-59. Ouv tlj sf jeu et sam, 8h-12h30. Fermé pdt les vac « officielles ». Entrée : 5 000 Rps.*
Construit en 1932 par les Néerlandais, qui ont voulu présenter dans un espace restreint des répliques des principaux monuments de l'île, il constitue ainsi une excellente initiation à l'architecture locale. On y trouve des pavillons copiés sur ceux des palais. D'autres s'inspirent des temples de l'île, comme la porte d'entrée monumentale de l'enceinte du musée ou cette haute tour de *kulkul* (tambour d'alarme).
Chaque pavillon abrite des collections particulières. Dans des bâtiments évoquant les palais de Tabanan, Karangasem et Singaradja ont été rassemblés des poupées *wayang,* des collections de *kriss,* des masques de bois, des lances et

des costumes de cérémonie, des marionnettes. Vitrine d'instruments servant à chasser les démons (objets amusants). Le grand temple face à l'entrée abrite au rez-de-chaussée des pierres sculptées de la période néolithique, des tombes de l'âge du bronze, des bijoux et tout un tas d'outils usuels. Au 1er étage, présentation de tout ce qui équipe la maison : instruments de cuisine, nasses à poissons, outils agricoles, cages à coqs de combat. Un des pavillons abrite également une belle collection de tissus et étoffes variés provenant de toute l'île.
L'ensemble est un peu poussiéreux, mais certaines pièces sont de toute beauté. De-ci, de-là, quelques commentaires en anglais donnent un sens plus concret à ce que l'on voit.

Pasar Badung *(marché de jour ; plan A2,* ***32****)* **:** *au niveau de la rivière, en retrait de jl. Gajah Mada.* C'est le plus grand marché de la ville et l'un des plus grands de l'île. Il est en deux parties, de part et d'autre de la rivière, et sur trois niveaux. De l'autre côté de la rivière, il prend le nom de *pasar Kumbasari.* On y vend de tout, dans une chouette animation trépidante. Des femmes proposent dans d'immenses paniers des fleurs et des accessoires qui composent les offrandes. Au rez-de-chaussée, les rayons d'alimentation. Bonjour les odeurs vers les stands de viande et de poisson ! Tout en haut, les vêtements, les tissus et la vannerie.
Quand vous arriverez dans le marché, on vous prendra gentiment la main pour vous faire visiter. Bien entendu, on vous dirigera non moins gentiment vers une boutique particulière en vue d'une commission sur vos achats. Tout cela est fait avec beaucoup de douceur, mais ne soyez pas dupe, rien n'est vraiment gratuit et si vous ne tenez pas à être guidé, dites-le, mais gentiment.

BALI

Taman Budaya *(National Art Center ; hors plan par B2)* **:** *jl. Nusa Indah. ☎ 22-71-76. Tlj 8h-15h30 (13h le w-e). GRATUIT.* Bel endroit, très reposant. Expositions d'art contemporain (peinture balinaise et sculpture sur bois) et d'artisanat dans le pavillon principal de ce grand centre d'art. C'est alors la foule, avec plusieurs stands où exposent des artistes. Et de mi-juin à mi-juillet, festival consacré à l'art traditionnel balinais.

– Sur le terrain situé au centre de la ville *(plan A2),* en face du palais du gouverneur, qui sert de nos jours de stade de football, eut lieu l'ultime combat entre les envahisseurs hollandais et les guerriers balinais au début du XXe s. Les Balinais, plutôt que de tomber vivants entre les mains de leurs ennemis et de connaître le déshonneur de la défaite, préférèrent se suicider jusqu'au dernier. En juillet 1975 est mort à Bangli le descendant de l'un des derniers rois de Bali.

SANUR

IND. TÉL. : 0361

Sanur fut « découverte » dans les années 1930 par une poignée d'artistes comme le peintre belge Le Mayeur. À cette époque, la plage était belle et l'endroit désert, car les Balinais croyaient que le monstre marin habitant l'île voisine de Nusa Penida y étendait sa néfaste influence.
Cette station balnéaire prit son véritable envol dans les années 1960. C'est alors que fut construit, grâce aux dommages de guerre versés par les Japonais, l'*Inna Grand Bali Beach Hotel,* mastodonte de béton destiné à recevoir les touristes américains fortunés. Il inaugura une longue lignée d'hôtels luxueux qui valurent longtemps à Sanur la réputation d'être l'endroit le plus chic de l'île, avant que la création de la zone touristique de Nusa Dua, véritable ghetto du tourisme de luxe, ne la détrône.
Le petit côté fin de règne de la station a pu séduire une clientèle largement composée de familles et d'habitués, généralement plus âgée que celle des

autres stations balnéaires. Il faut dire qu'on y trouve une tranquillité plutôt rare dans le sud de l'île. À l'heure où Kuta se couvre de paillettes pour une nuit de folie, Sanur enfile son pyjama... La station semble se tourner vers un tourisme plus chic. La plage, bordée d'une agréable promenade, résulte en grande partie d'aménagements artificiels. Elle est propice à la trempette, car protégée des vagues, mais pas vraiment à la baignade parce qu'elle manque de fond.
Finalement, le principal atout de Sanur est probablement sa situation qui permet d'explorer les belles criques de l'Est et la région d'Ubud sans perdre des heures dans les embouteillages, ceci si vous ne désirez pas loger là-bas. C'est aussi le port des bateaux à destination de Nusa Lembongan et le port de départ vers Lombok et les *Gili Islands*.

LE MYSTÈRE DE LA CHAMBRE 327

En 1993, un incendie ravage l'hôtel Inna Grand Bali Beach. *Seule la chambre 327 est miraculeusement épargnée. Elle est désormais placée derrière une porte vitrée et les offrandes affluent. Tout comme pour le tsunami qui a endeuillé l'Indonésie ces dernières années, nombre d'Indonésiens y voient la colère de* Ratu Kidul, *reine des mers du Sud, dont la couleur est le vert. Sachez que ceux qui portent du vert en bord de mer risquent d'être emportés par une méchante vague... Alors, choisissez bien la couleur de votre maillot !*

BALI

Arriver – Quitter

Bonne nouvelle : il existe une route suspendue à péage de 8 km entre Sanur et Nusa Dua qui décongestionne sacrément la zone de l'aéroport, plus facilement accessible, et réduit les temps de trajet indiqués ci-après !

En taxi

➢ ***L'aéroport :*** pas de *bemo* direct. Il faut prendre un taxi. Compter 1h de trajet et 150 000 Rps.

En bus et en van privé

Avec la compagnie privée Perama *(plan A1,* ***1****) : Hangtuah 39.* ☎ *28-55-92. Le bureau se situe dans la boutique du* pondok Santhi Home Stay. *Les bus partent de là.*

➢ Depuis Sanur, *Perama* dessert ***Kuta*** (4 bus/j.), ***Ubud*** (4 bus/j.) et ***Lovina*** (1 fois/j.). À Kuta, liaisons pour Ubud, Lovina, Padangbai (3 bus), Candi Dasa (3 bus), Bedugul (1 bus), Amed et Tulamben (1 bus), mais aussi Nusa Lembongan, Lombok et les îles Gili (forfait bus + bateau).

– Pour les vans privés, voir la rubrique « Transports » dans « Bali, Lombok utile ».

En bateau

➢ ***Pour Nusa Lembongan :*** *kiosque juste à gauche de l'*Ananda Hotel, *au bout de jl. Hangtuah (plan A1).* Plusieurs types de bateaux :

– *Public boat :* départ à 8h. Env 1h-1h30 de traversée, selon l'état de la mer. Compter 60 000-80 000 Rps.

– *Public speedboat* (bateau rapide « public ») *:* selon le lieu d'arrivée (Mushroom Bay ou Jungut Batu), jusqu'à 8 départs/j., 9h-16h. Compter 175 000 Rps (négociable) pour 40 mn de traversée.

– *Speedboat privés :* plusieurs départs/j., 9h-14h env. Compter 300 000 Rps (rabais selon période) et 30 mn de navigation.

➢ ***Pour Nusa Penida :*** *même guichet que pour Nusa Lembongan.* Selon le lieu d'arrivée (Nyuh ou Buyuk), jusqu'à 6 départs/j., 9h-16h30. Arriver tôt car il y a du monde. Compter env 60 000 Rps et 2h de trajet.

➢ ***Pour Lembongan, Lombok et les Gili :*** *speedboat* avec *Semaya One (• semayacruise.com • ; résas et paiement en ligne possibles).* Compter 250 000 Rps l'A/R Sanur/Gili Trawanjan.

Comment circuler à Sanur ?

– ***À 2-roues :*** le centre de Sanur s'étend sur 3 bons kilomètres. Arpenter à pied la rue principale peut s'avérer fatigant et monotone. Le terrain archiplat se prête bien à la bicyclette, notamment sur la promenade qui longe la mer, car les axes de circulation principaux sont encombrés.

– ***En bemo :*** des *bemos* circulent le long de jalan Danau Tamblingan et s'arrêtent à la demande. Négocier ferme le prix car ils ont tendance à demander des sommes trop élevées.

Adresses utiles

Poste et télécommunications

✉ ***Poste*** *(hors plan par A2) : jl. Danau Buyan 28. Lun-sam 8h-18h30.* Plusieurs *postal agents* le long de jalan Danau Tamblingan.

■ @ ***Téléphone et Internet :*** quelques cybercafés d'où l'on peut parfois téléphoner, ainsi que des points d'accès wifi, sur jalan Danau Tamblingan notamment.

Argent, change

Nombreux comptoirs de change, mais gare aux arnaques (voir la rubrique « Vols, brigandage » dans « Kuta, Legian, Seminyak et Petitenget-Canggu »). S'adresser de préférence au réseau *PT Central Kuta* situé à 50 m du supermarché *Hardy's*, ou au guichet d'une banque (comparez les taux). Nombreux distributeurs automatiques, devant *Hardy's* notamment.

Santé

✚ ***Bali International Medical Center*** *(BIMC) : jl. Bypass Ngurah Rai 100X. ☎ 76-12-63. ● bimcbali.com ● Peu avt Kuta, sur la droite de la route. Ouv 24h/24.* C'est la seule adresse à conseiller en cas de problème. Voir également la rubrique « Urgences » dans « Kuta-Legian, Seminyak et Petitenget-Canggu ».

■ ***Parapharmacie : Guardian Pharmacy*** *(plan A3, **3**), jl. Danau Tamblingan.*

■ ***Dentiste*** *(plan A2, **4**) : Dr Retno W. Agung, jl. Bypass Ngurah Rai 4 (échoppe minuscule en face du McDo). ☎ 28-85-01. Lun-ven 10h-17h.*

Location de voitures, agence de voyages et compagnie aérienne

■ ***André Sewatama Rent a Car*** *(plan A3, **5**) : jl. Bypass Ngurah Rai 330. ☎ 28-83-59. ● andre-sewatama-bali.com ● À 1 km du McDo, en allant vers le sud, à droite de la route. Tarifs intéressants sur le parc, allant de la minijeep au minibus ; réduc possibles selon durée et saison.* Tenu par André Reich, un sympathique Allemand francophone installé à Bali depuis plusieurs décennies. Point fort : c'est l'un des seuls loueurs à proposer une assurance multirisques, moyennant un supplément de 10 %. Elle couvre la voiture (sauf les passagers) et les dommages aux tiers (franchise de 100 €). Peut également arranger des locations *one-way* de Bali à Yogyakarta (ou l'inverse), moyennant un *drop off* (frais d'abandon du véhicule) de 150 € environ, et vous trouver un chauffeur à la journée ou pour plus longtemps, toujours à des tarifs avantageux.

■ ***Agence de voyages Nick Tours*** *(plan A2, **6**) : jl. Danau Tamblingan 68. ☎ 28-77-92. ● nicktours.com ●* Excursions et activités en tout genre au départ de Sanur. Location de voitures avec chauffeur.

■ ***Thai Airways*** *(plan A1, **7**) : à l'hôtel Inna Grand Bali Beach. ☎ 28-81-41. Lun-ven 8h-17h.*

Loisirs aquatiques

■ ***Atlantis International*** *(plan A4, **8**) : jl. Bypass Ngurah Rai 96E. ☎ 28-43-12. 📱 081-238-057-67. ● balidiveaction.com ●* Voir la rubrique « Sports et loisirs. Plongée et

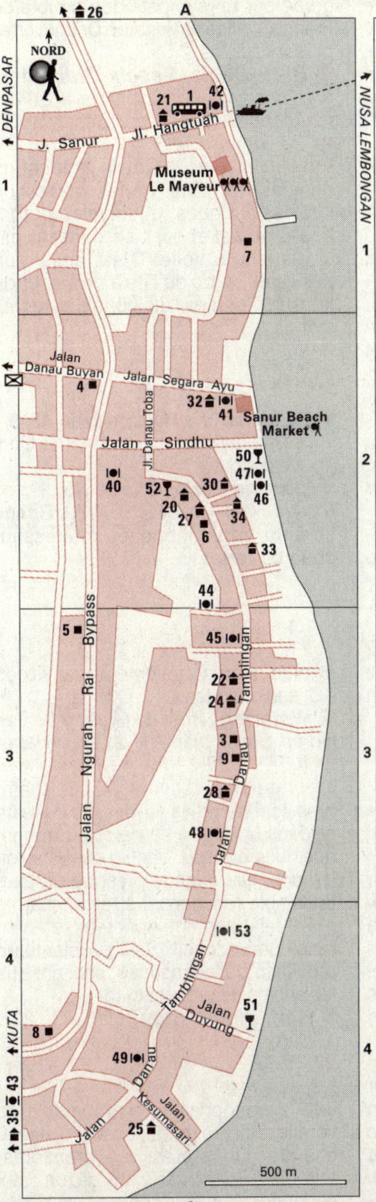

■ Adresses utiles

- Bateau pour Nusa Lembongan et Nusa Penida
- 1 Perama
- 3 Guardian Pharmacy
- 4 Dentiste
- 5 André Sewatama Rent a Car
- 6 Agence de voyages Nick Tours
- 7 Thai Airways (Inna Grand Bali Beach)
- 8 Atlantis International
- 9 Supermarché Hardy's et librairie Periplus

Où dormir ?

- 20 Yulia 1 Home Stay
- 21 Watering Hole 1
- 22 Keke Home Stay
- 24 Flashbacks
- 25 Stana Puri Gopa Hotel
- 26 Tropical Bali Hotel
- 27 Tamukami
- 28 Taman Agung Beach Inn
- 30 Sari Sanur Resort
- 32 Segara Village
- 33 Tandjung Sari
- 34 La Taverna
- 35 Puri Santrian

Où manger ?

- 40 Marché de nuit (pasar Sindu)
- 41 Warung Made Weti
- 42 Warung Mak Beng
- 43 Sari Bundo Jaya
- 44 Lilla Warung
- 45 Pregina Warung
- 46 Sands
- 47 Beach Club
- 48 Lumut
- 49 Massimo
- 53 Café Batujimbar et CharMing's Restaurant

Où boire un verre ? Où sortir ?

- 50 Beach Café
- 51 Komilfo
- 52 Little Bird

SANUR

snorkelling » plus haut, dans le chapitre « Hommes, culture, environnement ». Un centre de plongée tenu par Jérôme, un Français, qui vous propose des sorties dans toute l'île, notamment à Nusa Penida, Nusa Lembongan, Amed, Padangbai... Très compétent.

■ ***Bali Breizh Divers*** *(hors plan par A1) : jl. Bypass Ngurah Rai 70X. ☎ 28-12-01. 📱 081-338-732-713. • balibreizhdivers.com • Centre situé au nord de Sanur en direction d'Ubud, 500 m après le carrefour du KFC et du Donuts sur la droite. Tlj 7h-19h.* Centre de plongée PADI 5 Stars géré par un couple de Bretons, Nadège et Guy Faisnel, proposant toutes les certifications PADI, du baptême à l'instructeur, des safaris plongées à différents budgets et des plongées à la journée. Nitrox gratuit pour les certifiés. Guides francophones. Et piscine pour s'entraîner !

■ ***Baliberty :*** *jl. Blanjong. 📱 081-337-175-945. • baliberty.com •* Une agence gérée par un sympathique couple de Français, Alice et Renaud. Découvertes personnalisées.

■ ***Blue Oasis Beach Club*** *(hors plan par A4) : sur la plage, à Semawang, derrière le Sanur Beach Hotel. ☎ 28-80-11, ext. 1792. • blueoasis beachclub.com •* Cours et location de matériel pour toutes sortes de sports nautiques, du kayak aux funboard et wakeboard en passant par la planche à voile. C'est aussi l'un des rares clubs de l'île à proposer du kitesurf. Tenu par un jeune Italien très sympa.

Divers

■ ***Supermarché Hardy's*** *(plan A3, **9**) : jl. Danau Tamblingan. Tlj 8h-22h.* On y trouve de tout.

■ ***Librairie Periplus*** *(plan A3, **9**) : au rdc de Hardy's. Tlj 9h-21h30.* Bonne librairie anglophone et intéressant choix de cartes.

Où dormir ?

Contrairement à Kuta, Sanur ne compte guère de *losmen* très bon marché.

Bon marché (de 150 000 à 300 000 Rps, soit 10 à 20 €)

🏠 ***Yulia 1 Home Stay*** *(plan A2, **20**) : jl. Danau Tamblingan 38. ☎ 28-80-89.* Chambres dans l'arrière-cour de la boutique du proprio, réparties dans un agréable petit jardin au calme. 4 catégories de prix, les plus chères avec eau chaude. Terrasse et sièges en bambou, ventilo et douche (froide) pour les moins onéreuses. Bonne tenue générale et très propre. Tenu par le sympathique Ketuk qui est un fan d'oiseaux. Des cages partout, avec des piafs colorés et chanteurs qui ont gagné plein de compétitions. Familial. Une grande salle de petit déj et peut-être bientôt une piscine. Si *Yulia 1* est complet, il y a *Yulia 2* situé non loin, au n° 57 *(☎ 28-74-95),* qui propose une poignée de chambres plus classiques et plus chères également (ventilo ou AC, eau chaude...).

🏠 ***Watering Hole 1*** *(Agung & Sue Home Stay ; plan A1, **21**) : jl. Hangtuah 37. ☎ 28-82-89. • wateringhole-sanurbali@yahoo.com •* 📶 Les chambres sont réparties au-dessus du resto et dans la cour à l'arrière, où trônent quelques bonsaïs. Ventilo ou AC selon les prix, eau chaude presque partout. Ensemble fonctionnel et sans charme mais relativement spacieux et bien tenu. Bon accueil. Seul problème, la proximité de la mosquée, sachant que les prières commencent tôt !

🏠 ***Keke Home Stay*** *(plan A3, **22**) : jl. Danau Tamblingan 96, gang Keke. ☎ 28-72-82. Au fond d'une ruelle, juste en face du resto italien* The Village. 2 catégories de chambres : avec ventilo et eau froide ou clim et eau chaude. On préfère les premières, autour du petit carré de gazon, aux secondes qui ne donnent pas directement sur l'extérieur et sont, du coup, plus sombres. Aménagement général basique et sans charme, mais au calme. Accueil sympathique.

Prix moyens (de 300 000 à 500 000 Rps, soit 20 à 33,35 €)

Tropical Bali Hotel *(hors plan par A1, **26**)* **:** *jl. Pantai Padanggalak, Gang Penyu Dewata III n° 2. ☎ 28-25-24. • tropical-bali-hotel.com •* Bel hôtel de 10 chambres mangées par le vert autour d'une piscine, à l'écart du bruit et à 5 mn à pied de la mer. Une adresse comme on les aime, tenue par un couple d'expats charmant (Audrey et Mathieu). Plein de tuyaux.

Flashbacks *(plan A3, **24**)* **:** *jl. Danau Tamblingan 110. ☎ 28-16-82. • flashbacks-chb.com • Petit déj inclus.* On a vraiment l'impression d'arriver chez des amis en entrant dans cette petite *guesthouse* de 7 chambres, organisée autour d'une piscinette d'eau salée et d'un douillet coin détente. La déco, différente dans chaque chambre, lui donne la personnalité qui manque à tant d'autres. Omniprésence du bois, du bambou tressé et des couleurs chaudes. Spacieuses et bien dotées (coin salon, TV, clim), les doubles les plus chères se trouvent dans des bungalows. Il y a même une suite. Les autres chambres, réparties entre le rez-de-chaussée et l'étage d'une maisonnette au joli dallage, sont uniquement ventilées et offrent moins d'espace. Également 2 chambres sans salle de bains privée mais avec cuisine à dispo. Bouilloire et coffre pour toutes les options. Accueil très pro et intraitable sur les prix !

Stana Puri Gopa Hotel *(plan A4, **25**)* **:** *jl. Kesumasari 4. ☎ 28-99-48. • purigopabali.com •* Disséminées dans un joli jardin et autour d'une piscine entourée de statuettes balinaises, les *deluxe* et *superior* sont arrangées dans des pavillons multichambres, aux façades décorées comme des temples balinais. Éviter les *standard,* situées dans un bâtiment de 2 étages sans intérêt et donnant parfois sur la rue. Toutes les chambres sont climatisées et de taille généreuse. Accueil attentionné. La plage est à 100 m, même s'il faudra la longer vers le nord pour trouver une zone plus propice à la trempette.

Chic (de 500 000 à 1 000 000 Rps, soit 33,35 à 66,75 €)

Taman Agung Beach Inn *(plan A3, **28**)* **:** *jl. Danau Tamblingan 146. ☎ 28-85-49. • tamanagung@yahoo.com •* Grand village de bungalows construits dans un très beau jardin où sont dispersées des statues de pierre. 2 piscines bleu profond, où l'on peut tranquillement esquisser quelques brasses. Plusieurs catégories de prix, du simple au double ; chambres avec AC, ventilo et eau chaude. L'ensemble est bien entretenu et le retrait de la route assure un calme parfait. Demander de préférence les chambres *standard,* situées dans l'édifice qui longe la piscine, en rez-de-chaussée et avec terrasse. L'édifice du fond est plus récent et un peu moins bien. Intéressantes chambres familiales pour 4 personnes, avec cuisine et salon. Chouette resto. Une belle adresse.

Sari Sanur Resort *(plan A2, **30**)* **:** *jl. Danau Tamblingan 27. ☎ 28-15-55. • sarisanurresort.com • Prix dans le haut de la fourchette.* Une vingtaine de charmants bungalows traditionnels entourent un joli espace très arboré et une petite piscine ronde avec fond yin et yang. Tranquillité et intimité sont assurées par la végétation séparant visuellement chaque maisonnette. Bon équipement : coffre-fort, minibar, bouilloire, TV. Ni resto ni bar, le petit déj est servi sur votre terrasse. Un établissement luxe et familial à la fois, ce qui est assez rare. Excellent rapport qualité-prix-charme. Bref, pas une faute de goût !

Tamukami *(plan A2, **27**)* **:** *jl. Danau Tamblingan 64X. ☎ 28-25-10. • tamukamibali.com •* *Tamukami* signifie « nos invités » en indonésien. Et c'est vrai qu'on a l'impression d'être reçu comme à la maison, autour d'une jolie piscine. Établissement familial avec des chambres confortables, pas d'une déco renversante mais pratiques. Des bungalows également, et une familiale. Joli jardin, des zozios dans les cages, et la proximité – de l'autre côté de la route – de la mer. Fait aussi resto (assez prisé) et café (tout autant apprécié par les routards de passage).

Plus chic (plus de 1 000 000 Rps,soit66,75 €)

Segara Village *(plan A2, **32**) : jl. Segara Ayu 6. ☎ 28-84-07. • segaravillage.com •* Complexe hôtelier comprenant plusieurs bâtiments d'architecture traditionnelle mais à l'aménagement contemporain, éparpillés dans un vaste jardin ponctué de bassins et de jolies fontaines-statues. Ensemble baigné de musique balinaise, plein de charme et de douceur. 3 catégories : *superior,* bungalow et cottage. Prix intéressants en basse saison ; les demander. Dans les chambres, isolement et confort garantis (eau chaude, TV, AC). 3 piscines et une plage avec transats. Billards, ping-pong, et cours de cuisine balinaise. Resto et un bar-jacuzzi. Animations et jeux pour les enfants.

Tandjung Sari *(plan A2, **33**) : jl. Danau Tamblingan 41. ☎ 28-84-41. • tandjungsarihotel.com •* Bel ensemble de bungalows très individualisés, avec terrasse, jardin et *bale* privatif agrémenté d'un lit de repos. Chambres vraiment spacieuses, presque des suites, avec généreuse salle de bains (larges baies vitrées), coin salon, le tout arrangé avec un goût sûr. Au bout, une piscine tout en longueur, de taille raisonnable, pleine d'élégance, et juste au bout, la plage. Le tout absolument impeccable et distillant un grand charme. Belle adresse de luxe qui ne vieillit pas. Le *Tandjung Sari* est pourtant la plus ancienne adresse de Sanur, construite en 1962.

La Taverna *(plan A2, **34**) : jl. Danau Tamblingan 29. ☎ 28-84-97. • latavernahotel.com •* Architecture plus rustique que les autres hôtels chic de Sanur. Chambres confortables aux murs crépis, rénovées mais avec des meubles anciens. La plupart des chambres et des bungalows disposent de jolies petites terrasses individuelles. Très belle piscine élégante au fond du jardin, à côté du bar. Accès direct à la mer. Resto avec four à pizzas au feu de bois. Très bon petit déj.

Puri Santrian *(hors plan par A4, **35**) : jl. Cemara 53, à Semawang. ☎ 28-80-09. • santrian.com •* Très grand complexe hôtelier offrant différents types de chambres, dans des bungalows ou dans des bâtiments à étage. Toutes sont très bien équipées et à la belle déco. Beaucoup de classe. Les prix sont élevés, mais le cadre est assez exceptionnel : jardin luxuriant, plusieurs petits salons et restos, et pas moins de 3 piscines. Plage aménagée avec des transats et de grands canapés posés directement sur le sable. Il y en a même installés sur l'eau ! Courts de tennis et spa.

Où manger ?

Bon marché (de 20 000 à 40 000 Rps, soit 1,30 à 2,65 €)

Marché de nuit *(pasar Sindu ; plan A2, **40**) : tlj 17h-22h.* À côté des stands de babioles, on trouve quelques *warungs* fumants, encadrés de petites tables éclairées au néon où l'on prendra un modeste repas. Bon, popu et vraiment pas cher.

Warung Made Weti *(plan A2, **41**) : jl. Segara Ayu, presque au bout de la rue, juste à droite du panneau « Beach Market Sanur I ». Tlj 9h-13h.* Minuscule kiosque avec quelques bancs (même pas de table). Les habitants de Sanur connaissent bien ce *warung* de poche. Ils s'y pressent pour le petit déj, où ils dévorent un copieux *nasi campur* pour trois fois rien, dans un silence monacal (tout le monde a le nez dans son assiette). Parfait pour s'initier à la nourriture locale, avec de vrais bouts d'authenticité dedans. Très populaire.

Warung Mak Beng *(plan A1, **42**) : jl. Hangtuah 45. ☎ 28-26-33. Non loin du départ des bateaux pour Lembongan. Ouv slt pour le déj. Menu unique 28 000 Rps.* Historique, cette cantine officie depuis 1941 et fait le plein jour après jour et sans usure. Son célèbre menu inclut soupe de poisson, poisson grillé et riz. Autant dire qu'ils ont eu le temps de rôder la recette, tout comme celle du *sambal* (sauce épicée) maison ! Ne pas hésiter à se signaler au personnel, qui s'occupera de vous trouver une place, peut-être à la table d'employés du coin ou de familles indonésiennes en pèlerinage.

|●| *Sari Bundo Jaya* *(hors plan par A4, **43**)* **:** *jl. Danau Poso, à l'intersection avec jl. Seka Waru. Ouv 24h/24.* Un bon *padang* (voir la rubrique « Cuisine » dans « Hommes, culture, environnement »), grand et bien tenu. C'est bien de savoir où manger aux heures indues ! Pour autant, on suggère de venir vers 11h du matin ou 18h, quand la fraîcheur des préparations est maximale. Pour moins de 30 000 Rps, vous serez rassasié par une assiette à ras bord. Typique et vraiment bon. Le souriant patron se débrouille en anglais et commence à apprendre le français grâce à ses clients.

Prix moyens (de 40 000 à 80 000 Rps, soit 2,65 à 5,30 €)

|●| *Café Batujimbar* *(plan A4, **53**)* **:** *jl. Danau Tamblingan 75A. ☎ 28-73-74.* Un de nos cafés préférés à Sanur. Terrasse avec parasols, ou intérieur climatisé, avec déco design en bois et tasses à café... suspendues au plafond ! Goûter aux spécialités du jour affichées au tableau, ou au gâteau de riz au lait de coco, aux burgers cuits sur la pierre de lave, ou encore les viandes au *satay*. Un régal !

|●| *Lilla Warung* *(plan A2-3, **44**)* **:** *jl. Bumi Ayu 6. 081-236-145-59.* Service particulièrement agréable et cadre chaleureux agrémenté de boiseries ciselées se conjuguent à une cuisine locale très abordable et bien réalisée. Excellent point de chute pour qui veut se sustenter à prix doux dans un coin calme.

|●| *Pregina Warung* *(plan A3, **45**)* **:** *jl. Danau Tamblingan 106. ☎ 28-33-53.* Abrité sous une grande cabane, ce *warung* affiche une élégance simple où dominent le bois et les touches vermillon des coussins des bancs et fauteuils. Photo ancienne de danseurs et magnifique barque de bois patinée par les ans témoignent de l'attachement à la tradition balinaise qui transparaît aussi dans la carte. Peu de concessions à la cuisine occidentale, mais un bel échantillon des plats typiques de l'île, légèrement allégés en piment malgré tout. Ambiance tranquille et service efficace.

|●| *Sands* *(plan A2, **46**)* **:** *jl. Danau Tamblingan 27. Face à la mer et à côté du Sari Sanur Resort. Tlj 7h-23h.* Resto constitué de plusieurs petites paillotes installées directement face à la plage, loin du brouhaha de la rue principale. Spécialités de fruits de mer, mais aussi carte variée de snacks et pizzas. Plats balinais simples et bien faits. On peut aussi se contenter d'y prendre un verre le soir.

|●| *Beach Club* *(plan A2, **47**)* **:** *Sindhu Beach 42. ☎ 28-28-75.* En bord de plage, grands bancs et tables en bois sont disposés à même le sable, sous les palétuviers. Déco marine à l'intérieur. Dans l'assiette, pizzas, sandwichs et glaces. Bons petits déj. Comme un air de vacances...

Chic (de 80 000 à 120 000 Rps, soit 5,30 à 8 €)

|●| *CharMing's Restaurant* *(plan A4, **53**)* **:** *jl. Danau Tamblingan 97. ☎ 28-80-29. Vers le sud, après le Hyatt.* Passez la grande porte en bois, et vous voilà au milieu d'un joli jardin, avec ses tables en bois disséminées, et les autres sous l'abri. Une adresse élégante et raffinée pour un repas soigné. Gambas sautées à la balinaise, saumon de Tasmanie, bœuf australien, chocolat Valrhona : que du bon ! Le soir, à la nuit tombée, les petits lampions terminent de donner un air de fête à cette belle et bonne adresse de Sanur.

|●| *Lumut* *(plan A3, **48**)* **:** *jl. Danau Tamblingan 166. ☎ 27-00-09.* Rien que pour le cadre, on y dînerait tous les soirs ! 3 salles, dont une à l'étage en mezzanine, à la déco à la fois classe et sobre. La salle du fond, ouverte seulement le soir, est entourée de végétation, dans un environnement très calculé. Service impeccable, et avec le sourire. Au menu, que de choix ! Cuisine asiatique essentiellement, oscillant entre la Thaïlande, le Japon et le Vietnam, sans oublier la *Balinese touch*. Les portions sont plutôt petites, mais les mets originaux et fins privilégient les produits bio et bannissent le glutamate de sodium. Prix très acceptables, compte tenu de la classe du lieu. Jus de fruits naturels et *espresso* à l'italienne.

Massimo *(plan A4,* ***49****)* **:** *jl. Danau Tamblingan 228.* ☎ *28-89-42. Tlj jusqu'à 23h.* Belle terrasse en dénivelées avec des tables en teck sous les frangipaniers. Également une salle intérieure spacieuse et chic, à l'aménagement moderne. Sur les murs, photos de Massimo avec des vedettes, Massimo avec des hommes politiques, Massimo avec des businessmen... C'est le resto italien du coin, tenu par Massimo, vous l'aviez compris. La carte est longue comme le bras, tout en réservant d'agréables surprises venues des Pouilles, dont le chef est originaire. Quantité de pâtes agrémentées de manière originale, bonnes pizzas garnies de jambon cru, roquette ou artichauts, viandes (assez chères), etc. Très longue liste de vins.

Où boire un verre ? Où sortir ?

Bars **:** tous les restos font aussi bar. Ceux du bord de plage, le long de la promenade, sont évidemment les plus agréables, surtout le soir venu. Cela dit, Sanur est plutôt du genre à se coucher avec les poules (maxi 1h du mat'). La plupart des établissements proposent des *happy hours,* dont les horaires varient ; pour certains 17h-19h, pour d'autres 18h-20h et parfois 19h-21h. On aime bien le style du ***Beach Café*** *(plan A2,* ***50****),* sur la plage au bout de jalan Pantai Sindhu, sur la droite. Ou le ***Komilfo*** *(plan A4,* ***51****),* au bout de jalan Duyung, proche de l'hôtel *Hyatt,* soigné et coloré tout en restant simple et fréquenté par pas mal d'habitués.

Little Bird *(plan A2,* ***52****)* **:** *jl. Danau Tamblingan 34.* Toujours plein, ce *warung* ! C'est vrai qu'il est mignon avec son mobilier coloré, cérusé ou grossièrement poncé. L'usage excessif du glutamate de sodium et la lenteur du service font qu'on préfère goûter à cette chouette atmosphère en se contentant d'un verre. Louent des VW safari (Kubelwagen et Combi) pour des tours au parfum rétro.

Nombreux ***spectacles de danse*** organisés par les hôtels (mais c'est ouvert à tous) ou par certains restos.

Achats

Jenggala **:** *jl. Danau Tamblingan.* Si vous souhaitez acheter de belles céramiques modernes de Bali, c'est là qu'il faut venir. Modèles originaux et élégants. La maison mère est située à Jimbaran.

À voir. À faire

La plage **:** longue et peu profonde, elle est entièrement artificielle. Près de 2 ans de travaux, financés par des capitaux japonais, ont été nécessaires pour remplacer la plage originelle, disparue sous l'assaut des vagues que n'arrêtait plus la barrière de corail, en partie détruite par l'homme. Le résultat n'est pas mal, la plage est plus large, régulière, mais le sable qui vient du large n'a plus la finesse d'antan. Absolument aucun danger pour les enfants, mais quasiment impossible de nager, surtout à marée basse. En effet, la mer se retire alors assez loin au large. Attention, à certains endroits de la plage, il y a des tapis d'herbes marines avec oursins et morceaux de corail : prévoir des sandales. Très jolies barques de pêcheurs à balancier, les *prahus,* à bord desquelles il est possible d'effectuer des promenades en mer (mais c'est plus sympa de faire ça à Lovina). Ce sont d'anciens pêcheurs qui ont trouvé plus lucratif de balader les touristes. En déroulant votre serviette, vous aurez droit au traditionnel défilé des vendeurs ambulants : lunettes, montres, sarongs, boissons et massages. Tout cela dans une ambiance bon enfant. Des tables de massage ont été dressées au bord de la plage, au niveau du petit marché, ce qui permet aux masseuses de moins s'éreinter. C'est ça, l'amélioration des conditions de travail !

SACRÉS CERFS-VOLANTS !

Tous les étés, un grand concours de cerfs-volants a lieu à Sanur. Ils peuvent atteindre jusqu'à 80 m de long (avec la queue tout de même) ! Il n'est pas rare de se retrouver bloqué dans un embouteillage pour laisser passer ces monstres volants (ne parlait-on pas autrefois de serpents-volants ?) portés par une dizaine d'hommes. Un divertissement, certes, mais surtout une façon d'amadouer le dieu Rare Angon *pour obtenir de meilleures récoltes.*

Museum Le Mayeur *(plan A1)* **:** *au bord de la plage. ☎ 28-62-01. Suivre jl. Hang Tuah jusqu'à la mer, puis prendre à droite et longer la plage à pied. Tlj 8h-15h (14h30 sam). Entrée : 10 000 Rps.*
Pour imaginer l'atmosphère du Sanur de l'entre-deux-guerres, il faut vraiment rendre une petite visite à cette maison que le peintre belge Adrien-Jean Le Mayeur se fit bâtir en bord de plage dans un style très balinais. Elle se compose de plusieurs pavillons dans un petit jardin veillé par des statues de pierre.
Arrivé à Bali au début des années 1930, l'artiste déjà cinquantenaire tomba amoureux de l'un des ses modèles, la très jeune et sublime danseuse de *legong* Ni Pollock. Plus généralement, il succomba à l'envoûtante beauté des Balinaises, qui furent sa principale source d'inspiration jusqu'à sa mort, en 1958. En quelques traits doux et sereins, il a immortalisé leur grâce dans des scènes de jeux, des danses ou des moments de détente. *Five women playing in the pond side, Ni Pollok near the window, Two women dancing,* ainsi qu'une touchante scène champêtre rappelant le *Déjeuner sur l'herbe* ne sont que quelques exemples. À voir aussi, des huiles évoquant les voyages du peintre en Europe et en Inde.
Le Mayeur travailla sur différents supports, notamment des sacs de jute qu'il utilisa, faute de toile, pendant l'occupation japonaise. Malheureusement, les œuvres sont très mal mises en valeur et beaucoup sont en piteux état. Certaines ont fait l'objet d'un nettoyage, mais d'autres sont déjà trop dégradées pour être sauvées. Vraiment dommage que le gouvernement ne prenne pas plus soin de ce patrimoine qui lui a été légué à la disparition de Ni Pollock en 1985.

Sanur Beach Market *(plan A2)* **:** *au bout de jl. Segara Ayu, sur la droite. Tlj 9h-18h.* Sympathique petit marché de bord de plage, où l'on trouve un peu de tout.

➢ Nombreuses ***balades à vélo*** possibles dans la campagne environnante.

KUTA, LEGIAN, SEMINYAK ET PETITENGET-CANGGU

IND. TÉL. : 0361

Au début des années 1960, Kuta, à 9 km au sud de Denpasar, était un endroit désert où l'on trouvait difficilement à se restaurer. Ceux qui voulaient y séjourner devaient se contenter de modestes chambres louées par les quelques habitants du village. Avec Katmandou et Kabul, c'était l'un des

« trois K » mythiques des routards. Quant à Legian (prononcer « Léguianne »), ce n'était qu'un hameau, à l'autre extrémité de cette plage, la plus belle de l'île, et que les Balinais connaissaient bien pour les couchers de soleil. Ils y venaient aussi en procession, pour disperser dans la mer les cendres d'un défunt.

Aujourd'hui, Kuta, Legian, Seminyak et dorénavant Petitenget-Canggu ne forment plus qu'une seule et même ville s'étendant sur plus de 7 km du sud au nord. La route qui les relie est bordée de magasins, de restaurants et de bars. Les premiers hippies qui découvrirent les lieux seraient complètement perdus dans ce qui est aujourd'hui devenu la plus grande station balnéaire de l'île. Entre la plage et l'hôtel, le piéton devra slalomer entre vendeurs de rue, motos et voitures qui monopolisent le macadam. Les sorties de plage à Kuta, c'est Saint-Trop' le 15 août à 18h !

Cette Babel du tourisme s'étend un peu plus chaque année. Peu d'arbres ont échappé à la tronçonneuse, et la plupart des anciennes maisons et des jardins ont disparu. Les propriétaires des rizières ont succombé à la tentation de vendre leurs terres très recherchées, obligeant les ouvriers agricoles à chercher du travail ailleurs dans l'archipel. Si Kuta et Legian sont un peu la Côte d'Azur des Australiens, en beaucoup moins cher, les Européens nichent plutôt du côté de Seminyak et Petitenget-Canggu, bien plus chic. Les nantis s'y sont fait construire de très belles résidences bien surveillées, et les investisseurs font chauffer les pelleteuses pour faire sortir de terre des hôtels de grand luxe... Les businessmen en bermuda et les femmes d'affaires *fashionistas* ont flairé le filon et envahissent le paysage de boutiques de fringues chic, de magasins de déco et de restos design. À tel point que les bonnes tables de Seminyak et Petitenget sont en passe de voler la vedette à Ubud.

BANKRUT, BANKRUT !

Vous voici dans la mecque du shopping. La tentation est permanente et les prix souvent dérisoires. Mais comme partout à Bali, le marchandage est de rigueur. Cependant, si vous y allez trop fort, les commerçants, souvent des femmes, vous regarderont et, dans un grand éclat de rire, s'exclameront « Bankrut, bankrut ! », ce qui a le mérite d'être explicite.

ALORS, ON Y VA OU ON N'Y VA PAS ?

La conurbation Kuta, Legian, Seminyak et Petitenget-Canggu ne vit plus que du tourisme et célèbre toute l'année la grande kermesse des vacances. En cherchant bien, on y trouvera encore quelques Balinais (tous commerçants), pas mal de Javanais (commerçants aussi), et des signes de la culture locale, comme les offrandes devant les portes ou l'envoûtante musique d'un *gamelan,* se mêlant aux pétarades des motos et aux sonos à fond. Tout le monde se plaint, sauf les Australiens et les Balinais (enfin, parfois quand même) : trop de monde, trop de racolage, trop de bruit, trop de mauvais goût... trop de tout ! Pourtant, malgré tous ces désagréments, le coin plaît et certains touristes restent là longtemps, car on y trouve de quoi loger pour pas cher et de l'animation à revendre. L'ambiance décontractée, simple, sympathique, les bars ouverts tard, la plage, les prix bas... S'il faut avoir vu Kuta, il faut aussi savoir quitter à temps cette foire de l'exotisme si on veut vraiment connaître Bali. Ceux qui préfèrent un séjour plus tranquille tout en étant proches de la mer iront à Seminyak, Petitenget-Canggu (s'ils ont les moyens), Sanur ou encore Amed. Mais c'est assurément à Kuta et Legian que se trouve la plus longue et la plus belle plage de l'île. Ressemblant étrangement à celles de la côte Atlantique française, elle s'étire sur plusieurs kilomètres, rythmée par des vagues qui font la joie des surfeurs mais pas des baigneurs. Danger, plusieurs morts chaque année !

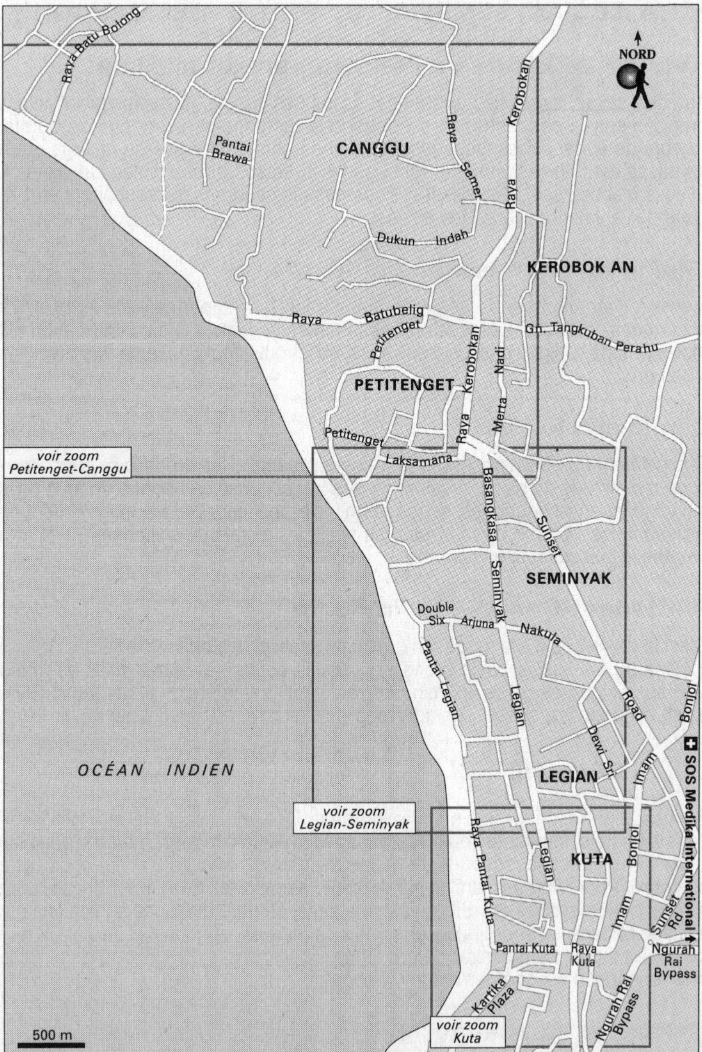

KUTA, LEGIAN-SEMINYAK ET PETITENGET-CANGGU – PLAN D'ENSEMBLE

Kuta est le meilleur endroit de l'île pour apprendre à surfer. De belles vagues pas trop puissantes pour débuter et pas de barrière de corail, donc pas de danger de se faire mal. Cela dit, seuls ceux qui sont de bons nageurs s'adonneront à ce sport. On repère bien vite là où le danger est limité : les surfeurs ont l'habitude de se regrouper dans un même secteur. Joignez-vous à eux, et à vos planches !

KUTA, LEGIAN, SEMINYAK OU PETITENGET-CANGGU ?

Kuta ou la théorie de l'encombrement maximal

Autant le savoir, la densité humaine à Kuta est très grande. Au sud de jalan Melasti précisément, la concentration de boutiques de fringues, échoppes de bouffe, loueurs de surfs, cybercafés, *guesthouses* de poche, officines de change et on en passe est impressionnante. Sans parler du trafic... tout simplement dément. Si vous n'aimez pas, allez ailleurs ! Pour les petits budgets qui souhaitent être au cœur de l'animation, vous êtes arrivés.

Legian ou la croissance modérée

Même si l'atmosphère de Legian a commencé à rattraper celle de Kuta, il y a encore des coins tranquilles par ici. Notamment la plage, où la concentration est moins grande. Un peu plus chic que Kuta, on y trouve tout de même des adresses à bon prix.

Seminyak, le chic

Très différent du confinement de Kuta-Legian, même si les espaces se sont beaucoup réduits ces dernières années, ce quartier est prisé des bobos de tous pays qui voguent entre boutiques, restos et boîtes branchées. Les prix augmentent en conséquence. À partir de là et plus au nord, les distances s'allongent, il faudra prendre le taxi ou louer un scooter.

Petitenget-Canggu, le fin du fin

C'est le dernier coin à la mode. En quelques années, une bonne partie des rizières a disparu pour laisser place à des « boutiques-hôtels » et autres villas de grand luxe au design très contemporain, souvent cachés derrière de hauts murs. Et ce n'est pas près de s'arrêter. Les adresses les plus chic se trouvent par ici.

VOLS, BRIGANDAGE

Rien de bien méchant, mais soyez prudent. Des vols ayant été signalés dans certains hôtels, fermez toujours vos bagages avec un cadenas, même si vous les laissez en garde à la réception, et ne laissez pas vos affaires en vrac dans votre chambre. Pour éviter les larcins sur la plage, n'emportez que l'argent nécessaire à votre petit massage et votre boisson favorite. La nuit, quelques agressions sur la plage et dans les endroits déserts, mais ça reste exceptionnel et il suffit de respecter les règles élémentaires de prudence. Pour tout dire, l'endroit où le vol est le plus répandu, c'est chez les *money changers*...

L'arnaque au change

Changer de l'argent dans les endroits touristiques peut relever de la loterie. Voici un petit ABC des changeurs sans scrupules pour vous éviter de trébucher dans leurs ficelles. Le coup classique, c'est celui du guichetier qui vous propose de petites coupures. Il les compte avec vous en faisant de petites liasses, mais au moment de les regrouper pour vous les donner, il en glisse une partie sous son comptoir... Méfiez-vous aussi des calculettes bricolées ! Alors, autant demander des coupures de 50 000 et de 100 000 et vérifier systématiquement la conversion avec votre propre calculette (celle de votre portable, par exemple). Enfin, toujours recompter une dernière fois la somme d'argent devant le guichetier. Tant pis, ceux qui attendent... attendront ! Ne vous dites pas que ça n'arrive qu'aux autres, car ces arnaques sont très fréquentes.

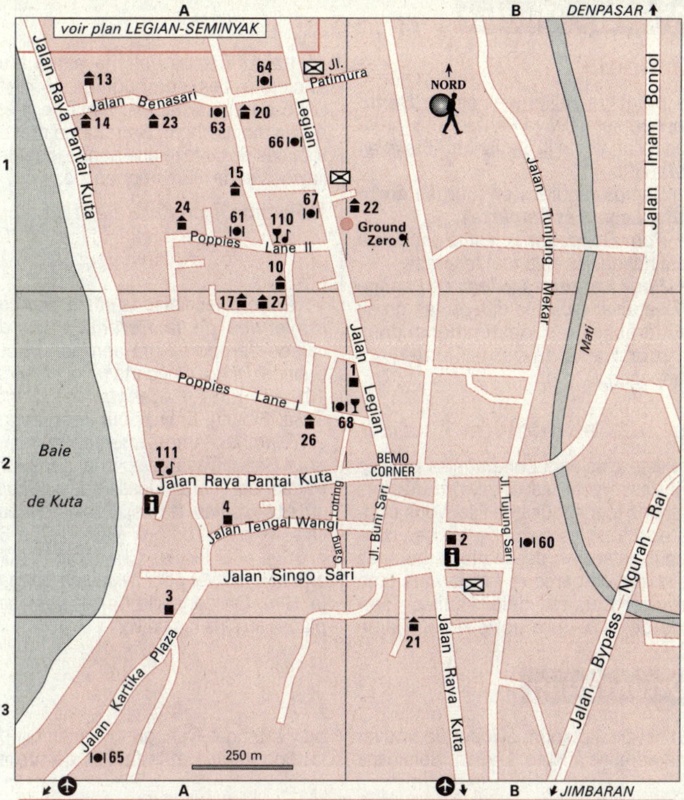

KUTA (BALI) – ZOOM

Adresses utiles

- Tourist Information
- 1 Perama
- 2 Police
- 3 Garuda Office (Kuta Paradiso Hotel)
- 4 Centre commercial Matahari

Où dormir ?

- 10 Ronta Bungalows
- 13 Komala Indah II Cottages
- 14 Komala Indah II Accomodation
- 15 Suka Beach Inn
- 17 Hotel Sorga Cottages
- 20 Sidoi
- 21 Jesen's Inn II
- 22 Matahari Bungalows
- 23 Un's Hotel
- 24 Hotel Bounty
- 26 Poppies Lane Cottages
- 27 Sari Bali Cottages

Où manger ?

- 60 Pasar Senggol (marché de nuit)
- 61 Warung Wulan
- 63 Warung Brasil Bali
- 64 Kunti
- 65 Kafé Batan Waru
- 66 Aroma's Café
- 67 Café Kopi Pot
- 68 Poppies

Où boire un verre ? Où sortir ?

- 110 Twice Bar
- 111 Hard Rock Café

Arriver – Quitter

En *bemo*

Le point de ralliement est le ***Bemo Corner,*** sur jl. Raya Pantai Kuta, presque à l'angle de jl. Legian, à Kuta *(plan Kuta, B2).*

➢ *Bemos* réguliers en journée ***entre Kuta, Legian et Seminyak.***

➢ ***Pour Denpasar :*** c'est la principale destination. Il y en a tout le temps.

➢ ***Pour les autres villes :*** on change à Denpasar (voir les différentes gares routières et les destinations dans la rubrique « Arriver – Quitter » à Denpasar).

En bus et minivan

Il existe plusieurs compagnies privées qui desservent les villes et toutes les stations touristiques de l'île. Vous trouverez à tous les coins de rue des panneaux listant les destinations, horaires et prix. Comparez et faites-vous bien préciser tous les détails utiles : service de pick-up à votre hôtel, durée du trajet, etc. La *Perama* est la plus ancienne des compagnies et reste l'une des plus fiables, mais ce n'est pas la moins chère. Son site permet en tout cas de se faire une bonne idée des liaisons et de leurs fréquences.

■ ***Perama*** *(plan Kuta, B2,* ***1****)* **:** *bureau de vente jl. Legian 39. ☎ 75-08-06 ou 75-18-75. • peramatour.com • Tlj 6h-22h.*

➢ ***Principales liaisons et fréquences moyennes de la Perama :*** pas de liaison aéroport-Kuta-aéroport. Pour *Sanur* et *Ubud,* 4 départs/j. Pour *Lovina,* 1 bus/j. Pour *Padangbai* et *Candi Dasa,* 3 bus/j. Enfin, pour *Tirtagangga* et *Tulamben-Amed,* mêmes bus que pour Candi Dasa, avec changement à Padangbai (2 bus). Dessert aussi *Bedugul* et *Kintamani* (1 bus). Également des liaisons pour *Lombok* (*Senggigi,* à 6h et 10h), pour les *îles Gili* (départ à 10h, arrivée à 18h) et pour *Nusa Lembongan* (à 10h). On conseille de réserver ses places au plus tard la veille.

Orientation

Il n'est pas toujours évident de trouver une adresse à Kuta, Legian, Seminyak ou Petitenget-Canggu vu l'anarchie de la topographie et le fouillis de ruelles

■ **Adresses utiles**

5 Supermarché Bintang
6 Bali Deli et Librairie Periplus
7 DHL et Air Asia

Où dormir ?

30 Senen Beach Inn
31 Sri Beach Inn
32 Suriwathi Beach Hotel
33 The Amala
34 Hotel Lumbung Sari
35 Pearl
37 Baleka Beach Resort
38 Alam Kulkul
40 Ned's Hideaway
42 Ananda Resort & Spa
43 Raja Gardens
44 Villa Kresna
45 Bali Agung Village

Où manger ?

35 Pearl
81 Legian Snacks
82 Warung Bamboo
84 Tekor Bali
85 Gosha Restaurant
88 Warung Murah
90 Café Seminyak
92 Zula-Vegetarian Paradise
93 Gateway of India
94 Café Moka
95 Warung Italia
97 Hana
98 Waroeng Asia
99 Pantarei
100 Ryoshi

Où boire un verre ? Où sortir ? Où danser ?

100 Ryoshi (pour le jazz)
112 The Legend
113 Billys Bar
114 La Vida Loca
116 Bali Peanuts Club
117 Jaya Pub Bali
118 JP'S
119 Bahiana
120 Santa Fe
122 Ku-De-Ta
123 Cocoon Beach Club
124 Crystal Palace

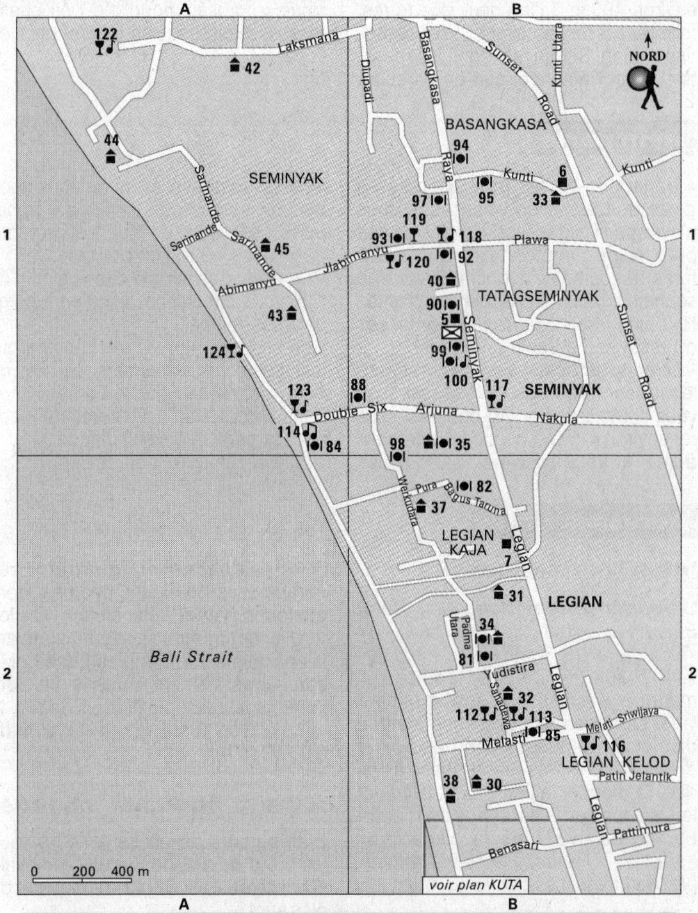

LEGIAN-SEMINYAK – ZOOM

labyrinthiques. Rues sans nom ou inconnues des chauffeurs, nouvelles dénominations pas encore entrées dans les usages, absence de numéros, vous aurez à faire preuve de patience ! D'autant que les distances, trompeuses, n'arrangent rien et que l'urbanisation n'arrête pas de s'étirer vers le nord. On a essayé d'indiquer les lieux le plus clairement possible, mais ce n'est pas toujours évident ! Pour ceux qui auraient besoin de plus de précision, il existe un atlas de très bonne qualité (utile également pour le reste de l'île), le *Street Atlas Bali.* On peut l'acheter dans les librairies *Periplus,* situées dans le centre commercial *Matahari* à Kuta ou dans l'enceinte du *Made's Warung II,* à Seminyak.

Quelques repères : Bemo Corner *(plan Kuta, B2),* la gare des *bemos,* est le cœur de Kuta ; jalan Pantai Kuta conduit à la plage du même nom ; jalan Legian, filant parallèlement à la mer et environ 400 m à l'intérieur des terres, relie Kuta à Legian avant d'être rebaptisée jalan Seminyak dans ce quartier ; jalan Petitenget suit un parcours sinueux, grosso modo d'est en ouest, jusqu'à rejoindre jalan Oberoi près de l'océan.

Transports

« Transports ? » Un mot, associé au geste de tourner un volant, que vous n'avez pas fini d'entendre... Que ce soit pour les *ojek* (motos-taxis) ou les voitures, la course se négocie. Si vous ne souhaitez pas marchander, empruntez tout simplement un ***taxi à compteur*** ou essayez d'attraper un ***bemo*** !

– ***Le scooter :*** c'est sans aucun doute le meilleur moyen de se déplacer. Il ne vous coûtera pas grand-chose (compter environ 4-5 €/j., négociable selon la durée) et vous trouverez partout des loueurs. Toutefois, avant de vous décider, lisez bien notre rubrique « Transports. La location de motos et de scooters » dans « Bali, Lombok utile ».

– ***Le vélo :*** pas terrible dans ce coin de l'île, vu la circulation. Vous en jugerez par vous-même...

– ***La voiture :*** à proscrire. Les embouteillages sont permanents. Le soir, on peut mettre 1h pour traverser Kuta ! Sans compter qu'il n'y a pas de place pour se garer. À devenir dingue !

Adresses utiles

Infos touristiques

ℹ ***Tourist Information*** *(plan Kuta, B2)* **:** *jl. Raya Kuta 2, à* ***Kuta.*** *☎ 75-61-75. Juste avt le poste de police. Lun-sam 7h30-18h.* Dans un édifice qui manque d'humilité et pratiquement vide. Quelques renseignements sur le district de Badung. Donne une carte du sud de Bali. Pas grand-chose à vrai dire. Demander le *Bali Tourist Guide* et le *Calendar of Events.* Aussi un autre bureau *Balawista* sur la plage *(plan Kuta, A2 ; jl. Pantai Kuta, dans l'immeuble des* Lifeguards *; ☎ 75-56-60).*

Poste et Internet

✉ ***Postes :*** *plusieurs agences postales dans Kuta, Legian et Seminyak ; jl. Raya Kuta (plan Kuta, B2) près de l'office de tourisme. Faire 100 m dans la ruelle (fléchage « Pos »). Lun-sam 8h-17h. Autre adresse sur jl. Legian (plan Kuta, A1). Également :* Sari Dewi Postal Agent, *jl. Patimura 55 (presque à l'angle de jl. Legian ; plan Kuta, A1). Lun-sam 9h-20h, dim 10h-17h. À Seminyak enfin : jl. Raya Seminyak 17 (plan Legian-Seminyak, B1), derrière le supermarché* Bintang. *Tlj 8h-18h.* Service fiable. Poste restante et envoi de colis à tarifs très raisonnables.

■ @ ***Téléphone et Internet :*** très nombreuses boutiques dédiées, dont quelques *Wartel* à l'ancienne. On les trouve notamment sur jalan Legian, jalan Raya Kuta, Poppies Lane I et II, etc. Généralement ouverts 9h-23h, voire plus pour certains. Prendre le temps de comparer les prix (à partir de 8 000 Rps/h).

Argent, banques, change

Distributeurs de billets *(ATM)* à tous les coins de rue, de Kuta à Seminyak. C'est ce qu'il y a de plus pratique et de plus sûr !

Nombreux *money changers* dans les rues animées. Ils sont susceptibles d'offrir de meilleurs taux que les banques et les distributeurs. Attention quand même aux entourloupes (voir « Vols, brigandage » plus haut). Préférer les officines dédiées comme celles de la société *PT Central Kuta* aux petites boutiques multi-activités.

Urgences

■ ***Police*** *(plan Kuta, B2,* ***2****)* **:** *jl. Raya Kuta. ☎ 75-15-98 ou 75-21-10.* En cas de vol ou d'accident. Accueil 24h/24.

✚ ***Bali International Medical Center*** *(BIMC ; hors plan d'ensemble)* **:**

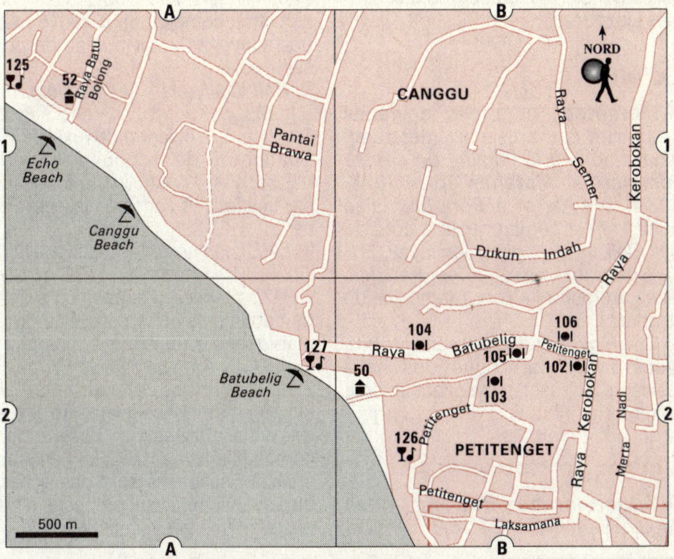

PETITENGET- CANGGU – ZOOM

Où dormir ?

- **50** Puri Madawi
- **52** Tugu Bali

Où manger ?

- **102** Warung Murah
- **103** Warung Sulawesi
- **104** Warung Sobat
- **105** Rustica
- **106** Sardine

Où boire un verre ? Où sortir ?

- **125** Restos-bars d'Echo Beach
- **126** Potato Head
- **127** La Barca

jl. Bypass Ngurah Rai. ☎ *76-12-63.* • *bimcbali.com* • *À la sortie de Kuta, sur la route de Sanur. Ouv 24h/24.* Le *BIMC* est une clinique privée très bien équipée, avec des médecins compétents, souvent formés à l'étranger et parlant tous un excellent anglais. Il y a même des ambulances. En cas de gros pépin, ne pas hésiter, c'est ici qu'il faut aller. Cela dit, soyez prévenu : les soins sont chers, très chers. Réservés à ceux qui n'ont pas oublié de prendre une bonne assurance (type *Routard Assurance*).

SOS Medika International *(hors plan d'ensemble) : jl. Bypass Ngurah Rai 5058.* ☎ *71-05-05.* • *sosindonesia.com* • *Consultation tlj 8h-20h ; urgences 24h/24.* Clinique privée. Là aussi, très fréquentée par les expatriés. Personnel anglophone. Un peu moins cher que le *BIMC*.

■ ***Pharmacies :*** plusieurs petites officines dans les 3 villes.

Compagnie aérienne et agences de voyages

■ ***Garuda Office*** *(plan Kuta, A2, **3**) : au* Kuta Paradiso Hotel, *sur jl. Kartika Plaza.* ☎ *0804-1-807-807* (call center). *Lun-ven 8h-16h30, w-e 9h-15h.*

■ Plusieurs dizaines d'***agences de voyages*** à Kuta, Legian et Seminyak proposant une multitude de services : location de scooters, achats de billets d'avion, de bus, excursions à la journée, séjours à Lombok, etc. Privilégier celles qui ont pignon sur rue aux simples kiosques.

Loisirs

■ ***Librairies :*** pour des ouvrages de qualité (art, artisanat, littérature), rendez-vous à la librairie du ***centre commercial Matahari*** *(plan Kuta, A2,* ***4****)* à Kuta, et à ***Periplus,*** jalan Kunti 117X à ***Legian,*** juste à côté du *Bali Deli (plan Legian-Seminyak, B1,* ***6****)*. Pour des ouvrages en français, faites un tour à l'Alliance française de Denpasar.

■ Certains hôtels possédant une ***piscine*** acceptent que des non-résidents l'utilisent, moyennant un droit d'entrée.

Divers

■ ***Supermarché Bintang*** *(plan Legian-Seminyak, B1,* ***5****) : jl. Raya Seminyak 17. ☎ 73-05-52. Tlj 7h30-23h.* Très complet, on y trouve même des souvenirs et un bureau de poste sur le côté.

■ ***Bali Deli*** *(plan Legian-Seminyak, B1,* ***6****) : jl. Kunti 117X. ☎ 73-86-86. Tlj 7h-22h.* L'épicerie de luxe de Bali. Beaucoup de produits importés d'Europe et d'Australie. Au fond, *salad bar* très frais et bonne pâtisserie. Patio aéré.

■ ***DHL*** *(plan Legian-Seminyak, B2,* ***7****) : jl. Legian 451. ☎ 76-21-38. Lun-ven 9h-17h.* Service d'expédition express de documents et de colis. Pas donné, mais quand la rapidité est impérative...

■ ***Air Asia*** *(plan Legian-Seminyak, B2,* ***7****) : jl. Legian 455. ☎ 75-57-99. Tlj sf dim, 9h-18h.* Renseignements et résas des vols affrétés par cette célèbre compagnie low cost. Si les tarifs spéciaux « Online » ne sont pas accessibles au guichet, ceux proposés restent quand même très compétitifs.

Où dormir ?

– Les *losmen,* terme indonésien s'appliquant à de petites *guesthouses* plus ou moins typiques (voir « Hébergement » dans la rubrique « Budget » de « Bali, Lombok utile »), sont innombrables à Kuta et à Legian. Cependant, les établissements concernés n'utilisent plus cette mention, lui préférant « *Inn* », « *bungalows* » ou d'autres dénominations plus valorisantes.

– La plupart du temps, aucun problème pour trouver à se loger. En juillet et août, ça se corse un peu, et les meilleures adresses sont souvent complètes. Par prudence, réservez par téléphone, par e-mail, ou arrivez avant 12h. Dans tous les cas, voici une solution : ne cherchez pas un *losmen* avec vos bagages ; si vous êtes deux, la meilleure solution consiste à ce que l'un des deux se pose dans un café avec tous les sacs, tandis que l'autre part à l'affût de l'adresse rare.

– Vérifiez toujours si les éventuelles taxes sont incluses dans le prix.

– Méfiez-vous des noms parfois très voisins que peuvent porter les établissements. Ainsi, ne confondez pas le *Mama Beach Inn* et le *Mama Beach Garden Inn* !

– Les prix varient parfois du simple au double selon la saison. Nous avons essayé d'en tenir compte dans nos fourchettes, mais des surprises sont toujours possibles. En basse saison, ils se négocient facilement. En haute saison, essayez...

À Kuta

Bon marché (de 150 000 à 300 000 Rps, soit 10 à 20 €)

■ ***Ronta Bungalows*** *(plan Kuta, A1,* ***10****) : Poppies Lane II. ☎ 75-42-46. Double 180 000 Rps.* Dans une ruelle qui va de Poppies II à Poppies I, tout près de l'« action » mais en même temps à l'abri du bruit. Situation idéale et petits prix. Dans 2 maisons à étage, alignées le long d'une rangée d'arbres et de petites haies, des chambres toutes propres, toutes avec ventilo, eau froide et petite terrasse. Accueil indifférent, mais un bon plan tout de même.

■ ***Komala Indah II Cottages*** *(plan Kuta, A1,* ***13****) : jl. Benasari, gang Kubu*

Bene. ☎ *76-57-83. Petit déj inclus.* Chambres avec eau froide ou chaude, ventilo ou AC. Simple, propre et à bon prix. Dans un jardin très au calme, aéré et serein, une série de maisonnettes bien espacées les unes des autres. Une adresse bien dans ses prix.

Komala Indah II Accomodation *(plan Kuta, A1,* ***14****) : jl. Benasari.* ☎ *75-42-58. L'hôtel est en retrait de la rue, avt d'arriver à la plage. Petit déj inclus.* Des maisonnettes simples, autour d'une grande pelouse arborée et c'est ça qui fait la différence. Chambres correctes et propres, mais les sanitaires sont vieillissants. Ventilo et eau froide pour les moins chères, eau chaude et AC pour les autres. Pour une clientèle jeune. Accueil sympathique. Location de voitures et de motos.

Suka Beach Inn *(plan Kuta, A1,* ***15****) : Poppies Lane II.* ☎ *75-27-93. Petit déj inclus.* Petit complexe sur 2 étages, à l'architecture assez traditionnelle. Beaucoup de chambres, lesquelles sont propres, avec douche et ventilo (quelques-unes avec AC). Prix selon le confort. Jardin central agréable et petite piscine. Dans les chambres, pas de serviettes, ni papier toilette, ni savon, ce qui explique les prix bas. Très prisé des surfeurs australiens. Ambiance internationale bien agréable. Propose de nombreux services : location de motos, billets de bus, etc. Local à l'entrée où déposer sa planche de surf. Un peu ramassé et bruyant, c'est son seul défaut. Accueil souriant.

Hotel Sorga Cottages *(plan Kuta, A2,* ***17****) : dans une ruelle située exactement entre Poppies Lane I et II.* ☎ *75-18-97. • hotelsorga@telkom.net • hotelsorga.com • Doubles à partir de 260 000 Rps. Petit déj inclus.* *(payant).* En retrait de l'agitation des Poppies Lanes, cet hôtel propose des chambres confortables et impeccables, encadrant une sympathique piscine. 3 niveaux de confort (eau froide et ventilo, eau chaude et ventilo et eau chaude et, en principe, AC), les plus luxueuses s'inscrivant dans la fourchette de nos « prix moyens ». Pas beaucoup d'espace autour, mais on s'y sent bien. On vous le recommande surtout pour son agréable petit jardin balinais soigneusement entretenu, avec un autel en plein milieu. Bon accueil. Transport gratuit de l'aéroport à l'hôtel si vous avez réservé, payant dans l'autre sens !

Sari Bali Cottages *(plan Kuta, A2,* ***27****) : dans le gang Sorga, petite ruelle calme.* ☎ *75-30-65.* Une bonne petite adresse, proche des 2 précédentes. Mêmes prestations, 3 catégories de chambres, mais prix plus doux. Garage, belle piscine. Bon rapport qualité-prix, à condition de ne pas être trop regardant sur la propreté. Souvent complet. Réservez.

Jesen's Inn II *(plan Kuta, B2-3,* ***21****) : jl. Singo Sari, gang Kresek 7.* ☎ *et fax : 75-26-47. Petit déj inclus.* Édifice sur 2 étages renfermant des doubles propres, avec salle de bains, eau chaude, TV et ventilo ou clim. Sans charme particulier, mais un bon rapport qualité-prix.

Prix moyens (de 300 000 à 600 000 Rps, soit 20 à 40 €)

Sidoi *(plan Kuta, A1,* ***20****) : jl. Benasari.* ☎ *75-65-22. • sidoibali.com • Doubles 290 000-580 000 Rps.* Organisé autour d'une cour avec piscine, cet hôtel à l'architecture un peu lourde, inspirée de la tradition balinaise, propose des chambres d'une excellente tenue, toutes spacieuses et très bien équipées (clim, TV, frigo). Les *standard,* quelquefois un peu sombres, sont calmes, contrairement aux *deluxe,* tournées vers la grosse animation du quartier. Accueil charmant.

Un's Hotel *(plan Kuta, A1,* ***23****) : jl. Benasari 16.* ☎ *75-74-09. • unshotel.com • Doubles sans ou avec AC env 31-41 €.* Bel établissement typique, construit autour d'une piscine centrale de taille raisonnable et d'un joli jardin, dont le standing et le calme témoignent de l'ambiance générale. Les chambres sont disposées dans 2 édifices d'un étage, tout en longueur, chacune avec sa part de large terrasse. Spacieuses et confortables, elles sont décorées avec des meubles balinais. Certaines avec salles de bains extérieures, bien agréables. Dommage que certaines chambres sans AC n'aient pas de moustiquaire. Clientèle plutôt familiale qui apprécie le bon rapport qualité-prix.

De chic à plus chic (à partir de 500 000 Rps, soit 33,35 €)

Matahari Bungalows *(plan Kuta, B1, **22**) : jl. Legian 210. ☎ 75-16-16 et 75-44-17. • mataharibungalows.com • Double standard 50 € (moins cher depuis Internet).* *Matahari* signifie « soleil », donc, bienvenue aux « bungalows du soleil » ! Plutôt que de bungalows, parlons davantage de maisonnettes à étages. Vaste complexe tout en longueur, qui s'achève par une piscine magnifique et une grande pelouse. Sur les côtés, des chambres bien tenues. Toutes avec eau chaude, TV et AC. Étonnamment silencieux malgré la proximité de la trépidante jalan Legian, mais il faut impérativement choisir une chambre au fond du jardin, proche de la piscine. Elles sont beaucoup plus jolies, agréables et calmes. Accueil indifférent.

Hotel Bounty *(plan Kuta, A1, **24**) : jl. Segara Batu Bolong 18. ☎ 75-30-30. • bountyhotel.com • Doubles à partir de 40 €. Petit déj-buffet inclus.* Au cœur des Poppies, tout près de la plage, un grand complexe hôtelier plutôt chic, spécial jeunesse dorée... et méga fiestas. Chambres tout confort bien aménagées, disséminées dans le jardin et autour des 2 piscines. Certaines sont plus au calme que d'autres, d'où l'importance de bien les choisir. Les plus agréables sont à l'étage. TV câblée, billard, table de ping-pong, bars, piscines, etc. Coffres-forts à la réception. Musique forte dès le matin, bière qui coule à flots... Une routine qui peut en barber certains.

Poppies Lane Cottages *(plan Kuta, A2, **26**) : Poppies Lane I. ☎ 75-10-59. • poppiesbali.com • Doubles env 65-85 € selon saison.* Une vingtaine de bungalows, tous semblables. Le proprio du resto du même nom a construit de superbes cottages dans un grand jardin au calme. Pas franchement routard, mais vraiment beau. Piscine divine, bordée de bougainvillées, de statues de pierre, avec webcam branchée dessus entre 15h et 18h (de quoi faire rêver les collègues de bureau !). Petites mares à nénuphars et cascades. Bungalows bien séparés les uns des autres, à l'ameublement de style et à la décoration raffinée : jolis tissus et tentures, très belle salle de bains extérieure avec kimono, ventilo, peignoirs, chaîne stéréo, lecteur DVD et AC... Ce lieu n'est que calme et bon goût.

À Legian

Coincé entre la plage (jalan Pantai Legian) et la route (jalan Legian), Legian est innervé par trois rues qui rejoignent la mer (jalan Melasti, Padma et Pura Bagus Taruna) et un axe nord-sud intermédiaire qui se fraie un passage avec difficulté. Même si Kuta et Legian ne font plus qu'un depuis longtemps, c'est un peu plus cool par ici.

De très bon marché à bon marché (moins de 300 000 Rps, soit 20 €)

Ces deux sympathiques adresses *old school* surnagent bravement parmi une foule de concurrentes qui n'ont plus l'énergie de rester à flot. Ambiance familiale, prestations minimales (faudra demander pour le ménage ; seulement du café ou du thé le matin), mais en accord avec le prix au ras des flots.

Senen Beach Inn *(plan Legian-Seminyak, B2, **30**) : Camplung Mas Lane, à droite depuis le gang Lebak Bene 25. ☎ 75-54-70. Doubles 100 000-150 000 Rps selon type.* Petits bungalows mitoyens autour d'un jardinet bien entretenu. Tous avec des gros fauteuils en rotin sur les terrasses. Ventilo et eau froide dans toutes les chambres, qui sont propres, équipées d'une douchette et d'un *mandi* dans les salles de bains. Ambiance simple, tranquille et familiale. Location de motos et de surfs. Le sympathique jeune patron parle cinq mots de français. Peut-être six...

Sri Beach Inn *(plan Legian-Seminyak, B2, **31**) : gang Legian Tengah. ☎ 75-58-97. Depuis jl. Legian, repérer* *le panneau entre jl. Padma/Yudistra et jl. Pura Bagus Taruna, puis suivre les indications parmi les ruelles (demander s'il faut, tt le monde connaît). Selon type et saison, doubles 150 000-300 000 Rps.* 3 petites chambres mitoyennes et 2 plus grandes, avec coin cuisine rudimentaire, clim et eau chaude. Le tout de plain-pied, avec un jardin au milieu et un petit temple à l'entrée. Jeune manager très sympa, qui pourra vous trouver une mob pas chère, par exemple.

Prix moyens (de 300 000 à 500 000 Rps, soit 20 à 33,35 €)

Suriwathi Beach Hotel *(plan Legian-Seminyak, B2, **32**) : jl. Sahadewa 12. ☎ 75-31-62. • suriwathi.com • Petit déj inclus.* Chambres *standard* déjà assez agréables et calmes, à l'étage, au fond du jardin. Les *superior* et *deluxe,* avec AC, TV et frigo, sont aménagées dans des bungalows en dur le long d'une allée jardinée ou autour d'un carré de gazon qui manque d'intimité. Piscine et resto. Bon accueil. Mieux vaut réserver car c'est souvent complet.

Hotel Lumbung Sari *(plan Legian-Seminyak, B2, **34**) : Three Brothers St. ☎ 76-26-69. • lumbung_sari@yahoo.com • Juste à côté de Padma Utara ; prendre la ruelle à gauche avt le* Three Brothers Inn. *Petit déj continental compris.* L'hôtel se trouve au fond d'une impasse, ce qui lui assure beaucoup de calme... mais peu de lumière. Assez sombre donc. Une vingtaine de chambres relativement confortables, avec eau chaude, AC et TV. Également quelques chambres dans des pavillons d'architecture balinaise de 2 ou 3 niveaux, tout de même bien plus chères. Petite piscine. Accueil agréable malgré une gestion parfois nonchalante.

Chic (de 500 000 à 1 000 000 Rps, soit 33,35 à 66,75 €)

Baleka Beach Resort *(plan Legian-Seminyak, B2, **37**) : jl. Werkudara. ☎ 75-19-31. • balekaresort.com • Au nord de Legian, au bout de la plage. Doubles env 40-90 € selon catégorie et saison, petit déj compris.* Bel établissement, à 100 m de la plage et à l'écart de l'agitation. Maisonnettes de style balinais traditionnel, serrées les unes contre les autres dans un jardin tout en longueur. Très propre et correctement équipé (AC, TV, minibar et coffre). Les moins chères se trouvent tout au fond, en face de la piscine. Également des suites bien plus coûteuses sans que le confort proposé soit très différent. Jolie piscine et allées bordées d'arbustes fleuris. Bon établissement dans sa catégorie.

Pearl *(plan Legian-Seminyak, B1, **35**) : jl. Arjuna-Double Six. ☎ 73-27-43. • balihotelpearl.com • Doubles 40-80 € selon type et saison. N'accepte pas les enfants de moins de 15 ans.* Niché au bout d'un passage, ce boutique-hôtel d'une dizaine de chambres réparties dans des pavillons d'un étage entoure un paisible jardin avec piscine. Toutes disposent d'une terrasse ou d'un balcon – très vaste dans les *deluxe* – et sont bien dotées (TV satellite, AC, frigo, etc.). Mobilier aux lignes simples et, çà et là, quelques touches de couleurs vives. Gestion assurée par un couple de Français dont le fils fait des prouesses côté resto (voir « Où manger ? »). Un bon choix pour qui veut du calme sans être loin de tout.

Plus chic (plus de 1 000 000 Rps, soit 66,75 €)

Alam Kulkul *(plan Legian-Seminyak, B2, **38**) : jl. Pantai Kuta. ☎ 75-25-20. • alamkulkul.com •* Le long de la grande plage de Kuta, un ensemble de villas de luxe : lits à baldaquin, petits objets de déco en osier, magnifiques salles de bains à ciel ouvert, grandes terrasses et tous les attributs du grand confort moderne. 2 piscines : l'une pour barboter et l'autre pour nager. Salon de relaxation à côté du lobby. Loue aussi des appartements. Pour le prix demandé, on trouve quand même les allées des villas assez étroites et les maisons un peu les unes sur les autres, sans véritable dégagement.

À Seminyak

Une sorte de désert en matière d'adresses bon marché. On en indique quand même une pour dépanner !

Bon marché (de 150 000 à 300 000 Rps, soit 10 à 20 €)

■ ***Ned's Hideaway*** *(plan Legian-Seminyak, B1,* ***40****) : gang Bima 3. ☎ 73-12-70. • nedshide@dps.centrin.net.id • Dans jl. Seminyak, en venant de Kuta-Legian, tourner à gauche au niveau du* Shisha Restaurant, *puis c'est sur la droite. Limite basse de la fourchette.* Bâtiment sur un étage, le long d'une courette où se situe le bar-réception avec une télé allumée jour et nuit. L'une des adresses les moins chères (ventilo ou AC et eau chaude), mais l'accueil laisse à désirer et les salles de bains sont assez vétustes. Demander une chambre à l'étage et loin de la réception, c'est plus calme. Entretien global moyen.

Chic (de 500 000 à 1 000 000 Rps, soit 33,35 à 66,75 €)

■ ***Ananda Resort & Spa*** *(plan Legian-Seminyak, A1,* ***42****) : jl. Oberoi (ou jl. Laksmana) 1001. ☎ 73-05-26. • ananda_resort@hotmail.com • Dans la rue des restos. Doubles à partir de 550 000 Rps, petit déj inclus.* On loge soit dans de petites maisons de style traditionnel à un étage, soit dans des bungalows assez luxe avec jardinet privé et terrasse. Toutes les chambres sont coquettes, avec AC, eau chaude, TV, d'énormes salles de bains et un petit salon. Attention cependant, certaines commencent à accuser le poids des ans. Belle piscine avec fontaine tout en arrondis, très engageante.

■ ***Raja Gardens*** *(plan Legian-Seminyak, A1,* ***43****) : jl. Abimanyu. ☎ 73-04-94. • jdw@eksadata.com • Doubles avec ventilo ou clim, respectivement à partir de 550 000 et 770 000 Rps.* Belle et généreuse pelouse plantée de hauts arbres, au fond de laquelle se trouve une maisonnette de 2 chambres, puis, plus loin, une série de quelques chambres plus simples, le long d'une terrasse surélevée face à la piscine. Murs couverts de bambou tressé, lits de bois, salle de bains extérieure. Ensemble spacieux et lumineux, simple et de bon goût. Piscine de belle taille, avec quelques transats. Tenu par John, un sympathique Australien.

Plus chic (plus de 1 000 000 Rps, soit 66,75 €)

■ ***Villa Kresna*** *(plan Legian-Seminyak, A1,* ***44****) : jl. Sarinande 19. ☎ 73-03-17. • villakresna.com • Dans une ruelle qui mène à la plage, à 100 m ; accès par jl. Abimanyu. Villas et suites à partir d'env 115 €, petit déj inclus.* Petit complexe hôtelier ayant pas mal de charme. On loge dans des suites ou villas lumineuses et confortables, à la déco soignée : terrasse spacieuse avec canapé de repos, vaste lit avec moustiquaire, belle salle de bains. Petite piscine de forme amusante qui sinue entre les espaces. Un petit havre de paix, pour ceux qui peuvent se l'offrir. Seul défaut, l'endroit est un peu confiné et il n'y a pas beaucoup d'espace autour. À quelques centaines de mètres, le *Villa Kresna Sunset Village* est encore beaucoup plus luxe et... cher.

■ ***Bali Agung Village*** *(plan Legian-Seminyak, A1,* ***45****) : jl. Abimanyu (presque au bout de la rue, accès sur la gauche, en suivant les indications). ☎ 73-03-67. • baliagung-village.com • Doubles avec AC à partir de 70 €, petit déj inclus.* Chouette hôtel, au calme, qui propose des chambres dans de jolis bungalows en pierre de taille, entièrement sculptés, équipés d'un mobilier de style, l'ensemble respectant bien l'architecture balinaise. Différents niveaux de confort et de prix. Petite piscine. Malheureusement, le tout est un peu ramassé. De la terrasse et de certaines chambres, on aperçoit les rizières, juste derrière. Évitez les chambres dans les villas, plus grandes mais surtout beaucoup plus chères. Situées au cœur de l'ensemble, elles sont enserrées dans un trop petit espace. Sympathique mais sans aucun dégagement. Bon accueil.

The Amala *(plan Legian-Seminyak, B1,* ***33****) : jl. Kunti 108. ☎ 73-88-66. • theamala.com • Studios à partir de 185 €. Interdit aux enfants de moins de 12 ans.* Un complexe hôtelier en retrait, très intimiste. Quelques studios (25 m²), certains un peu sombres, décorés avec goût dans un esprit zen et végétal, entourent la piscine. Chacun dispose de la clim et d'une douche en plein air. Pour les amateurs de grands espaces, une dizaine de villas avec piscine ou jacuzzi privatif. Panneaux solaires, murs végétaux, coton organique, yoga, spa holistique, etc. Bref, tout un concept poussé à l'extrême. Si ce n'est pas votre truc, passez votre chemin ! En tout cas, quiétude assurée.

À Petitenget-Canggu

De chic à plus chic (à partir de 500 000 Rps, soit 33,35 €)

Puri Madawi *(plan Petitenget-Canggu, B2,* ***50****) : jl. Petitenget, gang Cendrawasih 68. ☎ 73-93-60. • madawi.com • Selon type et saison, doubles 80-110 €, petit déj compris.* Posé au milieu de vestiges de rizières peu à peu grignotées par le béton... Vous désiriez une entame plus romantique ? Mais c'est ça la côte sud ! Cela dit, ce petit hôtel récent et loin des embouteillages offre des chambres confortables, dont les plus plaisantes encerclent une petite piscine nickel. Niché tout en long entre ses murs, on s'y sent plus dans un cocon protecteur que dans un espace confiné. L'agréable plage de Batubelig (rubrique « À voir. À faire ») est à quelques minutes de marche, le coin est plein de bons restos, et on peut facilement rejoindre le cœur de l'animation (2 € en taxi pour Seminyak, 3 € et des poussières pour Kuta). Bon petit déj à la carte, goûter offert. Accueil pro et souriant.

Tugu Bali *(plan Petitenget-Canggu, A1,* ***52****) : jl. Pantai Batu Bolong, Canggu Beach. ☎ 73-17-01. • hoteltugubali.com • Doubles à partir de 275 €.* Au milieu des lotus, de superbes villas, très spacieuses, dans un cadre unique composé d'antiquités balinaises. On a un peu l'impression de vivre dans un grand musée asiatique ! L'idéal pour une escapade romantique, près de cette plage de pêcheurs, un peu à l'écart. Spa n'utilisant que des produits naturels, piscine superbe, restaurant, cours de cuisine ; le grand luxe, dans un cadre joliment verdoyant.

Où manger ?

Autant que possible, nous indiquons les prix taxes comprises (voir la rubrique « Budget » dans « Bali, Lombok utile »).

À Kuta

Les restos sont nombreux et évoluent très rapidement à Kuta. Certaines de nos adresses seront peut-être périmées : il suffit que le patron ou le cuisinier change pour que tout se casse la figure. La plupart des établissements proposent de tout (plats indonésiens et européens) et à presque tous les prix. Cuisine en général correcte, mais vous trouverez généralement mieux à Legian, Seminyak et Petitenget.

Bon marché (de 20 000 à 40 000 Rps, soit 1,30 à 2,65 €)

Pasar Senggol *(marché de nuit ; plan Kuta, B2,* ***60****) : dans jl. Blambangan, à l'est de la ville. À proximité de l'office de tourisme. Slt le soir, 18h-22h, mais quelques échoppes ouvrent aussi le midi ; d'autres servent dès 16h.* L'endroit le moins cher du coin. Le marché en lui-même n'existe plus, mais il reste tout de même plusieurs restos particulièrement bon marché autour d'une cour. On est certain d'y manger des plats indonésiens (*gado gado, babi guling, cap cay,* poisson)

BALI

et d'inspiration chinoise, simples et frais. Très agréable de dîner dans cette ambiance, à la lumière des lampes à acétylène, bien loin de la faune du bord de plage.

|●| **Warung Wulan** *(plan Kuta, A1, **61**)* **:** *Poppies Lane II.* ☎ *75-76-85.* Le four à pizzas trône en bonne place devant la terrasse ouverte sur la rue. Il faut dire que les pizzas sont bonnes et pas chères. Plein d'autres choses sur la longue carte. Plats pas chers. Toujours bondé, musique à plein volume, ce n'est pas ici non plus que vous trouverez le calme.

BALI

Prix moyens (de 40 000 à 80 000 Rps, soit 2,65 à 5,30 €)

|●| **Kunti** *(plan Kuta, A1, **64**)* **:** *jl. Benesari n° 4.* ☎ *76-59-34.* Tout petit *warung* à la japonaise avec un *sushi bar* et des tabourets. Dans cette salle de poche ouverte sur la rue et zen, on s'assoit sur des coussins ou on s'installe à l'occidentale. Les *sushimen*, indonésiens, sont très doués dans la préparation de *sashimis sets* et des sushis. Plusieurs menus complets et à prix honorables. Portions copieuses et présentation soignée. Petit verre d'arak coupé d'un filet de citron en apéritif. Bon accueil.

|●| **Kafé Batan Waru** *(plan Kuta, A3, **65**)* **:** *jl. Kartika Plaza. À côté du centre commercial Discovery.* Il s'agit de la succursale du resto du même nom à Ubud. Même type de carte avec plein de spécialités indonésiennes. Grande salle ouverte et bien aérée. L'ardoise propose 3 ou 4 plats du jour vraiment très bien, ainsi que des hamburgers, sandwichs et *wraps*. Goûter au *ginger ale fizz*, très rafraîchissant, et à l'*urap pakis*, des fougères tendres dans une sauce coco épicée.

|●| **Warung Brasil Bali** *(plan Kuta, A1, **63**)* **:** *jl. Benasari, à l'angle avec le gang Lebak Bene.* ☎ *75-26-92.* Resto ouvert sur la rue, tout de bambou revêtu, routard comme tout, avec un rien de nonchalance. La carte emprunte différentes directions, des plats chinois aux spaghettis et burgers, en passant par les poissons grillés. Naturellement, elle propose quelques spécialités brésiliennes, dont la *feijoada*, même si on en a mangé de meilleures... Portions copieuses, service un peu indolent.

De chic à plus chic (plus de 80 000 Rps, soit 5,30 €)

|●| **Aroma's Café** *(plan Kuta, A1, **66**)* **:** *jl. Legian.* ☎ *75-10-03. Accès par la jl. Legian ou par le gang Lebak Bene. Compter 80 000-120 000 Rps.* Quelques tables sous une paillote hexagonale entourée d'un cours d'eau où évoluent des carpes dans un décor de végétation tropicale. Carte végétarienne exclusivement. Choix de petits déj (chaussons aux pommes, croissants...), très belles salades, sandwichs originaux et, pour les plus grosses faims, *gado gado, nachos*, etc. On a bien aimé la *greek isles platter*. Également des plats mexicains, italiens, et indonésiens bien sûr... Très bons jus naturels avec d'étonnants mélanges. Gâteaux bien faits aussi. Bref, une adresse pour toutes les heures de la journée.

|●| **Café Kopi Pot** *(plan Kuta, A1, **67**)* **:** *jl. Legian.* ☎ *75-26-14. Tlj 7h-minuit. Compter 80 000-120 000 Rps.* Devant la grande rue, certes, mais espaces aménagés presque comme un jardin et ombragés par un grand arbre. Finalement assez cosy. On conseille les soupes, goûteuses, mais aussi tout simplement le *nasi campur*, succulent et complet. Le *gado gado* n'est pas mal non plus. En revanche, la salade niçoise est à revoir. Pour finir, toujours gagnant, le *home made cake*. Très bien également pour prendre un thé dans l'après-midi.

|●| 🍸 **Poppies** *(plan Kuta, A-B2, **68**)* **:** *Poppies Lane I.* ☎ *75-10-59. Dans une ruelle piétonne très étroite, un peu plus loin que l'hôtel du même nom. Tlj 8h-23h. Catégorie « Plus chic ».* *Poppies*, qui fut le 1er resto (et cottage) de Kuta, est une véritable institution à Bali. Bien agréable pour y dîner, même s'il est très fréquenté et souvent complet (mieux vaut réserver). On vous sert dans un jardin envahi par les plantes tropicales. Une pièce d'eau égaie le tout. En entrée, goûter au poisson cru

(sashimi). Excellents *soto ayam, lumpia* et *tongseng kambing*. Sinon, plats internationaux et *world* de manière générale (hamburgers, *spare-ribs* et *pepper steak*). Pour terminer, d'excellents yaourts. Essayez aussi la *piña colada*, servie dans une noix de coco sculptée.

À Legian

Bon marché (de 20 000 à 40 000 Rps, soit 1,30 à 2,65 €)

|●| ***Legian Snacks*** *(plan Legian-Seminyak, B2,* ***81****) : jl. Padma Utara. ☎ 75-59-80. Tlj 7h-22h30.* Pourra convenir pour le petit déj comme pour un repas léger. Longue carte de plats indonésiens et chinois, agrémentée de quelques propositions occidentales. On se contentera des plats locaux, très corrects, un peu plus chers que chez son voisin *Warung Yogya,* mais le cadre y est plus séduisant. Une vraie terrasse sur la rue, des nappes à carreaux, des lumières tamisées... Salle apprêtée tout en restant familiale.

|●| ***Warung Bamboo*** *(plan Legian-Seminyak, B2,* ***82****) : jl. Pura Bagus Taruna. ☎ 75-21-92.* Les femmes s'agitent aux fourneaux, tandis que les convives s'attablent à l'étage, dans une salle ouverte et rustique aux cloisons de bambou tressé. Plats indonésiens et chinois classiques ; ceux du jour, listés sur les ardoises, sont une valeur sûre. Généreusement servi et bon, à des prix très raisonnables pour le coin.

Prix moyens (de 40 000 à 80 000 Rps, soit 2,65 à 5,30 €)

|●| ***Tekor Bali*** *(plan Legian-Seminyak, A1,* ***84****) : jl. Pantai Blue Ocean. ☎ 73-52-68. Tlj 7h30-minuit.* Terrasse et salle de resto sous une paillote, les yeux presque dans le bleu, puisque la mer est de l'autre côté de cette rue, calme en journée et follement animée le week-end. À la carte, un peu de tout, mais un « tout » assez soigné : *pasta prawns, lambshop with lemongrass,* bœuf au poivre noir, soupe thaïe *tom yam, indian chicken biryani, rijsttafel,* poissons et viandes grillées, ainsi que tous les classiques indonésiens. À l'heure du déjeuner, musique douce et ambiance tranquille, ainsi que d'intéressants *lunch special*.

|●| ***Gosha Restaurant*** *(plan Legian-Seminyak, B2,* ***85****) : jl. Melasti 7. ☎ 75-98-80. Tlj jusqu'à 23h.* Resto surtout axé sur les produits frais de la mer, présentés dans une petite barque à l'entrée. Faites votre choix sans oublier de vous faire préciser le prix et d'indiquer le mode de cuisson souhaité : grillé, vapeur ou au court-bouillon. Cuisine ouverte nickel. On mange dans une grande paillote tout en longueur, un brin aseptisée, sur fond de musique passe-partout.

Plus chic (plus de 120 000 Rps, soit 8 €)

|●| ***Pearl*** *(plan Legian-Seminyak, B1,* ***35****) : jl. Arjuna-Double Six. ☎ 73-27-43. Ouv le soir slt, tlj sf mer.* Dans le jardin de l'hôtel éponyme (voir « Où dormir ? »), ce resto mettra du baume au cœur de ceux qui se languissent de la cuisine hexagonale. Confit de canard, millefeuille d'agneau, bisque de homard, trio de chocolat... sont concoctés par le talentueux jeune chef français. Au mobilier contemporain un peu clinique de la salle, on préfère le romantisme des tables du jardin.

À Seminyak

On trouve ici une multitude de *warungs* et restaurants, pour tous les budgets, et quelques excellentes adresses pour les plus fortunés. Jalan Abimanyu (la « rue de la soif ») et surtout jalan Laksmana (la « rue de la faim »), également connue sous le nom d'Oberoi, permettent de faire un tour du monde culinaire sans quitter Bali !

Bon marché (de 20 000 à 40 000 Rps, soit 1,30 à 2,65 €)

|●| ***Warung Murah*** *(plan Legian-Seminyak, B1,* ***88****) : jl. Arjuna-Double*

Six 99. ☎ *73-20-82.* Dans un petit local classique amplement ouvert sur la rue, ce self typique est l'une des cantines préférées des autochtones, ainsi que des touristes et résidents de toutes nationalités. Si vous voulez vous initier à la cuisine locale, réelle et sans simagrées, c'est ici que ça se passe. Choisir riz blanc, jaune (*kuning,* cuit avec du *turmeric* et du lait de coco) ou brun, puis parmi les plats chauds sur le comptoir et exposés en vitrine pour composer votre assiette. Offre extrêmement variée : poulet, bœuf, poisson, légumes, soja *tempe* ou *tahu,* etc. Tout ça frit, en curry, en ragoût ou en soupe, mais toujours goûteux. Une fois installé, on vous apportera de petits cartons indiquant les prix des mets choisis. On parie que vous passerez à la caisse rassasié et avec le sourire. Pour d'autres adresses fonctionnant selon le même principe, voir à Petitenget-Canggu.

|●| ***Café Seminyak*** *(plan Legian-Seminyak, B1,* ***90****) : jl. Raya Seminyak 17, juste devant le supermarché* Bintang. ☎ *73-69-67. Fermé à 22h30.* Tenu par Patrick, un Marseillais qui prépare un bon jambon-beurre, des pans-bagnats, des crêpes et des viennoiseries. Le midi, des formules, et même des *thaï pancakes.* Mais aussi et surtout de vrais gâteaux : *chocolate cake, apple pie, almond croissant, lemon meringue tart, black forest...* De quoi se régaler.

Prix moyens (de 40 000 à 80 000 Rps, soit 2,65 à 5,30 €)

|●| ***Zula-Vegetarian Paradise*** *(plan Legian-Seminyak, B1,* ***92****) : jl. Abimanyu 5.* ☎ *73-27-23. Au début de la rue, en face du bar-resto* JP'S. *Tlj 8h-22h30.* Grandes tables de bois et couleurs douces composent une paisible atmosphère. Un mini-*warung* végétarien, comme son nom l'indique, qu'on pourrait qualifier de balino-bobo. Sandwichs falafels, soupes, *nasi goreng* au riz bio, *mediterranean platter,* lentilles, etc. Longue liste de jus de fruits. Bonne cuisine « autourdumondesque », dont la singularité est le caractère *organic* des produits. Une cuisine super saine donc, servie dans une toute petite salle aux murs jaune et terracotta.

|●| ***Gateway of India*** *(plan Legian-Seminyak, B1,* ***93****) : jl. Abimanyu 10.* ☎ *73-29-40. Service jusqu'à 23h30.* Un resto qui ne paie pas de mine mais qui fait pourtant salle comble à l'heure du dîner. Très bonne cuisine indienne, à la fois copieuse et savoureuse. Plusieurs *thalis* et bonne carte *veg.* Bons *dosas* (crêpes farcies au curry de pommes de terre), *mutton vindaloo* et *byrianis...* Buffet le dimanche soir. La carte est longue, longue...

|●| ***Café Moka*** *(plan Legian-Seminyak, B1,* ***94****) : jl. Seminyak.* ☎ *73-14-24. Tlj 7h-22h.* Tenu par un couple de *Frenchies,* ce café propose d'excellents petits déj à prix raisonnables, un joli choix de pains, viennoiseries et gâteaux, des sandwichs, des salades, ainsi que des petits plats de « chez nous » et d'ailleurs. Largement fréquenté par les expats, qui savent très bien où retrouver le bon goût d'un millefeuille ou d'un croissant aux amandes après un long séjour en Indonésie... Panneau de petites annonces bien fourni ; maisons à louer, voitures à vendre, cours de yoga, etc. Intérieur clean, aseptisé même ; mais faute de chaleur, il reste les saveurs.

|●| ***Warung Italia*** *(plan Legian-Seminyak, B1,* ***95****) : jl. Kunti 2.* ☎ *73-74-37.* La vogue des *warungs* étrangers est ici déclinée à la mode... italienne. Les spécialités de la Botte sont présentées sous forme de buffet ou à la carte. Joli choix parmi de grands classiques : excellente *melanzane parmigiana,* raviolis, spaghettis, gnocchis, salades et plus de 40 pizzas... On allait oublier les quelques desserts bien ficelés, les *gelati, espresso* et *cafe latte.*

|●| ***Hana*** *(plan Legian-Seminyak, B1,* ***97****) : jl. Seminyak.* ☎ *73-27-78. Tlj jusqu'à 23h30.* Petit resto japonais, déco épurée et très bonne cuisine. Poulet mariné au citron et à la sauce soja, sushis, sashimis, etc. Le *sashimi set* est à conseiller, tout comme les plats de *noodles.* Les photos vous aideront à faire votre choix et à goûter

des plats, tous plus raffinés les uns que les autres. Tables basses avec coussins pour la plupart, 3 tables hautes seulement... mieux vaut réserver si l'on souffre du dos ou des articulations.

|●| ***Waroeng Asia*** *(plan Legian-Seminyak, B1-2,* ***98****) : jl. Werkudara. ☎ 74-20-202. À 100 m de l'intersection avec jl. Arjuna-Double Six, sur la gauche, en retrait de la rue. Tlj sf dim, 11h-22h.* Petit établissement simple mais soigné, qui s'agrandit le soir d'une mignonne terrasse au calme, profitant de la fermeture des boutiques installées dans ce recoin de ruelles. Connu pour ses nombreuses spécialités thaïes (*pad thai, thai fried rice,* salade de papaye *som tam,* etc.), dont de bons currys. Les classiques indonésiens n'y sont pas en reste pour autant, tout comme les grillades. Bonne tambouille, portions honorables et service sans chichis. Tous les ingrédients d'une bonne adresse.

Chic (de 80 000 à 120 000 Rps, soit 5,30 à 8 €)

|●| ***Pantarei*** *(plan Legian-Seminyak, B1,* ***99****) : jl. Seminyak 17. ☎ 73-25-67. Ouv 8h-minuit.* Cuisine grecque de bonne qualité et service attentionné. Grand choix d'entrées *(plate of assorted greek mezze, tarama, bourek...),* de plats de viande et de poissons grillés. Plats classiques comme la moussaka, la *souzoukakia* (boulettes de viande...). Aussi des pâtes et plats orientaux. *Set menu* le midi à des prix intéressants, c'est bien plus cher le soir. La décoration, elle, suit la mode zen et branchée à la fois : bassins aux poissons, bois peint, pierre noire et lumière tamisée. Excellent service.

|●| ***Ryoshi*** *(plan Legian-Seminyak, B1,* ***100****) : jl. Seminyak 17. ☎ 73-11-52. Tlj 11h30-23h30.* Cette petite chaîne de restos japonais très fréquentée compte une poignée de succursales sur l'île. Énorme paillote sur 2 niveaux et terrasse ouverte sur la rue. Le sashimi est toujours frais et il est proposé selon l'inévitable *set,* tout comme les sushis. La généreuse carte liste d'autres mets, comme les *kushiyaki* (brochettes) et *yakimono* (plats de nouilles). Accueil et service excellents. Voir également « Où boire un verre ? Où sortir ?... ».

À Petitenget-Canggu

De bon marché à prix moyens (de 20 000 à 80 000 Rps, soit 1,30 à 5,30 €)

BALI

|●| ***Warung Murah*** *(plan Petitenget-Canggu, B2,* ***102****) : au tt début de jl. Petitenget. Bon marché.* Voir son grand frère à Seminyak : même principe, même résultat ! Ne pas s'inquiéter du brouhaha dû au trafic incessant de la rue, il s'atténue comme par magie quand on déguste la cuisine simple mais goûteuse de ce self à l'indonésienne.

|●| ***Warung Sulawesi*** *(plan Petitenget-Canggu, B2,* ***103****) : jl. Petitenget 57B. ☎ 74-63-052. En retrait de la rue, par un chemin quasi en face d'une épicerie* Circle K *(panneau). Tlj 7h-21h. Bon marché.* Une fréquentation composite, rassemblant autochtones et expats du coin, est toujours un bon indice. Bingo sur ce coup, ce *warung* est une gemme ! Comme dans nos meilleurs plans dans cette catégorie, le choix se fait au comptoir parmi les plats exposés, et on paie à la fin en présentant les tickets récoltés. Ou comment faire venir l'eau à la bouche « par les yeux »... et ne pas être déçu, vu la tonalité particulièrement parfumée des mets proposés, venus tout droit des Célèbes (Sulawesi), tout comme la très gentille équipe en charge. Les sensibles aux épices demanderont conseil pour trouver leur bonheur sans problème. Moitié terrasse couverte, moitié cour jardinée et un petit côté rétro, voici de plus une atmosphère inhabituelle pour un petit *warung.*

|●| ***Warung Sobat*** *(plan Petitenget-Canggu, B2,* ***104****) : jl. Batubelig 11A. ☎ 473-89-22. Tlj. Bon marché.* Salle tout en brique additionnée de recoins, qui s'apparente plus à un resto classique qu'à une cantoche. *Special of the day* sur l'ardoise, plats indonésiens

et balinais, dont des spécialités sur commande comme le canard *betutu* (canard fumé), poissons et viandes servis à la chinoise, sur des plaques de fonte, et recettes à l'occidentale souvent d'accent italien. Tout un programme pour une tambouille honorable plutôt qu'enthousiasmante car elle manque un peu de caractère. Les prix restés raisonnables malgré le succès et le service agréable maintiennent cette adresse parmi les bonnes.

De chic à plus chic (plus de 80 000 Rps, soit 5,30 €)

Rustica *(plan Petitenget-Canggu, B2,* ***105****) : jl. Batubelig 1. ☎ 473-78-12. Tt au début de la rue, derrière le porche de pierre, sur la gauche. Tlj 11h-23h. À partir de 80 000 Rps pour un repas sans les boissons. Buffet très garni sam soir env 200 000 Rps.* Mama a rejoint le fiston à Bali pour régler les fourneaux de cette trattoria-pizzeria à laquelle on ne pourra guère faire de reproches. Grand pavillon ouvert, juste embourgeoisé comme il faut à coup de nappes rouges, slogans et autres gimmicks. Délicieuses olives farcies et panées, une spécialité des Marches, la région d'origine de la famille. 6 types de pâtes au choix pour chaque « finition ». Four à bois pour les pizzas et assaisonnement de qualité à ajuster soi-même pour les salades. Le café est servi accompagné de cakes et *crostate* maison. Musique du pays. Service souriant et attentif, tout comme le patron, francophone.

Sardine *(plan Petitenget-Canggu, B2,* ***106****) : jl. Petitenget 21. ☎ 843-61-11 ou 843-63-33. Tlj sf lun. Résa conseillée. Plats principaux pour moins de 100 000 Rps au déj, bien plus le soir.* Sous cette vaste paillote chic, il faut passer derrière le mur-écran pour profiter du décor de rizières peuplé de mannequins d'osier. Réputée pour la fraîcheur de ses poissons, dont des sardines naturellement, la carte est moins extensive à midi que le soir, mais aussi plus abordable. Desserts sympas, parfois originaux, comme cette bonne glace au poivre. Atmosphère bobo où se côtoient touristes et expats, servis de manière très élégante.

Où boire un verre ? Où sortir ? Où danser ?

Aucun risque de se retrouver en rade quand il s'agit de boire un verre. Les adresses pullulent et se renouvellent sans cesse. La plupart des bars proposent des *happy hours* aux heures creuses (généralement 17h-19h), certaines diffusent matchs de foot et de rugby, d'autres accueillent des concerts. Beaucoup de reggae, un style élevé au rang de Oum Papa tropicale dans ce coin du monde. Sorry, Bob, mais quelquefois on sature ! Pour tout savoir sur la vie nocturne, se procurer le petit magazine *The Beat,* disponible dans les bars et les boutiques.

À Kuta

L'animation se concentre essentiellement sur *jalan Legian* et *jalan Pantai Kuta,* qui fait un coude pour longer la plage. Dans beaucoup de bars, l'ambiance troisième mi-temps flirte parfois avec le vulgaire, tandis que quelques grosses usines de la nuit assurent la suite des hostilités. La prostitution plus ou moins déguisée est assez commune, également dans sa variante masculine-gigolo. À vrai dire, les bars et boîtes les plus branchés ont déserté les lieux depuis belle lurette. Difficile de conseiller une adresse plutôt qu'une autre.

Twice Bar *(plan Kuta, A1,* ***110****) : sur Poppies Lane II. Groupes mer-sam 21h-23h.* Un petit lieu assez destroy, en tout cas un rien décalé. En effet, il accueille des groupes indonésiens qui chantent du rock pur jus. Et la clientèle est à 99 % locale. Incroyable, pas un Australien en vue ! Très sympa. Une des bières les moins chères du quartier. Attention, à 23h, on tire le rideau. Les petites rues perpendiculaires accueillent aussi quelques adresses sympas, mais elles tournent trop vite pour les indiquer.

🍷🎵 Pour ceux qui font la collection des T-shirts **Hard Rock Café** *(plan Kuta, A2, **111**)*, celui de Kuta se trouve au sud de la route qui longe la plage. Ouvert jusqu'à 2h du mat'. Énorme complexe hôtel-resto-bar-piscine. C'est cher et fréquenté surtout par les Asiatiques. Sur les murs de la gigantesque salle, beaucoup d'objets et souvenirs liés aux Beatles. Groupe tous les soirs à 23h. Allez tout au fond pour jeter un coup d'œil à l'étonnante piscine, gigantesque et frangée de sable. Assez étonnant.

🎵 Sur jalan Pantai Kuta (le long de la plage), citons le **Bounty** et le **Sky Garden Lounge,** un poil au sud de *Ground Zero* (rubrique « À voir. À faire »).

À Legian

Saupoudrés parmi des établissements plus « balourds », on commence à trouver quelques bars cool par ici. Si vous voulez vous acclimater à l'atmosphère « balino-australienne », arpentez les jalan Pura Bagus Taruna, Sahadewa et Padma Utara *(plan Legian-Seminyak, B2)*, et faites une pause, par exemple, dans l'une de nos deux premières adresses.

🍷🎵 ***The Legend*** *(plan Legian-Seminyak, B2, **112**)* **:** *jl. Sahadewa 9.* ☎ *75-53-76.* Le bon petit bar de base, rendez-vous des touristes australiens. Toujours un groupe le soir, qui y joue les immortels standards anglo-saxons dans une ambiance consensuelle.

🍷🎵 **Billys Bar** *(plan Legian-Seminyak, B2, **113**)* **:** *jl. Sahadewa 8.* ☎ *76-33-73.* Fauteuils en gros bambous et bonne atmosphère pour boire une bière en écoutant un petit groupe local qui donne rarement dans la finesse.

🎵 Pas mal de boîtes branchées à mort devant la plage de Legian. On se croirait à Ibiza !

🎵 ***La Vida Loca*** *(plan Legian-Seminyak, A1, **114**)* **:** *presque à l'angle de jl. Arjuna.* On aime bien cette adresse, grande comme un abribus, aux murs de verre et dotée d'un bar moderne, où de petites formations de qualité (bossa, jazz...) viennent animer l'atmosphère entre 21h et 23h, avant qu'un DJ prenne le relais. *Good vibes.*

🍷🎵 ***Bali Peanuts Club*** *(plan Legian-Seminyak, B2, **116**)* **:** *sur jl. Legian, près de jl. Melasti (près du coin de jl. Legian).* ☎ *75-41-49.* Un grand rendez-vous des touristes en goguette. Groupes rock et blues de temps en temps. Petits billards, quelques canapés et déco ethno-n'importe quoi. Chaque samedi, le groupe *Crazy Horse* fait du bruit à partir de 22h.

🍷🎵 ***Jaya Pub Bali*** *(plan Legian-Seminyak, B1, **117**)* **:** *jl. Seminyak 2.* ☎ *73-53-10. Tlj à partir de 21h30 (jusqu'à 2-3h selon soirs). Entrée gratuite, sf sam oùune boisson payante à 40 000 Rps est imposée.* Pour écouter du jazz, des airs des années 1960, du blues et des chansons du Top 40. Désuet...

À Seminyak

Le « centre » de l'animation nocturne chic ou simplement branchée se situe toujours à Seminyak, même s'il glisse peu à peu vers Petitenget-Canggu, selon le mouvement ininterrompu vers le nord qui affecte la station depuis la fin des années 1980. De nombreux bars bordent notamment jalan Abimanyu (ou Dhyana Pura), autrement connue sous le nom de « rue de la soif » ! Il y en a pour tous les goûts : vieux rock, pop, musique latine, R'n'B, hip-hop, techno... Traquez les *flyers* pour savoir où se déroulent les soirées. Ici, pas de grosses beuveries. Il s'agit de grands clubs parfois très design, où l'on se trémousse quand l'ambiance est chaude.

En phase avec la tendance actuelle du monde de la nuit, les grosses boîtes de nuit sont en perte de vitesse au profit des lounges et autres clubs. Ainsi, le célébrissime ***Double Six*** a fermé le 24 septembre 2011 après 25 ans de service. Très critiqué sur la fin pour ses dérives, parions qu'il n'en sera pas moins regretté. Pas d'inquiétude pour son patron, puisqu'il est également propriétaire du *Ku-De-Ta* et du *Cocoon Beach Club* (voir plus loin).

🍷🎵 ***JP'S*** *(plan Legian-Seminyak, B1, **118**)* **:** *jl. Dyana Pura/Abimanyu 6.*

☎ *73-16-22. Au tt début de la rue. Tlj 8h-minuit, donc bien pour le before. Happy hours 17h-20h. Musique live tlj sf dim, à partir de 21h.* Un resto-bar à musique qui propose une longue liste de cocktails, dans une salle colorée.

Bahiana *(plan Legian-Seminyak, B1,* ***119****) : jl. Abimanyu 4.* ☎ *73-86-62. Au début de la rue ; impossible de le rater avec ses néons rouges.* Bar-rhumerie sur 2 étages, avec un remarquable comptoir de bois au centre et une ambiance *latin jazz.* Très confortable, très lounge dans l'esprit.

Santa Fe *(plan Legian-Seminyak, B1,* ***120****) : jl. Abimanyu 11.* ☎ *73-11-47. Ferme à 3h.* Un bar qui a traversé les époques et qui reste toujours une valeur sûre. Décor se situant entre le bar du Nouveau-Mexique et le pub. Grande salle. Clientèle mélangée et décontractée. Groupes de temps en temps. Fait aussi bar à vins à l'étage, cave bien fournie et ambiance plutôt chic. En face, ***The Bush Telegraph Pub*** est toujours prisé. Plein d'autres adresses dans la rue. Également 5 ou 6 bars gays, les uns à côté des autres. Parmi eux, le ***Mixwell Bar,*** avec spectacles de drag-queens et gogo-boys vers 22h30, dans une ambiance survoltée.

Ku-De-Ta *(plan Legian-Seminyak, A1,* ***122****) : au bout de Laksmana, en bord de plage.* ☎ *73-69-69.* Le bar-resto-lounge des *beautiful people* ! Localisation absolument parfaite : devant la plage de Seminyak. S'il fallait jouer les branchés une fois dans votre séjour, ça pourrait être là. Beaucoup d'humour dans le nom de ce bar (prononcez « coup d'État »), mais l'atmosphère est assez guindée. Immense espace surplombant la plage : généreux transats pour l'après-midi, carré de verdure encadré de palmiers, bassin décoratif, tables de bois design pour l'apéro ou le dîner (évitez, c'est bien trop cher !). Le mieux est d'y aller pour le coucher du soleil, puisqu'on y a un magnifique point de vue sur la boule orangée qui descend dans les flots. Bons cocktails, à des prix *western...* De 17h à 19h, un DJ mixe en direct, puis il remixe à 23h. Excellente qualité musicale. Accueil snobinard. Bref, le même type de bar que l'on trouve à Barcelone, Los Angeles, Paris, Milan, Berlin... Amis radins ou fauchés : prenez un transat au bout de la terrasse et commandez... un café !

Cocoon Beach Club *(plan Legian-Seminyak, A1,* ***123****) : à l'extrémité de jl. Arjuna-Double Six, sur la droite, le long de plage de Seminyak.* ☎ *73-12-66.* • *cocoon-beach.com* • Ce club en jette niveau design, avec son resto-bar à l'intérieur et surtout sa piscine qui occupe l'essentiel de l'espace extérieur. Entourée de sofas (amphibies ?) et exhibée aux yeux des passants, elle change de couleur régulièrement. Un verre, une trempette, un nouveau verre au comptoir parmi d'autres convives en maillot de bain... Attention à l'hydrocution quand même. Atmosphère hédoniste qui culmine lors des parties splash (consulter le site).

Crystal Palace *(plan Legian-Seminyak, A1,* ***124****) : pousser au-delà du Cocoon Beach Club ; la ruelle devient chemin parfois sablonneux et s'affranchit de l'oppressant béton qui n'a pas encore bouché son arrière-plan.* Les vagues ne sont pas loin, certains s'en rapprochent encore en s'unissant à la tribu mouvante des poufs de plage. Le manège commence dès le coucher de soleil. D'autres préfèrent l'intérieur de cette bâtisse sans cloisons, tandis qu'un bon groupe joue du rock assez musclé sans succomber à la lourdeur. Seminyak, c'était autrefois comme ça, une communauté perméable et variée, tournée vers l'océan. Idéal pour retrouver cette atmosphère.

Ryoshi *(plan Legian-Seminyak, B1,* ***100****) : voir également « Où manger ? ». Concerts lun, mer et ven soir.* Ce resto japonais est également connu et très fréquenté pour ses bons concerts de jazz. Swing, sushi, swing !

À Petitenget-Canggu

Les restos-bars d'Echo Beach *(plan Petitenget-Canggu, A1,* ***125****) :* plusieurs établissements ont colonisé ce petit surplomb, parfait pour contempler les surfeurs défiant l'un des célèbres breaks de la côte. On y apprécie de beaux couchers de soleil et l'ambiance se maintient grâce au dernier resto-bar sur la gauche, particulièrement populaire auprès des jeunes voyageurs. Prix élevés, mais les *happy hours* et formules buffet permettent d'éviter le crash.

🍷 ♪ ***Potato Head*** *(plan Petitenget-Canggu, B2,* ***126****)* **:** *jl. Petitenget. ☎ 473-79-79. Donne sur la plage, un peu au sud de celle de Batubelig.* On ne peut s'empêcher de scruter cette belle demi-lune rétro-contemporaine et ouverte sur les flots quand on arpente la plage. Côté rue, contrôle de sécurité sérieux à l'entrée. Pour le reste, ce resto-bar-lounge-club est assez comparable au *Ku-De-Ta.*

🍷 ♪ ***La Barca*** *(plan Petitenget-Canggu, A2,* ***127****)* **:** *Batubelig Beach.* Bar-resto de plage dont la terrasse de poufs (masculin pluriel !) posés à même le sable sied à merveille à cette encablure de côte encore peu développée. L'intérieur, simple superstructure de bois ouverte aux quatre vents, abrite des DJs et des clients qui ne semblent pas pressés de bouger. *La Barca* perpétue à sa manière le Bali à la fois branché et relax. Consos et plats plutôt chers, mais une petite *Bintang* n'asséchera pas le porte-monnaie.

Achats

De Kuta à Seminyak, on trouve pratiquement de tout. Faire ses courses est ici une activité quasi incontournable, comme aller à la plage ou dîner au resto. Ne croyez pas que les prix soient élevés. Le débit est tel que le vendeur négocie auprès de son fournisseur des tarifs vraiment intéressants. Et il y a tellement de petites choses à prix incroyables qu'on a du mal à résister.

– ***Artisanat :*** masques, marionnettes, objets en bois, mobiles, batiks... Tout cela abonde dans les boutiques, à des prix pas forcément plus élevés que dans les villages si vous savez négocier. En revanche, les prix annoncés au départ peuvent être parfaitement farfelus et parfois tout simplement délirants. D'où l'importance, lorsque vous venez d'arriver, de comparer les tarifs pour vous faire une idée des prix « normaux ».

– ***Chemises et T-shirts :*** choix incroyable. Très bon marché. Faire plusieurs boutiques avant d'acheter : les prix varient du simple au quintuple selon les prétentions des vendeurs, même si la qualité est la même !

– ***Autres vêtements :*** mesdames, vous serez surprises par les couturiers qui ont pignon sur rue à Kuta. Des tailleurs, jupes, chemises très mode, à des prix *Tati.* Des affaires à faire, le tout très portable au retour. Remarque : si vous leur achetez du tissu, la plupart des boutiques peuvent exécuter des vêtements sur mesure. Pensez à apporter un modèle.

– ***CD et DVD :*** de nombreuses boutiques vendent des CD de tubes anglo-saxons et des DVD de films en tout genre. Très bon marché, mais sachez qu'il s'agit de copies, que c'est interdit par la loi (risque de fortes amendes à la douane au retour) et que la qualité est la plupart du temps minable (bande-son exécrable).

– ***Photos numériques :*** de nombreux magasins proposent de mettre vos photos numériques sur CD-Rom ou d'en faire des tirages papier. Qualité très variable, souvent moyenne. On trouve assez facilement des échoppes qui vendent des cartes mémoire.

À voir

La plage : la plus vaste et grandiose de l'île, elle s'étend sur des kilomètres et des kilomètres. **Attention :** la mer est dangereuse sur cette côte où les rouleaux sont traîtres, les lames de fond fréquentes et le courant sans merci. Les noyades sont courantes. Ne vous fiez pas aux exploits des surfeurs aguerris qui ont l'habitude et... une planche attachée à la cheville. Éviter aussi de suivre l'exemple de nombreux baigneurs francs-tireurs que les maîtres nageurs tentent de ramener à coups de sifflet entre les drapeaux jaune et rouge des zones autorisées. Sachez enfin qu'en cas de pépin, les secours ont peu de moyens : ni bateau, ni hélico !

– Le spectacle du ***soleil couchant*** commence vers 17h et dure 40 mn environ. C'est presque une cérémonie, sublime certains soirs ! Le soleil couché, la plage se vide, à l'exception des moustiques, qui dévorent tous les retardataires.

Quelle plage pour faire quoi ? Lecteurs surfeurs, sachez que plus on va vers le nord, plus les vagues sont grosses et puissantes. Les loueurs de planches sont moins chers dans les rues juste derrière la plage que sur la plage. Ils abusent ! Et les profs ne sont pas très bons...

Kuta Beach : la plus bondée et la plus célèbre, son arrière-plan est malheureusement le plus urbanisé en hauteur. C'est l'un des meilleurs spots pour s'initier au surf.

Legian Beach : la concentration baisse un peu par rapport à la précédente. Pour le surf, assez facile au niveau du *Legian Beach Hotel,* mais attention aux courants, notamment au niveau de jalan Padma.

Seminyak Beach : comme ce quartier, elle est plus branchée. Son extrémité nord garde pas mal de charme, avec quelques réels bars de plage et plus de maudits murets. Bon coin pour surfer car moins embouteillé.

Batubelig Beach : pas de baignade (ou plutôt encore moins qu'ailleurs...), mais un océan puissant, le coucher de soleil, ainsi que quelques bars et restos dans un environnement encore faiblement bétonné.

Echo Beach : *en moto, passer par jl. Batubelig et prendre à droite juste avt cette plage. Par la route principale c'est bien plus loin.* Pas de vraie plage ici et une plate-forme de béton pas très sexy. Pour surfeurs expérimentés et leurs admirateurs, mais aussi pour boire un verre au coucher de soleil, puis manger un morceau.

– ***Les vendeurs de plage :*** plus qu'ailleurs, Kuta et Legian sont le théâtre d'un ballet incessant de vendeurs de tout poil : lunettes, boissons fraîches, sculptures, sarongs, etc., etc., etc. Au mieux, on vous proposera quelque chose toutes les minutes, au pire toutes les 20 s, mais il y a du progrès depuis que les chalands ont théoriquement l'interdiction d'alpaguer le touriste sur une bande bordant la mer. Avant, c'était toutes les 10 s. S'énerver ne sert à rien si ce n'est à gâcher ses vacances... et puis, ce n'est pas si désagréable de trouver une boisson fraîche sans quitter sa serviette !

Ground Zero *(plan Kuta, A-B1) : sur jl. Legian (en face de l'angle avec Poppies Lane II).* C'est le mémorial dédié aux victimes de l'attentat d'octobre 2002, à l'endroit exact où il s'est produit. Un monument, une liste de noms par pays, et, tout autour, des touristes qui se font prendre en photo.

La seule curiosité de Kuta est la ***pagode chinoise*** entourée d'un mur couvert de statuettes peinturlurées et de masques. Dans la rue derrière le marché.

À faire

– ***Location de surfs :*** partout où les vagues s'y prêtent, on trouve du matériel à louer. Pourquoi ne pas essayer ? Compter à partir de 30 000 Rps/j. Avec quelques conseils ou, encore mieux, des cours (plusieurs écoles existent), on peut se jeter à l'eau. Pour débuter, choisir une *long board* (longue planche) et se diriger vers une zone propice et surveillée (voir « Quelle plage pour faire quoi ? » plus haut). Dans tous les cas, bien se renseigner auprès des loueurs ou de vos collègues de planche.

– ***Les masseuses :*** elles travaillent à leur compte sur la plage, ou sont employées dans de petits centres de massage sur jalan Legian et les *gang* perpendiculaires, notamment. Petite précision : il s'agit de vrais massages, sans équivoque. Sur la plage, on reconnaît les masseuses à leur chapeau conique numéroté et à leur badge. Un massage à l'huile de coco, quand le soleil descend, reste un grand moment et fait partie intégrante de la culture de Kuta. Négocier le temps et le prix, et ajouter un bon 10 % si vous êtes satisfait. Compter environ 70 000 Rps pour un massage simple de 1h (il y a ensuite un tas de variantes). La masseuse essaiera de vous fidéliser. D'ailleurs, on y prend vite goût, surtout que les femmes qui font ça sont adorables. C'est aussi un bon moyen de papoter un peu avec elles et d'en savoir plus sur Bali. Pendant qu'on vous masse, la cousine ou la sœur déboule pour essayer de vous fourguer un autre article. Dans les centres spécialisés (prix fixes affichés dehors), les masseuses sont patentées.

– Parfois, ***spectacles de danse*** en fin de soirée. Impossible de les ignorer. Les billets vous seront proposés sur la plage et dans la rue.

LA PRESQU'ÎLE DE BUKIT

IND. TÉL. : 0361

Ce grand morceau de terre est rattaché au reste de l'île par un isthme étroit qui accueille l'aéroport. Vu d'avion, il apparaît comme un autre monde, avec son sol calcaire et ses grandes plages.

Si ce n'est quelques surfeurs, très peu de monde visitait cette presqu'île avant la fin des années 1970. Puis le secteur de Nusa Dua, à l'est de la péninsule, fut désigné pour l'aménagement d'une zone d'hôtels de luxe, regroupés pour limiter les dégâts causés par un tourisme de masse. L'opération est un succès puisque des milliers de touristes restent parqués dans les 5-étoiles construits pour eux...

UN DÉVELOPPEMENT CONTROVERSÉ

Oublions le ghetto de Nusa Dua pour nous intéresser au sud-ouest de la péninsule (Uluwatu, Balangan, etc.), qui vaut vraiment le coup. Après une interruption due à l'attentat d'octobre 2005, son développement a repris de plus belle. De gros projets hôteliers sont en cours de finition, d'autres suivent. Il serait aussi judicieux de conserver la beauté sauvage de certains panoramas, faits de criques aux sables blancs (une rareté régionale), très propices à la pratique du surf ! Alors, profitez de son calme relatif et de ses petits coins paumés tant qu'il en est encore temps. Pour la balade, mieux vaut avoir son propre véhicule.

JIMBARAN *(plan Le sud de Bali)*

Jimbaran se trouve à quelques kilomètres de l'aéroport, dans le prolongement de la plage de Kuta. Son flanc ouest accueille une immense plage de sable blond en anse de panier et aux eaux relativement tranquilles, sauf durant la saison des pluies. Bien sûr, il y a des vagues, mais beaucoup moins fortes qu'à Kuta, ce qui permet une baignade plus sereine. Quelques bateaux de pêche, des dizaines de restos alignés où l'on vous grille un poisson fraîchement pêché, un marché aux poissons sur le sable à l'arrivée des barcasses en fin d'après-midi... Pour accéder à la plage depuis la rue principale, jalan Uluwatu, il faut prendre, au milieu du village, jalan Pemilisan sur la droite.

Si vous séjournez à Kuta ou à Legian, Jimbaran constitue une petite excursion agréable, le midi pour déguster des fruits de mer et se baigner, le soir pour une ambiance romantique aux chandelles, lorsque tous les restos ont envahi la plage, avec chaises et tables pour dîner les pieds presque dans l'eau. On peut éventuellement faire halte une nuit ou deux à Jimbaran, mais on a rapidement envie d'aller voir ailleurs.

Où dormir ?

De chic à plus chic (à partir de 500 000 Rps, soit 33,35 €)

Hotel Puri Bambu (plan, **10**) : *jl. Pengeracikan, à Kedonganan. ☎ 70-13-77. • puribambu.com • Selon type et saison, doubles 500 000-1 000 000 Rps, petit déj compris.* Établissement agréable construit autour d'un jardin très fleuri et d'une belle piscine en pierre de lave (gris noir), proposant une cinquantaine de chambres. Les *standard* sont un peu décevantes pour un prix qui reste relativement élevé, tandis que les *superior* et *deluxe* sont grandes et très confortables. Terrasse ou balcon, et bon niveau d'équipement pour toutes les options : baignoire (sauf dans les *superior*) et douche, TV, minibar, AC, etc. La plage est à 300 m. Bon petit déj, mais le resto n'est pas notre préféré. Accueil soigné.

Villa Balquisse (plan, **11**) : *jl. Uluwatu 18X. ☎ 70-16-95. • balquisse.com • Réserver longtemps à l'avance. Doubles à partir de 100 €, transfert aéroport et petit déj inclus.* Le portique en retrait de la rue, derrière une petite résidence, s'ouvre sur un espace d'une grande sérénité. On y trouve 2 villas mitoyennes (3 et 5 chambres respectivement) autour d'un grand jardin, possédant chacune sa piscine et partageant des coins détente, ainsi qu'une 3e dans une cocoteraie tout au fond. Mobilier extérieur privilégiant les matériaux et couleurs naturels, tandis que la déco des chambres mêle harmonieusement influences balinaise, marocaine et quelques touches de baroque italien. Partout se révèle un grand souci du détail. Accueil gentil et discret. Pour routards tendance bobo, avec les poches bien pleines.

Où manger ?

Plus chic (plus de 120 000 Rps, soit 8 €)

Malgré des variations de styles allant du *warung* populo à l'établissement classique, les restos qui se succèdent sur la plage de Jimbaran appliquent tous la même recette. Poissons et fruits de mer sont présentés dans de grands bacs à glace (méfiez-vous des surgelés) et parfois dans un vivier. Pour profiter du meilleur choix et du coucher de soleil, essayez d'arriver de bonne heure. Demandez le prix dès la pesée, car ils varient beaucoup selon les espèces, et négociez en démarrant à 50 % de celui annoncé, souvent gonflé. Sinon, tentez au moins d'être dispensé des taxes, si elles ne sont pas incluses, tout en gardant un œil sur la balance. Certaines ont en effet le don de transformer 600 g en 1 kg... Le plus dur étant fait, il n'y a plus qu'à s'attabler les pieds dans le sable, pendant que votre pêche cuit sur d'énormes barbecues, utilisant comme seul combustible les écorces de noix de coco. Ça s'appelle « Jimbaran Style », ça fume énormément mais le résultat est fabuleux. Les plats sont toujours servis avec du riz, parfois une petite soupe, des légumes et un petit assortiment de sauces. Si choisir et marchander vous paraît trop fastidieux, il existe également des formules de menus. Un peu cher, certes, mais sans comparaison avec les tarifs pratiqués en Europe pour le festin de langoustes, crabes et autres délicatesses que vous allez

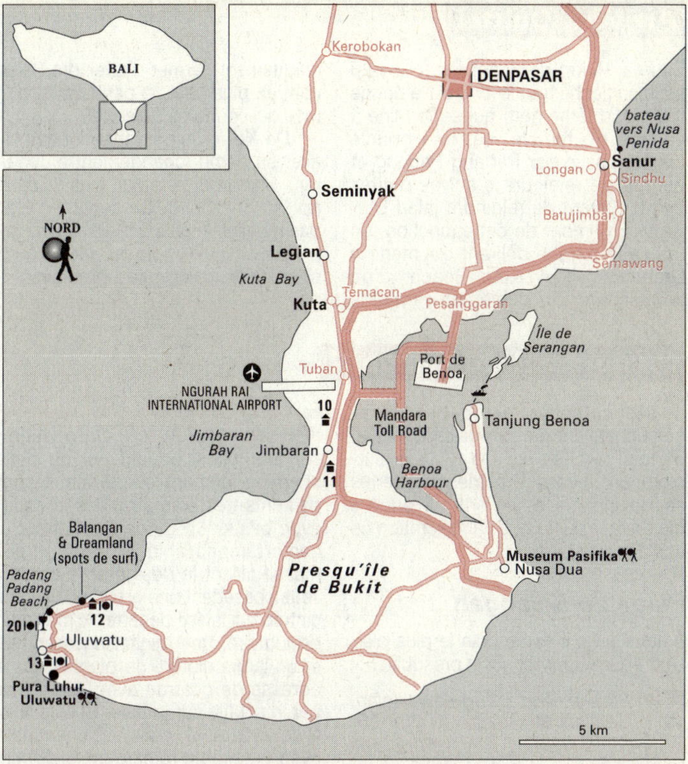

LE SUD DE BALI

Où dormir ? Où manger ?

- **10** Hotel Puri Bambu
- **11** Villa Balquisse
- **12** Flower Bud Bungalows, La Joya et les paillotes de la plage
- **13** Galih Homestay
- **20** Yeye's Warung

vous offrir. Malgré l'affluence touristique, l'atmosphère reste plaisante. On garde un petit faible pour les adresses au sud de la plage.

ULUWATU, PADANG-PADANG, DREAMLAND-NEW KUTA BEACH ET BALANGAN *(plan Le sud de Bali)*

Uluwatu désigne un temple perché face à l'infini, à la pointe sud-ouest de la presqu'île, mais aussi son voisin, un spot de légende connu des surfeurs du monde entier. Plus au nord s'égrènent Padang-Padang, Dreamland-New Kuta Beach et Balangan, qui offrent leur lot de vues spectaculaires, de vagues propices à un surf d'exception, et, cerise sur le gâteau, quelques étendues de sable blanc où barboter en fonction des marées. Mis à part Pecatu, il n'y a pas de véritables villages dans cette zone.

Arriver – Quitter

Situé à 15 km de Jimbaran, Uluwatu est bien fléché tout le long de la bonne route du même nom qui se termine à l'entrée du temple. Là, une boucle côtière passe par Padang-Padang et permet de rejoindre d'autres petites criques avant de rejoindre jalan Uluwatu. En amont de cette jonction, on trouve le porche délirant qui mène à Dreamland-New Kuta Beach (d'où un raccourci praticable par les motos uniquement permet d'atteindre Balangan) et, plus haut, la petite route bitumée qui conduit à Balangan.

➢ **De Kuta,** on peut théoriquement y aller en *bemo* (changement à Jimbaran). Mais pour le retour, plus de *bemo* après 15h-15h30. Ce service n'étant pas régulier, le plus sûr est d'avoir son propre véhicule (moto ou voiture) ou de chartériser un véhicule à plusieurs.

Où dormir ? Où manger ?

Le secteur côtier compte des hébergements allant de bon marché à chic, parfois perchés sur les falaises surplombant l'océan. L'intérieur des terres se développe à un rythme encore modeste. Pourvu que l'accélération ne soit pas trop brutale...

Plage de Balangan

À notre avis, c'est le coin le plus plaisant pour séjourner sur la presqu'île.

🏠 🍴 ***Flower Bud Bungalows*** *(plan,* ***12****) : jl. Balangan Beach.* ☎ *857-20-62.* 📱 *081-647-223-10. • wellehnick@yahoo.com • flowerbudbalangan.com • Suivre la route qui mène à la plage de Balangan jusqu'au bout ; au-dessus de la falaise. Résa conseillée. Doubles 300 000-550 000 Rps selon taille. Plats 30 000-75 000 Rps.* Les 8 bungalows de 2 étages sont posés sur un agréable jardin avec piscine. À l'arrière, une nouvelle extension en propose 6 de plus, exactement dans le même style. Certains peuvent héberger 6 personnes. Construction traditionnelle balinaise utilisant presque exclusivement le bambou, jusqu'aux tuyaux de douche des salles de bains extérieures et aux volets à bascule fermant les fenêtres sans vitre. Moustiquaire, ventilo et électricité, donc eau chaude ! Entretien impeccable et tranquillité presque absolue. Petit resto à l'entrée avec une carte panachée de plats indonésiens et occidentaux bien préparés.

🏠 ***La Joya*** *(plan,* ***12****) :* 📱 *081-856-58-39. • la-joya.com • Voisin du Flower Bud Bungalows. Doubles à partir de 90 €, petit déj inclus.* On accède à son bungalow privatif par de petits chemins joliment empierrés. Hébergements très bien arrangés, meublés avec beaucoup de goût et offrant un confort impeccable. Mobilier en bois massif alliant le design et le charme. Tous possèdent une grande baie vitrée cintrée qui laisse pénétrer le maximum de lumière, une miniterrasse en teck et un jardin clôturé de plantes. Super adresse de charme avec vue à couper le souffle sur la baie. Belle piscine à débordement, vraiment charmante, avec panorama remarquable. Groupe électrogène. Dîner uniquement sur commande. Géré par des Français. Accueil indifférent, dommage. Idéal pour les amoureux, qui seront vraiment coupés du monde, et pour les surfeurs argentés, car un super spot est situé à 5 bonnes minutes à pied.

🏠 🍴 ***Les paillotes de la plage*** *(plan,* ***12****) : sur la plage, au pied des falaises.* Les surfeurs et autres *beach bum* (« fadas de la plage ») aiment boire un verre ou grignoter un morceau par ici. Ceux qui désirent l'union complète avec le sable et l'océan et n'ont cure du confort choisiront de visu leurs turnes marines.

Uluwatu et environs

Les inconditionnels du coin trouveront quelques chambres simples à louer pile au-dessus du célèbre spot.

🏠 🍴 ***Galih Homestay*** *(plan,* ***13****) : jl. Pantai Suluban, à 5 mn de la* *falaise d'Uluwatu (ne pas confondre avec le temple). 085-639-112-11. • galihhomestay@yahoo.com • Doubles avec ventilo ou AC 200 000-300 000 Rps, petit déj compris.* Suffisamment d'espace, un poil de mobilier, un lit décent et du carrelage propre comme un sou neuf. Eau froide pour tout le monde, et alors ? Il fait tellement chaud ! Petit resto à l'entrée où l'on prend son petit déj, bungalows au fond du terrain. Accueil timide et gentil.

Près de Padang-Padang

Yeye's Warung *(plan,* ***20****)* ***:*** *jl. Labuansait, à* ***Pecatu,*** *à 500 m de la plage de Padang-Padang. ☎ 742-47-61. 081-238-078-92. Ouv 12h-minuit. Compter env 25 000 Rps pour un plat indonésien.* Salle de resto de couleur pêche, ouverte aux quatre vents. Jolie palette de plats indonésiens et occidentaux. Musique et atmosphère bien plaisante.

À voir

Le pura Luhur Uluwatu *(plan)* ***:*** *au bout de la falaise. Ouv 7h-19h. Entrée : 20 000 Rps, emprunt d'un sarong inclus.*
C'est, avec Tanah Lot, l'un des temples les plus importants de Bali, car il est dédié aux dieux de la Mer. Le sanctuaire n'a rien de folichon en lui-même, mais sa situation à flanc de falaise, au-dessus des flots, commande un panorama extraordinaire. L'effet est à son comble au coucher du soleil, qui coïncide chaque jour avec une représentation de *kecak* organisée par les villageois de Pecatu (spectacle à 18h, 100 000 Rps). Les contours du temple et les silhouettes des danseurs se dessinant devant le ciel du crépuscule composent un tableau d'une beauté quasi irréelle.
Moins idyllique est la présence de centaines de singes « pickpockets » qui ont élu résidence ici. Ils dérobent tout ce qu'ils peuvent. Des lunettes sur votre nez ? Hop, plus de lunettes (c'est du vécu) ! Une banane dans votre poche ? Hop, plus de banane ! Même si des personnes chargées de l'entretien du site ont quelques trucs pour vous en débarrasser, d'autres sont là pour les entraîner à voler un peu plus, contre « gagne-banane » pour ces singes. Conclusion : mieux vaut arriver léger pour ne pas repartir dépouillé.

Pantai Uluwatu : *à 200 m avt d'arriver au temple, prendre la route sur la droite (en direction de Pantai Suluban).* Un des plus fameux sites de surf de l'île. Un lieu assez exceptionnel : une falaise offrant un point de vue étourdissant, bordée de petits *warungs* en avalanche ouverts aux quatre vents, où les surfeurs viennent boire un verre et se faire masser après l'effort (certains y passent même la nuit). On en trouve une vingtaine tout le long des escaliers qui descendent jusqu'à la faille. C'est de là que vous pourrez admirer les vrais surfeurs, les pros, ceux qui affrontent les vagues immenses, perchés sur leur petit bout de résine. Il n'y a pas moins de sept *breaks* sur ce site, réservé aux spécialistes car beaucoup de coraux affleurent. N'oubliez pas votre appareil photo, ni votre téléobjectif. Atmosphère étrange car le site est étroit et la mer sévère. Pour accéder à la mer, il faut descendre une volée de marches et pénétrer dans la faille qui donne accès à un minuscule bout de plage. À marée basse, possibilité de passer sous la roche (côté gauche) et de gagner une petite plage de l'autre côté. À marée haute, ne cherchez pas, il n'y a pas de plage. Les surfeurs, quant à eux, se mettent à l'eau dans la faille et rament pour sortir de l'étroit goulet. Ils vont chercher leur destinée dans ces montagnes de flotte qui s'enroulent dans un tonnerre d'écume, et qu'ils parviennent à narguer insolemment. On admire vraiment ces types, forces de la nature, sportifs en diable, courageux et téméraires. Car combien de gamelles, combien de dizaines de brassées, combien de centaines de tasses ont-ils avalées avant de parvenir au nirvana : marcher sur l'eau, danser avec les éléments l'espace de quelques secondes... et recommencer. Vraiment, chapeau, les mecs ! Amis débutants, ne vous y frottez pas ; participer avec les yeux, ce n'est pas mal non plus.

Padang-Padang Beach : à quelques km au nord d'Uluwatu. Un autre *break* très impressionnant et réservé aux pros. On y trouve quelques hébergements en bord de route, au-dessus de la plage. On peut aussi faire trempette et profiter du joli sable blond en contrebas du pont.

Dreamland-New Kuta Beach : difficile de manquer les statues grandiloquentes qui marquent l'entrée du projet immobilier délirant, initié dans les années 1990 par l'ancien président Suharto. Les travaux ont repris après la longue période de léthargie qui suivit sa destitution et les attentats. Poste de contrôle bien en place, molosses inquiétants à la périphérie, avenues optimistes rythmées de multiples ronds-points, tout ça commence à prendre un sens sous l'égide de Tommy... Suharto, le sulfureux fils de... Hôtels, parc aquatique et autres bricoles sont vaporisés d'un vague vernis éco-respectueux, et même d'arguments un rien populistes. Ainsi, *New Kuta Beach* serait destiné aux Indonésiens ne pouvant payer les *resorts* 5 étoiles pour étrangers. En attendant, c'est bien moche, et ça gâche l'arrière-plan de la plage qui fut d'abord connue sous le nom de Dreamland. Reste quand même ce beau sable et les vagues adaptées au niveau des surfeurs débutants à marée haute.

BALI

Balangan : deux manières d'y accéder ; voir « Arriver – Quitter » plus haut. Un *break* difficile réservé aux bons, mais tout le monde se régalera de la beauté de cette longue plage de sable blanc. Son extrémité accueille une communauté de restos-bars et de pensions rudimentaires qui profitent d'une incursion de verdure et de l'ombre de quelques cocotiers.

NUSA DUA *(plan Le sud de Bali)*

Ce village fut créé de toutes pièces sur la côte est de la presqu'île à la fin des années 1970. Les grands hôtels *all inclusive* furent regroupés ici, à côté du *Club Med* qui n'a pas, suivant sa tradition, choisi la plus mauvaise place. La plage de Geger est l'une des plus belles de l'île. Protégée par son récif, elle permet la baignade et on peut y pratiquer des activités, comme le parachute ascensionnel, le jet-ski et le ski nautique. Les surfeurs auront besoin d'un bateau pour rejoindre le *break* qui est réservé aux plus expérimentés. On peut aussi y visiter un musée !

Museum Pasifika : BTDC Area, block P, Nusa Dua. ☎ 77-49-35. • museum-pasifika.com • Quasi en face de Sogo Bali Collection. Tlj sf Puja day, 10h-18h. Entrée : 70 000 Rps ; gratuit moins de 10 ans. Voici un musée d'art contemporain organisé autour d'un concept à la fois simple et riche de promesses. Bali étant un carrefour tant géographique que culturel entre la sphère asiatique et les vastes étendues du monde du Pacifique, nombre d'influences s'y rencontrent. La collection permanente fait ainsi le tour, en deux ailes et 11 salles, de l'Indonésie vue par le biais des grands noms de la peinture balinaise, puis au travers du regard d'artistes occidentaux (hollandais surtout, mais aussi italiens ou français, principalement du début du XXe s). Noter les gouaches enlevées de Léa Lafugie, une Française qui parcourut l'Asie dans les années 1930. Puis c'est au tour du continent asiatique et du Pacifique, toujours au travers des pinceaux européens principalement, d'être mis en valeur. En salle VIII, consacrée à l'Asie du Sud-Est au sens large (Japon, Inde, Birmanie, Malaisie, Philippines, Thaïlande, Chine), on retrouve le regard frais et non dénué d'humour de Léa, l'intrépide Française. Ne pas manquer, en salle IX, la belle collection de masques et totems du Vanuatu et des îles de l'Océanie, réunie à l'origine par deux artistes russes, Aloï Piloko et Nicolaï Michoutouchkine (belles toiles de ces deux peintres également). Quelques Français renommés en salle X, autour de la Polynésie : Gauguin et Matisse ! Au final, une balade intéressante. Petite boutique et cafét' pour se rafraîchir.

TANJUNG BENOA (plan Le sud de Bali)

Ne pas confondre avec Port Benoa juste en face. Situé à la pointe de la presqu'île à laquelle il a donné son nom, Tanjung Benoa est un village étiré de part et d'autre d'une unique rue. Mis à part son extrémité, qui conserve un brin d'authenticité, le coin possède peu d'intérêt parce qu'il a été colonisé par de grands hôtels, fréquentés par une clientèle essentiellement asiatique. Les individuels auront du mal à trouver leur place. Certes, la plage de sable blond est baignable et pas mal, mais entre parachute ascensionnel, jet-ski et autres jeux nautiques, elle manque singulièrement de calme.

LES ROUTES DU CENTRE ET DU NORD

BATUBULAN

À seulement 8 km de Denpasar, Batubulan est l'un des plus grands villages de sculpteurs de pierre de l'île. On s'en aperçoit très vite, puisque la rue principale est bordée de chaque côté d'ateliers et de boutiques qui présentent des centaines de sculptures d'animaux fantastiques, de démons et de divinités rangées sagement. Ce sont tous des dieux protecteurs des autels que les Balinais achètent pour orner leur temple personnel. La pierre de la région est idéale pour la sculpture : résistante et tendre à la fois. En visitant quelques boutiques, vous aurez l'occasion de voir les jeunes garçons manier le ciseau, parfois dès leur plus jeune âge, avec une habileté surprenante. Souvent, plusieurs sculpteurs travaillent ensemble à la même œuvre ; ils se relaient comme s'il s'agissait d'un travail à la chaîne.

Terminal des *bemos* pour l'est et le nord de Bali : Amlapura, Semarapura, Bangli, Gianyar, Padangbai (ferry pour Lombok), Candi Dasa, Ubud, Kintamani, Selat, Lovina, Singaraja.

À voir. À faire

Quelques beaux temples, dont le ***pura Puseh,*** à 150 m de l'entrée du village. Porte principale magnifique, avec tout un panthéon de divinités hindoues voisinant avec un *Bouddha en méditation.*

Spectacles de danse : Batubulan est surtout connue pour ses spectacles de danse *barong* qui se déroulent chaque matin à 9h30, dans trois endroits différents. Ils sont tous sur la droite de la route, dans le centre du village qui s'étire tout en longueur. Durée : 1h. Prix identiques : 100 000 Rps. Deux lieux proposent aussi chaque jour à 18h30 des danses *kecak* et *fire dance,* mais on a préféré le *barong* du matin. Il s'agit de spectacles destinés aux étrangers et qui n'ont pas, bien entendu, l'authenticité de ceux que l'on pourrait voir (avec un peu de chance) dans un village, lors d'une fête de temple. En contrepartie, vous serez confortablement installé et vous pourrez photographier un spectacle donné par des habitants qui troquent pendant 1h leur vêtement de travail pour se transformer en sorcière, princesse, clown ou singe, dissimulant leur véritable visage derrière des masques.
Il est recommandé d'arriver une petite demi-heure avant pour avoir une bonne place. Les billets sont vendus à l'entrée. On vous délivre un feuillet d'explication sur le déroulement de la danse, dans toutes les langues.

CELUK

La route, 2 km après Batubulan, passe par Celuk (prononcer « Tjeluk »), village d'orfèvres connu pour les bijoux en argent réalisés selon de très anciennes techniques. Le métal précieux est travaillé avec des outils on ne peut plus sommaires. La tradition se transmet de père en fils depuis des générations. Presque tout le village travaille ou vend de l'orfèvrerie.
Les bijoux en filigrane surchargés, très prisés des Balinais, risquent de vous décevoir. De nombreux ateliers réalisent cependant des pièces correspondant aux goûts occidentaux, parfois très séduisantes. Les échoppes des petites rues sont plus intéressantes que celles, très nombreuses, de la rue principale. Il faut discuter les prix (qui sont très élevés). À part cette activité, le village ne présente pas beaucoup d'intérêt.

SUKAWATI, BATUAN, MAS, BONO, GIANYAR ET BANGLI

SUKAWATI

Un petit arrêt s'impose dans ce village pour son marché (le matin surtout), très prisé des Balinais eux-mêmes. Sukawati est également connu pour son école de danse, son école de *wayang Kulit,* son tressage de paniers et ses fabriques de petits objets en bois. Le marché se situe dans des constructions en dur de chaque côté de la route. On ne peut pas le louper, il y a plein de monde. Des montagnes de textiles (chemises, shorts, T-shirts), peintures, sculptures sur bois... Animé et sympathique. Montez aussi au dernier étage du bâtiment à droite de la route en venant du sud : fruits et légumes, pas de touristes, vraiment à voir.

BATUAN

À 2 km après Sukawati, ce village est spécialisé dans le tissage, mais possède aussi des écoles de danse et une école de peinture importante. Il existe un vrai style Batuan, très chargé, réalisé sur papier, avec énormément de détails, en couleurs ou en noir et blanc. Cela explique le nombre de boutiques et d'ateliers tout au long de cette route. On remarquera aussi le beau temple au portail couvert de monstres, avec une enfilade de cours et des *merus* à trois niveaux.

Après Sakak, la route franchit une rivière maudite. D'après la légende, l'eau avait été empoisonnée par les dieux et, jusqu'au début du XXe s, on se gardait de l'utiliser, même pour l'irrigation des rizières. Toute la région est marquée par les forces secrètes de la magie, puisque le ***temple de Blahbatuh*** abrite une monstrueuse tête de pierre, celle de Kebo Iwa, un géant qui aurait construit de nombreux temples dans l'île avant d'être exécuté par les troupes javanaises lors de la conquête de l'île en 1343.

MAS

Sur la route d'Ubud. À l'entrée du village, un énorme bébé de pierre au carrefour. En continuant tout droit, la route se dirige vers Mas et Ubud. À droite, elle bifurque

vers Bono, Gianyar et Bangli. Les habitants de Mas sont des descendants directs des brahmanes venus de l'île de Java au XVᵉ s et dont les ancêtres ont influencé l'hindouisme balinais. Ils travaillent tous le bois. Beaucoup de masques, mais aussi de très grosses pièces. Au départ, leurs sculptures avaient une fonction religieuse. La totalité de leur production est désormais réservée aux touristes, à l'exportation et aux boutiques de Kuta, Sanur et Ubud.
Il est intéressant de voir les sculpteurs œuvrer sous le contrôle du maître, en faisant sauter les copeaux avec de petits burins, après que la masse de teck ou d'ébène a été dégrossie à la hache. Les plus beaux bois, notamment l'ébène, viennent de Sulawesi. Certaines pièces sont magnifiques, et les prix raisonnables compte tenu de la finesse de leur exécution. On trouve aussi d'innombrables babioles en bois peint sans intérêt artistique, mais qui peuvent faire des petits cadeaux rigolos et bon marché. Certains artistes se consacrent uniquement à la réalisation de masques de théâtre peints destinés aux spectacles de *topeng* ou de *barong*. À Mas, c'est assez simple, plus les boutiques sont fastueuses, plus elles sont chères. Chaque côté de la route est bordé de dizaines d'ateliers-boutiques.

➢ Si vous voulez vous rendre directement à Ubud, poursuivez la route au nord de Mas. Sinon, possibilité de faire un détour par Bono, Gianyar... et Bangli pour ceux qui veulent continuer vers le lac Batur.

BONO

Entre Blahbatuh et Gianyar, juste à mi-chemin, un centre important de vannerie et de tressage de paniers et du travail des meubles en bambou. C'est ici qu'on fabrique une bonne partie du mobilier de terrasse des hôtels et *guesthouses*.

GIANYAR

Ville sans grand intérêt, propre et très fleurie. C'est surtout un nœud routier et un lieu de passage très fréquenté. En fait, ne passent par ici que ceux qui veulent aller visiter l'école de sculpture.

À voir

Le puri : sur la place centrale. Bel exemple d'architecture traditionnelle.

Tissages Cap Togog : *jl. Astina Utara 11. ☎ 94-30-46. En entrant dans la ville en venant de Denpasar, c'est sur la droite. Ouv 8h-15h.* L'une des plus grandes filatures de l'île. Plus de 50 personnes travaillent, sous un hangar, utilisant des métiers à tisser archaïques. Vous y verrez comment on fabrique les *ikats* : tissage, teinture, séchage... Très beaux *ikats,* mais les conditions de travail nous ont laissés pantois. Vente de tissus dans la boutique au-dessus des ateliers.

Le marché vaut vraiment le coup. On y vend un tas de fruits et un tas d'aliments. Avec un peu de chance, vous rencontrerez l'étal du sorcier qui vend des fioles au mélange appétissant (crapauds, lézards...).
En face du marché, traversez la rue principale. Là, quelques échoppes en plein air où l'on vend les meilleurs *babi guling* (cochons grillés) de l'île. Seulement le soir.

BANGLI

De Gianyar, on peut reprendre la route vers l'ouest pour Bedulu et Ubud. On peut aussi poursuivre au nord vers Bangli et, de là, continuer vers le lac Batur. La route passe par ***Sidan*** où ceux qui n'ont pas encore leur indigestion de temples peuvent

s'arrêter au *pura Dalem,* c'est-à-dire au « temple des Morts ». La tour du *kulkul* (cloche) possède un bas-relief représentant des malfaiteurs punis par des géants. Dix kilomètres plus au nord apparaît Bangli, ancienne capitale de la puissante dynastie des Gelgel. La ville en soi n'est pas du tout excitante (routard, passe ton chemin si tes jours sont comptés), et comme on est déjà en altitude, il commence à faire plus frais.
Terminal des bus qui desservent tous les villages de la région : Ubud, Gianyar, Kintamani...

À voir

Le pura Kehen : *à la sortie nord de la ville, sur la route de Kintamani. Entrée : 10 000 Rps.* Grand sanctuaire en terrasses, l'un des plus vénérés de Bali. Monumental escalier orné de sculptures en pierre volcanique, donnant accès à une porte splendide dominée par une tête de démon. Ses mains terrifiantes sont prêtes à saisir les mauvais esprits qui tenteraient de franchir le seuil. Des assiettes chinoises sont incrustées sur les murs. Vendeurs ambulants aux abords du temple, comme d'habitude. Si vous avez besoin d'explications, le « gardien du temple » sera ravi, moyennant une obole (la fameuse donation au temple), de vous renseigner en anglais et avec quelques mots de français.

➢ La route, après Bangli, conduit en 20 km au site de Penelokan, au bord du lac Batur en passant par Bangklet et Pengotan.

UBUD

8 000 hab. (30 000 agglo comprise) IND. TÉL. : 0361

Pour le plan d'ensemble et le zoom d'Ubud, se reporter au cahier couleur.

Ubud fut découverte par les artistes occidentaux dans les années 1920, alors qu'elle n'était encore qu'un gros bourg. Devenue, à partir des années 1980, une étape très prisée des globe-trotters, elle s'est fondue avec les villages alentour et apparaît désormais sous les traits d'une véritable petite ville. Reconnue par les Balinais comme un grand centre de médecine traditionnelle – c'est d'ailleurs le sens même de son nom –, Ubud s'affiche aujourd'hui comme la Mecque du ressourcement spirituel et physique... et le best-seller *Mange, prie, aime* n'y est pas étranger, puisque son héroïne trouve ici les clés de son épanouissement !
Pourtant, Ubud, c'est avant tout le foyer de l'art balinais et le conservatoire des traditions de l'île. Le *legong* y est né et il est tout simplement impossible de s'y balader sans être happé par une répétition de danse ou de *gamelan.* Peintres, sculpteurs et artisans y sont encore nombreux. Il faut dire que les paysages de rizières et la nature exubérante des alentours sont des sources d'inspiration inépuisables.
Bien sûr, le développement touristique de la ville s'est accompagné de l'éclosion d'une ribambelle de boutiques, hôtels et restaurants. On n'est jamais seul à Ubud, mais en même temps l'atmosphère reste reposante, à mille lieues des excès de la côte sud. Aucun risque d'ennui non plus, vu l'impressionnante palette d'activités, de la visite de beaux musées aux balades dans la campagne, des spectacles traditionnels aux cérémonies, sans oublier les sessions shopping pour les accros.

Tous ces éléments incitent beaucoup de visiteurs à choisir cette étape balinaise incontournable, d'où il est facile de rayonner, comme port d'attache pour l'essentiel de leur séjour. Qui ne trouverait pas son bonheur à Ubud ? On se le demande…

Arriver – Quitter

En bus

Les 3 compagnies de bus présentes à Ubud desservent à peu près toutes les mêmes destinations. On peut acheter les billets directement auprès de leurs bureaux, mais aussi à l'office de tourisme et dans une multitude de petites agences, sans supplément de prix. Le service de pick-up à votre hôtel est inclus.

■ ***Perama*** *(plan couleur d'ensemble C5, **1**)* **:** *jl. Hanoman. ☎ 97-47-22 et 97-33-16. • peramatour.com •* Liaisons avec Kuta, Padangbai, Candi Dasa, Tirtagangga, Amed, Tulamben et Lombok. Pour plus de détails, consulter la rubrique correspondante pour chacune de ces destinations.

■ ***Padma* :** *jl. Kajeng 13. ☎ 97-72-47.* Mêmes destinations que *Perama.*

■ ***CV. Gora Bali* :** *jl. Monkey Forest, Arjuna Lane 4B. ☎ 97-10-02.* Dessert, en plus des destinations de la *Perama,* Munduk et Kintamani (départs à 11h).

En van privé

À tous les coins de rue ou presque, vous verrez des panneaux listant toutes les destinations ayant un intérêt touristique sur l'île, et même au-delà (Lombok). Il s'agit de liaisons opérées par des vans privés, assez confortables et climatisés. Les tarifs sont comparables avec ceux de la *Perama,* voire moins chers.

En *bemo*

Ils stationnent devant le marché d'Ubud *(zoom couleur C4).* Nombreuses liaisons le mat, beaucoup moins l'ap-m. Moins chers mais plus lents que les bus, car ils s'arrêtent partout, ils sont l'unique moyen d'atteindre certains villages en transports publics. Principales destinations :

➢ ***Vers Gianyar, Klungkung (Semarapura) et Candi Dasa* :** ttes les heures, 6h-17h.

➢ ***Vers Batubulan (Denpasar) puis Kuta et Sanur* :** ttes les heures.

➢ ***Vers Kintamani* :** de là, correspondances pour Singaraja et Lovina.

➢ ***Vers Tegallalang.***

Adresses utiles

Infos touristiques

ℹ ***Ubud Tourist Information*** *(zoom couleur C3)* **:** *à l'angle des jl. Monkey Forest et Raya Ubud, face au marché. ☎ 97-32-85. Tlj sf certains j. de fêtes, 8h-20h.* Ce petit comptoir extérieur fournit gratuitement la liste des spectacles (vente de billets), les coordonnées des principales compagnies de bus avec horaires et tarifs, des infos sur les fêtes et cérémonies, ainsi que le livret mensuel *Ubud Community* renfermant quelques infos pratiques intéressantes. Propose diverses formules d'excursions à la journée, combinant plusieurs sites à des tarifs intéressants. Dans une salle sur le côté, quelques postes Internet et téléphone.

Poste et télécommunications

✉ ***Poste*** *(Pos Giro ; zoom couleur D4)* **:** *jl. Jembawan. Lun-sam 8h-17h, dim 9h-16h.* Service de poste restante et bureau de change. Également plusieurs *postal agents* dans différents coins d'Ubud.

@ ***Internet* :** la plupart des cybercafés se concentrent aux extrémités de la jalan Raya Ubud *(zoom couleur C3-D4).* Une autre adresse à l'angle des rues

Monkey Forest et Dewi Sita, face au terrain de foot *(zoom couleur C4).*

■ ***Expédition de colis :*** on achète tellement de belles choses ici qu'il faut bien les envoyer au pays. De nombreuses agences se chargent de ce service. Elles sont pour la plupart sérieuses et efficaces. Comparez les prix avant d'en choisir une. Le tarif est basé sur un calcul poids-volume.

Banques, change

La plupart des changeurs et distributeurs *ATM* s'égrènent le long de la jalan Raya Ubud *(zoom couleur C3-D4)* dont la portion est, de jalan Hanoman au carrefour avec jalan Raya Andong, compte plusieurs banques. Les changeurs officiels sont signalés par un écusson vert estampillé « Authorized money changer » ou « PVA Berizin » et sont ouverts toute la journée, contrairement aux banques qui ferment à 14h ou 15h.
Pour retirer de l'argent, sachez que les distributeurs de la banque *Danamon sont* généralement les plus généreux en autorisant des retraits de 2 000 000 à 2 500 000 Rps. Le plus central se trouve en face du *Café Lotus* (voir « Où boire un verre ?... »).

Santé, urgences

■ ***Médecin*** *(zoom couleur D3,* ***3****) :* *Dr I. Wayan Darwata, jl. Sriwedari 6, BR Taman Ubud. ☎ 97-46-91. Numéro privé, en cas d'urgence : ☎ 29-84-07. Consulte tlj sf dim, 17h-20h. Avt 17h, on peut inscrire son nom sur une liste d'attente sous la petite véranda à l'étage, près de son bureau.* Une adresse de confiance, confirmée régulièrement par vous-mêmes, amis lecteurs. Parle bien l'anglais. Fournit les médicaments et le reçu pour le remboursement éventuel.

✚ ***Ubud Clinic*** *(plan couleur d'ensemble B3,* ***4****) : jl. Raya 36, Campuhan. ☎ 97-49-11. Ouv 24h/24. La consultation de base coûte env 20 €.* Probablement le meilleur centre médical de la région. Médecins et infirmiers anglophones. Également une consultation dentaire (17h-20h) et une pharmacie.

■ ***Pharmacies :*** ***Dwi Sandhi Apotik*** *(plan couleur d'ensemble D4,* ***5****), jl. Raya Andong 12. ☎ 97-54-65. Sur la route de Tegallalang, 800 m après le carrefour d'Ubud, sur la gauche. Tlj 7h-21h. Au centre, la* ***pharmacie de la Ubud Clinic*** *(voir ci-avant) et quelques officines moins bien approvisionnées.*

■ ***Poste de police*** *(plan couleur d'ensemble E4,* ***6****) : jl. Andong, sur la route de Tegallalang et Kintamani. ☎ 97-53-16.*

Divers

■ ***Kupu Kupu Foundation :*** *• kupu kupufoundation.org • Voir aussi « Où dormir ? » et « Achats ».* Begonia, de la Kupu Kupu Fondation, peut organiser toutes sortes d'activités (*legong dance*, cours de cuisine, de yoga, massages, etc.), et toutes les commissions reviennent à la fondation. L'occasion de joindre l'utile à l'agréable.

■ ***Confirmation de vols :*** sur jalan Raya Ubud, plusieurs agences de voyages proposent ce service moyennant une petite commission (environ 10 000 Rps). Cette formalité n'est cependant plus forcément obligatoire, se renseigner avant le départ auprès de sa compagnie.

■ ***Supermarchés :*** ***Bintang Supermarket*** *(plan couleur d'ensemble B3,* ***7****), jl. Campuhan. On y trouve de tout.* ***Pandawa Mini Market*** *(zoom couleur C4,* ***8****), jl. Monkey Forest, dans le centre. Choix plus restreint.*

■ ***Ubud Music*** *(zoom couleur C3,* ***12****) : jl. Raya Ubud, face au Café Lotus.* Grand choix de musique indonésienne, *of course.*

■ ***Librairies :***

– ***Rendez-vous Doux*** *(zoom couleur D4,* ***13****) : jl. Jembawan 6, à côté d'un temple. ☎ 74-70-163. • rendez vousdoux_bali@yahoo.fr •* Un café-librairie tenu par Thierry, qui aime discuter et donner des tuyaux au sujet de son île et de sa ville d'adoption. Tout un mur de rayonnages de livres d'occasion en français, tous types de littérature confondus... et pour une fois, sans l'ombre d'un *SAS* ! Il est plaisant d'y laisser passer le temps devant un café.

– ***Periplus*** *(zoom couleur C3,* ***9****) : jl. Raya Ubud 23.* Librairie anglophone très complète, proposant un excellent choix de cartes. Autre adresse jalan Monkey Forest *(zoom couleur C4,* ***10****)*.

– ***Ganesha Bookshop*** *(zoom couleur D4,* ***11****) : à l'angle de jl. Raya Ubud et Jembawan.* Choix fourni de bouquins, dont de nombreux ouvrages sur l'Indonésie.

■ ***Protection de l'environnement :*** devant l'ampleur des dégâts causés par le trop grand nombre de bouteilles en plastique, plusieurs hôtels et restos proposent de remplir vos bouteilles d'eau filtrée. Repérez les affichettes ou renseignez-vous à l'office de tourisme.

Comment circuler à Ubud ?

La ville s'étend sur plusieurs kilomètres dans toutes les directions. À pied, on s'épuise vite et on ne va pas bien loin. Les nombreux chauffeurs en stand-by sur les trottoirs du centre le savent bien et vous proposeront inlassablement leurs services. Une fois encore, la meilleure solution pour se balader librement sans grever son budget est de louer un 2-roues.

– ***Le scooter :*** la meilleure option pour rayonner autour d'Ubud. Compter 50 000 Rps/j. Bien vérifier freins, pneus et l'éclairage, et n'oubliez pas le casque. Location dans la majorité des hébergements.

– ***Le vélo :*** une option pour les plus sportifs, sachant qu'il y a du relief dans le coin. Attention aux axes principaux où la circulation entre 2-roues et 4-roues à moteur peut tourner à l'expérience désagréable, voire dangereuse.

BALI

Où dormir ?

Parmi la multitude d'hébergements de toutes catégories que compte Ubud, beaucoup se concentrent naturellement au cœur de la ville, le long de la boucle formée par les jalan Monkey Forest et Hanoman. Victimes de cette promiscuité, les jardins y sont souvent riquiqui, voire inexistants, et les horizons régulièrement bouchés par des constructions à touche-touche. Pour profiter de plus d'espace et de nature, il suffit de sortir du centre sans pour autant faire des kilomètres. Plusieurs adresses sympas se trouvent dans un rayon de 15 mn à pied, et on peut même louer des maisons vraiment chouettes au milieu des rizières et de la végétation tropicale.

Si vous envisagez un séjour en haute saison (juillet-août et fêtes de fin d'année), réservez longtemps à l'avance pour être sûr de loger où vous voulez, et reprenez contact quelques jours avant votre arrivée, histoire d'éviter les mauvaises surprises. Sachez aussi qu'à ces périodes, toute tentative de négociation se heurte à un « No discount » sans appel. Hors saison, tout se discute !

À de très rares exceptions près (signalées dans le texte), les prix incluent le petit déjeuner. La majorité des adresses ont une connexion wifi et proposent une foule de services (laverie, location de scooters, vente de billets de bus et de spectacles, massages, etc.).

Un conseil pour finir : n'oubliez pas votre lampe de poche pour rentrer sans encombre de vos virées nocturnes. L'éclairage est parcimonieux ou inexistant dans les petites rues et allées.

Très bon marché (moins de 150 000 Rps, soit 10 €)

Attention, ces adresses flirtent avec la catégorie « Bon marché ». Déployez vos talents de négociateur pour obtenir le meilleur prix !

☗ ***Donald Homestay*** *(zoom couleur C4,* ***20****) : jl. Gootama. ☎ 97-71-56. Doubles à partir de 100 000 Rps.* Derrière une cour habitée par plusieurs familles, 4 chambres simples, dont la propreté laisse à désirer, avec salles de bains ouvertes (les 2 plus chères ont l'eau chaude), encadrent un petit carré de verdure. Rustique, mais relativement calme, et pourtant à deux pas de l'animation (et des poules dans la cour voisine !).

Sadru House (zoom couleur C4, **22**) : *gang Arjuna 16.* ☎ *97-82-39. Double env 200 000 Rps.* Jolie et simple petite adresse située à l'arrière du *Budi's Warung* (voir « Où manger ? »). Petits bungalows semi-traditionnels avec terrasses équipées de fauteuils, comme d'hab'. Ameublement parcimonieux, ventilo et moustiquaire aux fenêtres. Le supplément pour l'eau chaude passe à la trappe si l'on reste plusieurs jours. Propre et calme. La patronne, Ketut, est adorable.

Pelangi Bungalows (zoom couleur C3, **23**) : *gang Arjuna.* ☎ *97-07-92.* Familial et agréable, parfaitement au calme et pourtant tout proche de l'animation du centre. Bungalows simples en brique et bambou hébergeant quelques petites chambres au confort modeste, avec ventilo et salle de bains (eau froide). Accueil chaleureux.

Bon marché (de 150 000 à 300 000 Rps, soit 10 à 20 €)

Kupu Kupu Bungalows (plan d'ensemble C2, **53**) : *jl. Kajeng, après Arjana Bungalows. • begonia@kupukupufoundation.org • Doubles 150 000-300 000 Rps.* En plein milieu des rizières, dans un cadre féerique. Au choix : 2 *lumbung,* des bungalows de style traditionnel, avec toiture naturelle, qui servaient à faire sécher le riz, en hauteur, loin des petits rongeurs. Les 2 autres bungalows, en dur, au rez-de-chaussée. Déco simple. Pas d'eau chaude ni de wifi, rien d'autre que l'accueil et la vue... L'occasion aussi, via le prix modeste de votre logement, de venir en aide aux enfants handicapés de la Kupu Kupu Foundation, gérée par Begonia Lopez, une sacrée femme ! Petit *warung* à côté pour rester connecté, et qui propose repas, petits déj, et même des cours de cuisine avec toutes les herbes du jardin autour. Petite boutique en centre-ville (voir « Achats »).

Jati Home Stay (zoom couleur C5, **31**) : *jl. Hanoman, tt au fond d'un passage, perpendiculaire à la rue principale.* ☎ *97-77-01. • asa_dewa2000@yahoo.com • jatihs.com • Doubles 250 000-300 000 Rps.* Petit *losmen* d'une dizaine de chambres installées dans une structure d'un étage, face à une jolie petite rizière. Vous êtes ici dans l'atelier en plein air du propriétaire, le peintre Made Jati, dont les œuvres sèchent dans la cour. Toutes les chambres avec moustiquaire, eau chaude et ventilo. Intérieur en bambou tressé – donc isolation phonique pas géniale –, salle de bains propre et petite terrasse donnant sur une rizière. Belle déco. Une de nos adresses préférées, sereine et centrale à la fois. Accueil plaisant et petit déj différent tous les jours.

Wahyu Bungalows (zoom couleur C4, **30**) : *dans la ruelle qui longe le stade, juste derrière celui-ci.* ☎ *97-53-08. • wayan.lianta@gmail.com • Doubles à partir de 250 000 Rps.* 10 belles chambres nickel dans un bâtiment à étage, au fond du jardin. Chouette petite piscine, resto assez plaisant à l'entrée et accueil gentil comme tout. Fond sonore assuré par les gamins jouant au foot et les répétitions de *gamelan.*

Suarsena Bungalows Monkey Forest Road (zoom couleur C4, **25**) : *gang Arjuna.* 📱 *081-236-085-90. • nyoman.darma@yahoo.com •* Dans une petite ruelle calme, à deux pas du centre, une construction de 2 étages, avec balcons et terrasses. Tout est propre. Bon accueil, comme le rapport qualité-prix.

Candra Asri (zoom couleur C5, **24**) : *jl. Hanoman 43.* ☎ *97-05-17.* *Losmen* familial sur 2 étages, un peu en retrait de la rue, dont on entend tout de même la rumeur. Chambres spacieuses, avec eau chaude et ventilo ; celles du rez-de-chaussée sont les moins chères. Évitez les deux du bas, un peu confinées. Tout en haut, chambre avec terrasse privative et vue sur les rizières et les toits.

Warji House 2 (zoom couleur C4, **26**) : *jl. Bisma.* ☎ *97-12-61. • warjibungalow.com • Selon saison et type, doubles 200 000-350 000 Rps.* Grande maison dans un coin qui reste tranquille même si les constructions y grignotent inexorablement les rizières, comme ailleurs. Les chambres avec ventilo et eau chaude sont réparties sur 4 niveaux, autant en choisir une en « altitude » (jolie vue) et rénovée (carrelage, baignoire, bonne literie), même si ça coûte un peu plus cher. Peu de fantaisie, mais une ambiance conviviale.

Argasoka Bungalows *(zoom couleur C5, **21**) : jl. Monkey Forest. ☎ 97-09-12. • argasokabungalows.weebly.com • Doubles 160 000-180 000 Rps ; familiale 220 000 Rps.* Légèrement en retrait de la rue, ce *losmen* familial propose des chambres dans une poignée de pavillons individuels, ou, plus au calme, dans le jardin surplombant la Monkey Forest, dans de petites bâtisses d'un étage. Familiales intéressantes, avec 2 chambres indépendantes disposant chacune d'une salle de bains. Eau chaude, ventilo et petits balcons pour tout le monde.

Sania's House *(zoom couleur C4, **27**) : jl. Karna 7. ☎ 97-55-35. • sania_house@yahoo.com • Juste derrière le marché. Doubles avec ventilo 200 000 Rps (eau froide) ou 250 000 Rps (eau chaude), avec AC et eau chaude à partir de 300 000 Rps.* Derrière l'entrée de pierre sculptée et le joli temple familial, des chambres de taille correcte, avec terrasse, réparties entre de petits immeubles à colonnades de 2 étages (préférez définitivement les plus hautes !) et une poignée de pavillons individuels traditionnels (les plus chers). Petite piscine. Accueil gentil. Attention, quelques cafouillages dans les réservations ; pensez à reconfirmer avant votre arrivée !

Ganesha Inn *(zoom couleur C5, **28**) : jl. Hanoman 43. ☎ 97-05-45. Double env 240 000 Rps.* Au fond de cette allée qui accueille plusieurs *losmen*, celui-ci est parfaitement au calme. Seulement 3 chambres (eau chaude, ventilo), au rez-de-chaussée et à l'étage. Petit temple dédié à Ganesh, et vue sur les rizières devant. Très bien tenu. Dites bonjour au mainate qui parle... le japonais.

Arjana Bungalows *(plan couleur d'ensemble C2, **38**) : jl. Kajeng 39. ☎ 97-20-18. • arjanabungalow2.com • Tt au bout de la rue, juste après le petit pont.* Bungalows aérés, dispersés sur la colline, au milieu d'un jardin. Grandes chambres, avec eau chaude et ventilo, propres et correctement tenues (sans plus). Jolie piscine.

Warsa *(zoom couleur C5, **32**) : jl. Monkey Forest. ☎ 97-15-48. • warsagardenbungalows.com • Doubles à partir de 200 000 Rps selon confort et saison ; certaines formules passent à la fourchette supérieure.* Pavillons multi-chambres à étage et bungalows en brique décorés à la balinaise s'égrènent sur un espace tout en longueur. Chambres assez spacieuses et nickel, avec quelques meubles. Eau chaude partout, ventilo seulement pour les premiers prix. Dommage que la piscine ne soit pas toujours impec et les cloisons si fines. Accueil attentif. Massages pas chers.

Mandia Bungalows *(zoom couleur C4, **37**) : au fond d'une petite allée donnant sur jl. Monkey Forest. ☎ 97-09-65. • mandiabungalows@gmail.com • Compter 250 000-400 000 Rps selon type et saison.* Petits groupes de bungalows dans un jardin à la pelouse proprette, ce qui donne le sentiment, parfois rare, d'un peu d'espace. Léger effort de déco dans les chambres, avec ventilo, moustiquaire et eau chaude. Très propre. Bon accueil. Boisson chaude offerte à l'arrivée.

Prix moyens (de 300 000 à 500 000 Rps, soit 20 à 33,35 €)

Jati 3 Bungalows *(zoom couleur C5, **34**) : jl. Monkey Forest. ☎ 97-32-49. • jati3_ubud@yahoo.com • jati3bungalows.com • Double standard 400 000 Rps ; deluxe et familiale 500 000 Rps.* Au fond d'une impasse réservée aux piétons et aux 2-roues, les chambres, réparties dans 3 petits corps de bâtiment à étage, donnent sur la piscine ou sur la Monkey Forest. Depuis leur lifting, la plupart des *standard* (ventilo) offrent un bon confort. Plus d'espace dans les *deluxe* avec clim et baignoire. Quant aux familiales avec mezzanine (ventilo), elles peuvent accueillir 4 personnes. Calme et central.

Indra Prastha Homestay *(zoom couleur C5,* **59***) : jl. Hanoman 40, à côté de Jati Home Stay. ☎ 97-55-49. • indraprastha_homestay@yahoo.com • Doubles 350 000-500 000 Rps.* Une petite adresse toute mignonne avec ses chambres en bois dans des habitations traditionnelles au toit de chaume. Carrelage, déco sympa et choix élégant des tissus des couvre-lits. Les plus chères ont même un réchaud et un frigo ! Très propre. Jardin bien entretenu. Une bonne adresse.

Gusti's Garden Bungalows *(plan d'ensemble C3,* **46***) : jl. Kajeng 27. ☎ 97-33-11. • gusti_garden@yahoo.com • Doubles 300 000-350 000 Rps.* Chambres simples, propres et carrelées, joliment décorées. Piscine assez grande, petite terrasse pour chaque bungalow et grand jardin. Et même un petit resto. Pas vraiment l'envie de bouger, du coup ! Adorable accueil de la famille.

Nirvana *(zoom couleur C4,* **36***) : jl. Gootama 10. ☎ 97-54-15. • nirvanaku.com • Double 350 000 Rps.* 4 chambres seulement, confortables (ventilo, eau chaude) et coquettes, avec terrasse décorée de jolis meubles peints. Agréable jardin plein de cages d'oiseaux... ça roucoule dans tous les coins ! Au fond, l'atelier de l'artiste I Nyoman Suradnya, qui enseigne la technique du batik (voir la rubrique « À faire »). Beau choix de livres à emprunter dans la bibliothèque. Ambiance paisible et familiale.

Abangan Bungalows *(plan couleur d'ensemble B3,* **50***) : jl. Raya Ubud, sur la droite en allant vers le pont (fléché). ☎ 97-59-77. • abanganbungalow@yahoo.com • Double 350 000 Rps env.* Alignés entre rizières et végétation tropicale, une quinzaine de bungalows en bambou, avec eau chaude, et pour certains la traditionnelle toiture de paille. Quelques-uns ont l'AC. Salle de bains en bas et chambres claires avec vue sur les rizières en haut. Piscine riquiqui.

Sagitarius Inn *(zoom couleur C5,* **35***) : jl. Monkey Forest. ☎ 97-33-87. • sagitariusinn.com •* Sur un espace tout en longueur, soigné et jardiné, hébergements variés dans des pavillons multi-chambres, parfois à étage. Dès les *standard* avec ventilo, l'ameublement et la tenue s'avèrent à la hauteur des tarifs. Piscine pas ridicule et propre, resto sur la rue et à l'intérieur. Dans la constellation des pensions de cette catégorie, le Sagittaire fait honneur à son signe. Très bon accueil de surcroît.

Artini 1 Cottages *(zoom couleur C5,* **33***) : jl. Hanoman. ☎ 97-84-25. • artinicottage.com • Doubles 250 000-350 000 Rps.* Plusieurs bungalows aux allures de temples balinais, en pierre sculptée. Les chambres, petites mais bien arrangées, avec ventilo et salle de bains (eau chaude), sont propres et disposent d'une terrasse. Ensemble hyper soigné et très paisible. Possibilité de se rafraîchir dans la piscine de l'*Artini 2,* presque en face. Bon accueil et atmosphère *homestay*. Voir aussi *Artini 3 Cottages,* pour une catégorie nettement supérieure.

Sawah Sunrise *(plan couleur d'ensemble B3,* **39***) : jl. Subak Sok Wayah. ☎ 318-27-40. 📱 081-337-229-247. • sawahsunrise.com • Double 300 000 Rps.* Face aux rizières, accessible seulement en 2-roues ou à pied, cette maison construite dans un petit jardin (sans piscine) propose 4 chambres adorables avec un joli mobilier et quelques touches de déco colorée. Toutes offrent le même confort (moustiquaire, ventilo, eau chaude), mais la vue est plus dégagée depuis les balcons du 1er. Une des seules adresses de cette catégorie permettant de s'immerger dans la campagne balinaise, à 10 petites minutes de marche du centre. Accueil comme à la maison et bande-son assurée par les geckos, crapauds, canards et quelques coqs. C'est ça, aussi, la nature !

Gerebig *(plan couleur d'ensemble B3,* **41***) : à Penestanan. ☎ 97-45-82. • gerebig.com • Prendre la petite route qui monte en épingle juste après le musée Blanco et la suivre jusqu'au panneau sur la droite ; accès par un petit chemin bordant les rizières. Selon type et durée de séjour, doubles 300 000-500 000 Rps.* Ensemble de bungalows individuels et 2 grandes maisons avec plusieurs chambres et salon qui peuvent accueillir jusqu'à 8 personnes. Kitchenette équipée dans tous les cas. Plein d'espaces jardinés, une grande piscine et tout autour, les rizières de la famille. Une bonne alternative à l'hôtel et à la location de villa, propice aux séjours prolongés. Accueil attentionné.

Chic (de 500 000 à 1 000 000 Rps, soit 33,35 à 66,75 €)

Ananda Cottages *(plan couleur d'ensemble B2,* ***51****) : dans le quartier de Campuhan (assez excentré). ☎ 97-53-76. • anandaubud.com • Réserver longtemps à l'avance. Doubles à partir de 60-90 € selon catégorie.* Un admirable ensemble de bungalows aux belles portes sculptées, astucieusement répartis de façon à donner l'impression d'être dans un petit hôtel, alors que l'établissement dispose d'environ 80 chambres. Les premières (avec ventilo) permettent de profiter du lieu sans trop dégarnir son porte-monnaie. Une vraie adresse à cheval entre le charme et le luxe, à l'élégance et au style raffinés. Splendide aménagement intérieur, toujours très personnalisé, et, pour certaines chambres, salle de bains extérieure. Il se dégage de ce lieu beaucoup de sérénité, et on s'y sent vite comme chez soi. 3 jolies piscines nichées dans des espaces verdoyants, avec vue sur les rizières. Généreux petit déj que l'on prend devant un bassin aux fleurs de lotus. Balade sympa par les rizières (à certaines époques) pour rejoindre Ubud. Prévoir sa lampe électrique pour rentrer le soir. Cours de yoga (tout le monde a son tapis !), mais aussi de cuisine, de danse, de *gamelan,* et même de confection d'offrandes ! Accueil adorable de toute l'équipe.

Sri Bungalows *(zoom couleur C5,* ***57****) : jl. Monkey Forest. ☎ 852-85-21. • sribungalows.com • Doubles 560 000-840 000 Rps selon catégorie.* Un hôtel très plaisant, caché derrière une entrée qui ne paie pas de mine. Chambres spacieuses avec terrasse, distribuées dans des pavillons d'un étage. Ventilo, AC, frigo et baignoire pour toutes, TV satellite dans les *deluxe.* Vue sur le beau jardin fleuri, et pour les plus chères sur les rizières. Petite piscine tranquille au fond et spa.

Honeymoon Guesthouse *(zoom couleur C3,* ***42****) : jl. Bisma. ☎ 97-32-82. • casalunabali.com • Résa conseillée. Doubles à partir de 550 000 Rps env.* C'est la *guesthouse* des proprios du *Casa Luna,* à la tête d'un petit empire gastronomico-hôtelier ! La maison est belle, tout comme le jardin, qui accueille une multitude de statues hindoues et une jolie piscine. Chambres décorées à la balinaise, avec frigo, moustiquaire, salle de bains à ciel ouvert parfois, et toujours une terrasse. Certaines communiquent entre elles, pratique pour les familles. Excellent petit déj avec pain maison. Tout cela en fait une adresse assez fréquentée, pas forcément idéale pour ceux qui rêvent de s'isoler en amoureux, malgré son nom ! Organise aussi des cours de cuisine (voir la rubrique « À faire »).

Artini 3 Cottages *(plan couleur d'ensemble C6,* ***44****) : jl. Raya Pengosekan. ☎ 97-41-47. • artinicottage.com • À 1 km du centre-ville, sur la route de Denpasar. Doubles 450 000-600 000 Rps.* Au milieu des rizières, sous les cocotiers, un groupe de pavillons multi-chambres qui donne sur une petite vallée et offre de beaux panoramas au lever du soleil. Jolie piscine en contrebas et spa élégant. La déco un peu vieillotte a son charme d'autant que tout est impeccablement entretenu. Bon équipement mais les premiers prix se contenteront du ventilo. Accueil chaleureux et atmosphère très calme. Service de navette gratuite pour le centre-ville. Un peu plus central, un autre *Artini* (le n° 2) propose des prestations et tarifs équivalents *(jl. Hanoman ; ☎ 97-84-24).*

Matahari Cottages *(zoom couleur D4,* ***48****) : jl. Jembawan. ☎ 97-54-59. • matahariubud.com • Doubles 500 000-650 000 Rps.* Autour d'une piscine, une quinzaine de chambres élégantes et au décor très personnalisé. Certains diront « un peu chargé », d'autres « chaleureux et coloré » ! Toit en chaume, moustiquaire, salle de bains et jacuzzi extérieurs comme pour le *Barong Cottage* (idéal pour les amoureux). Quartier charmant et très dynamique, et plein de petits *warungs* pas chers pour casser la croûte.

Swasti Cottage *(plan couleur d'ensemble B6,* ***52****) : Nyuh Kuning. ☎ 97-40-79. • baliswasti.com • Accès piéton (compter 10 mn) ou en 2-roues en traversant Monkey Forest (l'étroit chemin démarre à gauche de l'entrée) ; en voiture, passer par jl. Raya Pengosekan. Selon saison et type, doubles 630 000-850 000 Rps.* Vaste propriété-jardin avec piscine apportant immédiatement la sérénité à ses hôtes. Le *Swasti* abrite une quinzaine de chambres réparties dans des pavillons multi-chambres (AC au rez-de-chaussée, ventilos aux étages), des bungalows privés, et de vénérables et pittoresques maisons de bois, remontées pièce par pièce. Côté cuisine, on s'installe sous une belle grande paillote pour déguster d'excellents petits déj et des mets composés avec les produits bio du potager. C'est indubitablement sain et bien servi plutôt que gourmet. Quelques surprises, comme un caviar d'algues en apéro ou des « tartes » salées qui ressemblent à s'y méprendre à des pizzas. Parfois en porte-à-faux quand la clientèle s'attend à des prestations plus standard ou à plus d'équipements, cet établissement n'en reste pas moins, et à juste titre, une référence à Ubud.

Plus chic (plus de 1 000 000 Rps, soit 66,75 €)

Cendana Resort and Spa *(zoom couleur C4,* ***49****) : Monkey Forest Rd. ☎ 97-32-43. • cendanaresort-spa.com • Doubles 60-120 US$.* Le meilleur rapport qualité-prix de sa catégorie. Au calme, tout en étant au cœur de l'animation. Les premières chambres autour de la piscine sont correctes, mais les plus agréables sont situées au fond de la propriété, également à proximité d'une piscine, avec vue sur les rizières. Chambres spacieuses, tout confort (clim), joliment décorées, avec petite terrasse. Jardins bien entretenus, spa, resto.

Waka di Ume *(plan couleur d'ensemble C-D2,* ***54****) : jl. Suweta, banjar Sambahan. ☎ 97-31-78. • wakadiumeubud.com • Un peu excentré, au nord du centre. Doubles à partir de 150 € ; villas à partir de 220 €.* Niché au milieu des rizières (superbe vue !), un splendide ensemble de bungalows multi-chambres et de villas, certaines avec piscine privée ! Confort princier, décoration impeccable, services nombreux et attentionnés : assiette de fruits frais tous les jours, *afternoon tea* accompagné de sucreries balinaises, et navette gratuite jusqu'à Ubud. Intimité et sérénité sont au rendez-vous. Très jolie piscine, sise en pleine nature, et vue plongeante sur les rizières depuis presque tous les bungalows. Si vous voulez vous payer une folie, c'est ici !

Alila Ubud *(hors plan couleur d'ensemble par B1,* ***55****) : au nord d'Ubud. ☎ 97-59-63. • alilahotels.com/ubud • À partir de 150 € sur Internet.* Niché sur les contreforts de terres volcaniques, au bord d'une rivière, cet hôtel plein de charme propose des chambres à la déco sobre et design, avec force bois et carrelage, tout confort naturellement. Certaines profitent de vues panoramiques à couper le souffle. De quoi retrouver la paix rapidement ! Les plus chères ont même une petite piscine perso et une salle de bains à ciel ouvert. Cuisine traditionnelle au resto. Spa, bien sûr, et piscine extra donnant la sensation de nager en suspension dans la végétation environnante. On aime !

Spécial coup de folie !

Kenanga Boutique Hotel *(plan couleur d'ensemble, A1,* ***56****) : jl. Raya Lungsiakan. ☎ 98-97-00. • kenangaubud.com • Un peu en dehors de la ville. Entre 200 et 250 €.* Superbe déco balinaise, remise au goût du jour. Deux catégories d'hébergement. Soit dans des chambres, carrelées, où le jeu des matières prime : bois, tissus, voilages, lumières, tressages... de toute beauté ! Soit des bungalows, tout aussi cosy, à la déco soignée, peut-être un peu plus isolés, avec terrasse et vue superbe sur les rizières. Mention spéciale pour les baignoires des salles de bains, dans l'axe des chambres. Clim partout... même depuis la piscine à débordement ! Le rêve... Très calme, à peine perturbé par les oies au loin. Spa. Excellent resto.

The Purist Villas & Spa (*plan couleur d'ensemble D3,* **29**) **:** *jl. Tirta Tawar, banjar Kutuh Kaja.* ☎ *97-44-54.* • *thepuristvillas.com* • *À quelques dizaines de mètres au nord du centre-ville. Suites à partir de 215 €.* Que le monde extérieur semble lointain dans ce petit paradis... À l'intérieur comme à l'extérieur, des lignes simples, des formes pures et des matériaux bruts invitent au rêve. Chaque suite est climatisée et dotée d'une terrasse privative (certaines donnant sur la rivière) et d'une salle de bains en plein air. Quelques villas (les plus chères) disposent même de leur propre piscine. À partager, sinon, une piscine à débordement avec vue superbe. Spa zen à souhait, prêt de vélos et resto sur place. Personnel professionnel et souriant.

Komaneka at Monkey Forest (*zoom couleur C4,* **58**) **:** *jl. Monkey Forest.* ☎ *401-22-17.* • *komaneka.com* • *À partir de 225 US$.* Une belle adresse de charme, d'une vingtaine de chambres, en plein cœur d'Ubud. Superbe piscine à débordement donnant sur la forêt. Chambres décorées avec soin, dans les tons beiges. Certaines avec baldaquin. D'autres avec salle de bains extérieure. *Afternoon tea* autour de la piscine. Charmant et accueil délicieux. D'autres adresses à Ubud, dans le centre ou au nord-est de la ville, tout aussi agréables.

Uma by COMO (*plan couleur d'ensemble A1,* **40**) **:** *jl. Raya Sanggingan, banjar Lungsiakan, à* ***Kedewatan.*** ☎ *97-24-48.* • *comohotels.com/umaubud* • *Navettes gratuites quotidiennes de/vers Ubud ; sinon, 30 mn à pied. Suites à partir de 210 €.* Luxe, calme et volupté dans ce havre de paix, où des pierres millénaires vous accueillent. Tradition indonésienne et design contemporain semblent avoir trouvé ici le compromis idéal. Une quarantaine de chambres et de suites, toutes climatisées, spacieuses, lumineuses et décorées avec goût, rivalisent d'élégance. Piscine agréablement ombragée par la nature environnante. Il y a même des cours de yoga pour les difficiles qui n'arriveraient pas à se détendre !

Amori Villa (*plan couleur d'ensemble F5,* **43**) **:** *banjar Dukuh Kawan, à* ***Pejeng.*** ☎ *898-77-99.* • *amorivilla.com* • *À 6 km d'Ubud. Navettes gratuites quotidiennes de/vers Ubud. Suites à partir de 150 €.* À flanc de colline, cet hôtel 5 étoiles surplombe la vallée de la rivière Petanu et les rizières. En tout, une petite dizaine de chambres et de villas, toutes spacieuses et très bien équipées (AC, ventilo, etc.). Belle piscine à débordement et jacuzzi, où l'on se perdrait bien quelques heures à admirer la végétation luxuriante et les singes taquins... Spa zen et vélos à disposition pour explorer la campagne et les villages alentour. Pour les casaniers, bon resto sur place. Personnel affable.

Louer une villa à Ubud

Comme les artistes du siècle passé, de nombreux visiteurs choisissent de résider à Ubud pendant tout leur séjour balinais. C'est vrai que la ville possède toutes les qualités d'une bonne base arrière. Malgré le développement, son atmosphère reste reposante et infiniment plus imprégnée de traditions que celle de la région de Kuta-Seminyak. Culture, bien-être, shopping, rizières et nature toutes proches, belles excursions faisables dans la journée vers les montagnes ou la côte sont autant d'atouts qui plaident en sa faveur quand on a envie de profiter de l'île et de souffler un peu.

Intimement lié à la vie artistique locale et, depuis quelques années, au yoga et autres activités de bien-être, le village de Penestanan (*plan couleur d'ensemble A-B3* ; pour l'accès, voir *Lala & Lili Warung* dans la rubrique « Où manger ? ») offre pas mal d'opportunités de locations, à partir d'une semaine de séjour. En cherchant un peu, on y trouvera une villa au milieu des rizières et de la végétation tropicale. Selon le nombre de personnes,

BALI

la durée du séjour et le confort, du plus rudimentaire au tout équipé avec piscine, compter environ 200 000 à 500 000 Rps/j. Quand même bien se renseigner sur ce qui est compris avant de s'engager. Difficile de vous conseiller une adresse plutôt qu'une autre car l'offre est morcelée, et parce que de nouvelles villas ne cessent de pousser. Le mieux est de se promener pour repérer panneaux, annonces et papis papotant en haut des escaliers ! Munissez-vous d'un téléphone. Autre secteur à explorer : vers *Sari Organik* (voir « Où manger ? »).

Où manger ?

Les restos sont si nombreux à Ubud qu'il y a de quoi en avoir le tournis. Du *warung* familial à l'adresse chic, de la cuisine traditionnelle à l'international fusion, on y mange souvent très bien et dans un cadre généralement soigné. L'une des spécialités les plus réputées du coin, présente sur la plupart des cartes, est le *bebek betutu,* du canard farci et cuit à l'étouffée dans des feuilles de bananier (à commander la veille). Délicieux !
Attention, sauf exception, les restos ferment à 22h.

Bon marché (de 20 000 à 40 000 Rps, soit 1,30 à 2,65 €)

|●| ***Nasi Ayam Kedewatan*** *(hors plan d'ensemble par A1) : jl. Kedewatan. ☎ 97-47-95. À 30 mn à pied du Neka Museum. Plats 20 000-25 000 Rps.* Pour manger au milieu des Indonésiens. Vaut surtout le coup le dimanche pour la sortie en famille. On s'installe au milieu des temples. C'est immense. Cuisine simple, pas chère et épicée. Tentez le *nasi campur* et les brochettes de *satay lilitt.* Miam !

|●| ***Budi's Warung*** *(zoom couleur C4,* ***22****) : gang Arjuna. ☎ 97-82-39. Tlj jusqu'à 22h. Plats 16 000-25 000 Rps.* Une poignée de tables dans la petite salle ou à l'extérieur, abritées par un rideau de bougainvillées. Bons *lassis* et jus de fruits, ainsi qu'une cuisine locale à prix très doux. Ambiance tranquille, une bonne petite adresse. Dans la cour à l'arrière, le *Sadru House* (voir « Où dormir ? »).

|●| ***Dewa Warung*** *(zoom couleur C4,* ***74****) : jl. Gootama. ☎ 97-54-39.* En surplomb de la rue, dans une salle ouverte décorée de quelques toiles, on s'installe à de grandes tables facilitant les rencontres entre routards du monde entier. Du coup, les conversations durent souvent bien après le repas, et les retardataires peinent à trouver une petite place. Prix très doux.

|●| 🍷 ***Lala & Lili Warung*** *(plan couleur d'ensemble A-B3,* ***72****) : Penestanan. ☎ 97-48-90. Empruntez les escaliers entre le musée Blanco et le supermarché* Bintang *; arrivé en haut, continuez tt droit sur 100 m env, c'est sur la droite (env 15 mn de marche depuis le centre). À moto, prendre la route en épingle qui monte juste après le musée. Cuisine jusqu'à 21h env selon affluence.* 📶 Tous les résidents de Penestanan connaissent ce délicieux *warung* qui s'est agrandi d'un pavillon entouré d'un bassin de lotus. Dommage que ça se soit construit juste en face... ainsi va le Bali des villas contre celui des rizières, sans aucune réflexion. Mais revenons à nos moutons, ou plutôt à la collection maison de *goreng* (poulet, riz, crevettes) soigneusement mitonnés, aux bonnes salades bio du jardin et aux boissons revigorantes aux fruits et au gingembre. Fini le petit coup de spleen !

|●| ***Made's Warung*** *(plan couleur d'ensemble A-B3,* ***72****) : Penestanan. ☎ 97-78-85. Depuis* Lala & Lili, *continuez la descente sur env 200 m, c'est en haut du petit escalier sur la gauche. Cuisine jusqu'à 21h env selon affluence. Plats 20 000-50 000 Rps.* En surplomb du chemin, plusieurs pavillons en dur sur différents niveaux constituent le repère de *Made's.* Excellent et copieux curry de thon et très bon jus de curcuma *(turmeric),* citron et miel. Parmi la carte assez fournie, on trouve aussi du poulet grillé-frites et une

interprétation locale, mais tout à fait acceptable, des spaghettis carbonara. Petits gâteaux offerts en fin de repas. Accueil familial aux petits oignons.

🍽 ***Sari Organik*** *(plan couleur d'ensemble B2,* ***73****) : jl. Subak Sok Wayah (dite jl. Sari Organik !). ☎ 97-20-87. Fermé le soir. Plats 30 000-50 000 Rps.* Même s'il est accessible en scooter, il est bien plus agréable de rejoindre ce petit resto après une promenade apéritive d'une dizaine de minutes sur un sentier sillonnant à travers les rizières. Installé dans une grande maison de bambou ouverte sur ce paysage serein, le *Sari* propose une cuisine bio préparée avec les légumes goûteux et croquants à souhait qu'il cultive juste à côté. Également de très bons jus. Pas de bouteille en plastique et des pailles en bambou. Parfait pour oublier l'agitation de la ville.

🍽 ***Mangga Madu*** *(plan couleur d'ensemble E4,* ***82****) : jl. Gunung Sari 1. Au rond-point à la statue, prendre tt droit dans la petite rue ; sur la droite. Tlj 11h-21h30.* Ce resto établi dans une petite propriété reçoit une clientèle assidue, à laquelle se mêlent quelques touristes informés par le bouche-à-oreille. Sa formule est simple : recettes indonésiennes, balinaises et d'inspiration chinoise bien servies, honorablement cuisinées et à prix plancher. Spécialités du jour à étudier en priorité. L'endroit a le charme de la simplicité et de la franchise. Quelques plantes et places en tailleur sous un pavillon annexe. Service poli. Le bon plan.

🍽 ***Warung Mina*** *(plan couleur d'ensemble E4,* ***83****) : jl. Gunung Sari 2. ☎ 97-65-04. En face du Mangga Madu.* En bas, un resto classique. Autant rejoindre les *bale* (pavillons) au milieu d'un espace jardiné en surplomb, où l'on s'installe en tailleur ou carrément allongé sur des coussins. Spécialisé en poissons d'eau douce, comme le *gurami* (carpe) ou l'*ikan mas* (poisson-chat), préparés de plusieurs manières : *goreng* (frit), *bakar* (grillé) ou *tepung* (pané), à chaque fois accompagnés de diverses sauces. Également du *cumi cumi* (calamar), du poulet et des crevettes. Cuisine soignée, l'endroit est populaire auprès des locaux. Penser quand même à une petite entrée car les portions ne sont pas énormes. Les offres spéciales déjeuner et les *paket* (repas complets), proposés aux petits groupes, sont particulièrement intéressants.

Prix moyens (de 40 000 à 80 000 Rps, soit 2,65 à 5,30 €)

🍽 ***Fair Bale Warung*** *(zoom couleur D3-4,* ***76****) : jl. Sridewari 6. ☎ 97-53-70.* Tout se passe à l'étage, entre 2 bâtisses et au milieu des temples et des fleurs. On s'assoit à genoux autour des tables, on déguste les bons petits plats maison, cuits au feu de bois (filet de *mahi mahi, king prawns,* etc.), les petits riz au curry, les inévitables *nasi goreng* et autres fruits frais... Et pendant ce temps, on fait une bonne action, puisqu'une partie du personnel et des revenus de ce *warung* vient en aide à un hôpital développé par ce couple indo-suisse. N'oubliez pas d'inscrire votre nom sur le livre d'or, très particulier... On vous laisse découvrir !

🍽 🍷 **Kafe** *(zoom couleur C5,* ***86****) : jl. Hanoman 44B. ☎ 780-38-02. Rejeton de la galaxie Yoga Barn (lire « À faire »). Tlj 8h-23h.* Une de nos adresses préférées à Ubud pour un café à la cool. Une gorgée de jus par-ci, une bouchée par-là, et on traînasse tout l'aprèm' en lisant « Mode et Media » ! Nourriture déclinée en *wrap,* sandwich ou *bowl* et boissons saines répondent à toutes les tendances actuelles de la cuisine qui fait du bien partout. Les larges baies vitrées, les plateformes avec coussins, la véranda et la musique lounge s'unissent pour créer une atmosphère à la cool, qui se paie un peu (sans même parler des taxes en plus, pas vraiment bio...). À la question « Peut-on trouver la sérénité dans un endroit bondé ? », certaines mines épanouies qu'on aperçoit ici répondent « oui ! ». Et si l'envie vous dit de poursuivre sur le même rythme, l'***Aman Kafe*** voisin propose le même concept, quelques marches au-dessus de la route. Pour prendre de la hauteur, assurément !

🍽 ***Melting Wok Warung*** *(zoom*

couleur C4, **70**) : *jl. Gootama 13.* *153-666-087. Un peu en hauteur par rapport à la rue. Tlj sf lun, 10h-22h. Plats 30 000-35 000 Rps.* Une adresse sympa, aérée, sous les ventilos, avec une belle vue sur l'animation et les temples. Tenue par un couple franco-laotien, avec la chaleureuse « Guéraldin' » (à la balinaise) en salle. Spécialités de woks donc, et de curry. Copieux, assiettes et bols pleins de saveurs, avec viande, crabe, *tempe* (sorte de tofu) et autres accompagnements. Fréquenté par des habitués. Et on les comprend !

Warung Pulau Kelapa (*plan d'ensemble B2,* **71**) : *jl. Raya Sanggingan (à côté du resto Mozaic).* *081-825-10-88. Plats 25 000-30 000 Rps.* Belle demeure en bois en bord de route mais assez calme. Petite terrasse avec grandes tablées. Ils ont leur propre champ de légumes et d'épices juste derrière. On ne peut plus local ! Cuisine indonésienne traditionnelle et copieuse. Bons jus de fruits frais. Terriblement romantique le soir, avec toutes ces petites lanternes éclairées. Bon rapport qualité-prix.

Bali Buddha Café (*zoom couleur D4,* **75**) : *jl. Jembawan 1.* ☎ *97-63-24. En face de la poste.* Au rez-de-chaussée, une boutique de produits bio (bananes séchées, pain, gâteaux, etc.), et à l'étage, ouvert sur la rue, un très joli café orange et violet. Peinture contemporaine aux murs. Quelques tables et un espace surélevé avec coussins, qui a notre préférence. Atmosphère relaxante. Au menu, superbes salades, sandwichs copieux, pâtes et quelques plats indonésiens. On peut aussi y boire plusieurs sortes de *jamu*, ces fameuses boissons « médicinales ». Il y en a pour tout : pour rendre les femmes plus jolies, les hommes plus forts, pour soulager l'estomac... Il suffit d'y croire ! En tout cas, cela ne coûte rien (ou presque) d'essayer !

Ibu Rai (*zoom couleur C4,* **77**) : *jl. Monkey Forest 72.* ☎ *97-34-72.* Ce resto-terrasse complètement ouvert sur la rue sert une cuisine internationale très appréciée. Pas mal de spécialités balinaises aussi, légèrement adoucies pour les palais occidentaux. De vraies vacances pour les papilles qui s'affolent à la moindre épice ! Service attentif et bonne atmosphère. Très populaire auprès des touristes, donc souvent plein.

Three Monkeys (*zoom couleur C5,* **90**) : *jl. Monkey Forest.* ☎ *97-55-54. Tlj 7h-23h.* Une jolie salle ouverte, tout en longueur, avec fontaine qui glougloute, mignon bassin au milieu et les tables du fond qui se collent aux rizières. Déco moderne, expos de peinture aux murs. Dans l'assiette, de bons produits tendance « bio-goûteux », procédant d'une cuisine qui se balade entre la Méditerranée et l'Asie. Service jeune et efficace.

Tutmak (*zoom couleur C4,* **87**) : *jl. Dewi Sita.* ☎ *97-57-54.* Vaste restaurant aménagé sur 3 niveaux donnant sur la rue ou le terrain de foot. Sa belle carte réunit des recettes des quatre coins du monde, du pâté de foie de canard à l'assiette du Moyen-Orient, en passant naturellement par quelques spécialités balinaises ; on ne l'a pas vu faire un faux pas. Ses cafés sont également très réputés.

Chic (de 80 000 à 120 000 Rps, soit 5,30 à 8 €)

Kafe Batan Waru (*zoom couleur C4,* **81**) : *jl. Dewi Sita.* ☎ *97-75-28.* Salle ouverte de type bistrot tropical. Plats *western*, indonésiens, et salades rafraîchissantes. À juste titre très fréquenté pour la qualité de ses plats, délicieux et inventifs. Bons milk-shakes.

Wayan's Café (*zoom couleur C4,* **78**) : *jl. Monkey Forest.* ☎ *97-54-47.* Un lieu ravissant faisant partie des adresses qui comptent à Ubud. Même si la cuisine n'est plus aussi fine, elle reste généreuse, et le cadre enchanteur vaut à lui seul d'y passer un moment. Les tables (basses ou hautes) sont disposées sous des pavillons ouverts, éparpillés dans un long et vaste jardin aux allures de forêt tropicale où ça sent bon le jasmin. Préférez ceux au fond du jardin. Superbe. Cours de cuisine (demander).

Murni's Warung (*plan couleur*

d'ensemble B3, ***84****) : jl. Raya Ubud, juste avt le pont, à Campuhan ; bien indiqué depuis la route. ☎ 97-52-33.* Une boutique à l'entrée (très chère d'ailleurs), un bar-salon et plusieurs niveaux de terrasses (bien choisir son ambiance). Pour atteindre celle d'où la vue est la plus belle, il faut descendre 2 étages. On domine ainsi la rivière (prévoir la crème antimoustiques !) et l'épaisse végétation. Superbe adresse où currys, poissons, viandes et desserts sont réalisés avec brio. Excellents hamburgers. À partir de 19h, le patron peut aller chercher et raccompagner ses clients, à leur demande. C'est quand même assez cher et l'accueil est un brin routinier.

|●| *Miro's* *(zoom couleur C3,* ***93****) : jl. Raya Ubud, angle jl. Bisma. ☎ 97-33-14.* Quelques marches à gravir pour arriver dans l'un des plus jolis recoins pour dîner. Jardin délicieux, cuisine traditionnelle, avec *nasi campur,* brochettes de viande ou poisson aux légumes, ou la spécialité maison, l'*ayam Miro's,* poulet mariné au lait de coco et au curry. Classe mais pas trop. Service adorable.

|●| *Indus* *(plan couleur d'ensemble B2,* ***80****) : jl. Raya Sanggingan, à Campuhan. ☎ 97-76-84. Tlj 7h-23h.* Grande salle ouverte aux quatre vents d'où l'on bénéficie d'une vue panoramique et plongeante sur la vallée, les rizières et les cocotiers. Également une salle en bas ; jolie vue aussi et c'est là que sont présentés les gâteaux. Belle carte, qui fait le tour du monde. Côté boissons, on se délecte d'un *lassi,* d'une boisson ayurvédique, d'un vin australien ou balinais. Service de pick-up gratuit depuis le resto *Casa Luna* (mêmes proprios). Concerts certains soirs.

|●| *Warung Enak* *(plan couleur d'ensemble C5,* ***92****) : jl. Raya Pengosekan. ☎ 97-29-11. Tlj 11h-minuit.* *Warung* chic. C'est le slogan qui souligne un logo très réussi, rappelant le graphisme des affiches 1930. Le grand pavillon néotraditionnel à la déco pleine de peps, avec salle et bar au rez-de-chaussée et un étage plus intime, offre un cadre propice au concept de la maison : proposer les mets et saveurs les plus typiques de tout l'archipel indonésien. L'*Enak* (« délicieux ») s'amuse à alterner préparations raffinées et spécialités « brut de décoffrage ». Si l'on s'aventure au-delà des mets les plus simples, l'addition grimpera en conséquence, mais le voyage est suffisamment exotique pour louer l'entreprise. Choix de cigares et *kreteks,* araks infusés pour encore plus de dépaysement. Service impeccable.

Plus chic (plus de 120 000 Rps, soit 8 €)

|●| *Locavore* *(zoom couleur C4,* ***88****) : jl. Dewi Sita. ☎ 97-77-33.* Cadre chic et sobre, tout blanc, avec des touches de déco scandinave, banquettes et cuisine ouverte. Chefs balinais et hollandais aux commandes, avec brigade de cuisine internationale. Le concept est simple : de la gastronomie, avec des produits locaux à 95 %. Cuisine originale, où les saveurs s'entremêlent, tout comme les textures. Une découverte culinaire originale à Bali ! Service un peu lent, mais accueil chaleureux.

|●| *Terazo* *(zoom couleur C3,* ***89****) : jl. Suweta. ☎ 97-89-41. Plats 120 000-210 000 Rps.* L'imposante salle en duplex aux murs vert jade est décorée d'affiches publicitaires rétro et de bouquets de fleurs dispersés çà et là. Installés dans de confortables fauteuils en rotin devant des tables joliment dressées, on déguste une agréable cuisine fusion, entre Asie et Méditerranée, sur fond de musique lounge. La classe !

|●| *Bridges* *(plan d'ensemble B3,* ***122****) : jl. Campuhan (près du musée Antonio Blanco). ☎ 97-00-95. Ouv 11h-23h30. Plats 100 000-250 000 Rps.* L'un des restos les plus charmants de la ville. 2 étages, terrasses ouvertes aux quatre vents, déco élégante et soignée, l'idéal pour fêter une belle occasion autour d'un bon dîner. Assiettes tout aussi distinguées. Viandes et poissons sont accompagnés de condiments, d'épices et d'autres légumes joliment transformés pour une cuisine fusion extra. Gastronomes, à vos fourchettes. Fait aussi bar à vins et caviste. Sélection large et originale de breuvages (ah ! les vins australiens !).

Où faire une pause gourmande l'après-midi ?

Pour trouver une belle palette de gâteaux et pâtisseries, les gourmands mettront le cap sur jalan Raya Ubud, à l'une de ces adresses : ***Indus*** *(plan couleur d'ensemble B2,* ***80*** ; voir également « Où manger ? ») ou ***Casa Luna*** *(zoom couleur C3,* ***79****)*.

Gelato Secrets *(zoom couleur C3-4,* ***94****) : jl. Raya Ubud, presque en face de jl. Gootama.* On adore ces glaces, soit à l'italienne (comme le décor), soit aux parfums de Bali. Découvertes assurées ! Quelques places assises.

Les Confitures *(et les crêpes !)* ***de Michèle*** *(zoom couleur C4,* ***95****) : jl. Gootama 26. 388-416-84.* Au bout de la rue, une petite échoppe, avec plein de confitures aux parfums connus (fraise-rhubarbe) et moins connus (*kepundung...* on vous laisse goûter !). Fait avec amour (et un peu de citron aussi).

BALI

Où boire un verre ? Où écouter de la musique ?

La vie nocturne (façon de parler !) d'Ubud n'a rien à voir avec celle de Kuta ou Seminyak. Certes, pas mal de petits groupes se produisent dans les bars, mais les concerts se terminent en général vers 22h. Pas le moindre bar de nuit ni la plus petite boîte à l'horizon, alors pour l'after, c'est direction dodo !

Tropical View Café *(plan couleur d'ensemble C5,* ***104****) : jl. Monkey Forest. ☎ 97-40-40.* Désuète, cette grande paillote au-dessus de la rue réserve la surprise d'une vue très étendue sur les rizières. Une halte reposante pour siroter un jus de fruits et se remettre des sollicitations constantes de la journée.

Jazz Café *(plan couleur d'ensemble D4,* ***100****) : jl. Sukma 2. ☎ 97-65-94. • jazzcafebali.com • Tlj 17h-minuit. Concerts ts les soirs 19h30-22h30.* Voici le lieu où sortir à Ubud. Chaque soir, des groupes de qualité explorent les différentes voies et voix du jazz, de la funk au rythm'n blues en passant par les influences latinos. Pas de droit d'entrée, mais conso obligatoire (cocktails à partir de 100 000 Rps). Auditoire chamarré de Balinais, d'expats et de touristes créant une chouette ambiance. Tous les ingrédients pour passer une délicieuse soirée.

Café Lotus *(zoom couleur C3,* ***101****) : jl. Raya Ubud. ☎ 97-56-60. Tlj jusqu'à 22h.* Une adresse très touristique qui se distingue surtout par sa vue exceptionnelle sur l'élégant bassin au lotus et le temple royal, magnifiés par la lumière des fins d'après-midi. Fait aussi resto, mais mieux vaut se contenter d'y boire un verre. Juste à côté, une enseigne *Starbucks*. De la terrasse, on peut voir les spectacles de danse du palais à 19h. Mélange des genres !

Ary's Warung *(zoom couleur C3,* ***102****) : jl. Raya Ubud, juste en face du Café Lotus. ☎ 97-50-53. Tlj jusqu'à 1h.* Déco totalement épurée, tendance classe sans excès (on est à Bali ou à New York ?). Resto au 1er étage (le soir seulement, jusqu'à 21h30). Le soir, on peut prendre un verre au rez-de-chaussée dans une grande salle complètement ouverte sur la rue, à l'ambiance décontractée et moderne. Tabourets en poil de bête, mais la grande classe, ce sont les toilettes. Dites bonjour aux poissons.

Bamboo Bar *(zoom couleur C4,* ***105****) : jl. Dewi Sita.* Pas prétentieux pour un sou, ce petit bar accueille presque tous les soirs des musiciens en herbe versés dans la pop et le reggae. Rien de révolutionnaire, mais une chouette ambiance, loin du jeu des apparences.

Laughing Buddha Bar *(zoom couleur C4,* ***106****) : jl. Monkey Forest. Happy hours 16h-19h sur une sélection de cocktails (2 verres au prix d'un). Concert ts les soirs à partir de 20h.* Jolie salle safran avec mezzanine. Consos un peu chères (privilégier les *happy hours*) et service moins souriant que le bouddha de l'enseigne. Mais si l'on veut voir ceux qui aiment être vus et être vus de ceux qui... Bref, c'est l'une des adresses les plus bondées les soirs de concert.

Art Café *(zoom couleur C5, **107**)* **:** *jl. Monkey Forest. Happy hours en soirée.* Un petit cocon douillet et coloré, à l'ambiance brocante plutôt inhabituel sous ces latitudes. Lové dans des banquettes fleuries, on y écoute certains soirs des airs de guitare. Propose aussi quelques plats sympas.

Achats

Boutique de la Kupu Kupu Foundation *(zoom couleur D4, **146**)* **:** *jl. Raya Ubud, en face du croisement de jl. Hanoman et de la banque BPD. • kupukupufoundation.org • Tlj 10h-18h.* Pour acheter utile et surtout faire une action humanitaire, car cette boutique de la Kupu Kupu Foundation permet de venir en aide aux enfants handicapés laissés pour compte par le pays. Tous les objets à vendre ont été réalisés par des enfants de la fondation créée par Begonia Lopez, une énergique et très sympathique femme. Cerfs-volants, bougies, peintures, etc., une vraie caverne d'Ali Baba !

Au ***marché d'Ubud*** *(zoom couleur C3-4, **124**)*, on trouvera une grande sélection d'objets d'artisanat, de plus ou moins bonne qualité. Ravissants paniers tressés, objets en bois de coco, mobiles colorés, bijoux, etc. Sinon, à Ubud et dans les environs, les magasins sont tellement nombreux qu'il est difficile de les recenser. Mais il est certain qu'au gré de vos balades, vous tomberez sur LA boutique qui vous fera craquer !

Threads of Life, Indonesian Textile Arts Centre *(plan couleur d'ensemble C3)* **:** *jl. Kajeng 24. ☎ 97-21-87. • threadsoflife.com • Ouv 10h-19h.* À la fois galerie et magasin, *Threads of Life* présente de très belles pièces de tissage et de vannerie en provenance de différentes îles de l'archipel. Pièces uniques et prix en conséquence.

Les Confitures de Michèle *(zoom couleur C4, **95**)* **:** *jl. Goutama 26. 388-416-84.* Histoire de rapporter des cadeaux originaux avec ce petit goût franco-balinais. Confitures classiques (pommes, orange, fruits de la Passion...), mais aussi de fruits inconnus. Demander une petite cuillère pour goûter.

BALI

À voir

Agung Rai Museum of Art *(ARMA ; plan couleur d'ensemble C6)* **:** *jl. Pengosekan (au sud d'Ubud). ☎ 97-66-59. Tlj 9h-18h. Entrée : 50 000 Rps.* Fondation créée en 1996 dans le but de promouvoir la culture balinaise. Établie dans deux grands et beaux pavillons dans le plus pur style balinais. Tableaux bien mis en valeur par des espaces agréables aux plafonds hauts et un éclairage très correct.

– Le premier pavillon (le plus petit), le *Bale Dauh,* regroupe des œuvres du XXᵉ s et fait également une petite place à l'art moderne. Artistes balinais et étrangers qu'on retrouve dans les autres musées d'art de Bali : Rudolf Bonnet, Le Mayeur, Gerard Hofker, Affandi, Walter Spies. Exposition assez disparate, pas vraiment de thème précis par salle.

– Le second pavillon, le *Bale Daja,* présente davantage de cohésion. Peintures naïves d'artistes balinais sur les thèmes de la vie quotidienne, les travaux des champs, le bain dans les rivières... Thèmes mythologiques : on peut notamment voir *Barong Dance Drama,* une toile représentant le *barong,* la danse que les touristes peuvent voir en spectacle à Bali, et notamment à Ubud. Puis des peintures traditionnelles d'artistes balinais, comme Ida Bagus Made Nadera, Anak Agung Gde Sobrat, et une belle série de reproductions de tableaux de Walter Spies. Près de l'escalier, superbes peintures sur bois de style Kamasan. Quelques tissus sous cadre et costumes du *barong.* À l'étage de ce pavillon, œuvres d'Ida Bagus Nyoman Rai, quelques remarquables dessins de Lempad et des peintures traditionnelles balinaises du XXᵉ s.

Une belle visite avec, en plus, une librairie et un café. Présente également des spectacles de danse d'un très bon niveau, généralement de *kecak* et de *legong* (voir « Spectacles traditionnels » dans la rubrique « À faire »).

Neka Museum *(plan couleur d'ensemble B1) : à env 3 km au nord-ouest du centre, après le pont de Campuhan. ☎ 97-50-74. • museumneka.com • Tlj 9h-17h. Entrée : 50 000 Rps.*

Ce musée ouvert en 1982 propose, dans de grandes salles réparties dans des pavillons au milieu d'un jardin, toute une collection d'œuvres peintes par des artistes locaux ou des peintres étrangers de renom. L'ensemble constitue une excellente initiation à la peinture de l'île et un musée unique d'une qualité époustouflante. C'est tout bonnement incroyable qu'une île aussi petite puisse produire autant de peintres talentueux. Donc, un musée à ne manquer sous aucun prétexte.

– Le premier pavillon, le *Balinese Painting Hall,* présente la peinture classique de la région. L'*Ubud Style* et le *Batuan Style* sont longuement évoqués. Style foisonnant, scènes de la vie quotidienne ou guerrières, dans lesquelles le végétal et l'humain se mêlent étroitement. Scènes de danses et d'offrandes, aux traits précis. Voir *Busy Bali,* méli-mélo de scènes improbables. Noter l'absence totale de perspective et la présence de touristes dans le paysage de temps à autre.

– Le deuxième pavillon abrite les œuvres d'Arie Smit qui réinterpréta la peinture balinaise avec beaucoup d'indépendance. Le long parcours artistique de ce peintre néerlandais lui a permis de faire évoluer son style selon les époques. On y verra aussi d'intéressants travaux de contemporains.

– Le troisième pavillon est consacré à la photographie, avec des œuvres en noir et blanc du photographe américain Robert Koke, réalisées dans les années 1930. Intéressantes photos de danses traditionnelles, véritables témoignages sur la culture balinaise.

– Un petit pavillon est consacré à des dessins de Nyoman Lempad, mort à l'âge canonique de... 116 ans. Noter la précision du trait, la force du rendu. Il y a même quelques dessins érotiques.

– Voir tout particulièrement le *Contemporary Indonesian Art Hall,* où trônent de superbes portraits de femmes balinaises. On note les influences de Klimt, Paul Klee, de l'orientalisme. D'Abdul Aziz, voir le touchant *Mutual attraction* (en deux panneaux) ou le *Mother with her children*.

– Le pavillon *East-West Art Annex* élargit le cercle pictural en montrant des artistes indonésiens en général et des peintres étrangers ayant été influencés par Bali. Les travaux de Dullah ne peuvent laisser insensibles (voir *Miss Sasih*). De Srihadi Sudarsono, on a été touchés par *Flower of my adoration* et *Two dancers.* Voir aussi le portrait de *Sutejaneka,* plein de couleurs. Nasyah Jamin nous a aussi beaucoup plu. D'Affandi, violentes natures mortes. *Fight to the finish* est particulièrement torturé, à la manière de Soutine. À l'étage, un fourmillement d'artistes étrangers : Arie Smit, Louise Garrett Koke, Rudolf Bonnet *(Temptation of Arjuna),* Antonio Blanco et Chang Fee-Ming... On s'arrêtera encore sur les toiles de Willem Gerard Hofker pour ses délicats portraits au pastel sur papier et qui a sa salle réservée. Certains tableaux rappellent les œuvres de Delacroix. Quel talent ! Théo Meier semble quant à lui avoir été largement influencé par Gauguin. Nombreux chefs-d'œuvre dans des styles très différents, mais à chaque fois, on sent le souffle d'amour qui est passé entre Bali et l'artiste. En bas, une salle est dédiée au conservateur du musée qui s'est fait tirer le portrait sous tous les angles par de nombreux artistes. On termine la visite par des salles d'expos temporaires.

Puri Lukisan Museum *(zoom couleur C3) : jl. Raya Ubud. ☎ 97-51-36. Accès au fond d'un parking. Tlj 9h-17h. Entrée : 40 000 Rps.*

Fondé en 1954, ce musée renferme une intéressante collection, provenant en partie d'une donation de Rudolf Bonnet. Ce peintre néerlandais s'installa à Ubud en 1929 et eut, comme d'autres artistes européens, une grande influence sur l'art balinais. Pour en prendre la mesure, autant faire la visite dans l'ordre chronologique.

Commençons par le pavillon de droite qui présente quelques peintures du style *wayan,* prédominant jusqu'au début du XXe s et traitant exclusivement de thèmes mythico-religieux. Certaines pièces, très rares, ont plusieurs siècles.
La visite se poursuit au fond du jardin, dans une salle dédiée aux pionniers de l'art moderne balinais. Si les sujets traditionnels sont toujours présents, notamment dans l'œuvre unique de Lempad ou le monde féerique de Deblog, la vie quotidienne et la luxuriance de la nature apparaissent progressivement, chez Nadera par exemple. Encouragés par les peintres étrangers à développer un art plus personnel, certains artistes explorent des voies surprenantes. Ainsi Rundu, très marqué par l'art singulier d'Escher, et Binatang atteignent presque l'abstraction dans la répétition d'un même motif. À voir aussi, quelques sculptures en bois, comme la filiforme déesse Pertiwila entourée d'un serpent ou la gironde *Femme endormie,* du maître Ida Bagus Nyana. Dans le troisième pavillon, place à une nouvelle génération qui, tout en reprenant d'une manière très personnelle les thèmes abordés par ses aînés, introduit dans les années 1960 une composante nouvelle : la couleur. On passerait des heures à scruter ces œuvres foisonnantes et à s'amuser des détails cocasses qui s'y cachent. De l'art naïf peut-être, mais plein de secrets et de talent.

BALI

🏛🏛🏛 *The Blanco Renaissance Museum* *(plan couleur d'ensemble B3)* **:** *juste après le pont suspendu de Campuhan, sur la gauche en venant du centre. ☎ 97-55-02. • blancomuseum.com • Tlj 9h-17h. Entrée : 80 000 Rps ; gratuit moins de 10 ans.*
Cette maison particulière du peintre philippin Antonio Blanco vaut déjà le déplacement pour sa situation et son architecture. Le maître est mort en juillet 1999, mais sa présence est intacte. Il vécut aux États-Unis, travailla à Hollywood et fut anobli par le roi d'Espagne, qui le fit « Don » (c'est l'équivalent de « Sir » en Angleterre). Puis il vint vivre et peindre à Bali, où il recevait avec gentillesse les grands de ce monde comme les simples touristes. C'était un genre de Dalí, personnage superbe aux yeux bleu pâle. Regard lumineux, verbe haut, passion à fleur de peau, l'homme aimait les femmes et aimait la vie, ça se sent à travers ses toiles. Mégalo, certes, loufoque, oui, mais talentueux ô combien ! Aujourd'hui, on peut rencontrer son fils, artiste-peintre également, qui a installé son atelier dans l'une des pièces de la maison. Jolies plantations en saison dans le jardin.
– ***Le musée :*** il jouxte la maison du peintre, dans une sorte de superbe palais italien. Tout autour, dans le jardin, plein d'oiseaux qu'aimait Antonio. À l'entrée de l'édifice, monument de 15 m de haut en marbre vert d'Italie, signature symbolisée de l'artiste. L'intérieur, sur deux niveaux, est élégant sans être prétentieux. Murs modernes, chacun peint d'une couleur forte, et sol en ciment coloré. Ensemble très bien mis en valeur grâce à un éclairage de qualité. La peinture d'Antonio Blanco, moderne et baroque, fougueuse et terriblement précise, nous a touchés. Des danseuses, beaucoup de danseuses, et des nus, des collages coquins... Nombreux portraits, ainsi que des poèmes érotiques enluminés superbes. Dans l'une des petites salles du rez-de-chaussée, l'*Erotic Room,* voir les toiles et travaux plus anecdotiques mais toujours pleins d'humour. Ces tableaux ornaient les murs de sa chambre. Des réalisations gentiment cochonnes, à base de découpages, collages, savons... Sacré coquin d'Antonio ! Noter l'importance des cadres, tous créés par l'artiste également comme une prolongation naturelle de ces tableaux. Pour lui, le sens de la vie se résumait à « croquer dans une mangue de la main droite, et promener sa main gauche sur le corps de son modèle ». Le musée en lui-même est plein de clins d'œil et d'anecdotes, qui rendent la visite passionnante.
– ***La galerie :*** dans la maison même de l'artiste, on voit le travail de son fils, qui s'occupe du musée. Il peint essentiellement des natures mortes, mais dans la continuité stylistique de son père, toujours avec des cadres maison. On a vu un seul tableau où une femme apparaît à l'arrière-plan.
– ***Le studio :*** c'était l'atelier d'Antonio Blanco. On y voit essentiellement des toiles du fils d'Antonio. Intéressante atmosphère.

BALI

Le marché *(zoom couleur C3-4) : dans le centre. Il y a des commerçants tlj, mais le vrai grand marché a lieu ts les 3 j. Ferme vers 17h.* Vraiment beaucoup de choses intéressantes (paniers, textiles, bois...), mais il faut comparer les prix. Pour les fringues, grimper à l'étage : moins d'échoppes, et les touristes n'y montent presque jamais. Vendeurs sympas, et on peut prendre son temps pour négocier tranquillement. Pour faire de très bonnes affaires, mieux vaut y aller en fin d'après-midi, avant la fermeture, le marchandage est encore plus facile !

Sacred Monkey Forest *(plan couleur d'ensemble C5) : au sud de jl. ... Monkey Forest. Tlj 8h30-18h. Entrée : 30 000 Rps ; réduc. Compter au moins 30 mn pour en faire le tour.*
Dans un vallon encaissé, cette épaisse forêt, traversée par des chemins dallés, tient naturellement son nom de la communauté de macaques qui l'habite. Comme le singe est vénéré dans la religion hindoue, notamment à travers le dieu Hanuman, le site est sacré. Il compte d'ailleurs trois temples datant du milieu du XIVe s.
Les singes évoluent en toute liberté, assis nonchalamment au bord des allées ou se baladant de branche en branche. Beaucoup se bornent aujourd'hui à attendre les cacahuètes des touristes, voire à se servir directement dans leurs poches. Ne rien apporter à manger est la meilleure façon d'échapper à leur gloutonnerie et, parfois, leur agressivité. Évitez également de laisser balancer vos sacs en bandoulière ou de porter un sachet à la main, ça attire l'œil de ces morfals qui peuvent pousser l'audace jusqu'à vous les piquer. Rien de tel qu'un bon sac à dos collé au corps... ou rien du tout. Dernier rappel pour profiter pleinement de la balade, les singes ne sont pas des joujoux. Ne cherchez pas à tout prix à les approcher ou à les toucher, car ils peuvent se sentir menacés et se défendre avec leurs canines acérées. Même les petits sont toujours surveillés du coin de l'œil par leur clan. Évitez de faire la visite avec un bébé, soyez vigilant avec des enfants et tout ira bien !

Jalan Kajeng *(zoom couleur C3) : rue qui part juste à droite du Café Lotus.* Il y a quelques années, les habitants ont eu une initiative citoyenne pour financer les travaux de rénovation de la rue : ils ont lancé une souscription. Ainsi, chaque plaque est signée par les donateurs. La même chose a été faite pour le gang Arjuna et plein d'autres endroits de la ville. On se croirait sur Hollywood Boulevard !

À faire

La palette d'activités proposées à Ubud devrait contenter les plus actifs de nos lecteurs ! Même après avoir écumé toutes les adresses de la rubrique « À voir », il reste largement de quoi occuper ses journées. D'abord, Ubud est l'endroit idéal pour prendre soin de son corps et de son esprit, comme l'atteste le nombre de spas et de centres de yoga. On peut aussi profiter de son séjour pour s'initier à la cuisine balinaise ou à la peinture traditionnelle. Et il y a bien sûr plein de chouettes balades à faire dans les environs. Non vraiment, impossible de s'ennuyer ici, sauf en y mettant beaucoup de mauvaise volonté.

Spa

Ubud est très réputée pour la qualité de ses spas. Tous proposent des massages traditionnels, avec exfoliation et bains aux fleurs, aux épices ou au lait, si vous le souhaitez, et plus largement toute une palette de soins esthétiques (pédicure, manucure, épilation...). Également des packages d'une demi-journée pour faire peau neuve.

■ **Bali Botanica** *(plan d'ensemble B2, 147) : jl. Raya Sanggingan. ☎ 97-67-39. • balibotanica.com • Un peu à l'extérieur, au nord-ouest de la ville, mais service de taxi A/R gratuit. Massages à partir de 150 000 Rps.* Dans un cadre très zen, dans la verdure, des massages énergiques mais rasséréants. On peut même faire une cure d'une semaine (950 000 Rps) ! Service extra. Très propre.

■ ***The Bodyworks Centre*** *(zoom couleur C5,* ***141****) : jl. Hanoman 25. ☎ 97-57-20. • ubudbodyworkscentre.com • Rdv recommandé. Massages à partir de 150 000 Rps.* Créé il y a 25 ans, ce centre occupe la maison familiale, typiquement balinaise, du médecin traditionnel Ketut Arsana. S'il ne possède pas l'aménagement raffiné et high-tech des spas à la mode, il dispense des soins toujours loués pour leur qualité. Propose aussi des séances de yoga et de méditation.

■ ***Venezia*** *(plan couleur d'ensemble C5,* ***142****) : jl. Monkey Forest. ☎ 97-57-15. • veneziadayspa-ubud.com • Massages à partir de 100 000 Rps.* Dans un bel environnement (jardin, bassins), tout est raffiné et propre. Personnel très aimable. Thé et brochettes de fruits offerts.

■ **Lily Spa** *(zoom couleur C3-4,* ***143****) : jl. Bisma. ☎ 927-76-25. Massages à partir de 80 000 Rps.* Ce petit centre en bordure de la tranquille jalan Bisma propose plein de soins de qualité à des prix très abordables. La douceur de l'accueil ajoute au charme de cette petite adresse où l'on se sent tout de suite à l'aise.

BALI

Cours de yoga

Devenue l'une des mecques de cet exercice physique et spirituel intimement lié à l'hindouisme, Ubud compte de nombreux centres spécialisés. Nous en avons sélectionné deux, particulièrement réputés.

■ ***Intuitive Flow*** *(plan couleur d'ensemble A-B3,* ***145****) : à Penestanan. 081-239-246-49. • intuitiveflow.com • En haut des escaliers situés entre le musée Blanco et le supermarché* Bintang *(ceux qui mènent également à* Lala & Lili Warung *et* Made's Warung *; voir « Où manger ? »), prendre le petit chemin, à droite. Si vous êtes motorisé, suivre la route en épingle à cheveux qui part sur la droite juste après le musée.* Plongé dans une luxuriante végétation, ce petit centre dispense des cours en groupes restreints dans une belle salle vitrée qui fait corps avec la nature. Linda Madani, sa créatrice, est francophone, ce qui rendra son enseignement accessible aux moins anglophones d'entre vous !

■ **Yoga Barn** *(plan couleur d'ensemble D5,* ***144****) : au sud du carrefour du croisement des jl. Hanoman et Monkey Forest, au fond d'une impasse. ☎ 97-09-92. • theyogabarn.com •* La « grange du yoga » fait plutôt penser à un moulin, tant elle voit passer de monde. Il faut dire que la brochette de cours proposés est impressionnante, voire déconcertante pour le néophyte : yoga Pranayama, Adi Shakti, Anusara, Iyengar et on en passe... beaucoup. Également des séances de *biodanza* et d'*ecstatic dance* qu'on n'a malheureusement pas eu le temps de tester pour vous ! Avec tout ça, la grange tourne un peu à « l'usine à bien-être », mais si ça marche, c'est que ça plaît.

Cours de cuisine

Vous rêvez de devenir un *masterchef* en cuisine balinaise et d'offrir à vos amis un dîner presque parfait sans risquer le cauchemar en cuisine ? Facile, plein de restos sont prêts à partager leurs petits secrets. Le déroulement des cours est partout le même : marché en début de matinée, préparation d'un repas complet (menu différent chaque jour) et dégustation au déjeuner. Voici deux adresses d'où s'échappent des odeurs particulièrement alléchantes :

■ ***Casa Luna*** *(zoom couleur C3,* ***79****) : jl. Raya Ubud. ☎ 97-32-82. • casalunabali.com • Rens et inscription au resto, cours dispensés à* Honeymoon Guesthouse *(voir « Où dormir ? »). Prix : 300 000-450 000 Rps/pers selon menu.* C'est de loin le cours de cuisine le plus réputé d'Ubud, voire de l'île. Du coup, ça se bouscule au portillon et il est parfois nécessaire de réserver des jours à l'avance. Bonne chance !

■ ***Bumbu*** *(zoom couleur C3,* ***140****) :*

jl. Suweta 1. ☎ 97-42-17. • bumbubaliresto.com • 1er cours pour 300 000 Rps/pers, puis réduc pour tt cours supplémentaire. Inscription la veille. Un cours plébiscité par de nombreux lecteurs.

Cours de batik

■ ***Nirvana*** *(zoom couleur C4,* ***36****) : jl. Gootama 10. ☎ 97-54-15. Voir aussi « Où dormir ? ». Tlj sf dim, 10h-14h. Cours 1-5 j., 450 000-485 000 Rps/j. par pers selon formule choisie.* Natif d'Ubud, I Nyoman Suradnya enseigne les techniques du batik, qu'il a apprises à Yogyakarta, LA capitale indonésienne de cet art. Depuis son retour à Bali, il a produit nombre d'œuvres souvent inspirées des scènes de la vie quotidienne. Ce personnage haut en couleur et fervent défenseur de la culture locale, initie ses élèves aux différentes méthodes de dessin et de teintures et les assiste dans la réalisation de leurs propres pièces.

BALI

Spectacles traditionnels

Un peu partout dans le centre et ses environs, tous les jours. Débutent selon les lieux entre 18h et 20h. Billets en vente au *Tourist Information,* auprès des hébergements et des vendeurs de rue... ou sur place. Compter 75 000-100 000 Rps (prix fixes) selon le lieu et le type de représentation. Se procurer le programme complet et détaillé auprès du *Tourist Information. Legong, kecak, wayang Kulit* (marionnettes en ombre chinoise), *barong, jegog (gamelan* de bambou), près d'une dizaine de spectacles se donnent chaque soir. De quoi s'en mettre plein les mirettes ! Beaucoup sont d'excellente qualité. Pour vous aider à faire votre choix, sachez que danseurs et musiciens de l'*Ubud Palace* sont tous remarquables. Les spectacles présentés à l'Agung Rai Museum of Art (consulter la rubrique « À voir ») sont également réputés. Bonne nouvelle, des navettes gratuites sont affrétées du centre-ville jusqu'aux scènes les plus éloignées. Un conseil pour finir : les places n'étant pas numérotées, les premiers arrivés sont les mieux servis. Soyez donc sur place au moins 30 mn à l'avance.

Randonnées à vélo ou à pied

Il y a des dizaines, voire des centaines de balades à faire à pied ou à vélo. Vous en trouverez quelques exemples sur la carte *Bali Pathfinder,* en vente un peu partout. Voici quelques propositions, mais le mieux est de suivre votre propre instinct. En voyant une belle lumière qui danse sur une rizière, en découvrant un petit chemin qui longe un cours d'eau, en se laissant aspirer par un sentier de forêt, c'est là que vous créerez vous-même vos plus belles balades.

Le mieux est vraiment de louer un vélo, ça permet de rayonner sur un axe plus grand et d'abandonner sa petite reine pour poursuivre la balade à pied, à son rythme. La sensation de pédaler au milieu des rizières est assez irréelle. Nous n'indiquons pas de parcours à pied particulier, car les chemins entre les rizières se ressemblent et il n'y a aucune indication, pas de point de repère. Le meilleur guide sera dans ce cas votre propre intuition.

Quelques circuits

➢ ***Singakerta :*** partir par Campuhan et la maison d'Antonio Blanco et passer par les villages de Katik Langtang, Nyuh Kuning, Pengosekan (spécialisé dans la sculpture sur bois), Lodh Tunduh et Mas. Revenir à Ubud en *bemo.*

➢ ***Keliki :*** sortir d'Ubud toujours par le pont de Campuhan. Cet itinéraire traverse les villages de Bangkiang Sidem, Keliki, Sebali, après être passé par des rizières. Revenir par Payagan où vous prenez le *bemo* pour Ubud.

➢ ***Pejeng :*** très chouette balade en passant par les rizières. On peut y aller aussi par la route qui démarre en face du carrefour près du panneau « Pharmacy », sur la gauche quand on quitte Ubud pour Denpasar. Route étroite mais bonne. Ça monte par moments (voir le texte consacré à Bedulu et Pejeng plus loin).

■ ***Ecocycling Tour :*** *☎ 97-55-57. 📱 081-337-420-420. • baliecocycling.com • À partir de 360 000 Rps.* Différents tours organisés dans les environs d'Ubud. Découvertes des rizières et même des volcans alentour. Repas prévus. Sans oublier l'arrêt dans quelques boutiques, mais rien d'insistant.

DANS LES ENVIRONS D'UBUD

La région juste à l'est d'Ubud compte plusieurs sites religieux dont on daterait l'origine entre les Xe et XIIIe s. Beaucoup de légendes et encore plus d'incertitudes flottent autour de ces lieux récemment découverts. C'est pourquoi les explications sont parfois un peu farfelues. Tout ce coin se visite idéalement à vélo.

BALI

PELIATAN

Peliatan est un village qui jouxte Ubud. Avec le développement du second, les deux patelins se confondent presque aujourd'hui. Peliatan n'a pas un charme fou, mais l'atmosphère est tranquille. On peut y aller en *bemo,* à vélo ou à pied. Peliatan est surtout célèbre par sa troupe qui a parcouru le monde. Son *gamelan* passe pour être l'un des meilleurs de l'île. On peut, entre autres, assister à une représentation de *legong,* le vendredi soir. Très connu et donc très touristique. On conseille à ceux qui séjournent ici de louer un vélo.

Où dormir ? Où manger ?

🏠 🍽 ***Sari Bungalows*** *(plan couleur d'ensemble D6,* ***45****) :* *☎ 97-55-41. À partir de 50 000 Rps.* 💻 Le moins cher du coin. Bungalows abritant des chambres très simples. Ventilo, moustiquaire et douche (eau chaude). Atmosphère familiale. Spécialité de canard à commander la veille. Transport gratuit jusqu'à Ubud pour les spectacles de danse.

🏠 ***Family Guesthouse*** *(plan couleur d'ensemble D4,* ***47****) : jl. Sukma 39, banjar Tebesaya. ☎ 97-40-54. Doubles 150 000-300 000 Rps selon taille, ttes avec eau chaude et ventilo.* Accueil fort sympathique et familial, dans une maison balinaise traditionnelle, avec ses petits temples. Les bungalows sont répartis dans un jardin en terrasses, avec vue sur la végétation pour ceux du fond. Calme et confortable. Très bon petit déj, avec pain et gâteaux confectionnés quotidiennement par le patron.

🍽 ***Ibu Arsa*** *(plan couleur d'ensemble D5,* ***91****) : jl. Raya Cok, Gede Rai, près du marché. ☎ 97-58-17.* Simple, bon marché et très accueillant. Le service est un peu lent. Ça ne fait rien, vous êtes en vacances et à... Bali.

BEDULU

Elle fut la capitale d'un empire très puissant, ce qui explique les vestiges de son passé historique que l'on peut trouver dans le coin. Toute la région est riche en légendes. À Bedulu, le dernier roi de la dynastie, avant l'arrivée des armées javanaises, possédait des pouvoirs surnaturels, entre autres celui de se faire couper la tête et de la replacer sans dommage (quelle bonne pub pour la colle Machin !). Par malheur, un serviteur fit un jour tomber la tête dans le ruisseau et ne put la récupérer. Il se précipita alors sur un porc qui passait, le décapita et posa le groin sur les épaules royales. Le monarque ordonna aussitôt, par édit, de ne plus lever la tête vers son auguste personne. Un enfant ne put résister et clama partout que le roi était devenu *Beda Ulu,* c'est-à-dire celui qui change de tête, d'où le nom de la région.

À voir

Goa Gadja (*grotte de l'Éléphant ; plan couleur d'ensemble G6*) **:** *on gagne sans problème ce site, bien signalé sur la droite de la route, à quelques km d'Ubud. Tlj 8h-17h. Entrée : 20 000 Rps. Vaste parking (payant) et des dizaines de boutiques de souvenirs à l'entrée.*
Le site a été mis au jour en 1923. Son nom reste une énigme puisqu'il n'y a jamais eu d'éléphants dans l'île. Situé en contrebas, on y accède par une volée de marches. Prévoir un sarong pour la visite. Sinon, on peut en louer un sur place. L'endroit a beaucoup de charme quand il n'y a pas de touristes (ce qui est rare !). Venir plutôt en fin d'après-midi.
Dans un bassin, six statues de femmes laissent échapper un mince filet d'eau de leur vasque. Cette partie-là ne fut mise au jour qu'en 1954. Cette eau est censée conserver votre jeunesse. N'hésitez pas à vous mouiller le visage comme tout le monde le fait... Nous avons essayé, ça marche (voir notre photo au dos de ce guide) !
À côté des bassins, la grotte de l'Éléphant, un ancien ermitage creusé à même la roche. L'entrée de cette grotte figure une monstrueuse tête sculptée représentant un démon dont la gueule ouverte est prête à avaler les visiteurs. Feuillages et têtes bizarres ornent la façade. À l'intérieur, de part et d'autre du passage, deux autels, dont l'un abrite une sculpture de Ganesh. On y voit aussi les trois *lingams* (symboles de Brahma, Vishnu et Çiva) et des petites niches vides. Ce bel exemple d'art balinais datant du XIe s a beaucoup influencé les artisans contemporains de l'île, principalement les sculpteurs. En contrebas d'une volée de marches, on peut voir des restes de gros rochers sculptés et effondrés qui abritaient des statues du Bouddha. Ce qui est frappant ici, c'est le mélange des références bouddhiques et hindoues.

Yeh Puluh (*plan couleur d'ensemble G7*) **:** *on parvient à ce site depuis la grotte de l'Éléphant (2 km). On peut s'y rendre en reprenant la route principale (en s'éloignant d'Ubud) en prenant à droite au 1er carrefour, puis tt droit au niveau du grand virage vers la gauche ; Yeh Puluh est indiqué un peu plus loin sur la gauche. Tlj 8h-17h. Entrée : 15 000 Rps ; parking payant.* Il s'agit d'une étrange fresque qui déroule sur plus de 25 m des scènes n'ayant rien d'épique ni de religieux mais qui évoquent la vie quotidienne. Les figures sont assez abîmées, mais la visite vaut vraiment le coup, car ce type de fresques en bas-relief est particulièrement original. On y voit, par ordre d'entrée en scène, un homme portant des paniers, un guerrier à cheval, d'autres combattant un animal féroce ; plus loin, une femme semble tirer la queue d'un cheval ; tout au bout, un Ganesh. Étonnant et situé dans un cadre de rizières paisible et beau. Une petite dame toute fripée et au généreux sourire est parfois là, près du Ganesh, pour vous bénir de quelques fleurs et de son sourire... contre quelques milliers de roupies.

Yeh Pulu Café : *sur le sentier piéton qui mène à la fresque de Yeh Puluh, sur la droite. 081-236-602-78.* Un petit *warung* tout simple, familial et impeccable, au milieu des rizières, dans un site enchanteur où l'on s'assoit aux quelques tables sculptées. La souriante proprio a aménagé son bout de terrasse avec amour et vous propose notamment un *ayam bumbu Bali* d'excellente tenue et à la présentation soignée. Son *black rice pudding* est à tomber le nez dans la rizière. Sur le chemin de la fresque ou au retour, une halte adorable, même juste pour prendre un quatre-heures.

Le Musée archéologique (*plan couleur d'ensemble H5*) **:** *côté droit de la route.* Petit musée assez modeste. Vestiges préhistoriques, sarcophages d'avant notre ère, etc.

PEJENG

Le pura Penataran Sasih *(plan couleur d'ensemble H5) : juste au nord de Bedulu. Droit d'entrée : 20 000 Rps.* C'est dans ce temple qu'on trouve le plus grand tambour de bronze d'un seul tenant connu au monde. Pas une soudure ! Surnommé « Lune de Pejeng », il se trouve dans la dernière cour, sur la gauche. Malheureusement, on ne le voit pas très bien, puisqu'il est couché sur un autel à plusieurs mètres du sol. Il aurait été façonné avec un morceau de météorite, au IIIe s av. J.-C., ce qui prouverait qu'on maîtrisait déjà des techniques de pointe à l'âge du bronze. Les experts le rattachent à la mystérieuse culture Dong Son, qu'on retrouve du sud-ouest de la Chine jusqu'au fin fond de l'Indonésie, où ce type de tambour est encore offert en dot. Mais les Balinais ont bien sûr une belle légende pour expliquer sa présence insolite au milieu de leur village. Ce serait la 13e lune (on en connaît 12), tombée un jour du ciel dans un arbre. Elle brillait tellement dans les branches que les voleurs s'enfuirent, effrayés. Les pierres, rassemblées dans l'enclos du temple, seraient des étoiles mortes que la lune aurait entraînées dans sa chute.

Le pura Keboedan *(plan couleur d'ensemble H5)* est un autre temple qui abrite une statue de près de 4 m de haut.

Les villages environnants possèdent plusieurs autres ***temples*** importants sur le plan historique, à défaut d'être notables sur le plan purement architectural et esthétique.

BALI

KEDEWATAN

À 5 km au nord-ouest d'Ubud. Sur cette route qui mène d'Ubud à Kedewatan, nombreuses galeries de peinture. Franchir le pont de Campuhan, passer devant l'école d'art Sesri et devant le musée Neka et, au carrefour, tourner à droite en direction de Payangan, puis prendre le chemin de gauche. Vous surplombez la vallée d'or de la rivière Ayung. On se croirait dans une peinture balinaise avec la cascade de terrasses verdoyantes descendant vers le lit de la rivière. Avec un peu de chance, vous y verrez des paysans au travail. Et ce tableau s'animera.

LE NORD : D'UBUD AU LAC BATUR

Nous décrivons ici la route qui passe par les villages et sites les plus notables, les vues les plus belles. Ceux qui ne veulent pas passer la nuit dans la région de Batur peuvent réaliser cette balade (ou une partie) dans la journée et revenir passer la nuit à Ubud. Le mieux est de louer une voiture ou une moto car certaines parties grimpent sévèrement. On a vu certains le faire à vélo... Courageux, pour ne pas dire héroïque !

D'UBUD À TAMPAKSIRING

Toute la route, d'Ubud à Tegallalang, et même au-delà, est bordée de magasins et de fabriques d'artisanat. Si vous ne faites pas une overdose, cela peut être une bonne idée d'y faire vos achats.

Gentong : à environ 3 km d'Ubud, ce village est spécialisé dans les petits animaux de bois peint.

Le village de ***Sapat,*** 1 km plus loin, s'occupe à réaliser une bonne partie des fleurs peintes qu'on trouve dans toutes les boutiques.

Juste après, le village de ***Penusuan*** est spécialisé dans la sculpture de masques en bois et de statuettes. Dans les arrière-cours, on peut voir les jeunes sculpteurs à l'œuvre.

Au bout du village de ***Tegallalang,*** juste à la sortie, belle vision de rizières en terrasses, façon carte postale, sur la droite.

Kampung Café : *peu après le centre du village, à droite en contrebas (c'est indiqué). ☎ 90-12-01. • kampungtari.com • Doubles 130-170 €.* Belle maison à flanc de coteau, avec une vue superbe sur les rizières en terrasses et les cocotiers. Terrasse en surplomb, décoration intérieure très élégante. Cuisine raffinée. Également plusieurs chambres, à la décoration du meilleur goût. Sobriété et raffinement. Chambres immenses, salon, salle de bains magnifique avec baignoire de star... Le prix est évidemment très élevé mais honnête pour la beauté des lieux.

The Blue Café : *2-3 km après le Kampung Café (en allant vers Batur), sur la gauche. ☎ 90-13-68.* Bonne cuisine indonésienne servie sur une terrasse en surplomb de la route.

Après Tegallalang, prendre à droite vers ***Pakudui.*** Une petite route grimpe joyeusement sur un tout petit kilomètre. C'est dans ce village qu'on fabrique les gros *Garuda* de bois. La route se poursuit jusqu'à Pujung, situé environ 3 km plus loin.

Sebatu : un modeste village de cultivateurs, juste au-dessus de Pujung. Chaque foyer abrite au moins un artiste. S'ils vivent des produits de leur terre, les habitants de Sebatu consacrent une partie de leur temps à la production de statuettes à sujets phalliques et... à la musique. Leur *gamelan* a acquis une célébrité mondiale depuis que le musicologue français Jacques Brunet enregistra une série de disques pris sur le vif en 1972. Ce fut une révélation. Pour eux, la musique est une chose naturelle. Maintenant, leur troupe parcourt le monde, mais ça n'a changé en rien leur vie quotidienne lorsqu'ils reviennent au village.

TAMPAKSIRING

Au nord d'Ubud, à environ 30 mn de route. Cette petite ville tranquille et plutôt banale reçoit pourtant la visite de centaines de pèlerins qui viennent voir la source de Tirta Empul et le temple de Gunung Kawi.

À voir

La source de Tirta Empul : *entrée 15 000 Rps. Sarong et ceinture obligatoires ; loc sur place, payante. Parking payant également. Essayer d'y être pour la pleine lune de sept, cérémonie grandiose.*
Cette source sacrée, créée selon la légende par le dieu Indra, attire chaque jour des dizaines de cars de pèlerins qui viennent se purifier dans les eaux miraculeuses de ce Lourdes local.
On pénètre dans un ensemble de temples disséminés dans des cours successives, agrémentées de bassins où coulent les eaux sacrées. C'est du fond du grand bassin que sourd la source par petits bouillonnements. C'est cette arrivée par le sol qui confère en quelque sorte la dimension divine à cette source. Et c'est vrai que l'effet est saisissant. L'eau sortant de l'eau ! Cette source aurait été

utilisée à partir du Xe s. Depuis plusieurs centaines d'années, la tr
les habitants de la région viennent ici nettoyer une pierre une fois p
de la source sacrée. Les différentes phases de cette cérémonie
précisément sur une pierre qu'on retrouva récemment. Aujourd'h
viennent se laver dans les bassins annexes d'où l'eau jaillit pa
Quelques bassins accueillent de petits poissons.

Les eaux de Tirta Empul passent pour avoir des pouvoirs magiques de guérison et de survie. Après avoir déposé leurs offrandes sur les nombreux autels bariolés, les hommes et les femmes vont se baigner chacun de leur côté. On rappelle qu'il est interdit de prendre des photos, ce qui semble aller de soi d'ailleurs ! L'endroit est d'autant plus populaire que le président Sukarno y avait choisi le site d'une ancienne villa néerlandaise pour établir ici sa résidence secondaire. Cette bâtisse (années 1950), malheureusement sans aucun charme, a été construite en haut d'une volée d'escaliers, dans un cadre verdoyant, au-dessus de Tirta Empul. On la voit sur la gauche à travers les arbres.

En quittant le site, on ne peut pas repasser par l'entrée. Un petit circuit vous contraint de traverser un labyrinthe d'échoppes et de boutiques où vous serez sollicité par des marchands. Des marchands du temple en quelque sorte. C'est de bonne guerre, après tout.

Gunung Kawi : *dans la rue principale de Tampaksiring. Entrée : 15 000 Rps. Parking payant. Ceinture prêtée contre donation.* Encastré dans une jolie vallée où s'étagent les rizières, en bas des 230 marches d'un escalier de galets, ce mystérieux temple se compose de deux rangées de pagodes identiques, hautes d'environ 5 m. Elles se font face de part et d'autre de la rivière Pakrisan. Taillées dans le roc et encastrées dans des niches, elles rappellent les temples rupestres d'Ajanta, en Inde, et dateraient du Xe s. Nul ne connaît leur vocation exacte. Certains y voient les tombes du roi Udayana et de sa famille, tandis qu'une légende prétend que le géant Kebo Iwa les cisela avec ses ongles. À voir aussi, le curieux monastère composé de cellules également creusées dans la roche, d'où s'écoule une eau sacrée. On raconte que le roi Anak Wungsu vint ici finir ses jours au XIe s, loin des fastes de sa cour.

LE LAC BATUR

À 1 400 m d'altitude, l'arrivée au lac Batur se fait par le village de Penelokan (accès payant) qui n'est qu'un lieu-dit exclusivement consacré au tourisme (quelques hôtels et restaurants), mais d'où l'on jouit d'un point de vue grandiose sur le volcan et le lac (par beau temps). On n'évite pas non plus les vendeurs de sarongs, de divinités en os et autres jeux d'échecs. Pour autant, on ne se lasse pas de la vue sur le volcan Batur (1 717 m) et sur le volcan Abang (2 152 m), avec le lac en contrebas. Une route sinueuse de 8 km descend à Kedisan, 500 m plus bas, au bord du lac dont les eaux changent avec le temps et la couleur du ciel. Ce lac de cratère aurait plus de 10 km de diamètre.

PROPRIÉTÉ PRIVÉE

Ce serait Çiva lui-même qui aurait choisi Bali pour planter les deux volcans, Agung et Batur, en ces lieux divins. Ce dernier abriterait donc des dizaines de dieux et déesses que les croyants préfèrent ne pas déranger. Seuls les touristes et quelques guides locaux prennent ce risque. Une idée bien étrange pour un Balinais...

Le volcan Batur est au repos, mais ses réveils sont parfois cruels. En 1917, la lave arriva jusqu'au village mais s'arrêta devant le temple. Il était temps car elle avait déjà fait plus d'un millier de victimes. En 1926, le volcan éternua de nouveau, mais moins fort. Les habitants décidèrent de s'établir sur les hauteurs des falaises de Kintamani et emportèrent avec eux les autels du temple Ulun Danu, devant lequel la lave avait stoppé miraculeusement (voir « Kintamani »).
Tout le secteur du lac Batur est très fréquenté par les touristes, mais la plupart se contentent d'admirer la vue de Penelokan et de déjeuner dans l'un des restos.
Quelques vols ont été signalés dans la région du lac : méfiance donc.

PENELOKAN

C'est le premier village qu'on aborde en arrivant dans la région du lac. *Penelokan* signifie « l'endroit d'où l'on regarde ». On ne s'est, certes, pas trop foulé les méninges pour trouver ce nom, mais au moins, c'est explicite.
– Accès payant à l'entrée du village : 10 000 Rps par personne, 5 000 Rps en sus pour un véhicule.

Où dormir ? Où manger ?

N'oubliez pas d'emporter votre petite laine : vous êtes à 1 450 m et les nuits peuvent être vraiment fraîches. On peut dormir soit à Penelokan, le village surplombant le lac, soit à Kedisan, le village au bord du lac sur la rive sud, ou encore à Air Panas (Hot Springs), le village sur le flanc ouest du lac (voir plus loin). Cela dit, la découverte de cette région peut se faire dans la journée (depuis Ubud, par exemple), et y passer la nuit ne semble pas s'imposer. Pour ceux qui y tiennent vraiment, voici quelques adresses, ici ou dans le village voisin.

☗ I●I ***Lake View Restaurant & Hotel :*** *à l'entrée de Penelokan en venant d'Ubud, sur la droite.* ☎ *(0366) 513-94.* • *lakeview@indo.com* • *indo.com/hotels/lakeview* • *Doubles 27-45 € selon standing, petit déj inclus.* Pour ce prix-là, on a trouvé les salles de bains vraiment peu avenantes et l'ambiance générale plutôt morose. Mais il faut reconnaître que la vue sur le volcan et le lac Batur est magnifique. Au resto, salades, soupes, sandwichs et plats chauds, la plupart d'inspiration indochinoise. Le midi, buffet (très cher). La terrasse est très agréable, au contraire de la salle immense et impersonnelle.

KEDISAN

C'est le village en contrebas de Penelokan, au bord du lac. On y accède par une route sinueuse, au trafic incessant de camions qui remontent du sable volcanique destiné à la construction. En bas, rien de bien particulier si ce n'est la présence du lac. On peut éventuellement y dormir.

Où dormir ? Où manger ?

☗ I●I ***Hotel Segara :*** *sur la gauche en allant vers Toya Bungkah.* ☎ *(0361) 513-78.* • *hotelsegara@plasa.com* • *ibdyellowpage.com/hotelsegara* • *Chambre env 150 000 Rps.* Bar et buffet. Ensemble fatigué. Possibilité d'organiser l'ascension du mont Batur depuis ici : compter 400 000 Rps pour un groupe de 1 à 4 personnes. Les prix annoncés sont négociables, surtout si on est en groupe.

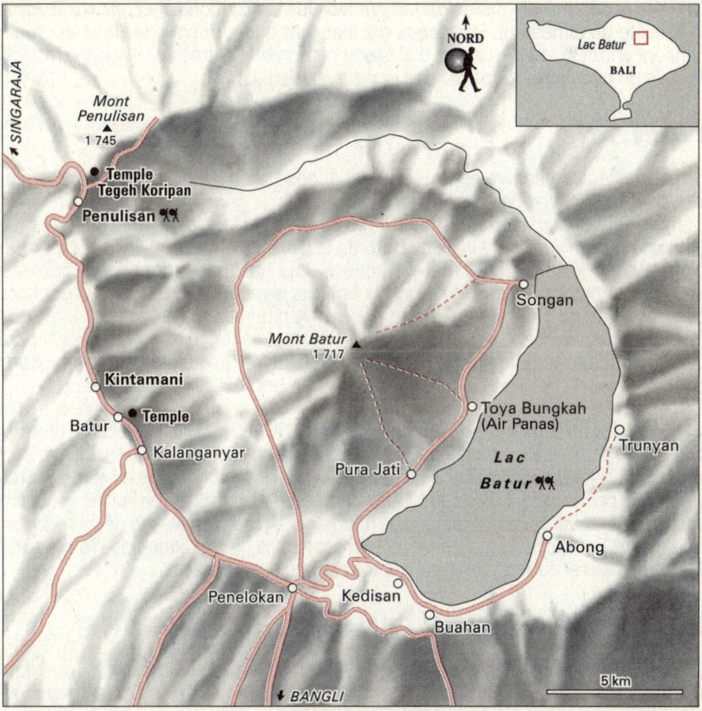

LE LAC BATUR

À faire

➢ ***Balade à pied ou à moto :*** de Kedisan, on peut aller soit à pied, soit en véhicule jusqu'aux villages de Buahan et même d'Abong (compter 1h à pied). Si vous êtes à moto, n'hésitez pas à aller jusqu'au village d'Abong, minuscule et champêtre, au bord du lac. Depuis ce point, petite route jusqu'au village de Trunyan (compter 30 mn de plus). Elle longe le lac sur tout le parcours.

➢ ***Balade en bateau :*** après des années d'arnaque et de véritable racket, l'organisation des balades en bateau sur le lac semble s'être régulée, et les prix sont désormais fixes et affichés au kiosque de l'embarcadère (lors de notre dernier passage, il fallait compter 300 000 Rps par personne). On vous y propose une balade de 2 à 3h sur une frêle embarcation à moteur pouvant contenir sept passagers. Le prix est fixe et dégressif en fonction du nombre de personnes. Seul ou à deux, ça revient assez cher, mais à cinq ou six, c'est très abordable. La balade comprend à priori trois arrêts (mais même s'ils sont bien spécifiés au guichet, la durée de la balade peut dépendre de l'humeur du capitaine, souvent mauvaise) : un premier au village de Trunyan, un deuxième au cimetière de Trunyan (situé un peu plus loin) et un troisième au village d'Air Panas (Hot Springs ou Toya Bungkah), de l'autre côté du lac. Puis retour à Kedisan. On peut aussi choisir de descendre à Air Panas pour ceux qui veulent y séjourner et grimper sur le mont Batur. Bon, on le répète, vous ne manquez pas grand-chose si vous décidez de ne pas faire cette promenade.

On vous la déconseille même carrément (voir les explications plus bas sur Trunyan et la visite du cimetière). Pour ceux qui insistent quand même, les bateaux fonctionnent entre 8h et 17h. Le prix du bateau comprend l'entrée au village de Trunyan et celle du cimetière. Ne payez pas une *rupiah* de plus !

TRUNYAN

Ce petit village sur la rive est du lac n'est accessible qu'à pied ou en bateau partant de Kedisan. Voir nos explications plus haut.
Comme Tenganan, Trunyan est un village de Balis Agas, c'est-à-dire de « Balinais d'origine », complètement isolé au bord du lac, si bien que les influences hindoues n'ont pu agir jusqu'à ces dernières années. Les habitants sont encore fidèles à leurs anciennes croyances et ne pratiquent pas la crémation. Les morts, déposés à même le sol du cimetière, se décomposent rapidement, protégés par une sorte de cage triangulaire en feuilles de palme tressées. Les touristes se précipitent pour voir quelques ossements jonchant la terre de l'enclos. En fait, joli attrape-nigauds pour voyageurs morbides. On déconseille vivement la visite du cimetière.
On peut tout à fait venir voir le village, mais vraiment, laissez tomber le cimetière, même si le ticket du bateau comprend l'entrée au village et à celui-ci. C'est de plus un prétexte pour vous réclamer sans cesse de l'argent. Car autant vous le dire, les habitants sont peu accueillants et cherchent avant tout à tirer le profit maximum de leur notoriété. Si ce n'était que par la vente d'artisanat... Quand nous sommes passés, on voulait à tout prix nous pousser à venir jeter un œil sur une mamie nonagénaire en état de décomposition. Non merci ! Les habitants gardent secrètement la plus grande statue de l'île qui aurait 4 m de hauteur et qui représenterait leur dieu protecteur. À part ça...

TOYA BUNGKAH (AIR PANAS ou HOT SPRINGS)

Situé sur la rive ouest du lac, à 4 km de Kedisan environ. De Penelokan, vous pouvez trouver un *bemo* pour vous y conduire. De Kedisan, il n'y en a pas beaucoup, mais on peut y aller à pied (compter 1h à 1h15) ou en stop. La route étroite, tout en virages, traverse un paysage curieux et triste, bordé de coulées de lave refroidies. On voit ici et là des fondations de maisons. Le gouvernement a interdit la poursuite de leur construction à cause des risques d'éruption du volcan. Elles n'ont jamais dépassé le rez-de-chaussée.
Le petit village d'Air Panas, somme toute fort banal, est très fréquenté car c'est le point de départ le plus pratique pour l'ascension du mont Batur. C'est à Kedisan, mais encore plus à Air Panas, que vous serez littéralement submergé par des propositions de guides qui voudront tous vous accompagner au sommet du Batur. C'est souvent un peu lourd, même très lourd, comme ne cessent de nous le faire remarquer nos lecteurs...
À Air Panas, comme son nom l'indique, il y a des sources d'eau chaude d'origine volcanique. On peut s'y baigner avec les Balinais qui viennent faire leurs ablutions dans un bassin aménagé. Bon, le bassin est franchement dégoûtant. Petit droit d'entrée. Juste à côté a été construit un complexe avec une grande piscine et des baignoires individuelles, alimentées par les eaux des sources chaudes. Truc à touristes vraiment *too much*. Il n'y a d'ailleurs jamais grand monde. Et puis, il y a les bassins aménagés pour les touristes, plus propres et bien chauds. Les habitants d'Air Panas ne sont pas très accueillants (c'est un euphémisme), même si c'est un peu mieux qu'à Trunyan. Ça a cependant tendance à s'arranger depuis quelque temps. Tant mieux pour tout le monde.

Où dormir ? Où manger ?

Pour ceux qui veulent faire l'ascension du mont Batur, c'est le meilleur endroit pour dormir. Quelques petits *losmen* simples et pas trop chers. Dans les restos, goûtez le poisson du lac, servi avec de l'ail.

Under the Volcano I : *à côté d'Arlina's Bungalows. ☎ 511-66. Selon confort, compter 100 000-150 000 Rps, petit déj compris.* Une dizaine de chambres bien tenues et économiques. L'extérieur des maisonnettes est en pierre volcanique. C'est aussi un bon resto, proposant une cuisine locale simple et réussie. Le ***Under the Volcano II*** *(☎ 525-08 ; • kintamanihotel.com •)* possède des chambres un peu plus chères (200 000 Rps) alignées le long de la route, et le dernier-né, à quelques pas, ***Under the Volcano III***, des bungalows avec vue sur le lac, plus agréables et pas plus chers. Les 2 derniers organisent aussi des treks autour de 300 000-400 000 Rps.

Arlina's Bungalows : *à côté de Under the Volcano I. ☎ 511-65. Chambres propres et simples 100 000 Rps avec eau froide, 200 000 Rps avec eau chaude.* Un des mieux tenus du village. Fait aussi resto. Ils peuvent vous organiser des tours de 2 à 6h pour l'ascension du mont Batur, ainsi que d'autres excursions, sur le lac notamment. Prix élevés.

Hotel Puri Bening Hayato : *à la sortie du village. ☎ 512-34. Fax : 512-48. Doubles 350 000-500 000 Rps, petit déj inclus.* Pour ceux qui veulent beaucoup plus de confort. Dans un vaste bâtiment blanc, de très grandes chambres avec balcon, vue sur le lac et jardin avec bassins.

BALI

L'ascension du mont Batur

Les grimpettes les plus faciles se font d'Air Panas et du temple Jati. Il y a plusieurs sentiers possibles. La montée dure environ 2h ; prévoir un peu moins pour la descente.

Des dizaines de guides vous aborderont pour vous conduire là-haut. ***Sachez qu'il y a une véritable mafia locale qui n'hésite pas à agresser ou à racketter les touristes lors de l'ascension, si vous faites celle-ci sans guide.*** Dans tous les cas, ce n'est pas prudent. Nous n'arrêtons pas de recevoir des lettres de lecteurs se plaignant de ce harcèlement, donc mieux vaut être prévenu !

Il est souvent préférable de prendre un guide dans votre hôtel (au moins, vous serez tranquille). Si on vous demande un prix exorbitant, n'hésitez pas à négocier fermement. Il faut partir très tôt, vers 4h, pour arriver en haut au moment du lever du soleil. En général, on vient vous chercher vers 4h30, à votre hôtel, en voiture, pour vous éviter une marche inutile ; ensuite, belle grimpette, d'environ 1h, jusqu'au sommet, puis redescente après le lever du soleil, beaucoup plus facile, pour être à l'hôtel à 8h. Pour le guide, le transport en voiture et le petit déj, compter environ 30 € par personne (minimum deux personnes).

Il existe désormais un centre d'informations pour les guides, sur la route, après l'hôtel *Under the Volcano I* *(☎ 523-62).* Panneaux avec des prix affichés (un peu plus cher que les hôtels). Le tarif s'entend par groupe d'une à quatre personnes. Pour la rando de base (de facile à modérée ; durée 4h), compter autour de 300 000 Rps et environ 450 000 Rps pour l'exploration (un peu plus dure ; départ de Trunyan à minuit, retour vers 10h) des deux cratères + balade en forêt + tour du lac. Là-haut, on vous fera peut-être cuire des œufs ou des bananes sur les fumerolles du volcan, en guise de petit déj. Tout le long du chemin, on vous proposera des boissons à prix élevés ; il faut dire que les gamins ont trimbalé leurs boissons jusque là-haut. Le mieux est d'apporter son petit encas et sa bouteille d'eau.

Il existe plusieurs sentiers, mais nous n'en indiquerons que trois, puisque ce sont de toute façon ceux empruntés par les guides. Sur la fin de l'ascension, la grimpette est très raide. Là-haut, panorama admirable sur le lac. Pendant les 4 mois de la saison des pluies, le sommet est parfois encombré de nuages dès 9h-9h30. Donc, si vous partez à la lumière du jour, tâchez tout de même de démarrer vers 6h, à la fraîche.

Pour grimper tranquille, avoir de bonnes chaussures fermées, une petite laine, un K-way et éventuellement un pull de rechange si vous y êtes en saison des pluies, une lampe de poche, et surtout de l'eau (ou du thé) et quelques fruits ou gâteaux secs. Sinon, aucune difficulté particulière. Simplement, une fois en haut, on peut se balader au bord du cratère principal et descendre vers les cratères secondaires. Là, il convient d'être très prudent, une glissade est vite arrivée. On peut grimper par un sentier et redescendre par un autre.

➢ ***Sentier partant d'Air Panas :*** l'étroit chemin démarre exactement en face de chez *Nyoman Pangus Restaurant,* dans le centre. Montée en 1h30 environ.

➢ ***Sentier partant du pura Jati :*** le départ de ce sentier se situe à environ 200 m sur la droite après le *pura Jati,* petit temple situé à 2,5 km d'Air Panas en allant vers Kedisan. Un petit panneau indique « *Welcome to Mt. Batur, please climb from here* ». Buvette. Petit bureau avec les prix. De nombreux guides attendent les touristes au point de départ, impossible d'échapper au harcèlement ; réserver plutôt l'excursion la veille. La montée s'effectue en 1h30 environ. Du pura Jati, on peut aussi effectuer des grimpettes jusqu'aux cratères secondaires. Là, comme ailleurs, aucun sentier balisé.

➢ ***Sentier de Songan :*** pas vraiment conseillé. Songan est le village situé 3 km après Air Panas. Le chemin pour entamer la grimpette n'est pas facile à trouver. Bon, une fois dans le village, prendre à gauche au T. Faire encore 1,5 km. Un panneau indique « *Welcome to Mt. Batur, one hour climbing* ». Suivre le chemin carrossable sur la gauche. Le sentier démarre un peu plus loin sur la droite et monte tout droit sur le Batur. Pas évident de trouver le bon, mais il y aura toujours quelqu'un pour vous l'indiquer. C'est le parcours le plus long.

➢ Plein d'autres sentiers possibles. Sur la route d'Air Panas, on voit parfois des panneaux indiquant le démarrage d'un chemin. C'est surtout pour vous inciter à garer votre véhicule (payant) et à prendre un guide. Comme on vous l'a déjà conseillé, préférez prendre un guide la veille à votre hôtel ou au bureau des guides, ça vous évitera d'être harcelé.

KINTAMANI

IND. TÉL. : 0366

La route passe par Penelokan et par Batur-village où le *pura Ulun Danu* fut transporté après la terrible éruption de 1926. Depuis, ce temple dédié à la déesse des Eaux a été reconstruit. L'ensemble a de l'allure avec les deux grands portails qui ouvrent sur des cours spacieuses où s'élèvent des *merus* et un *Bale Gedong* contenant une cloche en or et quelques reliques. Harcèlement des vendeurs particulièrement redoutable.

À voir

Le marché : *dans le village de Batur, juste avt Kintamani.* Il se déroule tous les 3 jours et s'avère particulièrement intéressant. Il permet de voir les gens de la région, très différents de ceux du sud de l'île. Beaucoup de fruits, car ils poussent en nombre dans la région : fruits de la passion, *manggis, salak,* etc.

DANS LES ENVIRONS DE KINTAMANI

Penulisan : *à quelques km après Kintamani, sur la route de Singaraja.* Ce lieu est surtout célèbre pour son temple, le plus élevé de l'île, le *pura Tegeh Koripan,* perché à 1 750 m d'altitude (entrée : 15 000 Rps). Les plus courageux pourront gravir l'escalier de 345 marches pour voir les statues des rois et des divinités de Bali. Certaines remontent au XIe s. Ce temple est parfois dans les nuages et, la végétation ayant envahi ses abords, la vue sur la région est limitée. Assez peu de *bemos* sur cette route, et ils sont souvent complets.

LES ROUTES DE L'EST

Un de nos parcours préférés.

KLUNGKUNG (SEMARAPURA)

IND. TÉL. : 0366

À 40 km de Denpasar, cette ancienne capitale royale, l'une des plus prestigieuses de l'île, est une ville très animée et bruyante, également connue sous le nom de Semarapura. C'est le passage obligé pour tous ceux qui se rendent vers Besakih et sur la côte est de l'île. On y fait aussi une halte pour visiter les différents monuments qui subsistent et appartiennent à la dynastie Gelgel.

Où dormir ?

On ne conseille guère Klungkung pour une étape de nuit, la ville est bruyante et les bonnes petites adresses inexistantes. Continuez la route jusqu'à Sidemen (voir un peu plus loin), tout près et nettement plus agréable.

Où manger ?

Deux petits restos façon cantine de quartier, avec TV sur le comptoir et tables en Formica :

|●| ***Bali Indah :*** *dans la rue à droite après celle du marché (jl. Nakula).* Resto chinois. *Cap cay* bien préparé.

|●| ***Sumber Rasa :*** *juste à côté du* Bali Indah. Pour une « pause Bintang » bien fraîche après la visite. Petite carte de plats indonésiens.

À voir

Le palais de justice, le pavillon flottant et le Klungkung Museum : *à côté du Semarajaya (le carrefour indiquant les 4 points cardinaux), près de l'arrêt des bemos, en plein centre-ville. Ouv 7h-17h. Ticket commun pour la visite de l'ensemble : 15 000 Rps.*

– ***Le palais de justice*** *(Kerta Gosa)* est situé dans l'angle, à droite. *Bale* ouvert aux quatre vents, construit au XVIIIe s pour arbitrer les conflits et rendre la justice. Le tribunal se composait de trois brahmanes qui devaient juger des cas un peu complexes n'ayant pas trouvé de solution au niveau de la juridiction locale. L'affaire incombait alors au district. Sur les plafonds, refaits il y a une cinquantaine d'années, représentations superbes et réalistes des supplices que les coupables pouvaient subir. En revanche, les innocents pouvaient profiter des fresques

représentant le paradis. Là, tout n'est que paix et bonheur. C'est le style de la peinture locale qui a été utilisé pour la restauration, et c'est très réussi.
– ***Le pavillon flottant*** *(Bale Kambang)* se trouve au milieu du jardin. Entouré d'eau sur laquelle flottent nénuphars et lotus. Pour y accéder, passerelle bordée de sculptures en pierre. Ce pavillon devait servir de salle de repos aux membres de la famille royale. Les peintures du plafond racontent l'histoire du prince Sutasoha, une émanation du Bouddha.
– Enfin, le ***Klungkung Museum,*** tout près du Bale Kambang, offre surtout un aperçu de la peinture locale, mais aussi des photos de la famille royale au début du XXe s. Intéressante peinture représentant la dernière bataille de l'armée de Klungkung contre les troupes néerlandaises.

Le marché : *sur le côté droit de jl. Diponegoro, à côté du palais de justice.* Animé, plein de couleurs et d'odeurs.

DANS LES ENVIRONS DE KLUNGKUNG

Kamasan : *à 2 km de Klungkung, sur la route de Gelgel.* C'est un village de peintres. Ils travaillent encore comme leurs ancêtres, les Sangging, qui étaient au service des souverains de Gelgel. Ce sont des artistes de Kamasan qui ont restauré les fresques du palais de justice. Ils utilisent une technique très ancienne, inspirée de l'art indo-javanais. Les visages sont toujours reproduits en demi-profil, de sorte que l'on voit les deux yeux et le torse de face, mais les jambes et les pieds de profil, ce qui donne au personnage une impression de mouvement. Les peintures se composent d'épisodes racontés chronologiquement, comme dans une bande dessinée. On y voit les personnages évoluer d'une scène à l'autre, selon l'action. Chacune de ces scènes est cloisonnée par un décor de motifs (pierres, montagnes, flammes, nuages, etc.).
Après l'achat de sa toile, l'artiste la fait bouillir, l'amidonne avec de la farine de riz, puis il la polit. Son premier croquis est exécuté avec du charbon de bois et avec une plume de bambou trempée dans une encre de Chine. Les couleurs traditionnelles étaient toujours obtenues par de savants mélanges de plantes. De nos jours, la peinture chimique est souvent utilisée, mais on retrouve en permanence le jaune, le brun-jaune, et surtout le vermillon qui donne tant d'éclat à la peinture *wayang.* Lors de la finition, et pour obtenir plus de réalisme, le peintre dessine avec une plume très fine le système pileux des personnages. Le pinceau n'est rien d'autre qu'un bambou écrasé dont on a séparé les fibres.
Kamasan est aussi un centre important de calendriers muraux astrologiques, les *palalintangan,* qui obéissent à des règles très strictes de composition et sont très décoratifs. Ne pas hésiter à en acheter, même si on ne sait pas les déchiffrer.

Gelgel : en poursuivant encore pendant 4 km, on atteint Gelgel, l'ancien chef-lieu de la région, dont le temple royal a échappé miraculeusement à l'éruption de 1963. Ses *merus,* les plus grands de l'île, semblent avoir poussé directement dans la lave.

➢ ***Balade à moto :*** prendre la direction de Besakih et tourner à droite à Rendang en direction d'Amlapura. Cette portion de route traverse des rizières en terrasses à perte de vue. Grandiose. D'Amlapura, retour à Klungkung par la route côtière.

SIDEMEN

IND. TÉL. : 0366

La région de Sidemen est sans doute l'une des plus belles de l'île. Le majestueux mont Agung y compose l'arrière-plan de vallées sculptées de rizières et

de plantations de maïs, de piments et de girofliers. Dans les années 1930, les artistes tombèrent sous le charme de ses panoramas époustouflants. Walter Spies y peignit ses plus beaux paysages. Rien n'a fondamentalement changé depuis, et Sidemen reste une superbe étape pour découvrir la campagne balinaise. Attention, en voiture, c'est l'enfer.

Comment y aller ?

➢ ***Depuis Klungkung (Semarapura) :*** suivre la rue principale (jalan Diponegoro) vers l'est. Après avoir passé la rivière, tourner à gauche vers Satria Pakse. Une fois atteint ce village, prendre à gauche jusqu'à Talibeng, passer le petit pont et suivre la route jusqu'à Sidemen. Compter environ 30 mn de trajet. Quelques *bemos* empruntent également cet itinéraire, depuis le terminal de Klungkung.

Où dormir ? Où manger ?

Attention, la majorité de nos adresses se trouvent à Banjar Tebola. Pour rejoindre cette vallée en arrivant du sud, prendre la bifurcation à gauche dans Sidemen, signalée par une collection de petits panneaux indicateurs. Un peu plus loin, vous atteindrez une fourche.

☗ ***Pondok Wisata Lihat Sawah :*** *à* ***Banjar Tebola.*** *☎ 241-83. ● blair@bigstreetbali.com ● Prendre la branche droite de la fourche ; c'est à env 100 m sur la gauche. Selon type et saison, bungalows 300 000-450 000 Rps.* Une dizaine de chambres installées dans des maisons balinaises traditionnelles. Les bungalows les moins chers sont cependant spacieux, avec ventilo et eau chaude. Le reste de l'ensemble est coquet mais bien plus cher, on paie vraiment la vue ! Les bungalows familiaux offrent un meilleur rapport qualité-prix. Chacune des chambres est dotée d'une terrasse. Resto. Bon accueil. N'accepte pas les dollars.

☗ ***Kubu Tani Home Stay :*** *à* ***Banjar Tebola.*** *☎ 241-83. Prendre la branche gauche de la fourche et passer le hameau ; c'est un peu plus loin sur la droite. Maison env 450 000 Rps, petit déj compris.* 3 maisons (l'une un peu en contrebas) en pierre de lave, aménagées de façon ravissante, avec d'agréables terrasses devant les rizières et le mont Agung. Confort excellent. Chambre à l'étage avec balcon ; le rez-de-chaussée accueille salon, cuisine équipée et salle de bains à ciel ouvert digne d'un spa. Parfait pour ceux qui recherchent ce type d'hébergement.

☗ ***Surya Shanti Villa :*** *à* ***Banjar Tebola.*** *📱 082-897-298-500. ● suryasshantivilla.com ● Prendre la branche gauche de la fourche et suivre la route jusqu'au bout. Doubles 75-150 € selon vue et saison, petit déj compris. Dîner en table d'hôtes 18,50 €/pers.* Étagées dans les rizières, les chambres de ce boutique-hôtel sont réparties entre des pavillons en dur d'un étage tournés vers la vallée (2 aménagés en mezzanine, 2 autres avec chambres indépendantes) et une villa regardant le mont Agung (cuisine et salon communs). Si les salles de bains (douche et baignoire) diffèrent – grandes et classiques dans la villa, tandis que les baignoires des bungalows sont à ciel ouvert ou dans la chambre –, l'élégance est partout. Couleurs et matériaux naturels s'harmonisent à merveille avec l'environnement. Pas de clim, mais ventilo pour relayer la petite brise, pas de télé pour mieux oublier le quotidien. Au programme, baignade dans l'une des 2 piscines à débordement, massages, balade dans la nature, goûter, cours de cuisine et, surtout, détente absolue. Le rêve.

🍴 ***Warung :*** *à* ***Banjar Tebola.*** *Prendre la branche gauche de la fourche ; c'est après le village, au niveau du panneau « Nirarta ».* Si ce mini-*warung* a un nom, il le cache bien, mais vous n'aurez aucun mal à le trouver, puisque c'est le seul du coin !

Toute une série de petits plats, dont des spécialités locales rarement proposées ailleurs. Et bien sûr, une vue qui donne envie d'y traînasser des heures.

BESAKIH

À 62 km de Denpasar et à 22 km de Klungkung (Semarapura) se dresse le plus grand temple de Bali et le plus vénéré, au pied du mont Agung. Malheureusement, le harcèlement des guides et autres vendeurs peut ternir quelque peu la visite (voir plus loin).

Si vous allez à Besakih à moto, prenez un pull et un imper, « au cazou ». On est tout de même à 950 m d'altitude. En été, il pleut assez souvent en fin de journée. Entre Klungkung et Besakih, s'arrêter à Bukit Jambul. Très peu de *bemos* y montent l'après-midi, sauf les jours de marché, c'est-à-dire un jour sur trois. Certains *bemos* déposent les Indonésiens au marché.

Si on a un peu de temps (ce sont les vacances, oui ou non ?), on peut aussi aller de Klungkung à Besakih par une jolie route secondaire, moins fréquentée mais un peu plus longue. Du centre de Klungkung, prendre la direction Candi Dasa. Environ 1 km après le pont, emprunter une petite route à gauche. À partir de là se succèdent de très beaux paysages de rizières, et on est presque tout seul. À Duda, prendre à gauche vers Selat, puis Muncan et Rendang. On retrouve la route principale à Pringalot. Prendre à droite, Besakih n'est plus très loin. Cet itinéraire est tout aussi agréable dans le sens Besakih-Klungkung.

Arriver – Quitter

➢ ***Liaisons avec Denpasar :*** en venant de la capitale de l'île, il faut changer de *bemo* à Klungkung. Attention pour le retour : pas de *bemo* après 13h, sauf le jour du marché. Le mieux est de faire le trajet le matin et de revenir vers la fin de la matinée.

À voir

🚶🚶 ***Le temple de Besakih :*** *au pied du mont Agung, que l'on peut voir par temps clair. Donation : 15 000 Rps ; mais ce n'est pas pour ça que vous pourrez entrer dans le sanctuaire, on vous redemandera de faire une donation plus généreuse ensuite. Parking payant (5 000 Rps/voiture). Mais en passant par le haut du temple, on ne paie pas !*

Y aller très tôt le matin (avant 8h30) pour éviter les touristes et surtout pour éviter les gardiens qui vous empêchent d'entrer. Avoir les jambes couvertes. Sinon, on peut louer un sarong sur place. Autour du grand parking, nombreuses échoppes et de gentils *warungs* populaires pas chers du tout : *soto ayam, nasi goreng, cap cay, gado gado.*

Bonne grimpette *pedibus* sur une allée bordée de boutiques de souvenirs. Si on veut éviter de fatiguer ses petons, une solution : grimper sur la moto d'un des nombreux jeunes qui proposent aux touristes, moyennant quelques milliers de roupies, de les accompagner. Mais bon, il n'y a que 500 m. Aujourd'hui, il est impossible de se balader librement dans le temple. En effet, dès que l'on sort de la voiture, des pseudo-« gardiens du temple », aussi pénibles qu'insistants, vous expliquent qu'à cause de la cérémonie spéciale qui a lieu aujourd'hui (comme par hasard !), ils doivent impérativement vous guider... ce qui ne sert à rien, car les touristes ne peuvent pas entrer dans l'enceinte, on ne peut que faire le tour du temple

et apercevoir de l'extérieur des scènes de vie quotidienne. Ils demandent parfois des sommes hallucinantes et sont particulièrement insistants. Les agences de voyages ont renoncé à conduire leurs clients ici, car à part les immenses parkings et les multiples échoppes des marchands du temple, vous ne pourrez qu'être frustré de ne pouvoir pénétrer à l'intérieur.
L'ensemble a été restauré après la terrible éruption de 1963, qui se produisit pendant la fête de l'Eka Dasa Rudra (voir plus bas le texte sur le mont Agung). Ce temple est dédié aux trois grandes divinités hindoues : Brahma (feu, créateur), Vishnu (eau, protecteur), Çiva (vent, destructeur), et à bien d'autres plus mineures. Le temple secondaire se compose d'une série de terrasses sur lesquelles s'élèvent plusieurs temples composés eux-mêmes de nombreux autels. À remarquer à l'entrée : le grand escalier avec, à droite, les esprits du Mal (aux figures patibulaires), et à gauche, les esprits du Bien représentés par des statues au visage doux et serein. Les pagodes possèdent un certain nombre de *merus* (toits successifs) en chaume, dont le nombre varie en fonction des castes. Ainsi, une pagode à un *meru* est le lieu où vient prier la caste la plus basse, alors que les pagodes à 11 *merus* sont réservées aux familles princières.

LE MONT AGUNG (GUNUNG AGUNG)

Culminant à 3 142 m, il domine tout le paysage de l'est de l'île. Sa forme parfaitement conique, coiffée d'un vaste cratère, en impose aux visiteurs comme aux locaux, d'ailleurs, qui le respectent et le craignent. Et pour cause ! En 1963, le 8 mars, le jour précis de la célèbre fête de l'*Eka Dasa Rudra,* cérémonie qui n'a lieu qu'une fois par siècle, le mont Agung sortit de sa torpeur et entra dans une colère noire. Pendant la cérémonie du temple de Besakih, les premiers grondements se firent entendre, mais c'est une dizaine de jours plus tard que la catastrophe survint. Une phénoménale éruption ensevelit plus de 1 500 personnes dans un linceul de lave incandescente, tandis que des dizaines de milliers d'autres perdaient leur maison. L'éruption, suivie d'un tremblement de terre, plongea l'île dans un nuage de poussière et de lave qui s'étendit jusqu'à la ville javanaise de Surabaya.

BIZARRE ? VOUS AVEZ DIT BIZARRE ?

*Les habitants et les autorités religieuses interprétèrent l'éruption du mont Agung de 1963 comme une manifestation divine destinée à les punir de leurs fautes et de leurs chamailleries. Les spécialistes s'interrogent encore aujourd'hui sur l'incroyable coïncidence qui fit exploser le volcan lors du déroulement de la fête de l'*Eka Dasa Rudra *qui n'a lieu, faut-il le rappeler, qu'une fois par siècle. Mais était-ce vraiment une coïncidence ? Poser la question, c'est déjà y répondre un peu.*

Comment grimper sur le mont Agung ?

Il existe deux voies principales pour le mont Agung : l'une part de Selat, l'autre du temple de Besakih. Dans un cas comme dans l'autre, il faut partir tôt, très tôt, avant le lever du jour. Ainsi, on arrive en haut avant que les brumes matinales ne bouchent la vue, ce qui ne manque pas d'être le cas vers 8h30-9h, parfois même avant. Et il fait froid là-haut ! Guide indispensable : ne pas s'aventurer seul, car à certains endroits, les sentiers sont invisibles (un Italien, pourtant habitué à la

montagne, n'a jamais été retrouvé malgré les secours importants mis en œuvre). Prix à négocier fermement. Bien se faire préciser ce que le prix inclut.
Important : une bonne condition physique (voire un entraînement préalable) est nécessaire car la dénivelée est importante (environ 2 000 m), et il est conseillé d'entreprendre l'ascension en saison sèche (plutôt entre juillet et octobre). Avoir de bonnes chaussures de marche avec des semelles antidérapantes, un pull chaud, un bonnet et un coupe-vent (il fait très froid à l'aube), une lampe de poche par personne, une gourde et des provisions.

➢ ***De Selat :*** c'est à notre avis le meilleur parcours. À 7 km de Sidemen. Se présenter au poste de police de Selat avant de partir. On peut également essayer d'y trouver un guide. De Selat, une route carrossable permet de grimper jusqu'à Sebudi et même de pousser jusqu'au temple de Pasar Agung. De là, l'ascension prend environ 3h à 3h30, un peu moins pour les bons marcheurs. Partir à 4h est un bon horaire. Pour ceux qui n'ont pas de véhicule, on peut trouver des *bemos* de Selat pour Sebudi. Tâcher de louer un *bemo* à Selat, qui vous fera faire le trajet dans la nuit pour être prêt à démarrer avec votre guide à 4h là-haut. La descente du sommet jusqu'au temple peut prendre jusqu'à 3h. Allez-y mollo pour la descente, c'est cette partie-là qui est la plus casse-margoulette.

BALI

■ ***Gung Bawa Trekking :*** ☎ *(0366) 243-79.* 📱 *081-238-781-68.* ● *gbtrekk@yahoo.com* ● *Compter env 500 000 Rps/pers.* À Selat, un des guides propose un forfait tout compris avec une nuit sur place dans un *homestay* basique, le petit déj, les snacks et les boissons au cours de la grimpette, et une partie de l'équipement (coupe-vent...). L'appeler au plus tard la veille ou encore mieux, 2 jours auparavant, avant 19h. Tarifs à priori un peu élevés pour 2 personnes mais beaucoup plus abordables si on est plus nombreux, et puis on peut tenter de négocier. Un peu dur pour les lève-tard, ce guide démarre en général vers 2h du mat' !

➢ ***De Besakih :*** c'est le parcours le plus long et le plus difficile. Compter au moins 5h pour la montée et 4h minimum pour la descente. Guide indispensable pour ne pas se perdre, surtout au début, où le sentier n'est pas évident du tout. On peut dormir la veille au soir à Besakih (chambres chez l'habitant). Il faut savoir qu'il y a quand même 2 200 m de dénivelée entre Besakih et le sommet. Pas de la tarte, donc. Partir entre 4h et 5h, mais pas plus tard. Des *warungs* sont ouverts le soir, où vous pourrez acheter eau, fruits secs et petits gâteaux. Ce parcours au départ de Besakih permet de grimper jusqu'au sommet du cratère (ce que ne permet pas le circuit depuis Selat). Mais le problème reste que, comme l'ascension est bien plus longue au départ de Besakih, même en démarrant très tôt, quand on arrive là-haut, bien souvent la vue est bouchée. Sinon, évidemment, vue sublime, ce qui récompense quelque peu des durs efforts. Bien prévoir son emploi du temps pour être redescendu avant la tombée de la nuit. Voilà ! Allez, bon courage...

KUSAMBA

À 8 km de Klungkung (Semarapura), au bord de la mer. Village surtout connu pour sa récolte de sel, qui est séparé de l'eau par évaporation dans des troncs de cocotiers creusés, posés tout le long de la plage. Dans les cahutes de chaume, les villageois raffinent ce sel selon une méthode qui n'a pas changé depuis des siècles. Sur la plage de sable noir, voir les embarcations effilées des pêcheurs, les *prahus*, minutieusement peintes, dotées de balanciers et d'une voile triangulaire.
Kusamba est un possible point de départ vers Nusa Penida et Nusa Lembongan. Voir la rubrique « Arriver – Quitter » sous ces îles.

À voir

Les salines : *au bout du village, 100 m à gauche du point d'embarquement pour Nusa Penida. • fleurdesel.wayan.bali@gmail.com • Visites guidées gratuites 7h-17h.* Ces salines font aujourd'hui l'objet d'un projet de tourisme responsable développé par les paludiers et de jeunes Français au sein de l'association « Terima Kasih ». Le but est faire découvrir et de pérenniser des techniques ancestrales, mais aussi de vendre un coffret fort bien conçu sur la fleur de sel pour financer des travaux qui amélioreront les conditions de vie très précaires des villageois.

DANS LES ENVIRONS DE KUSAMBA

Goa Lawah : à 3 km de Kusamba, sur le côté gauche de la route, un temple, et une grotte qui abrite des milliers de chauves-souris. On raconte (mais on dit tant de choses) que la grotte communique par des souterrains avec le mont Agung. On ne risque pas de manquer l'endroit. Tous les conducteurs de véhicules s'arrêtent pour déposer leur obole. Location obligatoire d'une ceinture jaune et d'un sarong jaune (9 000 Rps). À voir surtout les jours de fête, lorsque les grands prêtres sont là, ainsi que les centaines de croyants qui viennent déposer leurs offrandes. Comme vous devez rester derrière les fidèles, vous ne verrez pas les chauves-souris, car on ne pénètre pas dans la grotte. Vous pouvez aussi passer votre chemin, ce n'est pas une obligation.

LES ÎLES

Pour les Balinais, Nusa Lembongan et Nusa Penida sont les îles des démons. Longtemps, ils n'y vinrent que pour les amadouer avec des offrandes... et encore, en vitesse, pour éviter d'y passer la nuit ! Les choses évoluent, mais ces puissances diaboliques ont eu le mérite d'épargner à ces îles les dérives d'un développement débridé. D'ailleurs, si Lembongan a désormais quitté les ténèbres touristiques, Penida s'y terre encore.

Où plonger ? Où faire du snorkelling sur les îles ?

Nusa Penida et Nusa Lembongan offrent de superbes spots de plongées (entre 5 et 40 m) et de snorkelling (masque et tuba). Les courants, plus froids qu'ailleurs, ont préservé du blanchiment les coraux mous et durs. Toutes sortes de poissons tropicaux naviguent dans ces eaux avec en bonus des requins, des tortues et deux « spécialités locales », les raies mantas et l'énigmatique (et énorme) *mola-mola* (poisson-lune). La visibilité est excellente toute l'année. Savoir quand même que certains spots sont réservés aux plongeurs expérimentés, car balayés de courants forts et imprévisibles. Quant au snorkelling, c'est pour tout le monde. Il faut louer une embarcation pour atteindre les meilleurs sites. Depuis la mangrove, au nord de Nusa Lembongan, compter environ 10 € par spot pour deux personnes (1h par spot), en vous adressant directement à un pêcheur.

Les meilleurs spots

Toyapakeh : situé à l'entrée de la passe entre Nusa Penida et Lembongan. Bonne visibilité et vie marine très développée. Dans les régions plus profondes, vous pourrez observer requins, poissons-lunes, mais aussi des bancs de thons. C'est aussi un très bon coin pour le snorkelling.

Manta Point : comme son nom l'indique, l'attraction majeure de ce site, ce sont les raies mantas, visibles en saison et quand les conditions sont bonnes. C'est ici qu'elles viennent se faire « déparasiter » à faible profondeur (environ 7 m), dans des stations de nettoyage riches en plancton.

Crystal Bay : le site le plus fameux de Nusa Penida car la mascotte locale, le fameux *mola-mola* (poisson-lune), y prend ses quartiers de fin juillet à début novembre. Cette baie se situe au sud du chenal entre Penida et Ceningan, où le courant peut s'avérer très fort, dans tous les sens et imprévisible. Pour plongeurs confirmés.

Mangrove Wall : au large de cette végétation qui coiffe Nusa Lembongan au nord. Très bien pour le snorkelling. On peut coupler avec un tour dans la mangrove, avec le même bateau.

Club de plongée

Voir les coordonnées du club ***Atlantis International*** dans la rubrique « Adresses utiles. Loisirs aquatiques » à Sanur. Sur l'île :

■ ***Bali Diving Academy :*** *à Lembongan, au* Bungalow N° 7 *(voir « Où dormir ?).* ☎ *(0361) 27-02-52.* ● *scubali.com* ● Club de plongée très sérieux, parfaitement équipé. Dispense l'*Open Water Course* en 4 jours avec moniteur francophone pour environ 350 €.

Où surfer sur les îles ?

Les vagues se fracassant sur la barrière de corail font le bonheur des surfeurs. Les *breaks* sont praticables surtout en saison sèche et peuvent être dangereux.

NUSA LEMBONGAN (IND. TÉL. : 0366)

Cette île de 4 km de long a des allures de petit paradis. Certes grandissante, la fréquentation touristique n'a pas encore défiguré les paysages, et la culture d'algues, destinées à la fabrication de gélules et de cosmétiques, reste le pilier de l'économie locale. Plages de sable magnifiques, parfois baignables, spots de plongée et de snorkelling particulièrement riches, villages typiques et grande mangrove sont au menu de cette étape dépaysante. Petit désagrément : les coupures de courant y sont assez fréquentes. Sachez aussi qu'à catégorie égale, les hébergements y sont un peu plus chers que dans la conurbation de Bali sud.

Se repérer. Se déplacer

La belle anse sablonneuse de *Mushroom Bay* accueille un petit hameau et quelques hébergements investissant parfois les criques alentour. Plus au nord, *Jungutbatu,* étiré le long de la plage, dispose d'un éventail plus large d'hôtels et de restos. La route qui les relie passe par *Nusa Lembongan,* le village principal, hérissé de temples, et se poursuit jusqu'à la mangrove au nord de l'île. Au sud, elle s'effiloche en chemins caillouteux, filant vers de belles criques très tranquilles. À l'est, elle rejoint le pont reliant l'île à sa petite voisine sèche et sauvage, *Nusa Ceningan.*

La meilleure façon de parcourir cette île de 12 km de circonférence est de louer un scooter. Malgré le plein offert, suffisant pour faire un tour complet, bien négocier les prix annoncés, 2 fois plus élevés qu'à Kuta-Legian. Ceux qui ne craignent ni le relief ni la chaleur trouveront des vélos à louer à Jungutbatu... mais gare à la grimpette au sud du village !

Arriver – Quitter

Au cours de la traversée entre Bali et Nusa Lembongan, on franchit la *ligne Wallace,* frontière imaginaire délimitant l'Asie et l'Océanie.

➢ ***Sanur :*** voir cette même rubrique à Sanur.

➢ ***Padangbai :*** pas de bateau public direct pour Nusa Lembongan. Deux solutions : on prend le bateau public vers Nusa Penida, puis un *bemo* de Buyuk à Toyapakeh (env 20 mn), et enfin un autre bateau (prix à négocier) vers Nusa Lembongan... une expédition ! On peut aussi chartériser un *jukung (prahu)* par l'intermédiaire d'un des « bureaux » situés devant la plage. Solution plus simple, plus rapide mais évidemment beaucoup plus chère. Compter au moins 400 000 Rps l'aller simple en bateau traditionnel. Compter env 1h de traversée.

➢ ***Kusamba :*** ce village est un point possible de départ vers Nusa Penida et Nusa Lembongan. Compter env 1h de traversée en *prahu.* Aucun horaire fiable, la traversée se fait avec des pêcheurs qui apportent des marchandises vers ces îles. Le mieux est de se rendre tôt le matin sur la plage et d'essayer de négocier. Pas ou très peu de bateaux l'après-midi, car la mer est plus agitée que le matin. On vous conseille plutôt d'y aller par Sanur ou Padangbai.

➢ ***Gili Island :*** la compagnie *Scoot Fast Cruises (☎ (0361) 28-55-22 ; • scootcruise.com •)* fait directement la liaison vers Trawangan et Gili Air. Départ à 10h30 (mais horaire variable, vérifier). Trajet 2h. Compter env 600 000 Rps/pers. Réduc si vous prenez les billets au *Tourist Information* de Nusa Lembongan (à côté du débarcadère *Perama,* près du resto *ScoobyDoo*).

BALI

Adresses utiles

Quai d'embarquement *(plan,* ***1*)*** **:** au village de Jungutbatu.

■ @ ***Téléphone et Internet :*** plusieurs cybercafés et *Wartel* sur la rue principale de Jungutbatu. Quelques hébergements proposent l'accès, parfois gratuit.

■ ***Banque et change :*** il y a désormais un distributeur, au sud du quai d'embarquement, dans une rue perpendiculaire à la côte, à 5 m de la plage. Sinon, change de devises possible dans quelques boutiques à Jungutbatu et auprès de certains hôtels, mais le taux est si bas qu'il vaut mieux débarquer sur l'île avec assez d'argent en poche pour le séjour... et le retour !

■ ***Location de scooters :*** *comptez 60 000 Rps/j.* Attention, les routes alentour sont vraiment mauvaises.

Où dormir ?

C'est à Jungutbatu que se concentrent la plupart des hébergements, tous face à la mer et jamais loin du débarcadère. Seule une adresse plus au nord justifie de prendre une moto-taxi à la descente du bateau. Plus au sud, Mushroom Bay possède une poignée de bungalows assez luxueux, à l'exception d'une adresse bon marché.

À Jungutbatu et vers la mangrove

De bon marché à prix moyens (de 150 000 à 500 000 Rps, soit 10 à 33,35 €)

☗ ***Bunga Bungalo*** *(plan,* ***10*)** **:** *sur la droite de la plage, dans le village.*

082-897-608-691. • *bunga-bungalo.com* • *Doubles avec ventilo ou clim 175 000-360 000 Rps. Petit déj en sus.* Dans une maison perpendiculaire à la mer, les chambres aux encadrements de portes et de fenêtres sculptés sont ventilées au rez-de-chaussée, climatisées et un peu plus lumineuses au 1er. Aménagement simple avec quelques touches kitsch dans certaines salles de bains, avec baignoire et lavabo en coquillages par exemple. Eau chaude pour tout le monde. Hébergement, certes, un peu confiné, mais sympathique bar-resto face à la mer (voir « Où manger ?... »). Au fait, histoire de lever toute ambiguïté, *bunga* veut dire « fleur » en indonésien...

Suka Nusa *(plan, **12**) : 087-860-023-778.* • *sukanusa@yahoo.com* • *Doubles 300 000-350 000 Rps.* Comme beaucoup d'autres, cette petite pension a donné à ses 5 bungalows la forme de *lumbung* (greniers à riz). On aime bien ces constructions encapuchonnées de chaume, fixées sur un châssis de bambou. Bar-resto tourné vers les flots. Accueil familial et gentil.

Star Two Thousand Café & Bungalows *(plan, **12**) : vers le nord de la plage. 081-999-515-463. Doubles 200 000-400 000 Rps selon type et saison. Pas de petit déj.* Distribuées dans un alignement de maisonnettes à étage perpendiculaire à la mer, quelques grandes chambres avec eau chaude, ventilo ou clim et ameublement minimaliste. Piscine. Voir aussi « Où manger ?... ».

Bungalow Nº 7 Bar & Restaurant *(plan, **10**) : juste à côté de* Bunga Bungalo. *☎ 244-97.* • *bungalo-no7.com* • *Selon type et saison, doubles 150 000-300 000 Rps.* Chambres à différents prix dans plusieurs ailes de bâtiments en dur d'un étage, de part et d'autre d'un petit jardin. Aucune recherche esthétique et salles de bains rudimentaires (souvent sans eau chaude et serviettes non fournies), mais grande terrasse carrelée devant chaque chambre. Côté plage, resto, mini-épicerie de dépannage et centre de plongée *Bali Diving Academy* (voir la rubrique « Où plonger ? Où faire du snorkelling sur les îles ? » plus haut).

Plus chic (plus de 1 000 000 Rps, soit 66,75 €)

Indiana Kenanga *(plan, **14**) : au nord de la plage de Jugutbatu. ☎ 559-63-71. 081-916-236-322.* • *indiana-kenanga-villas.com* • *Selon saison, suites 178-203 €, villas 405-442 €.* Luxe, calme et volupté ! La formule choisie par cette adresse peut sembler éculée (pauvre Baudelaire !) mais résume bien ses principaux atouts. Les 6 suites jouissent toutes d'un jardin privatif, comme les 2 villas, qui disposent de 2 chambres doubles, d'un grand espace salon-salle à manger-cuisine et d'une piscine perso. Aménagé sur un terrain à l'arrière de la plage, chaque hébergement protège son intimité derrière de hauts murs. Du coup, pas de vue sur l'extérieur ! Il suffit de franchir le pont en surplomb de la piscine commune pour apprécier le front de mer où se trouve le resto gastronomique (voir « Où manger ?... »). Une folie certes, mais qui offre l'opportunité de partager la vie du village, à l'opposé des ghettos de luxe complètement coupés du monde.

À Mushroom Bay et Dream Beach

Adi Bungalow & Warung *(plan, **15**) : au début de la route qui part derrière le Café Bali, sur la gauche. 081-236-712-426.* • *adibungalowlembongan.com* • *Doubles à partir de 400 000 Rps, facilement négociable hors saison.* À 300 m de la plage, ce resto-épicerie (voir « Où manger ?... ») propose probablement l'hébergement le moins cher de l'île. En plus, il a cédé à la jolie mode des bungalows en forme de greniers à riz et en prend grand soin. Tous ont l'eau chaude et ventilo ou AC. Ambiance familiale très agréable.

Lumbung Bali Huts *(plan, **16**) : sur la plage de Sanghiang Bay, proche de Mushroom Bay. 081-338-378-456.* • *lembonganbalihuts.com* • *Selon confort et saison, doubles 450 000-500 000 Rps env, petit déj compris.* À nouveau de beaux et confortables

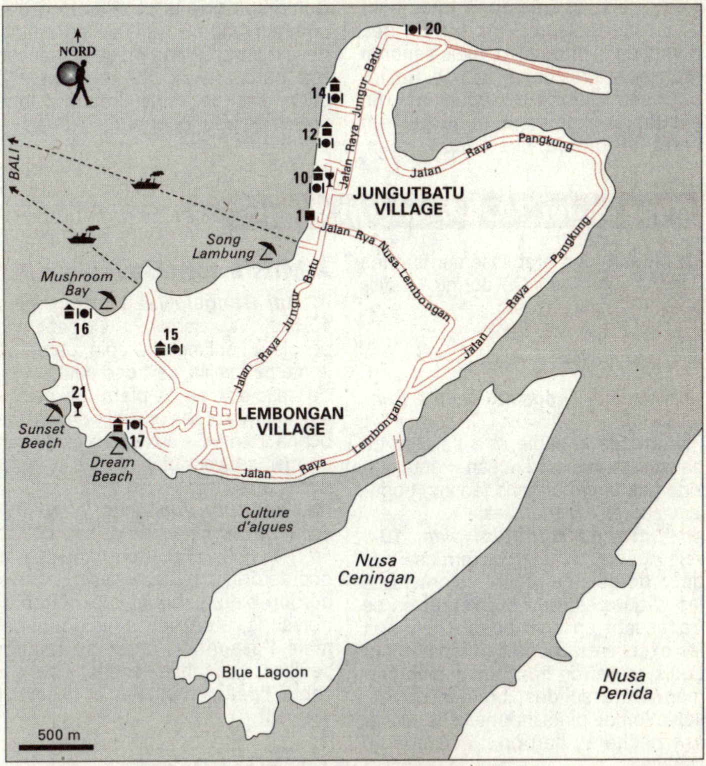

BALI

NUSA LEMBONGAN

■ Adresse utile

1 Quai d'embarquement

Où dormir ?

10 Bunga Bungalo et Bungalow N° 7 Bar & Restaurant
12 Suka Nusa et Star Two Thousand Café & Bungalows
14 Indiana Kenanga
15 Adi Bungalow & Warung
16 Lumbung Bali Huts
17 Dream Beach Huts

Où manger ? Où boire un verre ?

10 Bunga Bungalo
12 Star Two Thousand Café & Bungalows
13 Chiringito – Bungalow by Wayan's
14 Indiana Kenanga
15 Adi Bungalow & Warung
16 Lumbung Bali Huts
20 Nyoman's Warung
21 The Beach Club at Sandy Bay

bungalows-*lumbung.* Celui de devant a pleine vue sur l'océan et, posé par terre, dispose de la clim. Les 3 derrières, sur pilotis et ventilés, entrevoient quand même les flots. Voir aussi « Où manger ?... ».

***Dream Beach Huts** (plan, **17**) : c'est le seul hébergement sur cette magnifique crique éponyme. 081-338-737-344. • dreambeachlembongan.com • Selon type et saison, doubles 500 000-750 000 Rps, petit déj inclus.* Bungalows en forme de greniers à riz, sur pilotis ou de plain-pied, et quelques chambres dans une maison. Propreté un peu douteuse, pas de clim, mais l'endroit est assez rafraîchi par la brise. Resto-bar avec vue (*happy hours* de 16h à 18h) et piscine à débordement (payante) qui se mire dans l'océan. Dommage que le staff soit un peu, comment dire... « kéké » et balance de la techno de bas étage en pensant être dans le vent. Heureusement, le cadre est top. Isolé, il faudra louer une moto pour bouger.

Où manger ? Où boire un verre ?

La plupart des établissements cités dans la rubrique « Où dormir ? » disposent aussi d'un resto.

À Jungutbatu

Star Two Thousand Café & Bungalows (plan, **12**) : *voir « Où dormir ? ».* Pieds dans le sable et à l'ombre de palétuviers, face à l'océan. Petite cuisine pas chère et sans façons, populaire auprès des touristes.

Bunga Bungalo (plan, **10**) : *voir « Où dormir ? ».* Terrasse à la déco de bois de récup' colorée, que les vagues tentent d'effleurer en se fracassant en contrebas. On y boit les excellents cocktails préparés par Louis, le patron français, ancien barman. Côté solides, bonnes pizzas, sélection de plats indonésiens, *jacket fish* pêché au harpon... et crêpe au Nutella !

Indiana Kenanga (plan, **14**) : *voir « Où dormir ? ». ☎ 559-63-71. Au déj, plats à partir de 60 000 Rps ; plus cher au dîner.* Formé dans les meilleures cuisines (dont celle du chef aux 3 étoiles Éric Fréchon), le jeune Clément Fouqueré fusionne avec talent les ingrédients classiques de la gastronomie française et les saveurs locales. Ainsi n'hésite-t-il pas à accompagner son canard à l'orange de patates douces. Plus que l'effet, il vise la simplicité et la justesse en utilisant les meilleurs produits (coquilles Saint-Jacques d'Hokkaido, bœuf angus d'Australie...). Les vins sont quant à eux sélectionnés par un jeune sommelier, français lui aussi. Le dîner n'étant pas à la portée de tous les budgets, le déjeuner propose une carte plus abordable. Et si les burgers restent un peu chers, c'est parce qu'il y a de la truffe dedans !

À Mushroom Bay

Adi Bungalow & Warung (plan, **15**) : *voir « Où dormir ? ».* Ce petit resto accolé à l'épicerie du coin, gérée par la même famille, sert des petits déj et de délicieux petits plats. Sa cuisine authentique et ses prix mini en font une bonne alternative aux adresses du front de mer, souvent plus chères et moins riches en saveurs.

Lumbung Bali Huts (plan, **16**) : *voir « Où dormir ? ». Plats env 35 000-60 000 Rps.* Cuisine asiatique et occidentale : pizzas, *pasta,* currys, cordon bleu, *satay* et brochettes de poissons, etc. Rien d'exceptionnel, mais l'essentiel, c'est ce mignon pavillon, ces tables les pieds dans le sable, l'océan tout près et le service souriant.

À Sunset Beach

The Beach Club at Sandy Bay (plan, **21**) : *au bord de la plage de Sunset Beach.* Bien installé à de belles tables, on y attend le coucher de soleil.

Sur la route menant à la mangrove...

Nyoman's Warung (plan, **20**) : *au nord de l'île, à la sortie du hameau des cultivateurs d'algues, sur la gauche de la route.* Petite adresse simplissime où Nyoman propose une poignée de plats, dont le célèbre *grilled jacket fish,* tandis que Made, son mari, organise des tours en bateau dans la mangrove ou vers les fonds sous-marins. On mange face aux champs d'algues qui dessinent des paysages magnifiques à marée basse. Accueil d'une grande gentillesse.

À voir. À faire

– ***Surf, plongée, snorkelling :*** Lembongan est bénie en la matière. Voir la rubrique « Où plonger ? Où faire du snorkelling sur les îles ? » plus haut.

Les plages : le voilà, le sable blanc qui manque à Bali ! Et la baignade, nous direz-vous ? Possible à *Mushroom Bay,* mais dommage que tant de bateaux y mouillent. On a préféré la petite crique de *Song Lambung,* un peu plus à l'ouest. Sur les autres, il faudra se contenter de trempette ou de panorama, soit qu'il n'y ait pas de fond jusqu'à la barrière de corail, soit que les vagues soient trop puissantes. Mais n'oublions pas la contemplation et la pratique du tournedos (bien huilé, attention). *Sunset Beach,* avec son écrin de falaises cognées par les flots, attire les visiteurs au... coucher de soleil. *Dream Beach,* assurément l'une des plus belles, est située au sud-ouest de l'île. Les explorateurs pousseront jusqu'au bien nommé *Blue Lagoon* à Nusa Ceningan, dont la falaise fait office de plongeoir pour certains casse-cou.

BALI

– ***La mangrove :*** *au nord de l'île.* Il ne faut pas quitter Lembongan sans y avoir fait un tour. Pour cela, rejoignez le petit village au-delà de Jungutbatu où, au coucher du soleil, on jouit parfois d'une vue carrément grandiose sur le mont Agung. De là, vous pouvez faire une belle balade en bateau parmi les palétuviers et observer, entre autres choses, ces drôles de petits crabes rouges ou turquoise, dotés d'une pince démesurée par rapport à leur corps. Prix à négocier en fonction du temps et du circuit (compter environ 150 000 Rps pour 40 mn, à deux personnes).

– ***Les cultures d'algues :*** non loin du village de Lembongan, un pont suspendu permet d'accéder à *Nusa Ceningan,* petite île située entre les deux autres. À ce niveau, on découvre un intéressant village de pêcheurs et des paysages d'une beauté à couper le souffle sur les champs d'algues, changeant en fonction des marées.

NUSA PENIDA (40 000 hab.)

Cette grosse île de 20 km de long vit principalement de la pêche. Comme sa voisine Nusa Lembongan, l'île est spécialisée dans la culture des algues destinées à la fabrication de cosmétiques. On peut ainsi voir sur la côte nord des champs d'algues immergés, entre la plage et la barrière de corail, c'est assez joli.

Pratiquement pas de touristes. En revanche, certains Balinais s'y rendent quand ils ont des mauvais esprits à calmer ou à repousser. Certains temples sont dédiés à des démons et autres mauvais génies. La côte nord, celle où l'on débarque, est la seule à offrir de belles plages. Vers le sud, on trouve de hautes falaises, et entre certaines, des plages, mais pas toujours accessibles.

L'ANTRE DU DÉMON

L'île de Nusa Penida n'a pas bonne réputation, car, d'après la légende, elle aurait servi de refuge au monstre Jero Gede Mecaling, *qui cherchait à détruire Bali. Ce qui est sûr, en revanche, c'est que l'îlot, peu hospitalier, servit aux rois de Gelgel pour y déporter ses ennemis.*

Pour y aller, le plus simple (et le moins cher) est de venir par le bateau public de Padangbai ou de Sanur (voir les chapitres sur ces villages). Compter environ 1h de trajet.

Pour se déplacer sur l'île, peu de moyens de transport. Les *bemos* sont irréguliers et ne desservent qu'une partie de l'île. Il vaut mieux carrément en louer un avec chauffeur pour la demi-journée ou la journée entière. Négociez ferme et groupez-vous, ça coûtera moins cher ! Possible aussi de louer une moto, à condition d'être bon pilote, car les routes et pistes sont souvent mauvaises.

➢ Pour rejoindre Nusa Penida, voir les rubriques « Arriver – Quitter » à Sanur et à Padangbai.

Où dormir ? Où manger ?

Les seules adresses se situent à Sampalan.

Losmen Made : *dans une rue près du marché.* Un *losmen* familial proposant des chambres petites à petits prix. Petit déj. Bon accueil.

Losmen Made : *sur la droite de la route principale, un peu plus loin que le précédent du même nom.* Chambres plus grandes et confortables qu'au *losmen Made* précédent. Excellent rapport qualité-prix.

Kios Dewi : *juste avt l'adresse précédente, sur la gauche.* Le seul endroit sur Nusa Penida qui peut faire office de resto. Cuisine *padang.*

À voir

Sampalan : le principal village, au nord, offre un marché pittoresque et les seuls hébergements possibles de l'île (voir « Où dormir ? Où manger ? »).

La grotte de Goa Karangsari : *à env 10 km à l'est de Sampalan, entre Karangsari et Sewena.* Une lampe de poche est indispensable. On vous proposera de vous accompagner, mais les prix sont à négocier âprement. À l'extrémité de la grotte qui fait plus de 300 m, on débouche sur un paysage de montagne après avoir traversé une zone tapissée de chauves-souris.

Quelques belles ***plages,*** principalement sur la côte sud découpée de falaises tombant à pic dans la mer. Ceux qui ne craignent pas le vertige peuvent emprunter l'escalier de bambou de *Sebuluh,* le plus spectaculaire, ou encore ceux de *Swean, Seganing* et *Ancen.*

C'est sur cette côte sud qu'on trouve ces très hautes échelles qui partent des falaises pour arriver tout en bas. Ces échelles aériennes n'ont pas été conçues pour la baignade des touristes, mais pour le transport de l'eau que les femmes venaient puiser un peu au-dessus du niveau de la mer, avant de remonter avec leur seau en équilibre sur la tête jusqu'au sommet de la falaise. On comprend pourquoi le gouvernement a décidé de construire de vastes citernes destinées à recueillir les eaux de pluie ! Cette partie de l'île pratiquement inhabitée est de loin la plus intéressante de Nusa Penida. Des requins peuvent, par distraction, s'approcher du rivage. Plus impressionnants que dangereux, pour sûr plus inoffensifs sur les étals du marché. Possibilité d'en acheter et de le faire préparer par un cuisinier de *warung.*

PADANGBAI

IND. TÉL. : 0363

À 2 km de la route principale reliant Klungkung (Semarapura), et Candi Dasa, le petit village de pêcheurs de Padangbai est surtout connu comme port d'embarquement pour Lombok et les Gilis. À l'est de sa baie en demi-lune,

hôtels et restos s'enchaînent face à la plage de sable blanc où des *prahus* colorés sont ancrés. Petite étape sympa après l'accostage ou avant d'embarquer pour les îles, et assez calme mais pas ennuyeuse à la nuit tombée. Ceux qui ont un peu de temps pourront lézarder sur les petites plages voisines de *Pantai Kecil,* à 10 mn de marche à l'ouest en passant devant la poste, ou de *Blue Lagoon,* à l'est, au-delà du promontoire rocheux dominé par un temple.

Arriver – Quitter

Une foule de kiosques et petites agences proches de la plage vendent des billets de bateaux, de bus et minibus, combinés ou pas. Les prix affichés sont tous les mêmes, mais rien ne coûte (au contraire !) de marchander. C'est d'ailleurs hautement conseillé pour les bateaux rapides. Ne pas croire les agents qui affirment que les billets aller-retour sont modifiables. Vous partez de Padangbai, vous revenez à Padangbai ! Le mieux, si vous n'êtes pas sûr de votre itinéraire, est de prendre un aller simple. Sûr de faire des économies si vous souhaitez bifurquer en route. Pour le ferry, se diriger vers le port.

De/vers Bali

Station des bemos *(plan A1) : proche du quai des ferrys.* Port principal pour Lombok, Padangbai est bien relié au reste de l'île. Les *bemos* blancs ou bleus desservent Klungkung, les oranges, Candi Dasa et Karangasem, les minibus blancs, Denpasar.

■ ***Compagnie de bus et bateaux Perama*** *(plan A1, **2**) : guichet à l'entrée du Dona's Café, tt près du port. ☎ 414-19. • peramatour.com •*

■ ***Autres compagnies privées :*** elles sont nombreuses à proposer des liaisons avec toutes les villes et tous les sites touristiques de l'île.

➢ Quelques liaisons à titre indicatif : à 9h, 10h, 13h30 et 16h30 pour ***Ubud, Sanur, Kuta*** et l'***aéroport*** (prix identique, env 60 000 Rps) ; ***Lovina,*** env 50 000 Rps.

De/vers Lombok

Pour les Gili Islands, voir cette même rubrique sous cette destination.

➢ ***Lembar :*** le ferry part normalement ttes les 1h30 env, 24h/24. La durée de la traversée est variable en fonction de l'état de la mer. Compter 5h en moyenne et 40 000 Rps/pers. Apportez votre en-cas. Achetez votre billet directement au kiosque de l'embarcadère *(plan A1),* évitez les intermédiaires qui vous solliciteront immanquablement. Prenez votre passeport, il est parfois demandé lors de l'achat du billet. Le ferry est intéressant pour ceux qui se rendent à Lombok (et non aux îles Gili). Vu l'état du navire, on préfère les bateaux rapides, plus sûrs mais beaucoup plus chers, évidemment. De Lembar, liaisons en *bemo* pour Senggigi, Mangsit et Bongsai.

La compagnie *Perama* propose des bateaux directs (+ bus si nécessaire) pour Lombok et les îles Gili. Horaires variables selon les saisons.

De/vers Nusa Lembongan et Nusa Penida

➢ ***Nusa Lembongan :*** voir le chapitre consacré à cette île.

➢ ***Nusa Penida :*** départ sur la plage. Des bateaux publics partent le matin (7h-12h), dès qu'ils sont pleins. Compter 50 000 Rps. Il faut s'inscrire et payer à un petit guichet en bois (plus prudent de réserver sa place la veille). Autre solution : ferry tlj à 13h30. Durée : 1h30. Vente de billets sur le port. Prix : env 18 000 Rps.

Adresses utiles

✉ ***Poste*** *(plan A1) : dans la rue à droite juste avt les barrières du port.*

■ ***Téléphone :*** *plusieurs centres* Wartel *sur la gauche, près du port.*

@ ***Internet*** *(plan B1) : dans une petite transversale à la mer, à l'est de la* *place-parking.*

■ **Change :** *dans la rue principale, au nord du port des ferries, une banque avec un distributeur de billets et plusieurs changeurs. On en trouve aussi quelques-uns vers la plage.*

■ ***Agence de voyages du Made Homestay*** *(plan B1,* ***1****) : juste à l'entrée du homestay. Voir la rubrique « Où dormir ? ».* Résa de tout type de transport pour Bali, les Gili, Lombok, et plus loin vers l'est de l'archipel.

Où dormir ?

Très bon marché (moins de 150 000 Rps, soit 10 €)

Marco Inn *(plan A1,* ***10****) : jl. Segara. 085-339-614-545. • balihome fromhome.com • Doubles à partir de 100 000 Rps, petit déj inclus.* Au fond d'une cour fleurie où l'on peut se prélasser dans des hamacs, 8 chambres se répartissent au rez-de-chaussée et à l'étage (balcon) d'une maison couronnée par une terrasse panoramique. Douche froide, ventilo et propreté impeccable dans chacune. Chouette accueil de Jacob et de sa petite famille.

Made Homestay *(plan B1,* ***1****) : face à la plage, près de la jetée des bateaux rapides* Gili Cat. *☎ 414-41. 081-238-947-14.* Un hôtel budget à l'indonésienne, très bien dans son genre, se niche dans cette petite cour derrière une agence de transport (voir « Adresses utiles »). Réparties sur 2 niveaux, toutes les chambres sont ventilées et avec salle de bains. Honnêtement tenu, accueil poli.

Bon marché (de 150 000 à 300 000 Rps, soit 10 à 20 €)

Padangbai Billabong *(plan B1,* ***11****) : jl. Silayukit, face à la plage. ☎ 413-99.* Des bungalows dans le style des greniers à riz, nichés au fond du jardin. Terrasse-salon au rez-de-chaussée et chambre à l'étage. Toutes avec ventilo et moustiquaire. Aussi quelques petites chambres moins chères côté rue. Accueil moyen.

Kerti Beach Inn *(plan B1,* ***12****) : jl. Silayukti. ☎ 413-91. • kertibeachinn@ yahoo.co.in • Double 300 000 Rps, petit déj inclus.* Peu d'adresses exploitent à ce point le peu d'espace dont elles disposent ! Au rez-de-chaussée du petit immeuble à gauche de l'entrée, les chambres ventilo-eau froide les moins chères. Puis une allée se faufile entre 2 rangs de bungalows à touche-touche, donc un peu sombres, avec eau chaude et ventilo ou clim pour aboutir à une micropiscine. Dommage qu'on ait oublié de laisser un peu de place à un jardin ! Faute de charme, le *Kerti* a l'avantage d'offrir un éventail d'options abordables. Resto vitré à l'étage, face à la mer, très touristique et un peu cher.

Prix moyens (de 300 000 à 500 000 Rps, soit 20 à 33,35 €)

Hotel Puri Rai *(plan B1,* ***14****) : jl. Silayukhi 7X. ☎ 413-85. • purirai hotels.com • Doubles avec ventilo ou AC 350 000-450 000 Rps, petit déj compris.* 3 catégories de chambres confortables, ventilées ou avec clim, dans un bâtiment en dur ou des bungalows coquets, au calme sur un vaste terrain comptant 3 piscines. Salles de bains parfois un peu justes, mais bon équipement : minibar, eau chaude, terrasse ou balcon. Accueil parfois mollasson, selon l'officiant. À l'entrée, resto d'un excellent rapport qualité-prix.

Plus chic (plus de 1 000 000 Rps, soit 66,75 €)

Bloo Lagoon Village *(plan B1,* ***15****) : au bout de la baie, sur les hauteurs. ☎ 412-11. • bloolagoon.com • Doubles 105-125 €, petit déj inclus. Offres promotionnelles sur le site internet.* Au sommet du promontoire

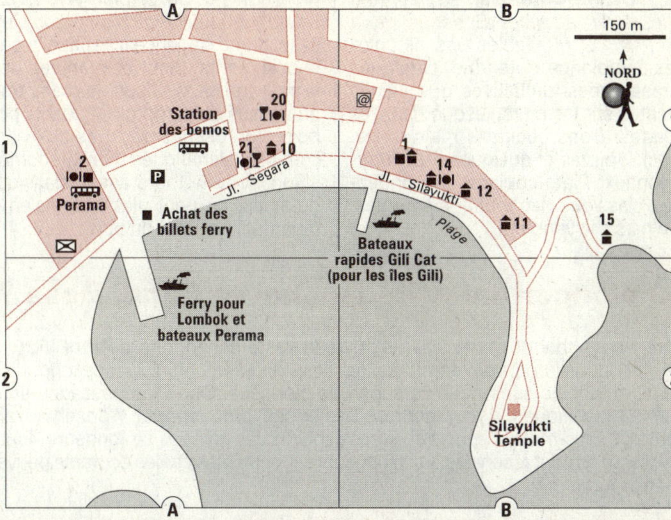

PADANGBAI

Adresses utiles

- @ Internet
- 1 Agence de voyages du Made Homestay
- 2 Compagnie de bus et bateaux Perama

Où dormir ?

- 1 Made Homestay
- 10 Marco Inn
- 11 Padangbai Billabong
- 12 Kerti Beach Inn
- 14 Hotel Puri Rai
- 15 Bloo Lagoon Village

Où manger ? Où boire un verre ?

- 2 Dona's Café
- 20 Ozone Café
- 21 Grand Café

rocheux séparant la baie de Padangbai de celle de Blue Lagoon Beach, cette résidence profite d'une vue infinie sur le large. Les chambres, dans des pavillons individuels tous tournés vers l'une des baies, sont équipées de cuisine, d'un coin salon et parfois d'une véranda climatisée et meublée d'un *day bed* pour siester ou se faire masser. Déco contemporaine et chaleureuse en bleu et blanc, pour mieux se fondre dans le ciel et la mer. Magnifique piscine et vaste paillote avec de grandes tables pour les repas. La dernière qualité de cette adresse qui n'en manque pas est de se montrer très soucieuse de l'environnement : choix de matériaux écolo, tri des déchets et compostage, purification de l'eau de la piscine sans produits chimiques...

Où manger ? Où boire un verre ?

En dehors des restos des hôtels situés le long de la plage, vous trouverez à l'ouest de la baie une petite colonie de *warungs* plus ou moins apprêtés. Tous servent du poisson frais.

Dona's Café *(plan A1, **2**)* : *à l'entrée du port, sur la droite. C'est là qu'on peut acheter les billets de bus* Perama. Carte simple. Parfait pour se remplir le ventre en attendant un bus.

🍽 🍸 ***Ozone Café*** (*plan A1,* ***20***) *: en bordure de la place, au centre de la baie.* ☎ *414-80.* Tables basses colorées. Ambiance détendue. Quelques phrases aussi définitives que vaines inscrites sur les murs, jusque dans les toilettes. Bons cocktails mais chers. Snacks, pizzas et quelques plats internationaux. Plats copieux. Un rendez-vous classique des routards argentés. *Live music* le vendredi.

🍽 🍸 ***Grand Café*** (*plan A1,* ***21***) *: à l'ouest de la baie, face à la mer.* Cette salle, d'une élégance inhabituelle dans le coin, est pourtant bien ancrée dans le paysage local puisqu'un *prahu* trône au-dessus du comptoir. Agréable pour boire l'un des jus de fruits aux noms bien plus alambiqués que leur composition, somme toute assez classique, ou avaler un petit plat indonésien en regardant l'activité du port.

Où plonger entre Padangbai et Candi Dasa ?

Entre Padangbai et Candi Dasa s'ouvre la vaste échancrure d'***Amuk Bay,*** au large de laquelle on trouve trois petites îles, *Gili Mimpang, Gili Tepekong* et *Gili Biaha,* autant de sites pour de superbes plongées. Outre les paysages sous-marins magnifiques, notamment de beaux canyons, on peut y observer raies mantas, *molas-molas,* requins et autres espèces des grandes profondeurs. Toutes ces plongées sont réservées aux plongeurs expérimentés car les courants peuvent être très forts.

Nos meilleurs spots

Gili Tepekong : petite île connue pour ses canyons et la richesse de sa vie aquatique : gros mérous, requins, et quelquefois (avec un peu de chance !) un poisson-lune *(mola-mola).* La température de l'eau peut descendre jusqu'à 15-20 °C, mais elle reste claire comme du cristal. Courants importants.

Gili Mimpang : îlot situé à quelques minutes de Tepekong, qui offre à peu près les mêmes caractéristiques que cette dernière. C'est LA plongée aux requins par excellence (pointe blanche ou noire). Intéressante combinaison de tombants et de petites collines de coraux mous et durs.

Gili Biaha : entre 15 et 30 m. L'île la plus éloignée mais aussi la plus belle, à ne pas manquer. Plongée sur un tombant recouvert de corail et descente en pente douce vers la grotte aux requins.

Blue Lagoon : juste au nord-est de Padangbai. Le site est habité par une faune très variée et luxuriante. Belle opportunité pour la plongée de nuit. Idéal pour apercevoir des requins-nourrices et requins-chats sur fond de sable blanc.

Clubs de plongée

La rue qui borde la plage est colonisée par les centres de plongée. Bien comparer les tarifs, la qualité du matériel et les prestations. Sachez aussi que le club *Atlantis International* (☎ *28-43-12 et* 📱 *081-238-057-67 ; • balidiveaction.com •*), basé à Sanur, propose toutes les plongées dont on parle plus haut.

MANGGIS BEACH

IND. TÉL. : 0363

Ce lieu-dit se situe 5 km avant Candi Dasa. Contrairement à Candi Dasa, ici la plage a été épargnée par la main de l'homme, mais le sable noir est jonché de galets. Coin très tranquille, ambiance reposante. À ne pas confondre avec le petit village de montagne situé quelques kilomètres au nord.

Où dormir ? Où manger ?

🏠 ***Lumbung Damuh :*** *sur la plage de Balina. ☎ 415-53. • damuhbali.com • Doubles 250 000-350 000 Rps, petit déj inclus.* Petit ensemble charmant de bungalows dans un jardin au bord de la plage. Tania est néerlandaise, son mari Lempot est balinais... et surfeur. Les bungalows sont d'adorables maisons dans le style des anciens greniers à riz, sur 2 étages, avec un espace ouvert en bas et la chambre en haut, sous un toit de paille. Les moins chères sont minuscules (même pas de quoi ranger une valise) et très bruyantes, tout près de l'océan, les plus onéreuses assez spacieuses. À noter, un bon éclairage pour lire au lit, une rareté à Bali ! Bon petit déj avec pain fait maison. Propose des balades dans les environs, du snorkelling et du surf. Esprit routard très sympa. Entretien un peu limite, en revanche.

|●| Plusieurs *warungs* le long de la ruelle qui mène au *Balina Beach Bungalows.* Citons notamment le ***Taman Sari,*** le ***Kafe Nyoman*** et le ***Warung Made.***

🏠 ***Alila Manggis :*** *Desa Buitan, entre Padangbai et Candi Dasa. ☎ 410-11. • alilahotels.com/manggis • Doubles à partir de 115 € (sur le site internet) ; réduc sur les résas de 5 j. min.* On aime bien cette adresse qui combine le style traditionnel avec un design contemporain fait de lignes sobres et claires. Pari gagné ! Une cinquantaine de chambres tout confort, soit de plain-pied avec terrasse sur le jardin ou la piscine, soit à l'étage, avec balcon et petit canapé pour lézarder. Spa, cours de cuisine et tous les services pour ravir les amoureux d'un soir ou les familles.

CANDI DASA

IND. TÉL. : 0363

À 13 km à l'ouest de Karangasem (Amlapura), Candi Dasa (prononcer « Tchandi Dasa ») fut, bien malgré elle, l'exemple à ne pas suivre. Dans les années 1980, sa jolie plage de sable blanc et ses coraux attirent de plus en plus de monde, et on la sélectionne pour alléger un peu Kuta et Legian. Le corail qui protégeait la côte des vagues est consciencieusement miné, puis concassé pour servir à la construction d'hôtels et restos. Mais la nature se venge. Libéré des ses entraves, l'océan efface progressivement jusqu'au souvenir de la plage. Alors l'homme, qui n'a plus que les yeux pour pleurer sur l'air d'« Adieu jolie... Candi », imagine un système de digues en épi pour amadouer les flots et faire revenir le limon. Celui-ci n'apparaît aujourd'hui que timidement, et seulement à marée basse. Les esprits les plus positifs y voient comme de petites plages privées, les autres... rien du tout !
Si cette petite station balnéaire n'a connu qu'un bref âge d'or, elle n'a pas dit son dernier mot. Adossée à des collines verdoyantes, elle offre de jolis panoramas, du calme et la proximité de sites intéressants, ainsi que quelques adresses sympas. Du coup, elle compte encore pas mal de fidèles.

➢ Située sur la route côtière entre Denpasar et Karangasem (Amlapura), Candi Dasa est très bien desservie par les transports publics et privés.

Adresses utiles

✉ ***Poste*** *(plan C1)* **:** *à côté du resto* Kubu Bali. *Tlj 9h-18h30.*

■ ***Bureaux de change et distributeurs automatiques*** *(plan C1, **2**)* **:** plusieurs *money changers* et *distributeurs,* en plein centre.

■ ***Location de vélos et motos :*** aucun problème pour en trouver sur la rue principale.

@ ***Internet :*** un cybercafé sur la rue

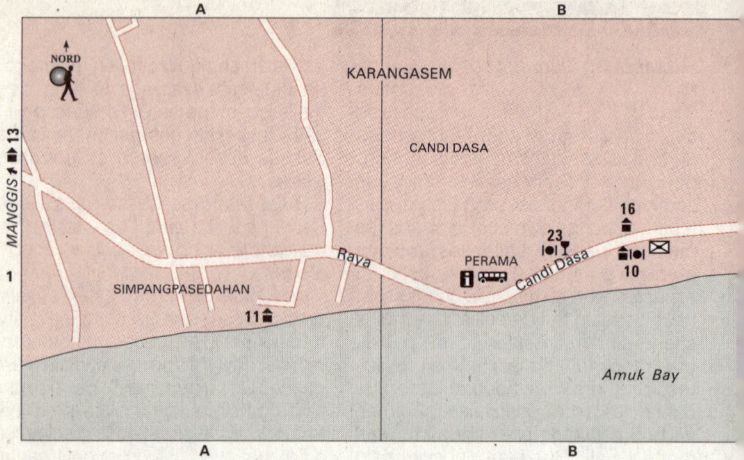

Adresses utiles	Où dormir ?
Perama Tourist Info & Bus Service	**10** Seaside Cottages
2 Bureaux de change et distributeur automatique	**11** Bali Santi
	12 Ida's Home Stay

principale. Accès wifi dans plusieurs restos.

Perama Tourist Info & Bus Service (plan B1) : *à l'entrée ouest de la ville.* ☎ *411-14 ou 15.*

D'autres petites ***agences*** se chargent également des résas et organisent des excursions dans les environs.

Où dormir ?

Bon marché (de 150 000 à 300 000 Rps, soit 10 à 20 €)

Seaside Cottages (plan B1, **10**) : *dans la rue principale, en face du Water Garden.* ☎ *416-29.* • *balibeachfront-cottages.com* • *Doubles avec ventilo ou clim à partir de 150 000 et 250 000 Rps.* Au fond du resto *Temple Cafe* part une étroite allée bordée de bungalows simples, assez petits mais plutôt mignons, avec eau chaude (sauf pour la catégorie de base). Au bout, de jolis bungalows, plus spacieux, donnent directement sur la mer (compter alors autour de 400 000 Rps). Une très bonne adresse d'un excellent rapport qualité-prix.

Bali Santi (plan A1, **11**) : *juste à côté du Flamboyant.* ☎ *416-11.* • *balisanti.com* • Plusieurs petits bungalows éparpillés jusqu'au bord de la mer dans un jardin bien entretenu. Toutes les chambres possèdent un ventilateur, une moustiquaire et une douche (froide). Elles sont confortables et vraiment très correctes pour le prix. Bon point : les bungalows sont indépendants, ce qui assure une certaine intimité. Bar et resto.

Ida's Home Stay (plan C1, **12**) : *jl. Raya Candi Dasa.* ☎ *410-96.* • *jsidas1@aol.com* • *Doubles 280 000-325 000 Rps.* Au-delà de la petite

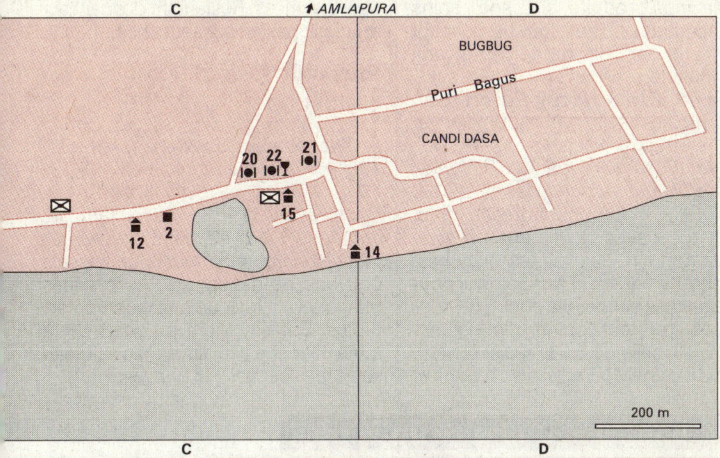

CANDI DASA

13 Amarta Beach Inn	**Où manger ? Où boire un verre ?**
14 Aquaria	**20** Raja's
15 Le 48, Zen & Happy Resort	**21** Candi Agung
16 The Water Garden	**22** Vincent's
	23 La Rouge

porte qui perce le mur de pierre bordant la rue, on découvre avec ravissement une immense cocoteraie que se partagent 6 bungalows traditionnels. Les plus grands, avec un balcon à l'étage, sont particulièrement prisés, mais tous affichent la même simplicité (ventilo, salle de bains à ciel ouvert avec eau froide) et sont suffisamment espacés pour préserver l'intimité de chacun. Tout au bout, quelques *bale* surplombent la mer qui découvre à marée basse une plage minuscule. L'accueil de M. Ketut ajoute encore au charme de cette excellente adresse, très centrale et pourtant hyper paisible.

Amarta Beach Inn *(hors plan par A1,* ***13****)* **:** *à 1,5 km du centre.* ☎ *(0361) 361-08-40. En venant de l'ouest, tourner à droite avt d'entrer dans Candi Dasa, en suivant les panneaux du* Candi Beach Cottage. *Doubles à partir de 260 000 Rps (via Internet).* Quelques bungalows alignés, séparés de la plage par un jardin et une bande de pelouse pour installer son transat. Chambres impeccables, avec ou sans eau chaude, toutes équipées de ventilo et moustiquaire. Bon resto face à la mer, proposant des plats français, végétariens et indonésiens. Une adresse bien tranquille.

Chic (de 500 000 à 1 000 000 Rps, soit 33,35 à 66,75 €)

Aquaria *(plan C-D1,* ***14****)* **:** *jl. Puri Bagus.* ☎ *411-27.* ● *aquariabali.com* ● *Doubles 50-75 € ; apparts à partir de 70 € selon catégorie et saison.* Un hôtel différent des autres, très design, résolument moderne, tendance zen chic. Les chambres (avec ou sans AC) sont distribuées autour d'une piscine (sans produits chimiques) tout en longueur, certaines donnant directement sur la mer. Parfait pour les familles, car les chambres peuvent communiquer entre elles. Grand confort (bouilloire, frigo, TV-DVD et clim), déco de magazine, produits bio, spa, soins thérapeutiques. Bref, tout un concept pour prendre soin de soi, à un prix raisonnable.

🏠 ***Le 48, Zen & Happy Resort*** *(plan C1, **15**) : dans la rue principale, en face du resto Vincent's. ☎ 411-77. • le48bali.com • Cottages et villas respectivement à partir de 700 000 et 800 000 Rps.* Une adresse chic, aménagée avec goût dans un style contemporain, aux teintes blanches, rouges et noires. 5 bungalows pour 2 personnes et une villa pour 3 personnes, équipés tout confort (clim, TV, lecteur DVD, salle de bains à ciel ouvert). Un petit coin de paradis avec piscine et transats privés. Restaurant donnant sur le lagon ; prix en conséquence.

Plus chic (plus de 1 000 000 Rps, soit 66,75 €)

🏠 ***The Water Garden*** *(plan B1, **16**) : jl. Raya (rue principale). ☎ 415-40. • watergardenhotel.com • Doubles à partir de 100 €, petit déj compris.* Noyés dans une végétation superbe et entourés de bassins couverts de nénuphars, 14 très jolis bungalows individuels et très confortables. Suffisamment à l'écart de la route pour être au calme. Piscine d'eau salée (pas de mer !) et bon resto.

Où manger ? Où boire un verre ?

🍴 ***Raja's*** *(plan C1, **20**) : dans la rue principale, en face du lagon. ☎ 420-34.* L'un des moins chers de Candi Dasa. Salle en hauteur avec un décor de guinguette tropicale à la sauce texane. On dit qu'on déguste ici les meilleurs hamburgers de la ville et il est vrai qu'ils sont goûteux, marinés dans de l'ail et de l'oignon. Pizzas, salades et plats indonésiens. Puis un billard américain pour prolonger la soirée.

🍴 ***Candi Agung*** *(plan C1, **21**) : jl. Raya Candi Dasa, peu après Vincent's en direction d'Amed, avt le tournant.* Salle avenante où se déroulent tous les soirs des spectacles de *legong*. Longue carte de pizzas, currys, viandes et plats indonésiens. On peut opter pour un *set menu* à l'indonésienne ou pour un menu fruits de mer. Propose aussi canard *tutu,* cochon de lait et *rijsttafel.* Bonnes crêpes. Service efficace et délicat qui n'en fait pas des tonnes.

🍴 🍸 ***Vincent's*** *(plan C1, **22**) : dans la rue principale, face au 48, Zen & Happy Resort. ☎ 413-68. Tlj de 11h jusqu'à tard. Plats 45 000-115 000 Rps.* Grand bistrot chic aux tons ocre, ouvert sur la rue et un petit jardin à l'arrière. Déco et bande-son révèlent deux des passions du patron : Van Gogh et le jazz. On trouve ici une vraie carte de brasserie internationale, capable de satisfaire tous les goûts et tous les appétits. S'y côtoient sandwichs en tout genre, salades, viandes, spécialités indonésiennes et méditerranéennes, ainsi qu'une ribambelle de desserts. Tout est joliment présenté et savoureux. On peut aussi s'y arrêter pour un café ou l'apéro. Concert de jazz chaque 1er jeudi du mois. Une adresse de référence à Candi Dasa.

🍴 🍸 ***La Rouge*** *(plan B1, **23**) : dans la rue principale. ☎ 419-91. Prix moyens.* Ce resto étagé sur plusieurs niveaux, plein de recoins accueillants et de fontaines glougloutantes, joue à fond la carte du chic baroque. Lustres en verrerie, fauteuils de velours rouge et comptoir de bar rehaussé de tissus damassés, le tout sous des paillotes balinaises, ça peut surprendre mais ça plaît ! Cuisine internationale de bonne facture.

DANS LES ENVIRONS DE CANDI DASA

Candi Dasa est le point de départ de nombreuses excursions dans des endroits très fréquentés comme Tenganan, mais aussi vers d'autres sites comme celui de Putung, à ne pas rater.

Le village animiste de Tenganan (hors plan par A1) **:** *c'est l'excursion la plus facile à réaliser ; à 500 m du centre de Candi Dasa en allant vers l'ouest, prendre à droite juste avt le petit pont ; c'est env 4 km plus loin. Sans véhicule, on s'y rend à pied ou en* ojek *(moto-taxi, négocier le prix), du carrefour. Donation de 5 000 Rps à faire à l'entrée. On vous prévient, l'endroit est très touristique et regorge de boutiques d'artisanat.*
Ce village isolé dans un cul-de-sac est protégé par un mur de pierre et par d'étroites entrées. Dans les deux rues principales, les habitations s'étagent en terrasses successives.
Tenganan est surtout célèbre pour son système communautaire : les biens appartiennent à tout le monde. Le village possède 1 000 ha d'excellente terre. Bizarrement, les habitants ne l'ont jamais cultivée eux-mêmes, préférant laisser ces pénibles tâches à des métayers du voisinage. Le produit de ces fermages est distribué à l'ensemble de la communauté, puis réparti par le conseil du village en fonction des besoins de chacun. Voici un véritable communisme qui fonctionne harmonieusement depuis des siècles, même si le partage des biens se fait uniquement sur la production agricole.
Le village lui-même est construit selon une architecture très particulière. Les maisons, toutes semblables, sont édifiées le long de rues en paliers successifs. Au milieu, à l'instar des *kibboutzim,* sont érigés les bâtiments communs : grange, salle du conseil...
Les avis sont très partagés sur ce village victime du tourisme. Rien à voir avec le Tenganan des années 1970, où quelques Balis Agas (population originelle de Bali) vivaient encore protégés derrière le mur de pierre. L'authenticité de Tenganan disparaît progressivement, les 300 habitants ayant vite compris le profit qu'ils pouvaient tirer de l'exploitation touristique.
Tenganan est réputé pour ses tissus de coton, *geringsing,* fabriqués selon le procédé du double *ikat* dans lequel les fils sont teintés à l'avance, suivant le dessin que l'on veut obtenir. Le résultat donne des pièces très coûteuses mais qui préservent du mauvais sort et éloignent les maladies. Un tissu magique ! On y trouve aussi de la belle vannerie, des fabriques de *gamelans* et également des ciseleurs de scènes du *Rāmāyana* sur feuilles de palmier séchées. Très délicat.
Agréable balade surtout pour le retour vers Candi Dasa (la route descend légèrement).

Putung : *accès par Manggis, d'où une petite route sinueuse en diable et parfois cabossée monte à ce village.* Depuis Putung et de la route qui y mène, on jouit de l'une des plus belles vues de toute l'île sur la côte et l'océan en contrebas avec, au loin, Nusa Lembongan et Lombok. Superbe, lorsque le ciel est bien dégagé, soit surtout le matin, sachant qu'il pleut beaucoup dans la région. Joli aussi le soir, avec toutes les loupiotes à l'horizon.

Pondok Bukit Putung : *☎ (0366) 230-39. Assez caché.* Bons snacks et plats indonésiens à prix modérés. Panorama depuis la terrasse.

➢ Après Putung, la route passe par Selat, où il y a quelques belles rizières. Aller jusqu'à Rendang. Si on tourne à droite, on monte à Besakih, et à gauche on regagne Klungkung. Il est possible de faire la boucle et de revenir à Candi Dasa en longeant la côte par Goa Lawah et Padangbai.

Pantai Putih : une très jolie plage de sable blanc, hélas prise d'assaut, à environ 7 km de Candi Dasa. Pour y accéder, il faut continuer la route d'Amlapura jusqu'au village de Prasi. Prendre la jalan Gilli Layu sur la droite qui vous mène jusqu'à la plage. Attention, la fin de la route est assez cahoteuse et la mer plus dangereuse qu'elle n'y paraît. Mais le site est absolument superbe ! Petits *warungs* pour déjeuner et transats à gogo.

BALI

KARANGASEM (AMLAPURA)

À 80 km à l'est de Denpasar. Ancienne capitale du royaume de Gelgel, qui fut l'un des plus riches de l'île au XVIIIe s, et aujourd'hui, cité la plus importante du district du même nom. Deux vieux palais sans intérêt particulier le rappellent. Marché couvert. Ville assez peu sympathique, où l'on pourra passer sans s'éterniser. En revanche, les environs sont plus intéressants.

➢ Les *bemos* de couleur vert foncé se rendent à Selat et à Besakih, ceux de couleur orange à Tirtagangga et les jaunes vers Candi Dasa.

– Les distributeurs de billets n'acceptent que très peu ou pas du tout les cartes *Visa.* Se rendre au centre commercial *Hardy's.*

DANS LES ENVIRONS DE KARANGASEM

Le palais d'Ujung : *entrée 20 000 Rps.* C'est l'ancien palais d'été du dernier souverain de Karangasem, construit avec l'aide des Néerlandais vers les années 1920 et entièrement rénové. Le palais eut son heure de gloire. Il était entouré de moult bassins et jets d'eau. La coulée de lave de 1963 avait autrefois pratiquement tout anéanti. La rénovation lui a redonné quelques couleurs. C'est aujourd'hui une sorte de grand parc où les sportifs courent en fin d'après-midi et les familles se promènent tranquillou.

Puisque vous êtes là, il faut à tout prix aller faire un tour sur la superbe ***plage de galets noirs,*** complètement sauvage et inconnue des touristes, située à proximité du palais. Sur la plage reposent des dizaines de *prahus* colorés, ornés de gueules de monstres. Lorsque tous les pêcheurs sortent leurs embarcations en même temps, le spectacle est étonnant.

TIRTAGANGGA

IND. TÉL. : 0363

À une dizaine de kilomètres au nord-ouest de Karangasem (Amlapura), sur la route de Culik, la paisible bourgade de Tirtagangga (littéralement « eau du Gange ») est réputée pour ses sources sacrées et le *Water Palace,* que construisit tout autour le dernier raja de Karangasem, à la fin des années 1940. On fait aussi le détour pour admirer ses paysages de rizières, parmi les plus beaux de Bali.

Où dormir ?

Bon marché (de 150 000 à 300 000 Rps, soit 10 à 20 €)

Pondok Batur Indah : *☎ 223-42. • pondokbaturindah@yahoo.com • En arrivant du sud, suivre la route au-delà du parking du Water Palace, puis prendre à gauche (direction Besakih) et de nouveau à gauche (panneau) ; arrivée par une petite route de terre. Également accessible à pied, depuis le parking de Tirtagangga, en passant par les rizières derrière le Good Karma (env 15 mn de marche). Doubles 250 000-350 000 Rps, petit déj inclus.* 5 chambres, dont une familiale et 2 plus petites que les autres. Eau chaude et petits ventilos portatifs. Pas de déco ni d'ameublement particulier, mais une vue superbe sur la vallée. Café-resto mignon. Ensemble familial et bien tenu.

Plus chic (plus de 100 US$, soit 73,90 €)

Tirta Ayu : *à l'intérieur du Water Palace. ☎ 225-03. • hoteltirtagangga.com •* Pour de romantiques promenades au clair de lune dans les allées désertes du *Water Palace,* il n'y a pas meilleure adresse. Cela étant dit, même si les chambres sont confortablement aménagées, elles sont un peu serrées à l'arrière du resto, dans un jardin avec piscine, et n'ont aucune vue directe sur le palais. Du coup, leur prix apparaît un chouia excessif.

Villa Gangga : *081-236-252-71. • villagangga@yahoo.com • À 1 km après le parking du Water Palace en direction d'Amed ; ensuite, prendre la route vers Besakih ; ou bien téléphoner depuis le parking, on viendra vous chercher. À partir de 90 € la double en pens complète.* Immergés en pleine campagne, 6 pavillons indépendants et confortables se partagent un grand parc et une belle piscine. Les hôtes, Ani et son mari français, photographe, proposent des balades dans les environs. Pas mal !

Où manger ?

Genta Bali Warung : *en face du parking du Water Palace. ☎ 224-36.* À la carte, plats indonésiens, chinois et occidentaux. Puis des sandwichs, soupes, pancakes... De quoi se sustenter, sans plus.

Good Karma Restaurant : *sur le parking du Water Palace. ☎ 224-45.* Cadre agréable et cuisine de qualité. Une dizaine de tables où déguster des plats végétariens, des currys à la viande et des plats indonésiens. Propose aussi, en retrait dans les rizières, quelques chambres spartiates avec ventilo et eau froide (150 000-200 000 Rps).

Ryoshi : *à l'entrée sud du village.* Resto japonais faisant partie de la chaîne implantée un peu partout sur l'île. Mais ici, les portions sont frugales pour le prix demandé. Allez-y donc pour un thé et, surtout, pour la vue splendide sur les rizières.

À voir

Water Palace : *en arrivant du sud, à gauche de la route, derrière le parking. Ouv 7h-18h. Entrée : 35 000 Rps ; réduc.* Le site, endommagé par l'éruption de 1963, a retrouvé son charme après une rénovation soignée. Le parc est habité par une foule de statues bordant les allées ou émergeant entre les nénuphars des superbes bassins. On peut même marcher sur l'eau, ou presque, et jouir de cet environnement superbe en faisant trempette dans la « piscine » royale *(accès : 10 000 Rps).* Également un café-resto chic, le *Tirta Ayu,* d'où le panorama s'étend jusqu'à la mer, voire, par temps clair, jusqu'à Lombok.

Les rizières : on aperçoit déjà de petites terrasses dans les champs, en arrivant à Tirtagangga. Les plus belles (et les plus photographiées de Bali) sont plus loin, sur la route qui continue vers l'est de l'île, un peu après Abang, en direction de Culik, dans un grand virage. Pas évident que les *bemos* acceptent de s'arrêter. Mieux vaut louer une mobylette ou une voiture de Sanur ou de Candi Dasa. Très agréable aussi d'y faire de grandes balades à pied, évidemment. Les rizières en terrasses de cette route sont autant de bassins bordés de vert, dans lesquels se reflètent les nuages. Elles couvrent plusieurs collines. Spectacle vraiment étonnant. On peut voir les paysans balinais y travailler dans la journée.

LA ROUTE CÔTIÈRE DE L'EST

Une route (étroite et sinueuse, il faut le préciser) fait le tour complet du Gunung Seraya, contourne les flancs du volcan voisin du mont Agung, traverse des villages authentiques et longe les côtes du détroit de Lombok. Elle traverse une succession de paysages superbes où les palmiers et les bananiers découpent leurs silhouettes sur le bleu de la mer. N'hésitez pas à l'emprunter.

AUTRE EXEMPLE D'ITINÉRAIRE

Un véhicule est indispensable pour cette balade qui peut très bien s'effectuer en une demi-journée, mais il est probable que vous ne résistiez pas à une halte dans des endroits encore préservés du tourisme de masse. Aucun service régulier de *bemos* sur ce parcours. Voici le circuit que nous conseillons, mais les variantes ne sont pas interdites.

➢ De Candi Dasa, monter à Karangasem par la route classique de Jasi ou, mieux, tourner à Perasi Tengah, à gauche (deux bornes de pierre à l'entrée de la route, de la largeur d'une voiture), pour passer par Bungaya, Papung et Bebandem, par des routes secondaires. En obliquant sur la gauche, vous allez sur Putung, l'un des plus beaux points de vue de l'île ; en tournant à droite, au niveau de Desa Tengah, vous passez à Tirtagangga (voir plus haut). Après Tirtagangga, la route passe à Abang, traversant une succession de rizières en terrasses qui sont parmi les plus belles de cette partie de l'île.

➢ À Culik, deux routes, celle de gauche pour Tulamben, et celle de droite pour Amed. Jolie route également, collines sculptées de rizières étagées, et arrivée sur la mer.

AMED

IND. TÉL. : 0363

À 30 mn de Tirtagangga, Amed est le village le plus à l'est sur la route étroite et spectaculaire, qui épouse tant bien que mal le relief tourmenté de la pointe orientale de l'île. Par facilité, tout le monde a pris l'habitude d'englober sous ce nom la dizaine de kilomètres qui s'étend jusqu'au hameau d'Aas au sud-est. Malgré de nombreux touristes, surtout des plongeurs et des amateurs de snorkelling, cette section de côte est, à bien des égards, restée plus traditionnelle que le sud de Bali.

Il pleut beaucoup moins par ici que dans le reste de l'île, d'où ces hauteurs asséchées donnant au coin un petit air méditerranéen. Ici et là, de spectaculaires champs de roches volcaniques semblent narguer l'homme qui s'obstine à les terrasser. Séparées par des promontoires, de superbes petites plages de sable noir, quelquefois de galets, servent de port aux *jukung* (ou *prahus*), ces élégantes pirogues à balanciers aux noms de guerriers. Levez-vous avec le soleil pour en voir des dizaines rejoindre le rivage. Avec leurs voiles triangulaires aux couleurs d'arc-en-ciel, on dirait un vol de papillons.

Dans une île parfois victime de sa popularité, la topographie accidentée de la région d'Amed devrait la protéger des outrages et lui permettre de garder encore longtemps son charme singulier. Tant mieux, parce qu'Amed, on aime et on y revient...

Info pratique

■ ***Distributeurs de billets :*** c'est tout nouveau, à Jemeluk, on trouve un distributeur pour cartes *MasterCard, Maestro* et *Visa.* Un autre un peu plus loin, devant l'*Amed Café.* Attention, plafond de retrait limité. Sinon, autres distributeurs à Bunutan (*MasterCard* seulement) et à Culik (ne prend pas la *Visa*).

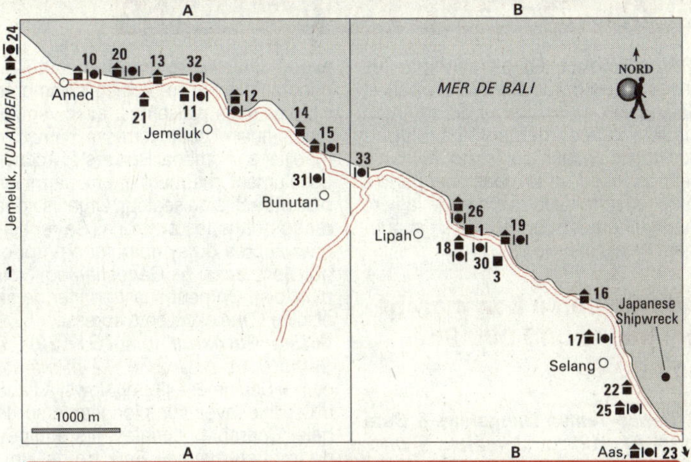

AMED

BALI

Où dormir ?

- **10** Hotel Uyah & Café Garam
- **11** Bamboo Bali
- **12** Teman Teman Bungalows & Café
- **13** Ganeshamed
- **14** Kusuma Jaya Indah Bungalows
- **15** Santai
- **16** Good Karma
- **17** Blue Moon Villas
- **18** Le Jardin
- **19** Pondok Vienna Bungalows
- **20** Pondok Laut Bungalows
- **21** Amed Pondok Bukit Bungalows
- **22** Eka Purnama
- **23** Meditasi
- **24** Batu Belah
- **25** Kawi Karma Beach et Baliku
- **26** Hidden Paradise

Où manger ?

- **10** Hotel Uyah & Café Garam
- **12** Teman Teman Bungalows & Café
- **20** Warung Bobo
- **30** Wayan's Warung
- **31** Titi Sedana
- **32** Sunrise Café
- **33** Amed Organic Café et Sama Sama Café

Clubs de plongée

- **1** Euro Dive
- **3** Eco Dive

Arriver – Quitter

En *bemo* et van privé

➢ ***Bali :*** en *bemo*, il faut transiter par Culik, au-delà duquel le trafic se fait rare et impose souvent de charteriser un véhicule. De nombreux vans privés font la liaison avec les stations touristiques balinaises ; compter env 130 000 Rps/pers pour Ubud (départs 7h-11h) ; Padangbai à partir de 80 000 Rps/pers env. Se renseigner à l'avance car il peut y avoir un nombre de passagers minimum.

➢ ***Les Gili Islands :*** voir cette même rubrique sous cette destination.

Se déplacer

Les *bemos* sont (très) rares et circulent surtout le matin. Distances, routes en montagnes russes... dès qu'elle vous voit marcher, toute la population semble prête à jouer les taxis amateurs, mais payants bien sûr. Louer une moto s'avère le plus pratique. Rouler prudemment.

Où dormir à Amed et dans les environs ?

D'Amed à Aas, en passant par les anses de Jemeluk, Bunutan, Lipah et Selang, on a l'embarras du choix en matière d'hébergement. La plupart des hôtels ont aussi un resto, et louent palmes, masques et tubas pour partir à la découverte de la faune et de la flore marine. Le petit déj est systématiquement inclus dans le prix.

De très bon à bon marché (moins de 300 000 Rps, soit 20 €)

Teman Teman Bungalows & Café *(plan A1,* ***12****) : à* ***Jemeluk****. 081-338-693-608. • ketutdugles@yahoo.com • Doubles 100 000-150 000 Rps (le double en hte saison), petit déj inclus. (capricieux !).* 2 belles chambres, posées sur la plage de galets, avec baie vitrée et terrasse, eau froide et ventilo. Pas super tranquille en journée, puisque la route passe juste derrière et que pêcheurs et touristes arpentent la plage, mais le silence s'installe à la nuit tombée. Encore moins cher, le pavillon au fond d'un jardinet côté terre est plus calme et peut accueillir 3-4 personnes, mais il est moins plaisant. Juste à côté, le sympathique café-resto (voir « Où manger ? »). Bon accueil.

Good Karma *(plan B1,* ***16****) : à* ***Selang****. 081-337-531-133.* Bungalows de style traditionnel joliment conçus, en matériaux naturels tressés, retirés, en bord de plage, sur pilotis. Différents types de chambres, certaines pouvant accueillir jusqu'à 6 personnes. Ventilo et douche (eau froide) pour toutes. Miniterrasses devant les bungalows, idéales pour fainéanter allongé sur les coussins. Chouette cadre et ambiance relax. Un peu cher pour le confort proposé, mais ça reste une adresse sympa pour les routards roots.

Bamboo Bali *(plan A1,* ***11****) : à* ***Jemeluk****. ☎ 234-78.* Une grosse dizaine de bungalows individuels en bois et bambou, accrochés à flanc de colline. Le prix augmente légèrement avec l'altitude, comme la beauté du panorama sur le grand bleu. Chambres simples mais plaisantes, avec ventilo, moustiquaire, petite terrasse, hamac et mobilier en bambou. Bon resto. Accueil absolument charmant et prix parmi les plus attractifs du secteur. Organise des randos dans les environs. Se renseigner auprès du sympathique proprio, qui tient aussi le *Ganeshamed* (voir plus loin). On peut aussi profiter de sa piscine ! Une excellente adresse.

Eka Purnama *(plan B1,* ***22****) : à* ***Selang****. ☎ 226-42. • eka-purnama.com •* Seulement 4 bungalows, à flanc de colline, avec vue plongeante sur la baie. Chambres simples, lits équipés de moustiquaires. Eau froide uniquement. Pas très propre, hélas. Petit resto. Bon spot de snorkelling juste en face, sur l'épave d'un bateau japonais *(Japanese wreck)*.

Prix moyens (de 300 000 à 500 000 Rps, soit 20 à 33,35 €)

Pondok Laut Bungalows *(plan A1,* ***20****) : à* ***Jemeluk****. 087-860-988-430. • manickhoek@gmail.com • pondoklautbungalows@gmail.com •* Sans aucun doute notre coup de cœur à Amed. 4 bungalows, au bord de l'eau, cachés derrière un magasin d'antiquités asiatiques, tenus par des proprios hollandais charmants. Déco extra, rouge et noire, très japonisante, à l'extérieur, autour de la grande piscine. À l'intérieur, meubles patinés et cérusés, plein de petits coins et recoins, des escaliers, des salles de bains pleines de charme. Tout confort. Vue superbe sur la mer depuis... votre lit, ou de la terrasse. Belle salle de petit déj. Pour un séjour zen et design, à un rapport qualité-prix fort sympathique.

Amed Pondok Bukit Bungalows *(plan A1,* ***21****) : à* ***Jemeluk****. ☎ 234-69. 081-797-426-87. • amedpondokbukitbungalows.com • Attenant au club de plongée* Jukung Dive Bali *(même proprio). Compter 300 000-350 000 Rps, petit déj inclus.* 4 jolis bungalows, spacieux et confortables, avec eau chaude, déco marine soignée et lit à baldaquin (et moustiquaire surtout !). Piscines.

Hotel Uyah & Café Garam (*plan A1,* ***10***) *:* ***à Amed.*** *☎ 234-62. • hoteluyah@naturebali.com • hoteluyah.com • Devant les salines.* Très belles chambres meublées et décorées avec goût. Jolie petite piscine au milieu. Resto assez populaire (voir « Où manger ? »).

Ganeshamed (*plan A1,* ***13***) *:* ***à Jemeluk.*** *085-935-162-475. • ganeshamed.com •* Légèrement en retrait de la route, les chambres sont réparties dans 2 grandes maisons encadrant un jardin. Toutes avec eau chaude et frigo, ventilo au rez-de-chaussée et AC à l'étage, qui bénéficie d'une vue plus dégagée sur le large. Piscine en bord de plage (que les clients du *Bamboo Bali* – même proprio – peuvent utiliser). Accueil moyen.

Le Jardin (*plan B1,* ***18***) *:* ***à Lipah.*** *☎ 235-07. • lejardin@indo.net •* Tenus par une Française tombée amoureuse d'Amed, 4 jolis bungalows dispersés dans un jardin fleuri. Chacun peut accueillir 4 personnes, grâce à une mezzanine très appréciée des enfants. Avec ventilo ou AC, selon votre budget. Resto ouvert très plaisant dans ce beau jardin. Petite bibliothèque de bouquins en français.

Pondok Vienna Bungalows (*plan B1,* ***19***) *:* ***à Lipah.*** *☎ 234-94. • viennabeach-bali.com •* Réception et resto dans un petit immeuble d'un étage bordant la plage de sable noir. Les chambres, dans des bungalows en dur, profitent toutes de la vue sur la mer depuis leur terrasse ou balcon. Simples et spacieuses, avec clim et eau chaude, certaines affichent quelques signes de fatigue, dus à l'âge sans doute, le *Pondok Vienna* étant le doyen des hôtels de Lipah. Si possible, en visiter plusieurs pour faire le meilleur choix. Point fort : situé pile en face du meilleur spot de snorkelling d'Amed.

Meditasi (*hors plan par B1,* ***23***) *:* ***à Aas.*** *082-837-227-38. • meditasibungalows.blogspot.com.au • Doubles 330 000-440 000 Rps selon saison, petit déj inclus.* Dans le très paisible village d'Aas. Pas de télé, pas Internet, pas de stress ! C'est le slogan de la maison. Les 8 bungalows surélevés, en matières naturelles tressées, le long de la plage de galets, sont dotés d'une salle de bains extérieure (avec eau froide ou chaude selon les tarifs) encadrée de bougainvilliers, de ventilo et moustiquaire, et surtout d'un grand balcon avec lit, surplombant un espace gazonné et l'océan. Magique pour siester, passer une nuit sous les étoiles et, tôt le matin, admirer le stupéfiant retour des bateaux de pêche. Vue sublime ! Également 2 pavillons un peu en retrait du rivage. Resto-paillote agréable. L'auteur du best-seller *Mange, prie, aime* a parlé du *Meditasi* comme du « *most romantic hotel on earth* ». Le gérant se prend pour une vedette désormais ! Il s'est même surnommé... « Laughing Buddha ». En attendant, vous pouvez suivre des cours de yoga avec lui ! Pas loin du Coral Garden, un spot de snorkelling recherché.

Kusuma Jaya Indah Bungalows (*plan A1,* ***14***) *:* ***à Jemeluk.*** *☎ 234-88. Compter 250 000 Rps pour un bungalow.* Dans un jardin en pente, bungalows de style balinais avec petite terrasse individuelle. Chambres propres avec ventilo, moustiquaire et AC pour les plus chères, et eau chaude pour certaines. Superbe piscine entourée d'arbres. Au bout, plage de sable noir et de galets, mais difficile de se baigner à cause des coraux.

Chic (de 500 000 à 1 000 000 Rps, soit 33,35 à 66,75 €)

Santai (*plan A1,* ***15***) *:* ***à Bunutan.*** *☎ 234-87. • santaibali.com •* Coquets bungalows en bois et bambou, sur pilotis, disséminés dans un jardin luxuriant. Devant chacun, une terrasse-salon avec canapé et fauteuils avec vue sur la mer ou le jardin. Éviter en revanche ceux situés côté route, plutôt bruyants. Petite piscine entourée de transats. Très bon resto (soirées danses balinaises les mardi et jeudi, démonstration de *gamelan* le dimanche soir). Excellents petits déj. Propose plein d'excursions ou sorties plongée, mais chères.

Kawi Karma Beach (plan B1, **25**) : à **Selang.** Pas de tél, juste l'e-mail • madekojack@yahoo.co.id • 4 superbes bungalows reprenant l'architecture des *lumbung*, ces maisons à riz balinaises, plantés sur la plage de galets, face au site de snorkelling de l'épave japonaise. Tout confort, naturellement, carrelés, avec TV, AC, salles de bains élégantes (on adore les lavabos en pierre de lave) et cours de yoga (en sus) dispensés par le proprio zen Kojack ! 2 permettent d'accueillir les familles. Petite terrasse avec pouf d'extérieur pour regarder vers l'horizon. À moins que vous ne restiez calé dans votre lit, pile dans l'axe de la mer... Plus zen, tu meurs !

Hidden Paradise (plan B1, **26**) : à **Lipah.** ☎ 235-14. • hiddenparadise-bali.com • Selon saison, 450 000-700 000 Rps, petit déj compris. La double rangée de bungalows en brique, spacieux et confortables (clim, eau chaude bouilloire, frigo), s'étire depuis la route jusqu'à la plage de sable gris, entre des arbres dont vous connaîtrez enfin les noms. Piscine et resto côté mer, joliment décoré. Travaille en association avec *Euro Dive* (voir « Où plonger ? »), ce qui est un gage de sérieux. Bon accueil. Le premier à s'être installé à Amed !

Baliku (plan B1, **25**) : à **Selang.** 082-837-226-01. • balikudiveresort.com • Après l'Eka Purnama, dans un coin isolé, juste en face de l'épave japonaise. Une dizaine de chambres, belles et tout confort, dans des bungalows indépendants, disséminés le long de la colline. Attention, ça grimpe sec ! Petit coin cuisine et terrasse dominant un paysage mer et montagne à couper le souffle. Blancheur immaculée des literies. Piscine avec vue à couper le souffle. Bon et élégant resto. Juste en face du spot de snorkelling de l'épave japonaise.

Blue Moon Villas (plan B1, **17**) : à **Selang.** 081-236-225-97. • bluemoonvilla.com • Après le Good Karma. Élégants bungalows accrochés à une colline escarpée, dans un coin plutôt isolé. Les chambres sont très belles, circulaires, toutes avec moustiquaire, AC et eau chaude. Préférer les plus éloignées de la réception, de l'autre côté de la route. Petite piscine à débordement plus pour se rafraîchir que pour faire des longueurs, mais quelle vue ! Resto.

Entre Amed et Tulamben

Batu Belah (hors plan par A1, **24**) : 081-797-552-14 ou 081-805-552-387. • eastbaliresort.com • À mi-chemin entre Amed et Tulamben ; panneaux depuis la route. Bungalow 63 €. Superbe coin devant les rochers avec vue sur le volcan Rinjani. Chambres avec vue, impeccables et au joli mobilier en bois de cocotier. Tout confort : AC et ventilo, TV5MONDE par satellite, frigo et coffre-fort. Les bungalows ont été dessinés par Collin, un ingénieur britannique vivant sur place avec Made, son épouse indonésienne. Piscine devant la mer avec vue des contreforts du volcan Agung. Accès à de petites anses de sable noir qui jouxtent la propriété, d'où l'on part faire du snorkelling autour des rochers volcaniques (très bonne visibilité). Belle salle pour prendre son repas, le menu du jour est inscrit sur l'ardoise. Cuisine hyper propre, superbe petit déj avec yaourt maison. Une adresse coup de cœur, malgré un accueil changeant.

Où manger ?

La plupart des adresses citées dans « Où dormir ? » font aussi de la restauration.

Bon marché (de 20 000 à 40 000 Rps, soit 1,30 à 2,65 €)

Wayan's Warung (plan B1, **30**) : à **Lipah.** Côté terre, un pavillon de bambou abrite une terrasse dominant légèrement la route où nombre de convives sont déjà des habitués de cette tambouille familiale. Beaucoup de produits de la mer (c'est la région...), et les habituels *gado gado, cap cay, nasi goreng* et *nasi campur.* Distille l'ambiance typique d'Amed : tranquille, ici on sort les cartes, là on s'attarde autour d'une bière.

Titi Sedana (plan A1, **31**) : à

Bunutan. 📱 *087-762-023-711. Facile pour se repérer : la couverture du* Routard *et l'article sont en façade au bord de la route ! Plats 20 000-35 000 Rps.* Quelques mots suffisent à planter le décor tout simple de cette petite salle claire surplombant la route : 4 tables et un petit comptoir... En revanche, on va devoir contrôler le flot de louanges que mérite le rapport qualité-prix de la cuisine. Pêché par Wayan, le poisson est magnifiquement apprêté par son épouse. L'*ikan santan* (au lait de coco) est divin. Autres classiques de la cuisine balinaise et quelques propositions moins exotiques mais tout aussi généreuses (pâtes à l'italienne). Il y a même de la mousse au chocolat ! La famille, adorable, loue également quelques chambres bon marché.

|●| ***Sunrise Café*** *(plan A1,* ***32****) : à* ***Jemeluk.*** *☎ 234-77.* Des cages à oiseaux pour vous accueillir et les prix les plus bas d'Amed. Carte de snacks et plats balinais. Salle en face de la plage, les pieds dans l'eau. Également quelques chambres à l'étage. Propreté un peu limite.

|●| ***Warung Bobo*** *(plan A1,* ***20****) : à* ***Amed.*** 📱 *087-062-266-696.* Au bout d'une série de constructions pas bien belles, une adresse toute mignonne avec sa salle rouge et verte ouverte sur la mer. Sans oublier ses quelques bancs familiaux les pieds dans le sable, ou, mieux, ses petites cahutes traditionnelles pour une dînette. Demander les plats du jour (souvent du poisson, *of course*). Sinon, plats traditionnels indonésiens. Bon rapport qualité-prix. Gentil accueil.

|●| ***Amed Organic Café*** *(plan B1,* ***33****) : à* ***Jemeluk.*** Un spot pour les fans de plongée et de yoga. Ça ne s'invente pas. Quand c'est pas l'un, c'est l'autre. Ambiance cool et très relax. Bons cafés, snacks genre *wraps*, jus de fruits frais à déguster allongé sur des poufs et des nattes en regardant l'horizon...

|●| ***Sama Sama Café*** *(plan B1,* ***33****) : à* ***Jemeluk.*** 📱 *081-337 782-945.* Un petit resto au bord de l'eau, et même une table presque sur la plage. Pizzas, jus de fruits et brochettes de poisson, poulet ou porc au *satay*, sans oublier le *budur injin*, gâteau de riz noir, en dessert. De quoi se rassasier avant de faire plouf ! Propose aussi quelques bungalows. Bon accueil.

|●| ***Teman Teman Bungalows & Café*** *(plan A1,* ***12****) : à* ***Jemeluk.*** *Voir « Où dormir ? ».* Sandwichs, crêpes salées et spaghettis en plus des habituels plats indonésiens, tournés vers le produit de la pêche. Pour manger sur la plage, simplement et tranquillement. Petits concerts djembé-guitare certains soirs.

|●| ***Hotel Uyah & Café Garam*** *(plan A1,* ***10****) : à* ***Amed.*** *Voir « Où dormir ? ».* Sous un grand *bale* avec quelques plantes au centre, arrosées par l'eau de pluie. Tables hautes et basses et 2 billards. Musique *genjek* les mercredi et samedi à partir de 20h. Au menu, cuisine thaïe et indonésienne, mais aussi pâtes, pizzas, etc. La carte comporte quelques clins d'œil, notamment au niveau des petits déj : un spécial fêtard comprenant 2 verres de jus d'orange, 2 cafés « super serrés » et de l'aspirine !

BALI

À voir

👣👣 ***Le retour de la pêche :*** tôt le matin, on peut assister au retour des pêcheurs sur la plage. Où que vous logiez, vous pourrez apercevoir ce rituel. Aux environs de 7h, les voiles colorées apparaissent à l'horizon. Jusqu'à 8h, ballet de couleurs. Les premières embarcations, frêles, aux voiles décousues, recousues, accostent. Les femmes arrivent avec les paniers d'osier, ainsi que les chèvres, les poulets, les chiens... Après avoir chargé leurs paniers de poissons argentés, elles quittent la plage. Dans la matinée, on peut les croiser le long de l'unique route qui borde la côte. Les poissons ont été déchargés dans des camions et la vente commence.

👣👣 ***Les salines :*** à côté d'Amed, où le sel est recueilli par évaporation dans des troncs de palmiers creusés.

Où plonger ?

La côte de la région d'Amed est un endroit magnifique pour faire de la plongée. La plupart des hôtels du coin sont associés à l'un ou l'autre des centres de plongée. L'atout de cette zone, c'est de pouvoir partir du bord de la plage avec masque, tuba et matériel de plongée. De quoi rassurer les plus réfractaires ! Le mieux, ça reste le matin, l'après-midi on voit moins bien.

Nos meilleurs spots sur cette côte

Tulamben : deux sites de renommée mondiale, l'épave du *USS Liberty* (on en parle plus longuement à Tulamben) et le magnifique tombant.
Kubu : beau site de sable noir et coraux mous. Idéal pour la photographie.
Batu Kelebit : des rochers émergeant au large (pinacles) souvent visités par des poissons pélagiques.
Seraya : paradis du *Muck diving.* Cela consiste à plonger sur des fonds de sédiments (parfois un peu vaseux), dans lesquels se cachent des organismes et espèces de petite taille souvent rares et étonnants. Idéal pour la photo macro.
Amed : mur de corail qui plonge vers 40 m, avec un beau récif artificiel en forme de pyramides.
Jemeluk : pente de sable encadrée de deux murs ; l'un descend jusqu'à 35 m.
Bunutan : plongée dérivante pleine d'émotion. Requins et bancs de barracudas.
Japanese Wreck : *devant l'*Eka Purnama *et le* Baliku. Belle petite épave à quelques brasses seulement de la côte et à 5 m de profondeur, avec une pente corallienne pleine de raretés.
Gili Selang : le plus beau jardin de corail de Bali. Courant très fort. Réservé aux plongeurs expérimentés.

Nager et faire du snorkelling

Pour la location de matériel, boycottez ceux qui demandent 40 000 Rps et vous imposent de rester sur leurs sites. Non, mais ! Chez *Teman Teman* ou dans d'autres petites boutiques, ça coûte moitié moins ou presque, et vous irez où vous voulez.
Voici les sites les plus connus et faciles d'accès. Il en existe d'autres, mais il faut y aller en *jukung.* Renseignez-vous.

– ***Jemeluk*** *(plan A1) : au niveau du* Teman Teman. Plage de galets. Jolis fonds et beaux coraux.
– ***Japanese Wreck*** *(plan B1) : devant l'*Eka Purnama *et le* Baliku. Là aussi, plage de galets. Vous verrez l'épave aussi bien que les plongeurs ou presque. Et également de beaux coraux.
– ***Lipah Beach*** *(plan B1) : au niveau de l'hôtel* Vienna. Sable noir, poissons multicolores, mais coraux blanchis.
– ***Aas*** *(hors plan par B1) : au niveau du* Meditasi. Plage de galets. Fonds pas mal, en palmant un peu. C'est là qu'on trouve le fameux « Coral Garden », très recherché.

Les clubs de plongée

Les prix proposés par les clubs de plongée sont tous équivalents grosso modo : compter 45-60 € pour deux plongées dans la même journée et 290 € pour l'*Open Water Course* (OWC) étalé sur 3 à 4 jours. Ils peuvent venir vous chercher à votre hôtel.

■ ***Euro Dive*** *(plan B1,* ***1****) : à* ***Lipah.*** *☎ 236-05.* • *eurodivebali.com* • Centre de plongée très professionnel, établi depuis une dizaine d'années et disposant de moniteurs francophones.

■ ***Eco Dive*** *(plan A1,* ***3****)* **:** *à* ***Lipah.*** ☎ *234-82.* ● *ecodivebali.com* ● *Pour un baptême, compter 95 US$.* Un club tenu par des Français.

TULAMBEN

IND. TÉL. : 0363

Seuls les plongeurs trouveront un intérêt à dormir à Tulamben. Même pas un village, tout au plus un site, un lieu-dit, à une cinquantaine de kilomètres de Candi Dasa et à une quinzaine d'Amed. Mais c'est ici que se cache une petite merveille. Sous la plage de gros galets noirs et un peu triste, nul ne pourrait imaginer qu'il existât des fonds marins d'une telle richesse. Distante d'à peine 30 m du bord, dans quelques mètres de fond, l'épave d'un cargo est devenue le paradis de myriades de poissons multicolores, de toutes les tailles, dont on peut observer l'incessant ballet au milieu de bouquets de coraux extraordinaires. Amis routards, chaussez vos palmes, embouchez vos tubas, ajustez vos masques et plongez à la découverte d'un monde merveilleux ! Pour les plongeurs avec bouteilles, le spectacle sera en trois dimensions.

UN PEU D'HISTOIRE

Le 11 janvier 1942, le monde est en guerre. Le Japon occupe l'Indonésie. Ce jour-là, le *Liberty,* un cargo américain de 120 m transportant du caoutchouc et des rails de chemin de fer, traverse le détroit de Lombok. Un sous-marin japonais vise le cargo deux fois : boum ! boum ! Torpillé, celui-ci ne peut poursuivre sa route. Deux destroyers viennent alors lui porter secours et tentent de le tirer jusqu'à Singaraja. Mais le bateau montre des signes de faiblesse, et on l'échoue sur la plage de Tulamben avant qu'il ne se brise. La cargaison est récupérée. Le bateau, pour sa part, commence sa vie d'épave. Mais elle ne devait pas s'arrêter là.
En mars 1963, lors de l'éruption du mont Agung, de fantastiques coulées de lave dévalent du cratère jusqu'à la mer et repoussent le bateau dans l'eau. Incroyable ! Celui-ci s'immerge doucement et se couche sur le flanc, la proue à 4 m de fond, tandis que la poupe s'enfonce à 29 m. Sa carcasse se brise alors, fatiguée.
Vingt années passèrent sans que personne ne s'intéressât à lui. Les routards des années 1970 circulaient plus à la surface que sous l'eau, et il fallut attendre la fin des années 1980 pour que des clubs de plongée se préoccupent de l'épave. Pendant 20 ans, la ferraille en décomposition constitua un support extraordinaire aux coraux et algues qui se développèrent de manière étonnante. Des centaines d'espèces de poissons différentes prirent l'habitude de venir se servir dans ce garde-manger gigantesque. C'est ainsi qu'aujourd'hui, le *Liberty* n'a pas encore achevé sa destinée, puisqu'il est devenu l'une des grandes attractions de l'île pour les plongeurs (voir plus loin). Étonnant, non ?

Où dormir ? Où manger ?

Depuis le développement et la notoriété du site de plongée, quelques hôtels se sont construits. Chacun a son petit club attenant. Tous proposent des plongées pour les débutants comme pour les confirmés, ainsi que la simple location de palmes, masques et tubas. Si vous voulez plonger et éviter la foule (surtout en haute saison), il peut être judicieux de dormir ici et de plonger sur l'épave tôt le matin. On recommande néanmoins de prendre contact avec l'un ou l'autre des centres de plongée d'Amed, plus réputés et sérieux que ceux de Tulamben.

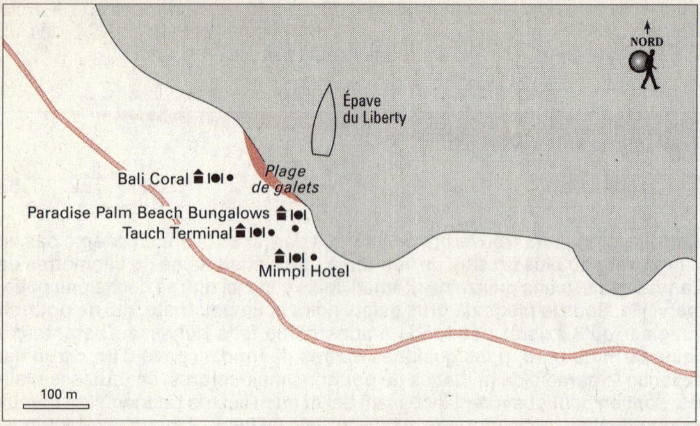

BALI

TULAMBEN

De bon marché à prix moyens (de 150 000 à 500 000 Rps, soit 10 à 33,35 €)

Bali Coral (plan) : *accès par une petite route qui descend vers la mer. ☎ 229-09. Bon marché.* Chambres avec ou sans AC et eau chaude, petites et rudimentaires. Ensemble plutôt compact et peu aéré. Pas de charme particulier, mais un poil mieux que ses concurrents dans cette catégorie de prix. Resto, sur une terrasse face à la mer. Nourriture honnête, sans plus.

Paradise Palm Beach Bungalows (plan) : *à droite de la route, à l'entrée du village ; fléché. ☎ 229-10. Doubles env 200 000-450 000 Rps.* Propose une trentaine de chambres dans des bungalows distribués de part et d'autre d'une allée menant à la mer. Chacun dispose d'une terrasse et d'une salle de bains. Préférez ceux qui sont près de la plage. Bon resto, boutique et location de matériel complet pour la plongée (très chère). Club de plongée attenant, mais pas de piscine.

De chic à plus chic (à partir de 500 000 Rps, soit 33,35 €)

Tauch Terminal (plan) : *accès par une petite route qui descend vers la mer ; bien indiqué. ☎ (0361) 77-45-04. • tauch-terminal.com • Doubles à partir de 50 € env.* Petit ensemble charmant d'une dizaine de bungalows décorés avec soin, disposant de bien jolies terrasses. Les chambres, belles et confortables, donnent sur la mer ou le jardin. Propose des formules hébergement et plongée intéressantes. Jolie piscine donnant sur une miniplage artificielle de sable blond et resto face à la mer.

Mimpi Hotel (plan) : *en bord de mer. ☎ 216-42. • mimpi.com • Doubles 55-145 €, petit déj inclus.* À ce prix-là, on se réjouit de trouver de charmants petits bungalows dans un jardin fleuri, certains avec petite terrasse surélevée. Bien décorés et sobres à la fois, équipés ou non de TV, AC, minibar et coffre-fort selon la catégorie. Belle piscine à débordement et salle de resto ouverte sur la mer. Très cher mais nettement mieux que ses voisins. Bon accueil. Club de plongée attenant, avec instructeurs anglophones.

Où plonger ?

Le site de l'épave du cargo Liberty (plan) : *vers l'ouest de Tulamben ; descendre une route à droite.* Grande attraction de Tulamben, elle fait l'unanimité parmi les plongeurs (voir l'intro). Gros avantage : on peut y accéder depuis la plage, donc très progressivement. Plongeur débutant, ce sera pour vous l'occasion d'un baptême extra. Les clubs de plongée les plus importants de Kuta, Sanur, Nusa Dua et Candi Dasa emmènent leurs clients plonger ici tous les matins. On vous suggère plutôt de loger à Amed ou Tulamben, afin de précéder le gros de la troupe qui débarque vers 10h. Visibilité moins bonne l'après-midi.

LA CÔTE NORD

La route côtière entre Karangasem et Singaraja contraste avec tout ce qu'on peut voir dans le reste de l'île : paysages désertiques, arrière des volcans Agung et Batur. Dans la seconde partie de l'itinéraire, les arbres empêchent de voir d'un côté la mer, de l'autre la montagne.
Sur cette côte, quelques temples amusants. Vous remarquerez que les sculptures sont plus travaillées que dans le Sud.

À ***Les,*** prendre à gauche sur 2 km. On laisse sa voiture pour se servir de ses petites jambes. Marcher 15 mn dans la nature pour arriver à une belle *chute d'eau* de 40 m. Enfin... pour les amateurs de chutes d'eau !

AIR SANIH

À 5 km à l'est de Kubutambahan, ce petit village en bord de route propose sur la gauche des *spring waters,* c'est-à-dire des bassins d'eau douce en plein air provenant d'une source de montagne.

À faire

– ***Spring waters :*** *ouv 7h-18h. Entrée payante (très modeste). Pensez à apporter votre serviette ou un sarong.* Eau très limpide, pour une baignade rafraîchissante. Endroit plutôt sympathique malgré la proximité de la route. Vue sur la mer depuis les bains. Une pause bien agréable.

Warungs de l'autre côté de la route, en surplomb, pour ceux à qui la trempette a creusé l'estomac.

KUBUTAMBAHAN

À droite de la route quand on vient de Karangasem et d'Air Sanih, bien avant le carrefour de Kintamani, voir le *temple Maduwe Karang,* sur la droite en allant vers Singaraja (sarong et donation obligatoires). Ce temple propose quelques curiosités. Il est couvert de scènes dédiées aux divinités de la terre. Façades et flancs chargés de sculptures et bas-reliefs, évidemment. Sur le flanc gauche, votre esprit curieux n'aura pas manqué de remarquer ce cycliste juché sur un vélo dont les roues sont des fleurs. D'après le guide présent devant le temple, ce serait un routard néerlandais qui visitait Bali au début du XXe s, à bicyclette. Les touristes étaient rares à l'époque et ceux

à vélo encore plus, si bien que les artistes locaux décidèrent de graver son souvenir allégorique dans la pierre. Sinon, fleurs, dragons, Garuda (à l'arrière) et Ganesh (sur le flanc droit) se partagent les panneaux sculptés.

SAWAN

Juste avant Sangsit, prendre une route allant au sud. À 3,5 km, sur la gauche, vous trouverez, bien fléché, le *pura Dalem Jagaraja,* un temple étonnant qui possède peut-être les décorations les plus démentes de la région et datant du début du XXe s. Déjà, sur la façade, côté gauche, une voiture du début du XXe s, des pêcheurs, un avion qui s'abîme en mer... Toujours en façade, côté droit, une autre voiture. Vraiment le délire. À l'intérieur, en observant bien, on verra de gros démons marins s'en prendre à un bateau et une multitude de sculptures, comme posées là en vrac.
C'est à Sawan que sont forgés les meilleurs gongs des *gamelans* de l'île. On peut se faire conduire dans un atelier.

SANGSIT

Prendre le chemin qui mène à la plage. Sur la droite, on trouve le *temple de Beji* dans le plus pur style « rococo des Années folles ». Joli mais surchargé ! Il est indiqué sur un panneau, à droite de la route quand on vient de Kubutambahan. Location de ceintures sur place et donation obligatoire.

SINGARAJA

À 85 km de Denpasar. Grande cité carrefour du nord de l'île, cette ville animée est sans grand intérêt pour les voyageurs, si ce n'est pour le bureau de l'immigration. Peu d'hôtels ici puisque la ville n'est pas touristique.
À l'époque néerlandaise, Singaraja était le port principal de Bali et une capitale administrative. Le port a toujours une certaine activité, et le marché reste important. Mais le trafic et le vacarme auront vite fait de vous chasser.
Singaraja produit un vin ressemblant vaguement à du porto, et sa bibliothèque historique, la *Gedong Kirtya,* contient des manuscrits anciens et des dessins.

Arriver – Quitter

Les trois terminaux de bus et bemos sont reliés par des navettes. Celui de ***Banyuasri*** dessert l'ouest de Bali, celui de ***Penarukan*** (à l'est de la ville) Ubud et l'est, et celui de ***Sangket*** Denpasar et le sud. Départs des *bemos* 6h-17h, quand ils sont pleins ; bus à heure fixe. En descendant du bus, méfiez-vous de ceux qui prétendent vous conduire à Lovina. En fait, ils vous laissent à l'autre terminus. Marchandez en conséquence.

➢ ***Surabaya et Yogyakarta (Java) :*** plusieurs liaisons/j. par bus de nuit.

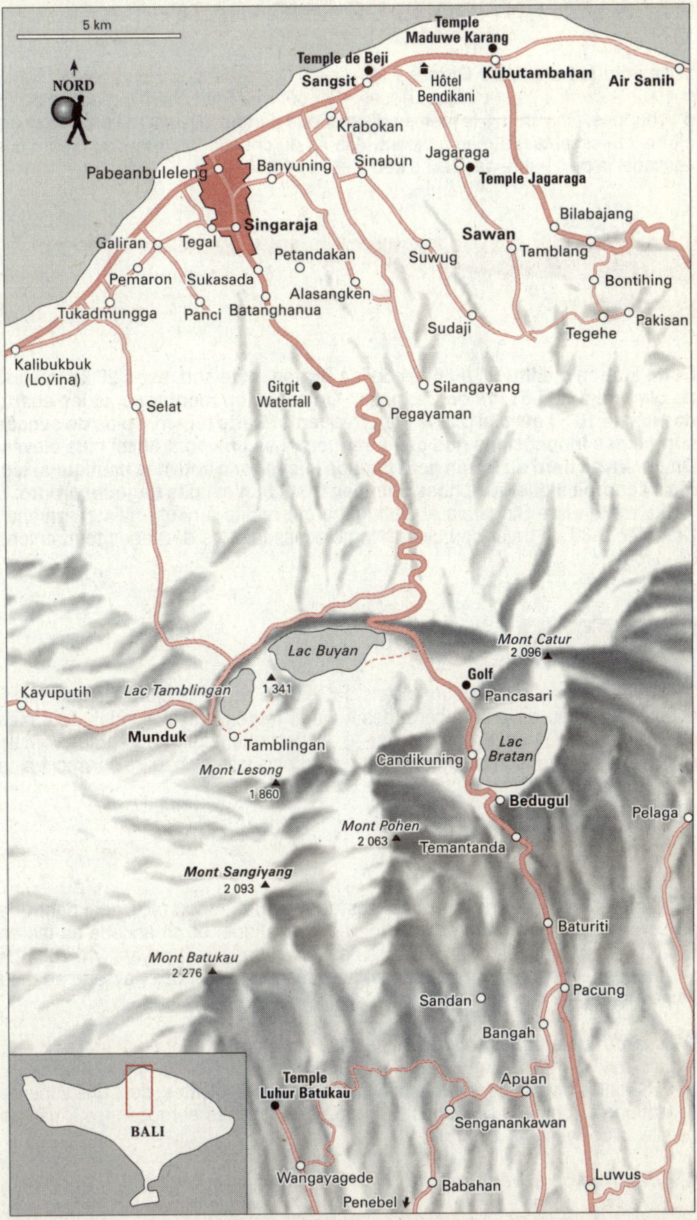

LE NORD DE BALI

DANS LES ENVIRONS DE SINGARAJA

Les chutes d'eau de Gitgit : *à 8 km de Singaraja env, sur la route de Bedugul, sur la droite ; c'est indiqué. Accès : 10 000 Rps.* Petit chemin d'accès bordé d'échoppes. On y trouve le même artisanat que partout ailleurs, mais les prix sont plutôt intéressants, en marchandant. À la fin du chemin, on arrive au pied d'une cascade, la plus haute de l'île. Le cadre est agréable.

BEDUGUL

IND. TÉL. : 0368

Cette station d'altitude, au bord du lac Bratan, côté sud, est à 29 km au sud de Singaraja et à 51 km de Denpasar. On est ici en montagne, et les écarts de plus de 10 °C avec la plaine sont fréquents. Cette région a plus de succès auprès des Indonésiens que des étrangers. Les prix sont aussi plus élevés. On trouve au bord du lac un petit parc de loisirs avec activités nautiques, etc. Mais l'endroit a quelque chose d'un peu triste et n'est pas toujours propre.

➢ La route entre Singaraja et Bedugul a été refaite à neuf, mais ça grimpe ! Compter 1h30 de trajet de Lovina. Nombreuses familles de singes tout au long de la route.

Où dormir ?

Quelques *losmen* et plusieurs hôtels chers. Le niveau de prix général des établissements nous a semblé surestimé, vu l'état des chambres, et on ne voit pas trop l'intérêt de dormir ici. On vous conseille plutôt de poursuivre votre route jusqu'à Munduk, tout près et nettement plus agréable. Voir un peu plus loin le chapitre consacré à ce village.

À voir. À faire

Le lac Bratan et deux autres lacs de moindre importance occupent une partie de cet ancien cratère. L'endroit est touristique, et on accède au lac en payant l'entrée pour Ulu Danu. L'accès aux rives du lac est payant : 10 000 Rps par personne. Location de bateaux et activités nautiques. Joli paysage au pied d'une montagne.

Le jardin botanique (Kebun Raya) **:** *après le marché, prendre la 1re rue à droite ; le parc (ouv 7h-18h) se trouve à 1,5 km. Entrée : 15 000 Rps/voiture et 7 000 Rps/pers.* Sur plus de 150 ha, des centaines d'arbres et de plantes, dont une superbe collection d'orchidées sauvages. Nombreuses espèces européennes... parfois banales à nos yeux.

Bali Treetop Adventure Park : *dans le jardin botanique. ☎ (0361) 852-06-80. • balitreetop.com • Entrée : env 16 € ; réduc.* Un couple franco-indonésien a eu la bonne idée d'ouvrir ce circuit accrobranche très complet, le premier du genre en Asie. Les cinq parcours font évoluer petits (à partir de 4 ans) et grands dans les gigantesques arbres du jardin botanique, de 1 à 20 m du sol. Très bien fait, bon esprit et sympa comme tout.

DANS LES ENVIRONS DE BEDUGUL

Le temple Ulu Danu : *à* ***Candikuning,*** *3 km avt Bedugul, sur la gauche en venant de Singaraja. Ouv 8h-17h. Entrée : 30 000 Rps.* Avec son *meru* à 11 toits, ce temple est dédié à la déesse des Eaux. Calme et sérénité dans un joli paysage. Chose étonnante, un stûpa, un peu à l'écart de l'entrée sur la gauche, laisse supposer une influence bouddhique. Sur la colline, en arrière, vous apercevrez aussi une imposante mosquée ! Quand il n'y a personne, avec une belle lumière, l'ambiance est formidable. Avec des cars de touristes, c'est moins zen, c'est sûr.

Perama Ulunadanu : *à* ***Candikuning*** *; on y accède après avoir payé son entrée pour la visite du temple Ulu Danu.* Sur le plan culinaire, vraiment rien de remarquable. En revanche, belle terrasse avec vue sur le lac Bratan.

Pour ceux qui veulent se rendre à Batukau depuis Bedugul, redescendre par Baturiti jusqu'à ***Pacung*** (prononcer « pachung »). De là, prendre une petite route à droite en direction de Penebel ; 500 m après cette bifurcation, magnifiques paysages de rizières. On peut s'arrêter au grand resto à la terrasse en surplomb. Repas moyen (buffet) et un peu cher, mais vue exceptionnelle, à condition qu'il n'y ait pas de brume. Après Apuan, tourner à droite et suivre la petite route qui passe par Senganankanginan, Gunungsari, Jatilhuih et Wangayegede où l'on retrouve la route principale pour Batukau. Tout au long de cet itinéraire, nombreuses rizières et paysages magnifiques.

BALI

BATUKAU

Le temple de Batukau a été restauré et a perdu un peu de son charme romantique. Beaucoup de touristes. La route qui y mène a été refaite à neuf. De Bedugul, emprunter la route vers le sud. À Pacung, prendre à droite direction Penebel. Quelques kilomètres plus loin, de nouveau à droite vers Senganankanginan et Wangayagede. De là, prendre à droite pour Batukau. Beau parcours, mais scrutez bien le ciel avant tout : le mont Batukau, en forme de noix de coco, qui culmine à 2 276 m, est souvent pris dans les brumes. Il fait alors plus frais et vous ne bénéficierez pas de la vue exceptionnelle sur l'ensemble de l'île.

Où dormir ? Où manger ?

Prana Dewi Mountain Resort : *à 2 km de Batukau et à 700 m d'altitude. 812-383-47-57. • balipranaresort.com • Bungalows env 45-60 € selon taille, petit déj inclus (+ 20 % en juil-août).* 10 bungalows avec 13 chambres répartis dans un jardin qui est un paysage à lui tout seul. Fougères géantes, palmiers, cacaotiers... façonnent cet environnement vallonné où l'on déambule par des sentiers de pierres posées sur un sol escarpé. Petites mares devant chaque bungalow. Dans les intérieurs, le bois est omniprésent avec des lits en teck recyclé. Chambres claires, avec plusieurs fenêtres et de belles peintures. On sent une harmonie parfaite entre la nature et le confort rustique. Normal, puisque la proprio allemande est prof de yoga (cours de yoga, qi gong, tai-chi et méditation) et son mari indonésien est paysagiste. Fait aussi resto ; cuisine allégée à dominante naturelle, mais pas exclusivement végétarienne. Possibilité de retraite de yoga 4 jours et 3 nuits (environ 360 €).

DANS LES ENVIRONS DE BATUKAU

Les rizières de Jatiluwih : *à 3 km à l'est de Batukau à vol d'oiseau ; bifurcation indiquée sur la route du temple. Entrée de la zone des rizières : 20 000 Rps.* Sur une petite vingtaine de kilomètres, le panorama sur les champs en terrasses est tellement beau qu'on pense à lui pour l'Unesco. L'excursion est proposée depuis toutes les stations touristiques de l'île. Si vous aimez le scooter, possibilité de faire cette escapade en boucle depuis Ubud. Compter 2h pour arriver sur le site, sans les arrêts. Partir tôt.

MUNDUK

IND. TÉL. : 0362

Depuis Bedugul, partir vers le nord, puis obliquer à l'ouest en direction de Gobleg, Mayong et Munduk. La route de crête surplombe les lacs Buyan et Tamblingan, offrant des vues plongeantes magnifiques sur la vallée et les lacs. *Munduk* signifie « entre plaine et montagne » ou « piémont » si vous préférez. Du coup, si vous vous perdez dans le lacis des petites routes du coin et demandez votre chemin, ne soyez pas surpris si votre interlocuteur hésite à vous indiquer une direction ! Pas de panique, vous finirez toujours par trouver quelqu'un qui vous comprendra. Construit en serpentin sur une crête à environ 800 m d'altitude, le village offre des vues et couchers de soleil superbes mais n'a en lui-même rien de remarquable. En revanche, c'est un lieu de villégiature idéal pour explorer la région alentour, qui fait l'objet d'un programme de protection de l'environnement et de la culture. On aimerait tant voir ce genre d'initiative s'étendre à d'autres coins de l'île... Faire escale à Munduk, c'est la garantie de s'immerger dans la Bali rurale et faire de belles balades à travers villages, rizières, cascades, plantations de café, cacao et girofliers.

– Petit avertissement à l'intention des automobilistes qui arrivent de nuit depuis Bedugul : la route à double sens à l'entrée du village est très étroite et bordée de traîtres fossés, suffisants pour planter son véhicule.

Où dormir ? Où manger ?

Le village est tout en pente. En arrivant de Bedugul (direction utilisée pour situer nos adresses), on l'aborde par sa partie haute.

Karang Sari Guesthouse & Restaurant : *jl. Kayu Putih. 081-338-455-144. • karangsari-guesthouse.com • En bas du village, sur la droite. Doubles 300 000-400 000 Rps, petit déj compris. Hors saison, réduc de 15 % à partir de la 2e nuit.* En contrebas de la route, les chambres impeccables avec terrasse ou balcon (au 1er) donnent sur un jardin magnifique. Certaines communiquent entre elles, pratique pour les familles. Toit aménagé pour admirer l'embrasement des rizières au coucher du soleil. En descendant quelques marches supplémentaires, options un peu moins chères, notamment dans la maison construite à l'époque coloniale par le grand-père. Rétro et un peu sombre, elle n'est pas dénuée de charme avec ses hauts plafonds et ses murs épais garantissant un peu de fraîcheur. En revanche, évitez la cuisine du resto (cher et pas très bon). Accueil familial tout sourire. Un bijou de petite adresse !

Melanting Cottages & Restaurant : *en haut du village, sur la droite, un peu avt l'adresse précédente. ☎ 700-52-66. • melantingcottages@yahoo.co.id • melantingcottages.com • Selon période et durée de séjour, bungalows 400 000-700 000 Rps, petit déj compris. Plats 40 000-80 000 Rps.* Un village de chalets individuels sur pilotis, étagé sur un terrain en forte déclivité garantissant des vues plongeantes sur la forêt. Belle rusticité (bois sombre), balcon génial, ni ventilo ni clim, mais la fraîcheur est garantie. Lits confortables, bouilloire et café. Accueil et apéro à l'arrivée. On vous explique même tout ce qu'il y a à faire dans les environs ! Le pavillon du resto est à la fois rustique et soigné, comme le reste de l'établissement. Spécialités indonésiennes (poisson mariné cuit dans une feuille de bananier, *baby pork ribs* en sauce, etc.) et quelques plats de pâtes.

À voir. À faire

➢ ***Balades et randos :*** c'est comme si toutes les plantes de la création s'étaient donné rendez-vous pour pousser par ici. Plusieurs programmes sont proposés : cascades, cultures en terrasses, d'un village à l'autre, lacs, etc. Compter de 1h à 6h de marche et 150 000 à 400 000 Rps à diviser par le nombre de participants. Tous les hébergements peuvent vous organiser des randonnées. N'hésitez pas pour autant à comparer et à marchander.

Jolie cascade : accessible sans risque de la manquer en prenant le chemin qui longe *Melanting Cottages* par la droite. À 500 m environ.

Excursion vers Pupuan : rizières magnifiques sur le site même, mais aussi dans les environs innervés par de délicieuses petites routes. Nécessite d'être motorisé.

LOVINA

IND. TÉL. : 0362

À l'ouest de Singaraja, Lovina est une plage de sable noir d'environ 7 km de long que se partage une succession de villages. Comparé aux plages du sud, l'océan est plus calme et la foule moins dense. Malheureusement, la propreté n'est pas toujours au rendez-vous et la mer n'est pas aussi claire qu'ailleurs. Quant à vos chances d'échapper aux constantes sollicitations des vendeurs ambulants, elles sont proches du zéro... Mais alors, qu'est-ce qu'on fait là ? Tout est question de goût et de sensibilité, après tout. Certains apprécient l'ambiance assurément plus familiale que « picole et bikini », et la possibilité, tout en logeant en bord de mer, d'irradier facilement vers les montagnes sans subir les embouteillages de la côte sud. Et puis il y a les beaux couchers de soleil, quelques adresses sympas et, surtout, les dauphins. À vous de juger !

Arriver – Quitter

➢ Pour regagner le sud de Bali, si vous êtes motorisé, 2 itinéraires possibles : passer par Singaraja et prendre la route sud qui passe par Bedugul et le lac Bratan, ou se rendre à Seririt (env 10 km à l'ouest de Lovina) et prendre la route sud qui passe par Pupuan puis Tabanan (voir plus loin la rubrique « De Lovina à Gilimanuk »). Beaucoup moins de monde sur ce dernier itinéraire.

En *bemo*, bus et vans privés

Les *bemos* s'arrêtent tous le long de la rue principale et transitent systématiquement par Singaraja. Voir cette même rubrique à cette ville pour plus de détails.

Agence de transports *(plan C1)* ***:*** pour ceux qui résident à l'est de Lovina. Service de bus et van privés pour le reste de l'île. Sinon, nombreuses autres agences à Kalibukbuk.

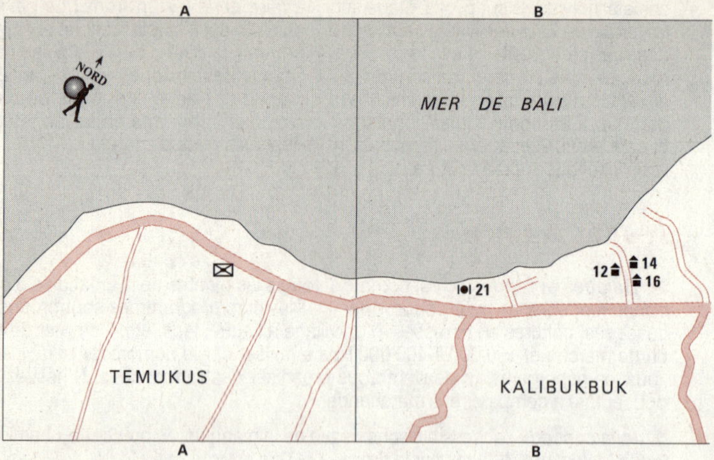

■ **Adresse utile**	**11** Gede Homestay
Agence de transports	**12** Taman Lily's
Où dormir ?	**13** Lupa-Lupa
10 Puspa Rama	Lovina Cottages

Adresse et infos utile

– Le centre de Lovina se trouve à Kalibukbuk, au niveau de la rue perpendiculaire à la route et des petites rues adjacentes où se concentrent hôtels et restos. C'est là que le visiteur trouvera en priorité tous les services dont il a besoin : plusieurs bureaux de change, distributeurs automatiques, cybercafés et centres téléphoniques (8h-23h), vélos, scooters et voitures à louer, agence de voyages.

✉ ***Poste*** *(plan A1) : sur la route, à la sortie de Lovina en allant vers Gilimanuk.*

Où dormir ?

Demandez toujours à visiter les chambres avant de vous décider, et négociez, quelle que soit la saison.
L'animation, ainsi que la plupart des hôtels et restos, se concentre à Kalibukbuk.

Très bon marché (moins de 150 000 Rps, soit 10 €)

Puspa Rama *(plan C1, **10**) : à Amturan.* ☎ *420-70.* • *agungdayu@yahoo.com* • Bungalows simples mais impeccables, avec petites salles de bains. Mignonne terrasse devant chaque chambre, face à un joli jardin. Certainement la meilleure literie dans cette catégorie. Une excellente adresse, tranquille, bien tenue et familiale, à 100 m de la mer.

Gede Homestay *(plan C1, **11**) : à Amturan.* ☎ *415-26.* 2 rangées de bungalows modestes mais propres. Les chambres se réduisent au strict minimum, un lit au milieu d'une pièce blanche carrelée, rien de plus. Terrasse-resto juste devant la jolie plage et ses quelques bateaux de

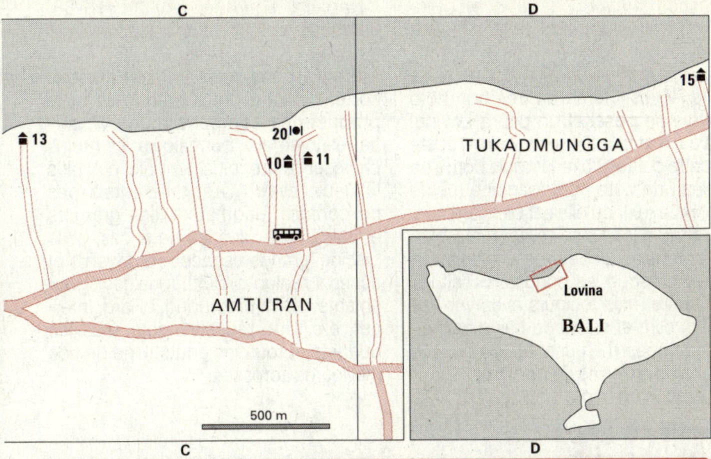

14 Puri Bali Bungalows	Où manger ?
15 1 000 Dream	**20** Warung Rasta
16 Rambutan	**21** Café Dive and Spice
	22 Lesehan Vista Bali

pêche hissés sur le sable. Ambiance bien cool, esprit routard.

Bon marché (de 150 000 à 300 000 Rps, soit 10 à 20 €)

Taman Lily's (plan B1, **12**) : *jl. Ketapang, à* ***Kalibukbuk.*** *☎ 413-07. • balilovinahotel-tamanlilys.com • Doubles 150 000-300 000 Rps, petit déj compris.* 6 bungalows sans fantaisie, pas toujours nickel mais spacieux, avec petite terrasse donnant sur un jardin tranquille. Accueil souriant et bon resto. Juste à côté, les proprios ont ouvert une annexe, le *Taman Lily's Family Hotel,* avec 6 chambres en bungalow. L'ensemble est correctement tenu, pour des prix peu élevés. Ambiance très familiale.

Lupa-Lupa Lovina Cottages (plan C1, **13**) : *entre Kalibukbuk et Amturan. ☎ 416-98. • emi-juli@yahoo.com • Doubles 150 000-300 000 Rps, petit déj compris.* Dans un petit jardin donnant directement sur la plage, 3 chambres dans un pavillon à étage, ainsi qu'un bungalow familial. Simple et agréable.

Puri Bali Bungalows (plan B1, **14**) : *jl. Ketapang, à* ***Kalibukbuk.*** *☎ 414-85. • puribalilovina.com • Selon confort, doubles 200 000-350 000 Rps.* Bien situé et calme. Les hébergements (pavillon multi-chambres pour les catégories supérieures, modestes bungalows pour les autres) s'ordonnent autour d'un grand jardin. Les chambres les moins chères sont très correctes, avec ou sans AC. Resto simple et plutôt pas mal, avec une petite bibliothèque. Bon rapport qualité-prix et bonne tenue. Piscine accessible aux non-résidents moyennant 20 000 Rps.

De prix moyens à plus chic (à partir de 300 000 Rps, soit 20 €)

1 000 Dream (plan D1, **15**) : *sur la plage de* ***Pemaron.*** *☎ 256-82. • seribu* *dream.com • À mi-chemin entre Lovina et Singaraja, par la petite route qui mène au* Puri Bagus. *Selon période et confort, doubles 300 000-500 000 Rps.* Le « Mille Rêves » ferait un très bon hôte pour qui se poserait un peu à Lovina. De là à y rester 1 001 nuits ? Non ! Juste que cette petite affaire familiale borde un morceau de côte photogénique (petite jetée, bateaux), qu'elle est bien jardinée, compte une jolie piscine, un resto plaisant et vous accueille avec le sourire. On oubliait presque les bungalows, situés sur l'arrière mais toujours avec vue sur l'océan, clim et salles de bains balinaises, équipées d'amusantes baignoires artisanales en forme de poissons.

Rambutan *(plan B1,* ***16****) : jl. Ketapang,* ***Kalibukbuk.*** *☎ 413-88. • rambutan.org • Selon saison et type, doubles 25-70 €, villas 80-95 € (base 2 pers).* 2 complexes en 1 en quelque sorte, puisque cette grande et belle propriété se compose d'une 1re partie réservée aux bungalows les moins chers, et l'autre, plus familiale, aux plus luxueux, avec AC et différents types de confort, jusqu'aux villas grandes et chic. Mais dans les deux cas, belle piscine, grands espaces verdoyants et accès au salon-bibliothèque, jeux pour enfants, resto, ping-pong, billard, Internet, etc. Une réussite, pour tous les budgets et tous les goûts. Une de nos meilleures adresses.

Où manger ?

Contrairement à d'autres coins de Bali, la qualité générale n'est pas formidable à Lovina. Tous les hôtels ont leur petit resto. En voici quelques autres.

Bon marché (de 20 000 à 40 000 Rps, soit 1,30 à 2,65 €)

Warung Rasta *(plan C1,* ***20****) : dans la ruelle du* Gede Homestay. Aux couleurs de la Jamaïque, cette petite terrasse couverte en face des *prahus* rappelle que le reggae à Bali, c'est un folklore en soi. Et que Bob Marley est toujours « the king of the guinguette » ! Cuisine honnête à prix doux, avec pas mal d'options végétariennes.

De prix moyens à plus chic (à partir de 40 000 Rps, soit 2,65 €)

Café Dive and Spice *(plan B1,* ***21****) : sur la plage de* ***Kalibukbuk,*** *indiqué depuis la route principale.* Plusieurs plats de poisson, salades, soupes, pizzas... Bonne cuisine, assez copieusement servie dans une salle à colonnades, ouverte sur un coin de plage tranquille. Accueil décontracté et souriant.

Lesehan Vista Bali *(hors plan par D1,* ***22****) : jl. Pantai Segara. Compter 90 000-140 000 Rps pour un repas complet, de la soupe au dessert.* Choix restreint à un *set menu* ou un *rijsttafel*, ce dernier étant assez copieux pour être partagé par 2 convives. Cuisine parfumée et authentique. Cadre anodin, mais le pavillon donne directement sur les rizières et la mer.

À voir. À faire

➢ ***Aller à la rencontre des dauphins :*** *compter 60 000 Rps/pers (prix fixes). Adressez-vous directement aux pêcheurs si vous préférez qu'ils touchent l'intégralité de la somme.* Difficile d'y échapper, vous irez probablement les voir comme tout le monde ! Touristiques mais plaisantes, les excursions sont toutes les mêmes : on vient vous chercher à l'aube, puis vous naviguez 1h en assistant généralement à un superbe lever de soleil sur les environs, avec les volcans en toile de fond. Ensuite arrivent des dizaines et des dizaines de pirogues, chargées de touristes (une vingtaine en basse saison, plus de 50 en haute saison). Au début, ce rassemblement de *prahus* polychromes a une certaine allure. Mais quand apparaît au loin un banc de dauphins, le safari commence... On est presque certain d'apercevoir le bout de la queue de quelques mammifères mais rarement plus. Ne pas s'attendre au numéro de cirque façon Flipper.

– ***Les routines de l'astre doré :*** Lovina serait le seul endroit où l'on peut voir à la fois le lever et le coucher de soleil, derrière les montagnes s'entend. Pas vrai ! D'autres coins de cette côte le permettent. Pas grave ! Ce qui compte, c'est la véritable cérémonie qui marque journellement sa préparation au sommeil. Tout le monde y est, ou presque. Alors, laissez-vous inviter !

FLIPPER UN PEU FLIPPÉ...

Face à la demande des visiteurs, tous les pêcheurs de Lovina ou presque se sont reconvertis dans les dolphin tours*. Est-ce à cause de toutes ces pirogues à leurs trousses que les dauphins ne montrent parfois que le bout de leur queue ? On les comprendrait... Messieurs, laissez-les vivre tranquillement ! Pour cela, il suffit de respecter une distance raisonnable.*

DANS LES ENVIRONS DE LOVINA

👁👁 ***Air Panas (Hot Springs) de Banjar :*** *à env 8 km à l'ouest de Lovina ; prendre à gauche à la pancarte « Air Panas », puis suivre les indications. Ceux qui n'ont pas de véhicule peuvent toujours y aller en* bemo *de Lovina ; celui-ci les laissera à l'embranchement de la route pour Banjar ; après, on marche. On trouve parfois des motos-taxis. Ouv 8h-18h. Entrée : 12 000 Rps ; réduc. Parking payant.* Il s'agit de bassins aménagés, encaissés dans le lit d'une source d'eau chaude, entourés de grands arbres et de beaux palmiers. Trois bassins de tailles différentes vous attendent, remplis d'une eau à 32 °C, légèrement soufrée, ce qui lui donne cette couleur bronze. Si elle n'est pas limpide, elle est pourtant propre. Dans le grand bassin, l'eau s'écoule en hauteur à la manière d'une douche. C'est d'ailleurs le seul bassin dans lequel il est possible de se laver et de se shampouiner. On trouve des w-c à l'arrière. Resto en surplomb. En bref, un lieu bien agréable et d'atmosphère détendue, quand il n'y a pas trop de monde...

👁 ***Le monastère bouddhique Brahma Vihara Arama :*** *même direction qu'Air Panas de Banjar, mais prendre à gauche juste avt le marché, puis à droite en haut d'une côte et continuer sur env 1,5 km. Donation obligatoire.* On vous l'indique car c'est le seul monastère bouddhique de Bali. À part ça, la visite n'est pas vraiment indispensable.

➢ À ***Seririt,*** situé sur la route reliant Lovina à Pemuteran, deux solutions : continuer vers l'ouest par la route qui longe la côte vers Pemuteran (voir plus loin), ou regagner le sud de l'île en passant par Tabanan via Antosari. Cette dernière route permet de découvrir la région de Pupuan et peut-être les plus beaux paysages de rizières balinais. À faire sans se presser.

L'OUEST DE BALI

DE LOVINA À GILIMANUK

Cette région aride du nord-ouest de Bali déroule l'une des côtes les plus tranquilles et naturelles de Bali. Surtout constitué de véhicules transitant entre le nord de l'île et Java, le trafic est modeste et la route est bonne. Le pied ! Mais vous n'êtes pas venu pour faire un relevé cartographique, et vous constaterez qu'il y a peu de raisons de s'arrêter. À une exception près : le parc national de Barat qui englobe

l'île de Menjangan, célèbre pour ses superbes fonds marins, et la petite station de Pemuteran qui lui sert de base idéale.

PEMUTERAN

IND. TÉL. : 0362

Cette petite baie charmante fait le bonheur de ceux qui y séjournent pour sa plage de sable noir, tranquille et propre, où l'on se baigne en toute sécurité, juste ballotté par quelques rouleaux cléments. Les quelques hôtels et restos focalisent les amateurs de plongée, snorkelling et randonnée, attirés par le parc national de Barat et l'île de Menjangan, située 15 km à l'ouest. Tous les hébergements ont leur resto et leur club de plongée. Dans les années 1990, la pêche au cyanure et à la dynamite, conjuguée au réchauffement des eaux engendré par *El Niño,* a ravagé les récifs coralliens de Pemuteran. Depuis, deux Occidentaux ont mis en place un ingénieux système pour créer des récifs artificiels (voir encadré).

Y'A DU JUS

Comment redonner des couleurs aux coraux ? Des cages métalliques sont alimentées en courant de faible puissance (9 volts). Miracle ! Les poissons sont attirés et les coraux grandissent quatre fois plus vite. Pemuteran est sauvé, les touristes reviennent et les pêcheurs sont associés au projet en devenant jardiniers des mers pour entretenir les récifs... Belle idée, non ?

BALI

Arriver – Quitter

➢ Env 5 bus/j. entre Pemuteran et Lovina ou Gilimanuk. Également des *bemos* de Singaraja. L'idéal est tout de même de disposer de son propre véhicule.

Info utile

Il existe un distributeur de billets dans la rue principale, sur la gauche en arrivant de Lovina, 700 m après l'entrée de la ville.

Où dormir ?

Bon marché (de 150 000 à 300 000 Rps, soit 10 à 20 €)

⌂ ***Badini Guest House & Restaurant :*** *sur la route principale, presque en face du Taman Selini.* 📱 *085-239-152-168.* ● *danginswidnya@yahoo.com* ● *Doubles 200 000-300 000 Rps selon confort.* Wifi. Les premiers prix, avec ventilo et eau froide, sont confinées et sans charme. Tout le contraire des 6 chambres avec clim et eau chaude des pavillons avec patio disposés dans le jardin du fond. Claires et bien tenues, elles profitent d'un calme olympien et de la vue sur les montagnes. Bon resto côté rue (voir « Où manger ? ») et service attentif.

De chic à plus chic (à partir de 500 000 Rps, soit 33,35 €)

⌂ |●| ***Reef Seen Aquatics :*** *sur la plage.* ☎ *930-01.* ● *reefseenbali.com* ● 5 chambres simples et plaisantes avec

AC, dont les prix sont minorés quand on pratique une activité comme la plongée ou l'équitation (eh oui, il y a quelques chevaux dans le coin !). Le proprio, australien et écolo dans l'âme, a établi ici un centre d'élevage des tortues menacées. Il a aussi participé au projet de restauration des coraux en formant des « jardiniers de la mer » sur les nouvelles installations (voir encadré, plus haut). Organise des sorties vers Pulau Menjangan. Une bonne adresse, comme on les aime...

Taman Sari Bali Cottages : *côté ouest de la baie, là où la plage est la plus agréable et propre. ☎ 932-64. • tamansaribali@yahoo.com • balitamansari.com • Selon confort et saison, doubles 50-100 € env.* Un ensemble de pavillons multi-chambres et de bungalows à différents prix en fonction de la vue mer ou montagne, dans un superbe et grand jardin allant jusqu'à la plage (les bio-coraux sont juste devant). Les *standard* sont beaucoup mieux qu'elles ne le paraissent du dehors. Bonne cuisine *western,* thaïe et indonésienne au resto (de prix moyens à chic). Piscine et spa. Accueil pro et charmant.

Adi Asri : *partie est du village. ☎ 948-38. • adiassri.com • Selon saison et type, doubles 40-90 €.* Terrain méticuleusement arboré et jardiné, qui s'étire jusqu'à la mer. Bungalows individuels très spacieux et agréables avec leurs planchers de bois sombres. 2 piscines, 2 restos et pas un hic au niveau du service et de l'accueil. Accueillant les *prahus* des pêcheurs, ce secteur de la plage n'est pas le plus propre, mais on rejoint l'ouest de la baie en 5 mn à pied.

Où manger ?

Badini Restaurant : *voir « Où dormir ? ».* Pour ceux qui souhaitent sortir de leur hôtel luxueux et faire quelques économies, voici un très bon petit resto, proposant une cuisine indonésienne délicieuse et quelques sandwichs. Carte assez restreinte, ce qui est bon signe ! Entre autres, excellents poissons, bien préparés.

Warung Susu : *à l'extérieur de la porte est du village, sur la droite. 081-338-615-270. Plats 35 000-60 000 Rps.* Les plats proposés dans cette coquette petite paillote varient selon la pêche du jour. Fraîcheur et saveur garanties. Accueil jeune et adorable.

Où manger dans les environs ?

North Bali Pearls : *à une dizaine de km avt Pemuteran. Ouv 8h-17h30.* Ce café constitue une halte sympathique pour un en-cas léger, et surtout pour la dégustation d'un *espresso,* chaud ou glacé, face à la mer. C'est aussi l'occasion de visiter une ferme d'huîtres perlières à Bali. Le processus est expliqué intégralement lors de tours guidés (3 fois par jour, à 9h30, 12h30 et 15h30 ; entrée : environ 60 000 Rps). On y trouve de beaux objets en nacre, et des bijoux en perles évidemment, à des prix très raisonnables.

À voir. À faire dans les environs

Le parc national de Barat : *à env 15 km à l'ouest de Pemuteran. Deux centres d'accueil possibles dans le parc : le principal se trouve à Cekik, à 3 km au sud de Gilimanuk (ouv 7h-14h) ; l'autre (ouv 7h-16h), plus pratique pour les visiteurs, est situé à l'est du parc, à Labuhan Lalang (épicerie, petits restos), point d'embarcadère pour l'île de Menjangan. La réserve n'abrite qu'un hôtel aux tarifs particulièrement élevés (140-240 € env) ; mieux vaut séjourner à Pemuteran. Tarifs, incluant le droit d'entrée, l'assurance, le guide obligatoire, selon type de programme (2-7h de durée) : 400 000-800 000 Rps jusqu'à 2 pers incluses, 500 000-1 000 000 Rps* *jusqu'à 5 pers comprises (c'est le max).* Les départs ont lieu tôt le matin, c'est à ce moment-là qu'on a le plus de chances de voir des animaux (singes gris et noirs, cerfs, iguanes, écureuils, sangliers, buffles, serpents...). La flore est assez diversifiée, de la mangrove de la côte nord à la végétation dense sur les versants sud des montagnes, en passant par une sorte de savane entre la côte et la montagne. Noter quand même que traverser tout Bali uniquement pour visiter ce parc ne vaut pas forcément le coup, car le risque de repartir déçu existe : animaux pas aussi visibles qu'on le laisse entendre, guides pas toujours très compétents. En le couplant aux fonds marins de l'île de Pulau Menjangan (obligatoire !), on aura toutefois la certitude de ne pas avoir fait le trajet pour rien.

L'île de Pulau Menjangan : *à env 15 km à l'ouest de Pemuteran. Mêmes conditions d'entrée que pour le reste du parc, prix de la traversée (env 30 mn) en plus. Embarcadère à Labuhan Lalang et à Banyumandi (4 km avt en venant de Pemuteran). Navette de bateaux 7h30-15h env.* Ce spot réputé pour la plongée et le snorkelling recèle de superbes tombants de plus de 30 m, patrouillés par une variété exceptionnelle de coraux, poissons et invertébrés multicolores. Fabuleux !

- ***Snorkelling :*** tous les hôtels de Pemuteran organisent un package transport+ bateau + droit d'entrée du parc + équipement de snorkelling pour environ 350 000-400 000 Rps par personne (négociation de 10 % possible). Départ à 8h30, retour vers 14h30. On peut aussi s'adresser aux clubs de plongée. Alternativement, si vous êtes motorisé (ou prêt à tenter le coup du *bemo*), arriver aux embarcadères le plus tôt possible permet de profiter des meilleures heures, d'optimiser le temps dans l'eau et éventuellement d'avoir un bateau pour vous tout seul. Pour deux personnes, compter environ 670 000 Rps tout compris et 500 000 Rps à Banyumandi, le prix par personne étant rapidement dégressif si on se groupe. Attention : certains guides essaient de vous pousser à vous reposer le plus longtemps à terre. Bien faire le point à ce sujet : après tout, ils font leur pub sur deux périodes de snorkelling de 1h30 chacune (sud-est et sud-ouest) et 1h de pause. Un but difficilement atteignable avec les excursions organisées qui arrivent sur l'île assez tard.
- ***Les bio-coraux :*** juste au large de Taman Sari, ils sont repérés par des bouées. Ne pas oublier d'y jeter un œil. Compter 60 000 Rps la location de matériel de snorkelling.
- ***Plongée :*** tous les hôtels ont leur centre de plongée. Ils organisent des sorties sur Menjangan, mais aussi sur d'autres sites régionaux. Les prix se valent, la différence réside dans la qualité des équipements et le sérieux des instructeurs. Voici deux centres connus pour leurs compétences :

■ ***Bali Diving Academy :*** *sur la plage, dans l'enceinte du* Taman Sari Bali Cottages. *☎ 27-02-52. 686-238-751-21.* • *scubali.com* • Dispense l'*Open Water Course* en 4 jours avec moniteur francophone pour environ 350 €. Tenu par un couple de Suisses, aussi sérieux que sympathiques, proposant des plongées pour certifiés ou débutants, sur tous les sites de la région (à Pemuteran, sur l'île de Menjangan, etc.). À voir : tortues et requins.

■ ***Reef Seen Dive Center :*** *dans l'hôtel* Reef Seen Aquatics *(voir « Où dormir ? »).* Mêmes types de prestations, sensiblement aux mêmes prix.

Pura Pulaki : *à quelques km avt Pemuteran en venant de Lovina.* Ce temple a été construit face à la mer dans les années 1980. Certains touristes s'y arrêtent, peut-être pour voir les nombreux singes qui s'y promènent, car il ne présente guère d'intérêt en lui-même. Le coin, avec ses falaises qui poussent quasiment la route dans la mer, est en tout cas mignon.

DE GILIMANUK AU SUD DE BALI

La route qui relie Gilimanuk au sud de Bali est l'axe principal entre Denpasar et Java. Tous les camions acheminant des marchandises entre Java, Bali et

les îles de la Sonde y passent. Vous l'aurez compris, vous ne serez pas seul à taquiner l'asphalte !
Pas grand-chose à voir au début de cet itinéraire, hormis les mosquées qui ont poussé comme des champignons (proximité de Java oblige). La ville de *Negara* est surtout connue pour ses courses de buffles, qui se déroulent en septembre et octobre. Ces grosses bêtes, parées de soie et de cloches en bois, tirent de légers attelages sur 2 km. Les conducteurs, perchés sur le char, leur tordent la queue pour les faire avancer. Si Brigitte apprenait ça !
La route devient plus belle à partir du temple côtier, le *pura Rambut Siwi.* Fondé au XVIe s, ce temple vaut surtout pour sa situation exceptionnelle sur une falaise dominant une immense plage de sable noir. Après, de jolis paysages se succèdent.
Les surfeurs pourront faire une halte ou dormir un peu au sud, à *Medewi,* célèbre pour sa « longue gauche » (les spécialistes apprécieront !), et à *Suraberata* (25 km plus loin), près de la plage de surf de Balian (voir ci-après « Où dormir ? Où manger sur cette côte ? »). Les paysages sont souvent superbes, les rizières avec les montagnes au loin, parfois des prés plantés de cocotiers et de magnifiques étendues de sable noir. Mais ATTENTION, ces plages sont aussi dangereuses que belles, et il est fortement déconseillé de s'y baigner. Ensuite, la route fait un coude vers l'intérieur pour rejoindre *Tabanan.*

BALI

Où dormir ? Où manger sur cette côte ?

Quelques possibilités d'hébergement entre Gilimanuk et Tabanan. Cette côte n'est pas très touristique et, on le répète, intéressera principalement les surfeurs. Les adresses sont citées du nord au sud.

🏠 |●| ***Mai Malu :*** *jl. Pantai Medewi, à* ***Medewi.*** *☎ (0365) 438-97. Double 80 000 Rps.* Petite *guesthouse* proposant 3 chambres très simples à l'étage, avec salle de bains et ventilo. Jolie vue sur les rizières et la mer. Resto au rez-de-chaussée, avec une carte variée et des prix honnêtes.

🏠 |●| ***Gajah Mina Beach Resort :*** *plage de* ***Suraberata.*** *☎ (0361) 81-51-85. 📱 081-238-116-30. • gajahminaresort.com • Selon type et saison, doubles env 90-160 €.* En pleine nature, surplombant la mer et entouré de champs où ruminent d'élégantes vaches balinaises, le *resort* dispose d'un petit nombre de très beaux bungalows, meublés et décorés avec des touches chinoises et marocaines, disposant tous d'une jolie terrasse et d'une belle salle de douche à ciel ouvert. Eau chaude, AC, lits extra-confortables, etc. Jolie piscine, et une plage en contrebas longue de plusieurs kilomètres et quasi sauvage. Bon resto. Tentez de négocier un peu. Le patron, Dominique, est français et plutôt bien disposé envers les routards. Une retraite parfaite pour profiter d'un calme rare et précieux.

🏠 ***Pondok Pisces :*** *plage de Balian, à* ***Suraberata,*** *proche du* Gajah Mina. *📱 0813-387-977-22 ou 0812-360-06-80. • pondokpiscesbali.com • Compter 280 000-600 000 Rps.* Dispose de 5 bungalows pouvant accueillir de 2 à 4 personnes. Le moins cher d'entre eux, en panneaux de bois sculptés et toit en *alang-alang,* offre déjà un bon confort. Le bungalow familial dispose de sa propre cuisine. Accueil sympathique de Tom Wilson, d'origine australienne, qui a ouvert récemment d'autres bungalows un peu plus bas, près de la rivière. On peut y manger, mais il faut réserver. Sinon, quelques *warungs* entre la plage de Suraberata et le spot de surf de Balian, et également le resto du *Gajah Mina.*

🏠 ***Bali Wisata Bungalows :*** *plage de* ***Yeh Gangga,*** *à 10 mn de Tabanan, près du temple Tanah Lot. ☎ (0361) 744-35-61. • baliwisatabungalows.com • De Gilimanuk, un peu avt Tabanan, prendre à droite au feu et suivre la direction Yeh Gangga ; de là, petite route sur 8 km vers la plage. En saison, pensez à réserver. Doubles 200 000-400 000 Rps.* Une douzaine de chambres au total, communicantes pour la plupart, ce qui conviendra aux familles. Vraiment spacieuses, certaines avec coin salon et petite terrasse. Malheureusement, la propreté laisse parfois à désirer. Belle plage à laquelle on accède par les rizières. Grande piscine d'eau salée surplombant la mer. À 6 km de Tanah Lot, on peut rejoindre le temple par la plage.

QUITTER GILIMANUK

Bus à 200 m de l'arrivée des ferries.
➢ ***Pour Denpasar :*** env 35 000 Rps.
➢ ***Pour Singaraja :*** env 25 000 Rps.
Ne pas se laisser influencer par les rabatteurs qui essaient de vous vendre des voitures particulières ou même le bus local pour vous tout seul...

TANAH LOT

Sur la côte, à environ 10 km de Tabanan et à une trentaine de kilomètres à l'ouest de Denpasar. L'un des sites les plus célèbres de Bali : les couchers de soleil y sont réputés. Cette excursion est l'une des plus vendues par les agences locales, mais le tourisme de masse n'est pas encore parvenu à détruire la beauté de ce site...

Arriver – Quitter

➢ ***De Kuta,*** vous devez prendre un *bemo* pour Denpasar (gare routière Tegal) ; de là, un autre *bemo* qui va vous mener à la gare routière d'Ubung ; enfin, un 3e *bemo* pour Tanah Lot. Pas pratique du tout et très long. De plus, il n'y a pas de *bemo* de retour après 16h, donc vous loupez le coucher du soleil. Le mieux est de chartériser un *bemo* de Kuta ou de Legian à plusieurs (marchandage obligatoire), ou de louer un vélo ou une moto et de continuer la route de Legian en passant par Kerobokan et Sempidi. De là, prendre à gauche. On évite ainsi le vacarme de Denpasar et on traverse de paisibles villages et de jolies rizières.

À voir

Le temple : *ouv jusqu'à la tombée de la nuit. Entrée : 30 000 Rps.*
C'est, comme tout le monde, un peu avant le coucher du soleil que vous viendrez ici. Et vous bénéficierez, comme tout le monde, de la plus belle des lumières. La forme harmonieuse du rocher, sa couleur sombre, les petits toits superposés du temple, les arbres qui le camouflent en partie, les vagues qui le battent à marée haute et cette lumière en clair-obscur confèrent à l'endroit quelque chose d'étrange et d'assez fascinant (si on fait abstraction de la masse touristique). On dit que le temple est habité par des serpents, dont on peut admirer un spécimen, sacré bien entendu, moyennant un petit billet de 1 000 Rps...
Le temple se situe sur un rocher noir isolé dans la mer. Il aurait été bâti au XVIe s sur l'ordre du prêtre Nirartha, qui venait méditer sur ce rocher. On construisit tout d'abord un autel, et petit à petit, le temple s'agrandit et devint un lieu sacré pour la méditation. À Tanah Lot, on vénère surtout les esprits de la mer, ce qui n'a rien d'étonnant, finalement !
Après avoir garé son véhicule, on traverse un dédale d'une centaine d'échoppes

avant d'accéder à l'entrée principale proprement dite. Avant celle-ci, on trouve un *money changer*, un *Wartel* (téléphone) et des w-c.
Plus que son architecture, c'est le site du temple qui lui vaut sa renommée, doublé de son orientation qui le fait bénéficier des couchers de soleil parmi les plus beaux de l'île (selon les conditions météo, évidemment). Le temple, en contre-jour, a des faux airs de pagode chinoise. À marée basse, il est possible d'accéder jusqu'à sa base et de pénétrer sous la grotte où coule l'eau sacrée, utilisée pour les cérémonies (ça aussi, c'est payant !). À marée haute, on l'observe de la falaise, et les vagues s'écrasant contre cet îlot désolé offrent un spectacle impressionnant.
Pour avoir la meilleure vue, obliquez à droite après l'entrée. Un sentier mène à une petite plateforme aménagée. Sur la droite, belle plage sauvage où déferlent les rouleaux. On aperçoit même un rocher creusé évoquant Étretat ! On a aussi une très belle vue sur l'ensemble en allant vers la gauche après l'entrée, là où se trouvent les nombreuses buvettes en terrasse sur le haut du promontoire, qui proposent des cocktails de fruits dans des noix de coco qu'on a trouvés bien chers et pas formidables. Une fois la nuit tombée, les moustiques attaquent. À noter enfin que ceux qui veulent être seuls sur le site viendront le matin.

MENGWI

Peu après Tabanan en direction de Denpasar, prendre à gauche à un embranchement.

Où manger ?

Possibilité de se restaurer au ***Royal Palace Garden Restaurant.*** Très cher, mais le calme est total et le cadre exceptionnel.

À voir

Le temple Taman Ajun : *au centre du village. Au grand carrefour, prenez à droite (panneau invisible) si vous venez du sud. Entrée : 15 000 Rps. Parking payant.* Entouré d'eau, très vaste et d'une harmonie parfaite. À voir au coucher du soleil, lorsque la foule est repartie. Très belles tours à *merus* dans la dernière cour du temple, bâti au XVIIe s et restructuré. Mengwi fut, jusqu'à la fin du XIXe s, la capitale d'un puissant royaume, celui de Mengwi, ce qui explique l'importance de ce *pura* Taman Ajun. Parfaitement entretenu.

SANGEH

À 30 km de Denpasar et à 12 km de Mengwi. Possibilité d'y accéder par Mengwi ou par Sempidi (voir ci-après). Si on vient de Bedugul, plutôt que de prendre le « raccourci », il vaut mieux faire le détour par Mengwi. À moto, route assez dangereuse.
Sangeh possède une belle forêt plantée de muscadiers, habitée par une grande colonie de singes qui trouve son origine dans la grande histoire du *Rāmāyana.* Ils seraient venus ici pour tuer le démon Rāvana. Ils y vivent

encore. Attention, ils sont particulièrement agressifs et voleurs (ils adorent les lunettes). Ne pas les provoquer, ils peuvent mordre ou griffer. Accidents assez fréquents quand on les excite. C'est l'attraction à touristes du coin : vous devez passer devant des dizaines de boutiques sans grand intérêt. Le seul temple digne d'être visité est fermé ! Les étudiants qui vous proposent de vous accompagner pour bavarder sont en fait des guides qui attendent quelques roupies en retour. La forêt étant considérée comme sacrée, il est interdit d'y cueillir quoi que ce soit.
Pour revenir vers Denpasar, prendre la route à droite du village ; elle est superbe.

KAPAL, SEMPIDI, LUKLUK

Ces trois villages les uns à la suite des autres, sur la route de Denpasar, sont intéressants pour leurs temples qui ne sont pas sans évoquer ceux du nord de l'île. Le plus intéressant est le *pura Sada* de Kapal. Ce serait aussi l'un des plus anciens, puisqu'il aurait été fondé au XIIe s. Ceint de murs de brique et orné de décorations de pierre. Bucolique et agréable. Juste en face, à l'extérieur de l'enceinte, un énôôôrme banian. Le village de Kapal est par ailleurs un grand centre de fabrication de temples familiaux. La route principale est occupée par des dizaines de boutiques et artisans. On verra trois autres temples à Sempidi. À Lukluk, le *pura Dalem* mérite une halte. Il se trouve à 300 m de la route principale. Architecture assez travaillée. Porte fendue et têtes de dragons en façade.

LOMBOK (NUSA TENGGARA)

Pour la carte de Lombok, se reporter au cahier couleur.

Depuis quelques années, Lombok (nom qui signifie « piment » en javanais), qui appartient à l'archipel des petites îles de la Sonde (Nusa Tenggara), attire ceux qui considèrent que Bali est trop pressante. Mais si le tourisme s'y est développé plus lentement, c'est aussi parce que le charme de Lombok ne se livre pas aussi spontanément que celui de Bali. Sa beauté générale est sans doute moins, disons, démagogique, mais ses plages sont bien plus belles.

AUTREFOIS TRÈS PAUVRE, DEMAIN RICHE EN TOURISTES ?

Lombok est plus pauvre et, si on mange à sa faim dans le nord, cela n'a pas toujours été le cas dans le sud, où la famine de 1966 fit près de 50 000 victimes. L'île n'est autosuffisante en riz que depuis 1975. Elle en exporte aujourd'hui, tout comme du tabac, principalement vers l'est de l'archipel. Malheureusement, Lombok expédie aussi beaucoup de produits de la mer, pas forcément collectés dans de bonnes conditions, vers Singapour, Hong Kong et... Bali. On pense aux ailerons de requin, à la pêche au cyanure ou à l'explosif toujours pratiquée.
À la fin des années 1990, les projets immobiliers se multiplient, et Senggigi Beach est en passe de devenir une alternative à Kuta-Legian et consorts. Mais la crise économique, les attentats balinais de 2002 et 2005, ainsi que l'effet psychologique du tsunami freinent les investissements. La deuxième décennie du XXIe s marquera probablement le retour de Lombok sur l'agenda touristique international, à la suite de l'ouverture du nouvel aéroport, fin 2011. Déjà, les zombies de béton se réveillent et hantent les abords des ronds-points et boulevards abandonnés en rêvant de retrouver la lumière.

BALI ET LOMBOK, LES COMPLÉMENTAIRES

Les plages de la région de Kuta, au sud, sont absolument magnifiques, et les Gili Islands, au nord-ouest de l'île principale, à deux pas de Bali, attirent beaucoup

d'amateurs de plongée, de snorkelling et de farniente. En dehors de ces pôles d'attraction, de nombreux coins restent à découvrir, avec des paysages remarquables dans la région du volcan Rinjani. Signalons encore la richesse de l'artisanat de Lombok, très différent de celui de Bali mais tout aussi beau.
En bref, les deux îles possèdent des charmes différents mais complémentaires. D'abord, Lombok est la terre des Sasaks, ces autochtones qui conservent fidèlement leurs traditions et représentent encore près de 80 % de la population. Puis, la rusticité de l'île combinée à la simplicité des moments vécus font qu'on ne repart jamais de Lombok déçu mais touché. Alors, ceux qui choisissent Bali comme pôle touristique principal feraient une erreur de ne pas pousser jusque-là, au moins quelques jours, ne serait-ce que pour découvrir deux facettes d'un même pays.

HÉBERGEMENT

En moyenne, les *losmen* (hôtels pas chers) sont moins nombreux qu'à Bali et le confort global est moins élevé, même s'il a tendance à s'améliorer. On trouve quelques belles adresses de luxe aux Gili et dans le secteur de Senggigi. À confort égal, l'hébergement est un peu plus cher qu'à Bali en haute saison et plutôt moins cher en basse saison.

POPULATION

Lombok compte environ 3,4 millions d'habitants, dont 80 % environ de Sasaks musulmans. Les 20 % restants se partagent entre les Balinais, les Chinois, et même des Arabes immigrés à Lombok depuis la nuit des temps. Lombok, découpée en cinq districts, dépend administrativement de la province de Nusa Tenggara Ouest *(Nusa Tenggara Barat)* qui englobe également l'île de Sumbawa.

MAGIE NOIRE ET TOURISTES BLANCS

Les Balinais, qui, jadis, peinèrent à coloniser Lombok, dressent souvent un tableau sombre de cette île et de sa population, qui se livrerait à quelque magie noire ! La raison en est plus... économique. Les Balinais craignent que l'essor touristique de la petite sœur ne vienne faire de l'ombre à l'hégémonie jusqu'alors indiscutée de Bali. Quant à la magie noire, ce sont des bali... vernes !

À VOIR

On dénombre cinq centres d'intérêt majeur :
– les îles de ***Gili Air, Gili Meno*** et ***Gili Trawangan,*** au nord-ouest, qui constituent le point touristique principal du fait de leurs plages superbes et de la proximité avec Bali ;
– les plages de ***Senggigi,*** au nord-ouest ;
– les plages de ***Kuta*** et ses environs, au sud, qui attirent les surfeurs et les amateurs d'ambiance plus roots ;
– le pays sasak, notamment les villages de ***Kotaraja*** et ***Tetebatu,*** au nord-est, très tranquille et propice à quelques jolies balades ;
– le ***mont Rinjani,*** dont l'ascension, qui demande 3 jours minimum avec un guide, est une expédition vraiment sportive, réservée aux passionnés de randonnées pédestres en montagne.

QUELQUES CONSEILS

- Choisir son hébergement loin d'une mosquée si on tient à son sommeil.
- Les filles seules éviteront certains endroits peu fréquentés où la population n'a pas l'habitude de voir des femmes sortir sans être accompagnées. Cela dit, Lombok ne présente aucun danger particulier pour les voyageuses solitaires. Contrairement à Bali, où les femmes se baladaient les seins nus avant la colonisation néerlandaise, nous sommes ici dans un pays musulman, et une tenue respectueuse des habitudes locales est évidemment recommandée.
- La période du ramadan n'est pas la plus propice à la randonnée : les guides sont souvent moins disponibles et beaucoup de restaurants ferment à cette période.
- Apporter avec soi tuba et masque pour faire du snorkelling. À défaut, on en trouve sur place à louer à des prix très raisonnables.

Arriver – Quitter

En avion

✈ ***Aéroport international de Lombok*** *(Bandara Internasional Lombok, ou BIL)* ***:*** *à* ***Tanak Awu,*** *à quelques km au sud-ouest de Praya.* Ce nouvel aéroport a ouvert ses portes en 2011, remplaçant celui de Selaparang à Mataram.

➢ ***Vols nationaux :*** la *Garuda,* dont on rappelle que c'est l'une des rares compagnies indonésiennes à ne pas être sur la liste noire de la Communauté européenne, opère des liaisons régulières avec ***Jakarta, Denpasar*** et, moyennant escale, avec de ***nombreuses villes de l'archipel.***

➢ ***Vols internationaux :*** *Silk Air* assure 3 vols/sem avec ***Singapour.***

➢ ***Liaisons aéroport-Senggigi :*** navettes des bus *Damri* (25 000 Rps, env 1h30 de trajet), taxi ou van (compter env 150 000 Rps).

➢ ***Liaisons aéroport-Kuta :*** en taxi ou van. Compter env 50 000 Rps et 30 mn de trajet.

En bateau

➢ ***Ferry de Padangbai (Bali) à Lembar*** (27 km de Mataram) ***:*** voir cette même rubrique sous Padangbai.

➢ ***Bateaux rapides vers les îles Gili :*** voir « Arriver – Quitter » dans la partie consacrée à ces îles.

Circuler

Sur les grands axes, le réseau routier est plutôt bon, et le nouvel aéroport a même motivé la réalisation de quelques voies « rapides ». Dès qu'on musarde sur les routes secondaires, c'est une autre histoire, parfois imprévisible... Ainsi, dans le sud de l'île, il est impératif de se renseigner, et plutôt deux fois qu'une. Avec un scooter, ça passe toujours ; en voiture, ce n'est pas sûr ! Avantage, la circulation est moins dense et les automobilistes sont plus calmes qu'à Bali.

- ***En bemo :*** ils couvrent toute l'île, même les coins les plus reculés. Leurs tarifs sont très modiques. Inconvénient : il faut changer plusieurs fois, on perd pas mal de temps et il faut souvent se lever très tôt pour pas manquer les connexions.
- ***En taxi et van privés :*** comme à Bali, ils vivent du flot des touristes. Ils coûtent environ 10 fois plus cher qu'un *bemo.* Mais 10 fois pas grand-chose peut rester abordable, et puis ils ont des arguments à faire valoir : confort, clim et trajet direct (en général) donc rapide. Pour appeler un taxi : ☎ *62-70-00 ou 64-44-44.*
- ***En cidomo*** (charrette) ***ou becak*** (cyclo-pousse) ***:*** quand ça devient pittoresque... Abondent encore là où le peuple en a besoin.

LOMBOK

LA RÉGION OUEST, AUTOUR DE MATARAM

LEMBAR

Les ferries réguliers venant de Padangbai (Bali) accostent ici. Si vous arrivez de jour en bateau, vous remarquerez sur un îlot avant Lembar des cahutes de pêcheurs construites sur pilotis. Pas grand-chose de notable à part ça, il n'y a que quelques hangars *losmen* (dont un seul correct) et restos.

Arriver – Quitter

En bus, en *bemo*

Aucune difficulté (même si vous arrivez de nuit) pour trouver un *bemo* qui vous conduira à la gare routière de Mandalika, d'où vous pouvez rayonner vers toute l'île. Tout plein de transporteurs privés assurent des liaisons combinant route et bateau.

En bateau

➢ ***Padangbai (Bali) :*** voir cette même rubrique à Padangbai.
➢ ***Pour Surabaya (Java) :*** pas de liaison directe. Passer par Bali.
➢ ***Pour le reste de l'archipel :*** étudier la table de la *Pelni (● pelni.com ●),* sachant que l'essentiel des liaisons vers Nusa Tenggara utilise le port de Labuhan Lombok (à l'est de l'île).

Adresse utile

ℹ ***Office de tourisme :*** *sur le port, à proximité de l'embarcadère des ferries. Ouv 24h/24 à cause de l'arrivée des bateaux.* Infos sur toutes les rotations de bateaux. Le gars qui tient l'office est vraiment efficace.

Où dormir ? Où manger ?

Tidar : *env 1 km avt d'arriver au port, sur la droite (panneau). ☎ 68-14-44.* Au fond de l'allée, un peu à l'écart de la route, donc au calme, quelques bungalows simplissimes (ventilo, eau froide...). Seulement pour dépanner. Resto correct sous une paillote aérée.

DANS LES ENVIRONS DE LEMBAR

Lembar se trouve sur la route rejoignant la région de Sekotong, qui offre un gros potentiel de découverte. Les trois îles plus bas en font partie.

La minuscule île de ***Gili Nanggu*** est située à 1h de trajet. Pour s'y rendre, il faut louer un bateau au port et c'est malheureusement cher (s'y mettre à plusieurs). Si vous ne comptez pas passer la nuit sur place (un seul hébergement), le mieux est d'acheter une excursion à la journée depuis Senggigi ou Kuta. Bien moins onéreux. On peut effectuer le tour de l'île en 20 mn. Ne pas y aller pendant la saison des pluies.
On peut aussi se rendre à Gili Nanggu en poursuivant la route plus vers l'ouest après Lembar, et en chartérisant un petit bateau à Taun. Non loin de Taun, on trouve un hébergement en bord de route, le *Sekotong Indah.* Très simple. Seulement si vous êtes coincé.

Il y a sur Gili Nanggu une belle plage de sable blanc, où les tortues viennent pondre. C'est aussi l'un des plus beaux spots de snorkelling à Lombok. Cela dit, attention, il n'y a rien d'autre à y faire.

– Autour de ce petit paradis, deux autres îles, ***Gili Sudak*** et ***Gili Tangkong,*** la plus grande. L'une est si proche qu'on pourrait l'atteindre à la nage (ne pas s'y risquer, il y a des courants). Gili Sudak est également bien pour le snorkelling.

Où dormir ? Où manger à Gili Nanggu ?

Bon marché (de 150 000 à 300 000 Rps, soit 10 à 20 €)

Gili Nanggu Cottages & Restaurant : *sur la plage.* ☎ *(0370) 62-37-83.* Une quinzaine de bungalows avec ventilo et douche, dans le style traditionnel de Lombok. Assez simple. Resto médiocre... Location de matériel pour le snorkelling.

AMPENAN, MATARAM, CAKRANEGARA ET MANDALIKA

IND. TÉL. : 0370

LOMBOK

La capitale de l'île est formée de trois agglomérations qui se succèdent d'ouest en est et forment un tout : *Ampenan,* le port, *Mataram,* la ville administrative, et *Cakranegara,* la ville commerçante. Les voyageurs ajouteront *Mandalika* à ces environs. Située à 10 km d'Ampenan, en direction de Narmada, il s'agit de la plus importante gare routière de l'île.
Ampenan fut jadis la première ville de Lombok, puis le port principal de l'île. Sa population est vraiment composite : Balinais, Sasaks, Arabes, et bien entendu des Chinois qui tiennent le commerce en main. Ce n'est plus maintenant qu'une cité encombrée et un modeste port de pêche sans grand intérêt, malgré quelques *sampans* colorés.
Capitale administrative de la province de Nusa Tenggara Barat (Ouest), Mataram est étonnamment aérée. Son artère principale, jalan Pejanggik, qui prolonge jalan Langko d'Ampenan, est bordée d'édifices presque cossus, de bâtiments officiels et de banques.
Cakranegara, enfin, fut capitale de Lombok du temps des rajas balinais. Sans grand charme et assez bruyante, elle est cependant très animée car très commerçante et dotée d'une communauté chinoise importante.

Arriver – Quitter

Gare routière de Mandalika : c'est le grand centre des transports de l'île, là où transitent tous les bus, *bemos* et minibus. Tentaculaire et anarchique. Autant que possible, essayez d'éviter les rabatteurs. Les *bemos* sont dans la petite rue qui longe le côté de la gare, les bus longue distance et les minibus sont regroupés dans l'enceinte même de la gare. Pas de bureau d'infos. Une dizaine de compagnies affichent les destinations et les horaires à leur guichet. Comparez les avantages avant de prendre vos billets.

Quelques exemples de liaisons et de fréquences en bemo

➢ ***Lembar :*** départ en moyenne ttes les 30 mn, une fois le *bemo* rempli. Durée : 1h30 env.
➢ ***Praya :*** départ ttes les 30 mn. Durée : 1h30.
➢ ***Kuta :*** pas de *bemo* direct. Il faut changer à Praya et à Sengkol. Durée : 4h sans compter les changements. Si vous êtes plusieurs et bon négociateur, une autre solution consiste à chartériser un *bemo* depuis Mandalika.

➢ ***L'est de l'île :*** départ ttes les heures env. Les minibus desservent Narmada, Kopang, Terara, Selong Aikmel, Pringgbaya et Labuhan Lombok, ainsi que Tetebatu. Compter 2h30 jusqu'à Labuhan Lombok, après de nombreux arrêts.

Bus longues distances

➢ ***Denpasar*** *(Bali)* **:** départs réguliers incluant le ferry (qu'on prend à Lembar), et le bus jusqu'à Denpasar.
➢ ***Surabaya et Jakarta*** *(Java)* **:** plusieurs liaisons/j. en bus climatisés, incluant le trajet en ferry. Durées approximatives : 24h pour Surabaya et 40h pour Jakarta.
➢ ***Yogyakarta*** *(Java)* **:** changer à Surabaya ou à Semarang. Ceux pour Surabaya sont très réguliers.
➢ ***Sumbawa Besar :*** nombreux bus directs tte la journée. Durée : 6h.
➢ ***Bima*** *(Sumbawa)* **:** nombreux bus tte la journée. Durée : env 12h.

Gare routière d'Ampenan : appelée ***Kebun Roek,*** elle se trouve à l'intersection de la route qui vient de Senggigi et de l'axe qui file vers Mataram. Ses *bemos* desservent les destinations du nord de l'île : Senggigi, Pemenang-Bangsal (port d'embarquement pour les Gili), Gondang, Bayan, etc.

Se déplacer dans les environs

– ***En bemo :*** les jaunes circulent uniquement dans la capitale (Mataram, Ampenan, Cakranegara, Mandalika), tandis que les *bemos* d'autres couleurs (notamment les noirs) desservent le reste de la province de Lombok : Senggigi, Praya, etc.
– ***En taxi :*** ***Lombok Taksi*** *(ou* ***Blue Bird****), ☎ 62-70-00 ;* ***Lendang Karun,*** *☎ 64-44-44.*

Adresses utiles

Office de tourisme : *jl. Langko 70, à Ampenan. ☎ 63-78-28. Tlj sf dim, 7h-14h (11h ven, 13h sam).*
✉ ***Poste centrale :*** *jl. Sriwijaya, à Mataram.*
■ ***Bidy Tour :*** *jl. Ragigenep 17, à Ampenan. ☎ 63-21-27. • bidytour-lombok.com • À 5 mn du marché, juste après le pont.* Agence de voyages sérieuse, qui représente toutes les compagnies aériennes indonésiennes, mais aussi du Sud-Est asiatique. Un de leurs guides parle le français.
■ ***Bureau d'immigration :*** *jl. Udayana, à Mataram. Près de l'ancien aéroport. ☎ 63-25-59.*
■ ***Garuda :*** *jl. Pejanggik, à Mataram. ☎ 63-79-50 ou 64-99-99. • garuda-indonesia.com •*
■ ***Silk Air :*** *dans l'hôtel* Lombok Raya, *à Mataram. ☎ 62-82-54 ou 55. • silkair.com •*
■ ***Banques, distributeurs :*** nombreuses banques sur jalan Pejanggik, à Cakranegara. Sachez que vous trouverez également des changeurs et des distributeurs automatiques à Senggigi et à Kuta.

Où dormir ?

Hotel Lombok Raya : *jl. Panca Usaha, à Mataram. ☎ 63-23-05. • lombokrayahotel.com • Prévoir 500 000 Rps, petit déj-buffet inclus (négociable jusqu'à 30 %).* Hôtel de classe internationale, tout confort, à prix moyens. 135 chambres climatisées. Une halte très agréable si vous êtes obligé de passer une nuit à Mataram.

Où manger ? Où boire un verre à Ampenan ?

|●| ***Mie Ayam Jakarta :*** *jl. Yos Sudarso 112. ☎ 62-39-65. Dans le centre. Ouv tte la journée. Bon marché.* Un resto chinois style cantine, très propre, aux murs carrelés, proposant des plats classiques et d'excellentes

soupes faites devant vous, dans une grande marmite de bouillon fumant. Bon marché, pas touristique du tout et délicieux.

🍷 ***Bar Pondok Ampenan :*** *jl. Yos Sudarso 194.* ☎ *64-50-27. Sur le port d'Ampenan, au bout de jl. Yos Sudarso. Tlj sf lun.* Un Néerlandais a eu l'idée d'ouvrir un bar aux allures de pub dans l'ancienne banque du port d'Ampenan, datant des colonies. Clientèle mixte de touristes et de locaux.

À voir

Peu de choses... mais tout de même.

À Ampenan

Segara Temple : ce lieu de culte balinais est situé à la sortie de la ville sur la route de Batubulong.

Grand cimetière chinois : *au nord de la ville, vers Senggigi.* Tombes en forme de tertres à l'ornementation très riche.

Marché couvert : très vivant, riche en couleurs et en odeurs, on y trouve toute la nourriture typique de Lombok ! Toujours beaucoup d'animation, avec des dizaines de *cidomo* à l'extérieur, qui raccompagnent les gens dans les villages après leurs emplettes.

Museum NTB – Nusa Tenggara Barat *(Musée ethnographique) :* *jl. Panji Tilar Negar. Tlj sf lun, 8h-14h. Entrée : 15 000 Rps.* Intéressant musée, même si la grande salle n'est pas bien éclairée. Et puis, comme c'est le seul de l'île, on peut bien lui rendre une petite visite. Petite section géologique d'abord, puis objets funéraires, maquettes de temples, objets usuels pour les mariages, bijoux, plusieurs exemplaires de Coran du XVIe s. Superbe trésor : objets d'art en or ciselé ou niellé, coiffe, ceinture, magnifique *kriss,* etc. Instruments de musique traditionnels, vannerie, sculpture sur bois, tissus très anciens de Lombok et Sumbawa, outils agricoles et de pêche, porcelaines, tambours de bronze, vieux manuscrits.

À Cakranegara

Water Palace and Mayura Garden *(palais Mayura) :* *à la sortie de la ville en direction de Narmada. Tlj 8h-17h.* Petit palais entouré d'eau, il date de 1744 et faisait partie de l'ancien palais du royaume balinais de Lombok. On y voit encore le lac artificiel, quelques autels et fontaines en partie abandonnés dans le parc.

Le pura Meru : *dans la petite rue juste en face du palais Mayura.* C'est le plus grand temple de Lombok. Construit en 1720 sous le patronage d'un prince balinais pour la réunification de tous les petits royaumes de l'île. Ce temple, symbole de l'univers, est dédié à la trinité hindoue.

Le grand atelier de tissage : *dans la ruelle en face de la banque Pembangunam Daerah. Panneau à 100 m sur la droite « Perusahaan Tenut Ikat ». Tlj sf dim.* Très archaïque mais intéressant. Prix élevés. Demander à voir les artisans qui s'activent sur leurs vénérables machines, derrière la boutique, où le cliquetis des métiers emplit l'espace. Cakranegara est un centre artisanal réputé pour la vannerie, le tissage, la céramique et la réalisation d'animaux en terre cuite.

LOMBOK

Vers Mandalika

Le plus grand marché de Lombok : *de l'autre côté de la gare routière. Tlj.* Vaste et animé, on y trouve de tout à des prix imbattables. Surtout intéressant pour les fruits et les épices.

DANS LES ENVIRONS DE LA CONURBATION

Banyumulek : *à quelques km au sud-ouest de Mataram.* Un village de potiers doté de nombreux ateliers et boutiques. L'occasion de voir les artisans travailler et d'acheter leurs belles productions.

Gunung Pengsong : *à env 8 km au sud-ouest de Cakranegara.* Ce temple hindouiste, perché au sommet d'une colline peuplée de singes, est dédié à Dewi Sri, la déesse du riz. Chaque année, en mars-avril, on y sacrifie un buffle pour s'assurer de bonnes moissons. Celles-ci sont célébrées le premier jeudi d'avril, lors du festival *Bersih Desa,* qui donne lieu à des rituels de purification des maisons.

SENGGIGI ET MANGSIT

IND. TÉL. : 0370

Senggigi est LA station balnéaire de Lombok, et elle vient juste après les îles Gili en terme de fréquentation. C'est le lieu de villégiature favori des touristes qui cherchent une alternative confortable à Bali. Il faut dire que le site s'y prête. Sur une dizaine de kilomètres s'étendent d'adorables échancrures de sable avec leurs cocoteraies, s'égrenant de cap en cap. Toutes ne sont pas urbanisées, loin de là.
Malgré les quelques boîtes de nuit, on est bien loin de Kuta (Bali) dans ce domaine, d'autant que Senggigi, qui a grandi un peu vite, s'est à nouveau un peu assoupie. Ceux qui trouvent qu'il y a tout de même trop d'animation s'éloigneront un peu pour trouver, quelques kilomètres plus au nord, Mangsit, une longue plage calme ponctuée de quelques hébergements de luxe. Globalement, le coin reste assez paradisiaque.

Arriver – Quitter

➢ ***Aéroport de Lombok :*** liaisons assurées par des navettes *Damri* (30 000 Rps, 1h30 de trajet env). Arrêt sur la rue principale *(plan Senggigi, A1).*

➢ ***Padangbai (Bali) :*** de nombreuses compagnies affrètent des vans privés incluant le passage en ferry. De Padangbai, env 4 départs/j., 9h-13h30 env. Compter 80 000 Rps. La compagnie *Perama (☎ 63-85-14 ; • peramatour.com •)* opère une liaison bus + bateau rapide tlj à 13h30. Compter 400 000 Rps l'aller. Durée : 4h min (souvent bien plus). Le bateau fait un arrêt aux îles Gili avant de poursuivre vers Senggigi (qu'on atteint 2h plus tard). De Senggigi pour Padangbai, départ tlj à 9h.

➢ ***Ampenan :*** service ininterrompu de *bemos* directs. Compter 4 000 Rps.

➢ ***Kuta et autres destinations sur l'île de Lombok :*** pour les *bemos,* voir plus haut sous Mandalika. Là encore, offre fournie de vans privés. Pour Kuta, compter 120 000 Rps.

➢ ***Gili Islands :*** théoriquement, pas de *bemo* direct de Senggigi à Bangsal (se renseigner quand même), mais des taxis ou vans privés (compter 60 000 Rps). Route impec, 1h de trajet. Depuis Bangsal, pour la traversée, voir les détails dans la partie « Gili Islands »,

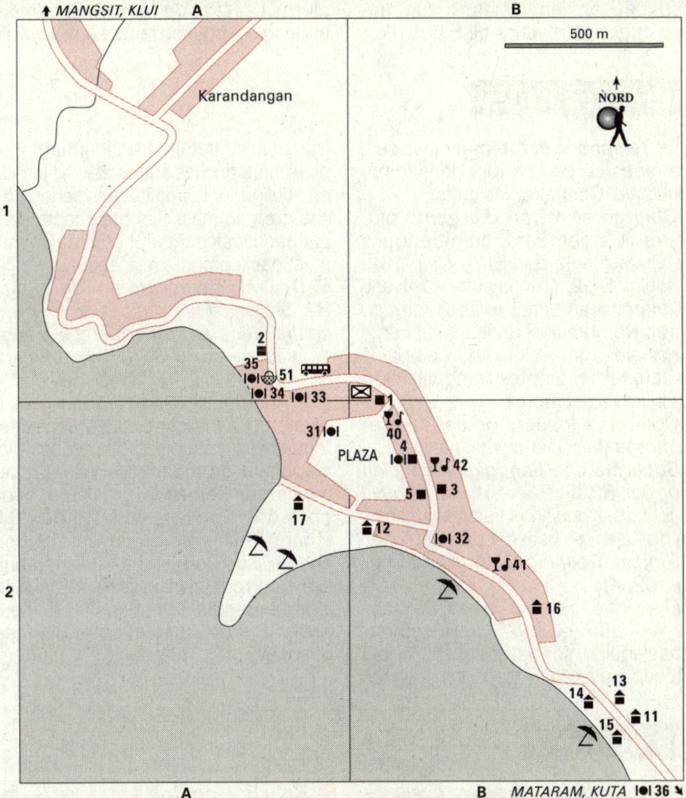

SENGGIGI

Adresses utiles

- Navette pour l'aéroport
- **1 et 2** Distributeurs (ATM)
- **3** Supermarché Senggigi Jaya
- **4** Rinjani Trekking Club
- **5** Dream Divers

Où dormir ?

- **11** Wayan Café
- **12** Mascot Beach Hotel
- **13** Batu Bolong Cottages
- **14** Beach Club
- **15** Sunset House
- **16** Hotel Graha Beach Senggigi
- **17** Senggigi Beach Inn

Où manger ?

- **4** Bale Tajuk Café
- **31** Warung Kangen
- **32** Warung Steakhouse & Bar
- **33** Bumbu Café & Gallery
- **34** Coco Loco
- **35** Lotus Bayview
- **36** Café Alberto

Où sortir ? Où écouter de la musique ?

- **40** Happy Café
- **41** Marina Café
- **42** Papaya Café

À voir. À faire

- **51** Pasar Seni – Marché artisanal

rubrique « Arriver – Quitter ». On rappelle que si vous venez de Bali, il n'est plus nécessaire de passer par Lembar et Senggigi pour se rendre aux îles Gili.

Adresses utiles

■ @ ***Téléphone et Internet :*** plusieurs échoppes un peu partout dans la rue principale. Comparez les tarifs.

■ ***Change et retrait d'argent :*** plusieurs distributeurs automatiques de billets à côté du *Happy Café (plan Senggigi, B1-2,* ***1****)* et un autre au niveau du marché artisanal *(plan Senggigi, A1,* ***2****)*. Nombreux changeurs sur la rue principale. Comme toujours, comparez les taux et recomptez tranquillement vos billets au comptoir.

■ Nombreux ***loueurs de voitures et de motos*** dans la rue principale.

■ ***Supermarché Senggigi Jaya*** *(plan Senggigi, B2,* ***3****) : tlj 9h-21h.* On y trouve de tout : des boissons fraîches aux cartes postales, en passant par l'aspirine.

■ ***Rinjani Trekking Club*** *(plan Senggigi, B2,* ***4****) : jl. Raya Senggigi, juste à côté du* Bale Tajuk Café *(voir « Où manger ? »). ☎ 69-32-02.* Cette sympathique équipe, spécialisée sur le Rinjani et réceptive à ce titre pour des agences françaises, avoue franchement être plus chère que les autres. Elle se justifie en soulignant la qualité et le sérieux de ses programmes. Ses arguments sont plutôt convaincants. Et comme ce trek n'est pas à prendre à la légère...

■ ***Dream Divers*** *(plan Senggigi, B2,* ***5****) : sur la rue principale, en plein centre, face au supermarché* Senggigi Jaya. *☎ 69-37-38. Également un bureau à Gili Air (☎ 63-45-47) et à Gili Trawangan (☎ 63-44-96). • dreamdivers.com •* Agence très sérieuse, tenue par un couple d'Allemands mais disposant de moniteurs français, au moins sur demande préalable. Propose des plongées au large des Gili (cours PADI), ainsi que des sorties snorkelling. Ceux qui n'iront pas aux Gili pourront prévoir une sortie à la journée depuis Senggigi. Sinon, il est préférable de réserver votre plongée directement sur place.

Où dormir ?

On peut choisir de séjourner quelques nuits à Senggigi même, qui s'étire sur 2 km environ. Bien sûr, il est alors préférable de prendre une adresse côté plage plutôt que côté terre. On peut aussi opter pour le secteur de Mangsit, à quelques kilomètres plus au nord, toujours au bord d'une longue plage. C'est un coin calme et plaisant mais, contrairement à sa voisine, sans la moindre animation nocturne.

Petit déj compris pour toutes nos adresses, sauf mention contraire.

Prix moyens (de 300 000 à 600 000 Rps, soit 20 à 40 €)

En haute saison, les meilleures chambres de certains établissements franchissent légèrement le plafond de notre fourchette.

Batu Bolong Cottages *(plan Senggigi, B2,* ***13****) : jl. Raya. ☎ 69-31-98. • bbcresort_lombok@yahoo.com • Au-delà du petit cap en venant du centre. Réception côté terre. Doubles 300 000-600 000 Rps.* Ce petit complexe hôtelier possède des chambres de part et d'autre de la route. Côté terre, les *standard « garden view »* s'alignent dans des bungalows sur les flancs d'un jardin tout en longueur. Au fond, un petit immeuble de 2 étages renferme quelques *deluxe*. Mais dans cette gamme, autant traverser la route pour rejoindre les « *beach side* », installées dans des maisons traditionnelles d'un étage, habillées de bambou tressé, face à la piscine et à la mer. Aménagement soigné, tenue impeccable, eau chaude et clim dans toutes les catégories, frigo et TV réservés aux options les plus chères. Bon accueil.

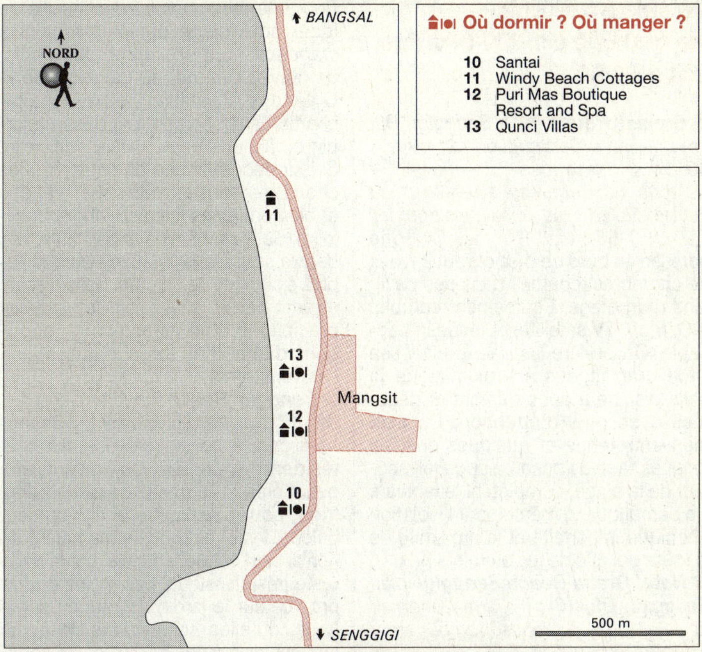

MANGSIT

Wayan Café *(plan Senggigi, B2,* ***11****) :* *à l'entrée sud de Senggigi, côté terre. ☎ 69-30-98. Doubles 350 000-500 000 Rps.* Le long d'un jardinet bien tenu, quelques bungalows de style balinais, spacieux et confortables. Ventilo ou clim, eau chaude partout. Petit effort de déco sympa et bonne tenue. Accueil chaleureux.

Mascot Beach Hotel *(plan Senggigi, B2,* ***12****) :* *jl. Pantai. ☎ 69-33-65. • mascot@telkom.net • Selon saison et type, doubles 350 000-600 000 Rps.* À deux pas des commerces de la rue principale mais très calme, cet ensemble de bungalows de plain-pied est dispersé dans un grand jardin qui rejoint la plage. Grandes chambres sans charme particulier mais fonctionnelles et très propres. Eau chaude dans toutes les catégories, frigo et baignoire dans les plus chères. Accueil charmant.

Beach Club *(plan Senggigi, B2,* ***14****) :* *jl. Raya Senggigi. ☎ 69-36-37. • thebeachclublombok.com • Au-delà du petit cap en venant du centre. Selon saison, doubles « backpacker » 200 000-220 000 Rps ; bungalows 500 000-550 000 Rps.* Voisin du *Sunset House*, il a pas mal d'atouts à faire valoir. À commencer par ses bungalows spacieux aux toits de chaume, avec de belles salles de bains, des intérieurs chaleureux tout en bois, ainsi qu'un très bon niveau d'équipement : AC et eau chaude, minibar, coffre et, bien vu, hamac en plus des chaises sur la terrasse. Ils ont tous vue sur la mer et le jardin avec piscine. Également 2 doubles *« budget »* (ventilo, eau froide) se partageant un salon. Grand resto-bar avec billard, TV câblée et baby-foot et, surtout, une plateforme de bambou pour profiter à fond de l'océan et du coucher de soleil. Management australien.

LOMBOK

De chic à très chic (de 600 000 à 1 350 000 Rps, soit 40 à 90 €)

🏠 ***Sunset House*** *(plan Senggigi, B2,* ***15****) : jl. Raya Senggigi 66.* ☎ *69-20-20.* • *sunsethouse-lombok.com* • *Au-delà du petit cap en venant du centre. Selon type et saison, doubles 450 000-650 000 Rps.* 💻 📶 Jolie adresse en bord de mer, offrant 2 types de chambres réparties dans des pavillons d'un étage. Équipement complet (AC, frigo, TV satellite) et tenue impeccable. On préfère les *deluxe « full sea view »*, arrangées à proximité de la belle piscine à débordement et décorées avec plus d'attention. Pelouse bien entretenue et quelques chaises longues face à l'océan, sur ce joli secteur de la plage, complètent le tableau. Un bémol quand même pour l'isolation phonique imparfaite et la proximité de la route qui affecte les premiers prix.

🏠 ***Hotel Graha Beach Senggigi*** *(plan Senggigi, B2,* ***16****) : jl. Raya Senggigi.* ☎ *69-31-01.* • *grahasenggigi.com* • *Doubles 545 000-745 000 Rps selon catégorie ; grosses remises hors saison.* Petit hôtel gentiment « luxueux », installé de part et d'autre de la route. Pour une fois, on vous déconseille de loger côté plage où les bungalows *standard* sont vraiment défraîchis, de l'aveu même de la réception ! Côté terre, collection de pavillons bi-chambres un peu serrés, dans un jardin où file une petite rivière artificielle. Si leur déco manque de caractère, les chambres sont en revanche grandes et bien équipées (clim, TV, frigo, bouilloire). Salle de bains à la balinaise. Les *deluxe* sont les plus spacieuses et les plus éloignées de la route. Belle piscine et petit bassin accueillant les arrivées précipitées d'un gigantesque toboggan, digne d'un parc d'attractions (souvent fermé) !

🏠 ***Senggigi Beach Inn*** *(plan Senggigi, A2,* ***17****) : jl. Pantai.* • *senggigibeachhotel.com* • *Doubles 75-90 €.* Grande résidence hôtelière colonisant une petite presqu'île ourlée de sable. Clim, frigo, bouilloire, coffre et TV, bureau, balcon, les chambres ne manquent de rien si ce n'est de fantaisie, car la déco reste très classique. Les moins chères ont vue sur le jardin, les autres sur le large, qu'elles soient dans de petits immeubles à étage bordés d'une cocoteraie, ou dans des bungalows individuels plus luxueux près de la piscine. Petit déj et resto moyens.

Où manger ?

De bon marché à prix moyens (de 20 000 à 80 000 Rps, soit 1,30 à 5,30 €)

🍴 ***Warung Kangen*** *(plan Senggigi, A2,* ***31****) : Senggigi Plaza. Plats 20 000-40 000 Rps.* Une petite cantine avec quelques tables en terrasse. Toutes sortes de riz frits et des *paket* (poulet ou poissons) servis avec riz et légumes. Service décontracté.

🍴 ***Bale Tajuk Café*** *(plan Senggigi, B2,* ***4****) : jl. Raya Senggigi. Plats 30 000-80 000 Rps ; sets pour 2 pers, avec café et fruits, 150 000 Rps.* Encastré dans un alignement de bars-restos, on aime bien ce *warung* pour sa déco soignée et son accueil enthousiaste. Bien sûr, la cuisine n'est pas mal non plus. Quelques plats internationaux, mais surtout du balinais, avec un set *nasi begadang* (œufs, poisson, poulet, légumes) bien exécuté et joliment échafaudé.

🍴 ***Warung Steakhouse & Bar*** *(plan Senggigi, B2,* ***32****) : jl. Raya Senggigi. Slt le soir, à partir de 17h.* Un restaurant pour les carnassiers ou pour ceux qui ont oublié ce qu'est un bon steak. Différentes viandes, choix de sauces, plusieurs possibilités d'accompagnements, dont une bonne purée, et du pain, mais là vous serez déçu. Cadre moderne, chaise ou *berugak.* Accueil chaleureux.

🍴 ***Bumbu Café & Gallery*** *(plan Senggigi, A1-2,* ***33****) : jl. Raya Senggigi. Ouv midi et soir.* Salle en rouge et noir, ouverte sur la rue. Ici, la cuisine s'aventure dans toute l'Asie avec un net penchant pour la Thaïlande, connue pour ses saveurs pimentées. Les papilles endormies n'ont pourtant rien à craindre, car le dosage de piment est indiqué sur la carte, et généralement un cran en dessous des recettes originales, sans pour autant les trahir. Également de bonnes salades.

Coco Loco *(plan Senggigi, A1, **34**) : accès par la plage ou au fond du marché artisanal. ☎ 69-33-96. Prix moyens.* Cadre simplissime mais face à l'océan. Plats indonésiens et italiens d'honnête facture. Service d'une grande gentillesse.

Chic (de 80 000 à 120 000 Rps, soit 5,30 à 8 €)

Si vous logez un peu loin de ces restaurants, il suffit d'un coup de fil pour qu'ils vous envoient une voiture... et vous raccompagnent après le repas.

Lotus Bayview *(plan Senggigi, A1, **35**) : accès par la plage ou au fond du marché artisanal. ☎ 69-37-58.* Élégante terrasse où l'on mange à des tables nappées de blanc et éclairées aux photophores, au milieu d'une belle collection de porcelaines chinoises. Service et cuisine sont à la hauteur du décor. Excellents *ikan* à la Jimbaran et *satay* de poisson, bonnes pizzas au feu de bois, et une mousse au chocolat à faire fondre les gourmands. Un de nos restos préférés à Senggigi, certes un peu plus cher qu'ailleurs mais nettement au-dessus du lot.

Café Alberto *(hors plan Senggigi par B2, **36**) : en bord de mer, à env 2 km au sud du centre, au-delà du petit cap. ☎ 69-30-39.* Resto de plage au sens propre du terme puisque les tables sont installées à même le sable, ce qui est fort romantique. Le soir, on est éclairé par de hautes torches. Un lieu de charme à fréquenter pour le dîner. Et puisqu'on est ici dans un univers marito-italien, on vient se régaler de pâtes aux fruits de mer, poisson à la Jimbaran, pizzas... Cuisine et service de qualité.

Où dormir ? Où manger à Mangsit ?

À environ 4 km au nord de Senggigi, la plage de Mangsit est bordée d'hôtels plutôt luxueux. Hors de ces adresses, ni café ni restaurants indépendants. Pour plus de choix, il faudra prendre un taxi ou louer un scooter.

Bon marché (de 150 000 à 300 000 Rps, soit 10 à 20 €)

Santai *(plan Mangsit, **10**) : au sud de Mangsit. ☎ 69-30-38. • santaibeachinn.com • Selon type, doubles 160 000-350 000 Rps.* Une formidable petite adresse en bord de plage, disséminée dans une végétation luxuriante et tenue par une équipe de jeunes Lombokais. Minus, les 2 bungalows les plus rudimentaires sont de style traditionnel sasak, sur pilotis et avec salle de bains « *mandi* » en dessous de la chambre. Les autres sont plutôt balinais. 2 d'entre eux ont un espace « salon » pouvant accueillir une 3ᵉ personne pour le même prix (voire 4 moyennant petit supplément) et disposent de l'eau chaude. Moustiquaire et ventilo pour tout le monde. Le petit déj et les repas (option végétarienne) sont pris en commun sur des coussins, sous le *bale*, qui abrite également un coin salon avec livres et musique. On aime bien la porte au fond qui s'ouvre sur la mer, la plage est à 100 m sur la droite. L'ambiance cool et gentiment communautaire explique la présence d'habitués revenant année après année.

De chic à plus chic (à partir de 500 000 Rps, soit 33,35 €)

Windy Beach Cottages *(plan Mangsit, **11**) : au nord de Mangsit. ☎ 69-31-91. • windybeach.com • Partie basse de la fourchette.* Bungalows à toits de chaume, semés dans une vaste cocoteraie occupant l'extrémité de la plage de Mangsit. AC et eau chaude dans toutes les catégories. Comme toujours, le prix augmente à mesure que l'on s'éloigne de la route et que la vue s'ouvre sur la mer. Les plus gâtés sont les *special cottages,* aménagés sur 2 étages avec salon au rez-de-chaussée. Belle piscine, mais resto passable. Un endroit calme et reposant.

Puri Mas Boutique Resort & Spa *(plan Mangsit,* ***12****)* **:** *au centre de Mangsit. ☎ 69-38-31. • purimas-lombok.com • Selon type, doubles à partir de 60-80 €. Attention, cette adresse n'accepte pas les enfants de moins de 12 ans.* Le *Puri Mas* se compose de 2 unités distinctes. Côté mer, le *Beach Resort* (où se trouve l'unique réception), bel ensemble de bungalows dans un jardin très agréable et hyper soigné. Jolies chambres de styles balinais (toutes avec AC) ou sasak, impeccablement tenues, extrêmement raffinées et confortables. Les *deluxe* et les cottages possèdent un 2e lit, avec moustiquaire, sur la terrasse. Beaucoup de sérénité. Piscine pas très grande mais agréable. Même élégance au *Spa Resort,* à un gros kilomètre de la mer, dans la vallée encadrée de pentes abruptes où se niche le village. Piscine, jardin luxuriant et une poignée de chambres seulement pour un maximum de tranquillité. Notre seule requête : libérez le kangourou en cage !

Qunci Villas *(plan Mangsit,* ***13****)* **:** *au centre de Mangsit. ☎ 69-38-00. • quncivillas.com • Doubles à partir de 130 € ; villas avec piscine privée à partir de 220 €.* Cette adresse d'exception conquiert peu à peu la plage de Mangsit, une extension étant en cours de construction. Donnant sur la mer ou le jardin, les chambres à l'élégance très zen pourraient sans problème figurer dans un magazine de déco. Confort général sans faute (AC, balcon ou terrasse). Les transats (en teck, bien sûr !) de la piscine (dominant la plage, évidemment) vous attendent avec les serviettes impeccablement roulées et décorées d'une fleur de frangipanier. Le service n'est que sourires et délicatesses... puis plein de menus détails qui sont autant de petits plaisirs. Le rêve !

Où sortir ? Où écouter de la musique ?

Happy Café *(plan Senggigi, B2,* ***40****)* **:** *jl. Raya Senggigi. ☎ 69-39-84. Ouv 20h-minuit.* Un des bars préférés des noctambules, complètement ouvert sur la rue, ce qui permet de voir s'il y a du monde. Tous les soirs en saison, concerts de petits groupes locaux fort sympathiques.

Marina Café *(plan Senggigi, B2,* ***41****)* **:** *jl. Raya Senggigi.* LE club du secteur. Vaste salle avec mezzanine entre la paillote et l'hacienda, qui fait office de bar et de boîte à la fois. Tous les soirs, groupes locaux. Physionomiste souriant à l'entrée.

Papaya Café *(plan Senggigi, B2,* ***42****)* **:** *jl. Raya Senggigi.* Vaste salle terre de Sienne ouverte sur la rue, équipée de confortables fauteuils. En saison, musique live tous les soirs à partir de 21h.

À voir. À faire

Pasar Seni – Marché artisanal *(plan Senggigi, A1,* ***51****)* **:** *jl. Raya Senggigi.* Quelques kiosques y proposent un éventail de la production artisanale locale : objets en bois, poterie, vannerie, etc. Comme toujours, comparer les prix et négocier ferme.

Les plages

La plage de Senggigi : de part et d'autre de la presqu'île occupée par le *Senggigi Beach Inn* (voir « Où dormir ? »), ce qui permet à ceux qui veulent bronzer de changer de plage avec le soleil. Mais le Robinson solitaire qui sommeille en vous ne doit pas se faire trop d'illusions : en pleine saison, certaines portions de plage manquent sérieusement de sérénité (surtout aux abords des hôtels), et les sollicitations en tout genre des vendeurs ambulants couvrent souvent le doux clapotis des vagues !

La plage du Sud *(plan Senggigi, B2)* **:** au-delà d'un petit promontoire, elle est plus calme que la plage principale. Nous y indiquons plusieurs hébergements et restos.

***La plage de Mangsit* :** à 3 km au nord de Senggigi, on la préfère car elle est plus jolie et plus tranquille. Possibilité de faire des promenades en mer à bord d'un *prahu* et de pratiquer le snorkelling. Si vous avez oublié vos masque et tuba, location de matériel un peu partout. Attention aux coraux à marée basse, ils peuvent être dangereux. La plage est surtout connue pour le spectacle magnifique des couchers de soleil derrière le mont Agung de Bali.

NARMADA

Colline à 10 km à l'est de Cakranegara, sur l'axe routier qui traverse l'île d'ouest en est. Son nom est celui d'une rivière sacrée de l'Inde. On s'y rend facilement en *bemo* de Mandalika. Sur la rue principale, dans le centre, on trouve le *Taman Narmada* (prix d'entrée modique), un grand et beau parc bien entretenu. Il y a deux siècles, le roi de Mataram l'aménagea comme une réplique en miniature du sommet du mont Rinjani avec son lac de cratère, le Segara Anak. Arbres magnifiques. Petit pavillon bien conservé à l'entrée. Le roi s'y reposait, paraît-il, en contemplant les princesses en train de se baigner dans le grand bassin. Coquin ! Autour de celui-ci, très joli jardin en terrasses. Au *pura Kalasa,* temple balinais, se déroule chaque année une fête en l'honneur du dieu qui règne sur le mont Rinjani. Le parc est agrémenté d'une vaste piscine de dimensions olympiques, équipée de vestiaires et de douches, où les gamins batifolent le week-end. Apportez votre maillot, éclate assurée !

LINGSAR

À quelques kilomètres de Narmada. Pour s'y rendre de Mandalika, changer de *bemo* à Narmada. Le grand temple construit en 1714 était œcuménique avant que ce ne soit à la mode. Chacun peut y prier de son côté le Dieu de sa religion. À vrai dire, l'ensemble ne présente pas un très grand intérêt. Ce lieu est surtout chargé d'histoire. Nombreux autels consacrés à des divinités complexes.

SURANADI

IND. TÉL. : 0370

À environ 5 km au nord de Narmada. Encore un temple, mais c'est l'un des plus vénérés de Lombok et probablement le plus vieux de l'île (1708). Ne pas oublier de louer la ceinture obligatoire (donation) pour pénétrer dans l'enceinte.
En continuant pendant 5 km vers le nord, on arrive à *Seajot,* petite ville où se trouve un marché.

SACRÉE ENTOURLOUPE !

Les morceaux d'œufs que l'on jette (sur demande à l'entrée) dans le bassin de la cour du temple sont destinés à nourrir des « serpents sacrés », qui normalement sortent de leur cachette lorsque l'on tape sur le bord du bassin. La belle affaire ! En fait, il s'agit d'une sorte de long poisson (rien à voir avec un serpent) qui montre sa tête quand ça lui chante...

Où dormir ? Où manger ?

🏠 🍽 ***Suranadi Hotel :*** *à côté du temple.* ☎ *657-84-10.* • *suranadi hotel.com* • *Double env 250 000 Rps.* Ceux qui auraient l'idée de séjourner ici apprécieront cette ancienne *guesthouse* néerlandaise, un peu défraîchie tout en ayant conservé un certain charme. De la chambre simple avec ventilo au bungalow plus spacieux et assez confortable, en haut de la colline, tous surplombent la piscine d'eau de source bien fraîche et sont au même prix. Grand jardin, nombreux bassins pleins de poissons et agréable resto servant de bons poissons... d'eau douce. Accueil avenant.

VERS LE SUD

Depuis Mataram vers Kuta, la route passe par plusieurs villages d'artisans qui sont autant de haltes agréables, plus ou moins touristiques. Ceux cités plus loin ne sont que quelques exemples parmi d'autres.

SUKARARA

À 24 km au sud de Mataram. *Bemo* de Mandalika à Puyung, puis prendre un *cidomo.* Ce centre traditionnel de tissage est devenu d'une certaine manière un lieu assez attrape-touristes. Tout le village est effectivement un grand centre de tissage. Mais les grandes boutiques presque luxueuses qui bordent la route principale ne vendent pas que des pièces tissées sur place. Certaines ne sont même pas issues de l'artisanat local, mais des usines textiles de Java. Rien à redire à cela, à condition de le savoir.
La partie du village où résident les artisans peut se visiter. Elle se trouve sur la droite de la route en allant vers le sud, juste au niveau de la boutique *Dharma Bhakti.* Là, il y a en général un gamin bredouillant l'anglais qui vous prend immédiatement en charge pour vous faire visiter le village, en échange d'un petit billet. Mais son objectif est surtout de vous diriger gentiment, après la visite, dans une boutique. C'est tout naturel, mais sachez que si vous désirez négocier au mieux les prix (qui peuvent être, dans certains endroits, élevés ou simplement farfelus), il est préférable de s'y rendre seul, d'en faire plusieurs (ne jamais acheter dans la première), et de négocier fermement dans celle qui vous semble la plus sympathique. En effet, les *ikats* sont les mêmes partout, puisque les boutiques les achètent tous auprès des mêmes artisans, qui ne vendent jamais leur production en direct.
Le village des tisserandes, aux impeccables ruelles tirées au cordeau, abrite quelques dizaines de familles dont les femmes travaillent en plein air, assises sous des *berugak* de bois surélevés, sur de vénérables petits métiers qui fonctionnent merveilleusement. Bon accueil souriant des habitants, qui ont l'habitude de voir passer du monde. Et c'est un vrai plaisir que d'observer ces femmes qui travaillent suivant des techniques très particulières. Marché le dimanche. Plusieurs villages alentour sont aussi spécialisés dans cet artisanat.

PENUJAK

Village de potiers traditionnels, quelques kilomètres après Praya, sur la route de Kuta. On trouve des potiers de chaque côté de la route, qui travaillent l'argile

rouge. Sur demande, on peut vous amener voir les ateliers. Entre autres, la boutique-atelier *Damar Wulan Artshop* (à gauche de la chaussée en allant vers le sud) pratique des prix intéressants, mais elle n'est pas la seule. Comme toujours, comparez les tarifs dans plusieurs boutiques avant de vous décider.

SENGKOL

Il faut passer à Sengkol le lundi ou le jeudi pour découvrir son marché, l'un des plus intéressants de l'île. Arriver de préférence en début de matinée, quand l'affluence est à son comble. La plupart des chalands et marchands viennent des villages sasaks alentour.

DANS LES ENVIRONS DE SENGKOL

Les villages sasaks de Rembitan et Sade : ces deux villages se succèdent au sud de Sengkol, sur la route de Kuta. Si l'arrivée récente de l'électricité a un peu amélioré leur quotidien, les Sasaks restent fidèles à leur mode de vie séculaire. Ces villages qui vivent essentiellement de l'agriculture et du tissage affichent une remarquable unité. Chacun rassemble une centaine de maisons aux toitures d'herbe, construites avec un mélange de terre et de bouses de vache, ainsi que des greniers perchés sur de hauts pilotis. Aujourd'hui, les visiteurs y trouveront souvent un jeune guide se débrouillant en anglais et toujours quelques stands de tissage. Mais le développement touristique, encore très modéré, n'altère en rien l'authenticité de l'atmosphère.

LOMBOK

KUTA

IND. TÉL. : 0370

Au sud de Lombok, à environ 70 km de Mataram, Kuta fut un simple village de pêcheurs et d'agriculteurs lové autour de sa plage. Il s'est doucement ouvert au tourisme dans les années 1990, avant que son évolution ne soit freinée par différents événements : chute de Suharto, attentats de Bali, tensions religieuses, crise économique... C'est probablement l'une des raisons pour lesquelles Kuta n'a pas perdu sa personnalité et conserve intact son aspect éclaté de petite bourgade où pas une construction ne dépasse un étage. Il y a bien de nombreux hôtels et restos, ainsi que quelques paillotes à sarongs et autres T-shirts, mais rien n'altère sérieusement le rythme de vie local.
Le village se résume à deux rues, une perpendiculaire et une parallèle à la plage, qui s'étire sur 2 km. L'animation est principalement le fruit des grappes de surfeurs de tous pays, mais le soir, à l'exception de quelques pétarades de mobylettes, un calme olympien embrasse rapidement Kuta.
De chaque côté de la plage, de grands rochers semblent sortis d'une estampe chinoise, tandis qu'au large, une barrière de corail apaise l'océan. Mais si la plage de Kuta est jolie, celles qu'on découvre dans un rayon de 20 km aux alentours sont tout simplement merveilleuses, parmi les plus belles et les moins fréquentées qu'on connaisse. Et là, celles de Bali peuvent se rhabiller. Pourvu que ça dure...

UN PROJET DÉMENT RESSUSCITÉ

Alors que leur père tenait encore les rênes du pouvoir, les fils Suharto lancèrent à quelques kilomètres à l'est de Kuta un vaste projet immobilier, le *Mandalika Resort,* prévoyant notamment la construction d'une vingtaine d'hôtels de luxe.

Ils se remplirent les poches en revendant très cher des terres saisies à quelque 2 000 pêcheurs locaux, dédommagés des clopinettes. Mais la crise asiatique de 1998, le renversement du clan Suharto et les attentats de Bali ont envoyé ce projet aux oubliettes. Achevé en 1997, juste avant que le vent tourne, le *Novotel* a longtemps été le seul hôtel à avoir vu le jour à Kuta. Mais en octobre 2011, l'ex-président indonésien annonça la reprise du projet, supposé s'achever en 2021. Au programme, parc d'attractions et circuit de F1 !

Arriver – Quitter

À Kuta, il n'y a pas à proprement parler de station de *bemos*. On les attend au niveau de l'intersection des deux principales rues du village. De nombreuses agences privées proposent des liaisons en van pour tout un panel de destinations sur Lombok et au-delà, traversées en bateau incluses. Quelques exemples : Lembar ou Senggigi, 120 000 Rps ; Senaru, 400 000 Rps ; Gili Islands, 180 000 Rps ; Padangbai, 160 000 Rps ; Kuta (Bali), Sanur ou Ubud 200 000 Rps.

➢ ***Aéroport de Lombok :*** env 50 000 Rps et 30 mn de trajet en minivan ou en taxi.

➢ ***Mandalika*** *(gare routière de la capitale de l'île)* **:** pour les *bemos*, voir cette même rubrique à Mandalika.

Comment se déplacer dans la région ?

– Indéniablement, c'est la ***location de petites motos*** qui offre le plus de liberté et permet d'explorer au mieux cette belle région et d'accéder aux plages du secteur. On trouve partout des loueurs de bécanes. Certaines sont équipées de ferrures latérales permettant de trimbaler son surf (c'est mieux que de le mettre sur sa tête). Mettez un casque, on tient à vous, et prudence, car les hôpitaux sont vraiment loin !

– On peut aussi ***se faire trimbaler à moto*** par un jeune du coin, qui ne demande que ça.

Adresses et info utiles

■ ***Change :*** ce service est proposé par plusieurs hôtels, à des taux vraiment bas.

@ ***Internet*** *(plan Kuta, A1)* **:** petit cybercafé en face du *Matahari Inn Hotel* et à gauche du *Ketapanga* (voir « Où manger ? »). Connexion wifi dans quelques cafés.

■ ***Location de surfs :*** au Spot Bungalows *(voir « Où dormir ? »)*.

– ***Marché :*** *dim, près de la plage et au sud du village.*

Où dormir ?

Pas d'adresses vraiment charmantes ou éminemment sympathiques dans le centre de Kuta, mais quelques-unes qui tiennent la route tout de même. L'hébergement est globalement moins cher qu'ailleurs, surtout en basse saison, mais les prix peuvent s'envoler en haute saison. Le petit déj est toujours inclus, sauf mention contraire.

De très bon marché à bon marché (moins de 300 000 Rps, soit 20 €)

Certains hôtels de catégorie moyenne disposent de chambres bon marché en basse saison.

⌂ |●| ***Segare Anak*** *(plan Kuta, B1,*

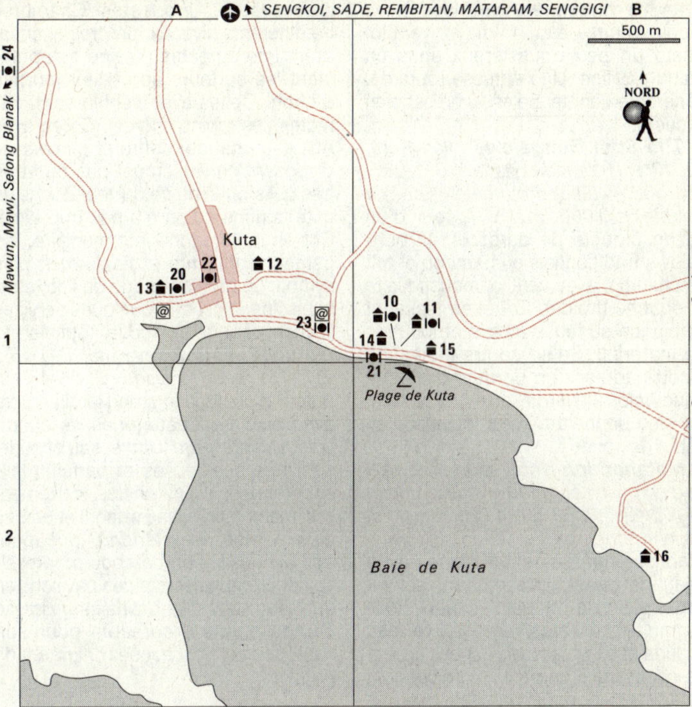

KUTA

Adresse utile

@ Internet

Où dormir ?

- **10** Segare Anak
- **11** Sekar Kuning – Yellow Flower
- **12** The Spot Bungalows
- **13** Matahari Inn Hotel
- **14** Surfer's Inn
- **15** Puri Rinjani
- **16** Novotel Lombok Mandalika Resort

Où manger ?

- **20** Family Café
- **21** Warung Hidayah
- **22** Coffee House
- **23** Ketapanga
- **24** Ashtari Café

***10)* :** *vers le milieu de la route qui longe la plage. ☎ 65-48-46. • segareanakbungalows@yahoo.co.id • Doubles 200 000-250 000 Rps.* Malgré leur super situation face à la piscine au fond du jardin, on vous déconseille les bungalows premiers prix, complètement au bout du rouleau. Pour quelques roupies de plus, vous trouverez plus de confort dans les bâtiments à l'entrée du jardin : ventilo à droite, clim à gauche pour les plus luxueux, et eau froide pour tout le monde. Au resto, préférer les plats sino-indonésiens aux tentatives hasardeuses de cuisine occidentale. Accueil pro et souriant.

Sekar Kuning – Yellow Flower *(plan Kuta, B1, **11**)* **:** *☎ 65-48-56. Selon type et saison, doubles 140 000-200 000 Rps.* Pavillons d'un étage de part et d'autre de la cour. Au 1er, c'est un peu plus cher car on voit la mer.

Grandes chambres carrelées avec moustiquaire, eau froide et ventilo. Resto un peu poussiéreux sous un grand pavillon. Une adresse routarde, honorablement tenue et où on est bien accueilli.

The Spot Bungalows *(plan Kuta, A1, **12**) : au cœur du village. 081-933-164-580. • thespotbungalows.com • Double 150 000 Rps.* Autour d'un gazon piqueté de parasols, 11 bungalows traditionnels en bambou et toit de chaume, avec ventilo, moustiquaire et douche (froide). Entretien nickel et ambiance surfeuse (cours et location de matériel). Seule contre-indication à cette adresse en bordure de la rue principale : l'allergie aux pétrolettes, qui s'en donnent à cœur joie jusqu'en début de soirée !

Matahari Inn Hotel *(plan Kuta, A1, **13**) : en plein centre du village, à 500 m de la plage. ☎ 65-50-00. Selon type et saison, doubles 175 000-350 000 Rps.* Établissement à la balinaise, avec beau portail sculpté ouvrant sur un jardin plein de bungalows individuels ou multi-chambres. Les *deluxe* (eau chaude et clim) sont regroupées au rez-de-chaussée d'un petit immeuble dont l'étage est occupé par des *superior* (ventilo, eau chaude). Aménagement correct avec quelques jolies pièces de mobilier traditionnel. Les *standard* (ventilo et eau froide) sont situées dans différents coins du jardin et assez inégales. Les plus confortables se trouvent en face des chambres de catégories supérieures. D'autres, enfermées dans une sorte d'enclos, sont très sombres, et celles du fond, les plus proches de la piscine, se trouvent dans un coin un peu négligé du jardin. Voilà, on vous a tout dit. Bon accueil.

Prix moyens (de 300 000 à 500 000 Rps, soit 20 à 33,35 €)

Surfer's Inn *(plan Kuta, B1, **14**) : sur la route de la plage. ☎ 65-55-82. • lombok-surfersinn.com •* L'entrée avec ses pyramides colorées donne un petit côté prétentieux à cet hôtel d'un certain luxe, au milieu de petites adresses plus modestes. Chambres de différents niveaux, propres et encadrant une agréable piscine qu'apprécient les surfeurs après leur journée d'effort. Celles avec ventilo sont correctes (les moins chères). Celles avec AC, eau chaude, coffre et minibar ne disposent curieusement pas de fenêtres qui s'ouvrent, ce qui leur donne un côté confiné qu'on n'a pas trop aimé. Choisir la catégorie intermédiaire, largement suffisante et finalement plus sympa. Le gros avantage du lieu, c'est la piscine, ainsi que quelques services (laverie, change...). Accueil routinier.

Puri Rinjani *(plan Kuta, B1, **15**) : sur la route de la plage. ☎ 65-48-49.* Autour d'un beau et grand jardin arboré avec piscine, 2 catégories de chambres. Les *premium* (clim et eau chaude) sont très spacieuses et parfaitement entretenues. Moins chères (carrément bon marché en basse saison) et un peu plus petites, les *standard* occupent des bungalows en bambou progressivement remplacés par des pavillons en dur avec toits à la balinaise. Adresse particulièrement agréable pour son caractère aéré et l'accueil charmant de Ketut.

Plus chic (plus de 1 000 000 Rps, soit 66,75 €)

Novotel Lombok Mandalika Resort *(plan Kuta, B2, **16**) : à 3 km env du centre de Kuta, sur la plage de Putri Nyale ; prendre à droite au rond-point. ☎ 615-33-33. • novotellombok.com • Doubles à partir de 75 € ; villas à partir de 150 €.* Magnifiquement situé dans une baie délimitée par de hauts rochers. Les chambres les plus chères sont aménagées dans de superbes et très raffinés bungalows de style sasak. Les autres se situent dans un immense bâtiment de 2 étages sans charme. Ambiance club, avec des tas d'activités du matin au soir. Belles piscines qui se lovent au creux de l'ensemble de bungalows. Restaurants et bar sur la plage. Plage très agréable, sans fortes vagues, mais malheureusement, on ne peut absolument pas se baigner à marée basse lorsque la mer se retire jusqu'à la barrière de corail, à environ 800 m. Toutes les prestations restent assez chères quand même.

Où manger ?

Certains hôtels cités plus haut font aussi resto et se débrouillent pas mal. Tous les établissements conviennent aussi pour boire un verre.

Family Café *(plan Kuta, A1, **20**)* **:** *à côté du* Matahari Inn Hotel. Une grande paillote où l'on déguste des plats indonésiens, des spécialités sasaks, du poisson grillé, ainsi que des pizzas et spaghettis. Bonne atmosphère locale, sans prétention.

Warung Hidayah *(plan Kuta, B1-2, **21**)* **:** *à quelques mètres de la plage. Plats 20 000-50 000 Rps.* Une paillote où sont servis les produits frais de la mer, grillés ou en sauce, des légumes et des fruits vendus au détail, tout cela à petits prix. Selon l'approvisionnement, parfois des *king prawns* et du *lobster,* mais là, ça grimpe forcément (homard autour de 30 €/kg). Quelques livres d'occasion et pièces d'artisanat local dans la boutique adjacente. Familial et paisible.

Coffee House *(plan Kuta, A1, **22**)* **:** *au carrefour central du village.* Certes, un bon choix de cafés, mais surtout, une cuisine grecque et méditerranéenne. Surprise à Kuta Lombok ! Surtout que des pizzas aux salades, en passant par les viandes, tzatziki, *hummus* et *turkish salad,* tout est plus qu'honorable. Et puis le lieu est agréable avec sa terrasse et sa grande salle moderne, dotée de grandes tables ou d'espaces avec coussins pour s'asseoir en tailleur.

Ketapanga *(plan Kuta, A1, **23**)* **:** *dans le coude de la rue de la plage. Plats 15 000-50 000 Rps.* Sa grande salle typique est l'un des rendez-vous de Kuta à l'heure du dîner. Classiques indonésiens, spécialités de Lombok, pâtes et pizzas (bizarre, on n'a pas vu beaucoup d'Italiens dans le coin...) voisinent avec des *seafood plate* ou *fishermen basket* (poissons et fruits de mer panés). Tout ça ayant passé l'épreuve des estomacs étrangers avec succès.

Ashtari Café *(hors plan Kuta par A1, **24**)* **:** *à 2 km à l'ouest de Kuta, au sommet de la côte. Tlj 8h-20h.* Grande salle avec terrasse perchée sur un promontoire dominant la baie de Kuta. Vue impressionnante, atmosphère néo-hippie, jus et cuisine bio.

À voir. À faire

La plage, tout simplement. Celle de Kuta n'est pas mal, mais vous en trouverez de magnifiques et quasi désertes en explorant les environs.

DANS LES ENVIRONS DE KUTA

En l'absence de transports publics, la location de scooter s'impose. Sachez quand même qu'à quelques exceptions près, les routes sont particulièrement cabossées. Si vous n'êtes pas trop sûr de votre conduite, tentez de négocier une balade avec un jeune du coin.
Avertissement : des vols ayant été signalés sur plusieurs plages, ne pas y laisser traîner d'objets de valeur.

À l'ouest de Kuta

À l'ouest de Kuta, on trouve quelques merveilles de plages, vastes, harmonieuses et tranquilles. Certaines sont particulièrement réservées aux surfeurs, qui y

LOMBOK

trouvent des droites et des gauches de belle facture. D'autres raviront les amateurs de coins paradisiaques aux eaux calmes. Cette côte est absolument magnifique, encore préservée, avec des promontoires rocheux encadrant de mystérieuses criques. Dans l'ordre des plages, on rencontre *Mawun, Mawi* et enfin *Selong Blanak*. En général, le stationnement y est payant (selon la plage, de 2 000 à 10 000 Rps pour un scooter).

La plage de Mawun : *de Kuta, la route s'élève rapidement, offrant un panorama époustouflant sur la baie. Faire env 13 km, puis prendre une petite route qui bifurque sur la gauche, et la suivre pdt 1 km.* L'arc de cercle parfait que propose cette splendide plage n'a d'égal que sa tranquillité. Eaux limpides et presque calmes puisque la baie est très fermée. Top pour une baignade paradisiaque avant de se sécher sur le sable blond et moelleux.

La plage de Mawi : *reprendre la route principale et poursuivre vers l'ouest sur env 9 km. Prendre le chemin à gauche sur 4 km, qui rapidement devient médiocre mais reste négociable en scooter, en faisant descendre son passager si besoin au moment des passages difficiles. On traverse de beaux champs de tabac. La plage est au bout.* Sublime, forcément sublime, elle est surtout fréquentée par les surfeurs, car des vagues puissantes et régulières s'enroulent harmonieusement. Renseignez-vous bien auprès de vos collègues de vagues sur la dangerosité du site.

La plage de Selong Blanak : *reprendre la route principale sur env 3 km.* Le genre de plage qu'on garderait bien pour nous, mais, bon, on est comme on est, partageurs. Là, on atteint le sommet. Une beauté presque irréelle, avec une très large baie protégée par d'ondulantes collines. Rares sont les plages aussi généreuses, le sable aussi blanc, les eaux aussi limpides, que peu de vagues viennent froisser. Selong Blanak est aussi un village de pêcheurs composé d'habitations traditionnelles, en bambou et toit de chaume, regroupées en léger retrait de la plage. Garés en double file tout le long de celle-ci, des dizaines de *prahus* colorés, embarcations frêles, étroites et solides à la fois, utilisées par les pêcheurs et qui ponctuent de quelques touches de couleurs vives et miraculeuses cette délicieuse harmonie. Peu de vagues, donc pas de surf. En revanche, baignade particulièrement sereine, un peu moins le dimanche, quand les Indonésiens viennent s'y délasser ; on les comprend ! Un élégant café-resto complète le décor.

À l'est de Kuta

La partie est de Kuta compte également son lot de sites intéressants, même si les plus belles plages se situent à l'ouest. Les surfeurs y trouveront leur compte, notamment dans le secteur de Gerupuk.

La plage de Tanjung Aan : *à env 5 km de Kuta par une bonne route.* La route aboutit à une paire de très jolies plages, toutes deux en arc de cercle, et séparées par un petit promontoire rocheux. Sable blanc, mer turquoise, quelques touristes et les inévitables vendeurs de sarongs qui vont avec ! En effet, le *Novotel* n'étant pas très loin, les touristes sont amenés en minibus sur cette plage. Pas d'ombre, donc difficile d'y passer la journée.

Le village de Gerupuk : *au-delà de la plage de Tanjung Aan vers l'est, à env 10 km de Kuta. Bonne route. Possibilité d'y aller en bemo (passages assez irréguliers).* Un petit village du bout du monde, tout simple et tourné depuis longtemps vers la culture d'algues. On voit les fermes de culture depuis le bord de mer. Ces algues sont destinées à l'exportation, pour alimenter l'industrie cosmétique. Cette activité est une manne financière tombée du ciel pour les habitants. Évidemment, il y a la pêche et un peu de tourisme, mais les algues exportées qui entrent dans la composition de moult produits de beauté sont le moteur économique de cette région loin de tout. Lotion de jour, crème de nuit, masque d'après-midi, onguent de 4h, cataplasme du petit matin, mesdames, en vous faisant plaisir, vous nourrissez sans doute un peu les enfants de Gerupuk ! L'autre activité importante est la pêche, et depuis peu les surfeurs. Il y a plusieurs spots intéressants dans les environs mais pas directement accessibles depuis la plage. L'un des plus réputés est celui de *Inside Gerupuk,* qui se situe à 15 mn de bateau. Les surfeurs se font accompagner par les pêcheurs du village.

Une petite halte s'impose au *Gerupuk Café Surf,* devant le petit port, où l'on peut manger des plats simples pour quelques milliers de roupies, en compagnie d'une poignée de surfeurs, face à l'activité des ramasseurs d'algues sur la plage.

– ***Attention :*** à partir de là et sauf travaux ultérieurs, la route est particulièrement mauvaise, au point qu'elle est très difficile à passer pour une voiture normale, et d'autant plus en saison des pluies. Passer par Ekas est plus long et guère mieux. En scooter, pas de problème, à part un petit mal de fesses.

LOMBOK

La plage de Bumbang Ku : *bifurcation indiquée par un panneau.* Entre deux langues rocheuses, mer limpide et bande de sable blond impeccable, ponctuée de chaises longues en bambou et de parasols en paille. À l'horizon, pas la moindre antenne relais, pas la plus petite construction, car sous cet angle, les quelques bungalows du seul hébergement à des kilomètres à la ronde sont dans votre dos ! Vous la voyez maintenant, la scène paradisiaque ?

Bumbang Ku Cottages & Restaurant : *pile sur la plage. ☎ 62-08-33 (à Mataram). 085-237-176-168. • bumbangkulombok.com • Selon type, doubles 225 000-650 000 Rps, petit déj inclus. Service de pick-up en bateau depuis le village de Gerupuk (75 000 Rps) ou en voiture depuis Kuta (400 000 Rps).* Envie d'un coin de paradis, loin, très loin de la circulation, des boîtes, des bars... de tout, quoi ? Vous y voilà. Les petits bungalows en bambou avec ventilo et eau froide sont disposés en deux rangées, l'une derrière l'autre. Dommage pour ceux du fond, qui n'ont pas de vue dégagée sur le large. En revanche, les *deluxe,* dans un pavillon en dur (AC, eau chaude), ne pouvaient proposer meilleure situation, les pieds dans le sable. Un peu cher, certes, mais vous n'aurez pas souvent l'occasion de loger dans un site pareil.

Le village et la baie d'Ekas : *accès depuis* ***Awang,*** *un gros village de pêcheurs situé à env 30 km à l'est de Kuta.* Demandez à un pêcheur (après négociation serrée) de vous faire traverser la baie pour vous emmener à Ekas ; les amateurs de solitude et de panoramas grandioses y trouveront une adresse à leur goût.

Heaven on the Planet : *à Ekas, à l'est de la baie du même nom ; on peut joindre Ekas soit par la route depuis Keruak (vas-y Jack !), soit par bateau depuis Awang (lire ci-avant). 081-237-974-846. • heavenontheplanet.co.nz • Bungalows 200 000-400 000 Rps selon confort.* Situé au sommet d'une falaise qu'on gravit par quelques volées d'escaliers depuis la plage, *Heaven on the Planet* porte bien son nom. Dominant un panorama à couper le souffle (ah ! le coucher de soleil...), quelques bungalows simples et confortables à la fois, avec terrasse ouverte sur la baie, un resto en plein air et une atmosphère douce et totalement sereine, dans un cadre de 17 ha de nature préservée. Petite piscine. Le proprio néo-zélandais attache une importance toute particulière au respect de l'environnement et est très engagé sur les questions d'économie et d'écologie locales, avec des projets dans lesquels il cherche à investir la population. Dans les environs, excellent surf. Possibilité de plongée.

LE CENTRE DE L'ÎLE

Cette région, encore peu fréquentée, propose quelques haltes sympathiques et simples, à mi-altitude. Ça change de la côte. Les combats sasaks (voir encadré) se déroulent dans toute la région, mais les plus célèbres ont lieu à *Masbagik,* village situé à une dizaine de kilomètres au sud de Tetebatu, sur la route principale. Voir sur place pour les dates et les horaires. Droit d'entrée symbolique. Aucun touriste, spectacle et ambiance garantis.

DES COMBATS SASAKS ET SAIGNANTS

L'est de Lombok vit au rythme des combats sasaks pendant 2 semaines en août. Des groupes de guerriers s'affrontent torse nu, armés d'un bouclier, et avec des bâtons de bois recouverts de chanvre, au son d'une musique lancinante. Le public exalté hurle, transpire, s'échauffe. La violence des combats est intense et ils ne s'arrêtent que lorsque l'un des guerriers saigne de la tête ! Petites natures s'abstenir.

KOTARAJA ET LOYOK

Sur la route de Tetebatu, à 32 km de Mataram. Aller en *bemo* jusqu'à Pao Motong, puis prendre un *cidomo.* Kotaraja et Loyok sont spécialisés dans la vannerie. C'est là que l'on trouve les plus beaux paniers tressés de toute l'île. Peu fréquentés, ces minuscules villages proposent dans les boutiques-ateliers qui bordent la route un excellent choix à prix modiques. À Loyok notamment, sur la route principale, mais aussi sur celle qui part à droite (au niveau du minuscule rond-point), plusieurs petites boutiques-ateliers à explorer. Les artisans sont toujours prêts à vous faire une démonstration avec beaucoup de gentillesse.

TETEBATU

Juste au nord de Kotaraja. Paysages de rizières et de plantations de tabac magnifiques, sur les flancs fertiles du mont Rinjani. Idéal pour randonner, prendre le frais (on est un peu en altitude) et découvrir la vie rurale de Lombok. Des gamins vous proposeront sûrement de vous « accompagner » dans les environs. N'hésitez pas à accepter, c'est un moyen très agréable d'accéder à de beaux coins, comme la cascade de *Jeruk Manis* (compter 2h de marche) ou celle de *Joben* (moins spectaculaire), ou encore la forêt peuplée de singes noirs. Négociez tout de même le prix avant de partir pour ne garder de votre balade que de bons souvenirs. Il est aussi possible de se promener sans être guidé, en suivant les panneaux ou en demandant son chemin. Mais dans ce cas, mieux vaut connaître quelques mots d'indonésien !

Arriver – Quitter

– Prix d'entrée du village : 150 000 Rps.

➢ ***De Mandalika :*** prendre un *bemo* en direction de Labuhan jusqu'à Pao Motong, puis une moto ou un *bemo* qui vous attend au carrefour. Pour une somme raisonnable, vous ferez une balade sympa de 15 km à travers les rizières, les champs de tabac et les villages sasaks.

➢ **De Kuta :** prendre un *bemo* jusqu'à Sengkol, puis un autre jusqu'à Praya, un autre jusqu'à Kopang, et enfin un minibus jusqu'à Pao Motong. Ça paraît bien compliqué, mais les *bemos* sont très fréquents, et le trajet dure env 2h.

Où dormir ? Où manger ?

Bon marché (moins de 250 000 Rps, soit 16,67 €)

Cendrawasih : *tourner à droite au milieu du village et continuer sur env 300 m (bien indiqué). 081-080-528-97-98.* Petits bungalows de style sasak très simples mais parfaitement propres, dans un jardin coquet. Très au calme. Du resto, sympa comme tout et perché en hauteur, accroupi sur des coussins, on profite d'une magnifique vue sur les rizières et le mont Rinjani. Petit déj un peu chiche et literie à tester avant de choisir la chambre. Ambiance décontractée et amicale.

Hakiki Bungalows : *à Kembang Kuning ; au milieu du village, tourner à droite et continuer la petite route sinueuse qui monte sur env 1 km ; c'est à gauche.* Quelques petits bungalows de style local, au toit de chaume, au milieu des rizières et des champs de tabac, avec une superbe vue sur le Rinjani. Confort minimum, chambres ultrasimples. Accueil sympathique et tranquillité absolue.

Pondok Tetebatu : *dans le centre. 081-805-767-153.* Série de bungalows en dur, dont les couleurs changent tous les ans, alignés le long d'une petite allée verdoyante. Très simple. Pas beaucoup d'effort de déco, mais patrons sympas, ce qui, certes, n'a rien à voir. Calme et tranquille. Même prix que les autres. Sanitaires sommaires.

Salabuse Café : *un peu à l'extérieur du centre.* Petit resto-paillote face aux plantations de tabac. Carte simple, *gado gado, fried vegetable* et spaghettis au poulet.

L'EST DE L'ÎLE

Rares sont les touristes qui s'aventurent par là. Il faut dire qu'il n'y a pas grand-chose, si ce n'est le port de Labuhan Lombok.

LABUHAN LOMBOK

Point de départ des ferries pour l'île de Sumbawa. *Bemos* directs au départ de Mandalika. La route pour y aller permet d'apprécier de beaux points de vue sur le mont Rinjani. Peu de touristes et peu de choses à voir. Prendre un *cidomo* pour faire les 3 km entre le terminal des *bemos* et le port. Départ des ferries toutes les heures et demie, 24h/24, en direction du port de Poto Tano à Sumbawa.

AU NORD-OUEST, LES GILI ISLANDS

Ces trois petits atolls ourlés de superbes plages de sable blanc sont situés au nord-ouest de Lombok, auquel ils sont rattachés administrativement.

Ils constituaient autrefois une destination exigeante nécessitant d'interminables trajets. Du coup, les routards s'y posaient plusieurs jours, voire des semaines. Depuis, les liaisons avec Lombok et Bali se sont considérablement améliorées et la fréquentation touristique a beaucoup augmenté. Dorénavant, les Gili apparaissent davantage comme une étape dans un itinéraire plus large que comme un but de voyage en soi.
L'impact de ces changements sur la personnalité de chaque île est très variable. Si Trawangan s'est littéralement métamorphosée, Gili Air évolue plus timidement et Meno presque imperceptiblement. Malgré ces différences, toutes invitent à se prélasser sur le sable fin, et à découvrir, à quelques brasses du rivage, une faune marine exceptionnellement riche et colorée croisant dans une eau translucide. Attendez-vous même à rencontrer des tortues et des requins, impressionnants mais parfaitement inoffensifs ! Un vrai paradis ! Signalons cependant que seules certaines côtes sont propices à la baignade, nous vous les indiquons pour chaque île. Enfin, si les Gili n'échappent pas à tous les petits travers des grandes stations balnéaires, il y a au moins deux choses qu'elles ignorent complètement : les gaz d'échappement et les embouteillages. C'est simple, on n'y circule qu'en carriole à cheval *(cidomo)*, à pied ou à vélo !

CHOISIR SON ÎLE

Bien choisir son île est essentiel car chacune affiche une personnalité bien distincte.
– ***Gili Trawangan*** est la plus développée touristiquement. Autour de la jetée et au cœur du petit village, on trouve un grand nombre d'hébergements, de bars, de restos et de clubs de plongée. C'est là qu'en haute saison se concentre toute l'animation, et ce n'est rien de le dire ! Malgré cela, il suffit de s'éloigner de quelques centaines de mètres vers le nord et l'ouest pour être tranquille, ne plus voir personne et profiter de plages superbes.
– ***Gili Air*** est peinarde, bien moins fréquentée, mais possède tout de même son petit lot d'adresses sympas et de nouveaux complexes près du débarcadère. Le soir, malgré la présence discrète de quelques bars, on est vraiment au calme.
– ***Gili Meno*** conviendra à ceux qui fuient l'animation. En fait, mis à part quelques hébergements et des plages superbes, on y trouve... une paix royale. On entend parfois dire qu'il y a beaucoup de moustiques sur Meno, notamment à cause de ses petits marais situés au centre de l'île. Bon, c'est peut-être vrai durant la saison des pluies, mais en période sèche, rien à craindre. Hébergement un peu plus cher qu'ailleurs en revanche. Tranquillité garantie.

HÉBERGEMENT SUR LES ÎLES

La construction va bon train sur ces îles minuscules, surtout sur Gili Trawangan. Pas encore d'hôtels dépassant le niveau des cocotiers, heureusement, mais il est certain que les choses changent. On trouve des établissements à tous les prix. Sachez malgré tout qu'au cœur de l'été, les places sont chères. Évitez d'arriver trop tard dans l'après-midi ou réservez quelques jours à l'avance, histoire de ne pas avoir à dormir dehors.
Autre chose : l'eau douce est rare sur l'île. Normal, il n'y en a pas ! Elle est apportée par bateau. L'eau des salles de bains de la plupart des hôtels est plus ou moins salée car elle provient de puits creusés en bord de mer et contenant beaucoup de sodium. Normal. La salinité des eaux dépend donc directement de la position du puits. Ce n'est pas un problème en soi pour se laver. Pour se rincer, les hôtels chic mettent de l'eau douce à disposition de leurs clients. Mais à consommer avec modération !

L'électricité est quant à elle fournie par une petite centrale située assez loin des hébergements. Parfois en panne, les hôtels et *guesthouses* doivent alors se débrouiller avec leur groupe électrogène... qui parfois défaille.

CHANGE

Quelques distributeurs (*Visa* ou *MasterCard*) auprès de certains cafés Internet (avoir son passeport). On les indique. Sachez simplement que ce service vous sera facturé entre 8 et 10 % de la somme retirée ! À réserver aux urgences donc. On peut faire du change sans problème, mais le taux est généralement un peu moins favorable qu'à Bali ou à Lombok. Cependant, quelques petits malins profitent de cette info pour vous faire du change à Lombok, en particulier au port de Bangsal, à des taux prohibitifs et bien supérieurs à ceux pratiqués aux îles Gili ! Et les *travellers cheques* ne s'échangent pas sur place. Bref, prenez vos précautions avant de venir.

Arriver – Quitter

De/vers Bali

– ***Les bateaux rapides :*** la grande majorité des touristes transitent entre les îles Gili et Bali (Padangbai, port de Serangan, Amed et Sanur) directement et par bateaux rapides, sans passer par le port de Lembar (Lombok). Ça coûte, certes, plus cher, mais on gagne beaucoup de temps. Côté balinais, les transferts routiers (zone sud de l'île, voire jusqu'à Ubud) sont souvent compris dans le prix, à l'aller comme au retour. Attention, les conditions de sécurité ne sont pas toujours assurées (vitesse excessive, matériel défaillant). Bien se renseigner sur le type d'embarcation au moment de la résa. Outil de résa commun pour les compagnies : • gilibookings.com •

➢ ***Padangbai :*** avec *Gili Cat* *(☎ (0361) 27-16-80 ; • gilicat.com •)*, 2 liaisons/j. Le puissant bateau (fermé) de 900 CV et de 32 personnes fait d'abord une halte sur la plage de *Teluk Kode* (à Lombok) avt de s'arrêter à *Gili Trawangan*. Compter 400 000 Rps l'aller et un peu moins du double pour l'A/R (négocier). Départs de Padangbai vers 9h et 13h30. Retour de Gili Trawangan à Padangbai tlj vers 11h. Durée : env 1h30 selon la mer. Également la compagnie *Blue Water Express* *(la plus fiable ; ☎ (0361) 895-11-11 ou 📱 081-338-418-988 ; • bluewater-express.com • ; départs à 9h15 et 14h)*. Évitez la compagnie *Gili Gili*, plusieurs lecteurs nous ont rapporté des incidents.

➢ ***Serangan Harbour :*** proche de Port Benoa et de l'aéroport. La compagnie la plus fiable est *Blue Water Express* ; départ de Serangan à 8h, retour de Gili Trawangan à 13h30. Durée : 2h-2h30. Compter env 650 000 Rps l'aller simple.

➢ ***Amed :*** avec *Amed Seaexpress* *(📱 087-863-064-799 ; • amedseaexpress.com •)*. Départ d'Amed vers 9h normalement. Tarif : 49 US$. Compter 40-50 mn de traversée. Vous pouvez aussi vous renseigner auprès de *Kuda Hittam Express* *(☎ (0363) 234-82 ; • kudahitamexpress.com •)*.

➢ ***Sanur :*** liaisons avec les Gili grâce à la compagnie *Semaya One* *(• semayacruise.com •)*. Départ de Sanur à 8h, stop à Nusa Penida, Padangbai (9h15) et Lombok (10h45), puis Gili Air (11h) et Gili Trawangan (11h15). Prévoir 650 000 Rps pour Padangbai-Gili/Lombok. Idem, avec *Amed Seaexpress* (Sanur-Gili/Lombok ; départ à 8h).

De/vers Lombok

⛴ ***Port de Bangsal :*** *à env 40 km au nord de Senggigi. Bemos réguliers depuis les gares de Mandalika et d'Ampenan. Alternativement, de nombreux vans privés. Pour plus d'infos, voir « Arriver – Quitter » dans ces villes.* Bangsal est le port « historique » pour les Gili Islands. Compter 25-45 mn de traversée selon l'île où vous allez.

– **Attention :** les *bemos* ne dépassent pas Pemenang, village séparé de Bangsal par 1 km. C'est pour ainsi dire voulu... Dans les 2 sens, porteurs et *cidomo* se précipitent, n'hésitant pas à prendre vos bagages d'autorité. Refusez gentiment mais fermement si vous voulez marcher, sinon demandez le tarif et marchandez. En tout cas, ne vous laissez en aucun cas alpaguer par des revendeurs de tickets à la sauvette qui cherchent à vous empêcher d'aller jusqu'au *Boat Ticket Office* officiel. Par ailleurs, il n'est nullement indispensable, contrairement à ce qu'on vous dira peut-être, de prendre un billet retour sous peine de vous retrouver bloqué sur les îles. C'est absolument faux. On peut parfaitement repartir quand on veut, avec le prestataire de son choix.

– **Boat Ticket Office :** *tlj 8h30-17h. Gère les départs des bateaux. Il faut acheter son billet ici (sf si vous chartérisez un bateau, évidemment).* Compter env 12 000-15 000 Rps selon l'île, en *public boat*. En principe, 1er bateau aux alentours de 8h (mais ça peut être plus tard) et dernier à 16h. Il faut attendre qu'il y ait 25 passagers pour partir. Pas trop d'attente en hte saison, où la demande est forte. En basse saison, ça peut durer un peu.

– **Chartériser un bateau :** 10 à 12 fois plus cher qu'en *public boat*. Mais ça peut être une solution si vous êtes plusieurs ou si vous êtes en dehors des horaires du *public boat*.

– **Par agence :** de Senggigi, mais aussi de Kuta (Lombok), des petites agences proposent de vous emmener aux Gili en s'occupant du transport au port et du bateau (avantage : on n'a pas à se tracasser avec les changements de *bemo* et la galère de Bangsal).

– **Pour le retour :** départs réguliers 7h-16h, dès qu'il y a 25 personnes. D'une manière ou d'une autre, il y a toujours un départ de bateau le matin depuis chacune des îles.

Liaisons inter-îles

La compagnie *Islands Hopping* assure la liaison entre les 3 îles avec de petits bateaux en bois. S'adresser aux *Boat Ticket Office* situés en face des lieux d'embarquement de chaque île pour les renseignements et le paiement, pas aux petites agences qui rajoutent une commission. Sous réserve de modification ou de tempête, 2 rotations/j. entre les îles : de Gili Trawangan, départs à 9h30 et 16h vers Gili Meno (arrêt rapide) puis Gili Air ; depuis Gili Air, départs à 8h30 et 15h vers Gili Meno puis Gili Trawangan ; depuis Gili Meno, départs à 9h et 15h20 pour Gili Trawangan et à env 9h45 et 16h15 vers Gili Air. Tarif : 20 000-25 000 Rps la traversée. Si nécessaire, on peut s'adresser aux pêcheurs ; bien négocier.

Plongée et snorkelling

Fonds sous-marins vraiment superbes. On se croirait dans un aquarium. On ne peut qu'être émerveillé devant l'incroyable variété de poissons et la beauté des coraux, même si ceux-ci en ont pris un coup ces dernières décennies.

Les Gili constituent un univers idéal pour plonger : eaux limpides, fonds marins protégés par une barrière de corail, rassurants pour les débutants et suffisamment variés pour combler les confirmés. Tous les sites sont situés entre 5 et 15 mn en bateau, et on ne porte pas le matériel. Dernier point non négligeable, l'eau est en permanence entre 27 et 30 °C ! L'essentiel des plongées s'effectue autour de Gili Trawangan, et quelques-unes sur les deux autres îles. Peu importe l'île sur laquelle on réside, on plonge indifféremment sur les sites d'une des trois îles.

Attention aux méduses !

Les ***box jellyfish*** sont une espèce de petites méduses dont le corps est en forme de cube et dont la couleur va du blanc au bleu intense (d'où le terme de ***blue box*** couramment

usité). Dans les îles Gili, les lendemains de pluie ou de mauvais temps, elles peuvent être nombreuses dans les zones de fort courant où elles se laissent dériver.
Quelques conseils en cas de rencontre inopinée :
– demander à un club de plongée si les *blue box* sont dans le secteur à la période où vous y êtes.
– ***Ne jamais plonger seul, même en snorkelling !*** Et avec un T-shirt, c'est encore mieux.
– En cas de piqûre, ***ne jamais rincer avec de l'eau douce ou des glaçons ; mettre du vinaigre, voire tout simplement de l'eau de mer,*** si vous n'avez rien à disposition.
– Si c'est une *blue box,* allez vite vers un dispensaire pour recevoir un traitement injectable à base de corticoïdes et d'antihistaminiques (voir « Adresses et infos utiles » à Gili Trawangan). Compter environ 24h de rétablissement avec du repos et une injection.
Que cela ne gâche pas votre plaisir : un lecteur averti en vaut deux ! Alors, bonne baignade...

Nos meilleurs spots de plongée

En tout, une petite vingtaine de sites. Gili Trawangan est la plus cotée, suivie de Gili Air, puis Gili Meno. Fonds sablonneux, patates de corail ou petits tombants, plongées circulaires (on revient à son point de départ) ou dérivantes, il y en a ici pour tous les goûts et de toutes les couleurs.

LOMBOK

Gili Trawangan

Deep Turbo : six grosses patates de corail qui dessinent de petits canyons. Requins pointe blanche, raies, coraux multicolores, nudibranches, et parfois des poissons napoléons (durant la pleine lune).
Coral Fan Garden : des vallées où l'on rencontre des requins, aussi bien pointe blanche que pointe noire, ainsi que des tortues vertes.
Shark Point : pas mal de corail mou, tortues et requins pointe noire, avec de longues patates de corail. Courant parfois assez fort. Bancs de maquereaux, *red snappers,* vives, pieuvres, sèches, poissons-pierres.
Manta Point : corail dur, plateau de sable. Cette plongée permet parfois de s'approcher des requins d'assez près. Barracudas, thons et parfois raies mantas (de décembre à mars).
Trawangan Slope : plongée en dérive. Courant fort parfois (pas bon pour les photographes). Plongée surtout intéressante pour les sensations procurées, plus que pour ce qu'on y voit (rapport au courant, justement). Parfois des bancs énormes de poissons fusiliers.

Gili Air

Frog Fish Point (Hann's Reef) : une plongée sans courant, dans un véritable aquarium, idéale pour les photographes. La plupart du temps, luminosité exceptionnelle. Beaucoup de petites espèces rares qu'on peut observer ici de près : nudibranches, *frog fish* (poisson-grenouille), minuscules anguilles.
Air Wall : un mur de 25 m devant lequel on défile au cours de cette plongée dérivante. Corail dur ou mou, couleur orangée, patates de « brocolis », poulpes et hippocampes pygmées.

Gili Meno

Peu de plongées autour de cette île.
Meno Wall : mur de 20 m avec beaucoup de poissons, murènes, nudibranches, poissons-clowns. Courant moyen.

Meno Corner : le courant peut être assez fort entre les îles. Grande variété de nudibranches et de corail mou. Poissons-scorpions, tortues et raies *Jankins.*
Meno Slope : de 12 à 20 m. Plongée dérivante facile. Pente douce avec beau corail mou, tortues, *trevally eagle raies*. Une sorte de ponton de béton échoué dans quelques mètres d'eau s'est transformé au fil du temps en auberge pour de très nombreuses espèces de poissons et mollusques.

Nos meilleurs spots pour le snorkelling

On trouve à louer l'équipement nécessaire (masque, tuba et palmes) un peu partout. Comptez à partir de 30 000 Rps/j. Vous verrez de nombreuses annonces pour des sorties en bateau couvrant les meilleurs sites des trois îles. Comptez environ 120 000 Rps par personne pour quatre spots. Elles permettent d'accéder à des coins difficiles à atteindre depuis la plage. À étudier.
– Attention : les courants peuvent être assez forts selon les endroits et les marées. Surveillez régulièrement votre position et ne vous éloignez pas trop si ça « tire » vraiment.

Gili Trawangan

Le plus grand nombre de snorkellers se retrouvent au nord du point d'embarquement. Savoir que c'est bien (tout plein de poissons et même des tortues), mais qu'il y a mieux puisque la plupart des coraux sont en mauvais état. Au nord, proche de *Karma Kayak* (voir « Où dormir ? »), des *biorocks,* plus de coraux et, en vedettes, des bébés requins. Mais c'est au nord-ouest que vous verrez les plus belles choses, moyennant des conditions d'accès difficiles il est vrai (se munir de chaussures en plastique est recommandé).

Gili Air

Comme à Trawangan, la zone la plus populaire se situe au nord du point de débarquement des bateaux. Poussez plus loin dans cette direction, et ce sera de mieux en mieux mais aussi de plus en plus délicat d'accès.

Gili Meno

Presque tout le pourtour de l'île est digne d'être exploré. La côte est accueille le plus d'adeptes car c'est la plus facile à négocier. Les meilleurs coins se trouvent en fait au sud-est et au sud mais nécessitent un bateau.

Les clubs de plongée

Un nombre sans cesse grandissant de clubs se partage la clientèle. La plupart se trouvent sur Gili Trawangan, mais il y en a aussi sur les deux autres îles. Peu importe où l'on réside, on plongera indifféremment sur tous les sites. À titre indicatif, l'*Open Water Course* (PADI), sur 3 ou 4 jours, revient à environ 290 €, et une plongée à partir de 30 €. Ces prix incluent une écotaxe qui permet notamment de créer un revenu pour les pêcheurs afin qu'ils aillent pêcher ailleurs que sur les sites de plongée. Ce système fonctionne puisque la faune et la flore, qui se raréfiaient, reviennent sensiblement. Tout le monde semble y trouver son compte.

Gili Trawangan

■ ***Dream Divers*** *(zoom Trawangan, B2, **62**) :* ☎ *63-44-96.* • *dreamdivers.com* • *Possède aussi un bureau à Senggigi.* Un club allemand et sérieux (pléonasme !), qui dispose en général d'un moniteur francophone. Éviter d'y loger, cela dit (chambres et bungalows en mauvais état).

■ ***Blue Marlin Dive Centre*** *(zoom Trawangan, B2,* ***14****) :* ☎ *63-24-24.* ● *diveindo.com* ● Avec *Dream Divers*, le 2e plus ancien club de l'île, créé par un Anglais. Là aussi, piscine pour commencer en douceur.

■ ***Big Bubble Dive*** *(zoom Trawangan, B2,* ***61****) :* ☎ *62-50-20.* ● *bigbubblediving.com* ● Compte en son sein au moins un moniteur français. Piscine pour faire ses premières bulles.

■ ***Manta Dive*** *(zoom Trawangan, B1,* ***21****) :* ☎ *64-36-49.* ● *manta-dive.com* ● Un autre club aux prestations régulières en qualité.

Gili Air

■ ***Dream Divers*** *(plan Gili Air,* ***5****) :* ☎ *63-45-47.*

■ ***Blue Marlin Dive*** *(plan Gili Air,* ***6****) :* ☎ *63-43-87. Le 1er vers la gauche de la jetée, à 10 mn de marche, et l'autre vers la droite, à 15 mn de marche env.*

■ ***Gili Air Divers*** *(plan Gili Air,* ***7****) :* ● *giliairdivers.com* ● Plus petit que les 2 précédents, qui sont des succursales des clubs indiqués à Gili Trawangan, ce club est géré par de sympathiques et expérimentés plongeurs français.

Gili Meno

■ ***Blue Marlin Dive*** *(plan Gili Meno,* ***3****) : à 50 m du débarcadère, sur la gauche.* ☎ *63-99-80.* ● *scuba.indonesia@gmail.com* ● 3 plongées par jour. Pas trop de monde par ici, ce qui rend les plongées familiales.

GILI AIR

IND. TÉL. : 0370

L'île la plus proche de Lombok. Verdoyante et paisible, couverte de cocotiers, on en fait facilement le tour à pied, en 1h environ. Les belles plages ne sont pas toutes propices à la baignade, mais on peut nager toute l'année au sud-est de l'île, où se concentrent la plupart des hôtels et restos. Les plongeurs y trouveront plusieurs clubs. Ambiance générale tranquille, mais de grosses fiestas commencent à s'y organiser.

➢ Pour rejoindre ou quitter Gili Air, voir « Arriver – Quitter » dans l'intro générale des îles.

Adresses utiles

■ Ouf ! il y a désormais des ***distributeurs de billets*** *(plan,* ***1****)* au sud de l'île (cartes *Visa* seulement).

■ ***Ozzy's Shop*** *(plan,* ***2****) : de la jetée, prendre à droite et marcher 10 mn.* Location de vélos, masques et palmes...

■ ***Bookshop*** *(plan,* ***3****) : à droite de la jetée, c'est à 5 mn à pied, juste à côté du resto* Wiwin. Échange et achat. Quelques bouquins en français, dont un *Routard* vieux comme mes robes.

■ ***Laundry Service*** *(plan,* ***4****) :* au centre de l'animation. Pratique.

■ ***Clubs de plongée :*** voir cette même rubrique dans l'intro sur les îles Gili.

Où dormir ?

Les hébergements sont essentiellement concentrés sur la côte est de l'île et pratiquent des prix très variables selon la saison. Possibilité de rejoindre l'adresse de votre choix en *cidomo* (charrette). Le petit déj est inclus dans le prix, sauf mention contraire.

Bon marché (de 150 000 à 300 000 Rps, soit 10 à 20 €)

⌂ ***Corner Bungalow*** *(plan,* ***19****) : au nord de la seule plage où on peut se* *baigner.* 📱 *081-907-643-330.* Bungalows en bambou de construction traditionnelle. Ventilo et eau froide. Une bonne adresse, au calme tout en étant proche de la partie la plus animée de l'île.

🏠 ***Gusung Indah*** *(plan,* ***12****) : à 15 bonnes mn de marche au nord-est du débarcadère.* 📱 *081-864-342-852.* Bungalows en bambou face à la mer ou donnant sur un jardin souvent assoiffé. Eau froide et terrasse avec hamac partout, ventilo pour les chambres les moins chères, clim pour les autres. Bar circulaire et resto organisé en *berugak* personnels servant une cuisine très honorable. Ensemble bien tenu.

🏠 ***Gili Indah*** *(plan,* ***13****) : à 5 mn du débarcadère, au sud de l'île.* 📱 *087-865-940-913. Pas de petit déj.* 2 bungalows indépendants de style traditionnel donnent directement sur la mer et les bateaux de pêcheurs, tandis que 3 chambres un peu moins chères se partagent une maison de plain-pied, à l'arrière-plan de l'espace gazonné. Eau froide, moustiquaire, ventilo et confort rudimentaire partout. Si le réceptionniste est introuvable, cherchez-le juste en face, au milieu des *prahus*.

🏠 🍽 ***Gili Air Santay Bungalows*** *(plan,* ***14****) : hébergements à env 250 m à l'intérieur des terres, mais resto sur la plage.* 📱 *081-803-758-695.* • *giliairsantay.com* • Bungalows plantés au milieu des cocotiers, à l'écart de l'animation. Avec ventilo, moustiquaire, douche (eau froide un peu salée), hamacs, fauteuils en osier et toit de chaume, ils sont simples mais agréables. Les plus spacieux franchissent le seuil des prix moyens en haute saison.

🏠 🍽 ***Coconut Cottages*** *(plan,* ***16****) : prendre à droite de la jetée, c'est à env 15 mn à pied, légèrement à l'écart de la mer.* 📱 *081-907-885-899.* • *coconuts-giliair.com* • *Doubles 250 000-350 000 Rps, mais jusqu'à 650 000 Rps en hte saison.* Dans un joli jardin, une dizaine d'hébergements, au confort simple. Toutes les chambres avec ventilo et moustiquaire. Tenu par une Écossaise et un Indonésien.

Prix moyens (de 300 000 à 700 000 Rps, soit 20 à 46,65 €)

🏠 ***Sunrise Bungalows*** *(plan,* ***17****) : à env 10 mn au nord-est du débarcadère.* ☎ *64-23-70.* • *sunrisegiliair.com* • *Doubles 300 000-700 000 Rps.* 📶 Distribués dans un jardin extrêmement soigné, ce qui est assez rare sur les Gili, les 5 types de bungalows individuels vont du *standard* (ventilo et eau froide) au *deluxe* (70 m²), en passant par le *premium* (55 m²) de très bon confort (AC, eau chaude) et dégageant un véritable charme. Tous ont adopté le style local, sur 2 niveaux. Au rez-de-chaussée, terrasse, salon, *day bed* avec moustiquaire et salle de bains ; à l'étage, chambre et balcon. Également des familiales pour 4 personnes à prix vraiment intéressant. Bar agréable.

Chic (à partir de 750 000 Rps, soit 50 €)

🏠 ***Villa Karang*** *(plan,* ***18****) : à 5 mn de la jetée, au sud de l'île.* ☎ *63-73-28.* • *villakarang.com* • *Doubles env 50-120 € selon confort et saison.* Sur le pourtour d'un grand jardin avec piscine, les bungalows en dur, coiffés de chaume, offrent différents niveaux de confort. Le 1er prix s'applique à des *standard* de bonne taille, avec ventilo et TV, mais sans eau chaude. Celle-ci apparaît, avec la clim, dans les catégories *superior* et *deluxe.* Ces dernières, très spacieuses, sont les seules à jouir de la vue sur la mer... et le font payer. Toutes les options arborent une déco nette et classique, sans grande fantaisie. Une adresse pour qui cherche un confort proche des standards occidentaux.

Où manger ?

La plupart des hébergements proposent une cuisine simple et bonne. Vous trouverez aussi quelques vrais restos de bord de plage en remontant vers le nord depuis le débarcadère. Le soir, ils exhibent de beaux poissons tout frais,

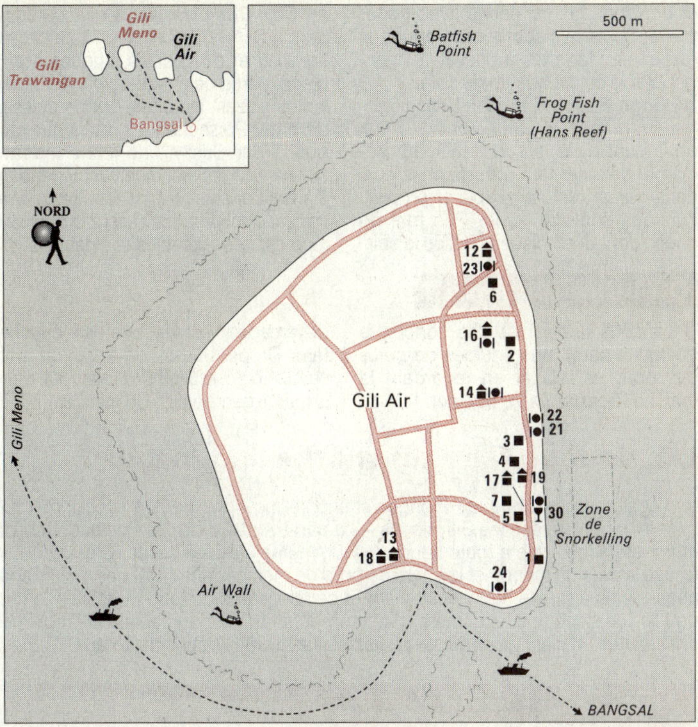

GILI AIR

Adresses utiles

1 Distributeurs de billets
2 Ozzy's Shop
3 Bookshop
4 Laundry Service
5 Dream Divers
6 Blue Marlin Dive
7 Gili Air Divers

Où dormir ?

12 Gusung Indah
13 Gili Indah
14 Gili Air Santay Bungalows
16 Coconut Cottages
17 Sunrise Bungalows
18 Villa Karang
19 Corner Bungalow

Où manger ?

21 Munchie's
22 Warung Sasak
23 Ali Baba Café
24 Gogo Beach Bar
30 Chill Out

Où boire un verre ?

30 Zippbar et Chill Out

très appétissants. Laissez-vous tenter !

Munchie's *(plan, 21)* **:** prépare de bonnes grillades ; four à bois pour les pizzas. Quelques plats sasaks également.

Warung Sasak *(plan, 22)* **:** il s'inscrit dans la veine des typiques restos de plage, avec barbecue et plats lombokais. Bon rapport qualité-prix.

Ali Baba Café *(plan, 23)* **:** *au nord-est. 081-933-171-935.* Au-delà de la petite concentration d'hôtels et restos bordant la plage, les paillotes d'Ali sont toutes mignonnes avec leurs guirlandes de bois flotté et coquillages. On s'y régale de plats sasaks, pizzas et poissons grillés, servis avec générosité. Seuls le clapotis des vagues et quelques charrettes à cheval viennent troubler le calme absolu du coin.

Gogo Beach Bar *(plan, **24**)* **:** *directement au sud du débarcadère.* Ceux qui logent dans le sud de l'île apprécieront de dîner tout près de chez eux, dans ce bar resto agréable et propret, l'un des seuls du coin. Pas mal de choix, dont des poissons grillés le soir.

Chill Out *(plan, **30**)* **:** *à côté du Zippbar.* *081-907-643-330.* Équipé de *berugak* et de chaises longues sur la plage, partie baignade agréable. Excellentes pizzas, avec une bonne cuisson de pâte. Poissons frais, cuits sur barbecue par Suszy, une jeune Indonésienne tout sourire, ayant vécu pendant 3 ans à Lorient, donc parlant très bien le français, qui propose aussi 2 bungalows récents, très agréables et à petit prix.

Où boire un verre ?

La côte sud-est de l'île concentre quelques bars, tous équipés de *berugak* pour se relaxer en regardant la mer. Le ***Zippbar*** *(plan, **30**),* non loin du débarcadère, est l'un des plus couche-tard. On peut aussi y manger un morceau. À côté, le ***Chill Out*** *(plan, **30**),* dans le même genre (voir « Où manger ? »).

LOMBOK

Où plonger, faire du snorkelling, nager ?

Voir également la rubrique « Plongée et snorkelling » plus haut, au début du chapitre « Au nord-ouest, les Gili Islands ». La partie sud-est de l'île est l'endroit où la mer reste accessible à toute heure du jour, même à marée basse. C'est là qu'on trouve le plus de monde et les bars de bord de mer. Les autres plages de l'île sont accessibles à marée haute seulement et certaines pas du tout. En faisant le tour de l'île, on découvre facilement d'autres petits endroits agréables. Se munir de chaussures en plastique pour ne pas se blesser sur les débris de coraux.

GILI MENO

IND. TÉL. : 0370

À cause de son petit lac salé infesté de moustiques, Gili Meno a longtemps souffert de sa réputation de zone impaludée. Mais le risque d'y attraper la malaria semble aujourd'hui bien plus faible qu'autrefois. Pour être tranquille, il suffit, sauf coup de malchance, de bien se protéger à l'aube et au crépuscule, ainsi qu'en saison humide (répulsif efficace, manches longues et pantalon...).

De même superficie que Gili Air, Gili Meno est la moins touristique et donc la plus préservée des trois îles. En effet, la grande majorité des visiteurs préfèrent y passer la journée et loger sur l'une de ses voisines. Dotée du sable le plus fin des Gili, Meno est donc une aubaine pour qui recherche la tranquillité. Sa côte nord et l'ouest tendent même vers la robinsonnade, malgré les vestiges d'aménagement ou les prémices de construction ici ou là. Il faut 1h30 pour en faire le tour à pied.

➢ Pour y arriver et quitter Gili Meno, voir cette même rubrique dans l'intro générale des îles.

Adresses utiles

@ ***Boutique Internet Faster*** *(plan, **2**)* **:** *dans le centre de l'île, face au Bird Park.* D'autres, plus chères, sur la plage.

■ ***Épicerie*** *(plan, **4**)* **:** *derrière le Rust Warung.* La plus approvisionnée de l'île.

■ ***Clubs de plongée* :** voir cette même rubrique, commune aux 3 îles, plus haut, au début du chapitre « Au nord-ouest, les Gili Islands ».

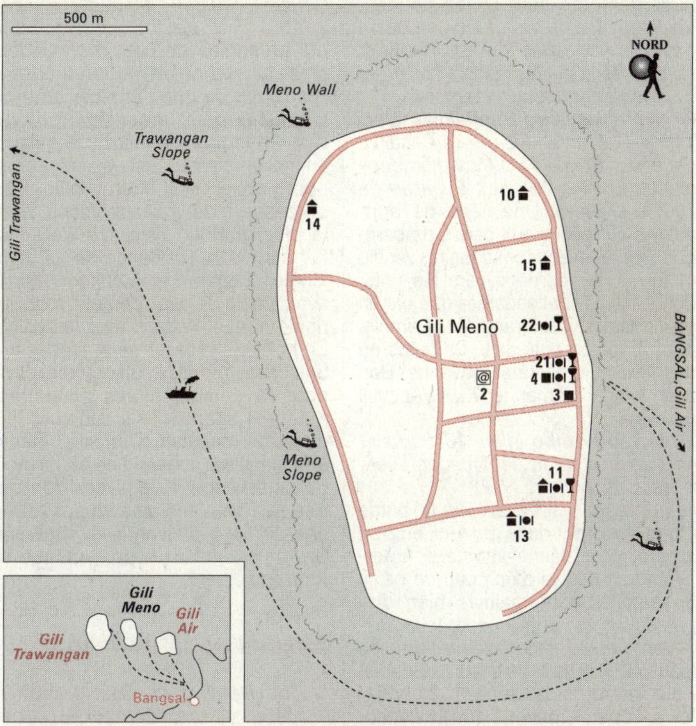

GILI MENO

Adresses utiles

@ **2** Boutique Internet Faster
3 Blue Marlin Dive
4 Épicerie

Où dormir ?

10 Amber House
11 Mallias Child Bungalows
13 Tao Kombo
14 The Sunset Gecko
15 The Reef

Où manger ? Où boire un verre ?

4 Rust Warung
11 Mallias Child Bungalows
21 Jaly Café
22 Ya Ya Warung

Où dormir ?

Le petit déj est inclus dans le prix, sauf mention contraire.

Prix moyens (de 300 000 à 500 000 Rps, soit 20 à 33,35 €)

Amber House (plan, **10**) **:** *à 10 mn à pied, au nord du débarcadère.* *081-907-467-235.* • *amberhouse89.6f@gmail.com* • *Env 250 000 Rps.* Dans un jardin de tamaris à 20 m de la plage, choix entre des petits pavillons sur pilotis avec 2 chambres, les moins chers ayant des douches à l'eau salée, ou des individuels plus spacieux. Ventilo et moustiquaire. Idéalement calme et loin de tout, mais certains hébergements sont assez rincés... Visitez avant de vous décider. Juste devant, joli spot de snorkelling. Accueil doux et charmant, et petit bar pour regarder passer le temps.

Mallias Child Bungalows (plan, **11**) : *à 100 m du débarcadère, sur la gauche.* ☎ *62-20-07.* • *gilimeno-mallias.com* • *Doubles à partir de 400 000 Rps.* Une série de bungalows sur pilotis aux parois de bambou tressé, avec moustiquaire, ventilo et terrasses tournées vers les flots, dont elles ne sont séparées que par un petit chemin. C'est tranquille et simple, peut-être trop côté salle de bains où une rénovation serait bienvenue. Bon resto (voir « Où manger ?... »). Accueil agréable.

Tao Kombo (plan, **13**) : *au sud de l'île, à 5 mn du débarcadère, vers la gauche. 081-237-221-74.* • *tao-kombo.com* • À l'écart de la plage (2 mn à pied), dans un bel endroit arboré et au calme, même si le terrain aurait besoin d'un coup de balai. Ensemble de bungalows bien dispersés sur un vaste espace. Tous possèdent ventilo, moustiquaire, douche (eau froide) et salle de bains extérieure. Pour les routards fauchés, 2 bungalows « open », ouverts sur l'extérieur mais avec des stores en bambou pour s'isoler (salles de bains un peu vieillottes), pas chers et très bien pour le prix. Pour un peu plus cher, vous avez une chambre à la déco plus travaillée, avec un grand lit aux gros piliers de bois. En voir plusieurs pour adapter votre confort à votre bourse. Au resto, des plats indonésiens, mais surtout de bonnes pâtes qu'on déguste sous des *berugak* autour du comptoir. Également *cap cay, nasi goreng* et évidemment poisson grillé, sans oublier le cocasse *chicken cordon bleu* (sans le jambon, évidemment). Une bonne adresse dans son genre.

The Sunset Gecko (plan, **14**) : *au nord-ouest de l'île. 081-353-566-774.* • *thesunsetgecko.com* • *Doubles 300 000-550 000 Rps, sans petit déj. (resto).* Le Robinson qui a imaginé ce petit *resort* écolo s'est sûrement bien amusé en utilisant tout ce que la nature offre de matériaux pour le construire. Il y a d'abord le modèle hutte triangulaire, en 2 exemplaires, juste assez grande pour y caser un lit et un ventilo. Puis on passe à de vraies maisons, dont la plus grande, avec ses 2 étages, fait carrément résidence du roi de la jungle ! 2 chambres à chaque étage, avec motifs de peau de bête, mobilier rigolo et ventilo dans tous les coins. En bas de l'escalier de branches (un brin casse-gueule !), un grand espace pour la cuisine et les sanitaires. Autant le dire, les plus pudiques risquent de manquer d'intimité ! Même si la plage est couverte de petits morceaux de corail et le niveau de l'eau très bas, ça n'en demeure pas moins une adresse plaisante et originale. Savon naturel à dispo, masque et tuba également.

Spécial coup de folie !

The Reef (plan, **15**) : *à l'est, à droite après le débarcadère, sur le bord de la plage. 081-221-154-31.* • *chakrareef.com* • *Doubles 100-133 €.* Une adresse de rêve, les pieds dans l'eau. Une dizaine de bungalows, dans le sable, qui reprennent la forme des *lumbung*, ces grands séchoirs à riz, en toiture naturelle. Chaque bungalow est superbement équipé, plein de charme (vasque en pierre de lave dans les salles de bains, vue sur la mer depuis les lits bien moelleux, décor de bambou très esthétique). Tous possèdent une petite terrasse-cuisine tout équipée, sofa design, TV, et clim. Resto excellent. Plage avec transats privés et poissons juste en face dans le grand bocal. Le rêve !

Où manger ? Où boire un verre ?

Les restos près de l'embarcadère possèdent tous quelques *berugak* (petit pavillon sur pilotis traditionnel) en bord de mer où l'on s'étale pour prendre un

LOMBOK

verre le soir venu. Cool et bon marché. Rien à voir avec l'animation de Gili Trawangan, mais c'est justement ce qui fait le charme de l'île.

🍽 🍸 ***Rust Warung*** *(plan, **4**)* **:** *à l'arrivée du débarcadère.* La rangée de *berugak* surplombe la plage. On est aux anges. Et quand, le soir, on déguste un poisson frais, les anges rêvent. Bien également dans la journée pour prendre un verre.

🍽 🍸 ***Jaly Café*** *(plan, **21**)* **:** *directement au nord du débarcadère.* Plantation de *berugak* devant la plage, prisée des touristes. Carte classique.

🍽 🍸 ***Mallias Child Bungalows*** *(plan, **11**)* **:** *voir « Où dormir ? ».* Choix entre la grande terrasse couverte et la colonie de *berugak* pour apprécier la cuisine bien préparée de ce resto. Pizzas, salades, fruits de mer et savoureux *black rice pudding*. Bon accueil.

🍽 🍸 ***Ya Ya Warung*** *(plan, **22**)* **:** si vous préférez vous éloigner du « hub » de l'île sans faire des kilomètres, enfin des centaines de mètres, on est à Meno... Même principe qu'ailleurs, en plus artisanal et vraiment décontracté.

Où plonger, faire du snorkelling, nager ?

Voir la rubrique « Plongée et snorkelling » plus haut, au début du chapitre « Au nord-ouest, les Gili Islands ». La plage proche du point d'embarquement est le meilleur endroit pour se baigner. Ailleurs, souvent peu de fonds et des coraux qui affleurent.

GILI TRAWANGAN

IND. TÉL. : 0370

Des trois Gili, c'est la plus éloignée de Lombok, la plus vaste (340 ha) et de loin la plus fréquentée. De splendides plages de sable blanc épousent la quasi-totalité de ses côtes, dont quelques portions sont baignables en permanence. C'est vrai, la zone s'étirant de part et d'autre de la jetée s'est développée avec frénésie ces dernières années. Certains craignent même qu'avec sa litanie de restos, bars et *parties* complètement déchaînées en haute saison, avec son lot de substances prohibées, elle finisse par se muer en un mini-Kuta (... de Bali). Pourtant, le village caché à l'arrière-plan n'a rien perdu de son authenticité, et si on veut trouver plus de sérénité sans quitter la mer des yeux, il suffit de pousser plus loin vers le nord et l'ouest de l'île.
Adeptes du cocktail bronzette et fiesta, fans de plongée et de snorkelling ou tout simplement en quête d'un petit rivage tranquille sans être complètement coupé du monde (wifi gratos partout !), vous devriez donc tous trouver tong à votre pied quelque part sur Trawangan !

Arriver – Quitter

- Les bateaux n'arrivent pas au niveau de la jetée (qui ne sert donc à rien), mais un peu plus au nord de celle-ci.
- Pour les liaisons avec Bali, Lombok (Bangsal) et Gili Air/Gili Meno, voir la rubrique « Arriver – Quitter » dans l'intro générale sur les îles Gili.

Adresses et infos utiles

■ ***Change et retrait d'argent* :** plusieurs distributeurs automatiques au niveau du guichet des bateaux *(zoom B1, **7**)*, côté terre ; un autre au sud-est de l'île, près de la *Vila Ombak (plan d'ensemble, **8**).* Nombreux changeurs dans la rue principale. Taux moins bon qu'à Bali ou Lombok.

■ ***Clinique*** *(plan d'ensemble, **4**)* **:** *juste au sud de la* Vila Ombak. L'unique lieu pour soigner les petits bobos. En cas de vrai problème, filez à Bali, au *Bali International Medical Center* (voir la rubrique « Adresses utiles » dans Kuta).

■ ***Clubs de plongée :*** voir cette même rubrique dans l'intro générale sur les îles Gili.

■ ***Location de vélos :*** on en trouve partout le long de la rue bordant la côte est. Conseillé pour les déplacements sur l'île, car les calèches finissent par revenir assez cher.

■ ***Location de masques et tubas :*** auprès de la plupart des hébergements, tout autour du débarcadère et au niveau de chaque spot de snorkelling. Compter à partir de 30 000 Rps/j.

■ ***Agences « multiservices » :*** un peu partout sur la rue principale. Vente de billets de bateau, excursions diverses, confirmation de vols, etc.

Transports

– Les ***calèches*** *(cidomo)* sont le seul mode de transport autorisé sur l'île. Pratique pour transporter ses bagages notamment. Comptez environ 50 000 Rps pour une course normale. Ceux qui ont la bougeotte feront des économies en louant un vélo.

■ ***Perama*** *(zoom B1, **6**)* **:** ● *peramatour.com* ● Kiosque pour acheter les billets de bateau et combinés avec bus de cette compagnie fiable.

■ ***Guichet pour les bateaux*** *(zoom B1, **7**)* **:** *en bord de plage, au nord de la jetée inutilisée.* Vente des billets pour Lombok (Bangsal) et Island Hopping (Gili Air/Gili Meno).

– ***Bateaux rapides :*** on peut acheter ses billets pour les bateaux rapides dans toutes les petites agences le long de la rue principale. Comparez les prix et tentez d'obtenir un rabais, ça marche parfois ! Évitez néanmoins la compagnie *Gili Gili,* plusieurs lecteurs nous ont rapporté des incidents.

Avertissement

Profitant d'un vide juridique, qui tranche avec les très lourdes peines prononcées dans les affaires de stupéfiants, pas mal de petites adresses proposent des *magic mushrooms,* via des affichettes psychédéliques sans équivoque. Nous n'allons pas vous faire la morale, mais gare à la violence du voyage et aux hallu' loin d'être toutes peuplées d'éléphants roses. Quant à l'herbe, même si on vous dit le contraire, la loi est la même qu'ailleurs dans l'archipel.

Où dormir ?

Quelques dizaines d'hébergements de toutes catégories vous attendent. Pour passer un bon séjour à Trawangan, il est important de bien choisir

■ **Adresses utiles**

4 Clinique
8 Distributeur de billets

Où dormir ?

15 Coral Beach II
18 Karma Kayak et Wilson's Retreat
19 Alam Gili
20 Gili Eco Villas
22 Villa Almarik
23 Vila Ombak
27 Villa Grasia
30 Luce d'Alma Resort

Où manger ?

43 Coral Beach I

Où boire un verre ?

49 The Pearl Beach Lounge

■ **À faire**

60 Stud-Horse Riding Adventures

LOMBOK

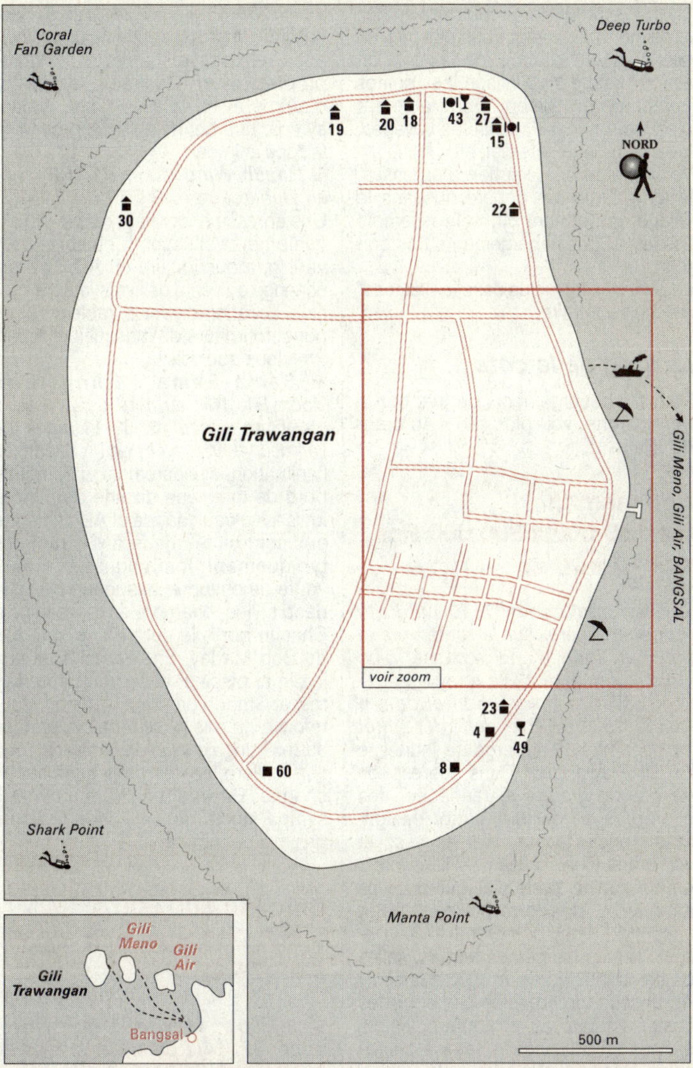

GILI TRAWANGAN – PLAN D'ENSEMBLE

son logement en fonction de ce qu'on désire : tranquillité totale ou cœur de l'animation, hôtel faisant club de plongée, luxe ou confort minimum, piscine ou pas... De manière générale, les tarifs hôteliers en haute saison sont les plus élevés de tout Lombok, vu que c'est le coin le plus touristique. Dans les hôtels au sud du débarcadère, les nuits peuvent être bruyantes en raison des bars ou des soirées animées, surtout en juillet-août. Le reste de l'année, c'est

bien plus tranquille. Si vous recherchez le calme, mieux vaut vous éloigner un peu du secteur autour de la jetée, ou aller à l'intérieur du village. Les petites pensions proposent généralement plein de services : agence de voyages, laverie, change, Internet, etc.
Voici une petite sélection d'adresses, le long de la rue côtière ou dans le village proprement dit, qui rassemble l'essentiel des hébergements très bon marché.
Le petit déj est inclus dans le prix, sauf mention contraire.

Le long de la côte

Pour les hébergements de très bon à bon marché, voir plus loin « Au cœur du village ».

Bon marché (de 150 000 à 300 000 Rps, soit 10 à 20 €)

Gili Hostel (zoom B1, **10**) : *à droite du débarcadère, sur la route vers le nord, au fond d'une impasse (bien indiqué sur bord de la route). 087-765-267-037. • gilihostel.com • Nuitée 150 000 Rps, petit déj-buffet inclus.* La 1re auberge de jeunesse de Gili Trawangan ! Dans une espèce de grande grange réaménagée, des chambres en dortoirs plutôt design, avec grandes taches colorées au sol et aux murs. Chambrées de 7 lits, dont 2 en mezzanine, sorte d'alcôve pour les amoureux, et – notre préféré – un lit suspendu (vous comprendrez !). *Lockers,* petites lampes de lecture, salles de bains intérieures, et même la clim ! Au-dessus, grand salon-bar pour des fiestas endiablées, et poufs pour des soirées DVD. Livres et jeux à disposition. Une chouette adresse !

Prix moyens (de 300 000 à 500 000 Rps, soit 20 à 33,35 €)

Sunrise Bungalows (zoom B1, **12**) : *à 5 mn au nord du débarcadère, à côté du* Fish and chips Wrap a Snapper. *081-339-657-01.* Au calme, dans un jardin fleuri, une suite de bungalows avec terrasse et hamac. Chambres propres, avec eau froide et ventilo, d'autres avec AC. Agréable, accueil sympa, une bonne adresse proche de la zone animée.

Beach Wind (zoom B1, **13**) : *face au débarcadère. 081-237-643-47.* Une adresse encore abordable pour le confort et la situation. Chambres avec ventilo, moustiquaire ou AC. Laverie, échange ou vente de livres, même français. Location de vélos, table de ping-pong, fourniture de masques et tubas. Prix doux pour l'île.

Sama-Sama Bungalows (zoom B1, **16**) : *au nord de la jetée, à env 5 mn à pied. ☎ 62-11-06. • thesamasama.com •* Un poil à l'écart de l'animation, et légèrement en retrait du bord de mer. Une dizaine de bungalows avec eau chaude et AC. 2 d'entre eux sont situés dans des structures typiquement lombokaises : haute voûte de chaume, beaucoup de bois, déco stylée, chambre en mezzanine... Chacun porte le nom d'une chanson de Bob Marley. En revanche, ni vrai jardin ni piscine, juste une petite terrasse. Grande propreté. Attention toutefois à ne pas se faire refourguer les autres bungalows de la famille, un peu sur l'arrière, vastes mais sans aucun charme. Bar-resto-salle de concerts sympa sur le devant, avec toujours pas mal de monde.

Chic (de 500 000 à 1 000 000 Rps, soit 33,35 à 66,75 €)

Blue Marlin Dive Hotel (zoom B2, **14**) : *presque en face de la jetée. ☎ 613-24-24. • bluemarlindive.com • Doubles à partir de 500 000 Rps.* Chambres et bungalows alignés en profondeur derrière le resto, la piscine et le club de plongée (un des bons clubs de l'île). Un peu serrés les uns contre les autres. Bien équipés, fonctionnels avant tout, avec moustiquaires, lits confortables et salles de bains propres (eau chaude et AC). Petite terrasse.

LOMBOK

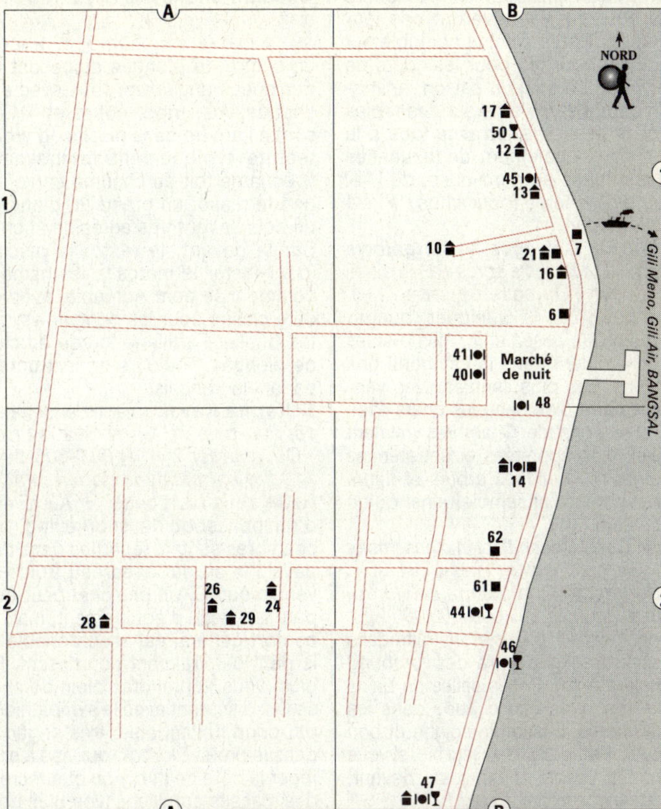

GILI TRAWANGAN – ZOOM

Adresses utiles

- **6** Perama
- **7** Guichet pour les bateaux

Où dormir ?

- **10** Gili Hostel
- **12** Sunrise Bungalows
- **13** Beach Wind
- **14** Blue Marlin Dive Hotel
- **16** Sama-Sama Bungalows
- **17** Warna Cottages & Bungalows
- **21** Manta Dive
- **24** Lisa Homestay
- **26** Lili Homestay
- **28** Pondok Sederhana
- **29** Pondok Maulana
- **47** Scallywags Resort

Où manger ?

- **40** Green Café
- **41** Kiki Novi
- **44** Rudy's
- **45** Fish and chips Wrap a Snapper
- **46** Tir Na Nog et Ryoshi
- **47** Scallywags
- **48** Kayu Café

Où boire un verre ? Où faire la fête ?

- **46** Tir Na Nog
- **47** Scallywags
- **50** Égoïste et Horizontal Café

Clubs de plongée

- **14** Blue Marlin Dive Centre
- **21** Manta Dive
- **61** Big Bubble Dive
- **62** Dream Divers

Bonne adresse pour les plongeurs (les autres n'y trouveront pas leur compte). Petite piscine agréable sur le devant (surtout pour les cours de plongée). Le soir, en saison, animation garantie. On dîne sur des tables basses ou sur la terrasse face à la mer. Loue également de luxueuses villas situées au nord-ouest de l'île, bien plus chères (pour infos : • *kelapasvillas.com* •).

Warna Cottages & Bungalows *(zoom B1,* ***17****) : juste après le* Horizontal Café *(voir « Où boire un verre ?... »). ☎ 612-38-59.* Quelques bungalows en dur, assez chic, même si les tarifs évoluent dans la catégorie prix moyens. Les plus simples avec ventilo et eau froide, les plus chers avec AC et eau chaude. Chambres vraiment nickel, bien apprêtées et entretenues avec soin. Quelques arbres et fleurs agrémentent l'ensemble, ainsi qu'un petit resto.

Coral Beach II *(plan d'ensemble,* ***15****) : au nord-est de l'île. 081-353-589-422. • coralbeach_2@yahoo.com • Doubles 500 000-800 000 Rps.* Bungalows sur pilotis, construits dans le style très populaire des *lumbung* (greniers à riz). Belles salles de bains ouvertes, avec eau chaude dans les plus chères. Ensemble soigné et bon accueil. Petite piscine. Seul hic, si vous aimez le calme, le bar juste devant, assez animé certains soirs.

Alam Gili *(plan d'ensemble,* ***19****) : tt au nord de l'île. ☎ 63-04-66. • alamindahbali.com • Doubles à partir de 55 € env, petit déj et thé l'ap-m inclus.* Un bouquet de superbes bungalows à la belle architecture, nichés dans un jardin arboré et aéré à la fois, doté d'une petite piscine. Tout est en bois, avec beau parquet, terrasse généreuse, grand lit, belle salle de bains... et une sympathique atmosphère dans ce lieu familial (seulement 7 chambres) et chic à la fois. Confortable et parfaitement équipé. AC et moustiquaire dans toutes les chambres. Splendides portes sculptées. On est, de plus, dans un coin calme et pourtant pas trop loin de l'animation. Face à la plage, *berugak* pour le repos de fin d'après-midi. Charmant et tranquille.

Manta Dive *(zoom B1,* ***21****) : à 5 mn de la jetée, vers la droite. ☎ 64-36-49. • manta-dive.com •* Encore un centre de plongée disposant de quelques bungalows. Tous avec eau chaude, AC, frigo, coffre et TV. Ils sont à l'arrière de la piscine, d'architecture typiquement lombokaise, avec large toit de chaume en voûte, une terrasse, un grand lit, plancher de bois, le tout très agréable et chic. Sur le devant, le resto, la piscine (pour tester le matos !), les hamacs comme il se doit. Agréable, avec un côté classe pour les bungalows, qui fait oublier l'artillerie lourde du club de plongée. Toujours un instructeur parlant le français.

Karma Kayak *(plan d'ensemble,* ***18****) : au-delà de* Coral Beach I *(voir « Où manger ? »). 081-805-593-710. • karmakayak.com • Partie haute de la fourchette.* Au niveau d'un bon spot de snorkelling, les chambres sont ici réparties dans des pavillons en dur avec eau froide et ventilo ou AC. Un peu cher peut-être pour le niveau d'équipement, mais le confort général est irréprochable et le petit déj vraiment nourrissant. En plus, vous apprendrez plein de choses en discutant avec la sympathique patronne hollandaise, très engagée dans le projet *Biorock*, qui vise à protéger la côte de l'érosion et à recréer des massifs coralliens (voir plus haut « Pemuteran », où la même technique est employée). Organise aussi des sorties en kayak... on s'en serait douté ! Petite piscine pour rester à quai. Hélas, accueil un peu débordé en haute saison.

Wilson's Retreat *(plan d'ensemble,* ***18****) : tt au nord de l'île, à côté de* Karma Kayak. *☎ 61-200-60. • wilsons-retreat.com • Doubles à partir 900 000 Rps.* Une belle structure de bungalows en dur, dans un jardin, au bord de la plage, avec une élégante piscine. Déco boisée, aux teintes beiges et blanches. Joli carrelage, matières nobles et petite terrasse d'angle où il fait bon se prélasser, comme dans les salles de bains extérieures ! Tout confort, naturellement. Propose également 2 villas, pour les familles, au fond du jardin, avec piscine privée. Un petit goût de bout du monde.

Plus chic (plus de 1 000 000 Rps, soit 66,75 €)

Scallywags Resort *(zoom B2, **47**) : à gauche du débarcadère, au cœur de l'animation. ☎ 614-53-01. • scallywagsresort.com • Doubles env 70-110 € selon saison.* Une dizaine de bungalows superbes, dans des teintes chaleureuses et avec des matières naturelles, tous ouverts sur une salle de bains extérieure. Tout confort (clim, TV, sèche-cheveux, coffre). Belle piscine et rangées de transats pour flemmarder. Respect de l'environnement, ambiance jazzy au resto (voir « Où manger ? »), on aime bien cette adresse à deux pas de la mer et en plein cœur de l'animation.

Gili Eco Villas *(plan d'ensemble, **20**) : au nord de l'île. ☎ 847-64-19. • giliecovillas.com • Selon type et saison, compter env 90-135 € pour 2 pers.* 7 villas de 1 ou 2 chambres, avec salon et cuisine équipée, en retrait de la mer mais profitant de son panorama sans avoir de vis-à-vis. L'aménagement design s'inspire des maisons traditionnelles javanaises, dites « joglo », largement ouvertes sur l'extérieur. Piscine. Ce *resort* est réellement écolo, puisqu'il utilise les énergies solaire et éolienne, traite ses eaux usées pour arroser le jardin et recycle ses déchets. Et comme le *Karma Kayak*, il participe activement au projet *Biorock*.

Villa Almarik *(plan d'ensemble, **22**) : à env 10 mn à pied au nord du débarcadère. ☎ 63-85-20. • almarik-lombok.com • Doubles à partir de 85 €.* Les bungalows bi-chambres en dur donnent sur de petits espaces jardinés légèrement en retrait du bord de mer. Tous offrent espace et confort exemplaire (eau douce et chaude, frigo, bouilloire, TV satellite). En bonus, goûter servi autour de la piscine et plage avec transats face à un chouette spot de baignade et de snorkelling. Une adresse très bien tenue, dans un secteur calme, sans être trop loin des restos et de l'animation. Massage offert à l'arrivée. Clientèle plutôt familiale et accueil pro.

Vila Ombak *(plan d'ensemble, **23**) : au sud de la jetée. ☎ 64-23-36. • hotelombak.com • Doubles à partir de 2 350 000 Rps.* Gros complexe touristique qui accueille les clients des agences grâce à son grand nombre de chambres. En basse saison (entre octobre et avril), ne pas hésiter à négocier ferme. Cette adresse conviendra parfaitement à ceux qui préfèrent le confort un peu convenu et rassurant. Malgré le nombre de chambres, on n'a pas trop le sentiment de la foule car les bungalows sont astucieusement dispersés le long d'un jardin impeccable, composé de massifs fleuris superbes et de vénérables arbres. Plusieurs types de bungalows (sur 1 ou 2 niveaux), avec des qualités de confort variées. Préférer les plus éloignés de la réception (bruit). Architecture typique de Lombok (toit de chaume, chambre à l'étage, salle de bains extérieure...). Les plus classes possèdent des salles de bains spacieuses et un *mandi* d'eau douce. Excellent niveau de confort. Chaque chambre possède coffre, télé, téléphone, AC et minibar. Pour des raisons écologiques, l'eau de la douche est salée et à température. En revanche, on se rince à l'eau douce, stockée dans un traditionnel grand *mandi*. Petit déj pantagruélique, mais restos pas top.

Spécial coup de folie !

Villa Grasia *(plan d'ensemble, **27**) : à l'extrême nord de l'île. ☎ 62-99-77. • villagrasia-lombok.com • Cottage 2 pers env 110 €.* À deux pas de la plage, une vingtaine de cottages confortables (AC) et décorés avec simplicité sont alignés le long de la coursive intérieure. Chacun avec terrasse privative et salle de bains (eau douce chaude) en plein air dans le petit jardin. Évidemment, comme partout, spa, resto et sympathique piscine d'eau de mer. Vélos à disposition pour explorer l'île et très bon spot de snorkelling en face de l'hôtel.

Luce d'Alma Resort *(plan d'ensemble, **30**) : au nord de l'île. ☎ 612-17-77 ou 614-68-77.*

LOMBOK

• *lucedalmaresort.com* • *Cottages env 120-150 €.* Récent hôtel 4 étoiles tenu par Lucio et Antonio, de sympathiques frères italiens. Une quinzaine de cottages bordent l'atout majeur du lieu : une superbe piscine d'eau de mer longue de 80 m. Chacun d'entre eux est décoré avec goût et très spacieux (le plus petit fait 58 m², rien que ça !). Spa et prêt de vélos. Plage privative à 600 m, avec transats et parasols. Personnel très attentionné.

Au cœur du village

Les adresses les moins chères de l'île se trouvent dans le village. On est au milieu des gens, de la population, au calme et pourtant à 3 mn du bord de mer. Comme partout, les prix passent du simple au double en fonction de la saison.

De très bon marché à bon marché (moins de 300 000 Rps, soit 20 €)

Lisa Homestay (zoom A2, **24**) : *081-339-523-364. Compter 150 000 Rps.* 4 chambres simplissimes et impeccables, avec ventilo et eau froide, au fond d'une courette fleurie où vit une famille adorable.

Lili Homestay (zoom A2, **26**) : *087-865-526-139.* Maison vert menthe d'un étage, renfermant une poignée de chambres avec ventilo (rez-de-chaussée) ou climatisées (1er étage). Miniterrasse et eau froide. Espace compté, mais calme et très propre.

Pondok Sederhana (zoom A2, **28**) : *au fond du village. 081-339-536-047. Double 100 000 Rps.* Chouette petite adresse dans le calme olympien du village. 4 chambres nickel, carrelées, avec bonne literie (un grand lit et un petit dans chacune), douche (froide) et ventilo. Terrasses avec fauteuils épuisés et hamacs heureusement plus en forme.

Pondok Maulana (zoom A2, **29**) : *081-353-342-452.* Quelques chambres impeccables (eau froide, ventilo), avec terrasse donnant sur un bout de jardinet. Bon accueil de Roy, un Anglais qui prend soin de sa petite pension. Atmosphère tranquille.

Où manger ?

Une belle brochette de restos se déploie le long de la mer, de part et d'autre du débarcadère. Le soir, la plupart exposent des étals de poissons qui n'attendent que vous pour passer sur le gril. Comme toujours, comparez les prix et les produits, négociez et régalez-vous !

Bon marché (de 20 000 à 40 000 Rps, soit 1,30 à 2,65 €)

Green Café (zoom B1, **40**) : *sur la place, face au ponton.* Un mini-*warung* où locaux et touristes s'attablent à l'extérieur, en surplomb de la place. Plats à choisir à la carte ou dans la vitrine à l'intérieur.

Kiki Novi (zoom B1, **41**) : *dans un renfoncement au fond de la place.* Minuscule *warung* doté de tables en terrasse servant une petite cuisine 100 % indonésienne, familiale, simple et fraîche comme tout. Fréquenté par tous, locaux et touristes à parts égales.

Marché de nuit (zoom B1) : *sur la place, face au ponton.* Toutes les fins d'après-midi, la place se métamorphose en restaurant à ciel ouvert. Poissons, calamars et langoustes grillées à des prix beaucoup plus doux qu'ailleurs, et pour les becs sucrés, des pancakes pantagruéliques. Les amateurs de viande y trouveront aussi leur compte.

Prix moyens (de 40 000 à 80 000 Rps, soit 2,65 à 5,30 €)

Kayu Café (zoom B1, **48**) : *à gauche du débarcadère.* Un café en 3 parties pour engloutir *wraps*, falafels, chili con carne ou d'autres nourritures plus saines (petit déj, yaourts, fruits) et d'excellents cafés. Soit dans sa grande salle climatisée, tout en longueur ; à l'étage, histoire de prendre un peu de hauteur ; ou sinon sur l'élégante terrasse en bord de mer, tout en bois et joliment décorée. Parfait à tout moment de la journée, pour grignoter un plat de nouilles à midi, une pâtisserie au goûter, ou en attendant son bateau.

|●| *Le resto de l'agence de plongée Gili Diver's :* *au niveau de la mosquée, dans la partie animée du village, sur le front de mer côte est.* Excellente cuisine italienne. Un vrai plus : les prix affichés incluent la taxe et le service, pour une fois !

|●| 🍷 *Coral Beach I* *(plan d'ensemble, **43**) : sur la côte nord, à env 20 mn de marche du cœur de l'animation.* *Berugak* parfaits pour boire un verre après une session de snorkelling et reprendre des forces grâce aux excellentes pizzas au feu de bois. Service long. Dispose de bungalows, mais on préfère ceux de son rejeton, le *Coral Beach II* (voir « Où dormir ? »).

|●| 🍷 *Rudy's* *(zoom B2, **44**) :* même si c'est avant tout un bar (voir « Où boire un verre ?... »), le *Rudy's* propose de bons gros plats revigorants, à prix assez doux. Pizzas, pâtes, poissons, sandwichs... Pas le grand raffinement, mais ça cale ! Et puis, on y sert jusque très tard. Ambiance musicale permanente.

|●| *Fish and chips Wrap a Snapper* *(zoom B1, **45**) : vers la droite de la jetée.* La pénétration de la cuisine occidentale à Gili Trawangan s'exprime aussi par ce *fish and chips.* Pourquoi pas, puisque c'est frais, plutôt bon et servi assez copieusement ? La salle est nette, presque clinique, et la cuisine ouverte absolument impeccable : *snapper, prawns,* calamars... Vous pourrez accompagner votre *fish* de *chips,* comme il se doit, ou d'une assiette (petite ou grande) prise au *salad bar* (plus sain). Crudités fraîches et appétissantes.

Chic (de 80 000 à 120 000 Rps, soit 5,30 à 8 €)

|●| *Tir Na Nog* *(zoom B2, **46**) : au sud de la jetée. Voir aussi « Où boire un verre ?... ».* Belles brochettes (servies par 2) avec buffet de salades, ainsi que de généreuses et goûteuses pizzas au feu de bois.

|●| *Ryoshi* *(zoom B2, **46**) : voisin direct du* Tir Na Nog. *Ouv à partir de 16h slt et jusque tard le soir.* Sous l'enseigne d'une petite chaîne réputée, cette élégante paillote s'accorde à merveille avec le raffinement de la cuisine japonaise. Sushis, sashimis, *tempura* ou *makis,* tout est excellent. Attention, l'addition grimpe vite si on n'y prend garde. Possibilité d'être servi au *Tir Na Nog.*

|●| *Scallywags* *(zoom B2, **47**) : à gauche du débarcadère, au cœur de l'animation. Pour le soir surtout. Réserver sa table sur la plage.* Resto de bord de plage avec tables à même le sable, avec un discret éclairage à la bougie. Le bar, équipé de larges et profonds fauteuils, permet de se poser un moment dans l'après-midi. Ambiance jazzy tranquille. Le soir, la table des poissons frais propose barracuda, *butterfish, red snapper, yellow fin tuna, baramundi...* en darne, filet ou entier. Le chef aime aussi le surf et les tapas. Prix un peu élevés, mais *salad bar* inclus dans le tarif. Portions un peu chiches, dommage, et service un peu long.

LOMBOK

Où boire un verre ? Où faire la fête ?

Devenue experte en la matière, Gili Trawangan possède un vrai mode d'emploi pour faire la fête. En haute saison (juillet-août), quelques bars du bord de mer ouvrent tard, jusqu'à 2h. Ce sont les abreuvoirs traditionnels de l'île, avec leur(s) *happy hour(s)* et tout le tintouin. Grosse animation. Il y en a pour le gosier autant que pour les oreilles ! Par ailleurs, chaque soir de la semaine, toujours en haute saison, chacun leur tour, des hôtels ou bars organisent des soirées spéciales. Par exemple (mais ça peut changer), le lundi c'est au ***Blue Marlin,*** le mercredi au ***Tir Na Nog,*** le vendredi au ***Rudy's...*** Sans compter les *full moon parties,* qui se tiennent... chaque soirée de pleine lune. Ambiance garantie, sur la plage évidemment. C'est au sud de la jetée qu'on trouve la plus grande concentration de bars en plein air et en bord de plage. Au nord, des adresses plus simples et populaires, plus tranquilles aussi, qui se couchent plus tôt. Voici quelques classiques du circuit.

The Pearl Beach Lounge *(plan d'ensemble,* ***49****) : au sud de la jetée, en face de* Vila Ombak. • *pearlbeachlounge.com* • *081-238-129-99.* Une immense structure de bois blond aux formes tentaculaires et spectaculaires, qui sert de grand parasol à ses clients. Gros poufs de toutes les couleurs, pour s'étendre face à la mer, siroter un cocktail ou buller, tout simplement. On aime bien.

Tir Na Nog *(zoom B2,* ***46****) : au sud de la jetée. Voir aussi « Où manger ? ».* Un bar qui n'a d'irlandais que le nom, puisqu'il s'agit d'une paillote en partie ombragée par quelques arbustes maritimes et surplombant légèrement le bord de mer. Bois foncé, musique rock et large offre de spiritueux créent un cadre parfait au moment de l'apéro, coïncidant avec le coucher de soleil. Quitte à être sur une île hédoniste, délivré de l'angoisse de la conduite... Tout au fond, de l'autre côté de la rue, vaste salle avec canapés, baby-foot et grand écran diffusant toutes les compétitions sportives possibles et imaginables. Propose parfois des soirées à thème.

Égoïste *(zoom B1,* ***50****) : à 10 mn à pied au nord de la jetée.* Terrasse au beau mobilier de bois et coussins oblongs pour lézarder sur la plage en sirotant un cocktail (et poursuivre par un barbecue si ça vous dit !). Juste ce qu'il faut pour se faire plaisir en oubliant le reste du monde, quoi !

Horizontal Café *(zoom B1,* ***50****) : voisin direct de l'Égoïste.* On se croirait à Ibiza ou à Los Angeles. Plus branché, tu meurs ! Au point que c'en est drôle. Des transats tout blancs, protégés de la ruelle par une grande verrière brise-vent, avec, derrière, un énorme bar sous paillote, des sièges rouge sang, une piste de danse, des sofas en veux-tu en voilà. Hyper tendance donc, mais toujours convivial, car ici le côté prétentieux n'atteint jamais le sourire des serveurs. Fréquenté en saison, quasi vide le reste du temps. Propose aussi des villas à l'arrière, avec boule à facettes, un brin clinquantes.

Scallywags *(zoom B2,* ***47****) : au sud du débarcadère, au cœur de l'animation.* Pour un *drink* nocturne, les profonds et larges fauteuils vous tendent leurs bras moelleux. Musique lounge débitée au kilomètre.

Où plonger, faire du snorkelling, nager ?

Voir la rubrique « Plongée et snorkelling » plus haut, au début du chapitre « Au nord-ouest, les Gili Islands ». Le secteur le plus propice à la baignade, même à marée basse, se situe au nord de la jetée. En revanche, pas assez de profondeur le long des côtes sud et nord.

À voir. À faire

Excursion à la journée : on vous proposera en permanence ces balades sympas et à la journée, en général entre 10h et 16h. Départ en bateau et arrêt dans trois lieux différents autour des trois îles pour explorer les fonds sous-marins. Compter environ 80 000 Rps, sans le déjeuner (prévoir son pique-nique). Palmes, masque et tuba à louer en plus (ou à négocier).

➢ ***Le tour de l'île*** *(à pied, à vélo ou cidomo) :* il n'y a évidemment pas de route, mais quelques sentiers sableux, dont un qui fait le tour de l'île. Seuls quelques *cidomo* servent à transporter les marchandises et les touristes pour les logements éloignés ou pour un tour de l'île. Compter environ 3h pour faire le tour à pied. On peut aussi le faire à bicyclette, avec ou sans Paulette ; compter 1h sans s'arrêter. Régulièrement, il faut mettre pied à terre (devant Paullièèèttteu...) car le chemin est trop sablonneux. Prévoir de l'eau, une serviette et éventuellement de quoi grignoter. On découvre des plages absolument désertes, à son rythme. Location de vélos autour de la jetée.

■ ***Stud-Horse Riding Adventures*** *(plan d'ensemble,* ***60****) : 081-757-460-79. Appeler pour réserver.* Balades à cheval à travers l'île. Sympa.

LE NORD DE L'ÎLE

LE MONT RINJANI

Ce volcan culmine à 3 726 m. Il est à cheval sur les trois districts administratifs découpant l'île : *Lombok Barat* (ouest), *Lombok Timur* (est) et *Lombok Selatan* (sud). Il bat de quelques mètres le Gunung Agung de Bali.
Son ascension est une expédition qui nécessite un équipement approprié. Elle s'adresse aux personnes en très bonne condition physique. Si l'ascension du mont Rinjani est un objectif en soi, les moins courageux pourront se contenter de randonner jusqu'au bord du lac Segara Anak, situé à environ 1 800 m d'altitude. Mais il est vrai que l'ascension du Rinjani est un must, et le panorama depuis la crête de la caldeira sur les eaux du Segara Anak, ou la vue du sommet sur la région laissent un souvenir inoubliable, peut-être aussi parce que l'ascension est particulièrement difficile. Attention, durant l'arrière-saison, de janvier à avril, le parc et le mont ne sont pas accessibles.

Arriver – Quitter

En *bemo*

➢ ***Liaisons avec Sembalun Lawang par le sud :*** départ du terminal de Mandalika. Les *bemos* prennent la route principale traversant l'île d'ouest en est en longeant le sud du parc national du mont Rinjani. Plusieurs combinaisons sont possibles. La solution la plus simple est de monter dans un direct pour Sembalun Lawang (terminus du *bemo*). Nombreux départs 10h-17h. Durée : 3h min. Le chauffeur pourra vous arrêter devant votre *losmen*. Une autre solution consiste à prendre un *bemo* en direction de Selong et de changer à Masbagik. Enfin, des *bemos* partent ttes les 15 mn env de Mandalika en direction de Labuhan Lombok. On change alors à Aikmel pour Sembalun Lawang.

➢ ***Liaisons avec Sembalun Lawang par le nord :*** départ du terminal de Mandalika pour Bayan (en 2h30), puis *bemo* pour Sembalun Lawang (encore 2h30). Mais nous vous déconseillons cet itinéraire qui est plus long que par le sud et où la route est plus difficile.

➢ ***Liaisons avec Senaru par le nord :*** prendre au terminal de Mandalika un *bemo* en direction de Bayan et descendre à Anyar, puis prendre un 2e *bemo* pour Senaru.

En van privé

De très nombreuses agences proposent des véhicules confortables et climatisés pour rejoindre Senaru rapidement. Depuis Kuta, Senggigi et les Gili (traversée en bateau comprise), compter respectivement 400 000, 180 000 et 250 000 Rps/pers.

Où dormir ? Où manger dans les environs du volcan ?

En fonction de l'approche du volcan qu'on aura choisie, on dormira soit à Sembalun Lawang, soit à Senaru. Si on n'a pas réservé son trek, certains hébergements sont spécialisés dans l'organisation de la rando au volcan.

À Sembalun Lawang

Ces deux adresses, proches l'une de l'autre, se trouvent au départ de la randonnée, au sud de Sembalun Lawang, avant d'arriver au village. Voici une région essentiellement dédiée à la culture de l'oignon, de l'ail et des tomates.

Pondok Sembalun : *jl. Pelawangan 2. ☎ (0376) 62-16-56. Petit déj inclus. Losmen* bon marché proposant des chambres sans eau chaude, *mandi*, w-c à la turque. Petit resto qui a le mérite d'exister.

Lembah Rinjani : *un peu après le Pondok Sembalun, sur le même chemin. ☎ (0364) 62-79-37 (à Mataram). Catégorie « Chic ». Petit déj compris.* Quelques chambres correctes, totalement carrelées et confortables (AC, douche et eau chaude).

À Senaru

Très bon marché (moins de 150 000 Rps, soit 10 €)

Pondok Gunung Baru : *à côté du village traditionnel de Senaru, à l'arrivée du chemin de randonnée.* Quelques bungalows en dur dans un jardin, avec *mandi* et w-c à la turque. Simple, calme et bon marché.

Pondok Bale Bayan : *au bout de la route, juste devant le village traditionnel.* Bungalows simples et w-c à la turque. Petit jardin presque bien entretenu.

Bon marché (de 150 000 à 300 000 Rps, soit 10 à 20 €)

Pondok Indah Hotel *(John's Adventure) : à env 1 km avt le village. 082-817-578-80-18.* Chambres simples, sans charme, avec eau froide. Ensemble correct, sans plus. En fait, cette adresse est surtout un lieu pour organiser son trek, plus que pour y dormir. *John's Adventure* est en effet l'un des principaux organisateurs de rando au volcan.

Prix moyens (de 300 000 à 500 000 Rps, soit 20 à 33,35 €)

Pondok Senaru : *sur la route principale, en haut du nouveau village de Senaru. ☎ (0370) 62-28-68. 081-803-630-668.* Une douzaine de chambres en bungalows de plusieurs catégories, avec des tarifs allant du simple au double, très agréables, spacieuses, précédées d'une véranda donnant sur un jardin fleuri et soigné, dominant un paysage de montagnes verdoyantes. Bungalows les plus chers avec minibar, eau chaude et murs de bambou. Grande propreté. Un cadeau inespéré après 3 jours de marche. Le petit déj, inclus dans le prix, est en revanche trop léger. Salle de resto et kiosque donnant sur le volcan. Vue extra. Hélas, accueil moyen.

Conseils et équipement

– ***Préparer son trek :*** plusieurs solutions. La grande majorité des randonneurs choisissent d'acheter les services d'une agence de voyages à Senggigi, Mataram, ou même depuis Bali. C'est une solution pratique, mais on peut aussi parfaitement l'organiser sur place, à partir d'un des deux villages de départs, Senaru ou Sembalun Lawang. Mieux vaut alors prévoir d'arriver sur place 1 ou 2 jours avant,

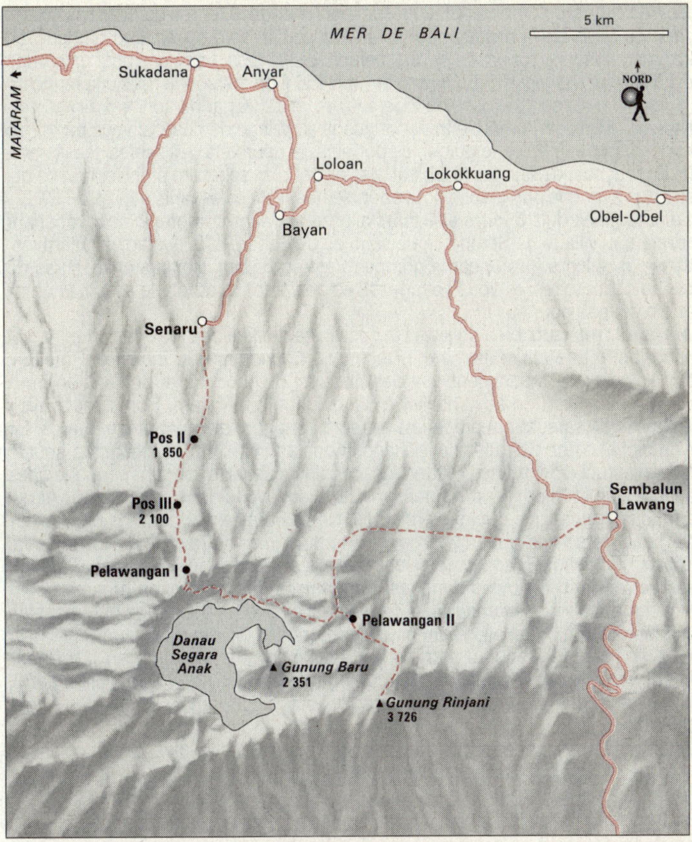

LE MONT RINJANI

afin d'organiser les choses. Il faut alors s'adresser soit au *RTC* (voir plus loin), soit dans les hébergements qui s'occupent de ce service. Il n'y a pas de différence de prix notable entre les différentes solutions. Il est par ailleurs assez facile de trouver directement dans les villages un guide et des porteurs.

Attention, mieux vaut être en très bonne condition physique pour monter jusqu'au sommet ! On préfère aussi vous avertir : aucun système de collecte ou de recyclage des déchets n'étant mis en place, il faut prévoir un sac poubelle pour la durée du trek.

■ ***RTC :*** à Senaru et à Sembalun Lawang, on trouve le *Rinjani Trek Centre (tlj 6h-17h),* sorte de bureau des guides, qui donne des conseils sur l'ascension. On peut aussi organiser la grimpette avec eux, les prix sont comparables à ceux des agences.

■ ***Rinjani Trekking Club :*** *à Senaru.* *081-805-712-752.* ● *rinjanitrekkingclub.com* ● Une agence très sérieuse, réceptive pour des tours-opérateurs français et qui fournit le matériel nécessaire. Pour plus d'infos, voir « Adresses utiles » à Senggigi.

– ***Entrée du parc :*** compter 35 000 Rps, peu importe le temps qu'on y passe.
– ***Idée de tarifs de la rando :*** pour la *rando jusqu'au bord du lac,* compter environ 120 € par personne sur une base de 2 personnes, 80 € par personne pour un groupe de 4 à 6. Pour l'*ascension du Rinjani,* environ 150 € par personne pour une rando de 3 jours et 2 nuits sur une base de 2 personnes, et 120 € par personne pour 4-6 personnes. Ce prix comprend le transport jusqu'au village de base (si vous partez de Senggigi, par exemple), le guide, les porteurs, la nourriture, les tentes, les duvets, etc. En tout cas, demandez le tableau des prix et bien se refaire préciser tout ce qui est inclus avant de partir. Vous pouvez également vérifier les tarifs auprès du *RTC.*
– La randonnée dure ***3 jours et 2 nuits*** aller-retour, sans compter la nuit précédant le départ au village de Sembalun Lawang ou de Senaru et la nuit suivant l'arrivée. Être en excellente forme, car la grimpette est épuisante. Bonnes chaussures de marche obligatoires. Si vous voyagez avec des enfants, autant le savoir, la grimpette n'est pas pour eux !
– ***Matériel :*** réchaud (bien qu'il y ait la possibilité de faire des feux de camp), duvet chaud, nourriture (riz, pâtes, etc.). Dans les « boutiques » de Bayan et Batokok, vous ne trouverez quasiment que des biscuits, du chocolat et de l'eau en bouteille. Le mieux est de se ravitailler à Senggigi ou à Mataram. Bon, il faut savoir que les organisateurs qui préparent votre trek ont normalement prévu tout ça. En revanche, achetez des piles de rechange pour la torche, et des cigarettes pour le guide éventuellement fumeur. Attention, certains magasins vendent pour quelques centaines de roupies des piles qui sont dans les rayons depuis des lustres et qui ne fonctionneront que quelques minutes. Ne pas oublier les pastilles pour aseptiser l'eau de source que vous trouverez tout au long du parcours. Nos lecteurs les plus sophistiqués apporteront des cannes de randonnée réglables. En effet, elles se révèlent fort utiles dans les nombreuses descentes abruptes et aident efficacement contre le fameux *sahib knee* (mal au genou) qui frappe durement les Occidentaux. En outre, elles sont peu encombrantes (50 cm maximum).
– Que l'on monte jusqu'au sommet ou seulement jusqu'au lac, ***un guide est indispensable,*** car l'ascension n'est pas balisée. En saison sèche (juillet-août), trek assez fréquenté, et on trouve presque toujours le moyen de s'informer sur l'itinéraire.
– Attention, la randonnée est fermée pendant la saison des pluies, de début janvier à mi-avril environ. De toute façon, la piste est impraticable.

L'itinéraire

Il existe plusieurs possibilités pour cette randonnée. Tout dépend de votre motivation et de votre temps.
Pour l'***ascension du Rinjani,*** traditionnellement, les randonneurs partent du village de Senaru et reviennent à ce village après l'ascension, ce qui explique les hébergements plus nombreux. Cependant, ce n'est pas la meilleure solution si le but est d'aller jusqu'au sommet. En effet, en partant de Senaru, on dort la première nuit au bord du lac *(Crater Rim),* mais il faut remonter le lendemain jusqu'à la crête de la caldeira avant d'entreprendre l'ascension du mont Rinjani, ce qui est très fatigant, voire épuisant. En revanche, en partant du village de Sembalun Lawang, on arrive directement en une journée de marche au campement de base *(Pelawangan II),* point de départ à l'ascension du Rinjani le lendemain très tôt. Bref, on fait le plus difficile le deuxième jour plutôt que le troisième, ce qui est largement préférable.
En résumé, si vous avez comme objectif de grimper jusqu'au sommet, nous vous conseillons de partir de Sembalun Lawang et d'arriver à Senaru. Si vous passez par une agence, n'oubliez pas de le préciser.
Quelques chiffres valant mieux qu'un long discours, le tableau suivant indique les étapes de cette randonnée, avec les altitudes correspondantes et les durées approximatives de marche. Ces durées ne prennent pas en compte les pauses et les repas. On se rend compte ainsi des belles dénivelées à effectuer. Attention les mollets !

Si vous vous contentez d'aller voir le ***lac de cratère,*** ce qui est quand même un but en soi, mieux vaut partir de Senaru. Dans ce dernier cas, l'aller-retour jusqu'à la crête de la caldeira *(Pelawangan I)* se fait en 2 jours et 1 nuit. Il faut prévoir de camper une nuit à *Pelawangan I* ou, un peu plus bas, au campement *Pos III.*

Le mont Rinjani pour les marcheurs

	Altitude	Temps de marche
Sembalun Lawang	1 156 m	–
Pelawangan II (1re nuit)	2 639 m	6h
Mont Rinjani	3 726 m	3h
Retour Pelawangan II	2 639 m	2h30
Lac Segara Anak	2 000 m	3h
Pelawangan I (2e nuit)	2 641 m	3h
Pos III	2 100 m	1h
Pos II	1 850 m	1h30
Senaru	600 m	3h

À voir. À faire

Senaru : point de départ ou d'arrivée de la randonnée, tout dépend du sens dans lequel on effectue l'ascension. Le village n'était au départ qu'un petit hameau sasak, que l'on peut visiter, puis une douzaine de *losmen* ou d'hôtels se sont gentiment construits à la faveur du tourisme sur la route arrivant au minuscule village. On y trouve peu de choses, si ce n'est la tranquillité. Idéal pour reprendre des forces. L'air est frais à cause de l'altitude. Au bout du village (là où la route s'arrête), voir le petit village traditionnel à l'habitat soigné, avec ses jolies maisons sasaks et ses ruelles de terre tracées au cordeau, balayées tous les jours comme un dimanche matin.
Du village, on peut accéder depuis le chemin de randonnée à plusieurs cascades au milieu de la forêt. La première, *Sendang Gile,* est accessible en 20 mn (pas trop compliquée à trouver) ; l'autre, *Tiu Kelep,* en 1h. Cette dernière étant assez difficile à dénicher, il peut être préférable de se faire accompagner par un guide local. Une petite randonnée agréable, récompensée par un bain d'eau fraîche.

Le lac Segara Anak : descente assez difficile dans la caldeira née au XIIIe s, que ce soit au départ de Sembalun Lawang ou de Senaru. Être très prudent. Possibilité de s'y ravitailler en eau pure. Demandez à votre guide où se trouve la source qui jaillit d'un rocher. Certains vendent des carpes pêchées dans le lac.
On aperçoit le lac pour la première fois en arrivant jusqu'à l'arête de la caldeira. À l'origine circulaire, le lac est aujourd'hui en forme de croissant à cause du cône volcanique *(Gunung Baru)* qui s'est formé il y a des siècles et dont les flancs dessinent une étrange avancée tentaculaire dans l'eau. Ses flancs ont grossi et sa bouche s'est ouverte lors d'une éruption en 1994, où le cône a craché des milliers

de tonnes de scories et de cendres. On peut d'ailleurs distinguer, par la différence de couleur, la matière récemment expulsée. Lombok, Bali et Sumbawa sont restées 2 mois dans un nuage de cendre. Il n'y a eu aucun mort pendant l'éruption, mais quelques semaines plus tard, six paysans qui travaillaient dans leur rizière ont été emportés par une vague de boue formée par les scories et l'eau de pluie.
Le dieu *Dewa Betara* a, selon la tradition hindoue, élu domicile dans le lac. C'est un lieu de pèlerinage que l'on pourrait qualifier d'œcuménique, car les musulmans sasaks et les hindous balinais viennent prier et jeter de l'or au bord du lac. Ce pèlerinage, le *pekalan,* a lieu tous les ans à la mi-octobre et rassemble des hindous de toute l'Indonésie. Les familles indonésiennes que vous croiserez sur le chemin viennent sûrement pour faire une offrande.
Sources d'eau chaude pour se détendre. La première (à 5-10 mn de la cabane) se trouve au pied d'une cascade. Tout le monde y va pour faire sa toilette. Une autre, plus bas, à environ 30 mn de marche. Emprunter le sentier du Rinjani sur 100 m. Arrivé à une petite courbe, descendre sur la gauche, dans une profonde gorge. Quelques impressionnantes orties et végétation luxuriante. Arrivé dans la gorge, remonter le cours d'eau jusqu'aux grandes marmites d'eau chaude. Les Sasaks et les Balinais attribuent à ces sources des vertus curatives, et selon eux, un bain dans cette eau vaut mieux que cent piqûres !
Que l'on parte de Sembalun Lawang ou de Senaru, on campe au bord du lac. Une nuit de repos n'est pas de trop avant de monter sur la deuxième arête de la caldeira.

La montée au Rinjani : en partant de Sembalun Lawang, on dort une première nuit au campement de *Sembalum Crater Rim Camp (Pelawangan II).* L'ascension proprement dite du mont Rinjani commence tôt le lendemain, à 3h du mat', afin d'arriver au sommet à l'aurore (vers 5h30) ; on grimpe une dénivelée de 1 000 m en 3h. En effet, hormis les couleurs de l'horizon et du paysage au lever du soleil, le mont Rinjani se couvre rapidement en début de matinée. Autant mettre toutes les chances de son côté pour voir quelque chose là-haut ! Sentier abrupt sur cendrée, ravines pénibles avant de parvenir à la grande arête (vers 3 200 m). Dans la dernière partie, on a l'impression de grimper une dune, et on s'enfonce de 15 cm lorsqu'on en monte 30. Cette dernière partie de l'ascension est particulièrement exténuante et plutôt démotivante, mais vos efforts seront récompensés, et puis quel est l'intérêt de s'arrêter si près du but ? Quelques passages caillouteux (où l'on ne regrette pas ses bonnes chaussures). Bien rester au milieu du chemin, car à certains endroits, on passe à côté de précipices. Attention au froid et au vent : des vêtements chauds et coupe-vent sont indispensables en arrivant au sommet.
Tout en haut, spectacle à 360° : le lac Segara Anak en plongée, l'île de Sumbawa, Bali et le mont Agung au-dessus des nuages... Merveilleux et inoubliable. La descente dans les éboulis est un vrai plaisir, en enfonçant les talons dans le sable. Il faut malgré tout rester prudent, car même si la crête est suffisamment large, elle est entourée d'à-pics. On poursuit la descente vers les chutes d'eau *(hot springs).* Petit bain. Puis on continue le long du cratère pour poursuivre vers *Senaru Crater I (Pelawangan I),* où l'on passe la deuxième nuit. Le lendemain, suite et fin de la descente vers Senaru. Fin de la rando.

JAVA

Nous traitons à Java uniquement Yogyakarta, Prambanan, Borobudur, les volcans Merapi, Bromo, Semeru, Kawah Ijen et Surabaya.

Java, l'île la plus peuplée d'Indonésie, compte plus de 135 millions d'habitants. Elle s'étire d'ouest en est sur près d'un millier de kilomètres. Même si elle est grande, aucun risque de s'y sentir seul. Elle possède l'une des plus importantes densités de population de la planète.

Java offre le pire et le meilleur. À Jakarta, l'explosion économique a défiguré la ville, et les laissés-pour-compte vivent dans des taudis au pied des buildings de verre. À Yogyakarta, on continue à cultiver l'art de vivre à la javanaise, souvenir de l'époque des sultans, et la région de Yogyakarta possède des temples époustouflants.
Mais on vient aussi à Java pour les volcans (on en compte 120, dont 17 en activité). Une chaîne de montagnes volcaniques coupe l'île d'ouest en est. Les paysages extraordinaires qu'offrent les excursions vers les volcans constituent une expérience unique. Aucune autre île ne propose une telle beauté sauvage.
On ne vient pas à Java pour bronzer sur les plages – il n'y en a quasiment pas –, mais pour découvrir une nature exceptionnelle. La forêt tropicale occupe d'ailleurs 30 % de l'île.
Sur le plan humain, vous serez gâté et croiserez des gens très différents. Le groupe ethnique le plus important reste les Javanais. Ils occupent l'est, le centre, les côtes ouest de l'île. Les Sundanais vivent dans la région sud-ouest. Quant aux Madurais, ils habitent à l'est de Java ainsi que l'île de Madura, ce que vous auriez deviné tout seul.

YOGYAKARTA (YOGYA, prononcer « Djodja »)

env 1 000 000 hab. IND. TÉL. : 0274

Yogya pour les intimes. Qu'est-ce qui fait la richesse et le prestige de Yogya ? Il y a beaucoup de réponses et on ne peut toutes les citer ! Parmi celles-ci, la proximité du volcan Merapi, chargé d'une puissante signification mystique pour les Javanais. La trace de ses anciens royaumes : le plus grand ensemble bouddhique du monde, Borobudur, et les temples hindous de Prambanan, qui jaillissent

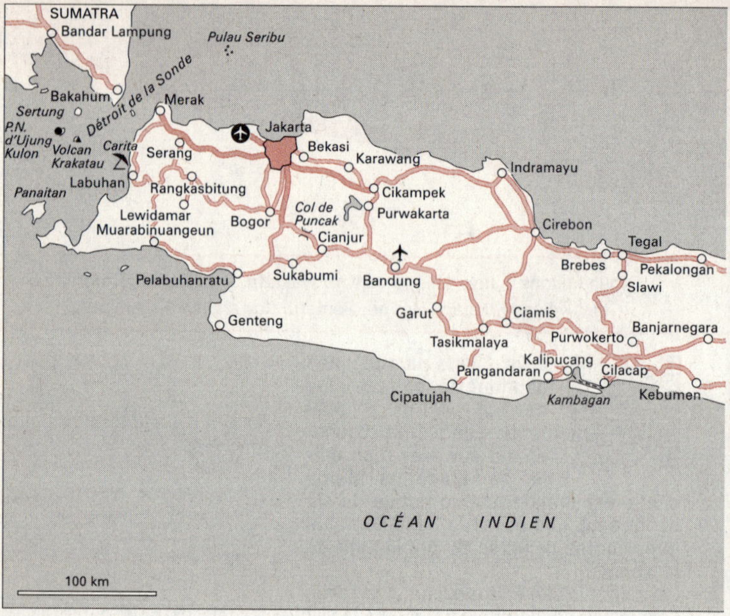

vers le ciel. Les agriculteurs et les terres d'une province parmi les plus fertiles du globe, depuis plus de 2 000 ans... Sa densité humaine (plus de 1 000 habitants par kilomètre carré et 1 million d'habitants au bas mot pour la seule agglomération) et sa densité d'humanité. Des milliers de cyclo-pousses qui sillonnent la ville... Enfin, des arts multiples : danses, *wayang,* batiks et artisanats de tous les styles. Et puis, Yogya, ne l'oublions pas, est une ville royale ! Son *Kraton* (palais) abrite l'héritier d'une lignée de sultans vers qui tous les regards se tournent dans les moments importants (voir les événements de mai 1998 qui ont abouti à la démission de Suharto !). Yogya, c'est aussi le berceau de la mystique javanaise, une spiritualité complexe et particulière, mélangée au *tempo doeloe,* cette nostalgie du « bon vieux temps des Néerlandais ». Yogya, c'est le charme de tous ces paradoxes. Mais qu'on ne s'y trompe pas : c'est une cité bien vivante, jeune (pas moins de 55 universités), en un mot, créative !

La ville possède de vrais quartiers routards : l'agréable Sosro, en haut de la célèbre avenue Malioboro (celle-ci mène au *Kraton,* un peu comme les Champs-Élysées mènent à l'Arc de Triomphe, mais version couleur locale !) ; et puis le quartier de Prawirotaman, truffé de restos, de *losmen* et de boutiques d'art et d'artisanat.

Voilà, maintenant vous savez (presque) pourquoi Yogya est la ville la plus visitée de Java ! Il vous reste à la découvrir.

UN PEU D'HISTOIRE

Et quelle histoire ! Ou : « Pourquoi le *Kraton* de Yogyakarta est toujours une force politique et spirituelle importante... »

JAVA

La naissance de Yogyakarta

La région de Yogya est le cœur géographique et culturel de l'île. C'est ici que régnèrent les royaumes bouddhiques et hindous de Sailendra et de Sanjaya, qui donnèrent naissance aux extraordinaires monuments de Borobudur et Prambanan, entre le VIIIe et le Xe s. Puis la région entra dans une période de déclin. Les monuments furent abandonnés.

Sa renaissance politique se situe à la fin du XVIe s avec l'avènement d'un royaume islamique très puissant, *Mataram.* Son principal souverain est le sultan Agung. Le royaume change fréquemment de centre, mais l'un de ses petits-fils, Pakubuwono Ier, achève d'édifier une capitale. Il lui donne alors le de nom de *Ngayogya,* tiré de l'épopée mythique du *Rāmāyana* et signifiant « paix et prospérité ». La cité s'enrichit effectivement du commerce florissant, mais les guerres de succession entament sa puissance... Son successeur, Pakubuwono II, règne alors à Solo (Surakarta) et s'appuie sur le soutien des Néerlandais. Farouchement opposé à cette ingérence, le prince rebelle Mangkubumi obtient la dislocation du royaume à la force du poignet et fait tomber l'ancien territoire royal de Yogya dans son escarcelle. Il y bâtit un *kraton* (palais) et en fait la deuxième ville royale de Mataram. Mangkubumi devient alors le sultan de Yogya et prend le nom de Hamengkubuwono Ier (il est à l'origine de la lignée dont le sultan actuel est toujours l'héritier direct). Sous son règne, le royaume devient extraordinairement actif.

Mais les guerres de succession reprennent de plus belle, après sa mort en 1792. Les occupants (cette fois les Anglais, par intérim !) placent le prince Notokusumo sur le trône. Ça n'arrête pas les rivalités pour autant ! Celles-ci culminent au moment de la guerre de Java, entre 1825 et 1830. La lutte contre les Néerlandais est menée dans la région de Yogya par le prince Diponegoro. Après 15 000 morts et 200 000 victimes de la famine et de la maladie, Diponegoro tombe dans un piège des Néerlandais. Il est exilé dans des îles lointaines d'Indonésie. À partir de cette époque, Yogyakarta devient le centre spirituel de la rébellion et des arts ! Des mouvements sociaux et religieux s'y enracinent, comme la *Muhammadiyah,* organisation islamiste toujours active aujourd'hui.

Une dynastie prestigieuse...

En 1940 a lieu le couronnement de Hamengkubuwono IX, alors âgé de 27 ans. C'est une figure marquante. Le père de l'actuel sultan soutient la lutte pour l'indépendance. Il approuve la nouvelle république proclamée par Sukarno en 1945 et abrite dans son *kraton* le gouvernement des rebelles et un certain Suharto... De fait, Yogyakarta devient la véritable capitale politique et morale du pays. Figure mystique, extrêmement populaire, le sultan inquiète les Néerlandais qui n'osent pas envahir son palais, par crainte de cet attachement viscéral du petit peuple de Java à son leader ! Celui-ci refuse même de se laisser soudoyer. Le sultanat de Yogyakarta devient l'emblème et le symbole de la lutte contre l'occupant. Du coup, après la libération et la victoire contre les Néerlandais en 1949, Yogyakarta obtient un statut exceptionnel : sa région est proclamée « province spéciale » par le gouvernement, ce qui lui permet de n'avoir de comptes à rendre qu'au gouvernement du pays ! Le sultan de Yogyakarta devient même le vice-président de Suharto... Il démissionne en 1978. Comme quoi, il a peut-être eu du nez.

Le mythe continue !

Après la mort du sultan charismatique, l'aîné de ses fils est couronné en 1989 dans un faste extraordinaire. Acclamé par des centaines de milliers de personnes, qui veulent voir en lui le digne héritier de son père. De fait, les événements de mai 1998 et la démission de Suharto leur donnent raison. Alors que Jakarta et Solo sont secoués par des émeutes et des pillages dramatiques, Hamengkubuwono X intervient pour sauver sa ville et la communauté chinoise. Au cours d'une manifestation réunissant près d'un million de personnes, il rappelle son engagement pour les réformes, tout en appelant au calme. Et il l'obtient. La nouvelle ne tarde pas : Suharto annonce sa démission le lendemain même. L'histoire se met à nouveau en marche. Aujourd'hui, le sultan inspire toujours le respect dans toute la population et, même s'il n'a pas de fonctions politiques officielles, il exerce un réel pouvoir au niveau local.

CLIMAT

La saison sèche commence fin avril et se termine fin septembre. Pendant la saison des pluies, d'octobre à avril, il pleut presque tous les jours à partir de 13h ou 14h, et parfois durant toute la soirée. Donc, le matin, avant de quitter son *losmen,* prévoir un vêtement imperméable. Janvier est le mois où il pleut le plus.

Arriver

En train

De Jakarta et de Surabaya, les trains sont préférables aux bus (longs et épuisants). Arrivé à la gare de Yogya, demander le plan de la ville, mais éviter de changer de l'argent : le taux n'y est pas favorable. Essayer plutôt d'utiliser une carte bancaire dans un distributeur. Se méfier des rabatteurs qui proposent des logements où ils touchent leur commission. Mieux vaut s'en tenir à notre sélection d'adresses.

➢ ***De Jakarta :*** env 10 trains/j. Ils

partent essentiellement de la gare de Gambir (Jakarta). Compter 8-12h de trajet. Les trains de nuit sont bien, mais attention à vos affaires, c'est un trajet archi connu des pickpockets ! Les trains ont des classes *bisnis* et *eksekutif (Argo Lawu)* mais pas de couchettes. Pensez à demander une place à gauche : vu de ce côté, vers 5h30, le spectacle est magnifique avec les enfilades de rizières se détachant dans la lumière orangée du soleil levant. Le seul train à proposer des couchettes est le *Senjar Utama Solo* qui part vers 19h30 et arrive vers 4h30. Attention, beaucoup de monde le vendredi. Il est préférable de réserver quelques jours à l'avance à la gare de Gambir. Enfin, les trains de jour sont les *Fajar Utama* (classes *bisnis*) qui partent tôt le matin. 2 trains en *eksekutif* : *Dwipangga* et *Tatsaka* (matin et soir). Dans les classes *ekonomi,* aucun espoir de dormir, qu'on se le dise ! Et il faudra aller ailleurs dans les autres gares de la ville pour les trouver.

➢ ***De Surabaya :*** 8 trains/j., dont 3 de nuit. Ils passent tous par Solo. Compter 5-6h de trajet en express ; sinon, compter 8h.

En bus

Bien s'assurer que les bus ont des places numérotées et que les sièges sont inclinables : c'est un élément essentiel si vous voulez dormir en route. Les bus partent tlj entre 16h et 17h du terminal *Pulogadung* à Jakarta. Compter env 12h de trajet jusqu'au terminal de Giwangan à Yogya. À l'heure où vous arrivez, vous n'aurez que la possibilité de prendre un *becak* ou de « chartériser » un taxi pour aller dans le centre... Peu pratique, donc.

En avion

✈ ***Aéroport Adisutjipto :*** ☎ *566-666. À 9 km de Yogya.* Très bien équipé. Office de tourisme *(tlj 8h-17h),* mais peu d'infos en dehors d'un plan de la ville. Plein de petits restos, dont *La Crêperie.* Une agence de voyages pouvant vous réserver un hôtel + taxi (cher). À la sortie, comptoirs de taxis où l'on paie un tarif fixe : 50 000 Rps lors de la résa. Très pratique et pas de risque d'arnaque. Toutes les compagnies aériennes locales sont représentées : *Garuda, Merpati, Lion, Mandala, Batavia, Air Asia.*

➢ Pour **Jakarta,** 20 vols/j., 6h-21h15 (1h de trajet), et pour **Denpasar,** 3 vols/j., mais il est préférable de se renseigner sur place.

➢ Les vols pour **Surabaya** (2 liaisons/j.), pour **Makasar** (Sulawesi) et Banyuwangi sont plus rares (au mieux 1 vol/j.), mais là encore, à vérifier...

➢ En principe, *Garuda* assure 1 liaison/j. avec **Mataram** (Lombok) en 1h45. Bon, encore une fois, aucune garantie concernant ces vols ! Se renseigner.

Adresses utiles

Infos touristiques

🅸 ***Office de tourisme*** *(plan I, B2) : 16 jl. Malioboro.* ☎ *56-60-00.* • *visitingjogja.com* • *Tlj sf dim, 8h-20h (19h ven-sam). Fait aussi police touristique en cas de problème (7h-20h). Annexe à la gare tlj 8h-15h.* On y donne quelques renseignements, ainsi qu'une carte de la ville, le programme des spectacles et quelques brochures... Demandez Anti, la patronne, qui parle le français, ou Tina (présentes seulement le matin). Les horaires des trains et des bus sont affichés, et on peut vous réserver n'importe quel ticket pour un voyage, une excursion ou un spectacle. Bonne organisation. On y parle principalement l'anglais. Liste d'hôtels malheureusement un peu chers pour les petits budgets, possibilité de consigne (aux heures d'ouverture).

Immigration

■ ***Bureau de l'immigration :*** *jl. Adisucipto, près de l'aéroport.* ☎ *48-91-65.*

Poste, téléphone, Internet

✉ ***Poste centrale*** *(plan III, F5) : jl. Senopati, en bas de Malioboro. Tlj 7h-21h.* On y trouve un téléphone international. *Money changer* dans la poste et distributeurs de billets en face.

■ ***Téléphone international :*** ***Warpostel Micota*** *(plan I, B2,* ***1****), 2 jl. Malioboro.* Nombreux endroits où l'on peut téléphoner 24h/24. Nous en avons localisé certains sur les différents plans *(plan I zoom ; plan II, C4 et D3 ; plan III, F5).* Vous trouverez aussi 2 cabines à l'office de tourisme et des cabines à carte à l'intérieur de l'*Inna Garuda Hotel (plan I, B1,* ***5****)*, sur Malioboro. Il existe aussi une cabine en étage dans le bas de Malioboro, bien signalée par un panneau. C'est la plus importante et la plus moderne de la ville.

@ ***Dagenet*** *(plan I, A2,* ***3****) : 84 jl. Dagen. ☎ 713-11-66. Tlj 8h-23h. Compter env 6 000 Rps/h.*

@ **Queen** *(plan I zoom,* ***4****) : 17 jl. Pasar Kembang. ☎ 54-76-33. Tlj 8h-23h. Compter env 7 000 Rps/h.*

@ **Salsa** *(plan II, C3) : 64 jl. Parangtritis. ☎ 713-11-66. Tlj 24h/24. Compter env 6 000 Rps/h.* Espace fumeurs.

@ **Diovienet** *(plan II, C3) : 83 jl. Parangtritis. ☎ 37-03-34. Tlj 24h/24. Compter env 5 000 Rps/h.* Non-fumeurs.

Argent, banques, change

■ ***Change :*** très nombreux *ATM* (distributeurs) en ville (carrément tous les 200 m sur Malioboro). Ceux des *BII* délivrent de l'argent aux porteurs de cartes *Visa* et *MasterCard*. Les *BNI*, seulement aux *MasterCard*. On vous en indique sur les différents plans *(plan I zoom,* ***2*** *; plan II, C3,* ***2****)*. Très pratique. Sinon, vous avez un *money changer* à la poste, par exemple, ou pour le meilleur taux *Mulia Money Changer,* dans la cour d'entrée du *Inna Garuda Hotel (60 jl. Malioboro ; plan I, B1,* ***5****)*, mais vous en trouverez aussi beaucoup dans les quartiers routards de Sosro et de Prawirotaman (surveiller les cours néanmoins). Les banques acceptant les chèques de voyage sont la *BNI* et la *Bali Bank.*

Compagnies aériennes et agences de voyages

■ ***Garuda :*** *dans la cour du* Inna Garuda Hotel *(plan I, B1,* ***5****), 60 jl. Malioboro. ☎ 52-21-48. 📱 080-418-078-07. Également un bureau à l'aéroport : ☎ 54-38-88.*

■ ***Merpati :*** *87B jl. Songapi. ☎ 52-42-72. Lun-ven 8h-16h, sam 9h-14h.*

■ ***Pacto LTD*** *(plan I, B1,* ***5****) : devant l'Inna Garuda Hotel, 60 jl. Malioboro. ☎ 56-63-28. • pactoltd.com • Également un bureau au* Sheraton Mustika. *☎ 56-29-06. Lun-ven 8h30-16h, sam 8h30-13h.* Cette agence de voyages peut confirmer ou modifier vos billets d'avion internationaux. C'est aussi un représentant d'*Air France* et, pour vos problèmes de sous, d'*American Express.* Personnel compétent.

■ ***Intras :*** *177 jl. Malioboro. ☎ 56-19-72.* S'occupe de tous les vols domestiques.

■ ***Azimuth Adventure Travel :*** *jl. Pandega Marta VI/4, Catur Tunggal. ☎ 56-06-63. 📱 081-226-906-59. • azimuth-travel.com • Éloigné du centre, préférable d'appeler pour vous y rendre, ou de prendre un taxi.* Une agence sérieuse, tenue par un Français, Dominique Clarisse, ancien consul honoraire, amoureux du pays et spécialisé dans les excursions et les trips « aventure » sur Java, notamment les volcans. Malheureusement, en haute saison, ces circuits organisés sont souvent complets. Penser à réserver.

Loisirs

■ ***Alliance française ou LIP*** *(plan d'ensemble,* ***7****) : 3 jl. Sagan. ☎ 56-65-20. • lipjogja.co.id • Lun-ven 9h-19h, sam 12h-16h.* Wi-Fi Dans un joli quartier très verdoyant. Édite un bulletin tous les 3 mois, *Voilà,* distribué à l'office de tourisme. Très bien fait. Expositions, bibliothèque et projections de films. Renseignements par téléphone. C'est aussi l'un des rares endroits en Indonésie où l'on peut consulter la presse française.

■ ***Piscines :*** *au* ***Jogja Village Inn*** *(plan d'ensemble,* ***200****), au sud*

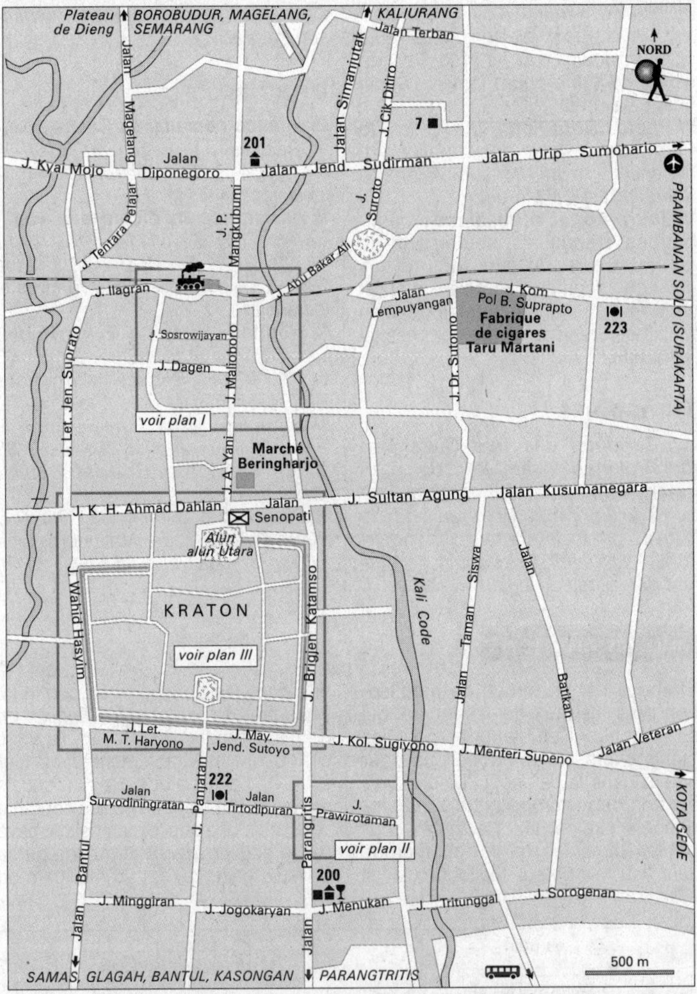

YOGYAKARTA – PLAN D'ENSEMBLE

Adresses utiles

- **7** Alliance française (LIP)
- **200** Piscine du Jogja Village Inn

Où dormir ?

- **200** Jogja Village Inn
- **201** The Phoenix Hotel

Où manger ?

- **222** Kedai Kebun
- **223** Dapur Manado

Où boire un verre ?

- **200** Jogja Village Inn

de Prawirotaman (voir « Où dormir ? »), slt pour les consommateurs et les résidents, ou à l'**Inna Garuda Hotel,** 60 jl. Malioboro (plan I, B1, **5**). Entrée payante.

■ ***Photo :*** **Duta Foto,** 42 jl. Solo. Ou **Fuji Image Plaza,** 159 jl. Malioboro. Ou encore **Artha,** dans le Malioboro Shopping Mall, jl. Malioboro.

■ ***Journaux et magazines :*** publications françaises seulement au centre culturel. Ailleurs, des revues en anglais, comme *Newsweek* ou *Djakarta Post,* sous les arcades de jalan Malioboro, face au centre commercial *Mata Hari.*

Transports

Terminal des bus Giwangan *(hors plan d'ensemble)* **:** dans un grand complexe commercial, au bord du périph sud-est, au sud de Yogya, près de Bantul, jl. Imogiri Timur. ☎ 41-00-15. Depuis jl. Malioboro, prendre le bus nº 4. Depuis jl. Parangtritis (à proximité de Prawirotaman), bus nº 2.

Urgences

■ ***Agence consulaire :*** Centre culturel français, 3 jl. Sagan. ☎ 56-65-20 ou 54-74-09. Fax : 56-21-40. • lip@idola.net.id •

■ ***Assistance médicale aux voyageurs :*** ☎ 45-01-10, 37-70-19 ou 38-77-75. Service téléphonique 24h/24. Le personnel parle l'anglais et le français.

Hôpitaux : **hôpital Panti Rapih,** jl. Cikditiro. ☎ 56-33-33, 51-57-09 ou 51-40-04. Service d'urgences 24h/24. En cas de gros pépin, aller à l'**hôpital Bethesda,** le meilleur de la ville : 70 jl. Sudirman. ☎ 58-66-88 ou 85. Sinon, une **Tourist Clinic** : ☎ 38-77-75.

■ ***Pharmacie*** *(plan I, B2,* **6***)* **: P.T. Kimia Farma,** 123 jl. Malioboro, face à l'Inna Garuda Hotel. ☎ 51-49-80. Tlj 24h/24.

JAVA

Avertissement

Si Yogya est un terrain de prédilection pour les faux guides locaux qui se prétendent étudiants et pour les pickpockets, ne tombons pas pour autant dans la paranoïa ! Disons qu'il est bon de rester vigilant. Ils ont tendance à exercer leurs activités coupables dans les gares, au marché (leur lieu favori), sur Malioboro, ainsi que dans les transports en commun. Sous prétexte de *practice English* ou de vous indiquer le chemin, ils vous conduiront inévitablement dans leur école de batik, perdue dans un dédale de ruelles. La tactique la plus courante consiste à dire que le matériel est payé par le gouvernement et qu'une partie de leurs gains revient au ministère de

■ **Adresses utiles**

- Office de tourisme
- **1** Warpostel Micota
- **2** Distributeur *(zoom)*
- @ **3** Dagenet
- @ **4** Queen *(zoom)*
- **5** Mulia Money Changer, Garuda, Pacto LTD et piscine de l'Inna Garuda Hotel
- **6** Pharmacie

Où dormir ?

- **10** Hotel Karunia
- **11** Hotel Sri Wibowo
- **12** Bladok Losmen & Restaurant
- **13** Kunthi
- **14** Losmen Famili
- **15** Hotel Kota
- **16** Peti Mas Hotel
- **17** Kombokarno
- **18** Hotel Batik Cottages
- **19** Oryza Hotel
- **20** Hotel Selekta *(zoom)*
- **22** Rejeki Homestay *(zoom)*
- **24** Indonesia Hotel *(zoom)*
- **25** 105 Homestay *(zoom)*
- **26** Lucy Losmen *(zoom)*
- **27** Dewi Homestay I *(zoom)*
- **28** Gloria Amanda Hotel et Monica Hotel *(zoom)*
- **29** Abadi Hotel Jogya *(zoom)*
- **30** Hotel Permata

Où manger ?

- **12** Bladok Losmen Restaurant
- **70** Caterina Resto & Internet Chaterina *(zoom)*
- **74** Superman Restaurant *(zoom)*

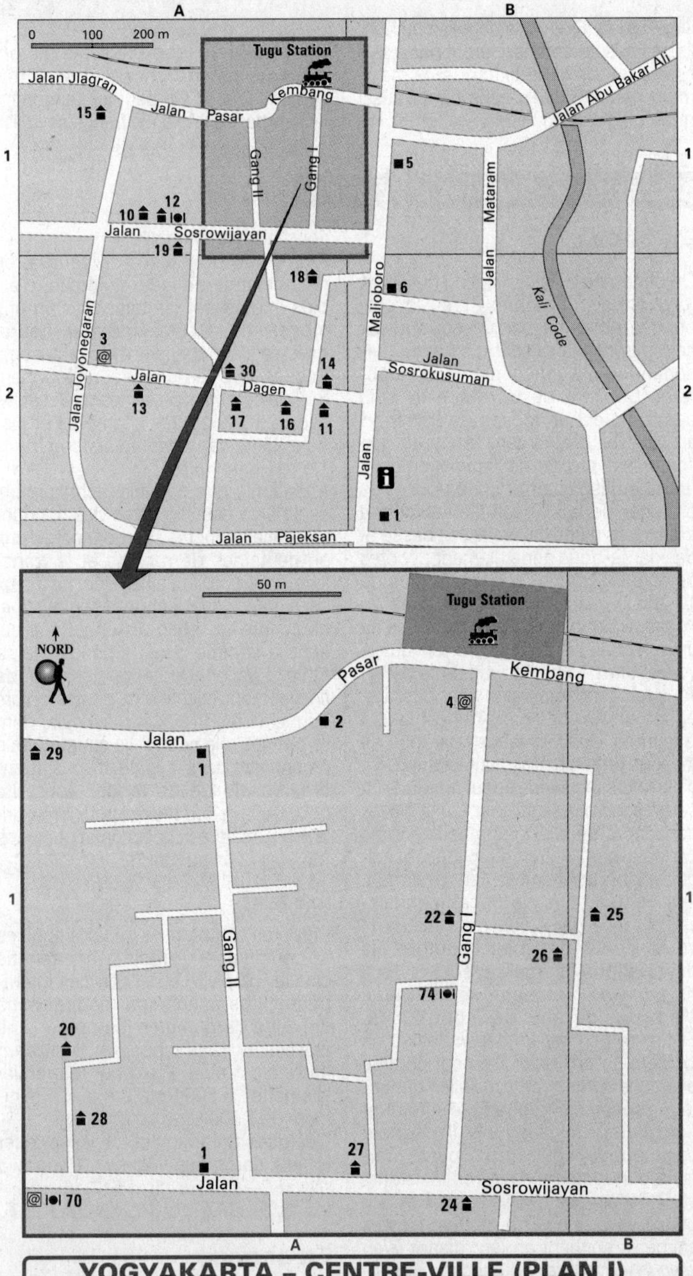

YOGYAKARTA – CENTRE-VILLE (PLAN I)

JAVA

l'Éducation. Que vous achetiez ou non, ils ne vous raccompagneront pas, mais essaieront de vous extorquer le maximum de *rupiahs.* Ils vous diront aussi que l'office de tourisme est fermé, ce qui est faux, *of course !*
Il y a aussi de vrais étudiants qui ont envie de parler français et sont très sympathiques ! On peut les rencontrer notamment à l'Alliance française (LIP).

Comment circuler à Yogya ?

En *becak*

On découvre ici la civilisation du *becak* (prononcer « betchak »), ce cyclo-pousse actionné par un conducteur haut perché sur sa selle. Le *becak,* surnommé « *helikopter* » par les conducteurs qui font de la retape le long des rues, est un moyen de transport agréable, suffisamment lent pour que l'on puisse profiter de l'animation de la rue et suffisamment rapide pour vous protéger de la chaleur. Ce véhicule à trois roues a une caisse assez basse et des garde-boue généralement décorés de scènes kitsch. On compte plus de 12 000 *becaks* sillonnant les rues de Yogya. Il semblerait même qu'il y en ait un aux couleurs du *Routard.* Si vous le voyez, dites-lui bonjour de notre part !
Tous les conducteurs ne sont pas propriétaires de leur *becak,* qui est loué à la journée. Donc, ils tentent par tous les moyens de rentabiliser leur location. Il y a plusieurs techniques pour conduire un *becak* sans trop se fatiguer. L'une d'elles consiste à pédaler d'une seule jambe pendant que l'autre se repose. Technique valable uniquement... en terrain plat.
Les conducteurs de *becak* connaissent la ville par cœur, mais assurez-vous qu'ils ont bien compris la destination. Ils ont, avec les touristes, une fâcheuse tendance à s'arrêter devant des boutiques. Évitez de prendre un *becak* devant un *losmen.* Le prix annoncé peut paraître bas dans certains cas, mais le conducteur espère bien vous faire effectuer des achats sur lesquels il gagnera beaucoup plus qu'avec la course. Certains conducteurs sont très insistants et n'hésitent pas à vous poursuivre sur plusieurs dizaines de mètres. Restez calme et souriant en leur disant *jalan jalan* (« je marche ») ou *sudah* (« déjà » fait, « déjà » acheté, « déjà » mangé, etc.), formules magiques pour qu'ils vous laissent tranquille.
Plutôt que de payer à la course, on recommande de louer à l'heure, c'est plus intéressant (se baser sur un prix moyen de 10 000 Rps par heure, mais ça peut changer avec la crise...). Sachez que les chauffeurs touchent 5 % de commission sur les batiks et les bijoux, 10 % sur les chambres et jusqu'à 25 % dans des hôtels comme la *Metro Guesthouse.*
Attention à une certaine technique qui semble se dessiner avec des conducteurs malhonnêtes : ils donnent le prix en centaines de *rupiahs* et le transforment en milliers à l'arrivée. Le mieux est alors, au moment de la négociation, de tendre un stylo au chauffeur qui écrit la somme dans la paume de sa main. Les conducteurs essaient de fidéliser leur clientèle et peuvent alors donner mille tuyaux sur leur ville, dont ils ont seuls le secret. Ils sauront vous reconnaître dans la foule et vous attendre. Possibilité de rendez-vous. Le *becak* est un bon moyen pour parcourir la ville... malgré la pollution et quelques frayeurs dues au trafic !

En taxi

Plusieurs compagnies de taxis équipés de compteur et de radio permettent de circuler plus vite et à l'abri des intempéries. Les chauffeurs mettent sans difficulté l'*argometer* (compteur), ne pas hésiter à leur rappeler s'ils oublient (mais c'est rare). Prix pour le premier kilomètre : 5 500 Rps, et course minimum de 7 500 Rps.
Quelques compagnies censées jouer le jeu selon les règles : *Pandawa* (☎ 50-00-88), *Ria* (☎ 58-61-66), *Centris* (☎ 51-27-67) et *JAS* (☎ 37-37-37).

En *andong*

Calèche aux quatre grandes roues peintes en jaune. Les chauffeurs ont

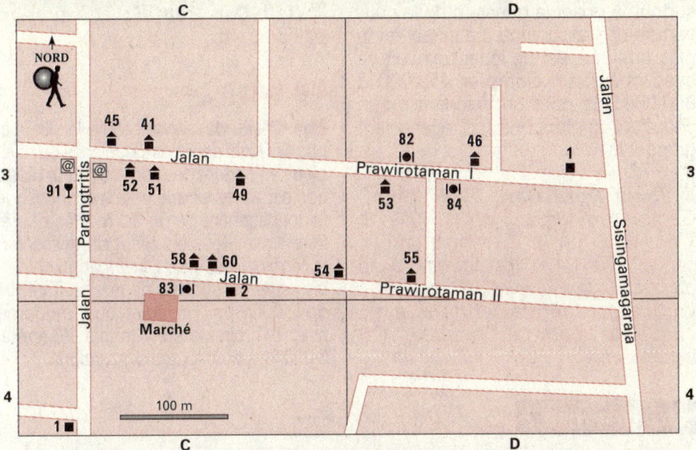

YOGYAKARTA – le quartier de Prawirotaman (PLAN II)

■ **Adresses utiles**

@ Salsa et Diovienet
1 Téléphone
2 Distributeur

Où dormir ?

41 Puri Pertiwi
45 Indraprashta
46 Perwita Sari Guesthouse
49 Prambanan Guesthouse
51 Airlangga
52 Wisma Gajah
53 Duta Hotel
54 Muria Hotel
55 Metro Guesthouse
58 Mercury Guesthouse
60 Delta Homestay

Où manger ?

82 Renzo Café Biertje
83 Bamboo House
84 ViaVia

Où boire un verre ?

91 Made et Banana Café

gardé le costume traditionnel avec le turban. Il ne faut pas être pressé, mais c'est une manière agréable de se déplacer si on est plusieurs, car le prix moyen est de 80 000 Rps pour un parcours de Malioboro à Kotagede. Attention, les *andong* ne peuvent circuler dans les rues principales.

À bicyclette

Nombreux loueurs. S'adresser à son *losmen.* Bon marché, mais pas d'assurance et vols possibles. Compte tenu du trafic, cette formule est réservée aux aventuriers friands d'émotions fortes... À noter cependant que quelques itinéraires cyclistes alternatifs sont désormais indiqués en ville par des panonceaux verts : en général, ils empruntent des voies moins fréquentées.

À moto

Les *losmen* connaissent les meilleurs loueurs. Aucun intérêt pour circuler en ville. Intéressant seulement pour découvrir la région. 50 000 Rps/j. Permis et passeport à présenter, et port du casque obligatoire.

En voiture

Comme pour la moto, la location d'une voiture est surtout intéressante pour visiter les environs de Yogyakarta. Ne pas hésiter à comparer les prix et, surtout, à poser la question de la couverture de l'assurance. Le mieux, et le plus pratiqué, est de louer une voiture avec chauffeur. Compter 450 000 à 850 000 Rps pour 8h, sachant qu'un chauffeur anglophone fait légèrement grimper la note.

■ ***Jogja Rent Car :*** *17 jl. Pleret, Gamping, Sleman. ☎ 315-01-78. 📱 085-878-897-777. • jogjarentcar.com • Tlj 8h-18h. Contacter Mr Joko ou Mrs Jovin. Prévoir 350 000 Rps/j., voiture, essence, 10h/j. avec chauffeur parlant l'anglais. CB acceptées.*

■ ***Bali Car Rental :*** *à l'aéroport. ☎ 56-25-48.*

En bus

Bon réseau desservant toute la ville. Les bus *Bis Kota* sont orange, blancs ou rayés bleus, et portent des numéros. Leur utilisation est assez simple et très économique. Ils fonctionnent de 6h à 17h. Pas d'arrêt, faire signe. Tous les *Bis Kota* desservent le terminal des bus *Giwangan* (• *dishubdiy.net* •) au sud-est de la ville. Tarif fixe de 2 000 Rps. Un autre bus, moderne, avec AC, circule sur 6 trajets, 76 arrêts ; 3 000 Rps pour toutes destinations.

Où dormir ?

Les hôtels sont essentiellement regroupés dans deux quartiers : à Sosro, entre la gare et le centre (pour les adresses les plus économiques), et à Prawirotaman, dans le sud de la ville (pour des adresses agréables, plus chic, pour touristes plus argentés aussi), assez loin du centre mais plus reposant.

Dans le quartier de Sosro

On l'appelle couramment Sosro, du nom de jalan Sosrowijayan, l'une des rues principales du secteur. C'est un quartier formé par un réseau de ruelles et de venelles très étroites, bordées de petites maisons basses, avec plein de pensions et restos à prix doux. La plupart des adresses se situent dans un périmètre délimité par Pasar Kembang, Malioboro et Sosrowijayan. Par rapport au quartier de Prawirotaman, excentré, le quartier de Sosro offre un éventail moins large d'hébergements (moins confortables), mais il a l'avantage d'être très central, tout près de jalan Malioboro.

Très bon marché (moins de 150 000 Rps, soit 10 €)

🏠 ***Dewi Homestay I*** *(plan I zoom, **27**) : jl. Sosrowijayan GT 1/115 (entre le gang I et le II). ☎ 51-60-14. Petit déj non inclus et un peu cher. Losmen* familial, un peu à l'écart des autres pensions mais où l'accueil est vraiment très chaleureux. La décoration intérieure est inhabituelle : antiquités, statues, objets rares, artisanat indonésien. À l'entrée comme dans les chambres, on sent la patte et le style d'une bonne maison. Chambres avec douche, ventilo et moustiquaire. Il y a même une chambre meublée d'un lit à baldaquin, et une autre avec un lit rétro. Thé et café à disposition dans la cuisine ouverte sur le patio. Notre meilleure adresse dans cette catégorie.

🏠 ***Hotel Selekta*** *(plan I zoom, **20**) : jl. Sosrowijayan Wetan GT 1/150. ☎ 56-64-67. À l'écart des autres losmen du quartier, à proximité de la mosquée (réveil matinal assuré...). C'est plus facile de l'atteindre par jl. Sosrowijayan (1er gang à droite après le gang II).* Les chambres sont grandes et équipées de ventilo, avec 1 ou 2 lits, *mandi* ou douche. Un petit air d'auberge de jeunesse assez sympa, mais propreté limite.

🏠 ***Rejeki Homestay*** *(plan I zoom, **22**) : 70 gang I. ☎ 51-40-84.* Doubles pas chères, avec *mandi* et ventilo, mais un peu petites. Propre et sympa. Thé non inclus (c'est rare).

🏠 ***Indonesia Hotel*** *(plan I zoom, **24**) : 9 jl. Sosrowijayan. ☎ 58-76-59.* Un petit hôtel tout simple et très sommaire. Chambres avec salle d'eau et ventilo, disposées autour d'un patio agrémenté de plantes. Accueil prévenant. Entretien négligé, dommage. Beaucoup d'Indonésiens.

105 Homestay (*plan I zoom*, **25**) : *1/105 gang jl. Sosrowijayan.* ☎ *58-28-96.* • *losmen_105@yahoo.co.id* • *Dans une ruelle donnant sur le gang I. Pas de petit déj.* Petit *losmen* au confort spartiate, proposant 10 chambres avec *mandi* et ventilo. Belle lumière naturelle dans les chambres... presque du luxe !

Lucy Losmen (*plan I zoom*, **26**) : *jl. Sosrowijayan GT 1/87.* ☎ *51-34-29.* Adresse familiale sans prétention, proche d'une petite galerie d'artisanat exposant surtout des batiks sur cadre. Souvent plein. Le moins cher de tous, pas mal du tout pour le prix.

Hotel Karunia (*plan I, A1*, **10**) : *78 jl. Sosrowijayan.* ☎ *56-50-57.* Plusieurs types de chambres, plutôt agréables et aérées, de la moins chère (avec *mandi* sur le palier) à la plus coûteuse avec AC, douche et TV. Éviter celles avec balcon sur le côté rue, assez bruyantes. Petit déj en terrasse. Bon accueil. Moins cher que les autres adresses de cette catégorie.

Oryza Hotel (*plan I, A1-2*, **19**) : *49-51 jl. Sosrowijayan.* ☎ *51-24-95. Face au Bladok Losmen.* Petit hôtel tranquille, raisonnablement bien tenu pour le prix. Chambres toutefois très inégales. Demander à en voir plusieurs. Les moins chères sont vraiment rudimentaires, les plus chères climatisées. Accueil un tantinet moins chaleureux qu'ailleurs.

Gloria Amanda Hotel (*plan I zoom*, **28**) : *jl. Sosrowijayan GT 1/195.* ☎ *56-52-87.* • *gloriaamanda_htl@yahoo.com* • *gloriaamanda-hotel.com* • *Petit déj inclus.* À côté du *Selekta* et du *Monica*, hôtel moderne, plus cher mais la classe au-dessus. Accueil souriant. Calme. 42 chambres avec AC et/ou ventilo, très propres. Piscine, parking.

Bon marché (de 150 000 à 300 000 Rps, soit 10 à 20 €)

Monica Hotel (*plan I zoom, A1*, **28**) : *jl. Sosrowijayan GT 1/192.* ☎ *58-05-98. Près du Selekta. Comptez 270 000 Rps la double, petit déj inclus.* Propose des chambres neutres mais propres, distribuées autour d'un patio où l'on prend le petit déj. Pas de papier toilette. Bonne literie. Prix raisonnables.

Bladok Losmen & Restaurant (*plan I, A1*, **12**) : *76 jl. Sosrowijayan.* ☎ *56-04-52. Réduc hors saison. Carte Visa acceptée.* Un *losmen*-resto tenu par un Indonésien marié à une Allemande (Britta). 4 catégories de chambres, propres et coquettes. Les moins chères disposent d'un simple *mandi*, les plus chères de la clim. Petit déj copieux, thé à volonté (thermos à chaque étage). Le meilleur rapport qualité-prix de Sosro, malheureusement toujours complet. Resto agréable en terrasse (assez cher, mais de temps en temps, on peut se faire plaisir...), servant une bonne cuisine européenne et quelques plats indonésiens. Mignonne petite piscine. Propose des excursions. Accueil jeune et sympa.

Chic (de 500 000 à 1 000 000 Rps, soit 33,35 à 66,75 €)

Abadi Hotel Jogya (*plan I zoom*, **29**) : *49 jl. Pasar Kembang.* ☎ *56-34-35.* • *resv_jogja@abadihotel.co.id* • *abadihotel.co.id* • *Dans la rue de la gare. CB acceptées.* Hôtel entièrement restauré. Il répond aux critères de confort qu'on attend de sa catégorie. Cela va de la chambre standard à la suite, toutes avec eau chaude et AC. Service de laverie. Pratique pour sa proximité avec la gare...

Autour de Sosro et de Malioboro

Très bon marché (moins de 150 000 Rps, soit 10 €)

Kunthi (*plan I, A2*, **13**) : *81 jl. Dagen.* ☎ *58-06-12.* Adresse sobre à l'atmosphère familiale. Chambres très simples mais claires et aérées pour la plupart. Certaines disposent d'une petite terrasse donnant sur quelques plantes vertes et de nombreux oiseaux... en cage ! Pas de petit déj, mais du thé, du café et quelques plats indonésiens sur commande. Le personnel ne parle pas l'anglais.

Losmen Famili *(plan I, A2,* ***14****) : 14 jl. Dagen.* ☎ *51-27-74.* Immeuble abritant une vingtaine de chambres propres, à la déco inexistante. Celles du bas sont moins chères, avec *mandi,* mais sombres et mal aérées. Préférer celles du 1er étage pour quelques roupies de plus, un poil plus grandes et plus agréables, avec douche.

Bon marché (de 150 000 à 300 000 Rps, soit 10 à 20 €)

Hotel Sri Wibowo *(plan I, A2,* ***11****) : 13/15 jl. Dagen.* ☎ *56-30-84. Face au losmen Famili.* Un hôtel un tantinet chic, intéressant pour ses chambres *ekonomi.* Elles sont aveugles, avec *mandi* extérieur, mais correctes pour le prix et permettent de bénéficier d'un environnement un peu plus souriant que celui des adresses précédentes.

Hotel Kota *(plan I, A1,* ***15****) : 1 jl. Jlagran.* ☎ *51-58-44 ou 45. • hotel.kota@gmail.com • hotelkota.com • À l'angle de jl. Pasar Kembang et de jl. Joyonegaran. CB acceptées.* Élégant hôtel construit en 1918, avec de jolis patios et terrasses, un magnifique carrelage et du mobilier ancien. Un petit bijou pour les amateurs d'architecture et de charme colonial... à condition de faire l'impasse sur un confort qui peut paraître insuffisant compte tenu du prix. Seule concession à la modernité, une petite télé dans chaque chambre. Différents types de chambres (celles sur rue sont très bruyantes), un peu chères tout de même.

Kombokarno *(plan I, A2,* ***17****) : 39 jl. Dagen.* ☎ *51-50-32.* Hôtel neuf mais sans piscine ni jardin. Jolis lustres dans l'entrée, mais la déco s'arrête là et ne monte pas les étages ! Différents types de chambres, avec ventilo ou AC, hélas assez mal tenues (sans être franchement sales). Du coup, les prix pratiqués semblent un peu surestimés. Essayer de négocier.

Prix moyens (de 300 000 à 500 000 Rps, soit 20 à 33,35 €)

Peti Mas Hotel *(plan I, A2,* ***16****) : 27 jl. Dagen.* ☎ *56-19-38. • petimas@yahoo.com • yogyes.com/peti-mas •* Hôtel agréable, doté d'une belle architecture. Chambres parfois un peu défraîchies, mais elles disposent toutes d'une terrasse donnant sur le jardin intérieur et les pots suspendus d'orchidées. Les moins chères sont sombres et modestes, mais le cadre de l'hôtel et la jolie piscine justifient le prix.

Hotel Batik Cottages *(plan I, A2,* ***18****) : Komplek Taman Yuwono.* ☎ *56-18-28. • batikcottage@yahoo.com • Accès par jl. Dagen ou jl. Sosrowijayan : il faut s'enfoncer un peu dans une allée (suivre le panneau).* Adresse atypique, en pleine ville mais à l'écart de l'agitation. Cottages simples mais mignonnets, distribués autour d'une piscine. Surprenant et assez agréable. Un peu cher pour le confort proposé, mais on paie l'originalité...

Hotel Permata *(plan I, A2,* ***30****) : 64 jl. Dagen.* ☎ *51-81-17.* Un petit hôtel dont le lobby a des airs de mini-atrium romain. Chambres toutes climatisées, avec salle de bains (douche ou baignoire), TV et téléphone. Jolie piscine. Des couloirs allant aux chambres, vue très photogénique sur les toits. Accueil tout sourire.

Plus chic (plus de 1 000 000 Rps, soit 66,75 €)

The Phoenix Hotel *(plan d'ensemble,* ***201****) : 9 jl. Jend. Sudirman.* ☎ *56-66-17. • thephoenixyogja.com •* Une pure merveille d'architecture coloniale reprise par le groupe *Accor,* particulièrement bien restaurée et aménagée avec goût. Belles vérandas et patios rafraîchis par de gros ventilos, un buffet extraordinaire au petit déj, un service impeccable, une petite piscine... le luxe, quoi ! Un peu cher pour le pays évidemment, mais excellent rapport qualité-prix-raffinement pour des bourses occidentales. Évitez toutefois les chambres au rez-de-chaussée, assez bruyantes quelle que soit l'aile choisie (patio du restaurant d'un côté, piscine de l'autre).

Dans le sud, à Prawirotaman

À la sortie sud de la ville, sur la route de Parangtritis. Malheureusement, quartier un peu excentré. Pour y aller, prendre le *Bis Kota* n° 2 sur jalan Mataram (derrière Malioboro). Le quartier, bien remis en état après de gros dommages lors du tremblement de terre de 2006, a retrouvé son charme d'antan et son ambiance débonnaire, mais les prix ont flambé. Prawirotaman II reste plus populaire avec son marché, ses hôtels plus simples, dont les *guesthouses Metro* et *Rose*, véritables institutions, dépassées par leur succès et qui sont devenues de véritables usines à touristes.

Dans Prawirotaman I

Très bon marché (moins de 150 000 Rps, soit 10 €)

De moins en moins d'adresses bon marché dans le quartier. Les derniers *losmen* de la grande époque hippie ont fermé leurs portes avec la crise...

🏠 ***Puri Pertiwi*** *(plan II, C3,* ***41****) : 171 MG III jl. Prawirotaman I.* ☎ *37-42-15.* En retrait, au bout d'une allée. Bonne petite adresse au calme, propre et très bon marché. Chambres un peu sombres, à la peinture écaillée. Globalement pas mal pour le prix, tranquille et sympa.

🏠 ***Indraprashta*** *(plan II, C3,* ***45****) : 169 MG III jl. Prawirotaman I.* ☎ *37-40-87. Face au Puri Pertiwi, au fond d'une petite allée. 2 tarifs : avec ventilo ou AC. Petit déj compris. Carte Visa acceptée.* Un hôtel composé de 2 bâtiments face à face, séparés par un joli jardin. Chambres propres et calmes, avec salle de bains (eau froide, douche) assez sommaire. Tenu par des jeunes adorables. Belle adresse et prix corrects.

🏠 ***Perwita Sari Guesthouse*** *(plan II, D3,* ***46****) : 31 jl. Prawirotaman I.* ☎ *37-75-92. • perwitasariguesthouse@yahoo.com • Petit déj compris.* Un des meilleurs accueils du quartier ; merci à monsieur Suhartono, le patron de cette pension très bien tenue. À l'entrée, un panneau indique *no commission,* un bon signe. Déco plutôt kitsch et 22 chambres plutôt sombres. Elles ont le mérite d'être calmes, propres et fraîches, avec salle de bains (eau froide pour certaines). La plupart donnent sur la petite piscine intérieure.

De bon marché à prix moyens (de 150 000 à 500 000 Rps, soit 10 à 33,35 €)

🏠 ***Wisma Gajah*** *(plan II, C3,* ***52****) : 4 jl. Prawirotaman I.* ☎ *37-56-59.* C'est la même maison que l'excellent *Mercury* (lire plus loin). Grande *guesthouse* fonctionnelle et bien entretenue, sans cachet particulier, mais les 27 chambres sont très propres, avec ventilo ou AC. De plus, piscine de taille fort honorable... un exploit pour le prix ! Accueil chaleureux.

🏠 ***Prambanan Guesthouse*** *(plan II, C3,* ***49****) : 14 jl. Prawirotaman I.* ☎ *37-61-67. • prambanangh.be • Petit déj compris.* Notre préférée dans ce quartier ! Accueil à la fois affable et professionnel. Chambres vastes, propres et calmes, avec ventilo ou AC (plus chères). Une déco soignée qui ne se contente pas des habituels meubles de récup'. Petite piscine dans le jardin. Copieux petit déj. Bonne documentation sur la ville en anglais. Personnel très motivé. Remarquable rapport qualité-prix. Organise des sorties vers Prambanan et Borobudur.

🏠 ***Airlangga*** *(plan II, C3,* ***51****) : 6-8 jl. Prawirotaman I.* ☎ *37-80-44. • geocities.com/airlangga_hotel •* Grand hôtel qui a perdu de son lustre, avec des statues placées çà et là dans les allées du jardin. 2 piscines, dont une pour enfants. 30 chambres confortables mais un peu tristes, dommage. Préférer celles en étage, plus claires. Accueil peu accueillant.

Duta Hotel (plan II, D3, **53**) : *26 jl. Prawirotaman I. ☎ 37-20-64. • dutagh@indo.net.id • Réduc négociable. CB et chèques de voyage acceptés.* Chambres disposées autour d'une belle piscine ou d'un agréable jardin intérieur. Pour éviter le réveil matinal de la mosquée, prendre une chambre au fond. Plusieurs types de chambres, avec ventilo ou AC (quelques économiques sans bains). Les plus chères ont une salle de bains ouverte sur l'extérieur. Petit effort de déco qui ne fera pas l'unanimité, mais qui a le mérite d'exister. Presque cosy et impeccablement tenu mais un poil cher quand même. Accueil souriant. Petite salle de musculation près de la piscine pour les adeptes.

Dans Prawirotaman II

Très bon marché (moins de 150 000 Rps, soit 10 €)

Delta Homestay (plan II, C3, **60**) : *597 A MG III jl. Prawirotaman II. ☎ 72-71-47. • dutagardenhotel.com • Petit déj compris.* Belle adresse proposant des chambres assez petites mais très propres, avec salle de bains, terrasse et ventilo ou AC. Également des chambres économiques, sans bains. Architecture plaisante (mélange de bois et bambou tressé) avec d'amusantes statuettes disposées dans le jardin. Petite piscine. Snack le soir. Excellent rapport qualité-prix.

Muria Hotel (plan II, C3, **54**) : *600 jl. Prawirotaman II, près de la Metro Guesthouse. ☎ 37-72-11. Petit déj inclus.* Chambres disposées autour d'un petit patio. Atmosphère familiale et sympathique. Très bien pour le prix.

Metro Guesthouse (plan II, D3, **55**) : *71 jl. Prawirotaman II. ☎ 37-23-64. • cafeyg2@idola.net.id •* La plus grande pension du quartier avec plein d'annexes différentes. Petite usine à touristes, en effet, qui a ses qualités et ses défauts. Parmi les qualités : le nombre de chambres, les services proposés, le resto, la piscine, la laverie, la librairie, les excursions à Borobudur et à Prambanan, etc. Une adresse à tous les prix, mais tellement grande que l'accueil et le cadre sont totalement impersonnels.

Bon marché (de 150 000 à 300 000 Rps, soit 10 à 20 €)

Mercury Guesthouse (plan II, C3, **58**) : *jl. Gerilya, 595 MG III jl. Prawirotaman II. ☎ 37-23-20. Taxes et petit déj inclus.* Élégante maison privée en bois peint, de couleur vert et jaune pâle, reconvertie en *guesthouse* et donnant sur un jardin. Salle à manger belle et inhabituelle. Jolie terrasse sous la véranda devant la maison. Les chambres sont spacieuses pour la plupart, toutes avec eau chaude. Celles donnant sur le jardin, un peu plus bruyantes et plus petites, sont moins chères. Accès gratuit à la piscine du *Wisma Gajah* (lire plus haut). Pas mal d'allure tout ça, pour un prix très raisonnable. Fait aussi resto. Un endroit où l'on se sent bien...

Près de Prawirotaman

Plus chic (plus de 1 000 000 Rps, soit 66,75 €)

Jogja Village Inn (plan d'ensemble, **200**) : *5 jl. Menukan, Karangkagen. ☎ 37-30-31 ou 38-44-38. • jvidusun.co.id •* Junior suite *env 80 €.* Très bel hôtel de luxe à l'atmosphère intime, autour d'une grande piscine (uniquement pour les résidents) et d'un jardin luxuriant. Il a gagné un prix pour sa décoration. Les 24 chambres sont superbes, décorées avec le meilleur goût : azulejos, couleurs chaudes, lits à baldaquin, meubles sculptés, rideaux... Comble du raffinement, on y trouve même des lampes de poche et des parapluies à disposition. Bien sûr un peu cher, mais c'est justifié. Fait également resto. On peut se contenter de venir y prendre un verre.

Dans les environs, au nord de la ville

Prix moyens (de 300 000 à 500 000 Rps, soit 20 à 33,35 €)

Rumah Mertua : *jl. Palagan Tentara Pelajar, Tegalwaras Sariharjo Ngaglik, Sleman.* ☎ *86-66-80.* • *rumahmertua.com* • *Résa conseillée longtemps à l'avance.* Dans un village tranquille situé à 30 mn environ du centre de Yogya (accès en taxi seulement), un petit hôtel de charme d'une dizaine de chambres... tout simplement superbe. Déco raffinée qui rappelle un peu celle de Bali, jolie piscine dans un jardin. La cuisine est à l'image du lieu, délicate et joliment présentée. Une adresse que nous ne sommes pas seuls à apprécier.

Où manger ?

Si on préfère Prawirotaman pour se loger, on apprécie la qualité des restaurants de Sosro. Cela dit, le choix est large et on trouve tout de même quelques bonnes adresses à Prawirotaman, surtout le soir, quand les restos sont animés.
La spécialité de Yogya est le *nasi gudeg,* un mélange de salé et de sucré composé de riz et de morceaux de fruits du jaquier liés avec du lait de coco. L'*ayam goreng* (poulet frit) est une autre spécialité locale. Allez plutôt les savourer dans les *warungs.* Dans les restos, on trouve surtout les plats classiques indonésiens et un grand choix de plats occidentalisés.

À Sosro et dans le quartier de Malioboro

Le soir, il est possible de dîner pour trois fois rien dans les *warungs* qui s'installent sur Malioboro une fois les magasins fermés. On y mange dans de petites « tentes », assis sur des tapis.

Prix moyens (de 40 000 à 80 000 Rps, soit 2,65 à 5,30 €)

@ Caterina Resto & Internet Chaterina (plan I zoom, **70**) **:** *41 jl. Sosrowijayan.* Le routier de la rue ! *Rijsttafel* maison pour 2 personnes. Propose aussi des pizzas. Café et thé inclus dans le menu. Très propre. Dommage qu'on ne vienne plus ici que pour le cybercafé *Chaterina* qui a entièrement monopolisé la place (6 000 Rps pour utiliser l'un des ordinateurs ou le sien, mais dans les tous les cas, on paiera le même prix).

Superman Restaurant (plan I zoom, **74**) **:** *gang 1/71 Sosrowijayan Wetan (une ruelle reliant Pasar Kembang à Sosrowijayan). Ferme vers 22h30-23h.* L'un des plus vieux restos de la ville : il était déjà dans le *Routard* en 1973 ! Vaste salle aux boiseries un peu passées, rafraîchie par de gros ventilos. Carte-fleuve de plats européens et indonésiens à tous les prix, y compris bon marché pour les spécialités indonésiennes. Lieu de rendez-vous et, autre intérêt non négligeable, on peut être servi assez tard en saison, une rareté dans le quartier ! Bonne musique occidentale, indonésienne, et aussi musiciens de la rue.

Bladok Losmen Restaurant (plan I, A1, **12**) **:** *voir « Où dormir ? ». Ouv jusqu'à 22h.* Un élégant petit resto en terrasse donnant sur la rue, tenu par un couple germano-indonésien. Cuisine variée : canard, steaks, pizzas... Adresse de qualité qui se paie. Évitez toutefois le petit déj, cher ; allez plutôt le prendre au *Superman Restaurant* pour moitié prix.

Dapur Manado (plan d'ensemble, **223**) **:** *22 jl. Melati Kulon, Baciro.* ☎ *51-55-39.* Un resto un peu excentré à côté de la fabrique de cigares. Facile à trouver : un énorme moulin hollandais à l'entrée. Sur les murs d'une vieille maison restaurée, des peintures représentent Paris : tour Eiffel, boulangerie de village... et surtout, partout des petits moulins hollandais. Tables en marbre. Cuisine de Sulawesi, Manado en particulier, avec des spécialités de poisson. La carte est seulement en indonésien (mais avec des photos), le personnel parle peu l'anglais, mais tout est bon, surprenant et raffiné... pour un très petit prix, c'est le moment d'être audacieux !

Dans le quartier de Prawirotaman

Prix moyens (de 40 000 à 80 000 Rps, soit 2,65 à 5,30 €)

|●| ***Renzo Café Biertje*** *(plan II, D3, **82**) : 27 jl. Prawirotaman I. Ouv 10h-23h env.* Adresse occidentalisée sans surprise, proposant burgers et jus de fruits. Bons steaks servis sur plaques chauffantes et cuisson à la demande (ce qui est rare !). Plats indonésiens également, dont de la viande de cobra. Excellents pancakes. Adresse sympathique.

|●| ***Bamboo House*** *(plan II, C3, **83**) : 616 jl. Prawirotaman II. ☎ 37-03-32.* Petite salle agréable ouverte sur la rue. Comme un peu partout, cuisine indonésienne, chinoise et européenne. Bon *nasi goreng*. Bien pour boire un verre aussi. Bonne musique. Pas cher et plus calme que ses voisins.

|●| ***ViaVia*** *(plan II, D3, **84**) : 30 jl. Prawirotaman I. ☎ 38-65-57. ● viaviajogja.com ●* Sur 2 niveaux, petit resto-salon de thé-galerie au cadre moderne chaleureux, véritable lieu de rendez-vous pour voyageurs. Tous les jours, outre une carte fixe, 3 plats indonésiens différents. Également sandwichs, salades, plats de tous horizons (Europe, Afrique, Moyen-Orient, Asie) et *rijsttafel* (sur commande), et régulièrement, soirée barbecue à volonté (un peu cher ; ne pas arriver trop tard sous peine de voir le « à volonté » se transformer en « peau de chagrin »). On peut y consulter des cahiers remplis de tuyaux pour routards. Le resto fait aussi poste restante, et la très dynamique propriétaire propose des excursions intéressantes et originales, des cours de cuisine, de batik, de yoga, de massage, etc. Bref, une adresse que nous aimons beaucoup.

Chic (de 80 000 à 120 000 Rps, soit 5,30 à 8 €)

|●| ***Kedai Kebun*** *(plan d'ensemble, **222**) : 3 jl. Tirtodipuran. ☎ 37-61-14. Dans une rue qui part de jl. Parangtritis, pratiquement face à jl. Prawirotaman I. À côté de la résidence d'été du sultan. Tlj sf mar et dim.* 💻 C'est assez loin dans la rue, mais ça vaut la petite marche de 5 mn ! Le service est assuré dans une petite cour ou au 1er étage, en balcon surplombant la rue (malheureusement un peu bruyante). En attendant d'être servi, on peut consulter quelques revues, acheter des CD de musique traditionnelle, admirer des œuvres modernes dans la galerie du rez-de-chaussée, pendant que les enfants visionneront des DVD sur un écran géant. Cuisine délicieuse, servie avec une grande gentillesse. Plats indonésiens, chinois, italiens et végétariens (tofu et *tempe*). Sélection de cafés.

Au nord de la ville

Le nord de la ville est en pleine expansion, avec l'apparition de plusieurs restos et lieux à la mode. On vous a déniché trois adresses formidables, assez chic, mais proposant un cadre inhabituel. Un peu loin du centre, donc à découvrir en taxi.

Chic (de 80 000 à 120 000 Rps, soit 5,30 à 8 €)

|●| ***Gadjah Wong*** *(Garden Restaurant) : jl. Gejayan. ☎ 58-82-94. Au nord-est de la ville, sur la route de l'aéroport, pas évident à trouver. Ouv le soir slt.* Un superbe lieu assez récent, réparti sur plusieurs niveaux. Une armée de charmantes serveuses vêtues de bleu avec des fleurs dans les cheveux. Orchestre de *gamelan*. Tables de marbre et lampes à pétrole. Dommage qu'il y ait le bruit de la route... On y sert des plats javanais, indiens et italiens. Spécialités de canard et de poulet fumé. Cela dit, on vient surtout pour le cadre et l'atmosphère, vraiment réussis. À noter, le

rosé de Bali, servi au verre.

🍽 ***Joglo Mlati :*** *170 jl. Kebon Agung, Mlati,* ***Sleman.*** *☎ 86-67-00. En pleine campagne, après le terminal de Jombor. Ouv 9h-23h.* Très belle maison en bois sur pilotis, au milieu des rizières. Cadre vraiment très agréable, loin de l'agitation de la ville. Personnel en costume traditionnel. On y sert une cuisine javanaise à l'ancienne, très parfumée et d'une grande finesse. Spectacles de danse le soir. Le rendez-vous préféré des hommes d'affaires et des touristes fortunés.

🍽 ***Sogan Village :*** *jl. Palagan Tentara Pelajar, Rejodani, Sariharjo Ngaglik,* ***Sleman.*** *☎ 781-93-71. À env 10 km du centre, vers l'hôtel* Hyatt. Un immense resto composé de plusieurs maisons disséminées dans un jardin. Jolie déco, musique traditionnelle tous les soirs et danses parfois. Cuisine internationale et indonésienne. Là encore, on y vient surtout pour l'originalité du cadre. Également une boutique assez chic proposant d'assez beaux articles, en particulier des batiks magnifiques.

Où boire un verre ?

Vous vous apercevrez vite par vous-même que tous les restos qu'on a indiqués sont souvent des lieux parfaits pour boire un verre, du moins en journée ou en début de soirée. La plupart ont adopté la pratique des *happy hours* (réduction d'au moins 20 %), en général de 14h à 18h ou 19h. On vous conseille néanmoins quelques endroits plus spécifiques pour la journée ou pour le soir.

🍸 ***Jogja Village Inn*** *(plan d'ensemble,* ***200****) :* *voir « Où dormir ? ».* Hôtel très plaisant, idéal pour boire un verre en fin d'après-midi, autour de la piscine. On peut aussi y lire le *Jakarta Post* tout en sirotant un cocktail...

🍸 ***Made*** *(plan II, C3,* ***91****) : 64 jl. Parangtritis. ☎ 37-59-68. Entre Prawirotaman I et II. Ouv jusque vers 1h.* Bar bondé le soir, parfait pour les rencontres. Hélas, bruyant et pollué sur cette jalan Parangtritis très passante.

🍸 ***Banana Café*** *(plan II, C3,* ***91****) : 64 jl. Parangtritis. Entre Prawirotaman I et II. Ouv jusque vers 1h.* À quelques mètres du *Made,* ambiance plus jeune et nettement francophile. Aux murs, photos de Doisneau, de la construction de la tour Eiffel et des îles parisiennes, et même un Manneken-Pis dans un coin.

🍸 ♪ ***Java Kafe :*** *163 jl. Magelang. ☎ 62-41-90. Assez excentré, au nord de la ville, face à l'immeuble de la télé. S'y rendre en taxi. Ouv jusqu'à 1h. Groupes de rock le soir à partir de 22h.* Un nouvel endroit à la mode. 2 grandes paillotes reliées par un patio. Palmiers, fontaine et tables en bois. On y sert cocktails et snacks.

Où danser ?

♫ Top tendance et très prisés par la jeunesse de Yogya, l'***Ambassy*** et le ***Hugo's*** sur jalan Solo (en face de l'hôtel *Sheraton*), et le ***Tjs*** sur jalan Jend. Urip Sumohajo. Vous pouvez aussi tenter le ***Republic Club & Lounge*** de l'*Inna Garuda Hotel,* sur Malioboro, mais il y a des soirs avec et des soirs sans.

Achats

Yogyakarta est le meilleur endroit de Java pour les achats. Les grands maîtres du batik indonésien travaillent à Yogya. Évidemment, ils sont chers. On vous en indique quand même, ne serait-ce que pour le plaisir des yeux... Les ateliers situés dans le quartier du *Kraton* sont nombreux, mais on vous proposera d'en visiter un peu partout ! À éviter car les guides et autres rabatteurs sont rémunérés par les vendeurs. Vous trouverez également la possibilité de suivre des cours de fabrication de batiks, notamment dans les hôtels et restos des quartiers routards. Franchement, ce n'est pas d'un grand intérêt, d'autant plus que les artisans essaient de plus en plus de se plier aux (mauvais) goûts occidentaux : dauphins très kitsch, décors de science-fiction, affiches de films américains et autres horreurs.

Petit avertissement

La vente de batiks aux touristes est devenue un véritable sport local. Les rabatteurs sont très forts ! Ils vous abordent dans la rue, tout naturellement, très gentiment, et vous donnent des conseils très avisés... Mais, comme dit un vieil adage, « les conseilleurs ne sont pas les payeurs ». Fortement commissionnés, les intermédiaires trouveront tous les arguments imaginables pour vous pousser à acheter, jusqu'à des histoires cousues... de fil blanc ! Des exemples ? Quelqu'un vous aborde dans la rue et, pour vous guider dans votre recherche, propose de vous emmener à « l'unique coopérative de batiks de Yogya », ou « l'école de batik du gouvernement »... alors que tous, absolument tous les ateliers sont privés ! Ou alors, quelqu'un vous conseille vivement de vous rendre à une exposition qui ferme ses portes aujourd'hui même... et qui, bien sûr, n'a rien à vendre. Arrivé sur place, vous vous apercevez vite qu'ici, on prend les cartes de paiement et que les prix sont en dollars. Et puis, on vous met gentiment la pression, car l'exposition ne rouvrira ses portes que dans un an... Bon, vous avez compris le système ? Le problème, c'est qu'il est devenu difficile d'acheter sans être accompagné. Alors, ayez beaucoup de tact pour faire comprendre à votre interlocuteur que ça ne vous intéresse pas, et essayez d'aller voir ailleurs par vous-même. Si, malgré tout, vous ne résistez pas au charme du jeune homme qui vous a pris en affection, et que vous voulez vraiment vous offrir le superbe batik qui est là sous vos yeux, alors négociez très fermement les prix annoncés ! Mais restez courtois : vous possédez infiniment plus de richesses qu'eux. Et puis, c'est toujours agréable de se faire plaisir, même si finalement, en rentrant, vous décidez de l'offrir à votre belle-mère !

Antiquités

Yogya Art Curio & Antique : *49 jl. Parangtritis (Prawirotaman).* On aime bien cette boutique pleine de bric-à-brac. En cherchant bien, il y a toujours moyen d'y dénicher une curiosité...

Casa Casinta : *25 jl. Tirtodipuran. Dans le même quartier.* C'est une très jolie maison où l'on vous offrira le thé si vous prenez le temps de la visiter. Bon signe : affichée en vitrine, la mention « Désolé, pas de commission » ! Il y a de belles pièces, des meubles, des masques anciens, jusqu'à des poteries d'Irian Jaya, et plein d'autres choses. Carlos et Sinta sont très sympas et savent de quoi ils parlent. Ça se paie un peu plus cher qu'ailleurs, forcément.

Batiks et *ikats*

Amri Yaya : *67 jl. Gampingan.* C'est le top, un artiste de renommée internationale qui a remis à l'honneur la technique du batik. Ses œuvres sont originales, très chères pour l'Indonésie (prix en dollars, de 500 à 5 000 !). Avis aux amateurs fortunés. Possibilité de marchander dans tout le magasin, même pour les toiles du maître.

Ardiyanto : *jl. Magelang, à env 10 km du centre sur la route de Borobudur. ☎ 56-27-77.* Même renommée internationale. La visite vaut le déplacement, ne serait-ce que pour voir la très belle maison du « maître » et l'atelier de fabrication des batiks où les femmes travaillent encore à la main. Sachez qu'il faut plusieurs semaines pour confectionner de A à Z le meilleur batik ! Hillary Clinton, elle, n'a eu besoin que de quelques heures pour s'en offrir tout un tas il y a quelques années...

Apip Syakur : *37A jl. Pandega Marta, à Pogung. ☎ 58-99-14. C'est au-dessus de l'université Gajah Mada, au nord de la ville.* Apip est spécialisé dans les batiks de Pekalongan (nord de Java), très colorés, en soie ou coton.

Mirota : *9 jl. Jend. A. Yani, en face du marché Beringharjo. ☎ 89-70-33.* Grande boutique vendant un peu de tout, des *kriss* modernes aux batiks, en passant par les souvenirs plus

JAVA

ou moins kitsch et les vêtements. Marchandage inutile car les prix sont fixes...

Jadin : 10-42 jl. Karangnongko. ☎ 41-55-80. Boutique d'un vrai créateur d'*ikats,* mais aussi de vêtements, donc un peu cher.

Pour les batiks économiques, voir au ***marché Beringharjo,*** ce sont les moins chers et il y a du choix. Mais il faut savoir parler quelques mots d'indonésien... Marchander avec un papier et un stylo. Cartes de paiement acceptées. Pour le linge de maison et les chemises en batik, aller chez ***Keris,*** dans le bas de Malioboro, sur la gauche en suivant cette avenue dans le sens de la circulation. Choix considérable sur 2 étages. Les prix sont intéressants mais fixes. Le magasin ***Terangbulan,*** non loin de là, vend les mêmes produits.

Autres achats

– ***Bijoux en argent :*** à ***Kota Gede,*** faubourg de Yogya, à 3 km à l'est du centre. Bus n° 4 de jalan Malioboro. On peut aussi y aller en *becak* ; la route est jolie par endroits. Ce village d'artisans spécialisé dans le travail de l'argent était, il y a bien longtemps, la capitale du royaume de Mataram. Plusieurs boutiques sur la rue principale. Surtout des bagues, bracelets et petites chaînettes. Mais aussi, par exemple, des *becaks* miniatures, kitschissimes à mourir ! Marchandage possible mais limité ; de toute façon, les prix sont assez accessibles.

– ***Cuir :*** nombreuses boutiques, mais la qualité est inégale. Aller voir dans jalan Tirtodipuran, dans le quartier de Prawirotaman. Ce sera de toute façon l'occasion de visiter des galeries tout autour.

– ***Kriss :*** c'est aussi à Yogya que vous trouverez le plus facilement ces poignards javanais à la lame sculptée et ondulée. Les acheter derrière le marché Beringharjo. Les fourreaux doivent se composer d'un seul morceau de bois, et non de deux parties collées. Assez difficile de faire baisser les prix.

– ***Librairie :*** *The Lucy Boomerang Bookshop* est une petite librairie dans le gang I de jalan Sosrowijayan. Outre des tas de guides et de publications, neufs ou d'occasion, on y trouve des petites idées de cadeaux couleur locale, comme des appeaux pour oiseaux et des T-shirts à l'effigie d'un héros de bande dessinée bien connu chez nous mais « javanisé » ! Très chouette.

– ***Marionnettes :*** *wayang Kulit* et *wayang Golek.* Une seule chose à savoir : la peau de buffle est bien plus souple que la peau de vache. Vous pouvez aussi attendre d'aller à Bali où elles sont parfois moins chères. Les marionnettes du *wayang Klitik* (rarement joué) sont en bois peint mais elles sont plates. On en trouve, par exemple, chez *Gong,* petite boutique sympa au 56 jalan Tirtodipuran (Prawirotaman). Pas de commission ici.

– ***Musique :*** le meilleur choix de CD et de cassettes se trouve chez *Popeye,* jalan Mataram. Sinon aller au *Kota Mas,* dans le haut de Malioboro, et au *New Pomodoro Music Center* (32 jalan Malioboro). Prix vraiment très intéressants.

– ***Tampons en caoutchouc :*** dans Malioboro, de nombreux artisans peuvent réaliser en quelques heures des cachets originaux. Vous pouvez choisir un modèle sur leur catalogue et le faire personnaliser. Une idée de cadeau très originale et qui ne vous ruinera pas. Observer la minutie de ces graveurs est déjà une chose intéressante ; leur habileté est stupéfiante.

– ***Décorations et cadeaux :*** *Going Bananas* (48 jalan Prawirotaman) est une boutique proposant des objets de cuisine, bibelots, bougies, un peu chers mais qui feront de jolis cadeaux.

À voir

– PETIT AVERTISSEMENT : avant de pénétrer dans le quartier du *Kraton,* sachez que vous serez très souvent sollicité pour aller voir des ateliers de batiks, très nombreux ici. Lire à ce propos l'introduction de la rubrique « Achats » ci-avant.

Kraton, ou keraton (palais du Sultan ; plan III, F5-6) : *une fois arrivé sur la pl. Alun Alun Utara, prendre la jl. Rotowijayan sur la droite, puis continuer tt droit sur 150 m. Attention, ne pas confondre l'enceinte du village « royal » et le palais lui-même ; faire attention à ne pas se tromper d'entrée ! Accès tlj 8h30-14h (12h ven) ; l'ap-m, le palais est à la disposition du sultan et de sa famille. Entrée : 12 500 Rps ; droit photo : 1 000 Rps. Short interdit. Visite possible avec un gardien parlant votre langue (pourboire selon votre générosité). Ts les dim 10h30-12h (sf ramadan), on peut assister à des danses royales au son du grand* gamelan. *Les lun et jeu 10h30-12h, répétition de* gamelan. Wayang Golek *mer 9h30-12h30 ;* wayang Kulit *sam 9h-12h30. Vérifier ces horaires, ça peut changer !*

Le *Kraton* est le nom donné au palais du sultan de Yogyakarta (le 10e de la dynastie). Considéré avec beaucoup de respect par le gouvernement et le peuple de l'Indonésie (lire « Un peu d'histoire » au début du chapitre sur Yogya), l'actuel sultan de Yogyakarta (Sri Sultan Hamengkubuwono X) est le gouverneur de Java-Centre, mais son prestige dépasse largement ce simple titre. Il incarne à lui seul l'histoire de Java (il est en pratique l'héritier des rois de Java) ainsi que l'évolution récente du pays. Marié, il n'a qu'une femme, contrairement à ses ancêtres qui les collectionnaient, et cinq enfants, des filles uniquement. Selon la coutume, l'héritier du trône doit être le fils du sultan. Or il n'en a pas. Donc, le futur souverain sera le jeune frère du sultan. Côté pratique, le sultan de Yogya est également un homme d'affaires avisé, d'où son immense fortune qu'il gère à l'américaine.

Autour du palais s'étend une sorte de village « royal » *(the Kraton area),* entouré d'une très longue enceinte qui le clôt comme un monde à part, séparé du reste de Yogya. On songe ici aux vieux palais impériaux – mais en beaucoup plus modeste ! – de Pékin, de Tokyo ou de Hué, cachés derrière les murs d'une cité interdite au commun des mortels... Là, entre la ville ordinaire et le palais du Sultan, dans ce dédale de maisonnettes et de jardinets, vivent près de 5 000 personnes. D'une façon directe ou indirecte, beaucoup de ces familles travaillent pour le palais comme gardes, guides, artisans, préposés à l'entretien, au ménage... On peut voir là les vestiges d'une organisation sociale remontant à la nuit des temps ! Y demeurent également de nombreux artisans indépendants que les visiteurs du palais peuvent avoir la chance de rencontrer, au fil de la balade. Ces habitants du village « intérieur » au *Kraton* sont payés par le sultan (s'ils travaillent au palais).

Visite

Construit en 1756, donc pas si ancien, le *Kraton* fut bâti en l'espace de 40 ans et s'organise en une succession de cours peuplées de pavillons. Attention, le *Kraton* peut vraiment décevoir certains visiteurs habitués aux palais chargés de trésors et de richesses. Ici, on ne montre qu'un cadre de vie somme toute assez sobre, qui n'a rien de grandiose.

Après l'entrée et la première cour (qui abrite les répétitions et concerts), une arche conduit à la plus vaste des cours, où se trouvent de longs pavillons *(pendopos).* Lors des cérémonies, c'est là que se tient l'orchestre du palais, composé d'une trentaine de personnes, toutes en costume traditionnel. Les femmes portent le sarong ; les hommes portent le *blangkon* (chapeau), le *surjan* (tunique) et une ceinture en tissu qui retient un superbe *kriss.* Assis à même le sol, face à un grand écran destiné aux spectacles de marionnettes, ils jouent de la musique, chantent ou récitent les mélopées interminables du répertoire national.

Sur le flanc gauche de cette cour principale, accès à une première courette et divers petits musées (malheureusement, toutes les explications sont uniquement en indonésien). Immédiatement sur votre gauche, trois petites salles axées sur l'histoire et les techniques du batik, ainsi que son utilisation lors des cérémonies officielles. Nombreuses et belles pièces réalisées expressément pour la famille du sultan. En face (à droite de l'arche, donc), après deux petites salles en face à face consacrées à l'argenterie et autre vaisselle du palais, un beau pavillon vitré marque le début du ***musée du Sultan IX.*** Père de l'actuel sultan, le sultan IX est mort en 1988. Son portrait figure sur les billets de 10 000 Rps. On y découvre un

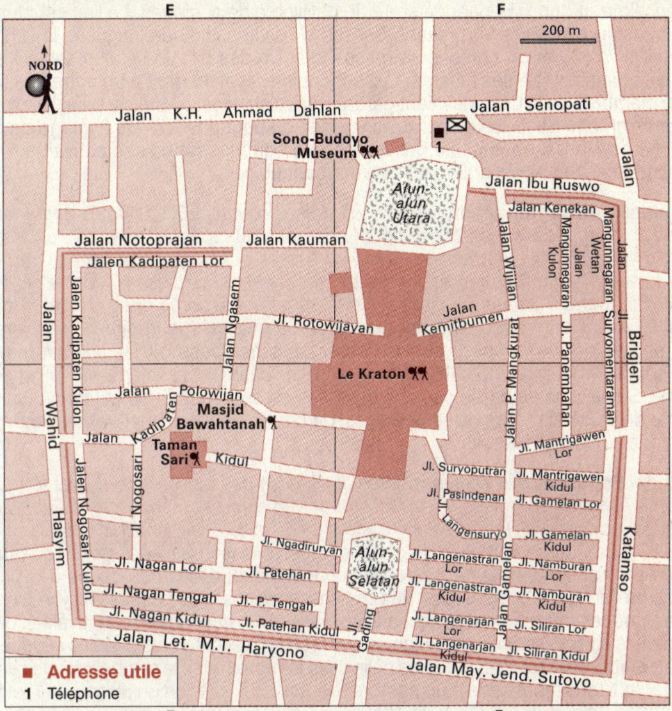

YOGYAKARTA – Le Kraton (PLAN III)

personnage cher au peuple indonésien. Nombreuses photos sur les différentes étapes de son existence. En 1945, le sultan IX décida de s'enfermer dans son palais en signe de protestation contre l'occupation japonaise de son pays. On peut voir aussi sa garde-robe et une collection impressionnante d'objets personnels, parfois dérisoires, conservés comme des reliques. Retour à la courette, pour passer une dernière arche et atteindre une ultime petite cour et ses jolies vérandas, flanquée en son centre d'un beau pavillon. Encore un petit musée dans une enfilade de petites salles. Cette fois-ci, beaucoup plus modestement présentée, galerie d'arbres généalogiques et de portraits des différents sultans, ainsi que quelques photographies ou peintures de cérémonies officielles.

Museum Kareta *(musée des Carrosses)* **:** *à côté du Kraton. Perda Kota nº 26. Mêmes horaires d'ouverture. Entrée : 3 000 Rps ; droit photo : 1 000 Rps.* Les carrosses sont pieusement conservés en souvenir des sultans qui les utilisaient pour les sorties lors des grandes cérémonies. À signaler que l'actuel sultan, le dixième du nom, circule, lui, en Mercedes. C'est plus confortable que le palanquin qui mobilisait 30 personnes et n'avait pas l'air conditionné.

Taman Sari *(ou Water Castle ; plan III, E6)* **:** *l'accès est assez mal indiqué ; se faire guider à travers les ruelles. Tlj 9h-15h. Entrée : 7 500 Rps ; droit photo : 1 000 Rps.* Il s'agit de trois vieux bassins en plein air, entourés par un mur d'enceinte et dominés par une sorte de pavillon à deux étages. Le lieu est plutôt bien restauré et assez surprenant. Surtout si l'on imagine que, naguère, le sultan venait s'y baigner en compagnie de sa Cour. Un des bassins était réservé à sa femme légitime et à ses enfants. Les concubines avaient droit à un autre bassin. Les membres de la Cour devaient garder leurs distances... Après le bain, le sultan prenait un peu de repos au rez-de-chaussée du petit pavillon. Du 2e étage de ce même pavillon, à travers une petite fenêtre à barreaux de bois, il pouvait suivre discrètement les ébats aquatiques de ses concubines.

Masjid Bawahtanah *(mosquée souterraine ; plan III, E6)* **:** *à ne pas confondre avec la mosquée Masjid Soko Tunggal située à côté, nommée ainsi en raison de son unique pilier de soutènement (soko : « pilier », tunggal : « unique »). Entrée par l'ancien marché aux oiseaux (sur jl. Prolowijan), ou depuis le Taman Sari, via un 1er souterrain. Entrée libre, mais laisser un billet à la sortie dans le tronc.* Pour y aller, mieux vaut être guidé par quelqu'un du quartier (pourboire). On traverse un dédale de ruelles, puis, après un bref passage souterrain, le chemin mène à l'entrée de la mosquée. Il s'agit en fait d'un bâtiment en pierre partiellement ruiné. Seule la partie basse de cette mosquée est souterraine, le haut formant une sorte de voûte circulaire de deux étages, percée de petites ouvertures. Un endroit étrange à ne pas manquer.

Sono-Budoyo Museum *(plan III, F5)* **:** *en bas de Malioboro, pas loin du Kraton. Tlj sf lun et j. fériés, 8h-15h30 (14h30 ven). Entrée : 5 000 Rps. Tlj 20h-22h, spectacles d'ombres indonésiennes, accompagnés de musiciens traditionnels (env 20 000 Rps).* Un endroit plein de charme, où sont rassemblés des objets de qualité. Après une intéressante petite section historique, belles collections des produits de l'art local, en particulier des anciens *gamelans,* des poupées *wayang,* des marionnettes (qui vont par paires, masculine et féminine, bonne ou mauvaise), des masques en bois sculpté, aux expressions propres aux différents peuples évoqués. Portes, lits à baldaquin et armoires balinaises sublimes avec la symbolique des animaux, qui tous représentent un nombre (éléphant = 5, dragon ou oiseaux = 1, etc.) permettant de dater les meubles. Pratique ! Petit atelier de *wayang Kulit* à l'entrée, et boutique pour la vente des produits fabriqués devant vos yeux.

Paku Alaman : *jl. Sultan Agung. Ouv mar et jeu 8h-11h. GRATUIT.* L'autre *kraton* de Yogya. Actuelle demeure du prince Paku Alam VIII. Joli exemple d'architecture royale javanaise, sans cohorte de touristes. On ne peut y entendre le *gamelan* que pendant les cérémonies du prince.

Museum Affandi *(hors plan d'ensemble, vers l'aéroport)* **:** *167 jl. Solo. ☎ 56-25-93. • affandi.org • À 6 km du centre. Y aller en taxi. Tlj sf fériés, 9h-16h. Entrée : 50 000 Rps, qui inclut une boisson soft et un petit cadeau.*
Attention, lieu particulier ! Affandi (1907-1990) était un peintre et un sculpteur un peu excentrique, connu dans le monde entier. On peut voir la cabane qu'il s'était construite dans un arbre, surplombant la rivière, et une piscine où il lui arrivait de se baigner tout habillé, ainsi que la roulotte destinée à sa femme, devant laquelle on peut boire un verre tranquillement en lisant la brochure du musée en anglais. C'est également Affandi qui a conçu et réalisé (sans architecte !) le bâtiment en béton qui abrite ses œuvres, avec son toit en forme de feuille de bananier...
On y trouve ses peintures contemporaines, ainsi que la fameuse *colt* Mitsubishi jaune, redessinée par ses soins, et qu'il a refusé de vendre au constructeur du même nom, alors bigrement intéressé par ce design très personnel ! Dans l'autre bâtiment, on peut voir les œuvres d'autres artistes et celles de sa fille, Kartika. Affandi est enterré avec sa femme entre les deux galeries afin, selon son désir, de « pouvoir continuer à voir ses œuvres »... Visite sympa et originale. Petit bar-resto, le *Café Loteng,* situé entre la roulotte et la chambre d'Affandi.
Pour les nostalgiques, après la visite, tout à côté, un centre commercial *Carrefour,* avec une pâtisserie self-service qui mérite une halte.

Jalan Malioboro *(plan I, B1-2)* **:** le spectacle, surtout le soir, est permanent. Cette large avenue à sens unique (depuis la gare vers le *Kraton*), sorte de Champs-Élysées locaux, est très animée. Innombrables vendeurs sur le côté droit en descendant de la gare. Couleur locale et une sacrée ambiance ! Bien sûr, extrêmement bruyant avec toutes ces motos, moyen de transport favori des habitants. Les *becak* et autres deux-roues ont droit à leur couloir, sur la droite.

Le marché Beringharjo *(plan d'ensemble)* **:** *sur la gauche en bas de Malioboro. Ferme vers 16h.* Gigantesque marché couvert, très animé. Prendre garde aux pickpockets et aux faux guides. Même les alentours du marché valent le détour. Malheureusement, certains commerçants ont pris possession du nouveau bâtiment voisin, ultramoderne et mieux adapté. Avec ce transfert dans un grand cube de béton, le marché a perdu beaucoup de son âme. Il reste quand même de nombreuses échoppes de vêtements, où l'on peut réaliser des affaires.

La fabrique de cigares Taru Martani *(plan d'ensemble)* **:** *jl. Kompol B. Suprapto. ☎ 56-22-14. Contrôle de police à l'entrée. Ferme à 15h. GRATUIT.* Depuis sa fondation par un Néerlandais, en 1918, cette fabrique de cigares joue un rôle important dans l'économie de Yogya et de sa province. Son nom lui fut donné par le père de l'actuel sultan et signifie « feuille de vie ». L'entreprise exporte vers l'Europe, l'Australie, les États-Unis et le reste de l'Asie. La visite est très intéressante et fait découvrir les différentes étapes de la fabrication, depuis la préparation des feuilles de tabac à l'expédition, en passant par le roulage, le séchage, l'emballage... Boutique sur la droite : vente de boîtes de cigares au détail, à petits prix.

Le zoo : *à Gembira Loka, à 4 km du centre-ville. Prendre le bus nº 4 devant l'office de tourisme. Tlj 8h-16h. Entrée : 8 000 Rps.* Les conditions dans lesquelles vivent les animaux sont assez déplorables. Seul intérêt (!), les cinq malheureux varans de Komodo, s'ils ne font pas la sieste sous les buissons.

JAVA

Spectacles

Yogya est le centre culturel de Java, véritable conservatoire des traditions. Les spectacles y sont de qualité. Sa réputation avait même dépassé les frontières puisque Yogya avait produit au Festival d'Avignon un épisode du *Rāmāyana*, le *Langen Mandra Wanara*, créé à la fin du XIXe s par un Premier ministre du sultan. Ce spectacle de théâtre chanté et dansé était interprété par des acteurs qui évoluaient pendant des heures à genoux !
On donne plus loin les meilleures manifestations, ainsi que leur fréquence. L'office de tourisme diffuse un dépliant et fournit tous les renseignements complémentaires, les horaires pouvant être modifiés ainsi que les lieux. Il vaut mieux le consulter avant d'aller les yeux fermés à un spectacle (ce qui est de toute façon rarement une bonne idée !).

Spectacles de Rāmāyana

– **Le Rāmāyana de Prambanan :** *résas à l'office de tourisme ou au ☎ 49-64-08. • borobudurpark.co.id • Mai-oct, le spectacle a lieu tlj 19h30-21h30, dans un théâtre construit en plein air ; nov-avr (saison des pluies), le théâtre est couvert et accueille des spectacles 2-3 fois/sem. Ils n'ont pas lieu pdt le ramadan et ils sont plus intéressants les soirs de pleine lune. Rens à l'office de tourisme et dans les agences. Entrée : 75 000-250 000 Rps, le tarif le plus cher comprenant soda, petit souvenir, snack et droit gratuit pour appareil photo. Les places les moins chères se trouvent sur les côtés et près de la scène (très bien pour les photos). Supplément appareil photo (5 000 Rps) ou caméscope (50 000 Rps). Possible d'y aller en bus locaux ou pour env 50 000 Rps A/R en réservant auprès de l'office de tourisme.* C'est le plus beau mais le plus touristique. En toile de fond

de ce spectacle, les temples hindous. Danses traditionnelles et chorégraphie moderne. Vous aurez le choix entre une version résumée ou entre des « épisodes » tirés de la célèbre épopée. On vous conseille plutôt d'aller voir le deuxième épisode, plus cohérent (encore faut-il y comprendre quelque chose !) et surtout plus spectaculaire : plus de danseurs, feu déclenché sur la scène, etc. Spectacle haut en couleur, à ne pas rater.
– ***Théâtre Purawisata :*** *jl. Brigjen Katamso. Spectacle tlj 20h-22h.* Les conducteurs de *becak* vous proposeront souvent de vous y conduire. Mais il est cher (beau buffet inclus) et surtout conçu pour les groupes des agences de voyages. On peut aussi dîner en plein air.

Autres spectacles

– ***Sono-Budoyo Museum :*** *en bas de Malioboro, près du* Kraton. *Représentations tlj 20h-22h. Entrée : 20 000 Rps. En arrivant vers 19h30, petit concert de gamelan avt.* C'est le meilleur endroit pour voir un spectacle de *wayang Kulit* (théâtre d'ombres).
– ***Sasana Hinggil :*** *sur l'Alun Alun Selatan.* Spectacle de *wayang Kulit* également, un samedi sur deux de 21h à... 5h30 ! On peut partir avant, bien sûr.
– ***Kraton :*** répétition de danses traditionnelles tous les dimanches et certains samedis 10h30-12h (gratuit).
– Certains restos de Prawirotaman organisent des ***dîners-spectacles*** qui n'ont pas la prétention de rivaliser avec ceux donnés par des troupes professionnelles.
– Pas mal de cinémas passent des ***films en version anglaise.*** Pour les films en français, aller à l'Alliance française (LIP).

DANS LES ENVIRONS DE YOGYAKARTA

Pour les excursions autour de Yogya, grand choix de tours organisés par tous les *losmen* et les agences de voyages, ainsi que par l'office de tourisme. Les prix sont raisonnables, mais le chauffeur trouvera presque toujours le moyen de vous arrêter à un moment ou à un autre devant une fabrique de batiks ou un magasin de souvenirs. Pour des excursions un peu sportives et les ascensions de volcans, on vous a déniché une agence de pros, dirigée par un Français.

■ ***Azimuth Adventure Travel :*** *jl. Pandega Marta VI/4,* ***Catur Tunggal.*** *☎ 56-06-63. 081-226-906-59. • azimuth-travel.com •* *Voir aussi, plus haut, « Adresses utiles. Compagnies aériennes et agences de voyages ».* Cette agence propose de nombreuses excursions sportives autour des volcans. Organise pour ceux qui ont une âme de vulcanologue, par exemple, 2 semaines d'observation : 2 235 € (minimum 4 personnes). Réservation à prévoir bien à l'avance.

Il n'est pas pensable de séjourner à Yogya sans aller à ***Borobudur*** et à ***Prambanan*** (lire plus loin les chapitres qui leur sont consacrés), deux excursions très facilement réalisables avec les moyens de transport locaux. À plusieurs, la meilleure solution consiste à partager les frais de location d'une voiture (compter en moyenne 450 000-600 000 Rps pour voir les deux d'un coup, en 8h de temps) ou d'un minibus avec chauffeur, voire d'un simple taxi en s'entendant bien sur le montant de la course et l'attente sur place. Décider d'un prix à l'heure est plus simple. Mais la solution la plus pratique et la plus économique consiste à acheter dans un *losmen* ou à l'office de tourisme un billet combiné un ou plusieurs jours à l'avance (transport + visite de Borobudur et Prambanan à partir de 80 000 Rps par personne pour le transport). Enfin, vous pouvez aussi y aller par vous-même, en bus. Dans ce cas, lire la rubrique « Quitter Yogyakarta ».

Imogiri Cimetery (carte Les environs de Yogyakarta) : *à 20 km au sud de Yogya. Beaucoup de bus spéciaux depuis le terminal de Giwangan. Sinon, prendre un bus Jatayu n° 1 de jl. Veteran en direction de Parangtritis, mais c'est plus long. Ouv ven 13h30-16h, sam 10h-12h, dim 10h-22h. Fermé pdt les 30 j. du ramadan. Bien vérifier les heures et les jours d'ouverture pour éviter une grimpette de 345 marches inutile. Droit d'entrée dans le sanctuaire : 1 000 Rps. Droit photo : 1 000 Rps.*
L'un des plus importants lieux de pèlerinage du centre de Java. Ce mausolée royal, perché en haut d'une colline, fut construit par le sultan Agung en 1645. C'est là que repose le premier sultan de Java, à qui l'on attribue toujours des pouvoirs magiques. Il abrite aussi les sept tombes de tous ses successeurs. Pour pénétrer dans le sanctuaire, il faut revêtir le costume traditionnel porté dans les *kraton* (on le loue sur place : 2 500 Rps). La chapelle ardente où repose le sultan Agung est la plus impressionnante. De là, par temps clair, vue superbe sur le volcan Merapi. Ensuite, on peut aller voir les villages de *Pucung-Trilodji, Giriloyo, Paguyuban,* où une communauté de femmes est spécialisée dans le batik traditionnel, à 2,5 km d'Imogiri. Démonstration du travail à la cire, dégustation d'une boisson au gingembre et plantes aromatiques, sans pression pour acheter, tout en sourire.

Le village de potiers et de tailleurs de pierre de Kasongan : *à 7 km de Yogya. Prendre un bus pour Bantul et demander à descendre à l'intersection de la route pour Kasongan. Ensuite, il faut marcher.* Sculptures en pierre et poteries incrustées de coquillages sont exposées dans ce village. Ici, c'est une activité complètement traditionnelle et très réputée. De là, quitter le Sud pour prolonger la balade dans les environs verdoyants de Yogya, notamment à *Nitiprayan,* à 2 km au nord. Beaucoup d'artistes s'y sont installés. Il est préférable de faire ces trois dernières visites en voiture ou en taxi.

QUITTER YOGYAKARTA

En train

Les horaires exacts des trains et des bus sont affichés dans certains *losmen,* qui se chargent aussi des réservations. Attention, les horaires peuvent changer. ***Il est conseillé de réserver et d'acheter ses tickets de train entre un jour et une semaine avant, selon la période et la destination.*** Il peut arriver qu'il n'y ait plus, pendant plusieurs jours, de places disponibles. La seule solution est alors d'acheter son billet au noir à des revendeurs qui les cèdent avec des bénéfices de 50 à 70 %. Fréquent surtout au moment des fêtes et des vacances scolaires.
À la gare, ce n'est pas parce qu'on est en début de queue dès 8h devant un guichet qui n'ouvrira qu'à 10h qu'on obtiendra des billets pour Jakarta. Reste bien sûr la 3e classe pour les amateurs de voyages éveillés et de sudation intense.
➢ ***Vers Jakarta :*** compter 9-12h de trajet (selon la classe du train, donc son prix). Assez pratique, le train *Bima* part vers 22h et arrive vers 6h30. Sièges inclinables en 1re classe. Réserver dès la veille au guichet n° 4. N'hésitez pas à faire jouer le fait que vous devez être dans la capitale pour prendre un avion. Resto à bord. Sinon, 22h10-16h45, 12 trains se succèdent à intervalles réguliers.
➢ ***Vers Surabaya :*** 6 trains/j., dont 3 départs la nuit, la plupart en *eksekutif,* mais billets 3-4 fois plus chers. Compter en moyenne 4h30 de trajet.
➢ ***Vers Solo :*** 10 trains/j. 6h-19h. Durée : 1h10.
➢ ***Vers Bandung :*** 5 trains/j., dont 3 de nuit. Compter env 7h de trajet.
➢ ***Vers Malang :*** 1 train à 1h30. Durée : 7h10.
➢ ***Vers Banyuwangi :*** 1 train à 7h30. Durée : 14h30.

En bus

Terminal des bus Giwangan (hors plan d'ensemble) : *pour y aller, depuis la jl. Malioboro, prendre le bus n° 4 ;*

depuis la jl. Parangtritis (à proximité de Prawirotaman), prendre le bus n° 2.

➢ ***Yogyakarta-Borobudur :*** se placer sur jl. Jojoynegaran et prendre le bus n° 5 pour le terminal Jombor. De là, prendre le bus pour Borobodur. Nombreux départs 6h-17h. Durée : env 1h30. Voir la rubrique « Arriver – Quitter » de Borobudur.

➢ ***Correspondances avec Prambanan :*** bus direct, neuf et climatisé, le *Trans Yogya 1A,* depuis Malioboro pour 3 000 Rps. Arrêts surélevés dans la rue. Sinon, si vous partez de Sosro, allez au terminal des bus de Terban et prenez un minibus direct. Il y en a ttes les 15 mn 5h-18h. Si vous partez de Prawirotaman, allez à Giwangan et prenez un bus pour Solo. Demandez qu'on vous arrête à Prambanan. Il y en a ttes les 10 mn 5h-19h. Durée du trajet : env 30 mn. Sinon, vous pouvez aussi prendre un tour organisé avec l'office de tourisme.

➢ ***Pour le volcan Bromo :*** à vrai dire, c'est un peu compliqué. Il faut d'abord se rendre à Surabaya, en avion (le luxe !) ou en train (env 8h de trajet). De là, aller à Probolinggo en bus (3h de trajet env). Puis prendre un minibus ou un bus jusqu'à Cemoro Lawang, Ngadisari ou Tosari (voir « Arriver – Quitter » dans le chapitre sur le Bromo), mais les correspondances sont peu pratiques et peuvent vous obliger à passer la nuit à Probolinggo. Quel que soit votre choix parmi ces 3 points de départ pour le Bromo, il faut compter encore 2-3h de route de Probolinggo. Bref, si les finances sont au beau fixe, n'hésitez pas à passer par l'agence *Azimuth* (voir plus haut « Dans les environs de Yogyakarta ») ou à louer une voiture à Yogya ou Surabaya.

➢ ***Solo :*** départ ttes les 10 mn du terminal des bus Giwangan. Compter 1h30 de trajet.

➢ ***Bandung :*** 2 départs/j. de Giwangan, à 17h et 19h ; arrivées respectives à 4h et 5h du mat' en *Jetliner* avec AC.

➢ ***Denpasar** (Bali) **:*** plusieurs compagnies de bus semblent s'être donné le mot pour renouveler leur matériel. La clim fonctionne, la télé (!) aussi, et les toilettes annoncées font bien partie du voyage. Compter 16h de trajet. Les billets doivent être pris de préférence la veille pour être sûr d'avoir de la place. Certains *losmen* s'occupent de la réservation et le bus passera même vous prendre à domicile (pas partout non plus...). Toutes les compagnies pratiquent des tarifs à peu près identiques.

■ ***Puspasari :*** *jl. Sosrowijayan, à Sosro.* ☎ *56-38-65.* Une compagnie qui a les faveurs de l'office de tourisme.

■ ***Bima Tours :*** *68 jl. Mangkubumi.* ☎ *58-93-73. Fax : 56-44-74.* Tout proche du *Phoenix Hotel.*

En avion

✈ ***L'aéroport*** se trouve à 9 km de Yogya. Prendre un taxi pour s'y rendre.

– ***Taxe d'aéroport :*** prévoir 35 000 Rps/pers pour payer la taxe des vols intérieurs (méfiance toutefois : selon les fluctuations de la roupie, le montant peut évoluer). Et depuis janvier 2015, la taxe est normalement incluse dans le prix du billet.

➢ ***Vers Jakarta :*** 7 vols/j. avec *Garuda.* Également des vols avec *Merpati, Lion, Mandala, Batavia, Air Asia.*

➢ ***Vers Denpasar** (Bali) **:*** 3 vols directs/j. avec *Garuda* ; 5 vols/j. (via Surabaya) avec *Garuda, Mandala, Lion.*

➢ ***Vers Surabaya :*** 2 départs/j., avec *Lion, Batavia.*

➢ ***Vers Mataram** (Lombok) **:*** avec *Garuda.*

➢ ***Vers Makasar** (Sulawesi) **:*** avec *Merpati.*

Distances au départ de Yogyakarta

– Kota Gede : 5 km
– Aéroport de Yogya : 9 km
– Prambanan : 17 km
– Imogiri : 20 km
– Kaliurang : 25 km
– Bandung : 423 km
– Borobudur : 42 km
– Surakarta (Solo) : 64 km
– Plateau de Dieng : 137 km
– Cilacap : 219 km
– Cirebon : 311 km
– Surabaya : 349 km
– Malang : 350 km
– Semarang : 120 km
– Jakarta : 603 km
– Bali : 692 km

PLANS ET CARTES EN COULEURS

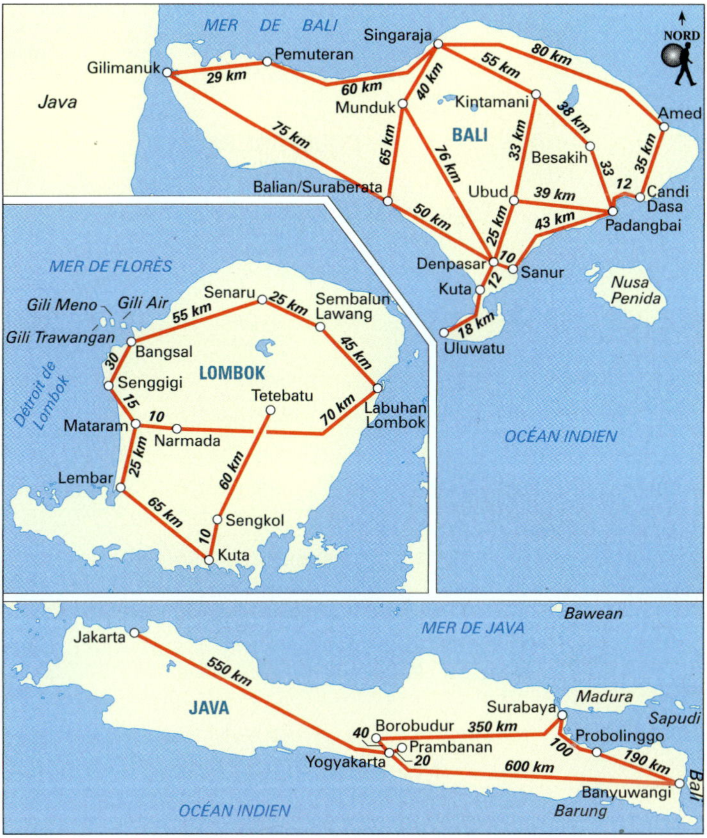

DISTANCES PAR LA ROUTE

MER DE BALI
Pulau Menjangan
Labuhan Lalang
Pemuteran
Lovina Beach
Gilimanuk
Seririt
Celukanbawang
Banjar
Détroit de Bali
Mt Merbuk
1 386
Parc national de Barat
1 300
Mt Mesehe
1 414
Mt Patas
Munduk
L'OUEST DE BALI
p. 233
Pupuan
Pura Rambut Siwi
Negara
Cupal
Medewi
Pekutatan
Blimbing
Antosari
Balian/Suraberata
JAVA
OCÉAN INDIEN
Muduk Lieux traités
Seririt À voir dans les environs
Cupal Repères

NORD
Sangsit
Kubutambahan
Air Sanih
Sawan
Singaraja
Tedjakula
LA CÔTE NORD
p. 222
LA ROUTE
VERS LE NORD
p. 181
Tianyar
LA ROUTE CÔTIÈRE
DE L'EST
p. 214
Les îles Gibi, Lombok
Détroit de Lombok
Lac Buyan
Mt Catur
2 090
Lac Tamblingan
Lac Bratan
Bedugul
Mt Pohen
Mt Sengayang
2 276 Mt Batukau
Jatiluwih
Pura Lahur
Penebel
Penulisan
Kintamani
Mt Batur
1 717
Lac Batur
Trunyan
Toya Bungkah
Batur
Penelokan
Kedisan
Mt Abang
2 152
Tulamben
Amed
Mt Agung
3 142
Culik
Mt Seraya
1 175
Pujung
Besakih
Tirtagangga
Payangan
Tampaksiring
Rendang
LES ROUTES
DE L'EST
p. 189
Karangasem
(Amlapura)
Tegallalang
Pura Keheh
Sangeh
Bangli
Sidemen
Tenganan
Ujung
(Ruines du palais)
Gunung Kawi
Sengkidu
Kedewatan
Goa Gadja
Manggis
Pejeng
Bedulu
Klungkung
(Semarapura)
Candi Dasa
Ubud
Teges
Gianyar
Mengwi
Mas
Padangbai
Tabanan
Bono
Kamasan
Goa Lawah
Kediri
Kapal
Lukluk
Batuan
Sukawati
Kusamba
Sempidi
Tanah Lot
LES ROUTES DU CENTRE
ET DU NORD
p. 155
Celuk
Batubulan
Yeh Gangga
Détroit de Badung
DENPASAR
Sampalan
Seminyak
Sanur
Nusa Lembongan
Legian
SUD DE L'ÎLE
p. 110
Nusa Ceningan
529
Grotte de Goa Karangsari
Kuta
Serangan
Nusa Penida
Tanjung Benoa
Jimbaran
Bukit
Uluwatu
Nusa Dua
0
10
20 km

BALI

BALI

NORD
MER DE FLORÈS
Selengen
Kayagan
voir cartes détaillées des îles Gili
Gili Meno
Gili Air
Gili Trawangan
Gondang
Tanjung
GILI ISLANDS p. 265
Bangsal
Pemenang
Détroit de Lombok
Bentek
voir carte détaillée Mangsit
Mangsit
Senggigi
L'OUEST p. 244
voir carte détaillée Senggigi
Batu Bolong
Batu Layar
Gunungsari
Rembiga
Lingsar
Suranadi
Ampenan
Mataram
Bertais
Mandalika
Cakranegara
Narmada
Gunung Pengsong
Lubuapi
Pringgarata
Telagawaru
Kediri
Ubung
Banyumulek
PADANGBAI (BALI)
Gerung
Puyung
Sukarara
Praya
Gili Nanggu
Lembar
Tanjungempet
Penujak
Pelangan Barat
Sekotong Tengah
Mangkung
Montongsapah
Sade
voir carte détaillée de Kuta
Selong Blanak
Selong Blanak
Kuta
Mawi
Mawun
OCÉAN INDIEN
10 km

voir carte détaillée du mont Rinjani
Anyar
Bayan
Lokokkuang
Obel-Obel
Senaru
Gili Lawang
Belanting
Gili Sulat
LE NORD
p. 287
Sugian
Sembalun Lawang
Sambelia
Maroak
Danau Segara Anak
Gili Pentangan
▲ 3 726
Mont Rinjani
L'EST
p. 265
Labuhan Lombok
LE CENTRE
p. 264
Suwela
Tetebatu
Aikmel
Wanasaba
Pringgabaya
Pringgasela
Kotaraja
Loyok
Anjani
Mantang
Masbagik
Korleko
Kopang
Selong
Terara
Pancor
Suwangi
Labuhan Haji
Batunyale
Sepit
Mujur
Ganti
Keruak
Buntereng
LE SUD
p. 256
Sengkol
Rembitan
Pemokong
Awang
Ekas
Tanjung Aan
Gerupuk

LOMBOK

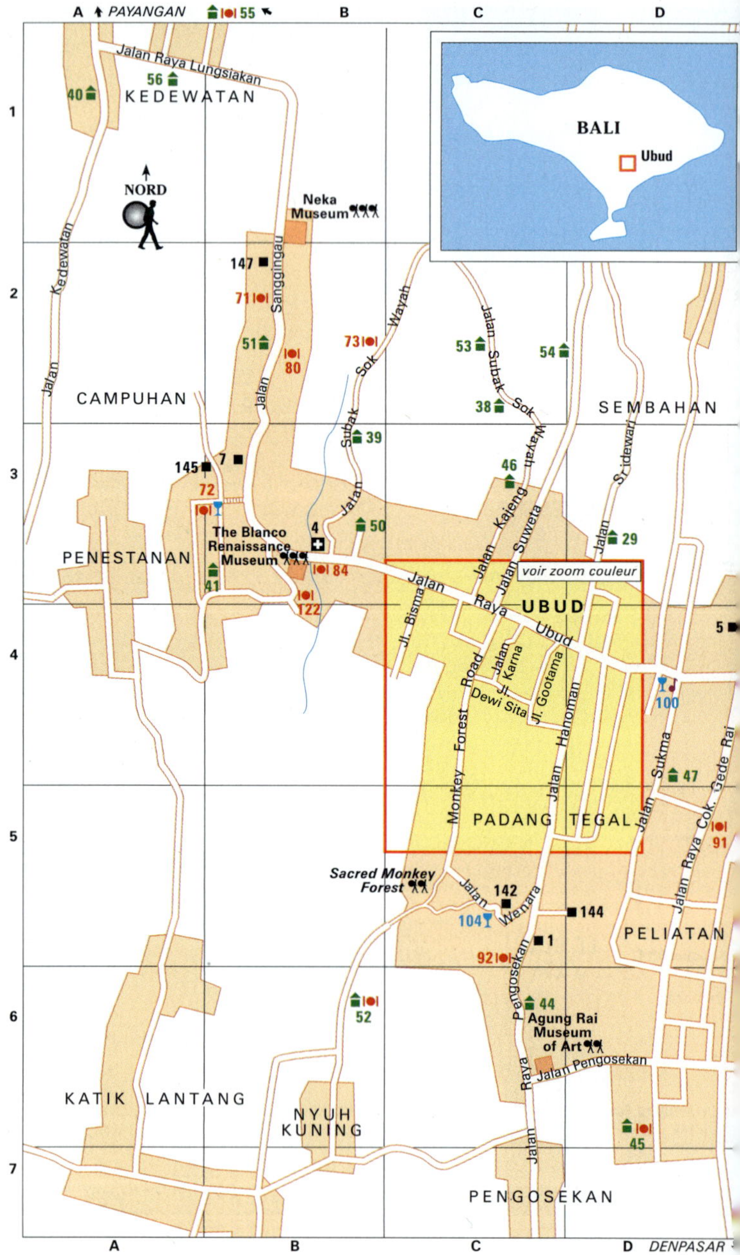
PAYANGAN
55
Jalan Raya Lungsiakan
KEDEWATAN
NORD
BALI
Ubud
Neka Museum
CAMPUHAN
Jalan Sanggingau
Jalan Sok Wayah
Jalan Subak Sok Wayah
SEMBAHAN
PENESTANAN
The Blanco Renaissance Museum
voir zoom couleur
UBUD
Jalan Raya Ubud
Monkey Forest Road
Jl. Dewi Sita
Jl. Gootama
Jalan Hanoman
Jalan Sukma
PADANG TEGAL
Jalan Raya Cok. Gede Rai
Sacred Monkey Forest
Jalan Wenara
PELIATAN
Agung Rai Museum of Art
Jalan Pengosekan
Raya Pengosekan
KATIK LANTANG
NYUH KUNING
PENGOSEKAN
DENPASAR

■ **Adresses utiles**

- 1 Perama
- 4 Ubud Clinic
- 5 Pharmacie Dwi Sandhi Apotik
- 6 Poste de police
- 7 Bintang Supermarket

Où dormir ?

- 29 The Purist Villas et Spa
- 38 Arjana Bungalows
- 39 Sawah Sunrise
- 40 Uma by COMO
- 41 Gerebig
- 43 Amori Villa
- 44 Artini 3 Cottages
- 45 Sari Bungalows
- 46 Gusti's Garden Bungalows
- 47 Family Guesthouse
- 50 Abangan Bungalows
- 51 Ananda Cottages
- 52 Swasti Cottage
- 53 Kupu Kupu Bungalows
- 54 Waka di Ume
- 55 Alila Ubud
- 56 Kenanga Boutique Hotel

Où manger ?

- 45 Sari Bungalows
- 71 Warung Pulau Kelapa
- 72 Lala & Lili Warung et Made's Warung
- 73 Sari Organik
- 80 Indus
- 82 Mangga Madu
- 83 Warung Mina
- 84 Murni's Warung
- 91 Ibu Arsa
- 92 Warung Enak
- 122 Bridges

Où faire une pause gourmande l'après-midi ?

- 80 Indus

Où boire un verre ? Où écouter de la musique ?

- 100 Jazz Café
- 104 Tropical View Café

■ **À faire**

- 142 Venezia
- 144 Yoga Barn
- 145 Intuitive Flow
- 147 Bali Botanica

UBUD – PLAN D'ENSEMBLE

UBUD – PLAN D'ENSEMBLE

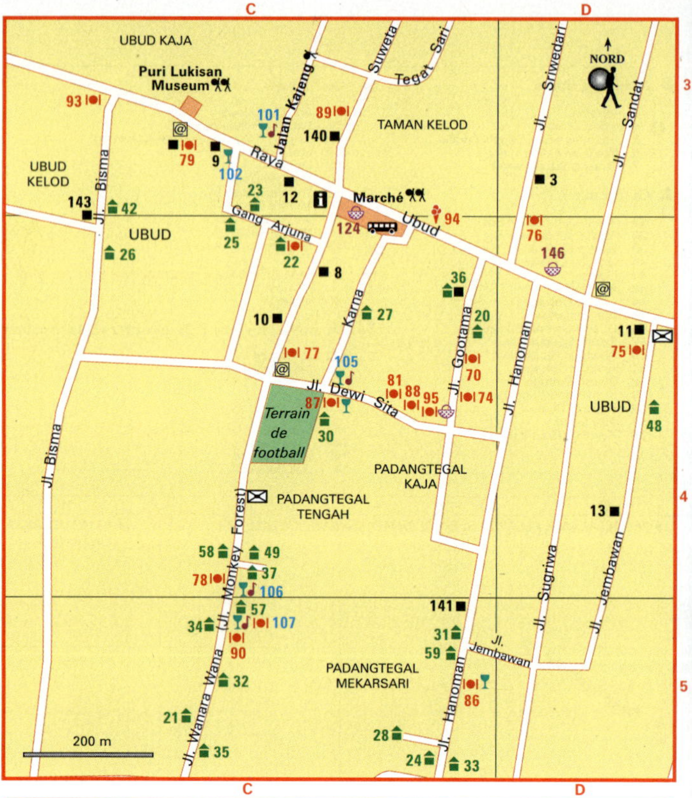

UBUD – ZOOM

■ Adresses utiles

- Ubud Tourist Information
- Arrêt des *bemos*
- 3 Médecin
- 8 Pandawa Mini Market
- 9 et 10 Librairies Periplus
- 11 Ganesha Bookshop
- 12 Ubud Music
- 13 Librairie Rendez-vous Doux

Où dormir ?

- 20 Donald Homestay
- 21 Argasoka Bungalows
- 22 Sadru House
- 23 Pelangi Bungalows
- 24 Candra Asri
- 25 Suarsena Bungalows Monkey Forest Road
- 26 Warji House 2
- 27 Sania's House
- 28 Ganesha Inn
- 30 Wahyu Bungalows
- 31 Jati Home Stay
- 32 Warsa
- 33 Artini 1 Cottages
- 34 Jati 3 Bungalows
- 35 Sagitarius Inn
- 36 Nirvana
- 37 Mandia Bungalows
- 42 Honeymoon Guesthouse
- 48 Matahari Cottages
- 49 Cendana Resort and Spa
- 57 Sri Bungalows
- 58 Komaneka at Monkey Forest
- 59 Indra Prastha Homestay

Où manger ?

- 22 Budi's Warung
- 70 Melting Wok Warung
- 74 Dewa Warung
- 75 Bali Buddha Café
- 76 Fair Bale Warung
- 77 Ibu Rai
- 78 Wayan's Café
- 81 Kafe Batan Waru
- 86 Kafe
- 87 Tutmak
- 88 Locavore
- 89 Terazo
- 90 Three Monkeys
- 93 Miro's

Où faire une pause gourmande l'après-midi ?

- 79 Casa Luna
- 94 Gelato Secrets
- 95 Les Confitures de Michèle

Où boire un verre ? Où écouter de la musique ?

- 101 Café Lotus
- 102 Ary's Warung
- 105 Bamboo Bar
- 106 Laughing Buddha Bar
- 107 Art Café

Achats

- 95 Les Confitures de Michèle
- 124 Marché d'Ubud
- 146 Boutique de la Kupu Kupu Foundation

■ À faire

- 36 Cours de batik à la pension Nirvana
- 79 Cours de cuisine à Casa Luna
- 140 Cours de cuisine au restaurant Bumbu
- 141 The Bodyworks Centre
- 143 Lily Spa

PRAMBANAN

IND. TÉL. : 0274

À 17 km au nord-est de Yogyakarta sur la route de Surakarta (Solo), une plaine extrêmement fertile s'étend au pied du volcan Merapi. Autour de la ville de Prambanan, une myriade de temples hindous et quelques temples bouddhiques constellent la campagne. La plupart sont encore en ruine, seuls les plus remarquables ont été restaurés, et le tremblement de terre de mai 2006 rend les travaux un peu plus longs encore...
S'il y a un groupe de temples à visiter, c'est le *candi Prambanan* (voir plus loin), et en particulier le *candi Çiva,* le plus imposant de tous. Ces temples sont reconnaissables à leurs tours en forme d'épi de maïs dressées vers le ciel. Elles rappellent en fait la symbolique silhouette du mont Meru, montagne sacrée des croyants, située dans la chaîne de l'Himalaya, au nord de l'Inde. Dans la même enceinte (et pour le même prix), au sein d'un parc verdoyant et ombragé d'environ 60 ha, ne pas manquer non plus le *candi Sewu,* un bel ensemble bouddhiste partiellement reconstruit.
À Prambanan, on retrouve la splendeur et l'étrangeté du monde hindou avec ses grandes divinités – Çiva, Vishnu et Brahma –, sa cohorte de sous-divinités et ses ribambelles joyeuses et féroces de personnages mythiques de l'épopée du *Rāmāyana.* Il s'agit là du plus grand centre religieux hindou en Indonésie.

JAVA

UN PEU D'HISTOIRE

À l'origine, près de 273 temples se dressaient ainsi dans la plaine, formant un fer de lance spirituel destiné à rivaliser avec la dynastie Sailendra, celle qui a donné les bâtisseurs de Borobudur... Hindouisme contre bouddhisme, telle était la composition du bras de fer politico-religieux à Java au IXe s. L'islam n'était pas encore arrivé jusque-là. Les deux religions conquérantes, venues de l'Inde par la mer, fixèrent leur base autour de Yogya, où la terre était fertile et l'eau abondante. Ayant assis leur puissance et construit leurs « forteresses » sacrées, elles s'affrontèrent pour avoir la mainmise sur l'île de Java et, au-delà, sur le reste de l'archipel indonésien. Vishnu renversa le Bouddha. L'hindouisme vainqueur, Java fut « hindouisée ». Mais l'arrivée de l'islam au XVe s et son expansion foudroyante mirent très vite un terme à la prépondérance de l'hindouisme à Java. Ce ne fut pas le cas à Bali.
Ceux qui connaissent déjà l'Inde ou les temples d'Angkor au Cambodge retrouveront ici les croyances et les légendes de la religion hindoue, finement sculptées sur des pierres basaltiques issues des entrailles de la Terre. C'est l'occasion de découvrir un ensemble archéologique unique, qui rapporte chaque année des millions de *rupiahs.* Il aura fallu des décennies de labeur patient et des sommes considérables pour mener à bien les travaux de restauration. Commencé dans les années 1950, sous le règne de Sukarno, le chantier continue encore aujourd'hui. Étape par étape ! Certains visiteurs trouvent que tout ça manque d'authenticité. Mais ne vaut-il pas mieux admirer des temples reconstitués, comme ils se présentaient sans doute à l'origine, que des ruines à terre, sous forme d'amoncellements de cailloux ? Aujourd'hui, même si la plupart des temples reconstruits ne portent pas la vraie patine du temps et des siècles, ils parviennent à ressusciter à merveille les dieux de la Sagesse venus de l'Inde. En outre, ils rappellent la contribution essentielle de l'hindouisme à l'histoire de l'Indonésie. Petit clin d'œil étymologique : le mot « Inde » a accouché du mot « Indonésie ». Ce n'est pas par hasard !

LES DIEUX DE PRAMBANAN

– ***Brahma :*** dieu créateur de l'univers, au premier rang de la Trinité (Trimûrti) hindoue. Souvent représenté avec quatre têtes et quatre bras.
– ***Vishnu :*** dieu solaire, surnommé « l'Agissant » dans le Rig-Veda, c'est l'une des principales divinités de l'hindouisme. Dans la sagesse orientale, « il incarne le conservateur aux côtés de Brahma, le créateur, et de Çiva, le destructeur. Gardien du Dharma, il chevauche l'oiseau Garuda et accourt chaque fois que le monde se dérègle ». Vishnu s'incarne en *avatâra* (avatar) pour montrer à l'humanité de nouvelles voies pour son développement. Bref, un dieu hautement salutaire et bénéfique.
– ***Çiva :*** le troisième dieu de la Trinité hindoue. Surnommé le Bon, le Gentil, il est pourtant le dieu de la Destruction et de la Dissolution. Mais il peut aussi être une divinité bienfaitrice dans la mesure où il anéantit Avidya, l'Ignorance. Son symbole est le *lingam,* pierre de forme phallique, symbole de fertilité, dont s'inspire d'ailleurs la colonne de Monas, sur la place Merdeka à Jakarta. Dans l'iconographie et dans les sculptures, il est souvent représenté dans des situations d'union sexuelle avec sa Shakti, son énergie féminine, sous différentes apparences (Pârvati, Kâli ou Durgâ). À Prambanan, Çiva a choisi l'abstinence.
– ***Ganesh :*** représenté par une tête d'éléphant et quatre bras sur un petit (ou gros) corps au ventre rebondi. Ganesh est le fils de Çiva et de Pârvati. N'ayant pas reconnu son grand fiston à son retour de voyage, Çiva le prit pour l'amant de sa femme et lui trancha la tête ! Bon, pour se faire pardonner, il lui donna le visage du premier venu... C'était un éléphant ! Cela n'empêcha pas Ganesh de devenir « celui qui enlève les obstacles et garantit le succès dans l'existence terrestre comme dans la vie spirituelle ». Bref, un dieu sage, bienveillant et magnanime.

Arriver – Quitter

➢ ***Liaisons avec Yogya :*** si vous partez de Sosro, allez à Terban et prenez un minibus direct. Il y en a ttes les 15 mn, 5h-18h. Si vous partez de Prawirotaman, allez à Giwangan, prenez un bus pour Solo et demandez qu'on vous arrête à Prambanan. Il y en a ttes les 10 mn, 5h-19h. Durée du trajet : env 30 mn. L'arrêt de bus se trouve à 500 m de l'entrée du parc archéologique. Profitez aussi des bus *Trans Jogja* (nº 1A depuis Yogya ; station de bus en hauteur par rapport à la route, personnel compétent, comptez 3 000 Rps l'aller).

Enfin, il faut savoir que la plupart des visiteurs de Prambanan achètent un billet forfaitaire auprès de l'office de tourisme de Yogya ou d'agences de voyages locales (voir la rubrique « Dans les environs de Yogyakarta »). Avec ce billet, on peut visiter Borobudur et Prambanan dans la même journée et circuler dans des minibus de 6 à 10 passagers. Ce n'est pas la solution la plus économique, mais sans doute la plus intéressante quand on a peu de temps.

Où dormir ?

Ceux qui ont du temps peuvent passer une nuit sur place dans l'un des quelques hôtels à proximité du site. Ou, plus luxueux :

Poeri Devata Resort Hotel : ☎ *49-64-35.* • *poeridevata@indo.net.id* • *Résa obligatoire. Chambres 800 000-900 000 Rps.* À 5 mn à pied des ballets du Rāmāyana, chambres confortables avec vue sur le temple (les plus chères) ou sur le jardin. Resto, piscine. Location de vélos.

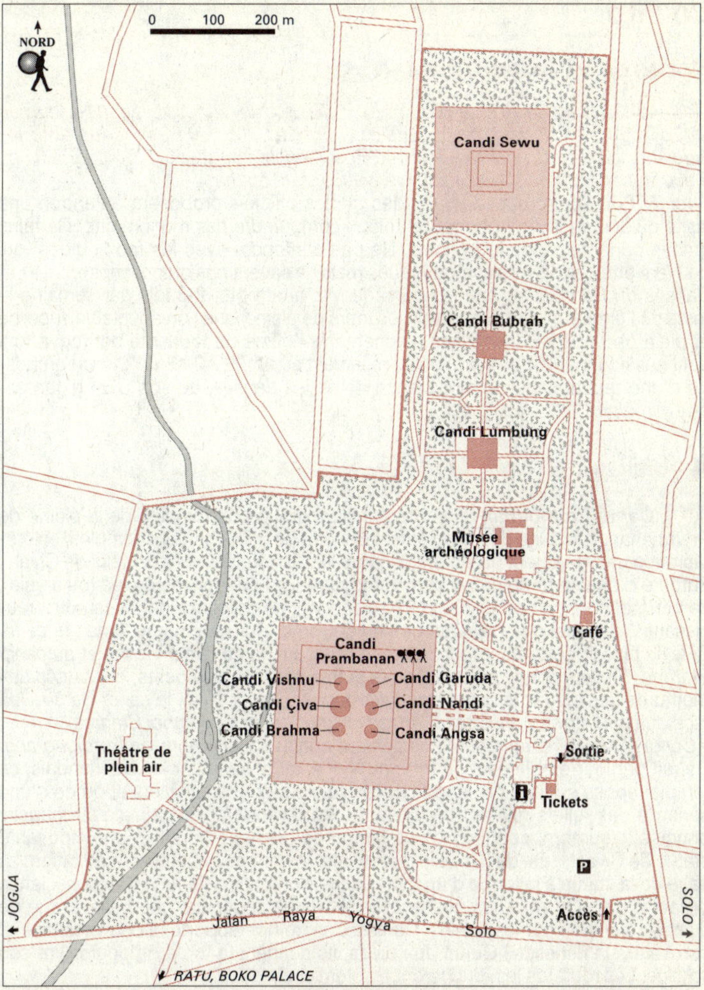

PRAMBANAN

Où manger ?

🍴 De nombreux petits restaurants ouverts le midi à l'entrée du parc, qui proposent de la cuisine indonésienne, le meilleur et le moins cher étant ***Ny Muharti,*** situé entre les hôtels *Sari* et *Jaya Kusuma.* Bonnes spécialités et *nasi goreng* à prix doux (18 000 Rps). Pour ceux qui restent au spectacle, buffet copieux, varié et à volonté (65 000 Rps) à partir de 18h, au restaurant en plein air, très agréable, du théâtre.

Le site

Horaires et infos utiles

Tlj 6h-17h30 (derniers tickets 30 mn avt). Y aller le plus tôt possible dans la journée afin d'éviter les cohortes de « touristes ». Entrée : 203 500 Rps ; réduc pour les étudiants avec carte. Caméra : 50 000 Rps ; appareil photo : 5 000 Rps. Parking : 5 000 Rps. À l'entrée : boisson de bienvenue, café ou thé.

Pour 75 000 Rps (groupez-vous), des guides officiels proposent à l'entrée une visite guidée de 1h qui permet de mieux comprendre ces monuments. Certains guides parlent un peu le français. Ne pas confondre avec les faux guides, qui peuvent être parfois très sympathiques mais ne savent pas grand-chose.

Danses du *Rāmāyana* tous les jours de mai à octobre, 2-3 fois par semaine le reste de l'année. Y aller si possible les jours de pleine lune : un spectacle superbe et plein de mystère. Les billets s'achètent à l'office de tourisme de Yogya (qui peut aussi fournir le transport) ou se réservent au ☎ *(0274) 49-64-08.* Un orchestre d'une quarantaine de musiciens rythme les danses, au son d'un gigantesque *gamelan.*

À voir

🏛🏛🏛 ***Candi Prambanan :*** c'est le principal groupe de temples de la plaine de Prambanan. À la suite du tremblement de terre de 2006, certains temples, en restauration, ne se visitent pas (c'était encore le cas dernièrement de celui de Çiva). Entouré d'une sorte de grand parc verdoyant que l'on traverse à pied (ou à vélo), ce groupe, construit entre 900 et 930 apr. J.-C., se compose de six temples réunissant l'essentiel des divinités de l'hindouisme. Sur une même ligne : le *candi Çiva* (le plus important) entouré à droite et à gauche du *candi Vishnu* et du *candi Brahma.* En face d'eux, on trouve trois autres temples plus petits, consacrés aux montures des dieux : le *candi Nandi* (en face du *candi Çiva*), le *candi Garuda* (en face du *candi Vishnu*) et le *candi Angsa* (cygne ; en face du *candi Brahma*).

– *Candi Çiva (en restauration) :* également connu sous le nom de *Rorojongrang.* Détruit par un tremblement de terre au XVIe s, reconstruit par les Néerlandais, ce temple repose sur une balustrade accessible par quatre escaliers et ornée d'une série de bas-reliefs relatant l'épopée du *Rāmāyana.* À l'intérieur de la chapelle principale (sombre, se munir d'une lampe de poche) se dresse une imposante statue de Çiva. Haute de 3 m, elle représente un homme debout, en méditation. La base de la statue a la forme d'un lotus sacré. Noter le troisième œil (la conscience divine) sur son front et les quatre bras. À l'étage supérieur, une belle statue de Ganesh, vénérée par les fidèles. Caresser sa trompe apporte la connaissance et son ventre la richesse ! Quant aux pieds, ils donnent la force de poursuivre son voyage. Les routards les toucheront en premier...

– *Candi Brahma :* au sud du *candi Çiva.* Plus petit, il abrite une belle statue (restaurée) de Brahma en homme à quatre têtes. Les bas-reliefs racontent la guerre de *Rāmāyana* et de Laçmana contre Ravana. Les lions et l'arbre de vie symbolisent l'équilibre entre la puissance et la connaissance. Quant aux femmes-oiseaux, elles représentent des anges du paradis. Au pied du temple, sur la façade de droite, on trouve des singes sculptés. Celui du fond se trouve dans une curieuse posture érotique...

– *Candi Vishnu :* l'autre temple flanquant le *candi Çiva.* Abrite une statue de Vishnu en homme à quatre bras portant une massue *(gada),* le *chakra* (arme sacrée) et un bourgeon de lotus sacré.

– *Candi Nandi :* dans la rangée en face des trois temples précédents. La chambre abrite une statue du taureau Nandi, la monture de Çiva.

– *Candi Angsa :* en face du *candi Brahma.* Consacré à un cygne sacré *(angsa)* qui fut l'une des montures de Brahma. Pas de statue, la niche est vide !

LES ENVIRONS DE YOGYAKARTA

– *Candi Garuda :* en face du *candi Vishnu.* Petit temple consacré à Garuda, aigle sacré et monture que chevauche Vishnu. Ce drôle d'oiseau est souvent représenté avec un visage humain terminé par un bec, deux ailes et deux ergots. À l'intérieur, une statue de Çiva.

Les autres temples : un itinéraire bien fléché à travers l'agréable parc de 60 ha longe le *candi Lumbung* (dont la restauration est en panne par manque de fonds : arrêt pas impératif), puis le *candi Bubrah* (encore moins restauré : un tas de pierres pour le non-initié) avant d'arriver au ***candi Sewu,*** à environ 1 km au nord de l'entrée du site. Nettement plus intéressant que les deux précédents, il fait partie d'un ensemble de 250 temples qui vient d'être restauré et que l'on visite souvent seul. Ce complexe bouddhiste, construit de 780 à 810, en trois étapes, mesure 185 m de long sur 165 m, et comprend 240 stûpas tous semblables, pour la plupart partiellement en ruine. Il est organisé comme un mandala centré autour d'un temple principal qui, lui, est bien debout (mais toutes ses niches sont vides).

Le Musée archéologique et le centre audiovisuel : *en redescendant depuis le* candi Sewu *vers la sortie du site.* La visite de ce petit musée est intéressante et gratuite ; en revanche, la projection du film de 25 mn pour vous éclairer sur le site de Prambanan est payante (2 000 Rps). En face, un bar-restaurant mignon tout plein, à prix doux, bien agréable pour un rafraîchissement.

Aux alentours, mais pas non plus sur le site, il y a aussi le *candi Plaosan,* deux temples debout et, tout autour, de multiples pierres prêtes à être rassemblées, comme un puzzle géant. Impressionnant.
À 20 mn de route du site de Prambanan, ne manquez pas le *temple Sambi Sari,* construction carrée très harmonieuse, et ceux qui l'entourent. Enfin, le *palais du Ratu Boko,* lui, est situé sur une colline d'où l'on a une très belle vue sur le *grand temple de Prambanan* et la région environnante. Valable surtout pour le coup d'œil, car il ne reste que des ruines.

Ces monuments sont facilement accessibles à pied mais pas toujours évidents à trouver. Pour info, il existe aussi un forfait Prambanan + Ratu Boko, avec une navette en bus incluse (dernier départ de Prambanan vers 15h).

BOROBUDUR

IND. TÉL. : 0293

Le plus grand monument bouddhique du monde est construit à une cinquantaine de kilomètres de l'océan Indien, non loin du volcan Merapi (d'où provient la terre volcanique très fertile), à la croisée de deux vallées arrosées par les rivières Progo et Elo. Cette confluence de cours d'eau n'est pas sans rappeler la confluence sacrée du Gange et du Yamuna, deux fleuves sacrés de l'Inde. Les bâtisseurs de Borobudur n'ont pas choisi le site à la légère. Leurs yeux regardaient les étoiles, mais ils gardaient la tête sur les épaules. Fertile, bien arrosée, facile d'accès tout en étant protégée, la région de Borobudur est un merveilleux écrin (pour une fois, le mot n'est pas trop fort) de rizières et de palmiers.

L'origine du nom de Borobudur ? Plusieurs hypothèses. La plus probable serait le mot *Bharabhudara,* qui signifie « montagne des vertus des dix sages du bodhisattva ».

Ses dimensions ? C'est un fabuleux monument, de proportions parfaites, mesurant 123 m de côté et 34,50 m de hauteur. Une curieuse pyramide basse, composée de neuf étages différents. Le temple est construit avec près de 1 600 000 blocs de pierre volcanique. On a compté 5 km de bas-reliefs, dont 1,5 km orné de près de 500 statues représentant le Bouddha (mais il n'en reste que 300) ! Pas besoin de vous dire qu'il est donc formellement interdit de s'allonger benoîtement sur les pierres de ce monument du Patrimoine mondial de l'humanité, comme le font certains ! Même si Borobudur, il est vrai, invite à une profonde méditation.

UN IMMENSE « MANDALA DE PIERRE »

Sa construction

Elle a duré 75 ans. Les bâtisseurs appartenaient à une puissante dynastie – les Sailendra – qui régnait alors sur Java. C'est ce que l'on appelle un grand chantier historique, entre la fin du VIIIe s de l'ère chrétienne et le milieu du IXe s. Quand Borobudur a été construit, aucune cathédrale ne se dressait encore sur la terre de France ! Les Khmers n'avaient pas entamé la construction de la ville d'Angkor et l'Empire maya était déjà sur le déclin en Amérique centrale.

La pierre utilisée est de l'andésite, une pierre volcanique facile à sculpter mais fragile. Aucun mortier n'a été utilisé par les maçons de l'époque pour maintenir les blocs de pierre entre eux... Dans la région, les pluies sont diluviennes (1 800 mm, soit 1,80 m d'eau par an). Pour s'en protéger, les bâtisseurs imaginèrent un ingénieux système d'écoulement des eaux, qui s'est dégradé au fil des siècles, provoquant des infiltrations au cœur du monument. Petit à petit, les pierres ont été disjointes puis déstabilisées.

Dégradation et renaissance

À cause des guerres et des menaces du volcan, Borobudur fut abandonné peu de temps après sa construction au IXe s, à une époque où, semble-t-il, les activités religieuses de l'île furent transférées plus à l'est. Après son abandon, Borobudur fut livré aux tremblements de terre, aux moussons et à l'invasion végétale. Ce n'est

qu'au début du XVIIIe s que les colonisateurs, ayant entendu parler de l'édifice, envoyèrent des spécialistes sur les lieux. Borobudur connaissait alors de graves problèmes d'affaissement, le tout reposant sur des roches volcaniques extrêmement poreuses qui retiennent l'eau. Soumis depuis 11 siècles au régime de la mousson et en raison de son poids énorme, Borobudur perdait toute solidité. L'ensemble de l'édifice s'enfonçait de 80 cm. En 1814, Sir Raffles, le fondateur de Singapour, demanda à un dénommé Cornelis de commencer des travaux. Mais il fallut attendre 1907 pour qu'un vrai programme d'envergure soit entamé sous la direction du Néerlandais Theo Van Erp.
En 1955, avec l'aide de 27 pays, l'Unesco, maître d'œuvre de cette gigantesque restauration, utilisa les méthodes les plus modernes de l'architecture, sous la direction d'un restaurateur français. Chaque pierre fut démontée dans un ordre précis, enregistré sur ordinateur. Puis des drains furent creusés et une dalle de béton coulée dans le soubassement de chacune des terrasses. Les travaux s'achevèrent en 1983. C'est donc un Borobudur tout neuf qui s'offre désormais à vous, même si, en 1985, des extrémistes musulmans ont stupidement fait exploser neuf stûpas.
Pour compléter la visite du temple, se rendre au petit *musée* du centre d'info, qui retrace l'histoire de cette restauration hors du commun et fournit des explications sur les bas-reliefs.

Son symbolisme spirituel et cosmique

Borobudur n'est, à vrai dire, ni un temple ni un sanctuaire. Personne n'a encore découvert la signification exacte de cet incroyable monument. De nombreux experts comparent Borobudur à un « mandala de pierre », c'est-à-dire un monument sacré destiné à favoriser l'ascension spirituelle du croyant. Des archéologues pensent qu'il s'agissait d'une université, les scènes des bas-reliefs servant à enseigner la lecture et l'histoire du Bouddha. Borobudur est un édifice d'autant plus « stûpéfiant » (on a osé !) que le bouddhisme enseigne le caractère éphémère des choses...
Conçu sur une base carrée dans laquelle vient s'inscrire un cercle et orienté aux points cardinaux, Borobudur symbolise la terre et le ciel, ainsi que le rapport de l'individu au cosmos. Il offre une ascension physique et spirituelle d'abord labyrinthique, puis un accès de plus en plus facile, une fois que l'être gravit les terrasses et que, spirituellement, il se débarrasse de ses obstacles personnels. Jusqu'à l'élévation ultime, l'Éveil, symbolisé par le stûpa central tout en haut. C'est bien à un parcours à la fois physique et spirituel que vous invite cette architecture unique.
Selon la tradition bouddhique, il faut commencer la visite du monument par l'escalier est, puis parcourir les terrasses dans le sens des aiguilles d'une montre. La base est composée d'un empilement de six terrasses carrées abondamment sculptées : cela représente la sphère des Désirs *(Kamadathu),* qui sont la cause de toutes les souffrances humaines. Puis, au-dessus, trois terrasses circulaires représentent la sphère des Apparences *(Rupadhatu).* Enfin, le dernier niveau est censé représenter la sphère du Vide, du Rien, du *nirvāna.* Au sommet se dresse l'immense stûpa creux, réplique symbolique du mont Meru (montagne sacrée commune aux bouddhistes et aux hindous, située dans l'Himalaya). Borobudur illustre donc les 10 degrés de transmutation humaine nécessaires pour passer de la réalité au *nirvāna* (l'Éveil spirituel). En gravissant les différents niveaux, le croyant franchit, une à une, ces 10 étapes cruciales de son voyage vers l'essentiel. Il s'agit, encore une fois, d'un périple autant physique que mental (le *pradaksina*), une déambulation sacrée destinée à élever spirituellement le pèlerin à mesure qu'il se détache du monde des désirs et des apparences.
L'autre symbolique de Borobudur est numérologique et amuse beaucoup les mathématiciens et autres architectes francs-maçons : on y dénombre 9 terrasses, 504 statues (5 + 4 = 9), 72 stûpas (7 + 2 = 9), 108 niches (1 + 8 = 9) de chaque côté (4 x 108 = 432 ; 4 + 3 + 2 = 9), etc. En observant le plan du site, on tombe

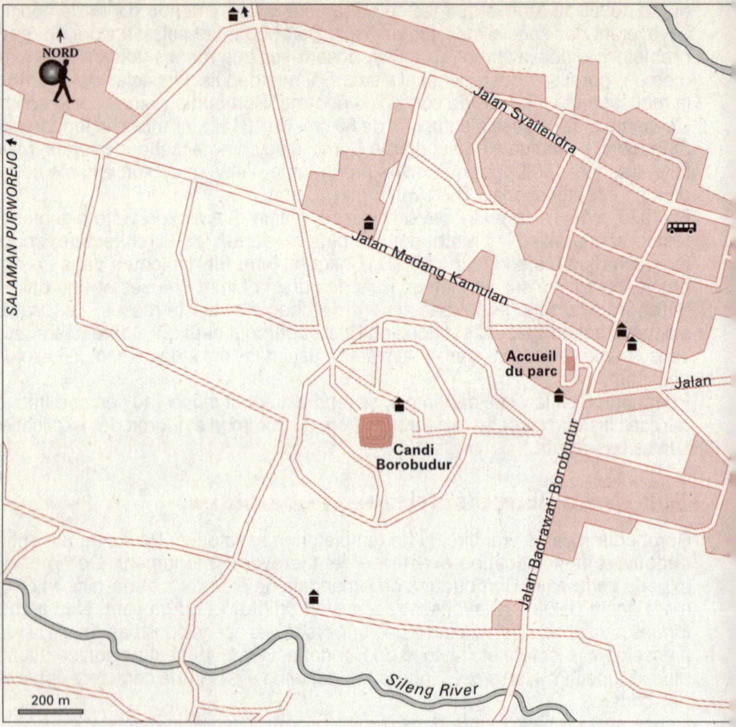

sur le nombre 9 à chaque fois. Aucun hasard là-dedans. Selon le *Dictionnaire des symboles* (éd. Robert Laffont) : « Neuf est un des nombres des sphères célestes. C'est la raison des neuf degrés du trône impérial chinois et des neuf portes qui le séparent du monde extérieur, car le microcosme est à l'image du ciel. Aux neuf Cieux s'opposent les neuf Sources, qui sont le séjour des morts. Les cieux bouddhiques sont neuf également. [...] Le ciel chinois a neuf plaines et 9 999 coins. [...] Neuf est le nombre de la plénitude : neuf est le nombre du yang. »

Arriver – Quitter

➢ ***En provenance de Yogyakarta :*** 42 km d'une bonne route qui traverse un paysage de rizières et de champs prospères. Pour y aller, prendre le bus public nº 5 sur jl. Jojoynegaran, pour le terminal Jombor. De là, prendre le bus pour Borobudur. Sinon, on peut s'arrêter au Mendut Temple et prendre un *becak,* ou marcher. Trajet : env 1h30. Billets à acheter dans le bus. Arrivé sur le site du temple, il faut marcher une vingtaine de minutes jusqu'au temple lui-même. On vous fera croire que c'est très loin pour vous obliger à prendre une carriole.

– *Billet forfaitaire :* une autre solution (à notre avis, une bonne formule) consiste à acheter dans les *losmen,* ou auprès

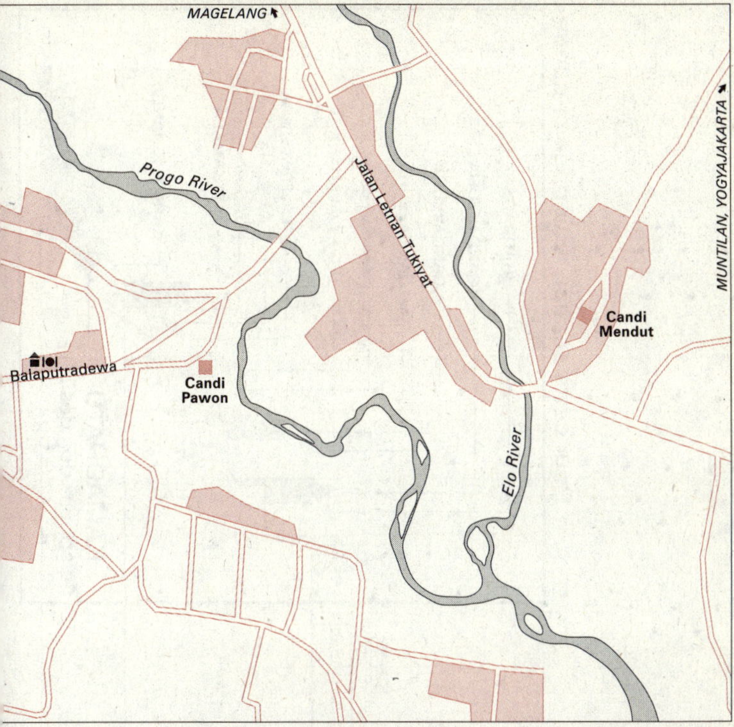

BOROBUDUR

d'une agence, un billet permettant de visiter en une journée les temples de Borobudur et de Prambanan (demander conseil à l'office de tourisme ; compter env 80 000 Rps/pers en minibus, entrée des sites en sus). Le billet inclut la visite d'un atelier de batik (sur la route), une escale au kiosque-belvédère de Kaliurang, au pied du volcan Merapi, et une étape aux ateliers d'orfèvrerie de Kota Gede (faubourg proche de Yogya). Les repas et les boissons sont à la charge du passager. Les transports se font dans des bus climatisés et confortables de 21 places. Il faut réserver sa place au moins 24h à l'avance. Le bus passe vous chercher directement à votre *losmen* vers 7h ou 8h, parfois plus tôt. Sur place, un guide de l'agence, ayant embarqué dans le minibus, vous accompagne jusqu'à l'entrée du temple et donne les explications générales sur le monument mais n'assure pas la visite détaillée des sites. Bref, on est libre de visiter seul les temples, dans le temps qui est fixé (il est suffisant). Le retour à Yogya se fait vers 17h. Une solution plus chère que le bus public mais plus pratique pour ceux qui disposent d'un temps limité et qui souhaitent voir le maximum en une journée. Vrais mordus, allez-y toutefois en solo : la montée jusqu'au sommet du temple pourra vous prendre quelques heures, si vous vous arrêtez à toutes les fresques, ou sinon 2h, sans se presser, à partir de l'entrée du temple.

– Pour ceux qui choisissent d'y aller en voiture, n'hésitez pas à vous arrêter

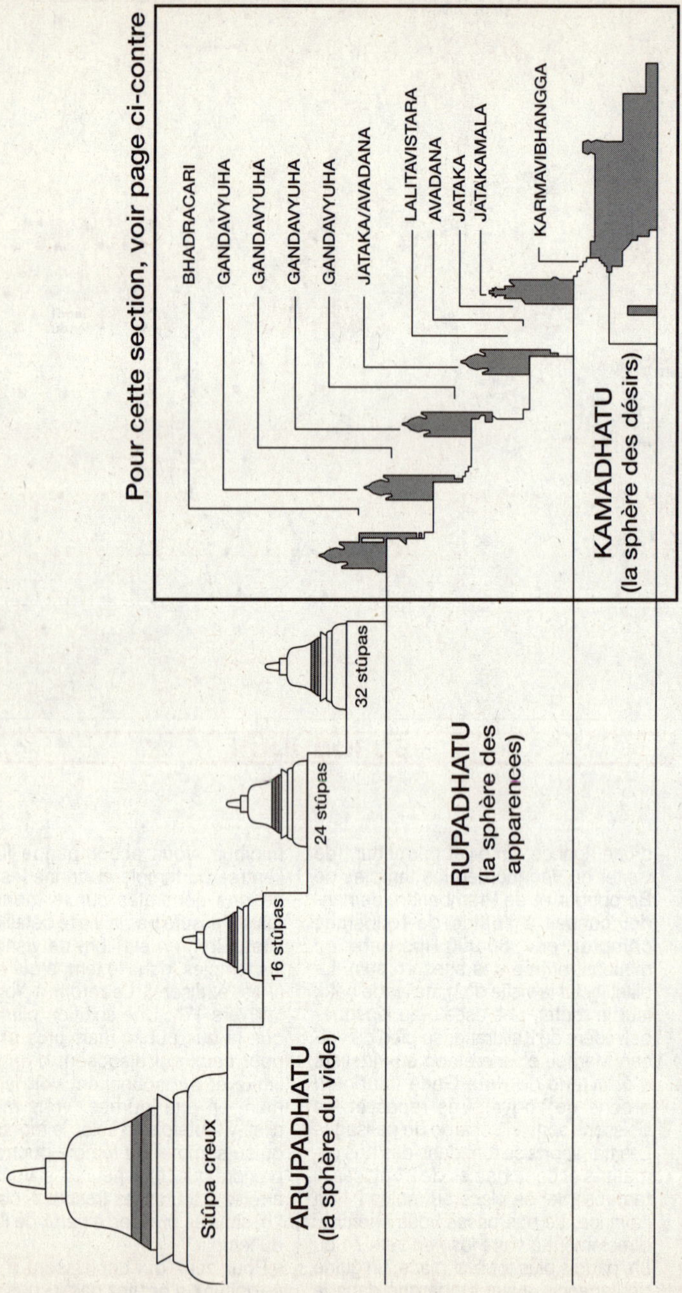
Pour cette section, voir page ci-contre
BHADRACARI
GANDAVYUHA
GANDAVYUHA
GANDAVYUHA
GANDAVYUHA
JATAKA/AVADANA
LALITAVISTARA
AVADANA
JATAKA
JATAKAMALA
KARMAVIBHANGGA
KAMADHATU
(la sphère des désirs)
Stûpa creux
ARUPADHATU
(la sphère du vide)
16 stûpas
24 stûpas
32 stûpas
RUPADHATU
(la sphère des apparences)

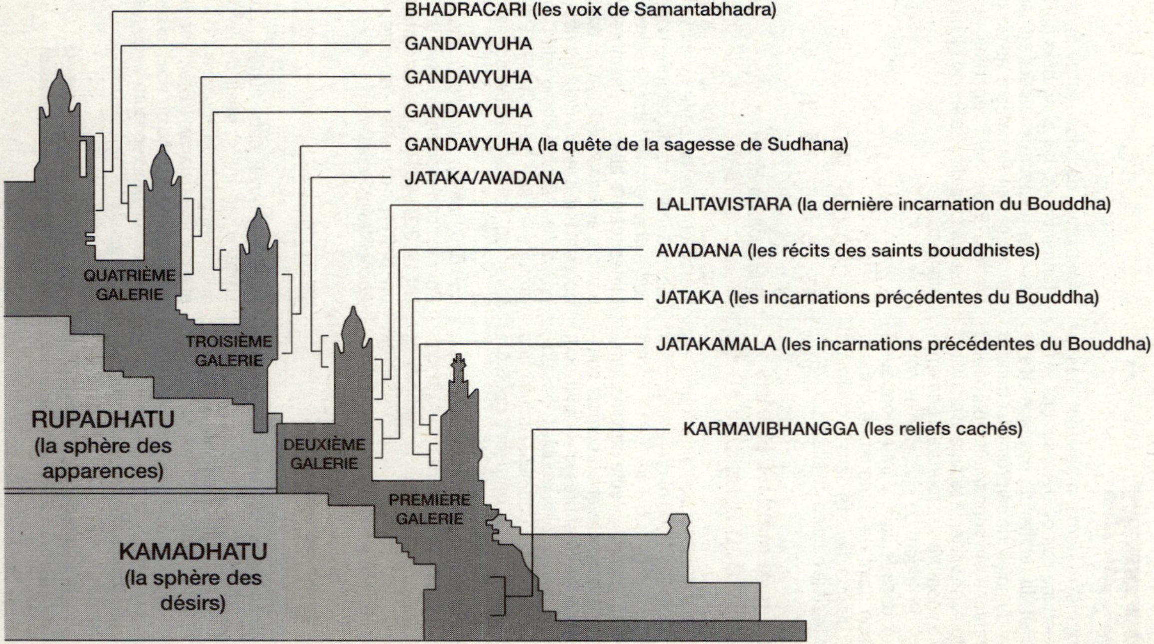
BHADRACARI (les voix de Samantabhadra)
GANDAVYUHA
GANDAVYUHA
GANDAVYUHA
GANDAVYUHA (la quête de la sagesse de Sudhana)
JATAKA/AVADANA
LALITAVISTARA (la dernière incarnation du Bouddha)
AVADANA (les récits des saints bouddhistes)
JATAKA (les incarnations précédentes du Bouddha)
JATAKAMALA (les incarnations précédentes du Bouddha)
KARMAVIBHANGGA (les reliefs cachés)
QUATRIÈME GALERIE
TROISIÈME GALERIE
DEUXIÈME GALERIE
PREMIÈRE GALERIE
RUPADHATU (la sphère des apparences)
KAMADHATU (la sphère des désirs)

5 mn, 3 km avant l'arrivée à Borobudur, au charmant petit *candi Mendut (tlj 7h-18h ; entrée 3 300 Rps).* Ce templion réfugié sous les frondaisons d'un immense banian abrite 3 belles statues du Bouddha. Halte rafraîchissante.

Où dormir ?

Certains routards n'hésitent pas à passer une nuit ou deux sur place. Ça permet de profiter du paysage dès le lever du soleil, de se promener dans la campagne environnante (superbe) et, surtout, de visiter le temple avant l'arrivée en nombre des touristes. Les amateurs de rafting, de plus en plus nombreux dans le coin, y trouveront aussi un bon point de chute (et de chutes). Une dizaine d'hôtels dans le charmant village situé au pied du site.

Très bon marché (moins de 150 000 Rps, soit 10 €)

Lotus 1 : *2 jl. Medang Kamulan. ☎ 78-82-81. À 500 m du temple, dans la rue qui longe le site sur la droite. Petit déj simple inclus.* Petite pension familiale à la propreté et au confort sommaires. Les chambres d'en haut sont un peu mieux. 2 lits doubles, possibilité de loger à 2 couples. Accueil très prévenant. Le soir, on peut y goûter la cuisine des grands-parents.

Pondok Tingal Hotel : *32 jl. Balaputradewa. ☎ 78-81-45. • pondoktingal.com • À 15 mn du temple, à côté du Borobudur Restauran. Différentes catégories de prix.* *Resort* à la belle architecture de brique et de bambou. Étonnamment, les chambres ne sont pas à la hauteur de la déco générale, défraîchies et finalement assez pauvrettes. Elles sont réparties autour d'un grand jardin. Salles de bains bien fatiguées...

Chic (de 500 000 à 1 000 000 Rps, soit 33,35 à 66,75 €)

Manohara Hotel : *Kompong Taman Wisata. ☎ 78-81-31. • manohara@yogyes.com • borobudurpark.com •* Hôtel chic à la belle architecture récente, au pied du temple, dans un cadre vraiment agréable : jardins, fontaines, calme absolu. Chambres tout confort, avec moquette, AC et terrasse donnant sur le jardin. Pour les hôtes, le prix de la chambre comprend l'entrée gratuite au site de 6h à 17h. Pour le lever du soleil, prendre son entrée à la réception ; départ à 4h30. Prix : 150 000 Rps en plus de la chambre. Pour les non-résidents, le prix à payer est de 300 000 Rps. Le resto propose un buffet indonésien et européen. Accueil froid. Rare !

Où manger ?

Borobudur Restauran : *30 jl. Balaputradewa. ☎ 78-81-09. À 15 mn du temple à pied. Venir tôt (avt 14h) pour éviter l'afflux touristique. Buffet 55 000 Rps.* Grande paillote bien ventilée. Beau et bon buffet à volonté proposant soupe, *satay*, légumes, viandes, fruits et gâteaux (entre autres). Goûter au *salak*, un fruit à peau de serpent, considéré comme l'équivalent du Viagra par les Javanais ! Bref, une halte idéale après la visite du site... si on fait abstraction des vendeurs de souvenirs qui attendent à l'entrée.

Où boire un verre avec vue sur Borobudur ?

Hotel Amanjiwo : *☎ 78-83-33. • amanresorts.com • À 15 mn en voiture et 30 mn à pied (demander le chemin aux habitants du village).* Sur les hauteurs, bien gardé (il faut montrer patte blanche), cet hôtel jet-set pour hommes politiques et personnalités du show-biz possède une architecture et un emplacement à la hauteur du monument que vous êtes venu admirer. Construit sur la forme d'un demi-Borobudur, il est cependant totalement dépouillé, presque monastique par rapport au premier ! Bien sûr, la comparaison architecturale s'arrête là. Mais les matériaux employés sont magnifiques, et on se régale en parcourant ce lieu saint du tourisme chic et international. Les chambres sont réparties dans les jardins en escaliers, et certaines possèdent leur propre piscine, 2 salles de bains (pour homme et femme !), une chaîne hi-fi, et même du matériel de peinture... Décoration d'un raffinement exquis, avec des orchidées partout. On ne vous donnera pas les prix des suites (on ne voudrait pas se fâcher !), mais on vous conseille d'aller voir ce panorama sur la vallée et sur Borobudur, au loin, littéralement au cœur d'un écrin... Vous pouvez boire un verre ici, ce qui vous coûtera évidemment bien plus cher qu'ailleurs (disons le prix d'une chambre bon marché à Yogya pour un soda !), ou prendre un plat complet, qui en fait se révélera moins cher que votre *drink*. Mais quel cadre ! Exceptionnel. C'est tout simplement le plus bel hôtel de Java. Tenue correcte de rigueur.

Le site

Horaires et infos utiles

Tlj 6h-17h30 (derniers tickets 30 mn avt). Entrée : env 230 000 Rps (bouteille d'eau et café ou thé offerts à l'entrée) ; réduc. Guides anglophones à l'entrée : env 75 000 Rps pour 1h30 (sur résa, guide francophone possible) ; n'hésitez pas à faire cet investissement pour profiter pleinement du site, un peu abscons sans explication.

Y aller le plus tôt possible le matin pour bénéficier de la plus belle lumière, profiter au maximum de tous les niveaux avant que le soleil ne soit au zénith (gare aux insolations) et aussi pour se sentir un peu plus seul sur le site, avant l'arrivée des meutes de touristes. On peut même arriver à 5h du mat' (se renseigner à l'hôtel *Manohara*), mais prix en conséquence. Évitez le dimanche.

Quant au coucher du soleil, plutôt que de vous agglutiner avec tous les visiteurs au sommet, où en fait vous ne verrez qu'un coucher de soleil quelconque, préférez rester en bas, pour voir le changement de couleur des pierres, du gris au bel orangé.

À voir

Les bas-reliefs : ceux de la balustrade du 1er niveau doivent être vus de gauche à droite, tandis que les bas-reliefs du mur principal sont faits pour être vus de droite à gauche. Ils racontent la vie du Bouddha, de sa naissance jusqu'au sermon de Bénarès, ainsi que ses vies précédentes. Au 2e niveau, 128 sculptures illustrant la vie de Sudhana à la recherche de la sagesse suprême. Au 4e niveau, on peut admirer 72 sculptures relatant le vœu fait par Sudhana de suivre et d'appliquer correctement les préceptes du bouddhisme.

Les terrasses circulaires : ornées respectivement de 32, 24 et 16 stûpas ajourés (en forme de cloche, mais symboles du mont Meru). Chaque stûpa est percé d'une série de petites ouvertures en forme de losange et abrite une statue du Bouddha dont la position des mains varie d'un stûpa à l'autre selon l'orientation. À l'est, le Bouddha a la main droite dirigée vers la terre *(Bhumisparcamudra),* ce qui signifie qu'il prend celle-ci comme témoin. Vers l'ouest, le Bouddha médite *(Dhyanamudra)* avec les mains jointes. Vers le sud, il est dans l'attitude de la charité *(Varamudra),* la main droite sur le genou. Enfin, tourné vers le nord, il est *Abhayamudra,* c'est-à-dire dans l'attitude de celui qui dissipe la peur.

Le stûpa du dernier niveau : offre une vue superbe sur un paysage plein de paix et de sérénité. Au loin, la silhouette du volcan Merapi (par temps clair).

LE VOLCAN MERAPI

Il existe plusieurs volcans Merapi en Indonésie, *merapi* signifiant « lieu du feu ». Celui-ci, situé à 29 km au nord de Yogya et haut de 2 911 m, est le plus violent de tous. C'est aussi le plus dangereux d'Indonésie. En activité permanente, il est en alerte rouge (maximum donc) depuis le 15 mai 2006, et 45 000 personnes vivant à proximité ont reçu l'ordre d'évacuer. Fin 2010, le volcan s'est à nouveau réveillé violemment, entraînant la mort de plus de 300 personnes et blessant des centaines d'autres. Cette recrudescence brutale d'activité inquiète, évidemment, les volcanologues qui craignent une éruption similaire à celle de 1930. Le dôme actuel mesure 350 m de haut et déborde du cratère qui ne cesse de gonfler sous l'action de la pression et de la chaleur. Ses éruptions se caractérisent par des nuées ardentes et des nuages de cendres brûlantes. En 2010, même l'aéroport de Yogyakarta a dû être fermé 15 jours en raison des particules ! Côté sud, d'énormes blocs incandescents dévalent le chenal creusé dans son flanc...
***ATTENTION !* Ces infos sont bien sûr à considérer en temps normal, lorsque le volcan est accessible. L'ascension, habituellement, peut s'effectuer par Selo (flanc nord) et par Kaliurang (flanc sud), mais elle ne peut se faire seul et requiert une solide condition physique. Les services d'un vrai guide ou d'une agence sont indispensables. Quoi qu'il en soit, il faut se renseigner auprès de l'office de tourisme ou dans une agence organisant ce type d'expéditions pour connaître la situation exacte lors de votre passage.**
Plusieurs solutions possibles : prendre un package dans l'une des nombreuses agences de Prawirotaman ou Sosrowijayan à Yogyakarta, passer par les services d'un guide d'un des deux *losmen* de Selo, ou par le guide du *Vogels Hostel* à Kaliurang.

CÔTÉ NORD : SELO

À Selo, on vient principalement pour l'ascension du Merapi. En général, l'excursion commence à 1h du matin, pour arriver à 5h au sommet, pour le lever du soleil ; retour prévu vers 9-10h. Prévoir 200 000 Rps par personne, à négocier en fonction du nombre de clients. Cette face est plus facile d'accès que celle de Kaliurang qui, elle, est en revanche plus agréable, dès le lever du jour, pour l'environnement : ruisseaux, végétation plus dense.

Où dormir ? Où manger ?

Les hôtels ressemblent plus à des refuges de montagne.

Ratri Home Stay & Guide Service : 081-329-287-256. • sonyria@yahoo.com • Seulement 2 chambres très simples, eau, toilettes extérieures. Situé au départ des treks, l'hôtel appartient à la famille de Sony, chef des guides. Il parle un peu le français et le comprend bien.

Melani Home Stay : *pas de tél ; à contacter sur place.* La maison, on ne peut plus rustique, est tenue par le premier guide de l'histoire du Merapi, Pac (« monsieur ») Auto. Il a conduit, jadis, Haroun Tazieff au sommet. Il ne fait plus le guide, mais son fils, Yuni, a pris la relève. Si le *losmen* est très modeste *(6 chambres pour 2 ou 4 pers 30 000 Rps/pers, avec eau et w-c extérieur)*, l'accueil est très chaleureux. La femme de Yuni tient le petit restaurant à l'entrée, *Sate Kambing Muda*. Attention à la cuisine, très épicée. Le *losmen* est très mal indiqué, se repérer par rapport au panneau du resto, dans le virage, direction Solo. En face de chez eux, petits restos très simples.

CÔTÉ SUD : KALIURANG

Située à 25 km de Yogya, cette petite ville, accrochée au flanc du Merapi à 900 m, est très agréable pour séjourner. Au programme : sentiers forestiers, magnifique vue (par temps clair) sur le volcan qui trône à 2 911 m, et ascension de nuit.
➢ De Yogyakarta, bus de la gare de Terban, jalan Simanjuntak.

Où dormir ?

Vogels Hostel : *jl. Astamulya. ☎ 89-52-08. Chambres à partir de 40 000 Rps, bungalows 100 000 Rps et surtout dortoir pour 4 à 20 000 Rps/pers.* Style chalet de montagne. Lieu de rendez-vous pour l'ascension du Merapi. Un bon guide sur place, propriétaire de l'hôtel, Christian Awuy, organise des circuits « Lava Tour » chaque jour *(☎ 41-25-72 ; compter 150 000-400 000 Rps/pers selon longueur de la balade)*. Départ vers 3h du mat', retour pour le petit déj pour les plus courtes (5h). Un bon plan pour une belle balade sportive et des vues exceptionnelles au lever du soleil. À ne pas manquer.

JAVA

À voir

– Pour ceux qui ne souhaitent pas faire l'ascension, on peut voir le Merapi du ***mirador Menara Pandang*** *(1 000 Rps + parking 1 500 Rps)*. Très belle vue par temps clair des fumeroles du volcan.

– ***Kali Adem :*** *à 1,5 km de Kaliurang. Compter 5 000 Rps, parking compris.* Visite de la dernière coulée de lave qui a détruit le village et englouti les maisons. Impressionnant. Depuis, d'importants travaux pour canaliser les coulées (digues, barrages) ont été entrepris, mais le Merapi est le volcan le plus actif du pays !

SURABAYA

4 000 000 hab. IND. TÉL. : 031

Deuxième ville et deuxième port du pays après Jakarta... cela suffit-il à vous faire une petite idée du genre de ville qu'est Surabaya ? Une mégalopole, assurément.
Disons-le tout de go, Surabaya n'offre pas vraiment d'intérêt touristique. C'est surtout le point de départ pour se rendre à Sulawesi en bateau, une ville-étape sur la route de Jakarta à Bali, ou pour une excursion au Bromo. Ici, pas de nuances : les pauvres survivent littéralement au milieu des poubelles abandonnées par les riches. Surabaya, c'est aussi un port qui rappelle l'atmosphère des romans de Conrad, la rauque mélancolie de Kurt Weil ou encore le quartier le plus chaud du pays.
D'un point de vue historique, Surabaya est donc un port important et ce, depuis le XVIe s. La ville fut conquise au siècle suivant par le puissant

souverain de Mataram, le sultan Agung, qui envoya 80 000 hommes (chiffre énorme pour l'époque) dévaster les richesses de la région. Puis la VOC, la Compagnie néerlandaise des Indes orientales, hissa Surabaya au rang de premier port du pays. La ville fut le lieu d'une bataille symbolique, en 1945, quand les Anglais, après avoir chassé les Japonais, écrasèrent aussi la résistance indonésienne, faisant ainsi des milliers de morts. Depuis cette date, Surabaya, ville monumentale et tentaculaire (en un mot, ingrate !), est surtout la « ville des héros » dans le cœur des Indonésiens.

Il y a en réalité deux Surabaya. La première se déploie le long des canaux qui drainent toute la ville, avec ses étonnants quartiers arabe et chinois (Surabaya connaît la plus forte concentration chinoise des villes indonésiennes), ou l'incroyable quartier de *Dolly,* transformé en bordel cosmopolite et international d'Asie du Sud-Est (on est dans un port, on vous le rappelle !). La seconde se concentre dans le *Downtown,* avec ses gigantesques centres commerciaux, parmi les plus vastes du monde. Pour un séjour de plusieurs jours, c'est au nord de la ville qu'on trouvera le coin le plus agréable, dans le quartier autour de jalan Peneleh.

Arrivée à l'aéroport

✈ ***L'aéroport de Juanda*** se trouve à 16 km au sud de la ville. On y trouve un office de tourisme totalement inefficace, des *money changers,* des distributeurs de billets, un centre de téléphone international et un bureau de poste.

➢ ***Pour gagner la ville :*** bus *Damri* en sortant de l'aéroport. Dessert plusieurs endroits dans le centre. Il part quand il est plein ! Sinon, taxis à prix fixe (la compagnie *Prima* ne possède pas de compteur). Mais aussi, en marchant 300 m environ (si vos bagages vous le permettent), après le poste de péage du parking, d'autres taxis, avec compteur, vous conduiront en ville. Achetez le ticket à l'aéroport.

Circuler en ville

Ne minimisez pas les distances ! La ville est très étendue et l'échelle du plan peut être trompeuse. Quasiment pas de *becaks* dans le centre, le long des grandes artères, trop de circulation dangereuse. Vous serez souvent obligé de marcher ou de prendre un taxi. Les artères sont larges, et les feux rouges rares et plutôt symboliques. Circuler à pied relève de l'exploit, pour ne pas dire, à certains endroits, de l'inconscience. Soyez très prudent en traversant. Les passages piétons, quand il y en a, sont généralement ignorés par les automobilistes... une folie ! N'hésitez pas à faire quelques mètres de

■ Adresses utiles

- **i** Office de tourisme
- **1** Consulat de France et Centre culturel français et de coopération linguistique
- **2** Centre commercial Tunjungan Plaza (change)
- **3** BII Wisma (change)
- **4** Garuda
- **5** Mandala
- **6** Pelni Line
- **7** Wartel (centres téléphoniques)

Où dormir ?

- **11** Hotel Singaraja Indah
- **13** Hotel Paviljoen
- **15** Griyo Mulyo
- **16** Istana Permata

Où manger ?

- **2** Fast-foods et restos du Tunjungan Plaza
- **20** Pasar Keputran
- **23** Ria Indonesia Delicacies
- **24** Puri Garden Restaurant
- **26** Sarkies

Où boire un verre ?

- **1** Centre culturel français
- **2** Bars et cafés du Tunjungan Plaza
- **26** Hotel Majapahit

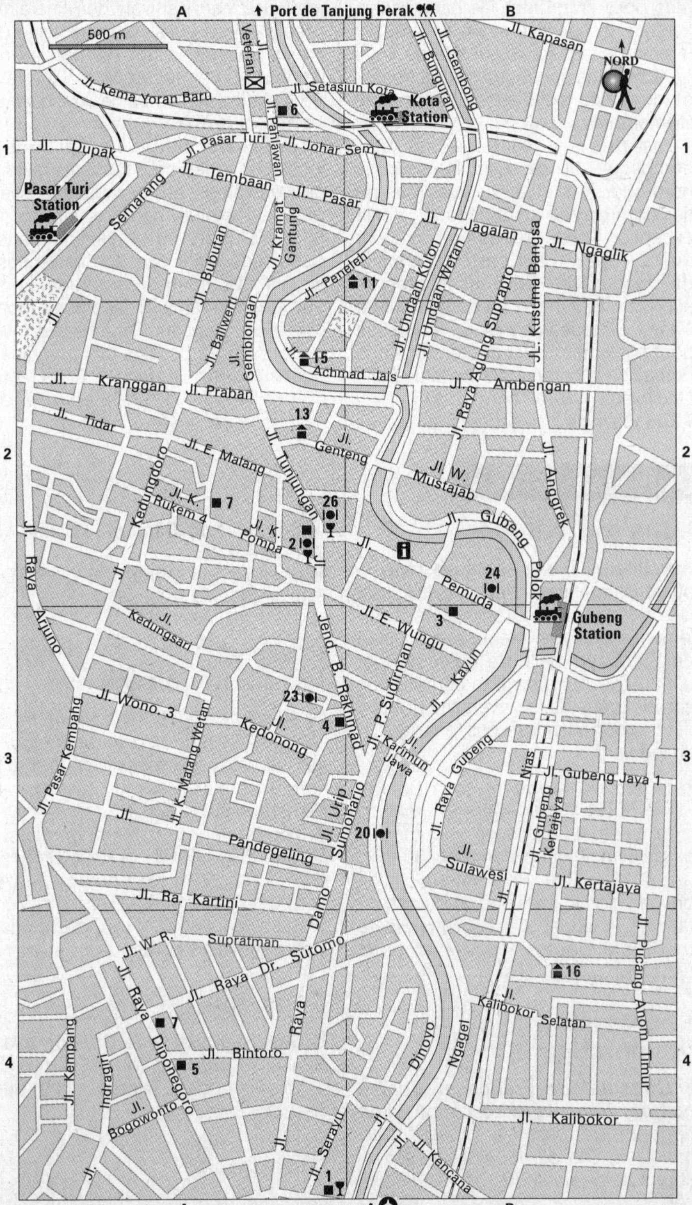

A
B
Port de Tanjung Perak
500 m
NORD
Jl. Kapasan
Jl. Veteran
Jl. Kema Yoran Baru
Jl. Setasiun Kota
Kota Station
Jl. Bunguran
Jl. Gembong
6
Jl. Pahlawan
Jl. Dupak
Jl. Pasar Turi
Jl. Johar Sem.
Jl. Tembaan
Jl. Pasar
Pasar Turi Station
Semarang
Jl. Jagalan
Jl. Ngaglik
Jl. Kramat Gantung
Jl. Bubutan
Jl. Peneleh
11
Jl. Undaan Kulon
Jl. Undaan Wetan
Jl. Raya Agung Suprapto
Jl. Kusuma Bangsa
Jl. Bafiwerti
Jl. Gemblongan
15
Jl. Achmad Jais
Jl. Kranggan
Jl. Praban
Jl. Ambengan
Jl. Raya
Jl. Tidar
13
Jl. Genteng
Jl. E. Malang
Jl. Tunjungan
Jl. W. Mustajab
Jl. Anggrek
Kedungdoro
Jl. K. Rukem 4
7
26
Jl. K. Pompa
2
Jl. Gubeng
Jl. Pemuda
Polok
24
Gubeng Station
Jl. Raya Arjuno
Jl. Kedungsari
3
Jl. E. Wungu
Jend. B. Rakhmad
Jl. Kayun
Jl. Wono. 3
23
Jl. Kedonong
4
Jl. P. Sudirman
Jl. Karimun Jawa
Jl. Raya Gubeng
Nias
Jl. Gubeng Jaya 1
Jl. Pasar Kembang
Jl. K. Malang Wetan
Jl. Urip Sumoharjo
20
Jl. Gubeng Kertajaya
Jl. Pandegeling
Jl. Sulawesi
Jl. Kertajaya
Jl. Ra. Kartini
Damo
Jl. W. R. Supratman
Jl. Raya Dr. Sutomo
Jl. Pucang Anom Timur
16
Jl. Kalibokor Selatan
Jl. Raya Diponegoro
7
Raya
Dinoyo
Ngagel
Jl. Kempang
Indragiri
Jl. Bintoro
5
Jl. Bogowonto
Jl. Kalibokor
Jl. Serayu
Jl. Kencana
1
1
2
2
3
3
4
4

SURABAYA

plus pour emprunter les passerelles. Partout, il faut faire signe en tendant le bras devant soi. Mais cela ne vous garantira pas contre les sueurs froides et quelques poussées d'adrénaline mémorables...

– **Les bus :** le système est trop compliqué. Ils assurent les liaisons nord-sud. Pas utile, vu que vous ne séjournerez pas longtemps ici. Seule exception : pour aller au port, prendre un *city bus P1* qui part du terminal de Bungurasih. On peut le prendre sur jalan Tunjungan ou devant l'hôtel *Natour Simpang* (1-3 jalan Pemuda). Il peut également vous arrêter devant le bureau de la compagnie maritime *Pelni Line (plan A1, **6**)*, au nord de la ville.

– **Les bemos :** pas chers et assez pratiques, car ils suivent des itinéraires fixes d'est en ouest. Une trentaine de lignes désignées par des lettres de l'alphabet. Les lignes M et V partent de la station de *bemos* de Joyoboyo et traversent la ville.

– **Les taxis :** précieux et quasi incontournables pour ceux qui restent peu de temps et ne veulent pas en perdre. De plus, compte tenu de la forte pollution, ce moyen de transport est de loin le plus adapté. Ils possèdent des compteurs *(argometers)* qui fonctionnent, et la plupart sont climatisés ! Souvent moins cher que les *becaks*. 2 bonnes compagnies : **Zebra Taxi** *(taxis blancs ; ☎ 841-66-66 ou 841-11-11)* ou **Bluebird** *(avec « Bluebirdgroup » écrit dessus)*.

Adresses utiles

JAVA

Infos touristiques

Révélateur : il existe depuis peu un office de tourisme, mais il est difficile à trouver et, de toute manière, totalement inefficace. Même pas un plan de Surabaya ! Ville de commerce et d'industrie, Surabaya ne compte pas sur les touristes (et inversement). Les hôtels pourront aussi vous renseigner... timidement !

ℹ **Office de tourisme** *(plan B2)* **:** *jl. Pemuda. ☎ 534-04-44. • sparklingsurabaya.com • Dans le même complexe que le* Mitra Théâtre. *Lun-jeu 8h30-15h, ven 8h30-13h30.* Personnel plein de bonne volonté, mais peu de documentation. Demander le document « *Route to Bromo by bus* » (carte et tarifs des *bemos*).

Représentations diplomatiques

■ ***Consulat de France et Centre culturel français et de coopération linguistique*** *(plan A4, **1**)* **:** *10 jl. Darmokali. ☎ 561-52-46. • cccIsurabaya.com • Lun-jeu 8h30-13h, 14h-20h ; ven 16h-20h ; sam 9h-17h.* Bibliothèque, journaux français, Internet et wifi gratuit.

■ ***Consulat de Belgique :*** *22 Darmo Baru Barat 1. ☎ 731-50-62.*

■ ***Consulat du Canada :*** *☎ 354-43-30 (à Jakarta).*

■ ***Immigration Office :*** *58A jl. S. Parman. ☎ 855-07-19 ou 859-01-66.*

Poste et télécommunications

✉ ***Poste*** *(plan A1)* **:** *10 jl. Kebon Rojo. Ouv 8h-18h (20h pour le poste Internet) ; horaires restreints dim.* Wartel *à côté. Autres bureaux de poste sur jl. Pemuda et sur jl. Taman Apsari.*

■ ***Wartel*** *(centres téléphoniques)* **:** **Darmo** *(plan A4, **7**), jl. Raya Diponegoro, à l'angle du 51 jl. Kapuas.* **Autre centre** *à l'ouest de la ville : 1-3 jl. Margoyso (plan A2, **7**). Ouv 24h/24.* Plusieurs autres adresses.

Consigne

■ ***Gare ferroviaire de Gubeng*** *(plan B2-3)* **:** *jl. Gubeng Masjid (au bout de jl. Pemuda).* Transit room *ouv 7h-18h.* Wartel.

Change

Les banques et les distributeurs automatiques *(ATM)* sont nombreux en ville. On en trouve, à coup sûr, dans tous les centres commerciaux (et Dieu sait s'il y en a !). Par exemple, dans le plus grand centre commercial de la ville (et l'un des plus grands de toute l'Asie), le *Tunjungan Plaza (plan A2, **2**)*, à l'angle de jalan Pemuda et de jalan Basuki Rakhmad. Autre adresse très pratique pour changer de l'argent :

■ ***BII Wisma*** *(plan B3, **3**) : 60-70 jl. Pemuda. Change lun-ven 9h-13h30. Distributeur automatique 24h/24 à l'extérieur (cartes Visa et MasterCard acceptées).*

Urgences

■ ***Ambulances :*** *☎ 550-12-33.*
■ ***Hôpitaux :*** *il existe un hôpital récent pratiquant des prix abordables et d'une qualité comparable aux hôpitaux français, c'est le **Rumah Sakit Surabaya International,** jl. Nginden Intan Barat, block B. ☎ 599-32-11. Également l'**Hospital Dr Soetomo,** jl. Mustopo. ☎ 550-11-11 ou 504-81-20.* En cas de gros pépin, demander conseil au consulat de France.
■ ***Soins dentaires :*** ***Dental Clinic,*** *16 jl. Sedap Malam. ☎ 534-32-99.*

Compagnies aériennes et maritimes

■ ***Garuda*** *(plan A-B3, **4**) : au rdc de l'hôtel Hyatt Regency, 106-128 jl. Basuki Rakhmad. ☎ 532-63-21 ou 546-85-05. • garuda-indonesia.com • Lun-ven 7h30-16h45, w-e 9h-15h. Autres bureaux au 29 jl. Tunjungan (☎ 534-58-86) et à l'aéroport (☎ 866-64-64).*
■ ***Merpati :*** *111 jl. Raya Darmo. ☎ 568-81-11 ou 568-07-77. • merpati.co.id • À l'aéroport : ☎ 866-77-42.*
■ ***Mandala*** *(plan A4, **5**) : 15 C Urip Sumoharjo. ☎ 561-07-77. • mandalaair.com •*
■ ***Pelni Line*** (plan A1, **6**) : *voir la rubrique « Quitter Surabaya. En bateau ».*
■ ***Port :*** *Pelabuhan Tanjung Perak. ☎ 329-31-97 ou 352-10-44.*

Loisirs

■ ***Piscines :*** bassins publics *(prentas)* sur jalan Sulawesi, dans le centre, et jalan Marjogero Indah, dans le sud de la ville. Pas très propres. Piscine payante à l'hôtel *Natour Simpang* (1-3 jalan Pemuda).

JAVA

Où dormir ?

De très bon marché à bon marché (moins de 300 000 Rps, soit 20 €)

Hotel Singaraja Indah *(plan B1, **11**) : 60-62 jl. Peneleh. ☎ 535-47-52. Au nord du centre-ville, dans une rue animée, le long de la rivière bordée par des étals de fruits. Petit déj (thé et gâteau) et taxes inclus.* Sans conteste, le quartier le plus sympa si on a l'intention de se poser quelques jours. Très populaire, ce qui peut avoir un inconvénient : souvent un poil bruyant et parfois complet. Chambres très simples mais propres. *Wartel* à côté.

Hotel Paviljoen *(plan A2, **13**) : 94-98 jl. Genteng Besar. ☎ 534-34-49. Petit déj (style snack léger) compris.* Dans une rue très animée, surtout le soir (vendeurs de vêtements), proche du centre, avec de petits *warungs* alignés sur le trottoir. Fière maison coloniale entièrement restaurée et pleine de charme, avec jardin, ce qui n'est pas si fréquent à Surabaya. Une certaine allure donc, mais les chambres sont souvent défraîchies, surtout pour les moins chères. La plupart sont disposées autour du jardin.

Griyo Mulyo *(plan A2, **15**) : 5 jl. Achmad Jais. ☎ 535-18-06. Petit déj simple compris.* Le long du canal, une grande maison claire, récemment restaurée. Les chambres sont plaisantes, correctement équipées et propres. Personnel charmant qui fera tout pour faciliter votre séjour à Surabaya.

Istana Permata *(plan B4, **16**) : 4 jl. Ngagel Jaya Indah. ☎ 501-26-66. • hotelistanapermata.com •* Hôtel moderne mais déjà bien fatigué. Grandes chambres confortables, d'un kitsch absolu. Elles donnent toutes sur la piscine partiellement couverte du patio. Belles salles de bains.

Wisma Ganesha *(hors plan par A-B4)* **:** *42 jl. Taman Prapen Indah, block B. ☎ 849-15-85. Téléphoner avt pour savoir s'il y a de la place, car c'est très loin. Situé au sud de la ville, entre le terminal des gros bus et le centre-ville. Prendre un bemo GS de Gubeng (la gare) et descendre à jl. Prapen Indah (durée du trajet : env 30 mn pour 5 km). Le plus simple est quand même de prendre un taxi et, contrairement à ce que pourront dire les chauffeurs, l'endroit existe ! Petit déj (léger) et thé 2 fois/j. inclus.* Il ne s'agit pas d'un hôtel mais d'une jolie maison particulière située dans un quartier résidentiel à l'extérieur du centre-ville. Jardinet soigné et calme parfait. Intérieur agrémenté de plantes et décoration un rien chargée, un peu bourgeoise. Propose 4 chambres vraiment bien, toutes avec *mandi,* eau froide et ventilo. Sanitaires impeccables. Service de laverie. Intéressant pour ceux qui ne tiennent pas à être dans le centre-ville. Pas de commerces aux alentours. Bonne adresse au calme.

Chic (de 500 000 à 1 000 000 Rps, soit 33,35 à 66,75 €)

Hotel Ibis Rajawali *(hors plan par A1)* **:** *9-11 jl. Rajawali (au nord de jl. Veteran). ☎ 353-99-94. • ibisrajawali.com • Au nord de la ville, près du fameux jembatan Merah, le « pont Rouge » (lire « À voir »), au cœur de la vieille ville. Réception 24h/24.* Bon, faut-il vous décrire un *Ibis* ? Celui-ci n'a pas plus de charme qu'ailleurs, mais il est bien situé. Buffet pour le petit déj inclus.

Où manger ?

Il devient difficile de trouver un restaurant à Surabaya ; tous disparaissent, et malheureusement, ils ne restent presque que ceux des centres commerciaux (ouverts 10h-22h).

Bon marché (de 20 000 à 40 000 Rps, soit 1,30 à 2,65 €)

Pasar Keputran *(plan B3,* ***20****)* **:** *le long de jl. Keputran.* C'est le marché de nuit *(pasar malam),* un marché gigantesque avec des centaines d'échoppes. Bon endroit pour se balader dans la grande misère et manger pour un prix dérisoire. Atmosphère malheureusement authentique et populaire, pour ne pas dire dantesque. À voir même si on n'a pas faim, mais attention, on n'est pas au zoo. Photographes, s'abstenir.

Il y a beaucoup d'autres endroits à Surabaya où l'on peut trouver des ***warungs*** le soir, comme sur jalan Kayoon *(plan B3),* dans le prolongement du *pasar Keputran,* sur jalan Pasar Genteng *(plan A-B2)* ou encore sur jalan Tunjungan *(plan A2),* autour du centre commercial. La cuisine maduraise (de l'île de Madura, en face) est très répandue ici. Elle est essentiellement à base de poulet *(ayam).*

Puri Garden Restaurant *(plan B2,* ***24****)* **:** *33-37 jl. Pemuda. ☎ 531-50-88. Au rdc du centre commercial* Surabaya Plaza. Spécialités à base de riz. Les prix sont un peu plus élevés que dans les autres restos de cette catégorie mais ils restent abordables, et la nourriture est correcte. Cadre sans charme.

Les nombreux centres commerciaux hypermodernes de la ville possèdent tous leur lot de fast-foods et restos aussi bien américains qu'indonésiens, mais attention à l'addition, taxes très élevées (20 % + 10 %). Ils présentent l'avantage d'être climatisés, ce qui est bien agréable à Surabaya. Essayez, par exemple, ceux du ***Tunjungan Plaza*** *(plan A2,* ***2****),* jalan Basuki Rakhmad ; allez au 5e étage où vous trouverez des petits restos type snacks, près du cinéma *Tunjungan 21* ; en revanche, au rez-de-chaussée, les restos du type *Pizza Hut, American Grill,* etc. proposent des cartes à prix européens.

De bon marché à prix moyens (de 20 000 à 80 000 Rps, soit 1,30 à 5,30 €)

|●| ***Ria Indonesia Delicacies*** *(plan A3,* ***23****)* **:** *7 jl. Kombes Pol, M. Doeryat.* ☎ *534-31-30. Les taxis connaissent. Pratique parce qu'il ne ferme qu'à 23h.* Très bonne cuisine indonésienne servie dans une maison rénovée, à la déco sobre et élégante. Clientèle de classe moyenne et d'habitués. Spécialisé dans les fruits de mer. Poisson *gurame* plus cher mais vraiment copieux. Belle présentation des plats et service attentif. On peut, en réservant, s'installer sur une table basse, avec de gros coussins. Une excellente adresse.

Chic (de 80 000 à 120 000 Rps, soit 5,30 à 8 €)

|●| ***Sea Master*** *(Seafood Market & Restaurant)* **:** *jl. May. Jend. Sungkono.* ☎ *72-17-21. Dans le quartier de Bundaran, à l'ouest de la ville. Taxi obligatoire car c'est très excentré.* Sorte d'immense « temple » aux fruits de mer, où l'on choisit d'abord son poisson ou sa langouste comme dans une poissonnerie, avec un chariot roulant, avant de donner le tout à frire ou à cuire selon ses désirs ! Amusant mais très cher (pour l'Indonésie). Ne vous y trompez pas : les prix se calculent à l'*ons,* soit par 100 g, et non au kilo... Cadre archimoderne et très vaste, mais il y a souvent du monde, dont une forte communauté chinoise. Grande activité derrière les baies vitrées de la cuisine.

|●| ***Sarkies*** *(hôtel Majapahit ; plan A2,* ***26****)* **:** *65 jl. Tunjungan.* ☎ *545-43-33. Tlj 11h-23h30.* L'hôtel *Majapahit* est le plus beau palace de la ville. Il fut fondé par la famille Sarkies, d'origine arménienne, qui a également construit le *Raffles* de Singapour et le *E & O* de Penang, entre autres lieux mythiques d'Asie ! Magnifique hôtel colonial construit en 1910, chargé d'histoire, notamment pendant l'occupation japonaise et la lutte pour l'indépendance. Rénové récemment, il a retrouvé tout son éclat. Au *Sarkies,* au 1er étage, on mange des spécialités de fruits de mer, du canard, des pigeons et des plats chinois, dont la spécialité, le *Bebek Peking traditional* : un canard entier (280 000 Rps + taxes). Également un buffet de cuisine cantonaise à la vapeur, très prisé le dimanche. Au rez-de-chaussée, resto *Indigo,* aux prix légèrement plus doux mais au cadre quelconque.

Où boire un verre ?

🍷 ***Centre culturel français*** *(Konsulat Perancis ; plan A4,* ***1****)* **:** *10 jl. Darmokali.* ☎ *567-86-39. Au sud de la ville. Lun-jeu 9h-20h.* 💻 📶 Très jolie maison coloniale néerlandaise construite en 1914 par un Néerlandais d'origine brésilienne, pour un Chinois... Le « Café du Jardin » est très agréable. Boissons et pâtisseries, parfait pour une pause au calme dans la journée. On peut également consulter Internet, ainsi que les journaux et la bibliothèque, la plus fournie des centres culturels français de Java ! Expos, projections de films. Consulter le journal du centre sur place.

🍷 Dans les centres commerciaux, on trouve plein de bars et de cafés. Ouverts de 10h à 22h. Au ***Tunjungan Plaza*** *(plan A2,* ***2****),* on peut notamment déguster une vraie sélection de cafés, par exemple à l'*Exelso* ou au *Toscana.*

🍷 ***Hotel Majapahit*** *(plan A2,* ***26****)* **:** superbe palace, idéal pour boire un cocktail à prix européen, dans un espace totalement protégé du bruit de la ville et un peu hors du temps... Lire le commentaire à propos du resto de l'hôtel, le *Sarkies,* dans la rubrique « Où manger ? ».

À voir

Si Surabaya est une ville très industrielle, on y trouve malgré tout quelques curiosités à découvrir.

La vieille ville *(hors plan par A-B1)* **:** à faire, si possible, accompagné par quelqu'un qui connaît le quartier. Aller d'abord au *jembatan Merah,* le « pont Rouge » : beaucoup de sang a coulé ici durant la bataille de Surabaya en 1945 (lire l'introduction sur la ville). Le pont n'a vraiment rien d'extraordinaire en soi, si ce n'est qu'il a été peint en rouge pour rappeler qu'il l'était déjà à l'époque... La grande place de Jembatan Merah a un certain cachet... malgré le centre commercial !
De là, rejoindre le ***quartier chinois*** par jalan Kembang Jepun. Prendre à gauche la jalan Dukuh. Au 23 I, le *temple chinois Hok Tik Hian,* ou *Klenteng Dukuh.* À l'entrée, des statues anciennes vous accueillent, et d'énormes bougies offertes par des familles chinoises se consument très lentement... Plein d'encens partout. Vous verrez les Chinois jeter des pierres au sol pour obtenir des réponses à leurs vœux. Sachez que les Chinois de Surabaya, la plus forte communauté chinoise urbaine du pays, ont moins directement souffert que dans d'autres villes de Java des troubles de mai 1998 qui ont amené la démission de Suharto. Une chose à savoir sur le Chinatown : les commerçants chinois gardent toujours la boutique qui les a rendus prospères, comme un porte-bonheur. Bon, vous pourrez même rapporter un souvenir de ce temple en achetant une fleur de lotus en papier plié ! Spectacles de marionnettes également, presque tous les jours, en particulier les soirs de pleine lune.
Pour trouver le ***quartier arabe,*** continuer dans le prolongement de jalan Dukuh vers jalan Nyampungan, le long du canal. C'est un endroit assez étonnant. Non qu'il soit différent des autres quartiers arabes d'autres villes du monde, mais c'est bien le seul qu'on ait trouvé à Java d'aussi typique et d'aussi replié sur lui-même. Il possède évidemment une mosquée : la *masjid Ampel,* avec ses élégants piliers en bois. Y aller au coucher du soleil, souvent magnifique ; éviter l'heure de la prière. Vous ne pourrez pas entrer dans cette mosquée très protégée. En revanche, vous pourrez en faire le tour, dans le sens inverse des aiguilles d'une montre. C'est la plus ancienne de Java-Est et elle porte le nom d'un très grand serviteur de l'islam javanais, enterré sur place. Beaucoup d'animation, notamment, tout à côté, dans le souk d'Ampel, *Kesumba Pasar,* jalan Ampel Suci. Balade sympa. Si vous voulez rapporter un souvenir kitschissime, achetez une de ces pendules avec un visage qui oscille à chaque seconde ! Attention quand même à ne pas trop jouer au touriste, c'est mal vu ici, et ça risquerait d'être mal interprété.
Voilà pour la vieille ville. Vous pouvez prolonger la balade en allant au port de Surabaya, un peu plus au nord.

Le port de Tanjung Perak *(hors plan par A1)* **:** *prendre un citybus P1 sur jl. Tunjungan. Sur place, trouver la jl. Kalimas Baru. Si vous êtes à pied, attention aux distances ! Le quai en lui-même (1 km) est plus long que celui de Jakarta, c'est dire...* On peut y voir de beaux voiliers *bugis,* pour ceux qui ne vont pas aux îles Célèbes. Au bout du chenal, c'est l'embarquement dans les bateaux de la *Pelni Line,* ou sur les ferries qui se rendent à l'île de Madura, juste en face. Aller voir, derrière la capitainerie *(Kantor Administrator Pelabuhan),* l'immense statue d'un amiral de la marine indonésienne qui scrute l'horizon... Monumentale, vraiment, et, pour une fois, pas si moche ! En repartant, on peut apercevoir le grand chantier naval de Surabaya, lancé par le dauphin de Suharto, un certain Habibie.

La ville arbore fièrement une bonne dizaine de superbes ***centres commerciaux*** flambant neufs, plaqués de marbre pour certains. Un luxe qui rappelle plus Singapour ou Hong Kong que l'Indonésie. On peut y trouver certaines marques internationales à des prix vraiment intéressants. Le ***Tunjungan Plaza*** *(plan A2,* ***2****)* compte parmi les plus grands d'Asie. Il possède même une patinoire au rez-de-chaussée !

Le marché aux fleurs *(plan B3)* **:** *jl. Kayun, après le pont en venant de la gare.* Un coin de fraîcheur dans cette ville trop polluée. Plantes, orchidées et aquariums... *Warungs* très agréables pour manger un morceau.

On peut aussi tuer le temps en visitant un énorme ***sous-marin,*** le *Pasopati (5 000 Rps),* au bout de jalan Pemuda, près de la rivière.

Kebun Binatang (zoo) **:** *au bout de jl. Darmo (au sud de la ville). Tlj 8h30-17h. Entrée chère.* Des progrès viennent d'être réalisés sur le plan de l'environnement du site et du choix des animaux. Pas mal de varans. La signalisation et les indications laissent encore à désirer... Éviter absolument le week-end, car il y a foule.

QUITTER SURABAYA

En train

Les trains pour Semarang et pour Jakarta via Semarang partent de la ***gare de Pasar Turi*** *(plan A1 ; ☎ 534-50-14),* au nord-ouest de la ville. Les autres trains partent des ***gares de Kota*** *(plan B1 ; ☎ 352-14-65)* ***et de Gubeng*** *(plan B2-3 ; ☎ 50-22-151-15).* Préférer Gubeng, qui est centrale.

➢ ***Pour Jakarta via Semarang :*** au moins 6 trains de la gare de Pasar Turi, dont 2 directement pour la gare centrale de Jakarta (un le mat, un le soir). Compter 10h de trajet. Les autres arrivent à Gambir et mettent 9h. Également 3 trains pour Jakarta via Solo, au départ de Gubeng (10h de trajet env).

➢ ***Pour Solo :*** 2 trains/j., à destination de Jakarta ou de Yogya, à prendre à la gare de Gubeng.

➢ ***Pour Yogyakarta :*** ts les trains pour Solo vont jusqu'à Yogyakarta. Compter 5-6h de trajet.

➢ ***Pour Probolinggo :*** 3 trains/j. au départ de Gubeng. Compter env 3h de trajet.

➢ ***Pour Banyuwangi :*** même train que pour Probolinggo. Voir plus loin « Quitter Surabaya pour Bali (Denpasar) ».

➢ ***Pour Malang :*** un enfer, car il y a slt 1 train en classe *ekonomi* ! Trajet : 2h. Prendre plutôt le bus.

En bus

Les bus partent de jour comme de nuit de ***Bungurasih*** (appelé aussi ***Purabaya***), situé à une dizaine de kilomètres au sud du centre-ville. Attention : beaucoup de vols signalés à cet endroit. Des bus *Damri* passent par le centre et vont jusqu'au terminal, mais tous les bus publics *(bis kota)* y vont également. Toutes les compagnies sont représentées et elles se font une concurrence acharnée. Il en existe 16 en tout.

➢ ***Pour Jakarta :*** les bus passent ts par Semarang et Cirebon. Le trajet dure env 15h. Plusieurs départs/j., 8h-17h, avec 3 compagnies différentes *(Patas :* 240 000 Rps). Ts les bus ont des sièges inclinables, des toilettes et la clim. On préfère malgré tout le train... ou l'avion.

➢ ***Pour Bandung :*** 13h de voyage en passant par Semarang et Cirebon. Départ l'ap-m, vers 16h et 18h (220 000 Rps).

➢ ***Pour Yogyakarta :*** des bus *ekonomi,* qui ne sont pas climatisés (à part quelques exceptions), partent ttes les 10 mn. Durée : 8h. Sinon, il y a des bus avec AC *(Patas express)* qui partent ttes les 2h env. Durée : 5-6h. *Rasa Sayong* propose 4 départs à partir de 14h.

➢ ***Pour Probolinggo :*** départ ttes les 10 mn en bus *ekonomi* (certains sont même climatisés !). Compter 3-4h de trajet. Mieux en train.

➢ ***Pour Malang :*** départs très fréquents en bus climatisés ou non. Durée : env 2h. Mieux qu'en train.

➢ ***Pour Banyuwangi :*** départs très fréquents en bus *ekonomi* (8h de trajet) via Probolinggo, et départ ttes les 30 mn en bus direct *Patas* (5h de trajet).

Il existe également des compagnies privées de minibus *(tourist coaches)* qui assurent les transferts d'un hôtel à un autre. Cela évite d'aller jusqu'au terminal des bus. L'inconvénient est qu'il faut passer par une agence de voyages qui prend une commission au passage. Les billets s'achètent dans les nombreuses agences de la ville.

En bateau

– ***Pelni Line*** *(Kantor Pelni ; plan A1,* ***6*****) :** *pour l'achat des billets, s'adresser au bureau situé 512 jl. Perak Timur, block G5. ☎ 352-10-44. Près de la gare de Kota, au nord du centre-ville.* Presque tous les bateaux qui partent de Surabaya vont vers Kalimantan, Sulawesi (Macassar) et Sumatra. Pour les dates des départs et les fréquences, se renseigner au bureau. Pour les

Célèbes (Sulawesi), prendre une place en 4e classe plutôt qu'en classe *ekonomi.* À peine plus cher et douches à volonté, ainsi que dortoirs à 8 au lieu du pont. Compter 2 j. de voyage.

– ***Des bateaux-cargos*** sillonnent régulièrement les eaux de l'océan Indien et de la mer de Java vers toutes les îles. Se renseigner au port de *Tanjung Perak* sur la fréquence des liaisons.

En avion

✈ ***Aéroport de Juanda :*** *☎ 866-75-13 ou 14. À 16 km de la ville. Compter près de 1h en taxi.* Curieusement, il y a des bus de l'aéroport vers la ville, mais pas de service dans l'autre sens ! Ne pas chercher à comprendre... Le taxi ne revient pas très cher dès qu'on est 3. Sinon, il est possible de prendre un bus jusqu'à Purabaya, puis un taxi jusqu'à l'aéroport, si vous voulez économiser un petit quelque chose. Plus long et bien compliqué... Il faut également acquitter une taxe d'aéroport (150 000 Rps pour les vols internationaux et 40 000 Rps pour les vols domestiques), mais depuis janvier 2015, elle est normalement incluse dans le prix du billet. Voir les coordonnées des compagnies aériennes dans « Adresses utiles ».

➢ ***Pour Jakarta :*** 11 vols/j. avec la compagnie *Garuda,* et plusieurs vols/j. avec *Merpati, Lion, Batavia* et autres petites compagnies. Préférer *Garuda,* plus sûr. Durée : 1h20. Généralement, les vols de la *Garuda* arrivent à l'aéroport international, ce qui facilite le transit pour ceux qui rentrent en Europe.

➢ ***Pour Yogyakarta :*** env 7 vols/j. avec *Merpati, Lion* et *Garuda.* Durée : 35 mn.

➢ ***Pour Bandung :*** 2 vols/j., le mat, avec *Merpati* et *Sriwijaya.* Durée : 45 mn.

➢ ***Pour Makasar*** *(Sulawesi)* ***:*** 4 vols/j. avec différentes compagnies. Durée : 2h.

➢ ***Pour Mataram*** *(Lombok)* ***:*** 4 vols/j. avec *Batavia* et *Wings Air* (tôt le matin).

➢ ***Pour Denpasar*** *(Bali)* ***:*** 6 vols/j. avec *Garuda, Mandala, Lion Air, Wings Air,* le matin.

➢ ***Pour Manado*** *(Sulawesi)* ***:*** théoriquement, 1 vol/j. (tôt le mat). Sinon, vols avec escale.

➢ ***Pour Medan :*** plusieurs vols/j. via Jakarta avec *Garuda* et 1 vol/j. avec *Mandala.*

➢ Également des liaisons directes pour ***Singapour, Kuala Lumpur, Hong Kong*** et l'***Australie.***

Quitter Surabaya pour Bali (Denpasar)

➢ ***En train + ferry :*** 3 trains/j. pour Banyuwangi. Compter 6-7h de train (en classes *bisnis* et *eksekutif*) et 4h supplémentaires de ferry et bus pour arriver jusqu'à Denpasar. Acheter un billet complet à la gare incluant le ferry et le bus.

➢ ***En bus ou minibus + ferry :*** départ vers 18h en bus de nuit du terminal de Bungurasih. Arrivée le lendemain mat, à 6h. Il est possible de prolonger jusqu'à Sanur ou Kuta. Le prix inclut le dîner. Préférer les bus climatisés, à peine plus chers. Les billets s'achètent directement au terminal des bus ou à un guichet situé sur jl. Peneleh. Il y a une bonne vingtaine de compagnies. Comparer les prix et les prestations des compagnies privées. En basse saison, on peut essayer de négocier les tarifs quand les bus ne sont pas pleins... Vente de billets pour des trajets de jour dans les agences de la ville ; le minibus vous prend à votre hôtel. Parcours assez fatigant dans tous les cas.

➢ ***En avion :*** théoriquement, plusieurs vols/j. pour Denpasar avec *Garuda, Lion, Mandala* ou *Wings Air.* Réservez les billets au moins 1 semaine à l'avance pendant la saison touristique ou pendant les congés locaux.

PROBOLINGGO

IND. TÉL. : 0335

Il n'y a pas vraiment de raison de dormir à Probolinggo, ville principale d'accès au volcan Bromo, à 45 km au nord-est de celui-ci, à moins de se casser le nez en haute saison dans tous les hôtels de Ngadisari, Tosari et

Cemoro Lawang ou d'arriver après le dernier *bemo* pour le volcan. De plus, les adresses les moins chères ne sont pas folichonnes. Néanmoins, vous serez peut-être contraint d'y passer ou de vous y arrêter. Il est préférable de s'y prendre à l'avance, car le Bromo attire de plus en plus de touristes.

Arriver – Quitter

En train

➢ ***Liaisons avec Surabaya :*** 3 trains/j. Durée : 2h en *bisnis* (70 000 Rps), 3h en *ekonomi* (45 000 Rps).

➢ ***Liaisons avec Banyuwangi :*** 2 trains *bisnis* (90 000 Rps) et *ekonomi* (75 000 Rps) mat et soir. Durée : 7h. Préférer le bus, plus rapide. Possibilité d'acheter un forfait bus pour Denpasar combiné avec le train, mais s'en méfier ! Lire ci-avant « En bus. Denpasar ».

En bus

Attention, au terminal de Bayuangga, à 5 km avant d'arriver à Probolinggo, on a tendance à vous vendre des tickets de bus trop cher par rapport au confort réel du véhicule.

Méfiance envers le pseudo-office de tourisme de Probolinggo intitulé *Tourist Information* (en fait, l'agence *Mitra Jaya Travel*) situé juste à l'entrée du terminal des bus. Certains lecteurs se sont plaints d'arnaques. Sous prétexte de vous montrer le bon bus ou de vous faire gagner du temps, il vous propose des billets 2 fois plus chers. Rappelez-vous que les billets des bus locaux s'achètent auprès du contrôleur. Pour les autres billets (bus AC), préférez l'agence *Toto Travel* ou *Birawa Transport.* Attention aussi aux pseudo-agences de voyages qui vous vendent tout et n'importe quoi à Probolinggo. Toutes ne sont pas très honnêtes !

Liaisons avec :

➢ ***le Bromo :*** quelques bus *Indonesia Abadi* (compagnie *Akas*) qui partent quand ils sont pleins. Le plus pratique est de prendre un *bemo* entre 6h et 18h (4 000-6 000 Rps). Après, il faut chartériser (plus cher !). Durée : 2h.

➢ ***Surabaya :*** départ ttes les 30 mn env en bus public (15 000 Rps) ou privé *(patas),* climatisé (25 000 Rps), 24h/24. Durée : 3-4h. Mieux en train.

➢ ***Bondowoso :*** de Probolinggo, slt 5 bus/j. express directs *(Patas),* 10h-18h (25 000 Rps). Durée : 2h. Le plus simple est encore de changer à Situbondo. C'est plus long (3h), mais les départs en minibus sont plus fréquents.

➢ ***Banyuwangi :*** départ ttes les heures. Trajet en 8h en passant par Situbondo. En bus directs *(Patas),* avec AC, trajet en 6h (50 000 Rps).

➢ ***Yogyakarta :*** 3 départs de nuit, à 19h, 20h et 21h (80 000 Rps).

➢ ***Denpasar :*** éviter les tickets combinés train-ferry-bus. En effet, le train arrive bondé et il n'y a qu'un seul bus pour charger les passagers. Conséquence : panique, ruée et resquille. Le ferry ne démarre que lorsque son parc à voitures est complet ; cela demande parfois des heures, et on arrive très tard à Denpasar. Prendre un train pour Banyuwangi, puis le ferry pour Gilimanuk et enfin un bus pour Denpasar, tout cela séparément.

De Probolinggo, il existe des bus publics allant à Denpasar via Jember. Mais il faut compter 15h de trajet dans un bus bondé (50 000 Rps). Les bus express privés (comme *Mahameru*) voyagent de nuit au départ de Surabaya ou Malang et sont climatisés (85 000 Rps). Ils passent à Probolinggo entre 19h et 22h. Slt 9h de trajet env.

Adresses utiles

ℹ ***Informations et excursions au Bromo :*** se méfier du pseudo-office de tourisme de Probolinggo, au terminal des bus de Bayuangga, mais aussi de tous les « Tourist Information » affichés ici et là... Le succès du Bromo est devenu un bon moyen de raconter n'importe quoi et de soutirer de l'argent aux touristes. Pas de parano non plus. Si, par malchance, vous êtes obligé de dormir à Probolinggo et que vous n'avez qu'une nuit pour aller assister au lever du soleil sur le volcan, il vous faudra bien organiser votre transport dans la nuit... Dans ce cas, bien comparer et négocier toutes les propositions des hôtels et des « agences de voyages » en ville ou au terminal, et prendre un tour organisé qui part à 2h du matin. On ne vous recommande personne en particulier, après ce qu'on vient de vous dire !

✉ @ **Poste :** *33 jl. Suroyo. Lun-sam 7h-20h ; dim 9h-13h, 16h-20h. Espace Internet ouv tlj 7h-20h.*

■ **Appels internationaux :** Wartel *(tél) à côté de la poste, au nº 37. Tlj 5h-minuit. Également à l'hôtel* Victoria, *à l'angle de jl. Suroyo et de jl. Sudirman, dans la rue de l'hôtel* Tampiarto, *et à l'hôtel* Bromo Permai. *Ouv 24h/24.*

■ **Change :** le change local n'est pas bon ici. On vous conseille de retirer de l'argent avec une carte de paiement dans les distributeurs automatiques, ou bien d'avoir changé vos devises à Surabaya auparavant...

■ **Banque BII :** *141 jl. Dr Sutomo. ☎ 42-23-84. Lun-ven 8h30-15h.* Distributeur de billets *(ATM)* 24h/24 pour les cartes *Visa* et *MasterCard.* Autre *ATM* de la *BII* au *Toko Sinar,* jalan Sudirman, entre l'hôtel *Ratna* et jalan Suroyo.

■ **ATM BNI** (carte MasterCard) **:** *pratiquement en face de la poste.*

🚌 **Terminal des bus :** *pour se rendre à Bayuangga, prendre un becak jusqu'au carrefour de jl. Suprapto et de jl. Sudirman (avt la mosquée). Les* bemos *pour le terminal attendent là.*

■ **Magasin de photo : Fuji,** *juste avt le resto* Malang *(voir « Où manger ? »).*

Où dormir ?

De très bon marché à bon marché (moins de 300 000 Rps, soit 20 €)

🏠 **Bromo Permai II :** *327 jl. Raya Panglima Sudirman. ☎ 42-74-51.* Bon petit hôtel pour routards, avec des chambres simples donnant sur une cour intérieure bien kitsch, comme souvent dans cette ville. Les chambres sont beaucoup mieux que la façade ne le laisse supposer. Elles sont petites pour certaines mais très propres, avec ou sans salle de bains, quelques-unes avec TV et AC. Attention aux chambres sur la rue bruyante, grandes, tout confort et toutes neuves, mais seulement avec un lit simple de 2 m de large. Téléphone public *(Wartel).*

🏠 **Hotel Ratna :** *16 jl. Raya Panglima Sudirman. ☎ 42-15-97 ou 42-78-86.* Hôtel récemment restauré. Les chambres sont désormais modernes, propres, petites pour certaines mais très agréables. Jardin décoré de cygnes et de champignons en plâtre, version javanaise du nain de jardin. Garage.

🏠 **Hotel Tampiarto Plaza :** *15 jl. Suroyo. ☎ 42-24-36. • tampiarto_plaza@yahoo.net • Dans une rue à 800 m du Ratna et à 100 m de la rue principale, Raya P. Sudirman. Quelques chambres à 150 000 Rps, mais la plupart sont autour de 300 000 Rps ; petit déj inclus.* 📶 Si le *Ratna* est complet, se rabattre sur cette adresse un peu plus chère mais au calme. La façade n'est pas terrible, mais les chambres sont grandes, assez bien équipées, quoique un peu vieillottes et pas très gaies. Bon accueil. Resto. Garage, piscine immense mais moyennement propre, wifi gratuit (rare).

Où manger ?

Bon marché (de 20 000 à 40 000 Rps, soit 1,30 à 2,65 €)

🍴 **Restaurant Malang :** *48 jl. Raya Panglima Sudirman. ☎ 42-16-01.* Resto chinois simple, donnant sur la rue principale. Spécialités de pigeon, grenouille et porc. Une institution : les descendants des colons y viennent depuis 1928 ! Sur les murs, des tissus brodés sur cadre représentant la Hollande.

Prix moyens (de 40 000 à 80 000 Rps, soit 2,65 à 5,30 €)

Sumber Hidup : *2 jl. Dr Moch Saleh. ☎ 42-14-13. À côté de l'hôtel* Ratna *(à l'angle de la rue).* Dans une salle très clean éclairée au néon, on vous sert des plats indonésiens ou chinois copieux. Donnant sur la rue principale, une terrasse décorée de gros animaux en plâtre. Prix moyens pour les plats indonésiens. Les spécialités chinoises sont un peu plus chères. Bon accueil et service sympa. Très bon jus de fruits.

D'Bell Pepper : *2 jl. Suroyo. ☎ 42-10-40. Derrière le* KFC. Pour ceux qui ont envie de se faire plaisir et d'oublier les spécialités locales. Très bonne viande, tendre, à très petits prix (demander de ne pas l'arroser de sauce américaine), purée, cocktails et vin australien. Resto tout nouveau, bien propre. 2 salles climatisées, ou terrasse agréable au 1er. Accueil charmant. De temps en temps, ça fait plaisir !

LE VOLCAN BROMO

IND. TÉL. : 0335

JAVA

Volcan sacré pour les Javanais, situé au sud-ouest de Probolinggo. Culminant à 2 329 m d'altitude, le Bromo appartient à un massif volcanique d'un périmètre d'une quarantaine de kilomètres. C'est un cratère de 800 m de diamètre et de 200 m de profondeur, situé, avec d'autres, dans un cratère encore plus grand de 11 km de diamètre appelé *caldeira.*

Le site, absolument unique, a connu un développement touristique effréné. Sa simplicité d'accès en a fait un but d'excursion de masse. L'excursion n'est pas exténuante, et tout le monde peut la réaliser sans problème. Attention, les amateurs de sensations fortes seront (peut-être) un peu déçus. Pour ceux-là, mieux vaut aller voir le Kawah Ijen et le Semeru. Le Bromo n'est pas l'Etna, mais il incite à la contemplation... Il n'est plus, à proprement parler, en activité depuis longtemps, mais il fume continuellement, avec en arrière-plan le mont Semeru qui, lui, « explose » toutes les demi-heures !

L'excursion du Bromo restera quand même l'un des grands souvenirs de votre passage à Java. Pour le lever du soleil, il y a foule. On peut aussi y aller le soir pour le coucher du soleil, qui est également très beau mais moins spectaculaire, donc moins couru. L'excursion en pleine journée recueille encore moins de suffrages, le site se révèle donc beaucoup plus calme et facile d'accès. La traversée de la mer de sable est moins pénible le soir, même si elle n'a rien d'insurmontable le matin. Nous rappelons que la balade peut être dangereuse en cas d'activité soudaine du volcan ; le souvenir en sera évidemment proportionnel. Certains routards ont eu droit à des explosions éruptives : spectacle inoubliable et impressionnant.

Les habitants de la région sont les *Tenggers.* Selon la légende, ils descendent d'un prince indien qui aurait sacrifié ses enfants au dieu-volcan pour apaiser sa colère... Ils se distinguent fortement des gens de la vallée par leurs rites ancestraux. Le moment le plus marquant est la *fête du Kosodo,* pendant laquelle ils rendent hommage au volcan. Cette fête a lieu lors de la pleine lune du 12e mois de leur calendrier, généralement entre septembre et décembre, mais ça change tous les ans. Des offrandes sont alors jetées dans le cratère (poulets, fruits, denrées diverses...). Si vous passez par là à cette époque, ne ratez pas cet événement.

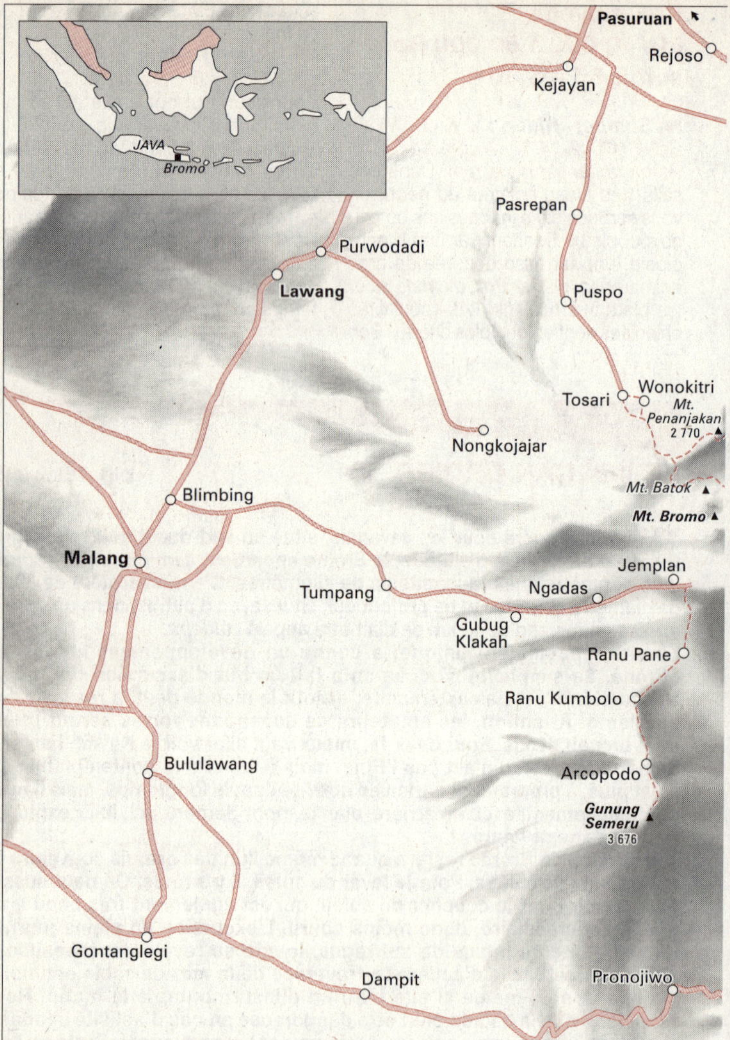

Arriver – Quitter

Deux formules au choix selon le temps dont on dispose : excursion en une journée et demie ou en une seule journée.

➢ ***Avec une nuit sur place :*** dans ce cas, il est possible de dormir à Tosari

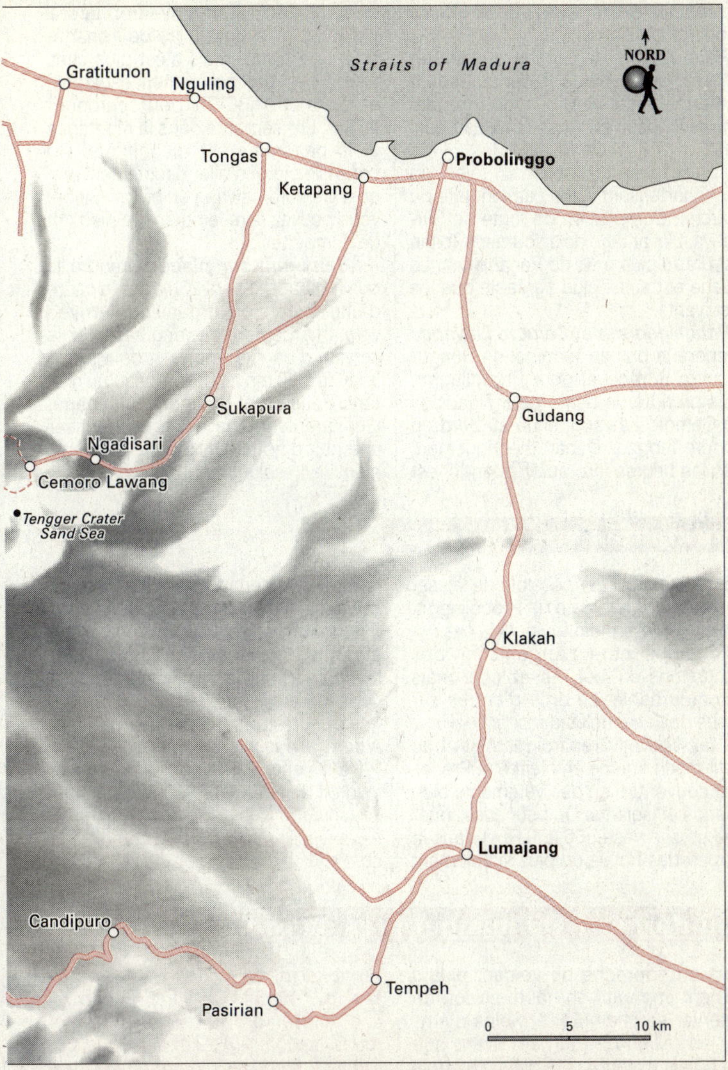

LES VOLCANS BROMO ET SEMERU

(au nord-ouest du volcan) ou dans l'un des 2 villages situés de l'autre côté, au nord-est du volcan, Ngadisari et Cemoro Lawang.
Le système est le même dans les 3 cas : résa de jeep à votre arrivée pour le lendemain matin et réveil matinal (à 3h30) pour se rendre directement au mont Penanjakan, puis finir par le cratère (voir ci-après la rubrique « L'excursion du Bromo »). Quoi qu'il en soit, il faut arriver sur place vers 5h,

heure du fantastique lever de soleil... au mont Penanjakan.

– ***Pour Tosari :*** de Surabaya, s'arrêter en train ou en bus à Pasuruan, sur la route menant à Probolinggo. Prendre un *bemo* jusqu'au village de Pasrepan, situé à 17 km. De là, faire les 24 km jusqu'à Tosari en moto-taxi *(ojek)* ou en « chartérisant » une camionnette du marché. Compter 4h de route de Surabaya. L'avantage de séjourner à Tosari est d'être plus près de Penanjakan. Le village est aussi plus agréable que les 2 suivants.

– ***Pour Ngadisari et Cemoro Lawang :*** prendre le bus au terminal de Bungurasih (à Surabaya) pour Probolinggo. Puis prendre un *bemo* pour Ngadisari ou Cemoro Lawang, situé au bord du cratère Tengger. Départ théoriquement ttes les heures (en réalité quand il est plein) 5h-18h. Si on arrive trop tard, il y a toujours la possibilité de « chartériser » un *bemo*, mais c'est plus cher. La route est particulièrement escarpée, et on met 1h30-2h pour parcourir 45 km. Elle serpente dans la montagne et le panorama est magnifique. On conseille plutôt d'aller directement jusqu'à Cemoro Lawang en *bemo*. Sinon, vous pouvez faire le chemin à pied (1h de grimpette !).

➢ ***Sans nuit sur place :*** prendre le bus à Surabaya vers 23h dans le cadre d'une excursion organisée. Arrivée vers 4h à Cemoro Lawang (réservez le service d'un 4x4), puis 1h de marche (réduite à 30 mn à cheval) jusqu'au cratère. Fatigant et vraiment dommage. L'unique avantage est d'économiser une nuit d'hôtel. On préfère, évidemment, la 1re solution...

Formalités et infos utiles

– En principe, il est possible de laisser ses bagages à la gare de Probolinggo. Mais vérifiez si c'est toujours le cas.

– Tous les hôtels organisent des excursions en 4x4. Assez cher mais incontournable. Le droit d'entrée sur le site doit être inclus dedans, vérifiez.

– Il fait souvent très froid la nuit et au petit matin, même en plein été. Prenez une couverture ou des vêtements bien chauds et isolants. On peut aussi louer une grosse veste (60 000 Rps) dans la plupart des hôtels ou plus simplement le long du chemin avant d'arriver au belvédère (20 000 Rps). Munissez-vous d'un foulard en raison de la poussière, et d'une lampe de poche pour éviter les foulures sur le sentier abrupt descendant vers la mer de sable, que vous ferez peut-être sans risques en jeep. À part ça, aucun problème.

– Il faut signer le livre de police et payer un droit d'entrée (217 000 Rps).

Les routards sont ravis des services de l'agence Bromo Point • bromopoint.com •

Où dormir ? Où manger près du Bromo ?

Plus on approche du volcan, plus il devient impératif en haute saison de réserver sa chambre, à moins d'arriver en milieu de journée, avant que les hôtels n'aient fait le plein. Les trois meilleures adresses sont incontestablement le *Yoschi's* à Ngadisari, le *Lava View Lodge* à Cemoro Lawang et le *Bromo Cottages* à Tosari.

À Ngadisari

Avant-dernier village avant le volcan, à 3 km de Cemoro Lawang.

🏠 🍽 ***Yoschi's Bromo :*** *1 jl. Wonokerto, au village de* ***Mekto Wono.*** *☎ 54-10-18. • yoschi_bromo@telkom.net • bromosurrounding.com • À 2 km avt Ngadisari (donc à 5 km de Cemoro Lawang). Doubles 120 000-400 000 Rps selon confort et saison, petit déj inclus.* Petit hôtel en bord de route, tenu par une Allemande. Plusieurs types d'hébergements, des chambres aux murs en bambou tissé (spartiates) aux cottages spacieux mais sombres et un peu cafardeux. Joli jardin et resto sympa pour dîner. Musique live le soir. Service et accueil charmants.

On nous a signalé néanmoins quelques problèmes sur les ventes de tickets de bus (vérifiez la qualité de la prestation vendue).

À Cemoro Lawang

Village agréable, idéalement situé, surplombant la caldeira et le volcan. C'est aussi le plus proche du Bromo, les hôtels sont donc plus chers qu'ailleurs. Droit d'entrée dans le village : 25 000 Rps, même si vous ne faites pas d'excursions. Boîte aux lettres à la réception du *Bromo Permai Hotel* et téléphone public *(Wartel)* sur la place du village. Pour attraper un *bemo* pour Probolinggo, allez au carrefour en contrebas du village et du *Venus Kafe.* Départ toutes les 30 mn environ, de 8h à 16h.

Hotel Lava View Lodge : *arrivé sur la place du village, aller à gauche sur quelques centaines de mètres en suivant le chemin. ☎ 39-11-63. • globaladventure@indo.net.id • globaladventureindonesia.com • Doubles 400 000-500 000 Rps ; cottage familial (2 chambres) 750 000 Rps ; petit déj inclus.* La meilleure adresse du village et, avec *Yoschi's,* la meilleure autour du site du Bromo. Plusieurs types de chambres, toutes avec eau chaude. Les moins chères sont vraiment surévaluées pour le confort proposé. Quant aux plus luxueuses, les prix sont là aussi exagérés. Taxe de 20 % en plus à certaines dates. Mais la vue imprenable sur la caldeira et le volcan (uniquement de la terrasse et non des chambres) se paie ! Thé et café à volonté dans la journée. Accueil sympa et professionnel. Bon resto proposant une carte variée et de qualité. Musique live certains soirs.

Café Lava : *même propriétaire que le* Lava View Lodge *; même tél, même website. Résas : • globaladventure@indo.net.id • Doubles 110 000-350 000 Rps selon confort.* Ici, pas de vue, c'est sur la route principale, mais c'est nettement moins cher. Propose une vingtaine de chambres et 6 nouvelles dans une annexe en face. Celles sans *mandi* sont petites et particulièrement sommaires. Celles avec *mandi* sont plus agréables et propres. Resto accueillant, avec ses murs en bambou tressé. Même carte que le *Lava View Lodge.*

Cemara Indah : *☎ 54-10-19. • bromotrail.com • Près du Café Lava, aller à droite jusqu'à la statue représentant un cheval. Chambres 100 000-400 000 Rps.* Bon prix pour les chambres de 4 personnes. Vue superbe sur les volcans pour certaines chambres. Accueil sympa. Resto avec carte à petits prix, et surtout 3 tables à l'extérieur avec vue panoramique sur la caldeira.

– On ne conseille pas le *Bromo Permai Hotel,* cher pour la qualité proposée. Seules les chambres les moins chères (120 000 Rps) mais néanmoins propres, avec des lits superposés, sont intéressantes. Sanitaires douteux.

À Tosari

À 85 km de l'aéroport de Surabaya, 75 km de Malang, 350 km de Yogyakarta, Tosari est l'avant-dernier village par l'autre route d'accès au volcan (au nord-ouest), en venant de Malang ou de Pasuruan. Plus verdoyant et agréable que les deux villages précédents, il est aussi plus proche de Penanjakan.

Bon marché (de 150 000 à 300 000 Rps, soit 10 à 20 €)

Rizky Home Stay : *quelques centaines de mètres avt le* Bromo Cottages. *☎ 57-12-88.* Petit hôtel sans prétention, tenu par des jeunes sympas. Belle vue sur les montagnes. 9 chambres sommaires avec *mandi,* w-c et petite terrasse.

Penginapan Wulan Ayu : *juste après le* Rizky, *sur la route, à gauche en descendant vers le* Bromo Cottages. *☎ 57-10-11. Sans petit déj (juste du thé).* Actuellement, 3 chambres très correctes, avec *mandi* et w-c. Agrandissement prévu avec 6 chambres supplémentaires, chacune avec un balcon et la vue sur la vallée. La famille est accueillante. Prix doux, mais le confort et la propreté amèneront peut-être une flambée des prix ?

De prix moyens à chic (de 300 000 à 1 000 000 Rps, soit 20 à 66,75 €)

Bromo Cottages : *au fond du village, en descendant. ☎ (0343) 57-12-22. • bromocottages.com •* La plupart des agences de voyages y envoient leurs clients (mais il n'y a pas toujours foule pour autant). Superbe vue sur les montagnes. Les bungalows sont répartis dans des jardins en escaliers : 80 chambres, 3 suites, 20 cottages ; salles de bains avec eau chaude et froide. Pas toujours très propre. Buffet dînatoire obligatoire dans une immense salle aux airs de chalet. Petite boutique de souvenirs sur place. Attention, les tarifs des prestations sont hors de prix. Négocier.

Pas grand-chose pour se restaurer : quelques ***warungs-épiceries*** dans le village, ou le resto du *Bromo Cottages* (mais il ferme à 21h30).

L'ascension du volcan Bromo

La vision qui s'offre à vous est l'une des plus spectaculaires qui soient. On a rarement l'occasion d'observer une terre aussi désolée.

L'excursion du Bromo

Le départ se fait de Ngadisari, Cemoro Lawang ou Tosari. Pour la réaliser, il y a deux solutions.

➢ ***La première solution*** consiste à aller directement jusqu'au Bromo pour le lever du soleil. Comptez 30 mn en 4x4 de Tosari et Ngadisari, 20 mn environ de Cemoro Lawang. Ensuite, une grimpette (gentille) de 1h vous conduira jusqu'au cratère (ce qui n'est pas le cas du Merapi ou du Kawah Ijen !). Vous pouvez aisément vous passer de guide, le volcan étant fléché dès le départ. Bornes blanches dans la caldeira. Si vous partez de Ngadisari ou Tosari, il faut démarrer la balade à 3h30 ; de Cemoro Lawang, à 4h, pour assister au lever du soleil. On le répète, il faut bien se couvrir, car il fait froid.

Pour les paresseux et les grands enfants, les habitants du village louent des petits « chevaux » (bardots) qui peuvent vous conduire depuis votre hôtel (mais seulement à partir de Cemoro Lawang) jusqu'au pied du cratère actif : 100 000 Rps. Le propriétaire (du bardot, pas de l'hôtel) marche à côté de vous.

On descend au fond de la caldeira en marchant dans un incroyable univers de sable, puis on gravit 250 marches pour atteindre le sommet du Bromo. Le jeu consiste à parvenir au sommet lorsque le soleil pointe. Vous ne serez pas seul, évidemment, mais l'impression reste forte, très forte.

➢ ***La seconde solution,*** la plus spectaculaire selon nous, est de se rendre au ***mont Penanjakan*** (2 770 m, sacrément frisquet !), toujours pour le lever du soleil. En 4x4, compter 30 mn de Tosari et environ 45 mn de Ngadisari ou Cemoro Lawang. Seuls les intrépides – mais c'est tout à fait faisable – auront le courage de s'y rendre à pied, car il y a 2-3h de marche dans la nuit, avec un guide. Mais la majorité des visiteurs choisissent d'aller jusqu'en haut en 4x4, à partager si possible avec d'autres touristes (5 personnes max) car les prix pratiqués sont assez élevés (350 000 Rps par véhicule). Le lever de soleil, malgré la foule tout en haut (et les 4x4 garés partout...), est vraiment fantastique ! Ce paysage qui apparaît par petites touches successives... Bon, on ne vous en dit pas plus. Toutes les photos du Bromo (et du Semeru derrière, qui crache sa fumée chaque demi-heure) sont prises d'ici. Notre point de vue préféré, mais on n'est pas les seuls. Là-haut, les *warungs* proposent café, thé, soupe au coin du feu, et location de parkas (20 000 Rps). Ça permet d'attendre le lever du soleil au chaud ! Ensuite, les 4x4 vous conduisent au parking qui leur est réservé dans la caldeira. De là, deux solutions : à pied jusqu'au cratère du Bromo (1h30 de marche aller-retour), ou choisissez l'un des conducteurs de chevaux qui s'empressent pour vous louer

leur monture (100 000 Rps aller-retour). L'avantage de la seconde solution : vous serez légèrement au-dessus de la poussière et frais pour affronter les 250 marches de l'escalier bien raide vous permettant d'atteindre la cime. Vue impressionnante sur le cratère et les fumerolles. Puis retour à l'hôtel pour le petit déj vers 8-9h. On peut évidemment revenir au cratère dans la journée, au calme, voire le lendemain matin pour ceux qui ont le temps.
- De Cemoro Lawang, de jour, il est très facile de se rendre à pied au volcan ; le chemin est bien balisé, barrières blanches et pistes tracées. La balade dans cette mer de sable ou poussière de lave s'effectue de votre hôtel en 1h30 pour l'aller, 2h pour le retour (ça grimpe pour sortir de la caldeira).

LE VOLCAN SEMERU

À 17 km au sud du Bromo, culminant à 3 676 m au-dessus du niveau de la mer, le Gunung Semeru est le point le plus élevé de l'île de Java. Avec son cône parfait de cendres couleur gris clair, empanaché par des fumées toutes les 30 mn environ, il domine de vastes paysages, qui ressemblent à ceux de Bali mais se distinguent du reste de Java par leur impétuosité.
Fleuron du parc national Bromo-Tengger-Semeru, le Semeru (appelé aussi le Mahameru, c'est-à-dire « la Grande Montagne ») est considéré par les hindous comme une montagne sacrée, le « père » de tous les autres monts.
Les difficultés de l'ascension et le temps nécessaire pour atteindre le sommet (3 à 4 jours en tout) obligent les randonneurs à emporter un minimum d'équipement. Pour ces raisons, le Semeru est moins fréquenté que les volcans voisins. Et on le répète, il faut vraiment être chevronné (c'est bien plus dur que le Rinjani, par exemple, si vous arrivez de Bali). Néanmoins, si vous vous organisez bien, si vous êtes bien entraîné et habitué à crapahuter, vous pouvez y aller. Les étudiants indonésiens aiment particulièrement le Semeru. Atteindre le sommet du Semeru permet de jouir d'une vue époustouflante. De là-haut, on peut aussi observer de très près les explosions de ce volcan, qui est à l'activité volcanique ce qu'un métronome est à la musique.

Arriver – Quitter

➢ ***De Surabaya :*** prendre un bus jusqu'à Blimbing, village à quelques km au nord de Malang. De Blimbing ou Malang, trouver un *mikrolet (bemo)* pour Tumpang puis un autre jusqu'à Gubug Klakah. Là, soit marcher vers Ngadas (12 km), Jemplung (2 km), puis Ranu Pane (6 km) – marche assez pénible, il faut le dire, sur une route de montagne –, soit louer un 4x4 à Tumpang (ou Gubug Klakah ou Ngadas) jusqu'à Ranu Pane, point de départ de l'ascension proprement dite. Au 4x4, on peut aussi préférer la moto *(ojek)*, nettement moins chère.
➢ ***Du volcan Bromo :*** il faut traverser la mer de sable, ce qui peut se faire à pied (env 7h de marche) avec pour seule réelle difficulté la montée finale, un peu raide, pour sortir de la caldeira du Tengger. On peut aussi aller en 4x4 jusqu'à Jemplang puis Ranu Pane, petit village de montagne au bord d'un lac et étape incontournable.

Recommandations et infos utiles

– À quelle époque faire l'ascension ? L'ascension ne peut être entreprise durant la saison des pluies, car alors les cendres se transforment en boue et le terrain devient glissant et donc dangereux. N'envisagez cette randonnée qu'entre mai et octobre.

– ***Vêtements, équipement :*** à partir de Ranu Pane, la nuit, le froid est très vif. Il faut s'équiper en vêtements chauds, emporter un coupe-vent et un sac de couchage (on peut en louer sur place – 20 000 Rps – mais dans quel état ?). Il n'y a pas d'escalade réelle à effectuer, de bonnes chaussures de marche suffisent donc. Prévoir aussi une lampe de poche. Passé Ranu Pane, il n'y a aucun endroit pour s'approvisionner en nourriture et en boissons, hormis le lac Ranu Kumbolo où il vous faudra de toute manière purifier l'eau avec des pilules spéciales.

– ***Guide ou pas ?*** Un guide n'est pas indispensable, car le sentier est toujours assez facile à repérer et à suivre, même s'il vaut mieux être en bonne condition physique pour entreprendre l'ascension. En chemin, vous rencontrerez sûrement de nombreux Indonésiens ou des randonneurs étrangers. Si vous voulez être pleinement rassuré, n'hésitez pas à demander un guide soit chez *Pak Tasrip Family Homestay,* soit au bureau du *PHPA.* Nécessaires pour transporter la nourriture et le matériel de camping, les porteurs peuvent éventuellement vous servir de guides.

– ***Les prix :*** un porteur coûte environ 75 000 Rps par jour, un guide 100 000-150 000 Rps. C'est comme le CAC 40, les cours fluctuent en fonction de la demande. La location d'un 4x4 pour aller à Ranu Pane doit se marchander âprement (200 000 Rps) pour 5 personnes pour 1h, à l'aller comme au retour.

– ***À l'arrivée au sommet :*** il est conseillé de ne pas s'approcher du cratère éruptif. Le volcan est encore très dangereux. Prendre le temps d'observer les limites de l'aire de projection de pierres. Notez que la montée s'effectue en toute sécurité le long de la pente diamétralement opposée à la zone dangereuse. Malgré cela, les marcheurs sont souvent saupoudrés de cendres grises dans les minutes qui suivent chaque explosion du monstre en activité.

Où dormir ?

Pak Tasrip Family Homestay : *à* ***Ranu Pane.*** *• ranupanesemeru@gmail.com • Compter 30 000 Rps/pers, petit déj compris.* Une seule adresse, qui propose un hébergement de base avec de petites chambres simples à 2 lits ; *mandi* (douche froide à la casserole) à l'extérieur (des douches). Il faut réserver plusieurs semaines à l'avance. C'est également là qu'il faut prévoir de se nourrir et de s'équiper pour l'ascension : provisions, boissons, sac de couchage, tente à louer (85 000 Rps, mais vérifiez bien le matériel avant de partir, car vous risquez d'avoir des surprises à l'arrivée), porteurs. On peut y laisser ses bagages en toute sécurité.

L'ascension du volcan Semeru

➢ Après une nuit passée au village de ***Ranu Pane,*** le lendemain matin, à la sortie de cette localité, arrêt obligatoire au poste du *PHPA* pour se faire enregistrer, payer le droit de passage (220 000 Rps) et glaner les dernières informations. À partir de là, 2 à 3 km de route que l'on peut, éventuellement, effectuer en 4x4 ou à moto. Puis commence une journée de 7h de marche à travers une forêt d'altitude riche en superbes fougères arborescentes. Ce trajet est sans difficulté particulière, sinon durant la dernière heure, où la montée est plus soutenue. À mi-parcours, les rives du ***lac Ranu Kumbolo*** permettent une agréable halte.

➢ La seconde nuit se passe à ***Kalimati,*** au pied du cône volcanique. Près des vestiges d'un refuge, une zone dégagée en bord de forêt invite au camping. Pour l'ascension, prévoir de partir vers 1h du matin afin de profiter, une fois au sommet, de la vue et du lever du soleil. Celle-ci peut être gâtée par l'arrivée des nuages. Après un peu plus de 1h de chemin abrupt, on sort de la forêt. Reste alors la dernière partie du trajet : le cône de cendres et d'éboulis. Passage très difficile car le sol se dérobe sous chaque pas et la pente est très accentuée. Ce final, qui n'est pas spécialement dangereux, demande 4h à 5h de marche, selon votre forme physique. Cet ultime tronçon de l'ascension peut être rendu encore plus pénible par le froid glacial (environ 5 °C au petit matin) et le vent violent qui souffle lorsqu'on n'est plus à l'abri des arbres.

➢ ***Au sommet du Semeru,*** vous aurez la récompense de vos efforts ! Vous découvrirez un panorama grandiose : le Bromo et sa caldeira, si proches ; à l'est, le massif du Kawah Ijen ; plus loin, le Gunung Agung et le Batur, fameux volcans balinais ; au nord et au sud se dessinent les côtes de Java. Toutes les 30 mn environ, le Semeru explose. Il crache de la vapeur d'eau mêlée à du gaz (dégazage). De son cratère jaillissent des panaches de fumée parfois blanche mais plus souvent foncée. Plus ces fumées sont foncées, plus elles contiennent de gaz toxiques, de cendres et de pierres.

➢ ***La descente :*** au retour, une journée suffit largement pour redescendre à Ranu Pane.

Où se reposer après le Bromo et le Semeru ?

Après l'effort d'une escapade volcanique, voici le réconfort de la ***plage de Pasir Putih,*** située sur la route longeant la côte à l'est de Probolinggo. Pour y aller, bus de Probolinggo en direction de Situbondo ou Banyuwangi. Durée : 2h. Se faire arrêter à la plage. Précision : *pasir putih* veut dire « sable blanc », mais en l'occurrence, le sable n'est pas très blanc, tendance grisâtre... Ici, rien à faire, sinon récupérer sous un palétuvier en regardant les *prahus* à balancier et aux voiles colorées. Promenades en mer avec les pêcheurs très agréables, mais les coraux sont décevants. À éviter pendant les vacances des Indonésiens, car les hôtels et la plage sont pris d'assaut par les locaux en villégiature. De plus, ils sont chers.

Pour dormir, plusieurs hôtels. Notre préférence va au ***Sidomuncul 1*** *(☎ (0338) 39-03-20)* juste sur la mer, à 3 km de l'entrée du village. Différentes catégories de chambres, avec terrasse, et même AC (200 000-400 000 Rps). Celles avec ventilo, les moins chères (100 000 Rps), ne sont pas proposées aux touristes ! Éviter celles sur rue, bruyantes. Reste les plus chères, avec AC et vue sur la mer...

On peut manger, le long de la plage, dans les restaurants des hôtels, mais si vous voulez goûter d'excellents fruits de mer ou du poisson frais, à des prix plus doux, notre préférence va à l'***Oriental Purnama*** *(89 jl. Raya Pasir Putih),* à côté de l'hôtel précédent. Inconvénient : pas de vue sur la mer mais sur la rue et sur une cour fermée. La cuisine est excellente et copieuse, c'est le meilleur resto du coin pour les locaux. Immense salle couverte. Fruits de mer et plats de Sumatra.

LE VOLCAN KAWAH IJEN

Le Kawah Ijen, le « cratère vert », culmine à 2 400 m. Bien qu'en repos pour l'instant, il connaît quelques soubresauts depuis 2003. Rien de bien méchant, mais il peut cracher suffisamment de fumée pour empêcher l'accès de ses pentes aux touristes. Donc, toujours vérifier auprès des offices de tourisme que la zone est bien ouverte.

Ce volcan est le principal centre d'exploitation de soufre de toute l'Indonésie. Celui-ci sert, entre autres, au raffinage du sucre. Sur ses pentes, vous croiserez des hommes qui, pour quelques milliers de roupies, parcourent 20 km par jour avec 110 kg de soufre sur le dos. Du Zola, mais à Java !
Le Kawah Ijen est surtout connu des touristes français car il a été médiatisé par Nicolas Hulot et les époux Kraft. Il n'est pas encore exploité comme le Bromo, bien que ce soit la « balade du dimanche » de beaucoup d'Indonésiens. On est, heureusement, loin des files continues de touristes s'acheminant vers le cratère ou des 4x4 de Japonais habillés en cosmonautes. C'est pourquoi l'infrastructure touristique est limitée au strict minimum, et les moyens de transport pour y accéder restent folkloriques. Pourtant, il vaut la peine d'être découvert. Espérons que les autorités indonésiennes auront la sagesse de le protéger du tourisme de masse.
Il faut prévoir une nuit sur place pour voir le volcan le lendemain, à moins que vous ayez les moyens de « chartériser » une voiture qui vous attende pendant l'ascension.

Arriver – Quitter

Depuis Bali

Depuis Bali, soit par avion depuis Denpasar pour Yogyakarta (voir « Quitter Yogyakarta » pour la suite du parcours), soit, toujours depuis Denpasar, par la gare d'Ubung pour Gilimanuk (3-4h de bus), et de là, ferry pour Banyuwangi (Java). Attention, en arrivant, 1h en moins à vos montres.

Depuis Java

L'arrivée peut s'effectuer soit par l'ouest en venant de Probolinggo, soit par l'est à partir de Banyuwangi.
Le départ de l'excursion elle-même se fait à partir de Paltuding, au pied du volcan, mais les logements dignes de ce nom se trouvent dans des plantations de café, à Sempol, côté ouest. Conséquence du nombre relativement faible de touristes abordant le Kawah Ijen, vous ne trouverez pas beaucoup de liaisons directes en bus ou minibus jusqu'à Sempol. À moins d'employer les grands moyens en louant un véhicule ou en « chartérisant » un *bemo* (ou une moto-taxi !), il faut s'armer de patience et faire feu de tout bois pour accéder au cratère. Vos efforts seront récompensés.

Par l'ouest

Les liaisons par Situbondo sont plus faciles et plus nombreuses que par Bondowoso, même si, sur la carte, ça paraît plus long ! Si vous passez par Bondowoso, jetez un œil au village de *Wringin,* spécialisé dans la culture et le séchage du tabac.
➢ ***De Probolinggo :*** prendre un bus pour *Situbondo,* situé à 100 km à l'est de Probolinggo, puis un 2ᵉ bus en direction de *Bondowoso* et descendre 20 km plus loin sur la route principale, à ***Garduatak,*** la bifurcation menant au cratère. De là, prendre un *bemo* qui vous conduira en 30 mn jusqu'au village de ***Sukosari.*** Comme d'habitude, il faut attendre que le *bemo* se remplisse. De Sukosari, on accède à ***Sempol,*** le village le plus proche du cratère, situé à 14 km dans la montagne, avec ce que l'on trouve : soit en *bemo* (mais il y en a peu), soit en camion *(truck),* ou encore en moto-taxi *(ojek).* Si vous arrivez en fin de journée, il ne restera plus que les *ojeks.* Négociez le prix, sachant que le trajet dure env 1h. Heureusement, vous croiserez peu de véhicules. De Garduatak, il est possible de « chartériser » un *bemo* directement pour Sempol, mais c'est plus cher, même si on est un excellent négociateur.
Sempol est sur les terres de la plus grande plantation de l'île, la PTPN : 3 000 ha de caféiers dans un décor de jungle. Il n'est pas rare d'y croiser biches, singes et aigles javanais. Pour aller à la base du cratère, à 14 km, où se trouve le poste des gardes forestiers *PHPA* de Paltuding, vous trouverez

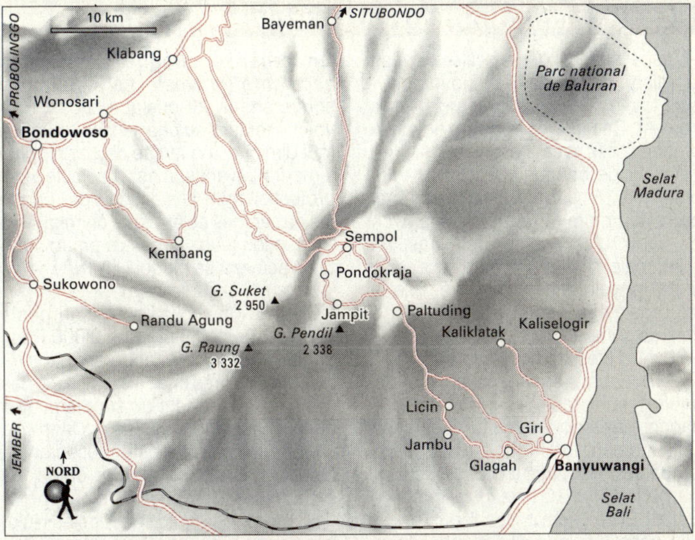

LE VOLCAN KAWAH IJEN

irrégulièrement dans le village un camion emmenant les planteurs aux champs. Sinon, en *ojek* ou encore à pied... Compter plus de 1h de trajet en camion. La meilleure solution est de dormir à côté de Sempol. Vous y trouverez de la nourriture, un hébergement correct, et ferez ce trajet le lendemain, frais et dispo.

➢ ***De Bondowoso :*** des *bemos* (plus nombreux au terminal) partent en direction de Situbondo. Il faut donc s'arrêter à Garduatak, à 10 km de Bondowoso, et poursuivre comme précédemment. Des minibus font maintenant la liaison directe de Bondowoso à Sempol jusqu'en milieu d'après-midi. Le problème, c'est qu'ils ne partent que s'il y a des clients, et ça, c'est très aléatoire... Compter environ 2-3h.

Par l'est

➢ Il est possible de partir de ***Banyuwangi,*** dont la route a été remise à neuf. Cette solution concerne ceux qui viendraient de Bali par ferry. Encore moins pratique que le premier, cet accès est plus risqué car, une fois dans la montagne, les moyens de transport pour arriver à Paltuding sont rares. Néanmoins, si vous insistez, prenez un *bemo* à partir de la station de *Sasakperot* jusqu'au village de ***Jambu,*** situé à 17 km de Banyuwangi, puis un *ojek* jusqu'à ***Sodong,*** ou directement jusqu'à ***Paltuding*** si vous en trouvez. Il faut savoir que Sodong est à 2h à pied de Paltuding. Essayez de prendre un guide à partir de Banyuwangi, car l'itinéraire n'est pas balisé.

Il est possible de « chartériser » un *bemo* pour aller à Paltuding depuis Banyuwangi, mais se pose alors le problème du retour. Si vous payez l'aller-retour, vous pouvez trouver un chauffeur malhonnête qui ne vous attendra pas. Si vous ne payez que l'aller, il ne vous attendra sûrement pas.

➢ L'office de tourisme du terminal des ferries à ***Ketapang*** ne donne aucun renseignement intéressant. Le représentant sur place vend les services de son agence de voyages privée : *LEO Adventure.* Attention à l'arnaque, c'est très cher, peu sympathique, et beaucoup de touristes se sont fait rouler. À éviter. Il est très difficile, et même impossible lorsque l'on arrive de Bali, de trouver une agence correcte.

Recommandations et infos utiles

– L'ascension est déconseillée pendant la saison des pluies, de novembre à avril, car le chemin est glissant et le ciel couvert. De plus, les porteurs de soufre prennent des vacances méritées.
– Prévoir de bonnes chaussures et un pull (10 à 16 °C entre avril et octobre), de la nourriture et des boissons avant de partir. L'ascension n'est pas très dure, mais il est néanmoins nécessaire d'être physiquement préparé. Elle se fait sans guide, il suffit de suivre le chemin qui grimpe.
– Si vous êtes particulièrement fragile des bronches, sachez que les émanations sont toujours suffocantes et dangereuses pour la santé. Les vents suffisamment forts font même tousser les personnes n'ayant pas de sensibilité particulière au niveau respiratoire. Gaffe ! Si le chemin des touristes est pris dans des gaz gris-blanc, renoncez ! Idem pour les jeunes enfants. ***On recense chaque année des accidents (graves).*** Les porteurs de soufre en savent quelque chose. Prévoir un foulard ou une serviette humide (qui diminue la quantité de gaz respiré) à mettre devant son nez. La seule vraie protection reste le masque à gaz contre les gaz acides et les filtres chimiques.
– Attention à vos appareils photo : certains peuvent se bloquer.
– Se munir de jumelles.
– On paie un droit d'entrée au poste *PHPA* situé à Paltuding (40 000 Rps). Supplément pour les appareils photo et les caméras (très cher, autant ne pas les montrer). Également un supplément si on a un vélo et/ou une tente. On trouve un petit musée au poste présentant la faune, la flore, ainsi que les dates, les explications des derniers tremblements de terre et des photos de Nicolas Hulot lors de son passage ! De là, il reste 3 km de marche jusqu'au volcan.

Où dormir ? Où manger ?

À Bondowoso

Bondowoso est une bourgade agréable, propre et aérée. On croise beaucoup de buffles dans la rue car la ville est réputée pour ses combats de taureaux, comme l'île de Madura, d'où sont originaires la plupart de ses habitants. On peut voir des courses de taureaux le samedi après-midi, sur le terrain de l'Alun Alun. À part ça, sur la route de Sempol, vous verrez des maisons sans fenêtres, protégées par de hauts murs, des barbelés et des tessons de bouteilles ! Ce ne sont pas des prisons mais des élevages d'hirondelles : leurs nids, très recherchés, sont revendus une petite fortune à Taiwan ou à Hong Kong...

🏠 🍽 ***Palm Hotel :*** *32 jl. A. Yani.* ☎ *(0332) 42-15-05.* • *palm-hotel.net* • *Chambres économiques sans* mandi, *un peu spartiates, à partir de 150 000 Rps, ou chambres avec eau froide. Il y en a avec eau chaude, AC et TV, et à prix nettement plus élevés : 312 000-500 000 Rps. Petit déj et taxes inclus.* C'est le meilleur hôtel de la ville. Belle architecture coloniale et joli jardin avec bassin. Plutôt propre. Piscine. Fait aussi resto. Distributeurs d'argent *(ATM)* à proximité. Propose des excursions pour le Kawah Ijen en une journée (départ à 4h du mat' ; environ 650 000 Rps l'aller-retour pour un véhicule de 6 personnes) ; c'est une solution simple et pratique.

À Sempol

🏠 🍽 ***Arabica Homestay Jampit II :*** *à* ***Kalisat Jampit,*** *près de Sempol.* 📱 *081-135-058-81. Pour y aller, petit bus fréquent du terminal de Bondowoso. 3 catégories de chambres, avec sdb et eau chaude, 150 000-280 000 Rps.* Pension de la PTPN (plantations de café) offrant 25 bungalows, avec un charmant jardin. Un peu cher, mais on n'a pas le choix. Souvent complet car rendez-vous des groupes. Réveil en fanfare à 4h du mat', lorsque les 4x4 démarrent. Restaurant ; belle carte, mais personnel peu aimable. Si c'est complet, essayez d'aller à l'autre adresse.

🏠 🍽 ***Catimor Homestay :*** *à* ***Blawan,*** *à 5 km de l'Arabica, sur la route de Paltuding. Résa à Surabaya au même* *numéro que l'Arabica. Soit vous avez un véhicule, soit il faut y aller en ojek, ou alors... essayer de « chartériser » un véhicule du coin ! Chambre et dîner env 100 000 Rps.* C'est une autre pension de la plantation de café datant de 1894, dans un cadre agréable (quelques singes sur le chemin qui y mène). Elle est installée dans les dépendances d'une maison coloniale en bois. On loge dans la plantation même. Chambres doubles ou triples à prix moyens, avec *mandi* et eau chaude. Chambres refaites, mais salles de bains toujours un peu tristounes. Restaurant pour le buffet du soir (ou à la carte). Apporter son insecticide. Autre inconvénient : on est réveillé par le muezzin à 3h du mat' ! Belle petite piscine. Petit déj servi sur place, avec café de la plantation. Organise des excursions en 4x4 pour le volcan : compter environ 300 000 Rps pour 5 personnes, avec chauffeur (sans l'entrée au parc). On peut aussi visiter gratuitement la plantation (celle de l'usine, elle, est payante : 15 000 Rps) et prendre un bain chaud (un peu douteux néanmoins) grâce aux sources naturelles d'eau chaude qui arrivent jusqu'ici. Aller voir aussi la belle chute d'eau à 5 mn à pied. Assez bruyant.

À Paltuding

Quelques baraquements au point de départ pour l'excursion du Kawah Ijen.

🏠 |●| Possibilité de louer une chambre pour 2, spartiate, dans l'une des 3 baraques (100 000 Rps) ou d'installer son sac de couchage dans une salle servant de dortoir. Les toilettes sont payantes (1 000 Rps) ainsi que les douches froides communes (2 000 Rps). 3 *warungs*-épiceries sur la place-parking. Pour être sûr d'avoir une place, réservez auprès du *Taman Nasional Baluran* à Banyuwangi *(☎ (0333) 42-41-19)* ou au *Baluran (☎ 46-16-50).* On peut aussi commencer l'ascension et dormir au campement des porteurs de soufre, à mi-chemin sur les flancs du volcan (petite épicerie sur place qui propose eau et biscuits). Accueil chaleureux, très rustique.

À Randu Agung

🏠 |●| ***Ijen Resorts & Villas :*** *☎ (0333) 42-90-00.* Un complexe hôtelier de grand confort isolé à flanc de colline, à 643 m d'altitude, à 45 mn du port de Ketapang, en surplomb d'un village entouré de sublimes rizières où travaillent les paysans et les buffles. L'accès est difficile (3 km de piste avec ornières : prévoir une voiture haute), mais le panorama est à couper le souffle ! Sérénité assurée dans de jolies chambres en pavillon dotées d'une terrasse où se prélasser en regardant le soleil se coucher. Resto de très bon niveau et piscine idéalement intégrée dans le paysage. Organisent également des randos à cheval dans la forêt et l'approche en 4x4 au pied du Kawah Ijen.

À Banyuwangi

Banyuwangi, terminal du chemin de fer en provenance de Yogya, Probolinggo et Surabaya, n'a aucun intérêt touristique ; donc à fuir le plus rapidement possible, soit par train pour rejoindre les villes principales de Java, soit par ferry (à Ketapang, à 8 km) pour Bali, Madura ou Lombok. Les ferries quittent le port toutes les heures, 24h/24, à l'heure plus 20 mn. Le prix du billet est de 5 700 Rps pour Gilimanuk. Au port, aucun office de tourisme, même si une enseigne attire les touristes pour les arnaquer. Peu de restaurants, mais si vous êtes bloqué ou avez besoin de repos, notre préférence va à :

🏠 |●| ***Hotel Ketapang Indah :*** *jl. Gatot Subroto, km 6 (un peu éloigné de l'embarcadère ; taxi nécessaire). ☎ (333) 42-22-80. • ketapangindahhotel.com • Malheureusement un peu cher : 300 000-550 000 Rps.* Des bungalows dispersés dans un immense jardin, belle piscine, restaurant, chambres confortables. Pas d'accès à la mer.

L'ascension du volcan Kawah Ijen

Il n'est pas nécessaire de se lever très tôt pour partir. À la différence du Bromo, le lever du soleil n'a rien de spectaculaire. Mais il vaut mieux ne pas se mettre en route trop tard, car les porteurs sont plus nombreux avant 10h et le ciel se couvre souvent dès la fin de la matinée.

Compter 1h30 pour accéder au cratère à partir de Paltuding. Une marche de plus de 45 mn dans la forêt mène au campement des porteurs de soufre, près d'un ancien poste d'observation en vulcanologie. Le spectacle est fascinant : au fond du cratère, il y a un grand lac aux eaux turquoise, dont la surface est parfois crevée par des bulles d'acides chlorhydrique et sulfurique. ***Attention, il est formellement interdit de descendre dans le cratère.***

Seules les faces sud, nord et est sont accessibles. Les bordures nord et nord-est du sommet sont les zones les moins exposées aux gaz. En arrivant au sommet, et seulement si vous n'êtes pas gêné par les gaz (ceux-ci balaient la bordure est), vous pouvez prendre à droite, pendant 100 m environ, jusqu'à l'intersection, devant un gros rocher. Les mineurs tournent à gauche, vous pourrez contourner le rocher par la droite, et monter le chemin légèrement raviné. Après 200 m de marche, la bordure nord-est se révèle en dehors des gaz. Ne tentez pas de traverser les gaz, attendez que les vents changent pour traverser cette zone.

On vous conseille d'être muni, en plus de bonnes chaussures, d'un foulard ample pour vous couvrir les yeux et même le visage, d'une bouteille d'eau pour humecter celui-ci en cas de difficultés à respirer, d'une paire de jumelles pour observer les mineurs, la solfatare, et les paysages environnants. Bon, il n'empêche que c'est magnifique. Les porteurs de soufre *(pencari)* sont là, à charger dans des paniers à balancier 60 à 80 kg de soufre qui a jailli à l'état liquide à 120 °C, puis s'est refroidi. Les collecteurs de soufre, partis tôt le matin, font deux voyages (soit 15 km) et retournent à leur campement en fin de matinée. Sinon, leur village est à 11 km ! Leurs paniers sont pesés au campement. Le soufre est vendu à une coopérative et servira ensuite au raffinement du sucre. Ils reçoivent 250 Rps par kilo. Ils peuvent ainsi espérer gagner 30 000 à 40 000 Rps en une journée ; ce qui est très bien payé par rapport au salaire moyen, mais à quel prix ! Pas besoin d'être médecin pour estimer leur espérance de vie – réduite par la respiration de ces émanations. Le travail est tellement épuisant qu'ils ne travaillent qu'un jour sur deux (ou 10 jours consécutifs suivis de 20 jours de repos), et cela, jusqu'à l'âge de 50 ans en moyenne. Ce sont vraiment des « travailleurs de la terre » d'un autre âge... Vous remarquerez qu'ils travaillent pieds nus, en tongs ou en bottes en caoutchouc. Certains ont les épaules couvertes d'abcès. Vous pouvez leur acheter un morceau de soufre (naturellement sculpté), ce qui est toujours ça de pris pour eux. Offrez-leur à boire ou à manger, mais pas de cigarettes, par pitié ! Le comble, c'est que ce sont eux qui vous en réclameront... Après le retour au parking, en suivant les porteurs quelques mètres, les paniers sont à nouveau pesés, le soufre cassé, fondu, et le liquide filtré, versé sur une dalle où il se solidifie. Les plaques obtenues sont à nouveau cassées et expédiées par camion. On pense que cette balade restera gravée longtemps dans votre mémoire.

les ROUTARDS sur la FRANCE 2015-2016

(dates de parution sur • *routard.com* •)

Découpage de la FRANCE par le ROUTARD

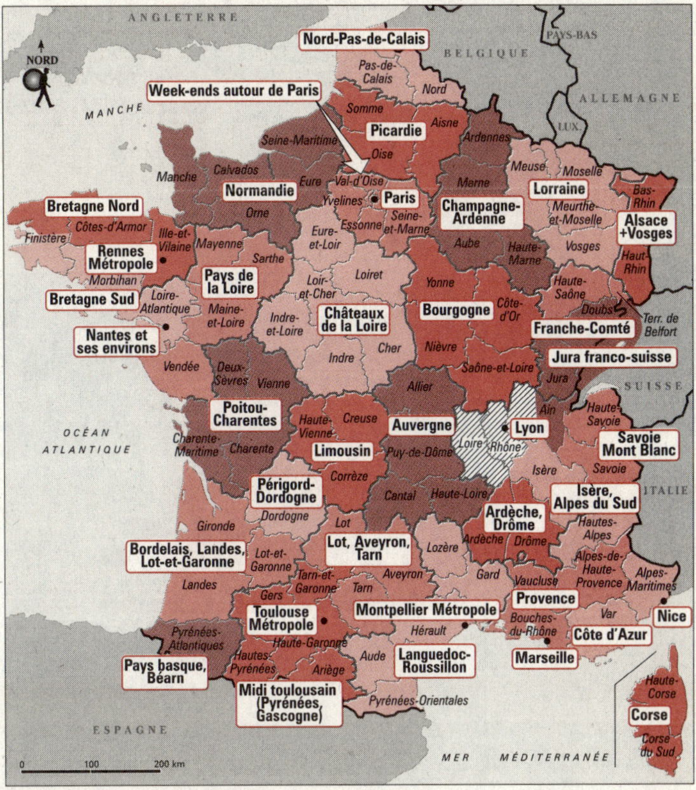

Autres guides nationaux

- La Loire à Vélo (nouveauté)
- Les grands chefs du Routard
- Nos meilleurs campings en France
- Nos meilleures chambres d'hôtes en France
- Nos meilleurs hôtels et restos en France
- Nos meilleurs sites pour observer les oiseaux en France
- Tourisme responsable

Autres guides sur Paris

- Paris
- Paris à vélo
- Paris balades
- Restos et bistrots de Paris
- Le Routard des amoureux à Paris
- Week-ends autour de Paris

les ROUTARDS sur l'ÉTRANGER 2015-2016

(dates de parution sur • *routard.com* •)

Découpage de l'ESPAGNE par le ROUTARD

Découpage de l'ITALIE par le ROUTARD

Autres pays européens

- Allemagne
- Angleterre, Pays de Galles
- Autriche
- Belgique
- Budapest, Hongrie
- Crète
- Croatie
- Danemark, Suède
- Écosse
- Finlande
- Grèce continentale
- Îles grecques et Athènes
- Irlande
- Islande
- Madère (mai 2015)
- Malte
- Norvège
- Pologne
- Portugal
- République tchèque, Slovaquie
- Roumanie, Bulgarie
- Suisse

Villes européennes

- Amsterdam et ses environs
- Berlin
- Bruxelles
- Copenhague
- Dublin
- Lisbonne
- Londres
- Moscou
- Prague
- Saint-Pétersbourg
- Stockholm
- Vienne

les ROUTARDS sur l'ÉTRANGER 2015-2016

(dates de parution sur • *routard.com* •)

Découpage des ÉTATS-UNIS par le ROUTARD

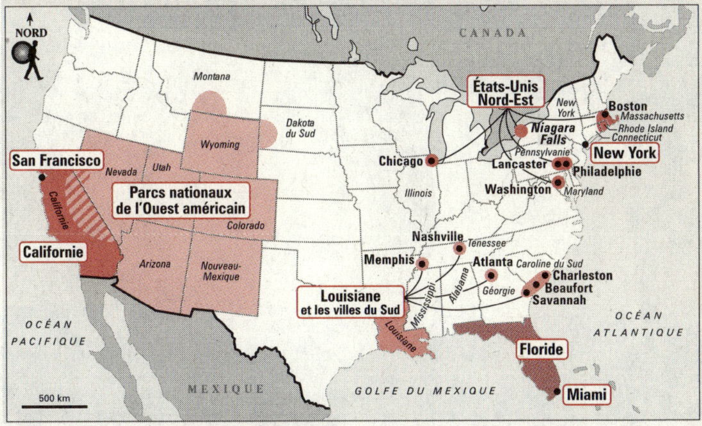

Autres pays d'Amérique

- Argentine
- Brésil
- Canada Ouest
- Chili et île de Pâques
- Équateur et les îles Galápagos
- Guatemala, Yucatán et Chiapas
- Mexique
- Montréal
- Pérou, Bolivie
- Québec, Ontario et Provinces maritimes

Asie

- Bali, Lombok
- Bangkok
- Birmanie (Myanmar)
- Cambodge, Laos
- Chine
- Hong-Kong, Macao, Canton
- Inde du Nord
- Inde du Sud
- Israël et Palestine
- Istanbul
- Jordanie
- Malaisie, Singapour
- Népal
- Shanghai
- Sri Lanka (Ceylan)
- Thaïlande
- Tokyo, Kyoto et environs
- Turquie
- Vietnam

Afrique

- Afrique de l'Ouest
- Afrique du Sud
- Égypte
- Kenya, Tanzanie et Zanzibar
- Maroc
- Marrakech
- Sénégal
- Tunisie

Îles Caraïbes et océan Indien

- Cuba
- Guadeloupe, Saint-Martin, Saint-Barth
- Île Maurice, Rodrigues
- Madagascar
- Martinique
- République dominicaine (Saint-Domingue)
- Réunion

Guides de conversation

- Allemand
- Anglais
- Arabe du Maghreb
- Arabe du Proche-Orient
- Chinois
- Croate
- Espagnol
- Grec
- Italien
- Japonais
- Portugais
- Russe
- G'palémo (conversation par l'image)

Le Routard Express

- Amsterdam (nouveauté)
- Barcelone
- Berlin
- Bruxelles (nouveauté)
- Florence (nouveauté)
- Istanbul (nouveauté)
- Lisbonne (nouveauté)
- Londres
- Madrid
- Marrakech (nouveauté)
- New York
- Prague
- Rome
- Venise

Nos 1200 coups de cœur

- France (nouveauté)
- Monde

Espace offert par l'annonceur – Avec le soutien de l'agence ★ EURO RSCG C&O
RÉPARER LES VIES
HANDICAP
INTERNATIONAL

Adresses utiles

1 Office [redacted]

Où dormir ?

11 Pension [redacted]

Où manger ?

30 Restaurante [redacted]

44 Restaura [redacted]

Où boire un verre ?

61 Caruag [redacted]

Où sortir?

83 Pingo [redacted]

À voir

90 Palacio do Monte
[redacted]

ASSOCIATION CONTRE
LA PROSTITUTION
DES ENFANTS
Espace offert par le Guide du Routard
Abusez d'un enfant au soleil
et vous passerez 10 ans à l'ombre
La Loi d'extraterritorialité votée en 1994, révisée en 1998, permet de juger un résident et/ou un ressortissant français ayant commis des abus sexuels en France ou à l'étranger. Les peines pour un abus commis sur un enfant sont sévères : jusqu'à 10 ans d'emprisonnement et 150 000 € d'amende.
www.acpe-asso.org
A C P E - 14, rue Mondétour - 75001 Paris
Tél. : 01 40 26 91 51 - acpe@acpe-asso.org
a c p e
ASSOCIATION CONTRE LA PROSTITUTION DES ENFANTS

INDEX GÉNÉRAL

A

B

C

D-E

F-G

H-I-J

K

L

M

N

P

R

S

T

INDEX GÉNÉRAL

U-V

W-Y

OÙ TROUVER LES CARTES ET LES PLANS ?

Les **Routards** *parlent aux* **Routards**

Faites-nous part de vos expériences, de vos découvertes, de vos tuyaux. Indiquez-nous les renseignements périmés. Aidez-nous à remettre l'ouvrage à jour. Faites profiter les autres de vos adresses nouvelles, combines géniales... On adresse un exemplaire gratuit de la prochaine édition à ceux qui nous envoient les lettres les meilleures, pour la qualité et la pertinence des informations. Quelques conseils cependant :

– Envoyez-nous votre courrier le plus tôt possible afin que l'on puisse insérer vos tuyaux sur la prochaine édition.
– N'oubliez pas de préciser l'ouvrage que vous désirez recevoir.
– Vérifiez que vos remarques concernent l'édition en cours et notez les pages du guide concernées par vos observations.
– Quand vous indiquez des hôtels ou des restaurants, pensez à signaler leur adresse précise et, pour les grandes villes, les moyens de transport pour y aller. Si vous le pouvez, joignez la carte de visite de l'hôtel ou du resto décrit.
– N'écrivez si possible que d'un côté de la lettre (et non recto verso).
– Bien sûr, on s'arrache moins les yeux sur les lettres dactylographiées ou correctement écrites !

En tout état de cause, merci pour vos nombreuses lettres.

Les Routards parlent aux Routards :
122, rue du Moulin-des-Prés, 75013 Paris

e-mail : • ***guide@routard.com*** •
Internet : • ***routard.com*** •

Édité par Hachette Livre (43, quai de Grenelle, 75905 Paris Cedex 15, France)
Photocomposé par Jouve (45770 Saran, France)
Imprimé par Jouve 2 (Quai n° 2, 733, rue Saint-Léonard, BP 3, 53101 Mayenne Cedex, France)
Achevé d'imprimer le 24 avril 2015
Collection n° 13 - Édition n° 01
80/2238/8
I.S.B.N. 978-2-01-396030-4
Dépôt légal : avril 2015

PAPIER À BASE DE FIBRES CERTIFIÉES

hachette s'engage pour l'environnement en réduisant l'empreinte carbone de ses livres. Celle de cet exemplaire est de :
300 g éq. CO_2
Rendez-vous sur www.hachette-durable.fr